DIREITO PROCESSUAL PENAL
Projectos Legislativos

PAULO PINTO DE ALBUQUERQUE

DIREITO PROCESSUAL PENAL
Projectos Legislativos

VOLUME II

NAVARRO DE PAIVA
ALEXANDRE DE SEABRA
JOSÉ DE ALPOIM

ALMEDINA

DIREITO PROCESSUAL PENAL
PROJECTOS LEGISLATIVOS – VOLUME II

AUTOR
PAULO PINTO DE ALBUQUERQUE

EDITOR
EDIÇÕES ALMEDINA, SA
Rua da Estrela, n.º 6
3000-161 Coimbra
Tel: 239 851 904
Fax: 239 851 901
www.almedina.net
editora@almedina.net

PRÉ-IMPRESSÃO • IMPRESSÃO • ACABAMENTO
G.C. GRÁFICA DE COIMBRA, LDA.
Palheira – Assafarge
3001-453 Coimbra
producao@graficadecoimbra.pt

Julho, 2006

DEPÓSITO LEGAL
245246/06

Os dados e as opiniões inseridos na presente publicação
são da exclusiva responsabilidade do(s) seu(s) autor(es).

Toda a reprodução desta obra, por fotocópia ou outro qualquer processo,
sem prévia autorização escrita do Editor,
é ilícita e passível de procedimento judicial contra o infractor.

Para o Professor Doutor
Jorge de Figueiredo Dias

Introdução

VI. Primeiro Projecto Navarro de Paiva

José da Cunha Navarro de Paiva foi procurador régio junto do Tribunal da Relação do Porto e, mais tarde, juiz conselheiro do Tribunal Superior de Guerra e Marinha e do Supremo Tribunal de Justiça e apresentou quatro projectos de reforma do processo penal: o Projecto de Código de Processo Criminal (1874), o Projecto Definitivo de Código de Processo Criminal (1882), o Projecto de Código de Processo Penal (1886) e o Novo Projecto de Código de Processo Criminal (1905), que se perdeu.

O primeiro projecto assentava na organização judiciária anterior à promulgação da lei de 16.4.1874. A publicação desta lei tornou o projecto desconforme com a organização judiciária vigente, mas o autor publicou o projecto na expectativa da sua revisão por uma comissão. Contudo, esta comissão nomeada por Decreto de 1.5.1875 não produziu qualquer resultado. O texto reproduzido nesta colectânea foi publicado pela Imprensa Nacional no ano de 1874.

VII. Segundo Projecto Navarro de Paiva

O segundo projecto de Navarro de Paiva resultou da pretensão do autor de harmonizar o anterior projecto com a lei de 16.4.1874 e de introduzir algumas das propostas da comissão entretanto nomeada para discutir o anterior projecto. O texto reproduzido nesta colectânea foi publicado pela Imprensa Nacional no ano de 1882.

VIII. Terceiro Projecto Navarro de Paiva

O terceiro projecto foi apresentado em virtude da publicação da nova lei penal substantiva, a Nova Reforma Penal, de 4.6.1884, visando adaptar o anterior projecto a esta reforma, mas foi logo ultrapassado pela publicação do decreto de 19.7.1886, que realizou uma importante reforma judiciária.O texto do projecto foi publicado na Imprensa Nacional no ano de 1886. É esse o texto reproduzido nesta colectânea.

IX. Projecto Alexandre de Seabra

Alexandre de Seabra foi advogado em Anadia e apresentou um "Projecto de Código de Processo Criminal" em Outubro de 1886. O projecto foi elaborado em três meses, de Agosto a Outubro, na sequência da apresentação do Terceiro Projecto de Navarro de Paiva ao governo e do pedido do ministro da justiça a Alexandre de Seabra para que se pronunciasse sobre aquele projecto. O projecto nunca foi publicado, mas um exemplar impresso do projecto de Alexandre de Seabra encontra-se na Biblioteca da Ordem dos Advogados em Lisboa. É esse o texto reproduzido nesta colectânea, contendo os lapsos de numeração da versão original: há dois artigos com o número 367, com o número 368 e com o número 392 e não há o Título V do Livro I.

X. Projecto José de Alpoim

O ministro da justiça José de Alpoim Borges de Cabral apresentou uma proposta de lei na sessão da Câmara dos deputados no dia 6.3.1899, contendo uma "Proposta de Código de Processo Penal". O projecto foi elaborado pelo juiz de direito Francisco Maria Veiga e pelo magistrado do Ministério Público Trindade Coelho (cfr. A minha A REFORMA DA JUSTIÇA CRIMINAL EM PORTUGAL E NA EUROPA, Coimbra, Almedina, 2003, p. 398). A proposta não chegou a ser apreciada na Câmara. O texto impresso da proposta existe na Biblioteca da Ordem dos Advogados em Lisboa. É essa a versão reproduzida nesta colectânea.

VI - Primeiro Projecto Navarro de Paiva

PROJECTO

DE

CODIGO DO PROCESSO CRIMINAL

REDIGIDO

POR

NAVARRO DE PAIVA

Do conselho de Sua Magestade, juiz de direito de primeira instancia,
procurador regio junto da relação do Porto

LISBOA
IMPRENSA NACIONAL
1874

BREVE EXPOSIÇÃO DE MOTIVOS
DO
PROJECTO
DE
CODIGO DO PROCESSO CRIMINAL

I

O *projecto de codigo do processo criminal*, de que somos auctor, comprehende quatro livros, e de rasão é que comecemos por justificar esta divisão, que não foi arbitraria ou cerebrina.

No livro I trata o *projecto* das *«acções»*, que nascem da infracção da lei penal, isto é, da *acção criminal* e da *acção civil*. Este livro é como que a synthese de toda a obra; estão ali as *«cabeças das materias»*, na phrase de um dos nossos classicos.

Depois das acções, pedia a ordem logica das idéas que se tratasse das excepções, visto como são os meios de illidir ou differir o andamento d'aquellas. É por isso que, depois de tratar d'aquellas no titulo I, passa a occupar-se d'estas no titulo II.

Inscreve-se o livro II da *«policia judiciaria»*.

Sendo de notorio interesse social não procrastinar um momento a adopção de todas as medidas tendentes a colligir os vestigios que resultam da infracção, bem como a apprehender os presumidos delinquentes, entendemos que importava reunir em um livro o complexo de preceitos e regras, que devem guiar os magistrados promotores e instructores da acção criminal em ordem a conseguir aquelle duplo fim. Afigura-se-nos que, antes de o juiz se assegurar da sua competencia para conhecer da acção criminal, ha como que um prologo, uma situação preliminar, em que não ha o tempo materialmente necessario para suscitar questões de competencia, que só podem disputar-se depois que estejam colligidos todos os vestigios que a infracção deixou e apprehendidos os presumidos agentes da mesma. É por isso que comprehendemos em um livro especial tudo quanto prendia com a policia judicial.

O livro III trata da *«competencia»*.

Este livro é o desdobramento dos dois antecedentes, e é n'elle que se acha minuciosa e amplamente regulada a instauração e o curso da acção criminal, prevenindo as questões de competencia *ratione loci, personae, vel materiae*. Seguimos n'elle a mesma ordem genealogica de idéas que adoptámos no livro I: depois de tratar das formalidades respectivas á acção criminal desde o artigo 215.º até 380.º, o *projecto* occupa-se nos artigos 381.º a 415.º da forma do processo das *excepções*.

No livro IV trata o *projecto dos «recursos»*.

Depois de se haver occupado da acção criminal instaurada nos juizos criminaes de primeira instancia e nos tribunaes criminaes que julgam em primeira e ultima instancia os agentes sujeitos á competencia especial ou privativa, seguia-se por uma ordem natural e logica tratar dos recursos.

Seguimos ahi a mesma divisão do livro III: depois da acção, tratámos da excepção.

Justificada com estas ligeiras considerações a divisão do *projecto,* notaremos, antes de entrar na rapida apreciação das suas doutrinas, que não faltarão espiritos esclarecidos que o taxem de nimiamente extenso e doutrinario. Oxalá que seja só esse o reparo que mereça o exame d'este trabalho. Não desconhecemos que um codigo não é um livro de doutrina destinado para as escolas e academias; mas cremos que o nosso *projecto* não merecerá muito aquella pecha, por conter algumas definições, que se nos afiguraram indispensaveis nos limitados casos em que as demos.

II

Fazendo um rapido bosquejo das doutrinas do livro I, apenas notaremos as innovações mais salientes que apresentámos, poisque não foi nosso intento escrever uma extensa «exposição de motivos», para o que nos escasseia o tempo de que podemos dispor.

Assim, no n.º 3.º do § unico do artigo 7.º apparece uma referencia á legislação especial, e facil é aos versados na nossa legislação ver, que o artigo allude á lei de 1 de julho de 1867 e ao § 2.º do artigo 6.º da lei de 17 de maio de 1866.

No n.º 1.º do artigo 7.º torna-se obrigatoria a proposição da acção publica, quando o paciente for pessoa miseravel, ou estiver a cargo de estabelecimento de beneficencia ou educação. Esta disposição está em harmonia com as dos artigos 284.º, 285.º e 294.º do codigo civil, e facilmente se justifica, se se attender a que é de reconhecido interesse social e conforme aos principios da mora, que os desvalidos não fiquem sem o condigno desaggravo.

Na enumeração das peças offendidas comprehendemos no artigo 10.º os donatarios e herdeiros instituídos. Entendemos que o vinculo do beneficio ligava por tal fórma o beneficiado ao bemfeitor, que áquelle devia ser concedida a faculdade de vindicar a morte d'este.

São de facil justificação as disposições contidas nos artigos 29.º a 44.º, e por isso nos abstemos de apresentar os seus fundamentos.

Julgámos conforme aos verdadeiros principios da administração da justiça criminal admittir as suspeições dos juizes e magistrados do ministerio publico no processo preparatorio, repellindo-as apenas nos actos de policia judiciaria, afóra o caso previsto no § unico do artigo 48.º, que se apoia em obvias rasões de moralidade, que é escusado desenvolver. O alvará de 26 de abril de 1752 não admittia a suspeição opposta ao juiz nas *inquirições devassas,* a que correspondem actualmente os summarios; mas os tratadistas mais esclarecidos do processo criminal[1] consideram mais racional e conforme aos principios do processo a doutrina que seguimos.

Repellimos a suspeição, tanto voluntaria como opposta pelas partes, nos actos de policia judiciaria, porque estes demandam a maxima celeridade, incompativel com este meio dilatorio. O corpo de delicto é o acto mais importante da policia judiciaria, e sendo, na phrase de *Ortolan,* o complexo dos elementos materiaes, mais ou menos ligados entre si, de que se compõe o delicto, e que formam como um corpo, importa proceder a este acto com a maior presteza. E, postoque nem sempre seja possível reunir o conjuncto d'estes elementos, é certo que, da rapidez da formação do corpo de delicto depende a mór parte das vezes a apprehensão

---

[1] Vid. Nazareth, *Elementos do processo criminal,* 4.ª ed., pag. 241, 246 e 263.

de todos os vestigios e provas do crime, sendo de toda a conveniencia que se proceda *in continenti,* a este acto, que é a pedra angular em que assenta todo o processo criminal[2].

Não desconhecemos que a admissão da suspeição dos magistrados do ministerio publico durante o processo preparatorio póde offerecer o inconveniente de retardar o regular andamento do processo, e que os suppostos delinquentes talvez se julguem assás garantidos com a penalidade imposta no artigo 244.º do codigo penal aos que querelarem maliciosamente. Entretanto, como nem sempre é fácil provar a malicia do magistrado, que bem póde acobertar-se, com o exagerado zêlo da repressão, e como é facilimo associar a acção publica á satisfação da vindicta particular, preferimos a doutrina do *projecto,* porque offerece todas as garantias de imparcialidade, que deve revestir os actos da justiça criminal.

Entre as excepções dilatorias figura a das *«questões prejudiciaes».* É nova a doutrina na nossa legislação do processo; mas não é nova na jurisprudencia estrangeira e dos tribunaes portuguezes, que a têem sanccionado em diferentes accordãos[3].

Serviu-nos de directorio para redigir os artigos 54.º a 58.º o excellente *«Repertorio geral de direito criminal,* de Ach. Morin», onde se trata desenvolvidamente d'esta materia, e para onde remettemos os que desejarem profunda-la.

III

No livro II trata o *projecto «da policia judiciaria».*

A novidade mais notavel que avulta no titulo I é a queixa obrigatoria dos offendidos, estatuida no artigo 60.º, e a *denuncia civica* decretada no artigo 61.º Pareceu-nos conforme aos principios da penalogia, que ao offendido corria o indeclinavel e impreterivel dever de queixar-se á auctoridade publica da infracção da lei penal, e que, estando longe da epocha do direito penal, em que vigorava o systema das *composições pecuniarias,* não era licito ao paciente do crime deixar de pedir a repressão do agente do mesmo. Estabelecemos, comtudo, as excepções do § unico do artigo 62.º, porque se nos afigura que um principio eminentemente moral exige que não haja publicidade obrigatoria na delação dos crimes ali alludidos.

No intuito de nobilitar a *denuncia* e de remover todo o caracter odioso, que se lhe associa, demos-lhe o qualificativo de «*civica»,* reconhecendo assim que o principio da solidariedade defensiva da sociedade exige, que não permaneçam impassiveis os cidadãos que presencearam algum crime, ou d'elle tiverem noticia[4]. As excepções consignadas no § unico do artigo 61.º justificam-se pela natureza e elevação das profissões ali referidas. Doutrina identica se acha estabelecida no artigo 30.º do *codigo do processo de instrucção criminal,* e no artigo 378.º do *codigo penal francez.*

No artigo 82.º ampliámos os casos em que pela legislação actual é permittida a custodia ou detenção provisoria sem a previa formação da culpa. Parece-nos justificavel essa ampliação, e que não carece de demonstração, attenta a natureza dos crimes ali especificados.

---

[2] Vid. uma minuta do auctor no *Direito,* tomo I, pag. 340.
[3] Entre outros citaremos o accordão do supremo tribunal de justiça de 3 de dezembro de 1858, e os da relação do Porto de 4 de julho de 1855, 4 de dezembro de 1868, 21 de maio de 1869 e 25 de outubro de 1872.
[4] Vid. *Projecto do codigo penal* do sr. Levy M. Jordão (visconde de Paiva Manso), artigo 7.º

A disposição do § unico do artigo 88.º é uma precaução util, no caso de não merecer plena confiança o escrivão do processo, ou quando a captura dos agentes dos crimes demande tal celeridade, que não permitta que os mandados sejam escriptos pelo escrivão.

Na prestação da caução de liberdade provisoria a unica novidade que apparece é a da caução em titulos de divida publica fundada. N'uma epocha em que estes titulos representam um papel tão importante na sociedade, afigurou-se-nos que a admissão d'elles na prestação da caução da liberdade provisoria ia em perfeita harmonia com a legislação que as estabelece para os empregos dos responsaveis e exactores da fazenda nacional.

Ampliámos quanto possivel a prestação da caução, como se conhece pela leitura do artigo 131.º

A disposição do n.º 3.º d'este artigo não é isenta de reparos. Póde objectar-se que o reconhecimento das circumstancias attenuantes pelo juiz instructor do processo póde ser desattendido pelo jury, que póde no seu *veredictum* não as julgar provadas, resultando assim um antagonismo entre a decisão dos juizes de facto e a do juiz de direito e do tribunal da relação, no caso de se haver interposto algum aggravo.

Reconhecemos a força, mas não a procedencia do reparo. O processo preparatorio póde subministrar aos juizes de direito os elementos necessarios para reconhecerem a existencia de circumstancias attenuantes; mas o plenario da causa e a discussão controvertida podem convencer o jury de que realmente se não provam essas circumstancias. Não ha decisões antagonicas, porque são proferidas em situações muito diferentes e com elementos de prova diversos.

Na proposta n.º 3, apresentada em sessão da camara dos senhores deputados, de 14 de maio de 1870, por um illustrado ministro da justiça[5], continha-se uma disposição quasi identica, e essa proposta teve o assentimento da illustre commissão creada por decreto de 20 de janeiro de 1870.

A disposição do n.º 3.º do artigo 162.º é conforme á doutrina do artigo 3.º da citada proposta de lei, do mesmo illustre ministro e á praxe do fôro, que sustentámos no *Manual do ministerio publico*, 2.ª edição, pag. 191.

Na formação dos corpos de delicto tivemos em vista a maxima celeridade e todas as garantias de acerto para esclarecimento da justiça criminal.

Julgámos conveniente não obrigar os juizes á repetição das diligencias necessarias para formar os corpos de delicto, todas as vezes que a existencia do crime estivesse devidamente comprovada pelos autos feitos pelas auctoridades, agentes de policia e administração, aos quaes é permittido organisa-los. Tal é o motivo da disposição do artigo 166.º

Coherente com o principio da impassibilidade do poder judicial consignado no artigo 238.º, entendemos dever estabelecer no artigo 171.º, que a nomeação dos peritos devia ser feita pelo magistrado que representa a sociedade interessada na repressão dos agentes do crime.

Pensámos que era mister crear peritos facultativos officiaes nas cidades de Lisboa, Porto e Coimbra, e provemos a essa necessidade no artigo 172.º Desejariamos tornar extensiva esta providencia a todas as comarcas e julgados; mas demoveu-nos d'este proposito a idéa de não

---

[5] Vid. Diario da camara dos senhores deputados, de 1870, pag. 463.

onerar o thesouro publico com os avantajados encargos que resultariam d'esta aliás utilissima inovação. É de indisputavel conveniencia a creação d'estes peritos n'aquellas cidades, onde o grande movimento de crimes e a feitura das analyses chimicas absorvem quasi constantemente a actividade de muitos peritos. Os peritos officiaes, escolhidos d'entre as summidades da sciencia, e ligados pelo vínculo do juramento, offerecem todas as garantias de acerto e imparcialidade nas suas decisões.

No intuito de obter uma decisão mais acertada, adoptámos no artigo 174.º a providencia de fazer remover para a séde da comarca o objecto que deve ser sujeito ao exame, quando o transporte se poder verificar sem inconveniente.

Consignámos nos artigos 179.º e 180.º a idéa do adiamento dos exames no caso ali previsto, e admittimos a juncção dos relatorios dos peritos aos autos de exame como partes integrantes d'elles, evitando assim a repetição ociosa e incorrecta de termos technicos, que só os peritos podem escrever com acerto[6].

Para apurar a verdade e para cabal esclarecimento da justiça estatuiu-se no artigo 182.º a convocação de um conselho de peritos, quando o juiz ou o magistrado do ministerio publico duvidarem fundadamente da verdade e exactidão das declarações dos peritos que intervierem no primeiro exame. É um salutar correctivo de declarações e conclusões, que podem ter sido o resultado da insciencia, da precipitação ou de suggestões. Sendo os peritos os auxiliares indispensaveis dos juizes, e dependendo a instauração da acção criminal de suas declarações, e conclusões, importa que a justiça tenha todos os meios de aquilatar a verdade e procedencia do juizo dos peritos que procederam ao primeiro exame.

A disposição do § 1.º do artigo 189.º tem por fim prevenir os graves damnos que em alguns casos de ferimentos graves podem resultar á saude dos pacientes. Póde acontecer que ao tempo em que o juiz compareça para se proceder a exame, o offendido já tenha recebido o primeiro curativo, e n'este caso o levantamento do apparelho póde aggravar a sua situação sem reconhecido proveito da administração da justiça.

Em muitos casos não podem os peritos fazer um prognostico seguro ácerca da duração da impossibilidade de trabalhar proveniente dos ferimentos ou offensas corporaes. Prevendo essa impossibilidade, determina o § 2.º do mesmo artigo que o exame de sanidade seja o complemento das declarações dos peritos. É de primeira intuição a conveniencia e justiça d'esta disposição.

A providencia do artigo 194.º importa uma apreciavel economia de trabalho e de tempo sem prejuizo da boa administração da justiça. Exigir a inquirição de testemunhas para comprovar factos que o estão por peças escriptas ou documentos authenticos, seria uma duplicação de trabalho inutil e supervacaneo, que era até agora exigido pela praxe invariavel do fôro[7].

O artigo 196.º estabelece a competencia cumulativa da auctoridade judicial e administrativa para a formação do corpo de delicto, dando o artigo 197.º a preferencia áquella, no caso de concorrerem simultaneamente. Não insistimos na conveniencia d'esta disposição implantada do artigo 195.º, n. 23.º, da lei de administração civil de 26 de junho de 1867. Consignando-a

---

[6] Vid. Peres Galvão, *Tratado elementar de medicina legal*, pag. 75.

[7] Vide o officio do procurador geral da corôa Guimarães, transcripto na circular n.º 88, que expedimos aos delegados do procurador regio da relação dos Açores.

n'aquelle artigo, tivemos em vista occorrer á necessidade urgente de apprehender, sem delonga, todos os vestigios do crime. Reflectindo, porém, nos inconvenientes que d'ella podem resultar, attenta a organisação da administração publica no nosso paiz, parece-nos que aquella disposição fica satisfactoriamente substituida pela do artigo 212.º

A excepção contida na parte final do artigo 199.º refere-se aos crimes de falsificação de escriptos, em que difficilmente se poderá averiguar a verdade senão perante o juiz do domicilio do presumido agente do crime.

Como a feitura do corpo de delicto directo demanda a maior celeridade, entendemos que os juizes criminaes communs eram competentes para proceder a este acto, qualquer que seja a qualidade do agente do crime. É por isso que o artigo 200.º estabelece essa competencia como excepção á competencia especial, a que estão sujeitos os agentes dos crimes, a que o artigo se refere.

Não militam identicas rasões para a formação do corpo de delicto indirecto n'estes crimes, e por isso o artigo 201.º mantem o principio da competencia especial ou privativa.

No artigo 261.º legisla o *projecto* sobre os autos complementares dos corpos de delicto, lacuna sensível da nossa legislação que muito importava preencher. É frequente nos corpos de delicto indirectos não se reunirem todos os elementos de prova moral que attestem a existencia da infracção. Mandar desde logo archivar o corpo de delicto pela falta ou deficiencia de prova, o mesmo seria que auctorisar em muitos casos a impunidade. Algumas vezes torna-se mister proceder a novos exames directos, que esclareçam a obscuridade ou completem as omissões do primeiro exame. De rasão é, pois, providenciar sobre este momentoso assumpto, precavendo os estorvos que algum juiz menos solícito na repressão do crime possa oppor á ampla averiguação da verdade.

Os artigos 212.º a 214.º contêem uma innovação na nossa lei do processo criminal, que se nos afigura não dever ser mal recebida pelos jurisconsultos esclarecidos que reflectirem no seu alcance.

O processo verbal de verificação dos crimes está estabelecido nos artigos 29.º a 47.º do *Codigo de instrucção criminal francez,* sendo comtudo restricto aos crimes flagrantes, salvo o caso previsto no artigo 46.º Entendemos que o deviamos ampliar a quaesquer crimes, quando os juizes tiverem algum impedimento que obste a que sem detença se forme o corpo de delicto, e aos crimes graves, quando o magistrado do ministério publico tiver receio de que se desvaneçam os vestigios do crime até que o juiz possa comparecer.

Sendo este um dos actos mais importantes da policia judiciaria, em que toda a delonga, por minima que seja, póde ser altamente nociva aos interesses da sociedade, releva que os magistrados incumbidos da proposição da acção publica sejam auctorisados a apprehender sem perda de tempo todos os elementos que possam comprovar a existencia da infracção, bem como os presumidos agentes da mesma. Esta attribuição é consentanea á indole da magistratura do ministerio publico, poisque, sendo uma simples verificação do que existe, o *visum et repertum*, não envolve acto algum de jurisdicção proprio do poder judicial.

Não consignâmos no *projecto* a idéa de que o processo verbal de verificação equivalesse a corpo de delicto, se os juizes o julgassem regular; mas era essa a nossa mente, e por involuntaria omissão deixámos de incluir uma provisão n'este sentido. Tal é tambem a disposição do artigo 60.º do *Codigo de instrucção criminal francez,* em que se faculta ao juiz de instrucção poder repetir os actos já feitos, ou aquelles que lhe parecerem incompletos.

IV

Trata-se no livro III «*da competencia*».

N'este livro encontram-se as differentes provisões que nos occorreram com relação ás questões de competencia *ratione loci, materiæ, vel personæ*, bem como as formalidades do processo tendentes a pôr em movimento a acção criminal; tarefa ardua e complexa, em que apparecerão indubitavelmente muitas imperfeições inherentes a todas as obras humanas. É n'esta conformidade que se acha redigido o artigo 216.º

Desde o artigo 218.º até o artigo 702.º occupa-se o *projecto* da competencia geral ou commum, isto é, das formalidades do processo para averiguação das infracções e punição dos agentes das mesmas que não gosam de fôro especial.

Acham-se ahi as differentes formalidades que devem observar-se na instauração e curso regular da acção criminal, conforme a classificação que competir á infracção.

Tendo sido reconhecida pela lei de 1 de julho de 1867 a conveniencia de estatuir providencias excepcionaes quanto ao julgamento dos crimes a que corresponderem penas maiores, combinando d'esta arte o principio da repressão com as garantias de que gosam os réus, o *projecto* regula este assumpto nos artigos 705.º a 708.º E, como a situação excepcional dos réus ausentes ou evadidos da prisão demanda provisões que não tornem illusoria a acção dos tribunaes, providenciou-se sobre este objecto nos artigos 709.º a 726.º, ampliando e completando as disposições do decreto de 18 de fevereiro de 1847. É este o objecto da competencia excepcional, a que se refere o n.º 1.º do artigo 216.º e o n.º 2.º e § 2.º do artigo 217.º

Gosando de fôro especial ou privativo os agentes dos crimes mencionados no § 3.º do artigo 217.º, consignou-se nos artigos 416.º a 429.º, 727.º a 756.º o complexo de disposições concernentes á proposição e seguimento da acção criminal contra elles, segundo a classificação que competir á infracção.

No § 4.º do citado artigo 217.º ampliou-se a garantia do fôro especial aos crimes commettidos pelos agentes ahi especificados antes do exercicio dos respectivos cargos, e postoque este tenha cessado. Rasões de conveniencia politica persuadem a conveniencia da adopção d'esta medida com relação aos agentes mencionados nos n.º 2.º a 6.º do § 3.º d'este artigo, e a propria indole das funcções dos magistrados judiciaes e do ministerio publico, a que se referem os n.ºˢ 7.º e 8.º, as aconselham como uma valiosa salvaguarda, que os ponha a coberto de decisões proferidas pelos tribunaes communs, em que possa predominar o influxo de sentimentos de animadversão contra aquelles magistrados.[8] Retrotrahindo esta garantia ao tempo anterior ao exercicio dos cargos e tornando-a extensiva aos actos criminosos praticados durante ella, postoque já os não exerçam, seguimos a opinião de auctorisados jurisconsultos[9] que se apoia em ponderosos fundamentos. Esta garantia cobre o acto, não é uma simples immunidade pessoal.

Exposto assim em curta synthese o systema do *projecto* no livro III, passaremos a fazer uma rapida apreciação das disposições que possam offerecer alguma duvida, ou conter alguma innovação.

---

[8] Massabiau, *Man. du min. pub.*, 3.ᵐᵉ éd., tom. II, pag. 102.
[9] Vid. sr. Castro Netto, not. (2) ao artigo 763.º da nov. ref. jud.

No artigo 220.º ha uma referencia á lei de 1 de julho de 1867, que declarou a lei penal applicavel, não havendo tratado em contrario, aos crimes praticados por portuguez em paiz estrangeiro, verificando-se as condições nela prescriptas.

A disposição do artigo 223.º tem por fim obviar a paralysação da acção criminal nos casos em que o juizo dos peritos é vacillante e não offerece segura base para uma exacta classificação das infracções. Não era justo que se postergasse a lei que estabelece prasos fixos e improrogaveis para a pratica de certos actos do processo, e por isso determina este artigo que se recorra ao processo ordinario como mais amplo e comprehensivo de garantias individuaes e sociaes, salvo o direito de mudar de acção, se os exames ulteriores mostrarem que outra é a classificação que compete ao facto criminoso.

Os artigos 226.º até 231.º encerram differentes providencias relativas á prorogação da competencia.

Succede algumas vezes que o agente do crime commette em um só acto diversas infracções da lei penal, as quaes se acham ligadas entre si por um certo vinculo, que liga logicamente a existencia de umas á das outras. Este vinculo póde ser mais ou menos estreito e provir de diversas causas, umas intencionaes e outras occasionaes.

Dá-se a causa intencional quando tiver sido commettido um delicto para preparar outro, como por exemplo a fabricação e a posse de uma arma prohibida como acto preparatorio para commetter um homicidio; para o executar, como por exemplo matar um homem para o roubar; para assegurar os proventos do crime, como se verifica na occultação de objectos roubados, a fim de os vender e repartir o preço; para conseguir a impunidade, como succede no homicidio para roubar a victima, fazendo desapparecer o queixoso.

Verifica-se a causa occasional nos casos seguintes: raptar os viajantes para exigir o resgate; abusar por violencia de uma mulher que se acha entre os viajantes; insultar um funccionario que surprehendeu os delinquentes e os prendeu no acto em que commettiam o delicto[10].

A juncção pois dos processos por virtude da connexão dos crimes importa uma prorogação de competencia.

Sendo o poder judicial um poder impassivel, que não obra sem ser provocado, consignou-se no artigo 238.º este principio, resalvando no § unico os actos de policia judiciaria, em que se não torna mister a precedencia de promoção ou requerimento das partes. Foi nosso intuito obviar n'esta excepção a possivel incuria ou difficuldade de comparecimento do magistrado do ministerio publico, ou a indifferença ou carencia de meios do offendido; e, como a practica dos actos da policia judiciaria não admitte a menor dilação, pareceu-nos conforme aos interesses da sociedade e á boa administração da justiça impor aos juizes a obrigação de procederem officiosamente aos actos de policia judiciaria nos crimes ou delictos flagrantes, facilitando por este modo a apprehensão de tudo quanto possa attestar a existencia da infracção e a captura dos delinquentes.

Na divisão judicial criminal apparece uma alteração nas comarcas de Lisboa e Porto. Decreta-se ao artigo 242.º a divisão d'estas duas comarcas em *circulos* criminaes. Pareceu-nos esta divisão mais em harmonia com a terminologia judicial e que removia os inconvenientes da confusão e homonymia.

---

[10] Podem ver-se estes e muitos outros exemplos de connexão de delictos em Ortolan, *Élem. de droit pénal*, 2.ᵉᵐ éd., pag. 552 a 556.

Antes da publicação da lei de 1 de julho de 1867, algumas comarcas comprehendiam differentes *circulos* de jurados, e por isso não duvidámos adoptar a denominação de *circulo criminal* para cada uma das circumscripções em que se dividem aquellas comarcas, procedendo d'esta arte em harmonia com a nomenclatura que existia, e evitando a confusão que resulta de usar da palavra «districto», já empregada para designar a circumscripção de cada uma das relações do continente do reino e ilhas adjacentes e a area dos districtos administrativos.

Dividimos a comarca do Porto em tres *circulos criminaes*, não só porque assim o exige o grande movimento de processos criminaes e os legitimos interessses da administração da justiça, mas para harmonisar a divisão criminal com a civil, vindo d'este modo cada circulo criminal a corresponder a uma vara civel.

Occorreu-nos a idéa de crear juizes preparadores nas comarcas de Lisboa e Porto[11]. Afigura-se-nos que da creação d'estes logares adviria reconhecida vantagem ao serviço publico n'estas comarcas, em que o movimento criminal é assás crescido, e far-se-hia simultaneamente um ensaio proficuo, separando as funções da instrucção do processo das do julgamento final.

Nos artigos 244.º a 247.º trata o projecto «dos magistrados incumbidos da proposição da acção criminal» e nos artigos 248.º e 249.º occupa-se «dos agentes auxiliares da acção criminal». A disposição do n.º 3.º d'este ultimo artigo é a reproducção do que estava estatuido nas portarias do ministerio da justiça de 17 de abril de 1855, 10 de maio e 5 de junho de 1860 e 10 de novembro de 1869. O preceito do n.º 4.º do mesmo artigo resulta da natureza essencialmente fiscal da magistratura do ministerio publico, á qual nada póde ser occulto do que se passa em juizo[12]. Todavia, para evitar conflictos, sempre nocivos no credito dos magistrados e á regular administração da justiça, consignou-se ahi a excepção de se acharem os processos ou papeis na conclusão dos juizes.

Julgámos que não seria inutil estatuir algumas regras relativas á coadjuvação que as auctoridades de qualquer natureza devem mutuamente prestar-se, e ao modo como devem effectuar-se as diligencias concernentes ao curso regular da acção criminal, e, determinados por esta convicção, inserimos no *projecto* os artigos 250 a 259.º

Passando a occupar-se da competencia em rasão da classificação da infracção a que se referem o n.º 3.º do artigo 216.º e os artigos 221.º, 222.º e 225.º, o *projecto* regula na parte I, desde o artigo 260.º até ao artigo 702.º, as formalidades do processo *ordinario,* que comprehende o processo *preparatorio, accusatorio* e *plenario* ou de *julgamento* dos crimes, a que corresponde alguma das penas a que se refere o artigo 260.º, commettidos pelos agentes sujeitos á competencia geral ou commum.

No artigo 265.º não se admite a publicidade do processo preparatorio emquanto os réus não estiverem em juizo. Muito de intento não estabelecemos o preceito do *segredo de justiça*, reconhecido na novissima reforma judicial, porque tal segredo é irrisorio desde que no processo podem ser chamadas a depor de oito até vinte testemunhas, afóra as referidas, as quaes difficilmente deixarão de divulgar o que depozeram e as perguntas e instancias que se lhe dirigiram[13].

---

[11] Vid. no *Diário de Lisboa* de 1867, a pag. 1309 e 1428, a sessão da camara dos senhores deputados de 27 de abril do mesmo anno.
[12] Vide portarias do ministerio da justiça de 10 de maio de 1860 e 26 de novembro de 1864.
[13] Vide sr. conselheiro Castro Netto, nota 3.ª ao artigo 1001.º da novissima reforma judiciaria.

Se não admittimos, por impossivel, o *segredo de justiça*, reconhecemos a conveniencia indisputavel de não ser publica, contenciosa ou controvertida a investigação do crime e o descobrimento dos seus agentes. Prestada a querela, o juiz deve ficar inteiramente desassombrado e livre da acção das partes para com a imparcialidade inseparavel da sua elevada missão proceder a todas as diligencias conducentes áquelle fim.

A forma *inquisitorial,* diz *Faustin Hélie,* é eminentemente propria para a investigação, verificação e comprovação dos factos. O juiz de instrucção, collocado em presença dos factos que lhe são denunciados, emprega todo o poder do inquerito para os comprovar e caracterisar. Procede a todas as indagações, apodera-se de todos os indicios que descobre, remonta dos indicios aos proprios factos, apoia-se no conhecimento das paixões e dos sentimentos que actuam sobre os homens, nas noções dos costumes e das circumstancias externas. A instrucção, fundada sobre uma observação profunda das testemunhas, dos presumidos agentes do crime e dos factos criminosos, é uma obra philosophica que só póde ser desempenhada por um unico homem e que exige da parte d'elle uma dupla condição: a experiencia das cousas e a sciencia do direito.

«Acaso poderá o juiz de instrucção cumprir convenientemente a sua missão, se a publicidade contrastar os seus actos e se fizer desapparecer os vestigios que devem conduzir ao descobrimento da verdade?»

Mas como a justiça humana é limitada nos meios de apreciação, porque não seria justo que só a parte publica ou particular fornecesse ao juiz os elementos de prova da sua intenção, entendemos que ao presumido delinquente devia assistir o direito de subministrar ao juiz instructor do processo exposições escriptas ou documentos conducentes ao descobrimento da verdade, que é o escopo da justiça criminal, tornando extensivo este direito ás partes, visto como muitas vezes não podem estar devidamente preparadas com todos os meios de prova. Disposição similhante encontra-se nos artigos 217.º e 222.º do codigo de instrucção criminal francez.

«É mister não esquecer, diz *Ortolan,* que a instrucção preparatoria tem por fim o descobrimento da verdade; que importa ainda mais á sociedade a absolvição do innocente do que a punição do culpado; que é rigoroso dever das auctoridades procurar e colligir todos os indicios, todas as provas de não culpabilidade com a mesma, para não dizer com maior solicitude, do que devem empregar para obter os de culpabilidade; o que vale o mesmo que dizer, que a instrucção é feita tanto a favor como contra o presumido delinquente.»

«Sobre o mesmo assumpto escreveu *Bertin*[14] «O nosso codigo de instrucção criminal investiu o juiz instructor de poderes consideraveis, que só lhe concedeu para fazer uso d'elles, tanto no interesse do presumido delinquente, como no da repressão. O pensamento, o voto, o texto da lei são que a instrucção do processo seja feita tanto a favor, como contra; que ao juiz incumbe, pelos meios legaes, procurar a verdade contra e a favor do supposto agente do crime; que não deve recorrer a nenhuma das medidas que a justiça e a humanidade reprovam, devendo ser o orgão imparcial da sociedade que accusa, e defende aquelle que é injustamente accusado, correndo-lhe o dever de ser sereno e benevolente para com o denunciado, a quem a presumpção da innocencia protege, não solicitando confissões e não aceitando senão as

---

[14] *Des réformes de l'instruction criminelle,* pag. 22.

espontaneas, tornando-se, n'uma palavra, o defensor do interesse social e do presumido delinquente.»

Determinado por estes principios, não admittimos a interferencia dos magistrados do ministerio publico no processo preparatorio.

O sr. *Moraes Carvalho*, fundado em que estes magistrados são tão interessados em descobrir o innocente para não ser perseguido, como o criminoso para ser punido, apresentou nas sessões da camara dos senhores deputados de 9 de janeiro e 14 de julho de 1861[15] uma proposta de lei, em que restringia aquella interferencia aos crimes declarados no artigo 7.º da lei de 18 de julho de 1855.

Nós, porém, entendemos que seria sobremaneira arriscado admittir a presença d'estes magistrados no processo de instrucção preliminar, porque nem todos cumpririam religiosamente a sua missão e se desprenderiam do predominio da necessidade da repressão, principio conservador da ordem social. Demais, admitida a intervenção dos magistrados do ministerio publico no processo preparatorio, não podia ser excluida a dos presumidos delinquentes, a menos que o legislador não quizesse colloca-los em uma situação desvantajosa.

Os artigos 269.º e 270.º preveniram a hypothese, a que alude o sr. *Castro Netto* na nota 2 ao artigo 882.º da novissima reforma judicial, de succumbir o offendido em virtude dos ferimentos ou offensas corporaes antes de concluido o processo preparatorio. Para evitar ociosas repetições pareceu-nos de intuitiva conveniencia aproveitar o resultado das investigações do juiz, visto como a differença da incriminação, que possa competir ao facto, nada influe nas diligencias empregadas para descobrir os agentes responsaveis.

Da disposição do artigo 271.º combinada com as dos artigos 352.º e 362.º mostra-se, que os juizes ordinarios são competentes para procederem á instauração do processo preparatorio em todos os crimes, sem exceptuar os especificados no artigo 7.º da lei de 18 de julho de 1855.

Aceitando a organização judiciaria actual, segundo a qual devem ser preferidos no provimento dos logares de juiz ordinario os bachareis formados em direito[16], entendemos que não havia rasão plausivel para exceptuar da sua competencia o processo de instrução preliminar nos crimes a que se refere o citado artigo d'aquella lei, e que qualquer decisão menos conforme aos interesses da sociedade e aos principios da justiça criminal, achará o seu natural e devido correctivo na posição do artigo 363.º

Os artigos 272.º e 273.º são a applicação dos artigos 227.º e 228.º

Ampliámos no artigo 274.º o praso da prestação da queréla, e facil é de ver que o motivo que a isso nos determinou foi a difficuldade, que frequentemente ocorre, de colligir, dentro do praso estabelecido no artigo 917.º da novissima reforma judicial e do artigo 9.º da lei de 18 de julho de 1855, as provas necessarias para fundamentar a acção criminal.

Acontece muitas vezes perpetrar o réu, depois de condemnado, um novo crime, ou descobrir-se-lhe algum outro ainda não prescripto. Entendemos que a justiça social fica satisfeita com a applicação da pena imposta, se for mais grave do que a que corresponda ao crime posteriormente commettido ou descoberto, e que só deverá instaurar-se processo por estes crimes, se for annullado o processo em que o réu tiver sido condemnado. Tal é o fundamento

---

[15] *Diario de Lisboa* n.ºˢ 11 e 159.
[16] Decreto de 28 de dezembro de 1869, artigos 7.º e 9.º

da disposição do artigo 275.º, que está em perfeita harmonia com o artigo 87.º do codigo penal, com o artigo 1173.º da novissima reforma judicial e com a lei de 26 de setembro de 1840.

Fixámos no artigo 276.º o caso em que póde ser admittida a segunda querela. Não offendemos a regra dos criminalistas: «*non bis in idem*», visto como se não dá a identidade subjectiva. A queréla annullada é como se não existisse, e a querela offerecida contra pessoas incertas não deve inhibir as partes de a prestarem contra agentes certos e determinados, quando posteriormente podérem obter novas provas. A necessidade da repressão, principio conservador da ordem social, assim o exige.

A razão determinante da disposição do n.º 1.º do artigo 290.º é subministrar um elemento á estatistica criminal, assumpto tão descurado no nosso paiz.

Occupa-se o *projecto* desde o artigo 295.º até ao artigo 369.º «dos meios de verificar a culpabilidade dos agentes dos crimes».

Admittimos para este fim os meios de prova seguintes: 1.º, prova documental; 2.º, prova testemunhal; 3.º, confissão dos réus; 4.º, exames e vistorias; 5.º, indicios ou presumpções.

Para não protelar o curso regular da acção criminal, decreta-se no artigo 298.º a intimação do magistrado do ministerio publico, a fim de apresentar regulares e em devida fórma os do-cumentos com que houver instruido a querela.

Verificado o caso de co-participação de differentes agentes no mesmo crime, um dos quaes tenha parentesco em linha recta ou na collateral até o segundo grau com alguma testemunha, entendemos que ella não devia ser excluida de depor com relação aos factos criminosos imputados aos co-delinquentes estranhos. Se existem rasões de alta moralidade para repellir o depoimento d'esta testemunha a respeito dos parentes dentro d'aquelles graus, entendemos que a justiça social não póde nem deve ser privada da prova que ella póde ministrar ácerca da culpabilidade dos demais co-réus, a quem não está ligada pelos vinculos do parentesco. Tal é a rasão justificativa da disposição do § 1.º do artigo 306.º

No artigo 309.º facultámos o comparecimento das testemunhas residentes em comarca differente, quando for indispensavel. Poderiamos talvez prefixar os casos em que devesse verificar-se esse comparecimento; mas preferimos deixar esta faculdade ao prudente arbitrio dos magistrados e das partes.

Entre os meios de prova da culpabilidade dos delinquentes figura a confissão, da qual se trata nos artigos 341.º e 342.º

Não desconhecemos que a confissão do réu era repellida pelos antigos criminalistas como contraria ás maximas: «*Nemo auditur perire volens;*» – *Nemo admittitur sibi nocere;*» – *Perire nemo creditur volens*»[17]. *Quinctiliano* escreveu a este respeito: «*Ea natura est omnis confessionis ut possit videri demens qui de se confitetur. Hic furore impulsus est, alius ebrietate, alius errore, alius dolore*». Como, porém, estamos felizmente sob um regimen liberal, como estão condemnados e proscriptos todos os meios de coacção e de pressão para obter a confissão dos agentes dos crimes, como não vigora hoje a regra do que o magistrado ha mister de tranquillisar a sua consciencia, achando um réu confesso, não ha fundamento algum plausivel para não admittir este meio de prova na averiguação da culpabilidade dos delinquentes[18].

---

[17] Lagréze, *Droit criminel à l'usage des jurés*, 2ᵉᵐ éd., pag. 156.
[18] Pereira e Sousa já o admittia com os requesitos declarados nas «*Primeiras linhas sobre o processo criminal*», § 166.

No decurso do processo preparatorio admittimos não só os exames para os fins declarados no artigo 344.º, mas tambem as vistorias. Ha casos em que só a prova visual, que resulta da inspecção do local em que o crime foi commettido, póde esclarecer o juiz instructor do processo. Determinados por estas considerações, julgámos conveniente inserir no *projecto* os artigos 346.º a 348.º

Uma das provas mais frequentes no processo de instrucção preliminar é a conjectural. Dividimos os indicios em manifestos, proximos ou remotos, e em antecedentes concomitantes ou consequentes, seguindo a auctoridade de *Bonnier*[19]. Pareceu-nos conveniente estabelecer esta divisão e confiar ao prudente arbitro do juiz a apreciação da relação de causalidade entre o facto conhecido e aquelle de cuja averiguação se trata. Ampliámos d'este modo o preceito do artigo 987.º da novissima reforma judicial, offerecendo ao juiz uma classificação de indicios ou presumpções que lhe facilite as inducções a que tem de recorrer. Estas as rasões justificativas das disposições dos artigos 349.º a 351.º

Não apparece nos artigos 352.º a 369.º innovação saliente, que exija justificação. Resolve-se no artigo 365.º a questão de competencia quanto á interposição dos recursos, tantas vezes agitada nos tribunaes, e que de certo não poderá reviver, visto como o despacho de pronuncia proferido pelo juiz ordinario não produz effeito algum sem que seja previamente confirmado pelo juiz de direito.

Trata-se nos artigos 370.º e 371.º «das diligencias supplementares».

Todos os que lidam nas cousas do fôro e que têem pratica das difficuldades, com que lutam os magistrados do ministerio publico para colligir as provas e indicios em que devem basear a acção criminal e os juizes para chegarem ao conhecimento da verdade, reconhecem que é assás limitado o praso de trinta dias para dentro d'elle se concluirem todas as diligencias do processo preparatório. Não é raro succeder que, só depois de verificada a captura dos criminosos, reverte a serenidade ao espirito de algumas testemunhas e a coragem ao seu animo para as habilitar a prestar á justiça esclarecimentos que muito podem concorrer para a averiguação da verdade. Póde igualmente acontecer, attenta a fallibilidade da condição humana, que se haja tomado a nuvem por Juno, e que uma mais ampla investigação restabeleça a verdade dos factos. Ampliar, pois, o processo de instrucção preliminar, permittindo o emprego de certas diligencias tendentes a esclarecer a justiça criminal, pareceu-nos uma dupla garantia para a sociedade e para os presumidos agentes dos crimes.

O *projecto* occupa-se das nullidades e irregularidades no processo preparatorio nos artigos 372.º a 374. Não nos afastámos, antes quasi reproduzimos as diposições do artigo 13.º da lei de 18 de julho de 1855. Não desconhecemos que ha jurisconsultos auctorisados que opinam pela fixação das nullidades, pondo d'est'arte um obice ao arbitrio dos tribunaes. Nós, porém, entendemos que, por mais previdente que seja o legislador, não póde *à priori* apresentar uma tabella em que inclua todas as nullidades, e que, alem d'este inconveniente, surgiria outro, qual o de immobilisar a jurisprudencia.

Preenche-se nos artigos 375.º a 380.º uma lacuna sensivel na lei do processo criminal, a reforma do processo preparatorio. É intuitiva a conveniencia de providenciar sobre este assumpto, e por isso não nos deteremos em demonstra-la.

---

[19] *Traité theor. e prat. des preuves*, 2ᵉᵐ éd., pag. 682 e 683.

Desde o artigo 381.º até ao artigo 415.º trata *o projecto* «da fórma do processo das excepções».

Tendo as excepções peremptorias por fim illidir a acção criminal, pareceu-nos de indisputavel justiça que os agentes dos crimes não fossem compellidos a estar em juizo para as deduzirem.

Com relação ás excepções dilatorias, estabelece o artigo 388.º a regra de que o agente do crime não poderá deduzi-las sem estar em juizo, salvo se a excepção respeitar a alguma questão prejudicial. De rasão se nos afigura esta disposição, poisque, admittida a doutrina contraria, surgiriam a cada passo innumeros obstaculos ao curso regular da acção criminal.

Os artigos 392.º a 415.º contêem differentes provisões relativas á suspeição dos juizes e magistrados do ministerio publico[20].

Não nos deteremos em demonstrar a necessidade de providenciar sobre este assumpto, em que vae tanto do interesse da sociedade e dos presumidos delinquentes. Cremos poder afoutamente affirmar que talvez não haja quem conteste a conveniencia de revogar o alvará de 26 de abril de 1752, que não admittia a excepção de suspeição opposta aos juizes no processo preparatorio.

Importa que, tanto os magistrados promotores da acção criminal, como os juizes que têem de preparar a mesma acção, se apresentem revestidos de toda a imparcialidade e isentos da influição de quaesquer motivos que actuem ou pareçam actuar no seu animo. Adoptada a providencia do artigo 48.º, não se prejudica a instauração da acção criminal, nem o seu seguimento regular.

A disposição do § 1.º do artigo 399.º é conforme ao preceito da ordenação, livro III, titulo XXI, § 8.º

Julgámos conveniente limitar no artigo 400.º a escolha dos arbitros que devem julgar a suspeição. A pratica do fôro e os embaraços, que tivemos occasião de presencear, oppostos a uma excepção de suspeição, em que os excipientes nomearam para arbitros simplices artistas, determinaram-nos a restringir a nomeação ás pessoas mencionadas no artigo 400.º

A providencia do artigo 412.º refere-se ás comarcas, em que não houver conservadores privativos do registo predial, que são actualmente os substitutos dos delegados do procurador regio, nos termos do artigo 19.º do regulamento de 28 de abril de 1870 e do artigo 2.º do decreto de 23 de maio de 1873.

Depois de se haver occupado do processo preparatorio para a investigação dos crimes commettidos pelos agentes sujeitos á competencia geral ou commum, o *projecto* trata nos artigos 416.º a 429.º da fórma do mesmo processo com relação aos crimes attribuidos aos agentes que gosam de fôro especial.

As disposições contidas n'estes artigos são, com ligeiras differenças, as que se achavam estabelecidas nos artigos 763.º a 786.º, 865.º, § 7.º, 820.º a 822.º, 1228.º a 1240.º da novissima reforma judicial.

Considerámos o fôro commum competente para o processo preparatorio dos crimes commettidos pelos agentes declarados no artigo 416.º, e só estabelecemos o fôro especial para os magistrados judiciaes e do ministerio publico mencionados nos artigos 418.º e 427.º Pouco

---

[20] Vid. pag. V e VI e o que escrevemos no nosso *Manual do ministerio publico*, 2.ª ed., pag. 330 a 333.

inclinado a privilegios, entendemos comtudo que a instrucção do processo preparatorio não podia deixar de ser confiada aos tribunaes superiores, quando os suppostos delinquentes fossem magistrados pertencentes a qualquer d'aquellas duas magistraturas. Não foi o espirito de classe que a isso nos moveu, mas a profunda convicção de que é mister não sujeitar aos juizes communs a investigação de factos criminosos imputados áquelles magistrados. A independencia do poder judicial, garantida na lei fundamental do estado, exige que elle conheça e julgue os delictos committidos pelos seus proprios membros[21].

Entre os agentes dos crimes, que gosam de fôro especial pelos crimes communs committidos depois de assentarem praça, figuram os officiaes e praças do exercito e da armada. Dizem respeito a estes delinquentes os artigos 430.º a 432.º, que contêem as provisões que se nos afiguram sufficientes para regular a competencia dos juizes criminaes a este respeito.

As disposições que regulam o processo accusatorio comprehendem-se nos artigos 433.º a 481.º

O artigo 437.º tem por fim prevenir o inconveniente de confiar o importante acto da accusação escripta aos sub-delegados do procurador regio, visto como nem todos reunem a qualidade de bachareis formados na faculdade de direito.

No caso de accumulação de crimes imputados ao mesmo agente, alguns dos quaes pertençam á competencia criminal e outros á competencia correccional, entendemos que era conveniente determinar a intervenção do jury em todos os crimes, ampliando d'este modo a garantia de serem os réus julgados pelos seus pares. Tal é o fundamento da disposição do artigo 443.º, que está em harmonia com o artigo 230.º

A disposição do n.º 1.º do § unico do artigo 464.º é a consagração da praxe geralmente seguida de se nomearem differentes advogados ou defensores, quando a defeza de algum réu estiver em opposição com a de outro. É tão justa esta disposição, que não é mister empregar esforço algum para a justificar.

As demais disposições contidas nos artigos 465.º a 481.º são, com pequenas alterações, a reproducção das que se achavam legisladas na novissima reforma judicial e no artigo 13.º da lei de 18 de julho de 1855.

No artigo 482.º regula-se a fórma do processo das excepções offerecidas durante o processo accusatorio, fazendo-se uma simples referencia aos artigos 381.º a 415.º Cremos que a doutrina d'aquelle artigo não é sujeita a reparos.

Desde o artigo 483.º até o artigo 702.º contém *o projecto* o complexo das provisões que regulam o processo *plenario* ou de *julgamento* nos crimes committidos pelos agentes sujeitos ao fôro commum.

O artigo 491.º estatue a ordem de precedencia, que deve observar-se no julgamento dos processos. Lembrados do lastimoso estado em que se acham a mór parte das cadeias, e do grave soffrimento physico e moral que terá opprimido os custodiados, demos a preferencia aos processos dos que por maior espaço de tempo tiverem estado detidos em custodia. Funda-se esta disposição em rasões de humanidade, que não encontram os principios de justiça, e tanto basta para não poder soffrer impugnação.

---

[21] Vid. Massabiau. *Man. Du ministère public,* 3me éd., tom. II, pag. 103.

As disposições dos artigos 513.º a 519.º encerram differentes provisões relativas á marcha do processo, quando a testemunha não comparecer na audiencia de julgamento. O simples confronto com o artigo 1139.º da novissima reforma judicial mostra as differenças d'aquellas disposições.

É frequente deixarem de comparecer as testemunhas na audiencia de julgamento, a despeito de haverem sido intimadas para depor, sendo levadas a isso por virtude de suggestões dos réus.

Este facto póde verificar-se: 1.º, estando as testemunhas na comarca em que deve effectuar-se o julgamento; 2.º, estando em comarca differente. Para ambas as hypotheses legislam os artigos 513.º a 515.º, onde se ordena a custodia da testemunha refractaria ao mandado judicial. Facilmente se justifica esta disposição, se se attender a que a falta de comparecimento da testemunha, que foi intimada, importa uma verdadeira desobediencia á auctoridade. Entretanto este rigor, justificado para que se não torne illusoria a acção da justiça, é modificado pela faculdade, que o artigo 515.º concede á testemunha, de poder prestar caução.

Póde tambem a falta de comparecimento da testemunha verificar-se sem que previamente haja sido intimada, nem haja possibilidade de o ser até o dia immediato áquelle em que devem findar as audiencias geraes do respectivo semestre. Para esta hypothese, que não resultará, na mór parte dos casos, de conluio dos réus com as testemunhas, providenceia-se nos artigos 516.º a 519.º, e afiguram-se-nos tão justas as suas disposições, que julgâmos ocioso consumir tempo em justifica-las.

Julgámos conveniente estatuir no artigo 540.º, que a discussão da causa fosse iniciada por um compendioso relatorio feito pelo juiz de direito, tendente a dar aos jurados uma resumida idéa do crime ou crimes que se discutem, e da co-participação que porventura possa ser attribuida a differentes co-réus. D'este modo poderão os jurados, em quem nem sempre abundam as luzes e habilitações, prestar mais proficua attenção á leitura das peças do processo mencionadas no artigo 547.º

Alterámos no artigo 551.º a ordem da producção das causas de suspeição opposta ás testemunhas. A novissima reforma judicial determina nos artigos 528.º e 1058.º, que a contradita succede á inquirição da testemunha. Entendemos que é conveniente prevenir o jury com os elementos necessarios para dar o devido desconto ás asserções de testemunhas, em cujo animo póde ter influido a suspeição, quando provada, e por isso adoptámos antes o preceito da ordenação, livro III, titulo LVIII, pr.

Entre as innovações que se encontram no *projecto* avultam as disposições dos artigos 567.º a 570.º, em que se admitte o adiamento da discussão e julgamento da causa: 1.º, quando alguma das partes requerer algum exame ou operação medico-legal em contraprova d'aquelles a que se haja procedido; 2.º, quando for requerida alguma vistoria.

Tendo a justiça criminal por objecto descobrir os crimes e averiguar a culpabilidade dos seus agentes, para que sobre elles recáia uma justa punição, e, importando á sociedade tanto o castigo do culpado como a proclamação do innocente, releva subministrar ao jury todos os elementos para esclarecer o seu juizo e formar a sua consciencia. Quando, pois, se suscitarem duvidas ácerca das conclusões dos peritos nos exames a que se haja procedido, ou quando o jury decidir por maioria absoluta que é mister proceder a alguma vistoria, entendemos que não devem ser coarctados estes meios de investigação da verdade. D'est'arte o *veredictum* do jury será o resultado de uma ampla investigação e de uma consciencia esclarecida e tranquilla.

Com relação aos debates oraes, limitámos a requisitoria do magistrado do ministerio publico aos pontos declarados no artigo 578.º e estabelecemos no n.º 3.º a liberdade de proferir conclusões, segundo os dictames da sua consciencia e em harmonia com as provas resultantes da discussão, com a verdade, com a justiça e com os legitimos interesses da sociedade, de que é o representante[22].

Reconhecendo a liberdade da defeza, abstivemo-nos de consignar no artigo 579.º as advertencias que o artigo 1141.º da novissima reforma judicial manda fazer aos advogados, de não fallarem contra a sua consciencia. Considerando similhante advertencia offensiva da dignidade do advogado, entendemos que não devia ter cabimento na lei do processo criminal.

Convencido de que depois dos debates oraes, em que as partes nem sempre deixarão de obtemperar ao influxo da paixão, era mister ouvir uma voz fria e impassivel como a lei, para restabelecer a verdade dos factos e a doutrina legal, conservámos o relatorio do juiz de direito como uma garantia para a sociedade e para os accusados.

Tem-se agitado muitas vezes entre os jurisconsultos e tratadistas do processo a questão da conveniencia ou inconveniencia do relatorio dos juizes nos processos criminaes. Os que opinam pela proficuidade d'esta obrigação dos juizes fundam-se em que é mister fazer ouvir no recinto da justiça uma voz grave e placida em seguida ao ardor dos debates, á voz apaixonada do orgão da accusação e ao zêlo exagerado da defeza, restabelecendo os factos no seu verdadeiro terreno[23]. O abuso commettido por alguns juizes, que, esquecidos da impassibilidade da sua missão, não duvidam converter-se em accusadores, e, o que é mais raro, em defensores dos accusados, tem impressionado alguns espiritos esclarecidos a ponto de serem levados a proscrever os relatorios.

Entre os ultimos conta-se o sr. *Moraes Carvalho,* que no artigo 9.º da proposta de lei apresentada na sessão da camara dos senhores deputados de 9 de janeiro de 1861, e renovada no de 17 de julho do mesmo anno, propoz a suppressão dos relatorios, devendo o juiz limitar-se a elucidar os jurados publicamente sobre qualquer duvida que por elles lhes fosse proposta, sem dar a conhecer a sua opinião.

Para corrigir algum abuso que possa occorrer no desempenho d'este dever dos juizes, redigimos os artigos 589.º e 590.º, em que se concede ao magistrado do ministerio publico a faculdade de poder fazer as observações que tiver por mais convenientes sobre a exposição de algum facto feita com menos exactidão, e ao juiz de direito a de poder dar as devidas explicações ou fazer as necessarias rectificações. É possivel que se julgue conveniente ampliar aos advogados das partes a disposição do artigo 589.º Se o não fizemos, foi porque entendemos que a missão do ministerio publico é o descobrimento da verdade e o triumpho da justiça[24].

Um dos assumptos mais espinhosos do processo criminal é a proposição dos quesitos ao jury, que são a synthese do processo. Já se vê portanto a difficuldade que esta materia offerece para a expor e comprehender em um codigo. Trata-se d'este objecto nos artigos 591.º a 615.º

---

[22] Vid. o nosso *Manual do ministerio publico,* 2.ª ed., pag. 85.
[23] Vid. Persin, *Code du jury,* pag. 254; Merger, *Nouveau man. du juré,* 4me éd., pag. 202; Lagrèze, *Droit crim. à l'usage des jurés,* pag. 72; Berriat-Saint-Prix, *Le jury en mat. crim.,* 3me éd., pag. 143.
[24] Vid. o nosso *Manual do ministerio publico,* 2.ª ed., pag. 22 a 26.

Na redacção das disposições relativas á proposição dos quesitos tivemos em vista a maior simplicidade e clareza para não embaraçar o jury nas respostas, evitando que lhe sejam apresentados quesitos complexos e alternativos, que originariam decisões ambiguas ou duvidosas. «O povo, disse *Montesquieu,* não é jurisconsulto; é mister apresentar-lhe a julgar um só objecto, um facto, um só facto». Eis a rasão que justifica as disposições dos artigos 593.º, 601 º e 602.º

Nos artigos 597.º a 603.º trata-se dos quesitos com relação á criminalidade quanto ao facto, e nos artigos 604.º e 605.º dos que dizem respeito á criminalidade quanto aos agentes do crime.

Afastámo-nos da formula adoptada nos artigos 1146.º e 1150.º da novissima reforma judicial para exprimir as decisões do jury, e preferimos a que consignámos nos artigos 604.º, 605.º e 620.º, que é tambem seguida no artigo 337.º do codigo de instrucção criminal francez.

Afigura-se-nos esta formula mais consentanea á natureza das funcções do jury, que não é mero juiz de facto para declarar se este existiu ou se está provado, mas juiz da responsabilidade e culpabilidade intencional do accusado[25]. Para chegar a esta conclusão o jury deverá ter presentes as regras prescriptas no artigo 623.º

Admittimos no artigo 625.º a votação por escrutinio secreto, no caso de não se obterem na votação nominal dois terços de votos exigidos para a validade da decisão do jury. Adoptada esta medida, julgâmos que mais facilmente se chegará a um resultado definitivo, visto como d'este modo se facilita a algum jurado mais complacente ou meticuloso esse meio secreto de poder reconsiderar o voto que haja dado.

Concedendo ao juiz de direito, no § 1.º do artigo 612.º, a faculdade de annullar a decisão do jury, tanto affirmativa como negativa, tornâmos clara a disposição do artigo 1162.º da novissima reforma judicial, obtemperâmos aos verdadeiros principios da justiça criminal e tranquillisâmos a consciencia timorata de algum juiz, que porventura hesite em usar d'este correctivo quando a decisão seja affirmativa da culpabilidade do accusado.

Occorreu-nos a idéa de submetter ao *veredictum* de um jury especial[26], composto nos termos do artigo 705.º, o processo annullado com o fundamento da iniquidade da decisão dos jurados. Demoveu-nos, porém, d'este proposito a difficuldade que quasi sempre se offerece de congregar um jury constituido de membros tão dispersos e a natural repugnancia que temos aos juizes e tribunaes excepcionaes. Afigura-se-nos que o correctivo d'este mal ha de vir de uma reforma reflectida e racionavel da instituição do jury.

Sendo o magistrado do ministerio publico um fiscal da execução da lei, impozemos-lhe no artigo 645.º a obrigação de designar especificadamente a natureza e duração das penas, segundo o predominio das circumstancias aggravantes ou attenuantes que occorrerem.

A providencia contida no § 1.º do artigo 652.º justifica-se pela necessidade de conceder aos juizes o espaço de tempo necessario para reflectirem na pena correspondente aos crimes, pelos quaes o jury declarou responsaveis os accusados. Uma discussão prolongada, debates acalorados, incidentes contenciosos, podem sobresaltar o animo do juiz e conturbar-lhe a

---

[25] Vid. Morin, *Répert. gén. et raison. de droit. crim.*, vb. *"question au jury»;* Berriat-Saint-Prix, obr. cit., pag. 145; Merger, obr. cit., pag. 220.

[26] Vid. o artigo 8.º da proposta do sr. Moraes Carvalho *(Diario de Lisboa* n.ᵒˢ 11 e 157).

serenidade indispensavel em assumpto tão momentoso. Se a precipitação dá margem a juizos erroneos e decisões arriscadas, em materia penal póde originar males irreparaveis.

Uma das innovações que o *projecto* encerra é a prestação de caução facultada aos réus condemnados nos artigos 657.º a 659.º É de facil justificação similhante providencia, se attendermos ao valor inestimavel da liberdade, ás delongas inevitaveis do processo, ao estado extremamente lastimoso das cadeias de quasi todas as comarcas, e á possibilidade de se renovar a instancia por virtude da annullação do processo. Uma disposição similhante se encontra no artigo 2.º n.º 3.º da proposta de lei n.º 3, apresentada na sessão da camara dos senhores deputados de 14 de maio de 1870, no caso de recurso de revista interposto nos termos do artigo 1163.º da novissima reforma judicial.

Não era raro até agora descobrir-se um novo crime ao réu já condemnado. É possivel que a adopção do registo criminal, estabelecido pelo decreto de 7 de novembro de 1872, torne inutil a providencia do artigo 663.º; entretanto ella subsiste, no caso de perpetrar o condemnado um novo crime. O julgamento do réu condemnado seria uma inutilidade, se ao novo crime commettido ou descoberto correspondesse uma pena menor do que a que o condemnado tem de cumprir. É por isso que no § 1.º d'este artigo se ordena que os corpos de delicto ou os processos se appensem para os effeitos do § 2.º

Entre as causas suspensivas da execução da sentença condemnatoria, de que o *projecto* se occupa nos artigos 664.º a 689.º, comprehende-se a revisão da sentença.

É esta uma das mais notaveis innovações que avultam no *projecto,* e que considerâmos uma verdadeira homenagem aos mais generosos principios, em que se baseia a justiça criminal. A fallibilidade dos juizos humanos, a limitação dos meios de prova e de averiguação podem occasionar a condemnação de um innocente e mais tarde apparecer o verdadeiro criminoso. Os fastos judiciaes referem mais de um lamentavel exemplo de execuções de infelizes, a quem a contingencia da prova moral fez parecer criminosos. Postoque felizmente entre nós foi abolida a pena de morte, comtudo importa preservar a sociedade dos lastimosos resultados de uma injusta condemnação. É mister que a sociedade, que tem o direito de castigar o delinquente, para que pene, se arrependa e sirva de exemplo aos outros, cumpra tambem o dever de restituir ao seu gremio o cidadão a quem as apparencias fallazes fizeram parecer criminoso. Cremos francamente que estas idéas generosas calarão facilmente no animo dos nossos criminalistas e que não acharão contradictores.

Para obviar aos abusos que poderia occasionar a adopção d'este salutar principio, cercâ-mo-lo de garantias, exigindo no § 1.º do artigo 666.º uma justificação, julgada procedente com previa audiencia do ministerio publico, e no § 2.º do mesmo artigo a decisão do supremo tribunal de justiça, proferida em secções reunidas, ácerca da revisão da sentença condemnatoria. Não nos limitámos a estas garantias previas. exigimos no artigo 667.º a intervenção de jury especial, composto do jurados da comarca em que o réu foi condemnado e dos das duas mais proximas, no caso de auctorisar o supremo tribunal de justiça o segundo julgamento do réu já sentenciado, julgando conveniente que não presida a elle o juiz de direito que presidiu ao primeiro, para dar a um acto tão importante todas as garantias de imparcialidade.

Na providencia do artigo 669.º seguimos a regra adoptada no n.º 2.º do artigo 161.º

Estivemos tentados a adoptar, com as devidas modificações, as disposições dos artigos 619.º a 634.º do *codigo de instrucção criminal francez;* mas entendemos que a rehabilitação em materia criminal devia restringir-se aos condemnados injustamente, como um effeito que resulta immediatamente da revisão da sentença. Assim o entendeu tambem a illustrada commissão que redigiu o «projecto de codigo penal portuguez», consignando doutrina similhante nos artigos 168.º a 170.º A rehabilitação do condemnado, que cumpriu a pena que lhe foi imposta, opera-se com a regeneração da sua vida, com a reforma dos seus costumes, com a conformidade do seu procedimento com as leis sociaes. Essa rehabilitação conquista-se, não se decreta.

Desde o artigo 670.º até ao artigo 682.º trata o *projecto* «do reconhecimento da identidade dos réus condemnados». Não contêem estes artigos materia que nos pareça sujeita a reparos fundados. Chegámos a escrever no § unico, subordinado ao artigo 674.º, em que estabeleciamos que o despacho do juiz de direito sobre o reconhecimento da identidade equivalia para todos os effeitos ao despacho de pronuncia, cabendo d'elle os mesmos recursos. Reflectindo, porém, que o reconhecimento da identidade era materia simplesmente de facto, em que não se apreciava a culpabilidade do réu, resolvemos eliminar aquelle §.

O artigo 683.º é a reproducção do artigo 100.º do codigo penal.

As provisões comprehendidas nos artigos 684.º a 689.º dizem respeito aos «actos de policia judiciaria para verificar a existencia de crimes commettidos ou descobertos no processo plenario ou de julgamento». Por serem obvias essas provisões e a reproducção, apenas mais systematica e desenvolvida, dos artigos 535.º a 1177.º da novissima reforma judicial, abstemo-nos de as justificar. Notaremos apenas que o procedimento auctorisado no artigo 686.º diz respeito ao crime de perjurio commettido em audiencia de sentença, como facilmente se conhece confrontando este artigo com o artigo 688.º, regulando as disposições geraes do *projecto* para o caso em que este crime não é commettido n'aquelle acto.

Quanto ás «nullidades e irregularidades no processo plenario ou de julgamento», reproduzimos nos artigos 690.º a 692.º, com pequenas alterações, as disposições do artigo 13.º da lei de 18 de julho de 1855.

O artigo 693.º contém as providencias necessarias para se proceder á reforma do processo plenario ou de julgamento.

Entendemos que no processo plenario não podiam ter cabimento as excepções peremptorias de «caso julgado» e de «questão prejudicial», nem a excepção dilatoria de «incompetencia», porque os réus tiveram ensejo appropriado para as deduzir durante o processo preparatorio e accusatorio. Eis a rasão por que as não incluimos no artigo 694.º

As disposições que se lêem nos artigos 696.º a 702.º, sobre custas, parecem-nos tão racionaes e obvias, que renunciâmos ao trabalho de as justificar.

Depois de haver tratado da fórma do processo do julgamento dos réus sujeitos á competencia geral ou commum, passa o projecto a occupar-se de identico assumpto nos artigos 703.º a 726.º, com relação aos réus sujeitos á competencia excepcional.

Nos artigos 705.º a 707.º acham-se reproduzidas as disposições do artigo 4.º da lei de 1 de julho do 1867, acrescentando-se apenas a do § 3.º do artigo 705.º e as dos artigos 706.º e 707.º, que se nos afiguram necessarias para prevenir hypotheses que haviam occorrido no julgamento de alguns crimes[27].

---

[27] Vid. accordão do supremo tribunal de justiça de 7 de julho de 1871 (*Diario do governo* n.º 164).

A disposição do artigo 708.º refere-se ao artigo 7.º da lei de 4 de junho de 1859, bem como á lei de 12 de março de 1845 e decreto de 27 do mesmo mez e anno, que estabeleceram o jury mixto.

Quanto ao julgamento dos réus ausentes, de que se trata nos artigos 709.º a 726.º, aproveitámos do decreto de 18 de fevereiro de 1847 todas as provisões que nos pareceram racionaes, procurando dar-lhes uma redacção mais clara, e harmonisando-a com a economia do *projecto.*

Apparece no artigo 723.º uma innovação que se nos afigura dever ser recebida com alvoroço agradavel pelos magistrados e por quantos se interessarem pela boa administração da justiça criminal. A intervenção do jury nos processos instaurados contra os réus ausentes é uma solida garantia para estes, que serão julgados pelos seus juizes pares, e para a sociedade, que não se achará exposta aos funestos resultados da impunidade. Postoque não possamos soccorrer-nos ás estatisticas criminaes, por não existirem no nosso paiz, podemos comtudo affirmar que, depois da publicação do decreto de 18 de fevereiro do 1847, talvez se não tenha obtido a condemnação de uma quarta parte dos réus que têem sido julgados como ausentes. É que os juizes de direito adstrictos á prova legal e a julgar *secundum allegata et probata,* não podem apreciar como jurados a prova moral em que estes baseiam o seu *veredictum.*

Julgâmos não ser mister dar maior desenvolvimento a estas considerações para justificar a adopção d'esta medida tão salutar.

Para que o réu ausente possa ser convenientemente defendido, determina o artigo 718.º a citação pessoal das pessoas ali mencionadas, que são as mais interessadas em allegar quanto seja a bem do ausente, ordenando o artigo 719.º, que lhe seja nomeado um curador ajuramentado, no caso de não constituirem advogado ou defensor.

Em seguida o *projecto* occupa-se nos artigos 727.º a 756.º «da fórma do processo do julgamento dos agentes dos crimes sujeitos á competencia especial ou privativa».

N'este momentoso assumpto tivemos de subordinar as nossas idéas ás disposições da lei fundamental do estado, que não podiamos alterar. Mal comprehendemos como um alto corpo politico deliberante, sujeito ao influxo de paixões partidarias, possa exercer funcções de julgar, que demandam a mais imperturbavel serenidade de espirito e inteira isenção de motivos externos que possam actuar no seu animo. Tem sido sempre nossa firme convicção que os crimes commettidos pelos agentes mencionados no artigo 732.º deveriam ser julgados pelo supremo tribunal de justiça, que, occupando o primeiro grau na hierarchia judicial, offerece todas as garantias de imparcialidade que exige a administração da justiça criminal.

As disposições dos artigos 728.º e 729.º são conformes ao regimento da camara dos dignos pares do reino e dos senhores deputados, e a do artigo 730.º é a reproducção da garantia do artigo 27.º da carta constitucional.

Entendemos que se nos deparava ensejo adequado para resolver sem ambiguidade a questão, tantas vezes ventilada nos tribunaes judiciaes, dos effeitos provenientes da recusa da auctorisação da camara dos senhores deputados para a continuação do processo criminal instaurado contra algum dos seus membros, e por isso redigimos o artigo 729.º, em ordem a remover toda a duvida.

Foi sempre nossa intima e inabalavel convicção, que os effeittos da denegação da auctorisação não vão alem da duração da sessão legislativa ou da legislatura, como uma immunidade temporaria que apenas salvaguarda o deputado sem cobrir o acto.

Ainda mesmo em presença das disposições da carta constitucional, sustentámos sempre que a decisão da camara dos senhores deputados, negando a licença para que o processo continue no poder judicial, jamais podia operar a extincção da acção criminal[28].

Nos artigos 733.º a 737.º incluimos as disposições da lei de 15 de fevereiro de 1849.

Com relação á materia das suspeições oppostas aos membros da camara dos dignos pares do reino, entendemos que deviamos restringir a escolha dos juizes arbitros ás pessoas mencionadas no artigo 738.º, poisque, sendo membros dos dois primeiros tribunaes do paiz, offerecem todas as garantias de illustração e imparcialidade para julgar a suspeição.

Julgámos a proposito consignar no artigo 746.º a idéa de que o tribunal criminal da camara dos dignos pares aprecia como jury as provas e indicios offerecidos contra ou a favor do réu.

É um jury qualilicado, que reune todas as condições de idoneidade para uma acertada decisão.

Coherente com este principio, estabelecemos no artigo 758.º a mesma disposição, que regula o vencimento das decisões do jury commum. Fortalece-nos n'esta idéa a convicção de que nos achâmos possuidos de que é mister salvaguardar os réus sujeitos á sua jurisdicção.

A faculdade concedida no artigo 750.º á camara dos dignos pares do reino, de dirigir á corôa uma mensagem, pedindo o perdão ou a commutação da pena imposta a algum réu que gose de fôro especial, quando militem a favor d'elle as circumstancias ali previstas, é uma homenagem aos bons principios e um meio de suavisar os rigores da justiça criminal. Está ainda impresso na memoria de todos o uso que ha pouco fez de similhante faculdade o tribunal militar reunido em Versalhes, que condemnou o marechal Bazaine.

Os artigos 751.º a 756.º contêem as disposições relativas ao julgamento dos magistrados judiciaes e do ministerio publico em todas as instancias, e dos embaixadores e demais agentes diplomaticos.

Adoptámos no julgamento d'estes réus as mesmas regras que o supremo tribunal da camara dos dignos pares deve observar no julgamento dos réus sujeitos á sua jurisdicção.

Inscreve-se a parte II do livro III «da competencia correccional».

Desde o artigo 757.º até ao artigo 776.º trata o *projecto* da fórma do processo preparatorio, accusatorio e plenario ou de julgamento com relação a todos os agentes dos crimes, qualquer que seja a sua categoria e situação.

Adoptámos o pensamento do decreto de 10 de dezembro de 1852 e da proposta de lei n.º 2, apresentada em sessão da camara dos senhores deputados de 14 de maio de 1870[29] pelo ilustrado ministro a que já nos referimos.

Sendo geraes os clamores contra a lei de 18 de agosto de 1853, que sujeitou á decisão do jury o julgamento de crimes a que correspondiam penas modicas, entendemos que a administração da justiça criminal exigia a adopção de uma forma que conciliasse as garantias da sociedade com as individuaes dos delinquentes. Afigura-se-nos que a forma do processo correccional que propomos ha de produzir os apreciaveis resultados da certeza e promptidão de repressão, alliviando ao mesmo tempo o jury do pesado encargo de intervir no julgamento

---

[28] Vid. uma contra minuta de revista do auctor do *Direito*, tomo V, pag. 244 a 247.
[29] Vid. Diario da comarca dos senhores deputados, pag. 461.

de crimes de somenos importancia. A justificação d'esta medida acha-se eloquentemente feita no luminoso relatorio que precede a citada proposta de lei[30].

Não havendo rasão plausivel para não aplicar a forma de processo correccional aos réus ausentes e aos que gosam de fôro especial ou privativo, redigimos os artigos 769.º, 775.º e 776.º, para remover toda a duvida que a este respeito podesse suscitar-se.

A parte III do livro trata da «competencia de policia correccional».

Na redacção dos artigos 777.º a 803.º tivemos presentes as disposições dos artigos 1250.º a 1262.º da novissima reforma judicial, as indicações da praxe forense e da citada proposta de lei n.º 2, e a conveniencia de manter as disposições das leis administrativas, que conferem a certos funccionarios a faculdade de formar autos das contravenções.

Declarámos no artigo 803.º applicavel esta fórma de processo aos agentes sujeitos á competencia excepcional e á competencia especial ou privativa, visto como não descobrimos a rasão plausivel para proceder por modo diverso.

A parte IV do mesmo livro trata «da competencia disciplinar», occupando-se o *projecto* d'este assumpto nos artigos 804.º a 832.º

A jurisdicção disciplinar tem um grande alcance e é de um salutar effeito. Póde dizer-se que é uma jurisdicção paternal, que mais admoesta do que pune. Destinada a advertir e a corrigir faltas que não têm a natureza de crimes, commettidas pelos juizes, agentes auxiliares da acção criminal, advogados e outras pessoas, não podiam deixar de ter cabimento no *projecto* as provisões relativas a este objecto.

No intuito de evitar o arbitrio na applicação das penas disciplinares, estabelecemos as regras dos artigos 806.º, 807.º e 808.º, que, por nos parecerem extremamente racionaes, não tratâmos de justificar.

Tratando da repressão das faltas commettidas pelos magistrados judiciaes, o *projecto* adoptou nos artigos 812.º a 825.º as disposições da lei de 10 de abril de 1849, modificando-as e completando-as com indicações racionaes tendentes a levantar a dignidade e o prestigio do poder judicial.

Respeitadores do principio de que ninguem deve ser condemnado sem que previamente seja ouvido[31], consignámos este preceito nos artigos 826.º, 827.º e 828.º com relação á pena disciplinar de censura imposta aos magistrados judiciaes e á de suspensão do officio infligida aos agentes auxiliares da acção criminal, ampliando este principio aos advogados, qualquer que seja a pena que lhes seja comminada, visto como não são funccionarios dependentes do poder judicial.

Conservámos nos artigos 829.º a 831.º a obrigação imposta pelo artigo 85.º, n.º 10.º, da novissima reforma judicial e pelo decreto de 9 do abril de 1863 aos juizes de direito de procederem a correição para conhecerem e corrigirem as faltas e omissões commettidas pelos agentes auxiliares da acção criminal, restringindo o cumprimento d'este dever ao mez de setembro, por ser o mez de ferias, em que os juizes podem sem detrimento da administração da justiça entregar-se ao desempenho desta importante obrigação do seu cargo. Estatuimos no artigo 830.º a intervenção dos magistrados do ministerio publico para descobrir as faltas e omissões a

---

[30] Vid. Diario citado, pag. 454.
[31] Vid. Carta constitucional, artigo 145.º, § 10.º; ord., liv. II, tit. 1.º, § 13.º; assento de 20 de julho de 1780.

que nos referimos, por ser uma attribuição consentanea da indole d'esta magistratura, encarregada do descobrimento e repressão das infracções.

V

O livro IV trata «dos recursos».

Basta esta simples indicação para mostrar a importancia e a difficuldade da materia.

Sendo o recurso o proseguimento da acção criminal nos tribunaes superiores, entendemos que deviamos seguir o mesmo systema que adoptámos nos livros I e III, tratando em primeiro logar «da acção» e em segundo logar «da excepção».

A materia dos recursos abrange os artigos 833.º a 1048.º Poderá porventura parecer assás minucioso e prolixo o *projecto* n'este assumpto; mas ainda assim não podemos ufanar-nos de haver sido sufficientemente previdentes.

Seguimos a jurisprudencia do supremo tribunal de justiça, por nos parecer racional e ter sido geralmente acceita.

Julgámos conveniente inserir no *projecto* as «disposições geraes», que se contêem nos artigos 833.º a 840.º, e que são communs a todas as especies de recursos.

Os artigos 841.º a 843.º contêem «disposições geraes» relativas aos recursos de aggravo.

No artigo 843.º estabelece-se a regra de que ao aggravo não compete o effeito suspensivo do andamento do processo, salvos os casos previstos no § unico do mesmo artigo. De rasão nos parece a excepção, poisque o processo não póde proseguir emquanto o tribunal superior não decidir se é, ou não, exacta e conforme á lei penal a incriminação attribuida ao facto ou a classificação do mesmo, bem como se existem, ou não, indicios de culpabilidade para que o presumido delinquente deva dar conta do seu procedimento em processo plenario ou de julgamento.

As disposições relativas ao aggravo no auto do processo, comprehendidas nos artigos 844.º a 849.º, não nos parecem sujeitas a reparos fundados, e por isso não nos deteremos em justifica-las. D'este aggravo conhece o tribunal superior, quando sobe o recurso de appellação, como se vê dos artigos 987.º a 989.º

Trata-se do aggravo de petição nos artigos 850.º a 870.º, nos quaes estabelecemos differentes provisões relativas a esta especie de aggravos, segundo forem interpostos para o juiz de direito, para o tribunal da relação ou para o supremo tribunal de justiça.

Entendemos que era conveniente aos interesses da sociedade, e que era uma garantia para os delinquentes, conceder no artigo 850.º o recurso de aggravo de petição para o juiz de direito da comarca: 1.º, dos despachos em que os juizes ordinarios concederem ou denegarem caução; 2.º, dos despachos em que os mesmos juizes não qualificarem o facto como criminoso, ou lhe derem uma classificação desconforme com a lei penal.

Sendo indubitavel que os juizes de direito offerecem as mais solidas garantias de acerto nas suas decisões, estamos persuadidos de que com a permissão d'este recurso se obviarão muitos abusos e se evitarão muitas prepotencias.

A rapidez da decisão do ponto do aggravo, estatuida no artigo 852.º, é outra garantia sobremaneira apreciavel, que muito ha de contribuir para o regular andamento da acção criminal instaurada perante os juizes ordinarios.

Cabe o aggravo de petição para a relação do districto judicial, entre outros casos: 1.º, do despacho do juiz de direito que, em reparação de aggravo, despronunciar o querelado, ou qualquer outro agente do crime; 2.º, do despacho que pronunciar o aggravante, postoque seja em virtude de accordão proferido pela relação em provimento de aggravo.

Não póde restar a menor duvida de que o despacho proferido no primeiro caso, que se acha previsto no n.º 3.º do artigo 854.º, repõe cousas no estado anterior á prestação da querela, e portanto deve ser facultada ao magistrado do ministerio publico a interposição do aggravo, a fim de que o tribunal da relação possa conceder ou negar provimento no recurso, como for de justiça.

Quanto ao despacho proferido no segundo caso, e que se acha previsto no n.º 2.º do artigo 855.º, parece-nos de incontestavel justiça a admissão do recurso de aggravo, visto como o provimento obtido pelo magistrado do ministerio publico ou pela parte querelante declara o aggravante réu do crime que lhe é imputado. Assim, ninguem poderá sustentar com plausibilidade que ha aqui uma duplicação de aggravos, ou a reiteração de um recurso de aggravo já interposto, poisque, não havendo réu declarado responsavel por um facto criminoso senão depois que o juiz de direito, em cumprimento do accordão da relação, o pronuncia como tal, é manifesto que o aggravo interposto pelo réu é um recurso inteiramente novo e o primeiro a que se soccorre para ver se consegue declinar a imputação, que sobre elle faz pesar o despacho de pronuncia proferido em obediencia á decisão do tribunal superior.

Ácerca do aggravo de instrumento, de que o *projecto* se occupa nos artigos 871.º a 888.º, apenas temos a observar, que nos pareceu conveniente para uma acertada decisão estatuir no n.º 2.º do § 1.º do artigo 874.º o preceito de transcrever integralmente o processo no instrumento do aggravo a fim de que o tribunal da relação possa apreciar devidamente o conjunto das provas e indicios que elle offerece.

Nos artigos 889.º a 899.º trata-se da carta testemunhavel, parecendo-nos que as disposições ahi consignadas não carecem de explanação, nem são sujeitas a reparo.

Em seguida o *projecto* passa a occupar-se da appellação.

Nos artigos 900.º a 906.º trata-se da appellação para o juiz de direito e para o tribunal de policia correccional.

Estabelece-se no § unico do artigo 901.º um tribunal de policia correccional composto do juiz de direito da comarca, que será o presidente, e dos seus dois primeiros substitutos. Assim como existe um tribunal similhante creado pelo artigo 1.º do regulamento de 12 de março de 1868 para julgar os recursos do conselho de tutela, assim tambem se nos afigurou conveniente fazer um ensaio de um tribunal collectivo para julgar os recursos interpostos das sentenças dos juizes ordinarios.

Os artigos 907.º a 919.º encerram disposições relativas ao recurso de appellação para a relação do districto judicial, as quaes já se achavam estabelecidas na novissima reforma judicial.

Trata-se nos artigos 920.º a 932.º do recurso de revista.

Julgámos conveniente facultar o recurso de revista aos magistrados judiciaes e do ministerio publico pronunciados, e por isso o admittimos e incluimos no n.º 5.º do artigo 920.º em que se trata d'este recurso. Entendemos que estes magistrados não deviam ficar em situação mais desvantajosa do que os agentes dos crimes sujeitos á competencia commum, e, levados d'esta convicção, estabelecemos aquella provisão.

O artigo 923.º encerra uma providencia de reconhecida justiça. Não era justo compellir o réu absolvido a prestar nova caução, a menos que o fiador não requeresse a sua exoneração, e por isso este artigo estatue a ratificação da caução anteriormente prestada.

Depois de ter tratado dos casos em que competem os recursos de aggravo, appellação e revista, da fórma da sua interposição e apresentação nos tribunaes superiores, o *projecto* occupa-se no titulo VI «do julgamento dos recursos nas relações».

As disposições sobre classificação e distribuição dos recursos, contidas nos artigos 933.º a 958.º, são, com pequenas alterações, a reproducção das disposições da novissima reforma judicial e da lei de 18 de julho de 1855.

A determinação do artigo 956.º é a ampliação aos magistrados do ministerio publico da disposição do artigo 11.º do decreto de 23 de junho de 1870. Desde que é licito aos advogados deixarem de comparecer ao acto da discussão da causa, quando tenham escripto no processo alguma allegação, não há rasão para recusar identica faculdade ao magistrado que representa a sociedade.

O *projecto* conformou-se nos artigos 959.º a 967.º com as disposições estatuidas na novissima reforma judicial ácerca da ordem do serviço nas relações e attribuições dos presidentes d'estes tribunaes no julgamento dos recursos.

Regulando a fórma do julgamento dos recursos de aggravo, cartas testemunhaveis e conflictos de jurisdicção, estabelecemos nos artigos 968.º a 985.º as provisões que nos pareceram mais adequadas em ordem a conciliar a celeridade com o acerto e madureza das decisões. Determinado por estes principios, consignámos no § unico do artigo 970.º a faculdade do adiamento do julgamento para a conferencia immediata áquella em que devia verificar-se.

Convencido de que as decisões dos tribunaes só podem ser revestidas de auctoridade moral, quando forem devidamente fundamentadas, estatuimos no artigo 979.º, que os accordãos contenham sempre um resumido relatorio do objecto do agravo, e os fundamentos da decisão, quer seja confirmativa, quer revogatoria do despacho recorrido. D'este modo poderão ser convenientemente discutidas e apreciadas as decisões dos tribunaes, e assim crescerão em prestigio e consideração publica.

Conformou-se igualmente o *projecto* nos artigos 980.º a 985.º com as disposições vigentes da novissima reforma judicial ácerca do julgamento dos conflictos de jurisdicção ou de competencia.

No julgamento dos recursos de appellação, de que se trata nos artigos 986.º a 1011.º, não nos afastámos da fórma de processo estabelecida na lei do processo vigente.

As disposições comprehendidas nos artigos 986.º a 989.º são a reproducção, talvez mais clara e systematica, das que se achavam decretadas nos artigos 693.º e 701.º da novissima reforma judicial e nos artigos 15.º e 16º da lei de 18 de julho de 1855.

Parece-nos racional e methodica a divisão que adoptámos de appellações que admittem discussão e das que a não admittem. Trata-se das primeiras nos artigos 990.º a 1007.º e das segundas nos artigos 1008.º e 1009.º As disposições contidas n'estes artigos pouco differem das estatuidas na novissima reforma judicial.

Julgámos conveniente circumscrever a requisitoria do magistrado do ministerio publico e as allegações oraes aos pontos prescriptos nos artigos 993.º e 995.º, visto como anteriormente podem ter feito uso da faculdade que lhes concede o artigo 955.º, quanto á deducção de nullidades.

As disposições dos artigos 1010.º e 1011.º estão em harmonia com as dos artigos 4.º e 5.º da lei de 19 de dezembro de 1843, e com a do artigo 17.º da lei de 18 de julho de 1855.

Trata-se nos artigos 1012.º a 1015.º «da deserção dos recursos», e tambem n'este assumpto nos conformámos com as prescripções do artigo 15.º da lei de 19 de dezembro de

1843 e artigo 19.º da lei de 16 de junho de 1855, regulando contudo mais desenvolvidamente a fórma de processo que deve seguir-se para se julgarem desertos e não seguidos os recursos. Tornámos obrigatoria e gratuita a publicação dos annuncios, a que se refere o artigo 1014.º, porque conhecemos praticamente o apuro em que se acham os cofres das multas não excedentes a 5$000 réis e os encargos que os affectam.

Quanto á fórma do processo da suspeição dos juizes das relações e magistrados do ministerio publico junto d'estes tribunaes, adoptámos tambem nos artigos 1017.º a 1027.º, com pequenas alterações, o que se achava legislado nos artigos 759.º a 762.º da novissima reforma judicial.

Trata finalmente o *projecto* nos artigos 1028.º a 1048.º «do julgamento dos recursos no supremo tribunal de justiça».

Seguimos a mesma ordem na divisão de materias que haviamos adoptado para o julgamento dos recursos de appellação, visto não militarem rasões differentes, que nos determinassem a altera-la. Limitar-nos-hemos a dizer que sobre este assumpto nos conformámos com as prescripções da novissima reforma judicial e com a lei de 19 de dezembro de 1843. Entendemos que sendo o supremo tribunal de justiça um tribunal que só conhece de nullidade do processo ou de nullidade de sentença, a requisitoria dos magistrados do ministerio publico só póde versar sobre os pontos especificados no artigo 1032.º

Tinhamos escripto esta «breve exposição de motivos» antes da publicação da lei de 16 de abril do corrente anno, que extinguiu os juizes eleitos e os sub-delegados do procurador regio, e deu novas attribuições aos juizes ordinarios, privando-os da jurisdicção criminal á excepção da feitura dos corpos de delicto.

Reflectindo que este trabalho tem de ser revisto por uma illustrada commissão, resolvemos não alterar a economia do *projecto* para não demorar a sua publicação.

Os artigos que têem de ser harmonisados com a novissima organisação judiciaria são os seguintes: 71.º, 102.º, 196.º, 197.º, 235.º, 245.º, 248.º, 277.º, 279.º, 310.º, 362.º, 363.º, 364.º, 365.º, 392.º, 393.º, 394.º, 411.º, 412.º, 414.º, 437.º, 711.º, 755.º, 756.º, 763.º, 793.º, 796.º, 800.º, 822.º, 823.º, 829.º, 844.º, 850.º, 900.º e 906.º

Porto, 1 de agosto de 1874

PROJECTO
DE
CODIGO
DO
PROCESSO CRIMINAL

LIVRO I
DAS ACÇÕES

TITULO I
Das acções provenientes da infracção da lei penal

CAPITULO I
Disposições geraes

ARTIGO 1.º
Da infracção da lei penal provêem a acção criminal e a acção civil.

ARTIGO 2.º
O conhecimento e decisão da acção criminal pertencem aos juizes e tribunaes criminaes e o da acção civil aos juizes e tribunaes civis, salvo se tiver sido cumulada com a acção criminal.

CAPITULO II
Da acção criminal

SECÇÃO I
Da natureza e divisão da acção criminal

ARTIGO 3.º
A acção criminal é o meio de tornar effectiva a imposição das penas aos agentes das infracções, observada a fórma de processo estabelecida n'este codigo e nas leis especiaes.

ARTIGO 4.º

O processo consiste no complexo de actos e formalidades prescriptas na lei para verificar a existencia das infracções, e para o descobrimento, apprehensão e punição dos seus agentes.

ARTIGO 5.º

A fórma do processo varia, segundo a classificação que competir á infracção e a qualidade e situação dos agentes da mesma.

ARTIGO 6.º

A acção criminal póde ser publica ou particular. A acção publica é exercida em nome e no interesse geral da sociedade. A acção particular é exercida em nome e no interesse da parte offendida.

SECÇÃO II

Da acção criminal publica

ARTIGO 7.º

Verificada a existencia de qualquer infracção, incumbe ao magistrado do ministerio publico propor a acção criminal competente contra os agentes da mesma.

§ unico. Exceptuam-se da disposição d'este artigo:

1.º Os crimes especificados nos artigos 391.º a 395.º do codigo penal, nos quaes o exercicio da acção criminal publica depende da previa queixa verbal ou escripta do offendido, ou de seus paes, avós, marido, tutores ou curadores, salvo:

I. Havendo effectivo emprego de violencia na execução do crime;

II. Sendo o offendido menor de doze annos ;

III. Sendo pessoa miseravel, ou achando-se a cargo de estabelecimento de beneficencia ou educação;

2.º O crime previsto no artigo 401.º do codigo penal, no qual a accusação publica depende da querela e accusação do marido;

3.º Quaesquer outros crimes, em que por disposição de leis especiaes a instauração da acção publica esteja dependente de queixa da parte offendida, ou de requisição ou participação official de algum governo estrangeiro.

ARTIGO 8.º

Os magistrados do ministério publico não podem desistir das acções criminaes que houverem proposto, aindaque sejam incompetentes, ou a parte offendida tenha desistido ou perdoado.

§ unico. No caso de reconhecerem a improcedencia da acção criminal proposta, poderão demonstra-la nas suas conclusões oraes no acto da discussão e julgamento.

ARTIGO 9.º

A acção criminal sómente compete contra os agentes da infracção, não podendo ser proposta contra seus herdeiros.

SECÇÃO III

Da acção criminal particular

ARTIGO 10.º

As partes offendidas podem intentar a acção criminal particular competente contra os agentes da infracção.

§ unico. Para os effeitos d'este artigo, consideram-se partes offendidas:
1.º Em quaesquer infracções, as pessoas a quem directamente possam affectar;
2.º Nos crimes contra a existencia;
 I. O conjuge durante o estado de viuvez;
 II. Os descendentes e ascendentes;
 III. Na falta de conjuge, descendentes e ascendentes, os collateraes até o quarto grau por direito civil, preferindo os mais proximos aos mais remotos;
 IV. Os donatarios e herdeiros instituidos;
3.º Nos crimes de attentado ao pudor, estupro, violação e rapto:
 I. As pessoas directamente offendidas;
 II. Os paes, avós, irmãos, tutores ou curadores das mesmas;
4.º Nos crimes de adulterio, o marido;
5.º Nos crimes e contravenções offensivas do direito eleitoral, qualquer cidadão legalmente recenseado.

ARTIGO 11.º

Se os offendidos pelas infracções a que se refere o artigo antecedente forem incapazes de exercer os seus direitos por menoridade, a acção criminal sómente poderá ser proposta:
1.º Pelos paes e ascendentes, quando as infracções forem commettidas contra seus filhos e descendentes menores de quatorze annos, sendo do sexo masculino, e menores de doze annos, sendo do sexo feminino;
2.º Pelos tutores, quando commettidas contra seus pupilos da idade indicada no numero antecedente.

ARTIGO 12.º

Os offendidos de ambos os sexos maiores de quatorze e menores de vinte e um annos, os interdictos, e as mulheres casadas não serão admittidos a propor acção criminal sem que preceda auctorisação de seus paes, avós, tutores, curadores e maridos, nos termos do codigo do processo civil.

ARTIGO 13.º

É applicavel á acção criminal particular o disposto no artigo 9.º

ARTIGO 14.º

Proposta a acção criminal particular pelas partes offendidas, incumbe aos magistrados do ministério publico propor a acção criminal publica.

CAPITULO III
Das causas suspensivas da acção criminal

ARTIGO 15.º

A acção criminal, tanto publica como particular, fica suspensa nos casos seguintes:
1.º Quando a sua instauração depender da prévia queixa dos offendidos ou dos que os representem;
2.º Quando for offerecida alguma excepção dilatoria;
3.º Quando for necessaria a previa licença do governo para proseguir na accusação contra magistrados ou funccionarios administrativos por crimes commettidos no exercicio de suas funcções;
4.º Quando sobrevier affecção mental nas faculdades intellectuaes do agente da infracção.

§ unico. A superveniencia da affecção mental não impede a pratica dos actos de policia judiciaria, nem a instauração do processo preparatorio ou de instrucção preliminar.

CAPITULO IV
Das causas extinctivas da acção criminal

ARTIGO 16.º

A acção criminal, tanto publica como particular, extingue-se:
1.º Por alguma das excepções peremptorias legalmente provadas;
2.º Pela morte do agente da infracção;
3.º Pela execução da sentença condemnatoria;
4.º Pela sentença absolutoria passada em julgado.

CAPITULO V
Da acção civil resultante do crime

SECÇÃO I
Da natureza e divisão da acção civil

ARTIGO 17.º

A acção civil resultante do crime tem por fim obter a reparação do damno material causado pela infracção.

ARTIGO 18.º

Esta acção póde ser publica ou particular, segundo for exercida em nome e no interesse geral da sociedade ou da parte offendida.

SECÇÃO II
Da acção civil publica

ARTIGO 19.º

A acção civil publica deverá ser proposta pelos magistrados do ministerio publico, quando da infracção resultar damno material ao estado ou á fazenda nacional.

ARTIGO 20.º

Esta acção póde ser intentada não só contra os agentes da infracção, mas tambem contra seus herdeiros até á concorrencia do valor da herança.

ARTIGO 21.º

A acção civil póde accumular-se com a acção criminal, ou propor-se em processo separado, segundo for mais conveniente aos interesses do estado ou da fazenda nacional.

ARTIGO 22.º

Quando a acção civil for proposta em processo separado, observar-se-ha a fórma de processo estabelecida no codigo do processo civil.

§ unico. N'este caso não poderá ser decidida sem que previamente o seja a acção criminal.

SECÇÃO III
Da acção civil particular

ARTIGO 23.º

A acção civil particular compete aos offendidos e seus herdeiros, postoque renunciassem a acção criminal.

ARTIGO 24.º

Esta acção póde ser proposta contra os agentes da infracção e contra seus herdeiros, nos termos do artigo 20.º

ARTIGO 25.º

São applicaveis á acção civil particular as disposições do artigo 10.º

CAPITULO VI
Das causas suspensivas da acção civil resultante da infracção

ARTIGO 26.º

A acção civil resultante da infracção fica suspensa pelas causas mencionadas nos n.ºs 2.º e 3.º do artigo 15.º

CAPITULO VII
Das causas extinctivas da acção civil resultante da infracção

ARTIGO 27.º

A acção civil publica extingue-se:
1.º Pela amnistia ou perdão real;
2.º Pela sentença criminal absolutoria com transito em julgado;
3.º Pela reparação do damno material resultante da infracção;
4.º Pela falta ou insufficiencia de bens do agente da infracção para a inteira reparação do damno.

§ unico. O disposto em o n.º 4.º d'este artigo não extingue a acção civil, no caso de se provar que o agente da infracção adquiriu posteriormente outros bens.

ARTIGO 28.º

A acção civil particular extingue-se:
1.º Pela desistencia ou perdão da parte offendida;
2.º Pelas causas declaradas em os n.ᵒˢ 2.º, 3.º e 4.º do artigo antecedente, se a sentença criminal absolutoria, a que se refere o n.º 2.º, tiver sido proferida com intervenção da parte offendida, nos termos do artigo 41.º

TITULO II
Das excepções

CAPITULO I
Da natureza das excepções e sua divisão

ARTIGO 29.º

As excepções são os meios de extinguir ou diferir o andamento da acção criminal.

ARTIGO 30.º

As excepções são peremptorias ou dilatorias. As primeiras extinguem a acção criminal. As segundas suspendem o andamento da mesma acção até que sejam decididas pelos juizes ou tribunaes competentes.

ARTIGO 31.º

Pertencem ás excepções peremptorias:
1.º A prescripção;
2.º O caso julgado;
3.º A amnistia.

ARTIGO 32.º
Pertencem às excepções dilatorias:
1.º A incompetencia do juiz ou tribunal criminal;
2.º A suspeição dos juizes e magistrados do ministerio publico;
3.º Os conflictos de jurisdicção ou de competencia;
4.º As questões prejudiciaes.

CAPITULO II
Das excepções peremptorias

SECÇÃO I
Da prescripção

ARTIGO 33.º
A acção criminal prescreve no praso e termos declarados no codigo penal.

ARTIGO 34.º
A acção civil resultante da infracção prescreve no mesmo praso e termos marcados no codigo penal, se tiver sido accumulada com a acção criminal. Se porém tiver sido proposta em processo separado, o praso e termos da prescripção serão regulados pelas disposições da lei civil.

SECÇÃO II
Do caso julgado

ARTIGO 35.º
Tem logar o caso julgado, quando a acção criminal versar sobre o mesmo facto e entre os mesmos agentes, a respeito dos quaes tiver sido proferida sentença criminal definitiva com transito em julgado.

ARTIGO 36.º
Para que o caso julgado possa ser invocado como prova, é necessario o concurso dos requisitos seguintes:
1.º Identidade do facto criminoso;
2.º Identidade do agente;
3.º Sentença definitiva transitada em julgado.

ARTIGO 37.º
O caso julgado extingue a acção criminal, postoque a primeira acção fosse proposta em juizo incompetente.
§ unico. Exceptua-se da disposição d'este artigo o caso da prestação de segunda querela, nos termos do artigo 276.º

ARTIGO 38.º

Os effeitos do caso julgado na acção civil podem ter logar:
1.º Em grau de pronuncia;
2.º Em grau de sentença.

ARTIGO 39.º

A falta de pronuncia dos agentes da infracção, quer pela não existencia do facto criminoso, quer por falta de prova ou indicios de culpabilidade, quer pelo concurso de uma e outra cousa, não inhibe a parte offendida de propor a acção civil pelo mesmo facto e contra os mesmos agentes.

ARTIGO 40.º

A sentença criminal condemnatoria proferida na acção criminal com audiencia dos agentes da infracção faz prova do facto na acção civil, postoque a parte offendida não propozesse a acção criminal particular.

ARTIGO 41.º

A sentença criminal absolutoria extingue a acção civil, se a parte offendida tiver proposto e seguido a acção criminal até á sentença.

SECÇÃO III

Da amnistia e perdão real

ARTIGO 42.º

A amnistia e perdão real obstam á instauração e continuação da acção criminal, nos termos dos artigos 120.º e 121.º do codigo penal.

CAPITULO III

Das excepções dilatorias

SECÇÃO I

Da incompetencia

ARTIGO 43.º

Dá-se a incompetencia quando o juiz ou tribunal criminal não póde exercer jurisdicção sobre certo e determinado facto criminoso.

ARTIGO 44.º

A incompetencia póde verificar-se:
1.º Pela qualidade e situação dos agentes da infracção;
2.º Pelo lugar em que é commettida;
3.º Pela classificação que compete á infracção.

SECÇÃO II

Da suspeição

SUB-SECÇÃO I
Da suspeição dos juizes

ARTIGO 45.º

A suspeição dos juizes verifica-se:
1.º Quando se declaram impedidos para conhecer ou julgar a acção criminal;
2.º Quando são recusados pelas partes.

ARTIGO 46.º

São causas legitimas de suspeição:
1.º A intima amisade entre os juizes, os agentes da infracção e as partes querelantes ou accusadoras;
2.º A inimisade reconhecida entre os mesmos;
3.º O parentesco entre os mesmos até ao quarto grau por direito civil;
4.º A immediata dependencia dos juizes a respeito dos agentes da infracção e partes querelantes ou accusadoras;
5.º A reconhecida protecção e favor prestado pelos juizes aos agentes da infracção, ás partes querelantes ou accusadoras, e vice-versa.
§ unico. São causas de inimisade:
1.º A perpetração de algum crime, que afectasse o juiz, ou algum de seus descendentes, ascendentes ou irmãos, salvo provando-se a reconciliação posterior;
2.º A perda consideravel de fortuna proveniente da decisão de algum litigio proposto pelo agente da infracção, salva igualmente a reconciliação posterior.

ARTIGO 47.º

Não poderá ter logar a suspeição dos juizes nos actos de policia judiciaria:
§ unico. Exceptua-se da disposição d'este artigo o caso de serem os agentes da infracção descendentes, ascendentes ou irmãos do juiz que tiver de presidir aos actos de policia judiciaria.

SUB-SECÇÃO II
Da suspeição dos magistrados do ministerio publico

ARTIGO 48.º

A suspeição dos magistrados do ministério publico póde ser voluntaria ou offerecida pelas partes, segundo se declararem impedidos ou forem recusados por estas.

ARTIGO 49.º

São applicaveis aos magistrados do ministerio publico as causas de suspeição mencionadas no artigo 46.º, e as disposições do artigo 47.º e seu § unico.

SECÇÃO III

Dos conflictos de jurisdicção ou de competencia

ARTIGO 50.º

Dá-se o conflicto de jurisdicção ou de competencia, quando differentes juizes ou tribunaes criminaes conhecem ou se abstêem de conhecer da mesma acção criminal, ou de certos e determinados actos do processo.

ARTIGO 51.º

Os conflictos de jurisdicção podem ser positivos ou negativos.

Os conflictos positivos consistem no conhecimento que differentes juizes ou tribunaes criminaes se attribuem da mesma acção, ou de certos e determinados actos, considerando-se todos igualmente competentes para exercer jurisdicção a respeito d'elles. Os conflictos negativos consistem na recusa de differentes juizes ou tribunaes em conhecerem da mesma acção criminal, ou de certos e determinados actos do processo, por se considerarem incompetentes para exercer jurisdicção.

ARTIGO 52.º

Os conflictos podem ter logar:
1.º Entre differentes juizes criminaes pertencentes ao mesmo districto judicial;
2.º Entre differentes juizes criminaes pertencentes a diverso districto judicial;
3.º Entre juizes ou tribunais criminaes communs e juizes ou tribunaes especiaes.

ARTIGO 53.º

Levantado o conflicto, sobrestar-se-ha no ulterior andamento da acção criminal.

§ unico. Se o conflicto for positivo, não suspenderá o curso da acção criminal senão depois de concluido o processo preparatorio ou de instrucção preliminar.

SECÇÃO IV

Das questões prejudiciaes

ARTIGO 54.º

As questões prejudiciaes versam sobre a existencia de factos, de cuja previa decisão depende a instauração da acção criminal.

ARTIGO 55.º

Estas questões sómente podem versar:
1.º Sobre o estado civil da pessoa;
2.º Sobre a propriedade immobiliaria ou sobre a posse;
3.º Sobre a não existencia da obrigação, de cuja violação resulta a responsabilidade penal.

§ unico. Para os effeitos do n.º 1.º d'este artigo, não são consideradas questões de estado as circumstancias aggravantes da infracção.

ARTIGO 56.º

As questões prejudiciaes suspendem a acção criminal até que sejam decididas pelos juizes ou tribunaes competentes.

§ unico. Quando forem julgadas provadas, tomam a natureza de excepção peremptoria.

ARTIGO 57.º

No caso de pluralidade de agentes, as questões prejudiciaes sómente suspendem o andamento da acção criminal com relação ao excipiente.

ARTIGO 58.º

Quando os presumidos agentes da infracção allegarem alguma excepção de questão prejudicial, os juizes de direito sobrestarão no ulterior andamento do processo até á decisão d'aquella questão pelos juizes ou tribunaes competentes, comtanto:

1.º Que o direito invocado seja pessoal ao presumido agente da infracção;

2.º Que seja tal que, provando-se, tire ao facto todo o caracter de criminalidade;

3.º Que a excepção, quando disser respeito a crime contra a propriedade, seja fundada em titulo legitimo, ou em factos possessorios equivalentes.

LIVRO II
DA POLICIA JUDICIARIA

TITULO I
Disposições preliminares

ARTIGO 59.º

O conhecimento judicial dos crimes tem logar:
1.º Pela queixa dos offendidos;
2.º Pela denuncia civica;
3.º Pela participação das auctoridades administrativas ou de policia;
4.º Pela communicação dos juizes e tribunaes;
5.º Pela notoriedade publica;
6.º Nos casos de crime ou delicto flagrante.

SECÇÃO I
Da queixa dos offendidos

ARTIGO 60.º

Toda a pessoa offendida por qualquer crime deverá queixar-se verbalmente ou por escripto ao respectivo magistrado do ministerio publico.

§ unico. Exceptuam-se as pessoas offendidos pelos crimes declarados no artigo, 10.º, n.º 3.º e 4.º

SECÇÃO II
Da denuncia civica

ARTIGO 61.º

Todo o individuo que presencear algum crime, ou d'elle tiver conhecimento por qualquer outro meio, é obrigado a noticia-lo ao magistrado do ministerio publico.

ARTIGO 62.º

Não são isentos da obrigação imposta no artigo antecedente os advogados, facultativos, peritos, parteiras, tabelliães e quaesquer outras pessoas que, no exercicio da sua profissão ou officio, presencearem algum crime, ou descobrirem os vestigios ou indicios d'elles.

§ unico. Não serão, porém, obrigados a revelar os segredos confiados em rasão da sua profissão ou oficio.

ARTIGO 63.º

A denuncia deverá ser escripta e assignada, devendo conter:
1.º A declaração do facto com o maior numero de circumstancias conhecidas;
2.º A indicação das testemunhas que possam depor ácerca d'elle com designação de seus nomes, moradas, profissão ou occupação.

SECÇÃO III
Da participação das auctoridades administrativas e de policia

ARTIGO 64.º

Incumbe ás auctoridades administrativas e de policia dos respectivos bairros ou concelhos:
1.º Participar ao magistrado do ministerio publico os crimes de que tiverem noticia;
2.º Enviar-lhe um auto de investigação circumstanciado, em que sejam subministrados todos os esclarecimentos, revelações e provas dos crimes.

SECÇÃO IV
Da communicação dos crimes feita pelos juizes e tribunaes

ARTIGO 65.º

Todo o juiz ou tribunal de qualquer denominação ou categoria, que no exercicio de suas funções descobrir algum crime, deverá communica-lo ao respectivo magistrado do ministerio publico.

ARTIGO 66.º

Se o crime for descoberto em algum processo, o juiz por seu despacho e o tribunal por acordão em conferencia o mandará continuar com vista ao magistrado do ministerio publico a fim de poder colher os esclarecimentos e elementos de prova necessarios.

ARTIGO 67.º

Se o descobrimento do crime podér influir na decisão de algum processo, deverá sobrestar-se no julgamento d'elle até que o juiz ou tribunal competente tome conhecimento da criminalidade do facto, de cujo resultado o magistrado do ministerio publico dará conta ao juiz ou tribunal que houver feito a comunicação.

SECÇÃO V
Do conhecimento judicial dos crimes por notoriedade publica

ARTIGO 68.º

Tem logar o conhecimento dos crimes por notoriedade publica quando têm adquirido um tal grau de publicidade, que se podem considerar do dominio publico.

SECÇÃO VI
Dos crimes ou delictos flagrantes

ARTIGO 69.º

Considera-se crime ou delicto flagrante, não só o momento actual em que é commettido, mas tambem o perseguimento continuo e successivo dos agentes do mesmo, por qualquer empregado ou agente da justiça, administração ou policia, ou por qualquer individuo.

TITULO II
Da policia judiciaria

CAPITULO UNICO
Do objecto da policia judiciaria, das auctoridades e agentes que a exercem e da continuidade dos seus actos

SECÇÃO I
Do objecto da policia judiciaria, e das auctoridades e agentes encarregados do seu exercicio

ARTIGO 70.º

A verificação das infracções e a apprehensão dos seus agentes constituem o objecto da policia judiciaria.

ARTIGO 71.º

A policia judiciaria é exercida:
1.º Pelos juizes instructores do processo;
2.º Pelos magistrados do ministerio publico;
3.º Pelos agentes de policia judiciaria, como agentes subalternos dos juizes e magistrados do ministerio publico.

§ unico. Emquanto não forem creados agentes especiaes de policia judiciaria, são considerados como taes:
1.º Os juizes eleitos na sua respectiva freguezia;
2.º Os officiaes de diligencias em toda a comarca.

ARTIGO 72.º

A policia judiciaria comprehende todos os actos necessarios:
1.º Para a investigação da prova physica e moral das infracções;
2.º Para a averiguação da culpabilidade dos agentes d'estas;
3.º Para se effectuar a captura d'estes.

ARTIGO 73.º

Para os effeitos do artigo antecedente, a policia judiciaria emprega:
1.º As restricções indicadas no titulo 3.º d'este livro;
2.º O corpo de delicto;
3.º O processo verbal de verificação.

SECÇÃO II

Da continuidade dos actos de policia judiciaria e das ferias

ARTIGO 74.º

Os actos de policia judiciaria são continuos e successivos, e deverão ser praticados durante as ferias.

ARTIGO 75.º

As ferias dividem-se em divinas e humanas.

ARTIGO 76.º

São ferias divinas:
1.º Os domingos e os dias santificados pela igreja;
2.º Os dias que decorrem desde a vespera de natal até dia de reis;
3.º Os dias que decorrem desde domingo de ramos até domingo da paschoela.

ARTIGO 77.º

As ferias humanas são ordinarias ou extraordinarias.

ARTIGO 78.º

São ferias ordinarias:
1.º Os tres dias do carnaval;
2.º Todos os dias do mez de setembro;
3.º Os dias de grande gala decretados pelo governo.

ARTIGO 79.º

São ferias extraordinarias todos os dias decretados pelo governo para commemorar ou solemnisar algum acontecimento de jubilo ou luto nacional.

TITULO III
Das restricções legaes empregadas pela policia judiciaria

CAPITULO I
Disposições geraes

ARTIGO 80.º

No exercicio da policia judiciaria os juizes e magistrados do ministerio publico podem empregar:
1.º Restricções á liberdade individual, ordenando:
I. A custodia ou detenção provisoria dos presumidos agentes da infracção;
II. O comparecimento de todas as pessoas que possam esclarecer a justiça;
2.º Restricções á inviolabilidade da pessoa, ordenando os exames physicos necessarios, tanto nos presumidos agentes da infracção, como nos offendidos;
3.º Restricções á inviolabilidade do domicilio, determinando:
I. A occupação da casa de qualquer cidadão, quando seja necessario para os exames e operações judiciaes;
II. As visitas domiciliarias para se proceder á busca e aprehensão de quaesquer papeis ou objectos que tenham relação directa ou indirecta com a infracção, bem como dos presumidos agentes da mesma, que se suspeitarem achar-se occultos em quaesquer locaes internos ou externos da casa;
4.º Restricções á inviolabilidade da propriedade, ordenando a apprehensão dos objectos que existirem em poder do presumido agente da infracção, ou de outras pessoas, quando não apresentem titulo ou rasão justificativa de legitima acquisição;
5.º Restricções ao legitimo exercicio de funcções publicas, determinando que se proceda aos exames e averiguações necessarias nos livros e papeis existentes em quaesquer repartições e estações publicas, prevenindo os respectivos chefes para os exhibir nas proprias repartições ou estações, nas quaes, sempre que seja possivel, deverão ser praticadas as operações judiciaes.

CAPITULO II
Da custodia ou detenção provisoria dos agentes das infracções

SECÇÃO I
Dos casos em que tem logar a custodia ou detenção provisoria

ARTIGO 81.º

A custodia ou detenção provisoria sómente tem lugar:
1.º Nos crimes ou delictos flagrantes sujeitos á competencia criminal ou correccional;
2.º Depois de proferido o despacho da pronuncia obrigatoria.

§ unico. Observar-se-hão as disposições dos tratados acerca da immunidade, de que gosam os consules geraes, consules, vice-consules, chancelleres e agentes consulares das nações estrangeiras.

ARTIGO 82.º

Poderá contudo ter logar a custodia ou detenção provisoria antes de exarado o despacho de ponuncia nos casos seguintes:
1.º Rebellião;
2.º Offensa corporal no caso previsto no artigo 183.º do codigo penal;
3.º Resistencia;
4.º Falsificação de moedas, notas e papeis de credito com curso legal no paiz;
5.º Falso testemunho prestado em audiencia de julganento;
6.º Peculato;
7.º Homicidio;
8.º Furto nos casos previstos no artigo 425.º do codigo penal ;
9.º Roubo;
10.º Abuso de confiança;
11.º Quebra fraudulenta e levantamento de fazenda alheia;
12.º Nos casos previstos nos tratados ou convenções.

ARTIGO 83.º

A custodia não poderá prolongar-se por mais de oito dias.
§ unico. Se durante o espaço de tempo fixado neste artigo os custodiados não forem pronunciados, o juiz mandará immediatamente relaxar a custodia, podendo ser novamente sujeitos a ella, se pelo decurso do processo preparatorio se proferir despacho de pronuncia obrigatoria.

ARTIGO 84.º

Os juizes poderão ordenar a incommunicabilidade dos custodiados pelo espaço de tempo declarado no artigo antecedente.

SECÇÃO II

Do modo como deve efectuar-se a custodia ou detenção provisoria

ARTIGO 85.º

É permittido a qualquer auctoridade, empregado, agente da justiça, administração ou policia e a qualquer pessoa particular prender os agentes dos crimes ou delictos flagrantes, conduzindo-os immediatamente á presença do juiz ou do magistrado do ministerio publico.

ARTIGO 86.º

Para se effectuar a prisão dos agentes dos crimes depois da pronuncia, ou nos casos enumerados no artigo 82.º expedir-se-hão os mandados de custodia, que forem exigidos pelos magistrados do ministerio publico e requisitados pelas partes querelantes ou accusadoras e pelos offendidos, postoque não hajam querelado.

ARTIGO 87.º

Os mandados deverão conter:
1.º O nome do juiz que os expedir;
2.º O nome, sobrenome, appellidos, alcunhas, estado, naturalidade, residencia do custodiado, quando conhecidos, ou pelo menos o maior numero de signaes que o possam identificar;
3.º A natureza do crime;
4.º A declaração de que a custodia póde ou não ser substituida por caução
5.º A rubrica do juiz.

ARTIGO 88.º

Os mandados deverão ser escriptos pelo escrivão do processo ou por quem o substituir.
§ unico. Poderão porém ser escriptos pelo proprio juiz ou pelo magistrado do ministerio publico, se assim parecer conveniente.

ARTIGO 89.º

Os mandados de custodia são exequiveis em todas as comarcas do continente do reino e ilhas adjacentes, nos termos dos regulamentos.

ARTIGO 90.º

Se a custodia houver de efectuar-se em juizo diverso do do processo de instrucção preliminar, não poderá o mandado ser executado sem precedencia de despacho do respectivo juiz, ordenando que se cumpra.

ARTIGO 91.º

Nenhum juiz poderá eximir-se de fazer cumprir qualquer mandado de custodia que lhe for apresentado, salvo se n'elle faltar algum dos requisitos exigidos no artigo 87.º

ARTIGO 92.º

Incumbe aos magistrados do ministerio publico promover o cumprimento dos mandados de custodia por meio dos oficiaes de diligencias e agentes de policia judiciaria.

ARTIGO 93.º

Os officiaes de diligencias e agentes de policia judiciaria encarregados de levar a effeito a custodia poderão:
1.º Requisitar por intervenção dos magistrados do ministerio publico a força de policia ou militar necessaria para se effectuar a diligencia, nos termos dos regulamentos;
2.º Empregar os meios de legitima defeza para repellir a agressão ou resistencia do custodiando.

CAPITULO III
Das visitas domiciliarias

ARTIGO 94.º

As visitas domiciliarias têem por fim verificar se no domicilio do cidadão existem:
1.º Os agentes dos crimes;
2.º Os instrumentos, papeis, vestigios, ou quaesquer objectos que possam ter relação directa ou indirecta com os mesmos.

ARTIGO 95.º

As visitas domiciliarias podem ter logar:
1.º Em casas habitadas ou não habitadas e suas dependencias;
2.º Em quaesquer predios e construcções.

ARTIGO 96.º

As visitas domiciliarias podem ser feitas:
1.º Nos crimes ou delictos flagrantes por qualquer auctoridade empregado, agente da justiça, administração ou policia e por qualquer pessoa particular, sem dependencia de formalidade alguma;
2.º Nos crimes ou delictos não flagrantes:
I. Pelos juizes e magistrados do ministerio publico nos crimes superiormente recommendados, e n'aquelles em que julgarem conveniente a sua presença.
II. Pelos officiaes de diligencias e agentes de policia judiciaria em quaesquer outros crimes.

ARTIGO 97.º

Salvo o caso previsto em o n.º 1.º do artigo antecedente, para que possa effectuar-se a visita domiciliaria é necessario:
1.º Que previamente o magistrado do ministerio publico, a parte querelante ou o agente de policia judiciaria dirija ao juiz uma succinta exposição escripta dos motivos de suspeita que têem para se proceder a este acto;
2.º Que, no caso do n.º II do artigo antecedente, os officiaes de diligencias ou agentes de policia judiciaria apresentem aos habitantes da casa um mandado de visita com a expressa permissão de entrar dentro do domicilio;
3.º Que a visita domiciliaria seja feita com assistencia de duas testemunhas;
4.º Que o ingresso no domicilio só se verifique depois do nascimento e antes do occaso do sol.
§ unico. O disposto no n.º 4.º d'este artigo não impede, que se empreguem exteriormente as medidas de policia necessarias para obviar a evasão dos agentes dos crimes, ou a saída de quaesquer objectos.

ARTIGO 98.º

De noite sómente poderá ter logar a entrada no domicilio do cidadão, havendo reclamação ou vozes de soccorro dos habitantes da casa.

ARTIGO 99.º

Para se effectuar a visita domiciliaria, são permittidas:
1.º A busca do interior da casa e suas dependencias;
2.º As excavações e explorações necessarias com intervenção de peritos competentes.

ARTIGO 100.º

O agente do crime, ou esteja detido em custodia ou caucionado, deverá assistir aos actos declarados no artigo antecedente ou constituir procurador especial que o represente, com a comminação de se proceder á revelia, se não comparecer, ou se não se fizer immediatamente representar.

ARTIGO 101.º

Os magistrados ou agentes encarregados da visita domiciliaria poderão exigir, que os habitantes da casa lhes patenteiem todas as divisões interiores, e os objectos em que verosimilmente possam occultar-se os agentes ou as provas e vestigios do crime.

§ unico. Observar-se-hão as disposições dos tratados que garantem a inviolabilidade dos archivos dos consulados e papeis da chancellaria das nações estrangeiras.

ARTIGO 102.º

Havendo opposição da parte dos habitantes da casa em satisfazer ao disposto n'este artigo, poderão os magistrados que fizerem a visita ordenar, e os agentes de policia judiciaria recorrer ao juiz eleito da freguezia para mandar proceder aos arrombamentos que forem indispensaveis para a inspecção da casa e dos objectos a que se refere este artigo.

ARTIGO 103.º

Existindo suspeitas de que as provas do crime ou delicto podem obter-se em algum predio ou construcção, e sendo necessario fazer algumas excavações ou destruições, de que resulte prejuizo ao respectivo dono ou morador, será este indemnisado pelo cofre da administração da justiça do valor do prejuizo causado, se o resultado das excavações ou destruições for negativo.

§ unico. Na determinação do valor da indemnisação observar-se-hão as disposições da lei civil.

ARTIGO 104.º

As visitas domiciliarias deverão sempre effectuar-se com o maior decoro, recato e urbanidade para com os habitantes da casa.

ARTIGO 105.º

Da visita domiciliaria deverá lavrar-se um auto, no qual se consignará o resultado d'ella, e será assignado pelos magistrados ou agentes que a fizerem.

CAPITULO IV
Da apprehensão de papeis ou objectos encontrados aos agentes dos crimes ou a outras pessoas

ARTIGO 106.º

Se nas visitas domiciliarias se encontrarem papeis ou objectos que tenham relação directa ou indirecta com o crime, o juiz officiosamente, ou precedendo promoção do magistrado do ministerio publico, ou requerimento da parte querelante, ordenará que se faça n'elles apprehensão, fazendo rubricar os papeis apprehendidos pelo agente do crime, ou pelas pessoas em cujos domicilios forem encontrados, ou pelos procuradores que constituirem.

§ 1.º No caso de se recusarem ou não poderem rubricar os papeis, serão rubricados por uma testemunha, que neste caso deverá assistir á visita domiciliaria.

§ 2.º Sendo a visita domiciliaria feita por pessoa particular no caso de crime flagrante, serão os papeis apprehendidos rubricados por quem a fizer e por uma testemunha, se o agente do crime não quizer ou não poder rubrica-los.

ARTIGO 107.º

Nos crimes contra a propriedade far-se-ha apprehensão dos objectos encontrados em poder de terceira pessoa, se não apresentar titulo ou rasão justificativa de legitima acquisição.

ARTIGO 108.º

No auto da visita domiciliaria deverá fazer-se expressa menção:
1.º Da natureza dos papeis ou objectos apprehendidos;
2.º Do reconhecimento feito pelo agente do crime de que lhe pertencem todos ou alguns dos papeis ou objectos apprehendidos;
3.º Da recusa ou impossibilidade de rubricar os papeis em que se fez apprehensão.

ARTIGO 109.º

Os papeis ou objectos apprehendidos juntar-se-hão ao respectivo processo.

§ unico. Se alguns dos objectos, em virtude do seu peso ou volume, não podérem juntar-se ao processo, deverão ser entregues ao depositario geral do juizo, ou depositados em poder de pessoa idonea, os quaes somente os entregarão mediante mandado assignado pelo respectivo juiz.

CAPITULO V
Dos interrogatorios dos custodiados

ARTIGO 110.º

Dentro de quarenta e oito horas depois da entrada dos custodiados na casa de custodia o juiz procederá ao interrogatorio d'elles, fazendo-lhes as perguntas necessarias para o descobrimento da verdade.

ARTIGO 111.º

Durante as quarenta e oito horas a que se refere o artigo antecedente, os presos suspeitos de crimes que não admittem caução não poderão communicar com pessoa alguma, salvo com seus paes, avós, filhos, netos, maridos, mulheres ou irmãos, precedendo licença do juiz, e na presença de um official do juizo.

ARTIGO 112.º

Os interrogatorios verificar-se-hão nos edificios das cadeias, quando tenham as convenientes condições para esse fim.

ARTIGO 113.º

Aos interrogatorios assistirá o respectivo escrivão e um companheiro.

§ unico. Se não estiver desimpedido outro escrivão, as perguntas serão feitas na presença de duas testemunhas, ás quaes o juiz deferirá juramento para vigiarem que sejam escriptas conforme forem feitas, e as respostas consignadas nos termos em que forem proferidas.

ARTIGO 114.º

Se os custodiados forem estrangeiros e ignorarem a lingua portugueza, ou forem surdos mudos analphabetos, o juiz lhes nomeará um interprete, ao qual defenirá juramento de transmittir com fidelidade aos custodiados as perguntas que lhes forem feitas e ao juiz as respostas que aquelles derem.

ARTIGO 115.º

O juiz dirigirá aos custodiados as perguntas preliminares seguintes:
1.º Quaes os seus nomes, sobrenomes, appellidos, alcunhas, filiação, idade, estado, profissão ou occupação, naturalidade e ultima residencia;
2.º Se já estiveram alguma vez presos, por haverem commettido algum crime e qual foi o resultado do respectivo processo.

ARTIGO 116.º

Declarando os custodiados que são menores de vinte e um annos, o juiz lhes nomeará um curador, ao qual defenirá juramento de vigiar que as perguntas sejam feitas em conformidade com a lei.

§ unico. A disposição d'este artigo será observada, sem distincção de sexos e ainda que os custodiados declarem que são casados.

ARTIGO 117.º

Terminadas as perguntas preliminares, o juiz perguntará aos custodiados:
1.º Se commetteram o crime que lhes é imputado;
2.º Se no mesmo participaram outros agentes, com declaração de seus nomes, appellidos, alcunhas, profissão ou occupação, naturalidade ou residencia.

ARTIGO 118.º

Confessando os custodiados o crime, serão interrogados:
1.º Sobre a causa determinante do mesmo;
2.º Em que logar e tempo foi commettido;
3.º Quaes as pessoas que estavam presentes, com as declarações indicadas no n.º 2.º do artigo antecedente.

ARTIGO 119.º

As perguntas serão feitas com toda a precisão e clareza, devendo repetir-se, quando pareça que os custodiados as não comprehendem, ou quando as respostas não concordarem com as perguntas.

ARTIGO 120.º

Se as perguntas disserem respeito a factos ou circumstancias particulares, ou a tempos remotos, conceder-se-ha aos interrogados o espaço de tempo necessario para que possam d'elles recordar-se com exactidão.

ARTIGO 121.º

Os juizes deverão abster-se de dirigir aos custodiados perguntas suggestivas, cavillosas, ou acompanhadas de dolosas persuasões, falsas promessas ou ameaças.

ARTIGO 122.º

Havendo differentes custodiados suspeitos de haverem tomado parte no mesmo crime, a cada um d'elles se farão separadamente os interrogatorios, findos os quaes, se procederá ás acareações de uns com os outros, sempre que for necessario para o descobrimento da verdade.

ARTIGO 123.º

Dos interrogatorios se lavrará um auto, rubricado em todas as folhas e no fim pelo juiz, e assignado pelos escrivães, interpretes ou testemunhas que assistirem ás perguntas e pelos interrogados, que souberem escrever.

§ 1.º Neste auto serão escriptas por ordem numerica as perguntas feitas aos custodiados, e logo em seguida as respostas que elles derem.

§ 2.º Os interrogados poderão dictar as respostas que derem ás perguntas que lhes forem feitas.

CAPITULO VI

Da caução de liberdade provisoria

SECÇÃO I

Disposições geraes

ARTIGO 124.º

A caução de liberdade provisoria é a garantia oferecida pelos agentes dos crimes para assegurar o seu comparecimento em juizo aos actos a que pessoalmente devem assistir.

ARTIGO 125.º

A caução de liberdade provisoria é o unico meio de evitar a detenção em custodia.

ARTIGO 126.º

A caução póde consistir:
1.º Em numerario;
2.º Em titulos de divida publica furtada;
3.º Em fiança pessoal.

ARTIGO 127.º

Os actos do processo a que o caucionado deve pessoalmente assistir são:
1.º Os interrogatorios;
2.º As acareações com os offendidos, co-réus e testemunhas;
3.º A audiencia de discussão e julgamento;
4.º A publicação e execução da sentença.

ARTIGO 128.º

É permittido aos agentes dos crimes ou suspeitos como taes, requerer a prestação da caução, postoque não estejam detidos em custodia, nem se apresentem pessoalmente em juizo.

ARTIGO 129.º

Se no acto da captura os agentes dos crimes declararem, que se promptificam a prestar caução, não serão conduzidos á casa de custodia, mas á presença do juiz para se instaurar o processo respectivo á caução que offerecerem.

ARTIGO 130.º

Durante o processo da caução tomar-se-hão as precauções necessarias para obstar á evasão do que a requerer.

SECÇÃO II

Dos crimes em que é admittida a caução de liberdade provisoria

ARTIGO 131.º

É admissivel a caução da liberdade provisoria em todos os crimes a que corresponde alguma das penas seguintes:
1.º Expulsão do reino;
2.º Perda de direitos politicos;
3.º Prisão maior e degredo temporario, se depois de encerrado o summario se verificar a existencia de circumstancias attenuantes que possam fazer descer a duração da pena do seu termo medio;
4.º Em todos os crimes que tiverem de ser julgados em processo correccional.

§ unico. Nos crimes de policia correccional poderão os réus promover os termos do seu livramento sem que sejam compellidos a prestar caução.

SECÇÃO III

Do juizo competente para a prestação da caução

ARTIGO 132.º

É competente para a prestação da caução:
1.º O juizo em que o crime for commettido;
2.º O juizo em que o agente for capturado.

ARTIGO 133.º

Sendo a caução prestada em comarca ou julgado differente daquelle em que o agente do crime estiver pronunciado, o respectivo juiz ordenará que elle seja intimado para se apresentar no juizo da culpa dentro de um praso rasoavel, que lhe será assignado segundo a distancia e facilidade de communicações.

ARTIGO 134.º

O magistrado do ministerio publico da comarca ou julgado, em que a caução for prestada, remetterá ao que servir na comarca ou julgado, em que o agente do crime estiver pronunciado, copia authentica da sentença que julgar garantida a caução prestada, e da intimação que tiver sido feita ao mesmo agente para se apresentar no juizo da culpa.

CAPITULO VII
Da fórma de processo das cauções de liberdade provisoria

SECÇÃO I
Disposições geraes

ARTIGO 135.º

O agente do crime ou como tal suspeito, que pretender prestar caução, fará um requerimento ao juiz, em que declare a natureza do facto criminoso que lhe é imputado, e a especie de caução que oferece, concluindo por pedir que seja fixado o valor d'esta.

ARTIGO 136.º

O juiz, mandando appensar o requerimento ao processo, taxará o valor da caução e procederá á instauração do processo correspondente á especie de caução offerecida.

ARTIGO 137.º

O valor da caução será taxado:
1.º Nos crimes da competencia criminal na quantia de 200$000 a 500$000 réis;
2.º Nos crimes da competencia correccional na quantia de 50$000 a 200$000 réis.

ARTIGO 138.º

Na taxação do valor da caução o juiz attenderá:
1.º Á natureza do direito violado;
2.º Ao concurso de crimes, havendo-o;
3.º Ás circumstancias aggravantes ou attenuantes que revestirem o crime;
4.º Á moralidade e precedentes do caucionado.

ARTIGO 139.º

Nos processos de caução será sempre ouvido o magistrado do ministerio publico, o qual responderá em termo breve o que se lhe offerecer sobre a concessão ou denegação da mesma.

ARTIGO 140.º

Julgando o juiz garantido o valor da caução, ordenará:
1.º Que o caucionado assigne no respectivo processo termo de declaração de residencia na comarca;
2.º Que se lhe entregue alvará de caução, para evitar que seja detido em custodia pelo crime caucionado;
3.º Que immediatamente se passe mandado de soltura, se o agente do crime estiver detido em custodia.

SECÇÃO II
Da caução em numerario

ARTIGO 141.º

Se a caução prestada consistir em numerario, será a quantia em que for taxada depositada na respectiva recebedoria de comarca ou concelho, expedindo o juiz guia em duplicado para se effectuar o deposito.

§ unico. Um dos duplicados da guia ficará em poder do recebedor, e o outro com o recibo d'este e do escrivão da fazenda será incorporado no processo da caução.

ARTIGO 142.º

Ouvido o magistrado do ministerio publico, e feito o processo concluso, o juiz julgará garantido o valor da caução, como for de justiça.

SECÇÃO III
Da caução em titulos de divida publica fundada

ARTIGO 143.º

Consistindo a caução prestada em titulos de divida publica fundada, serão estes depositados pela fórma determinada no artigo 141.º

ARTIGO 144.º

Os titulos de divida publica fundada serão computados pelo valor do mercado, que constar da ultima folha official do governo.

ARTIGO 145

Feito o deposito dos titulos, observar-se-ha o disposto no artigo 142.º

SECÇÃO IV
Da fiança pessoal

SUB-SECÇÃO I
Dos que podem ser fiadores e das obrigações a que estão sujeitos

ARTIGO 146.º

Só podem ser fiadores os individuos do sexo masculino, que podem civilmente obrigar-se.

ARTIGO 147.º

O afiançado pode offerecer um ou mais fiadores para garantir a importancia da caução, e póde igualmente requerer a mudança de fiador.

ARTIGO 148.º

Os fiadores são sempre principaes pagadores e solidariamente responsaveis pelo valor da caução.

ARTIGO 149.º

Os fiadores são obrigados:
1.º A apresentar em juizo o afiançado aos actos a que pessoalmente deve assistir;
2.º A entrar na recebedoria da respectiva comarca ou concelho com a importancia da caução prestada dentro de tres dias contados da data da intimação da sentença que julgar quebrada a fiança.

ARTIGO 150.º

Não satisfazendo os fiadores a importancia da caução dentro do praso marcado no artigo antecedente, serão logo executados.

ARTIGO 151.º

Se o fiador tiver fundadas suspeitas de que o réu afiançado pretende evadir-se, poderá requerer a captura d'este.

SUB-SECÇÃO II
Da fórma do processo da fiança pessoal

ARTIGO 152.º

Se a caução offerecida consistir em fiança pessoal, deverá o que a prestar declarar no respectivo requerimento:
1.º O nome, estado e residencia do fiador ou fiadores offerecidos;
2.º Que são idoneos e abonados, e possuem bens de raiz desembaraçados de hypotheca e sufficientes para garantir o valor taxado á caução;
3.º Nomear duas testemunhas que atestem a idoneidade e abonação do fiador ou fiadores offerecidos, e que se responsabilisem subsidiariamente, no caso de insolvabilidade d'estes.

ARTIGO 153.º

O juiz procederá á inquirição das testemunhas em auto summario, e, depois da resposta do magistrado do ministerio publico, julgará ou não garantido o valor da caução, conforme os depoimentos das testemunhas.

ARTIGO 154.º

Julgando o juiz idoneo e abonado o fiador, ordenará que este assigne termo de fiança no respectivo livro, que cada um dos escrivães deverá ter.
§ unico. Este termo equivale a sentença transitada em julgado.

CAPITULO VIII
Do quebramento e causas extinctivas da caução de liberdade provisoria

SECÇÃO I
Do quebramento da caução de liberdade provisoria

ARTIGO 155.º

Julgar-se-ha quebrada a caução de liberdade provisoria:
1.º Quando o caucionado, tendo sido intimado para ser presente a algum dos actos a que pessoalmente deve assistir, deixar de comparecer;
2.º Quando, tendo a caução sido prestada em juizo diverso, se não apresentar no juizo da culpa dentro do praso que lhe for assignado.

ARTIGO 156.º

Se a caução prestada consistir em numerario ou titulos de divida publica fundada, o caucionado será citado na residencia que tiver escolhido para comparecer em juizo dentro do praso de oito dias, findos os quaes, se não tiver allegado causa justificativa da falta de comparecimento, julgará o juiz quebrada a fiança.
§ unico. Se o caucionado não for encontrado na residencia que tiver escolhido, a citação verificar-se-ha em uma pessoa da familia do mesmo, ou na falta d'esta, na de um vizinho.

ARTIGO 157.º

Consistindo a caução em fiança pessoal, serão citados o fiador ou fiadores para apresentarem o afiançado no mesmo praso e para os effeitos declarados no artigo antecedente.
§ unico. Os fiadores poderão allegar as causas justificativas da falta de comparecimento do afiançado.

ARTIGO 158.º

São causas justificativas da falta de comparecimento do afiançado:
1.º A doença comprovada por certidão jurada de facultativo ou, na falta d'este, do respectivo parocho, confirmada pelo administrador do concelho ou pelo juiz eleito, segundo a residencia do afiançado for na séde do concelho ou em outra freguezia differente;
2.º A consternação de familia por motivo de fallecimento de descendentes, ascendentes, irmãos ou cunhados;
3.º A superveniencia de algum caso de força maior e irresistivel, que impossibilite o afiançado de comparecer em juizo.

ARTIGO 159.º

O magistrado do ministério publico será ouvido sobre a procedencia das causas allegadas pelo afiançado para justificar a falta de comparecimento, podendo contesta-las e produzir a prova documental ou testemunhal que tiver.

ARTIGO 160.º

Provada a existencia de alguma das causas mencionadas no artigo 158.º, subsistirá a caução em todos os seus effeitos.

ARTIGO 161.º

São effeitos do quebramento da caução:

1.º A adjudicação á fazenda nacional do valor integral da caução, quando não tiver havido parte querelante ou accusadora, ou tiver desistido da querela;

2.º A adjudicação á mesma fazenda de metade do valor da caução e da metade restante á parte ou partes querelantes ou accusadoras que houverem seguido o processo.

SECÇÃO II
Das causas extinctivas da caução de liberdade provisoria

ARTIGO 162.º

A caução de liberdade provisoria extingue-se:

1.º Pela morte do caucionado;

2.º Pela sentença absolutoria;

3.º No caso de fiança pessoal, a requerimento do fiador, quando, tendo fundadas suspeitas de que o afiançado pretende evadir-se, requerer ser desonerado da responsabilidade resultante da fiança.

§ unico. Na hypothese do n.º 3.º d'este artigo, a responsabilidade do fiador somente cessará, verificada a captura do afiançado.

TITULO IV
Do corpo de delicto

CAPITULO I
Do corpo de delicto e sua divisão

SECÇÃO I
Disposições geraes

ARTIGO 163.º

O corpo de delicto é a investigação de todos os elementos materiaes e moraes que possam attestar a existencia da infracção.

§ unico. A falta de corpo de delicto não póde ser supprida por nenhum meio de prova.

ARTIGO 164.º

O corpo de delicto póde ser directo ou de facto permanente, e indirecto ou de facto transeunte. O primeiro forma-se por inspecção occular nas infracções que deixam vestigios physicos. O segundo forma-se por depoimentos de testemunhas, documentos e escríptos, nas infracções de que não resultam ou não restam aquelles vestigios.

ARTIGO 165.º

Os juizes julgarão constituidos os corpos de delicto por despacho proferido em seguida á conclusão das diligencias e operações judiciaes a que procederem.

§ unico. Se os não julgarem constituidos, o despacho será sempre fundamentado.

ARTIGO 166.º

Poderão tambem julgar constituido o corpo de delicto com os autos lavrados pelas auctoridades e agentes de administração e de policia, aos quaes é permittido forma-los, nos termos das leis especiaes.

SECÇÃO II
Do corpo de delicto directo

ARTIGO 167.º

O corpo de delicto directo terá logar sempre que seja possivel, sob pena de nullidade.

§ unico. Quando não possa ter logar, deverá lavrar-se um auto, do qual constem os motivos de impossibilidade.

ARTIGO 168.º

Nos corpos de delicto directos deverão os juizes e tribunaes criminaes, com assistencia do magistrado do ministerio publico:

1.º Verificar por meio de exames todos os vestigios resultantes do crime, recorrendo á sciencia auxiliar dos peritos competentes, segundo a natureza do exame a que deva proceder-se;

2.º Examinar o estado do logar em que o crime tiver sido commettido, descrevendo-o com a possivel exactidão;

3º Consignar no auto todas as circumstancias relativas ao modo e tempo em que foi commettido, colligindo com todo o escrupulo os indicios que houver contra os presumidos agentes do crime, tomando logo declarações verbaes e summarias:

I. Aos ascendentes, descendentes e parentes do offendido, sem juramento;

II. Aos creados, domesticos, circumstantes, vizinhos e outras quaesquer pessoas que verosimilmente pareça que podem esclarecer a justiça, prestando previo juramento;

4.º Apprehender todas as armas e instrumentos que denotem ter servido para commetter o crime, ou estavam para elle destinados;

5.º Fazer igual apprehensão dos objectos que foram deixados pelos agentes do crime no logar em que foi commettido, ou quaesquer outros que com elle tenham alguma relação e possam concorrer para o descobrimento da verdade.

ARTIGO 169.º

Antes de concluido o corpo de delicto, não se poderá fazer alteração alguma no logar e vestigios que o crime tiver deixado, bem como nos objectos indicados em os n.ᵒˢ 4.º e 5.º do artigo antecedente.

§ unico. A transgressão do preceito d'este artigo será punida disciplinarmente com a multa de 10$000 a 200$000 réis, conforme o grau de culpa, sem prejuizo da acção criminal que possa ter logar.

ARTIGO 170.º

Igualmente se não afastarão do mesmo logar, antes do concluido o corpo de delicto, as pessoas que possam prestar á justiça as informações e esclarecimentos necessarios, cumprindo aos juizes ordenar, independentemente de promoção do magistrado do ministerio publico, que ellas permaneçam no logar em que o crime tiver sido committido.

SUB-SECÇÃO I
Dos exames technicos para a formação dos corpos de delictos directos

ARTIGO 171.º

Se para se constituir o corpo de delicto for necessario fazer algum exame, que demande conhecimentos technicos de alguma sciencia, arte ou industria, deverá ser feito com intervenção de peritos, nomeados pelo magistrado do ministerio publico, o qual designará a sciencia, arte, officio ou industria, a que devam pertencer.

§ unico. No mandado de intimação dos peritos deverá declarar-se resumidamente o objecto sobre que tem de versar o exame, a fim de que possam preparar-se para elle.

ARTIGO 172.º

Haverá nas cidades de Lisboa, Porto e Coimbra peritos facultativos officiaes, aos quaes compete fazer todos os exames e operações medico-legaes necessarios para prova da existencia dos crimes.

§ unico. O numero, habilitações, isenções e ordenado d'estes peritos serão determinados por lei especial.

ARTIGO 173.º

Nos exames deverão sempre intervir, pelo menos, dois peritos.

§ unico. No caso porém de não haver mais de um perito no logar em que houver de fazer-se o exame, e na distancia de cinco kilometros, será valido com a intervenção de um só, devendo esta circumstancia declarar-se no auto.

ARTIGO 174.º

Se no logar em que houver de fazer-se o exame, e na distancia de quinze kilometros não houverem peritos technicos, o juiz ordenará que o objecto que tem de ser submettido ao exame seja transportado para a séde da comarca, uma vez que o transporte possa effectuar-se sem prejuizo da averiguação da verdade ou da saude publica.

§ unico. Quando o transporte não possa ter logar, o exame será feito com a intervenção dos peritos que o magistrado do ministerio publico indicar como mais habilitados.

ARTIGO 175.º

O juiz deferirá aos peritos juramento de examinarem o objecto submettido ao seu exame, e declararem com verdade e exactidão tudo quanto encontrarem digno de notar-se, devendo no respectivo auto fazer-se expressa menção de prestação do juramento.

ARTIGO 176.º

O exame será feito na presença do juiz com assistencia do magistrado do ministerio publico.

ARTIGO 177.º

O juiz e o magistrado do ministerio publico, quando o julgarem conveniente para o descobrimento da verdade, poderão propor aos peritos os quesitos que lhes parecerem necessarios, aos quaes estes deverão responder.

ARTIGO 178.º

Quando os peritos carecerem de algumas informações ou esclarecimentos relativos ao objecto do exame, que só possam ser subministrados por pessoas que n'elle não intervieram, requererão ao juiz que lhes sejam prestados.

ARTIGO 179.º

Se o juizo dos peritos estiver subordinado ás informações ou esclarecimentos previos, a que se refere o artigo antecedente, e não poder concluir-se o exame no mesmo dia, poderá ficar adiado para o dia seguinte ou para outro mais proximo, tomando-se as necessarias precauções para evitar a alteração ou substituição do objecto sujeito ao exame.

ARTIGO 180.º

Quando o exame for de natureza simples, deverão os peritos dictar a sua declaração, que será escripta no auto pelo escrivão.

§ 1.º Se porém for complicado e difficil, e exigir uma descripção minuciosa e technica do objecto, que não possa desde logo ser convenientemente redigida, poderão os peritos tomar os apontamentos necessarios para fazerem o seu relatorio, que será por elles assignado e rubricado.

§ 2.º Apresentado o relatorio dos peritos, o juiz o mandará juntar ao auto de exame, como parte integrante d'elle, depois de o haver rubricado, bem como o magistrado do ministerio publico.

ARTIGO 181.º

As declarações e conclusões dos peritos nos exames e analyses chimicas a que procederem fazem prova plena.

ARTIGO 182.º

Se o juiz ou o magistrado do ministerio publico tiverem solidos fundamentos para duvidar da verdade e exactidão das declarações e conclusões dos peritos, será convocado um conselho de cinco peritos, no qual se comprehenderão os do primeiro exame, a fim de procederem a novo exame.

§ unico. Se na comarca em que tiver de proceder-se ao exame não houver o numero de peritos a que se refere este artigo, serão convocados os das comarcas mais proximas.

ARTIGO 183.º

Dos exames a que se proceder se lavrará um auto, escripto pelo escrivão, e assignado e rubricado pelo juiz, magistrado do ministerio publico e peritos.

SUB-SECÇÃO II
Dos exames technicos para a verificação de certos e determinados crimes

ARTIGO 184.º

Os exames a que se proceder nos cadaveres começarão pelo reconhecimento da identidade d'estes, tomando-se declarações ás pessoas que a possam afirmar.

§ unico. Sendo o cadaver de pessoa desconhecida, deverá fazer-se uma descripção minuciosa do mesmo, de modo que possa auxiliar a sua identificação.

ARTIGO 185.º

Nos exames feitos em cadaveres, os peritos procederão, sobre promoção do magistrado do ministerio publico ou independentemente d'esta, á autopsia cadaverica e examinarão sempre as cavidades craneana, thoracica e abdominal.

§ unico. Estes exames serão feitos nos theatros anatomicos, e, nos logares onde os não houver, nos hospitaes, casas ou locaes proprios fornecidos pelas camaras municipaes e juntas de parochia.

ARTIGO 186.º

Findo o exame, farão os peritos a sua declaração, descrevendo tudo quanto observarem digno de menção, concluindo com a enunciação do seu juizo acerca da causa efficiente da morte.

ARTIGO 187.º

Se os peritos não podérem pelos meios ao seu alcance proferir uma conclusão positiva ácerca da causa da morte, e tiverem apenas suspeitas de que proveiu do uso de substancias toxicas, extrahirão do cadaver as visceras, substancias e liquidos necessarios para serem submettidos á analyse chimica em um laboratorio, encerrando-os em vasos apropriados, que deverão ser cintados e rubricados pelo juiz, magistrado do ministerio publico e peritos.

ARTIGO 188.º

Nos crimes de abortamento proceder-se-ha a exame na mulher que tiver abortado, e serão apprehendidos os agentes que se suspeitar terem servido para o provocar, observada a disposição do artigo antecedente.

ARTIGO 189.º

Quando o exame versar sobre ferimentos ou offensas corporaes, os peritos declararão sempre:
1.º O numero dos ferimentos ou offensas que o examinado apresenta a observação;
2.º A extensão e profundidade dos mesmos;
3.º A qualidade do instrumento com que indicam ter sido feitos;
4.º O prognostico provavel da doença resultante dos ferimentos ou offensas e seus effeitos no estado physico e intellectual, actual e futuro, do examinado;
5.º A duração da impossibilidade de trabalho profissional ou de qualquer outro.

§ 1.º Entendendo os peritos que póde haver grave inconveniente em satisfazer desde logo ao disposto nos n.ºˢ 1.º, 2.º e 3.º d'este artigo, ponderarão ao juiz a necessidade de adiar o exame para o dia que julgarem opportuno.

§ 2.º Se os peritos não se acharem habilitados para proferir uma conclusão positiva acerca do prognostico ou da duração da impossibilidade do trabalho, poderão reserva-la para o exame de sanidade, declarando, sempre que seja possivel, o dia em que este deverá verificar-se.

§ 3.º No caso de vir o offendido a morrer depois dos ferimentos ou ofensas corporaes que soffreu, declararão sempre se a morte resultou directa e necessariamente d'aquelles ou d'estas, ou de alguma causa accidental.

ARTIGO 190.º

Nos crimes de estupro e violação proceder-se-ha a exame:
1.º Na pessoa estuprada ou violada, quando tiver allegado a perda da virgindade, ou a existencia de ofensas corporaes;
2.º No presumido estuprador, quando seja apprehendido em flagrante delicto, ou quando pela proximidade do commettimento do crime se presumir que ainda podem encontrar-se vestigios indicativos d'elle.

SECÇÃO III
Do corpo de delicto indirecto

ARTIGO 191.º

Para a formação dos corpos de delicto indirectos os juizes inquirirão as testemunhas nomeadas pelos magistrados do ministerio publico e pelas partes offendidas sobre a existencia dos crimes e seus presumidos agentes.

§ unico. Qualquer deficiencia ou omissão que houver nestes corpos de delicto poderá ser supprida pelo depoimento das testemunhas que depozerem no processo preparatório.

ARTIGO 192.º

Nos crimes contra a propriedade serão sempre tomadas declarações juradas ás pessoas a quem pertençam, ou de cujo poder forem subtrahidos, apprehendidos ou extorquidos os objectos ou valores mobiliarios, sobre a natureza, valor real e de affeição d'estes.

§ unico. Poderá porém este valor ser determinado por peritos competentes:
1.º Quando as pessoas a que se refere este artigo não estiverem habilitadas para o fazer;
2.º Quando parecer excessivo ao presumido agente do crime.

ARTIGO 193.º

O magistrado do ministerio publico poderá assistir á inquirição das testemunhas, quando o julgar conveniente, e dirigir-lhes todas as perguntas que tenham ou possam ter relação directa ou indirecta com o crime, de cuja averiguação se tratar.

ARTIGO 194.º

Se a existencia das infracções e de seus agentes estiver comprovada por peças escriptas ou documentos authenticos, de modo que não possa ser melhor averiguada pela inquirição de testemunhas, o magistrado do ministerio publico promoverá, que o corpo de delicto se haja por constituido com as mencionadas peças ou documentos authenticos.

ARTIGO 195.º

Do corpo de delicto indirecto se lavrará um auto, nos termos do artigo 183.º, devendo n'elle exarar-se as declarações juradas das testemunhas, observadas as disposições dos artigos 304.º a 335.º

CAPITULO II
Das auctoridades competentes para a formação do corpo de delicto

ARTIGO 196.º

Salvos os casos declarados no artigo 108.º, são competente para procederem á formação do corpo de delicto:
1.º O juiz de direito em toda a comarca;
2.º O juiz ordinario em todo o julgado;
3.º O administrador do concelho no respectivo concelho;
4.º O juiz eleito na sua respectiva freguezia.

ARTIGO 197.º

Concorrendo a auctoridade administrativa com a auctoridade judicial para a formação do corpo de delicto, prefere esta, salvo se for juiz eleito. Concorrendo sómente auctoridades judiciaes, prefere a mais graduada.

ARTIGO 198.º

É da exclusiva competencia dos juizes de direito e dos juizes ordinarios proceder á formação dos corpos de delicto em todos os crimes praticados na sede da respectiva comarca ou julgado, aos quaes corresponda alguma das penas seguintes:
1.º Degredo perpetuo;
2.º Degredo temporario;
3.º Prisão maior temporaria;
4.º Expulsão do reino.

ARTIGO 199.º

Sendo necessario proceder a corpo de delicto directo em algum processo findo ou pendente em recurso em algum tribunal superior, será competente para presidir a este acto o respectivo juiz relator com assistencia do respectivo magistrado do ministerio publico, salvo se for indispensavel para o descobrimento do crime fazer baixar o processo ao juizo em que o crime foi commettido.

ARTIGO 200.º

Os juizes criminaes communs são competentes para procederem á formação do corpo de delicto directo nos crimes commettidos pelos agentes sujeitos á competencia especial ou privativa.
§ unico. Sendo implicado nestes crimes algum magistrado judicial ou do ministerio publico, intervirão no corpo de delicto os respectivos substitutos.

ARTIGO 201.º

Se para verificar a existencia de algum crime commettido por algum magistrado judicial ou do ministerio publico, for mister proceder a corpo de delicto indirecto, será competente para proceder a este acto o juiz ou tribunal a quem competir o seu julgamento.

CAPITULO III

Da distribuição, reforma e autos complementares do corpo de delicto

SECÇÃO I

Da distribuição dos corpos de delicto

ARTIGO 202.º

Concluidos os corpos de delicto, o juiz os distribuirá por turno seguido aos escrivães.

ARTIGO 203.º

Para a distribuição dos corpos de delicto haverá tres livros numerados e rubricados pelo respectivo juiz, sendo um destinado para os crimes da competencia criminal, outro para os da competencia correccional, e outro para os da competencia de policia correccional.

§ unico. Estes livros deverão conter as divisões seguintes:
1.º Numeração de ordem, que se renovará annualmente no mez de janeiro;
2.º Natureza do crime ou delicto;
3.º Nomes dos agentes, sendo conhecidos;
4.º Nomes dos offendidos;
5.º Appellidos dos escrivães;
6.º Data da distribuição;
7.º Observações.

ARTIGO 204.º

Se o corpo de delicto não proceder, e for mandado archivar, deverá fazer-se a competente declaração na casa das observações.

ARTIGO 205.º

No mesmo despacho da distribuição ordenará o juiz que o corpo de delicto seja continuado com vista ao magistrado do ministerio publico.

ARTIGO 206.º

Cada escrivão terá um livro de registo das peças do processo, no qual deverá transcrever por extenso os corpos de delicto directos que lhe forem distribuidos, e relacionar os nomes das testemunhas inquiridas nos corpos de delicto indirectos, pondo á margem do corpo de delicto a competente verba.

SECÇÃO II

Da reforma dos corpos de delicto

ARTIGO 207.º

A reforma dos corpos de delicto póde verificar-se:
1.º Quando estiverem irregulares ou deficientes, de modo que não se achem precisamente comprovados os elementos constitutivos do crime;
2.º Quando se extraviarem, dilacerarem ou mutilarem, de modo que se não possa comprovar a existencia do crime.

ARTIGO 208.º

A reforma póde ser determinada officiosamente pelo juiz, ou precedendo promoção do magistrado do ministerio publico, ou requerimento da parte offendida que pretenda seguir a acção criminal.

ARTIGO 209.º

No caso previsto no n.º 2.º do artigo 207.º, os corpos de delicto directos serão reformados por meio de uma copia authentica extrahida do respectivo livro de registro das peças do processo.

ARTIGO 210.º

A reforma dos corpos de delicto indirectos consistirá na inquirição das testemunhas que houverem deposto, ou, no caso de não podérem ser inquiridas, das que forem nomeadas pelas partes.

SECÇÃO III
Dos autos complementares dos corpos de delicto

ARTIGO 211.º

Se a existencia das infracções, ou o descobrimento dos seus agentes não podér ser verificado por um só auto de corpo de delicto, poderão formar-se os autos addicionaes ou complementares que para este fim forem necessarios.

TITULO V
Do processo verbal de verificação dos crimes

ARTIGO 212.º

O processo verbal de verificação dos crimes poderá ter lugar a respeito dos crimes praticados na sede da comarca ou julgado, ou em qualquer das freguezias d'ella:

1.º Quando os juizes se acharem legalmente impedidos de acompanhar immediatamente o magistrado do ministério publico;

2.º Quando este magistrado tiver noticia da perpetração de algum crime grave, e receiar que desappareçam os vestigios d'elle até á formação do corpo de delicto.

ARTIGO 213.º

O processo verbal de verificação será formado pelos magistrados do ministerio publico, e consistirá em um auto, que deverá conter:

1.º O anno, mez, dia e hora, em que é feito;

2.º O local ou sitio, com designação da freguezia e comarca a que pertence;

3.º O motivo do comparecimento do magistrado do ministerio publico;

4.º O nome, estado, profissão ou occupação, naturalidade e residencia do ofendido; ou, quando não for conhecido, o maior numero de signaes e esclarecimentos que possam conduzir ao conhecimento da sua identidade;

5.º As declarações feitas pelo offendido ácerca do crime e dos seus agentes;

6.º Nos crimes de ferimento e offensas corporaes:

I. A descripção do estado, posição e vestuario do ofendido, bem como dos objectos ou instrumentos que se encontrarem proximos d'elle e induzirem suspeita de haverem servido á perpetração do crime;

II. As respostas dadas pelo offendido ás perguntas que lhe forem dirigidas, e, no caso de impossibilidade ou de fallecimento, as que forem dadas pelo conjuge, descendente, ascendente, irmão, ou pessoa que com elle conviva:

7.º A descripção do estado do logar em que o crime tiver sido commettido;

8.º A descripção dos vestigios que o crime tiver deixado, e dos indicios colligidos contra os seus presumidos agentes;

9.º A menção da apprehensão que se fizer dos instrumentos que parecerem destinados á perpetração do crime, ou de papeis e objectos que possam ter relação directa ou indirecta com o mesmo;

10.º A declaração da apprehensão dos agentes dos crimes, e das respostas dadas ás perguntas que se lhe fizeram;

11.º As perguntas e respostas das testemunhas que forem inquiridas.

§ unico. Este auto deverá ser escripto pelo escrivão do turno semanal, que acompanhar o magistrado do ministerio publico.

ARTIGO 214.º

Durante o processo verbal de verificação deverá obstar-se a que se faça alguma alteração, ou se afastem do logar em que o crime tiver sido commettido as pessoas que possam dar á justiça os necessarios esclarecimentos.

LIVRO III
DA COMPETENCIA

TITULO PRELIMINAR
Da competencia em geral

CAPITULO I
Da competencia e sua divisão

SECÇÃO I
Disposições geraes

ARTIGO 215.º

A competencia é o direito que a lei confere a um juiz ou tribunal de exercer jurisdicção em certos e determinados actos, segundo a fórma de processo n'ella prescripta.

ARTIGO 216.º

A competencia é determinada:
1.º Pela qualidade e situação do agente da infracção;
2.º Pelo logar em que é commettida;
3.º Pela classificação da infracção.

SECÇÃO II
Da competencia em rasão da qualidade e situação do agente da infracção

ARTIGO 217.º

A competencia em rasão de qualidade e situação do agente da infracção divide-se em:
1º Competencia geral ou commum;
2.º Competencia excepcional;
3.º Competencia especial ou privativa.

§ 1.º Estão sujeitas á competencia geral ou commum todos os agentes da infracção da lei penal.

§ 2.º Estão sujeitos á competencia excepcional:
1.º Os réus em cujo julgamento tiver de intervir um jury especial ou mixto;
2.º Os réus ausentes ha mais de seis mezes, ou que se tiverem evadido da prisão ou custodia.

§ 3.º Estão sujeitos á competencia especial ou privativa:
1.º Os membros da familia real;

2.º Os ministros e secretarios d'estado;
3.º Os conselheiros d'estado;
4.º Os dignos pares do reino;
5.º Os deputados da nação, durante o periodo da legislatura;
6.º Os embaixadores, ministros plenipotenciarios, ministros residentes e agentes diplomaticos das nações estrangeiras;
7.º Os magistrados judiciaes;
8.º Os magistrados do ministerio publico;
9.º Os officiaes e praças do exercito e da armada com relação aos crimes communs committidos depois de terem assentado praça.

§ 4.º A disposição do § antecedente observar-se-ha a respeito dos crimes committidos pelos agentes dos crimes mencionados nos n.ºs 2.º a 8.º antes de exercerem os seus respectivos cargos, e postoque tenha cessado o exercicio dos mesmos cargos.

SECÇÃO III
Da competencia em rasão do logar em que a infracção é committida

ARTIGO 218.º

A competencia em rasão do lugar em que a infracção é committida attribue aos juizes e tribunaes criminaes o direito de conhecer e julgar de todas as infracções committidas dentro da sua jurisdicção.

§ unico. Exceptuam-se da disposição d'este artigo as infracções committidas pela maior parte dos habitantes de uma comarca, cujo conhecimento compete ao juiz da comarca mais proxima.

ARTIGO 219.º

Se a infracção for committida no alto mar, é competente para exercer a jurisdicção criminal o juiz do primeiro logar do territorio portuguez a que o navio aportar.

ARTIGO 220.º

Sendo a infracção committida por portuguez em paiz estrangeiro, observar-se-ha o que se acha determinado na lei especial.

SECÇÃO IV
Da competencia em rasão da classificação da infracção

ARTIGO 221.º

A classificação das infracções deverá ser feita em face do auto do corpo de delicto e do máximo da pena que corresponde á infracção.

ARTIGO 222.º

Feita a classificação da infracção, instaurar-se-ha a acção criminal competente, observada a forma do processo estabelecida n'este codigo.

ARTIGO 223.º

Se no primeiro exame sobre ferimentos e offensas corporaes os peritos não podérem proferir uma conclusão que offereça segura base para uma exacta classificação, não ficará por este motivo suspensa a acção criminal, devendo n'este caso instaurar-se o processo criminal ordinario, salvo o direito de convolar para o que possa competir, se por exames ulteriores se mostrar que ao facto criminoso compete outra classificação.

ARTIGO 224.º

Quando os magistrados do ministerio publico entenderem que não ha fundamento para a instauração da acção criminal, deverão sempre declarar as rasões pelas quaes se abstêem de a propor.

ARTIGO 225.º

A competencia em rasão da classilicação da infracção divide-se em:
1.º Competencia criminal;
2.º Competencia correccional;
3.º Competencia de policia correccional;
4.º Competencia disciplinar.
§ unico. De cada uma d'estas especies de competencia trata o codigo nas partes I, II, III, e IV d'este livro.

CAPITULO II
Da prorogação da competencia

ARTIGO 226.º

A competencia pode prorogar-se:
1.º Quanto aos crimes;
2.º Quanto aos juizes e tribunaes criminaes.

ARTIGO 227.º

Quanto aos crimes, a competencia proroga-se:
1.º Nos crimes connexos commettidos pelo mesmo agente ou por differentes agentes;
2.º No caso de accumulação ou concurso de crimes commettidos pelo mesmo agente.

ARTIGO 228.º

Em qualquer dos casos previstos no artigo antecedente, se os crimes tiverem differente classificação e o conhecimento judicial d'elles for simultaneo, deverá instaurar-se para todos elles o processo criminal ordinario.
§ unico. A disposição d'este artigo não comprehende as infracções que pertencem á competencia de policia correccional.

ARTIGO 229.º

Sendo o conhecimento judicial de alguns crimes posterior á instauração de procedimento criminal, instaurar-se-hão as acções correspondentes á classe a que as infracções pertencerem.

ARTIGO 230.º

No caso de connexão ou concurso de infracções pertencentes á competencia criminal e correccional, serão todas julgadas com intervenção de jury, e comprehendidas na mesma accusação e sentença criminal.

ARTIGO 231.º

Quanto aos juizes criminaes, a competencia proroga-se:
1.º A respeito dos juizes, em cuja jurisdicção o agente for capturado;
2.º A respeito do juiz da comarca mais proxima nas infracções commettidas pela maior parte dos habitantes de uma comarca;
3.º Nos casos previstos nas leis especiaes.

CAPITULO III

Da prevenção da competencia

ARTIGO 232.º

Se dois ou mais juizes tiverem procedido aos actos de processo preparatorio ou de instrução preliminar, será a competencia fixada pela prioridade do procedimento judicial.

ARTIGO 233.º

Quando o processo de instrucção preliminar tiver sido instaurado na mesma data por dois ou mais juizes, fica sendo juiz competente o do logar em que a infracção tiver sido commettida.

ARTIGO 234.º

Serão remettidos ao juiz que tiver prevenido a jurisdicção todos os autos, documentos, papeis e informações, que existirem nos outros juizos.

CAPITULO IV

Dos juizes e tribunaes que exercem jurisdicção criminal

ARTIGO 235.º

Exercem jurisdicção criminal, nos termos d'este codigo e das leis especiaes:
1.º O supremo tribunal de justiça em todo o territorio da monarchia portugueza;
2.º As relações no seu respectivo districto judicial;
3.º Os juizes de direito de primeira instancia na sua respectiva comarca ou circulo criminal;
4.º Os tribunaes de policia correccional;

5.º Os juizes ordinarios no seu respectivo julgado;
6.º Os juizes eleitos na sua respectiva freguezia.
§ unico. A camara dos pares exerce tambem jurisdicção criminal, quando se constitue em supremo tribunal de justiça.

ARTIGO 236.º

Os juizes e tribunaes criminaes constituem uma hierarchia, cujos graus, segundo a ordem de precedencia, se acham designados no artigo antecedente.

ARTIGO 237.º

As decisões e ordens dos juizes e tribunaes superiores, revestidas das formalidades externas prescriptas na lei, serão cumpridas pelos juizes ou tribunaes inferiores sem que possam apreciar ou discutir o seu merecimento intrinseco.

ARTIGO 238.º

Nenhum juiz ou tribunal criminal poderá exercer jurisdicção criminal sem que preceda promoção do magistrado do ministerio publico ou requerimento da parte offendida.
§ unico. Exceptuam-se da disposição d'este artigo os actos de policia judiciaria nos crimes ou delictos flagrantes.

CAPITULO V
Da divisão judicial criminal

ARTIGO 239.º

Para os efeitos do artigo 235.º, o continente do reino e ilhas adjacentes são divididos nos districtos judiciaes seguintes:
1.º Districto judicial da relação de Lisboa;
2.º Districto judicial da relação do Porto;
3.º Districto judicial da relação dos Açores.

ARTIGO 240.º

Cada districto judicial é subordinado a uma relação.
§ unico. A sede das relações é nas cidades de Lisboa, Porto e Ponta Delgada.

ARTIGO 241.º

Cada districto judicial é dividido em comarcas, cuja denominação e classificação é determinada na lei especial.

ARTIGO 242.º

As cidades de Lisboa e Porto são divididas em tres circulos criminaes.

ARTIGO 243.º

Cada comarca e circulo criminal comprehende diferentes freguezias, cuja denominação consta da lei especial.

CAPITULO VI
Dos magistrados incumbidos da proposição da acção criminal

ARTIGO 244.º

Os magistrados do ministerio publico, como orgãos da sociedade e agentes do governo, são incumbidos da proposição e seguimento da acção publica e dos seus incidentes até á sua terminação.

ARTIGO 245.º

Para os efeitos do artigo antecedente, exercem o ministerio publico:
1.º O procurador geral da corôa e fazenda e seus ajudantes junto do supremo tribunal de justiça;
2.º Os procuradores regios e seus ajudantes junto das relações;
3.º Os delegados dos procuradores regios junto dos juizes de direito de primeira instancia;
4.º Os sub-delegados dos procuradores regios junto dos juizes ordinarios.

ARTIGO 246.º

O procurador geral da corôa e fazenda poderá fazer-se representar junto do supremo tribunal de justiça pelo seus ajudantes, nos termos dos regulamentos.

ARTIGO 247.º

Os procuradores regios serão coadjuvados no serviço da acção publica pelo seu respectivo ajudante, nos termos dos regulamentos.

CAPITULO VII
Dos agentes auxiliares da acção criminal

ARTIGO 248.º

São agentes auxiliares da acção criminal:
1.º O secretario do supremo tribunal de justiça;
2.º Os guarda móres das relações;
3.º Os escrivães das relações;
4.º Os escrivães dos juizes de direito;
5.º Os escrivães dos juizes ordinarios.

ARTIGO 249.º

A estes agentes incumbe:
1.º Escrever todos os actos e peças do processo, nos termos das leis;
2.º Cumprir as ordens dos juizes e tribunaes criminaes e dos magistrados do ministerio publico;

3.º Entregar aos magistrados do ministerio publico, sem precedencia de despacho dos juizes ou tribunaes criminaes, todas as certidões e documentos de que carecerem para o exercicio da acção criminal;

4.º Apresentar-lhes, quando lhes forem exigidos, todos os processos ou papeis no estado em que se acharem, independentemente de despacho dos juizes ou tribunaes criminaes, salvo se estiverem na conclusão dos juizes;

5.º Organisar os trabalhos estatisticos, nos termos das leis e regulamentos.

CAPITULO VIII

Da mutua coadjuvação entre os juizes, tribunaes criminaes e outras auctoridades, e do modo como devem effectuar-se as diligencias relativas á acção criminal

ARTIGO 250.º

Em todos os actos e diligencias necessarias para o exercicio da policia judiciaria, andamento do processo, instrucção preliminar e julgamento dos agentes das infracções, os juizes, tribunaes criminaes e auctoridades de qualquer natureza e categoria se coadjuvarão mutuamente, satisfazendo com a maior presteza quaesquer requisições e exigencias relativas ao curso regular da acção criminal.

ARTIGO 251º

Para se efectuarem as diligencias relativas á acção criminal, expedirão:

1.º O supremo tribunal de justiça, cartas de ordem exequiveis em todo o territorio da monarchia portugueza;

2.º As relações, cartas de ordem exequiveis no seu respectivo districto judicial;

3.º Os juizes de direito de primeira instancia, mandados exequiveis na respectiva comarca ou circulo criminal;

4.º Os juizes ordinarios, mandados exequiveis no seu respectivo julgado.

ARTIGO 252.º

Se as diligencias e actos, a que se refere o n.º 2.º do artigo antecedente, houverem de ser cumpridos por juizes de direito dependentes de differente districto judicial, deverá a carta de ordem ser remettida ao presidente da respectiva relação para exarar n'ella o despacho ordenando o cumprimento da mesma, não podendo ter execução sem precedencia d'este despacho.

ARTIGO 253.º

Quando as diligencias e actos ordenados pelos juizes de direito ou ordinarios houverem de effectuar-se em comarca ou julgado differente, dirigirão uma deprecada ao respectivo juiz da comarca ou julgado, em que devem verificar-se.

§ unico. Exceptuam-se da disposição d'este artigo os casos previstos no artigo 89.º

ARTIGO 254.º

As cartas de ordem e as deprecadas serão expedidas em nome do soberano reinante, e deverão conter:

I. Na parte superior da pagina em fórma de titulo:

1.º A designação do juiz ou tribunal criminal que a expede, e a d'aquelle a quem é dirigida;

2.º A clausula de poderem as diligencias ser cumpridas por qualquer outro juiz ou tribunal criminal, em que possam ou devam levar-se a efeito;

3.º O objecto da diligencia succintamente enunciado.

II. A transcripção das peças do processo necessarias para que possam efectuar-se as diligencias com proveito da administração da justiça, e todas as que forem exigidas pelos juizes, tribunaes criminaes e magistrados do ministerio publico, ou requeridas pelas partes querelantes ou accusadoras e pelos agentes dos crimes.

ARTIGO 255.º

Para o cumprimento das diligencias, de que tratarem as cartas de ordem ou deprecadas, marcarão os respectivos juizes ou tribunaes criminaes os prasos que lhes parecerem rasoaveis, conforme a natureza e importancia das diligencias e a distancia e facilidade de communicações.

§ unico. Estes prasos nunca poderão exceder a trinta dias, se as diligencias houverem de effectuar-se no continente do reino, a sessenta dias, quando hajam de ter lugar nas ilhas adjacentes, e a cento e vinte dias, se tivessem de ser cumpridas nas provincias ultramarinas.

ARTIGO 256.º

O cumprimento das cartas de ordem, mandados e deprecadas, a que se referem os artigos 251.º e 253.º, será promovido pelo ministerio publico.

ARTIGO 257.º

As diligencias que houverem de ser cumpridas por quaesquer auctoridades, repartições ou estações publicas, serão requisitadas por officios deprecatorios, concebidos em termos civis e urbanos, sem conterem ordem ou expressão imperativa.

ARTIGO 258.º

As diligencias necessarias para a instauração e curso regular da acção criminal, que houverem de ser cumpridas em paizes estrangeiros, sómente poderão ser requisitadas por meio de cartas rogatorias, concebidas em termos de civilidade e deferencia, dirigidas ás auctoridades dos paizes com os quaes houver tratados ou convenções especiaes, ou em que pelos principios de reciprocidade for costume satisfazer a estas requisições.

ARTIGO 259.º

O cumprimento d'estas rogatorias será promovido pelo governo por intervenção da procuradoria geral da corôa.

PARTE I

DA COMPETENCIA CRIMINAL

TITULO I

Dos crimes sujeitos á competencia criminal

ARTIGO 260.º

Pertencem á competencia criminal as infracções que constituirem crimes, a que corresponder alguma das penas seguintes:
1.º Degredo perpetuo;
2.º Degredo temporario;
3.º Prisão maior temporaria;
4.º Expulsão do reino;
5.º Perda de direitos politicos;
6.º Prisão correccional excedente a dois annos.

ARTIGO 261.º

Denomina-se processo criminal ordinario o processo empregado para verificar a culpabilidade e tornar effectiva a punição dos agentes dos crimes, a que corresponder alguma das penas mencionadas no artigo antecedente.

ARTIGO 262.º

O processo criminal ordinario comprehende:
1.º O processo preparatorio ou de instrucção preliminar;
2.º O processo accusatorio;
3.º O processo plenario ou de julgamento.

TITULO II

Do processo preparatorio ou de instrucção preliminar

CAPITULO I

Disposições geraes

ARTIGO 263.º

O processo preparatorio ou de instrucção preliminar tem por objecto a averiguação da culpabilidade dos agentes dos crimes, a que se refere o artigo 260.º

ARTIGO 264.º

Este processo comprehende todos os actos e diligencias desde o requerimento de querela até o ultimo despacho de pronuncia.

ARTIGO 265.º

Os actos e diligencias a que se refere o artigo antecedente não admittem publicidade emquanto os réus não estiverem presos ou caucionados.

§ unico. Poderão, porém, no decurso do processo preparatorio, tanto os magistrados do ministerio publico, como as partes querelantes e os presumidos agentes dos crimes fornecer aos juizes, para serem juntos ao processo, exposições escriptas ou documentos tendentes ao descobrimento da verdade.

ARTIGO 266.º

As diligencias e actos necessarios para o complemento do processo preparatorio são continuos e successivos, e deverão praticar-se durante as ferias.

ARTIGO 267.º

O processo preparatorio deverá ser encerrado dentro em trinta dias, contados da data do auto da querela.

§ unico. Poderá porém prorogar-se este praso:

1.º Quando for necessario proceder á inquirição de testemunhas referidas, ou a alguma outra diligencia indispensavel para o descobrimento da verdade;

2.º Quando forem nomeadas testemunhas residentes em differente comarca, que não possam ser inquiridas dentro d'aquelle praso.

ARTIGO 268.º

O motivo da prorogação do praso fixado no artigo antecedente deverá constar do processo por despacho proferido officiosamente pelo juiz de direito, ou precedendo promoção do magistrado do ministerio publico, ou requerimento da parte querelante.

ARTIGO 269.º

Se o offendido vier a morrer em resultado de ferimentos ou offensas corporaes, antes de encerrado o processo preparatorio, juntar-se-ha ao respectivo processo o auto de exame a que se proceder.

ARTIGO 270.º

O processo será logo continuado com vista ao magistrado do ministerio publico, o qual dentro de vinte e quatro horas dará ao facto a qualificação que segundo a lei penal lhe competir, e promoverá que se lavre um auto de rectificação da querela prestada.

§ unico. A parte querelante poderá dentro do praso mencionado n'este artigo requerer a rectificação da querela sem comtudo se lhe continuar o processo com vista.

CAPITULO II
Da querela

SECÇÃO I
Disposições geraes

ARTIGO 271.º

A querela consiste na promoção do magistrado do ministerio publico ou requerimento da parte offendida dirigido ao juiz, a fim de proceder a instauração do processo criminal para a averiguação da culpabilidade e punição dos agentes dos crimes, conforme a lei penal.

ARTIGO 272.º

No caso de accumulação ou concurso de crimes, deverá prestar-se uma só querela:
1.º Quando o agente por um só facto praticar differentes crimes, punidos com diversas penas;
2.º Quando praticar differentes factos, cada um dos quaes constitua por si só um crime.

ARTIGO 273.º

No caso de connexão de crimes, deverá igualmente dar-se uma só querela, quer a connexão tenha logar entre varios crimes committidos pelo mesmo agente, quer por agentes differentes.

ARTIGO 274.º

A querela deverá ser prestada dentro do praso de tres dias, se os agentes estiverem detidos em custodia, e dentro em quinze dias, se estiverem caucionados ou ausentes.
§ unico. Estes prasos serão contados desde a data em que os corpos de delicto forem continuados com vista ao magistrado do ministerio publico.

ARTIGO 275.º

Se o agente do crime tiver sido condemnado em pena mais grave do que a que possa corresponder no maximo a outro crime, que posteriormente haja committido ou tenha sido descoberto, não se prestará querela por este crime, salvo se for annullado o processo em que tiver sido condemnado.
§ unico. No caso previsto n'este artigo deverá appensar-se ao respectivo processo o corpo de delicto do crime posteriormente committido ou descoberto.

ARTIGO 276.º

Poderá ser admittida segunda querela a respeito do mesmo crime:
1.º Contra os mesmos agentes, se a primeira querela tiver sido julgada nulla por sentença passada em julgado;
2.º Contra agentes certos e determinados, se a primeira querela tiver sido prestada contra agentes incertos e se descobrirem novas provas.

SECÇÃO II
Do juizo competente para a prestação da querela

ARTIGO 277.º

Salvos os casos especialmente previstos na lei, a querela póde ser prestada:
1.º No juizo da comarca ou julgado, em que o crime for commettido;
2.º No juizo da comarca ou julgado, em que residir ou poder ser capturado o agente do crime;

§ unico. Nos crimes commettidos pela maior parte dos habitantes de uma comarca deverá ser prestada no juizo de direito da comarca mais proxima.

ARTIGO 278.º

Se a querela tiver sido prestada pelo mesmo crime em dois ou mais juizos, observar-se-hão as disposições dos artigos 232.º a 234. º

SECÇAO III
Da querela officiosa do ministerio publico

ARTIGO 279.º

Os magistrados do ministerio publico são obrigados a querelar:
1.º De todos os crimes commettidos nas comarcas ou julgados em que exercem as suas funcções;
2.º Dos crimes commettidos fora d'ellas, quando os agentes d'elles n'ellas residirem ou podérem ser capturados;
3.º Dos crimes commettidos pela maior parte dos habitantes da comarca mais proxima;
4.º De quaesquer outros crimes, nos termos das leis especiaes.

§ unico. Exceptuam-se da disposição d'este artigo os crimes a que se refere o § unico do artigo 7.º, nos quaes a prestação da querela depende da verificação das condições n'elle mencionadas.

SECÇÃO IV
Da querela particular da parte offendida

ARTIGO 280.º

As partes offendidas podem prestar a sua querela particular emquanto não estiver concluido o processo preparatorio ou de instrucção preliminar.

§ unico. Depois de encerrado este processo, não será admittida querela particular a nenhuma das partes offendidas.

ARTIGO 281.º

As querelas das partes offendidas serão juntas á do magistrado do ministerio publico, e formarão todas um só processo.

ARTIGO 282.º

Se o querelante não for conhecido em juizo, não lhe será recebida a querela sem que a sua identidade seja attestada ao menos por uma testemunha, a qual deverá assignar o auto.

ARTIGO 283.º

O querelante que não residir na comarca ou julgado em que prestar a querela escolherá o domicilio dentro d'este ou d'aquella, no qual lhe serão feitas todas as intimações necessarias para o andamento do processo.

ARTIGO 284.º

A querela das partes offendidas póde ser prestada por procurador, o qual deverá apresentar procuração especial, na qual se declarem os factos criminosos, e o maior numero de circumstancias que os revestirem, e os nomes dos agentes dos crimes, quando forem conhecidos.

ARTIGO 285.º

A parte que desistir da querela não poderá seguir a accusação.

SECÇÃO V

Das pessoas contra quem póde ser prestada a querela

ARTIGO 286.º

A querela póde ser prestada:
1.º Contra agentes certos e determinados;
2.º Contra agentes incertos e indeterminados, cuja culpabilidade se mostrar pelo processo preparatorio.

SECÇÃO VI

Do requerimento, distribuição, auto, recebimento e rejeição da querela

ARTIGO 287.º

O requerimento de querela deverá conter:
1.º O nome, profissão ou occupação, e residencia do querelante, quando não for o magistrado do ministerio publico;
2.º A natureza e circumstancias que precederam, acompanharam ou seguiram o crime, e a declaração de ser o agente auctor ou cumplice;
3.º A declaração do logar e tempo em que foi commettido, sempre que seja possivel;
4.º A citação da lei penal que pune o facto criminoso;
5.º Os nomes, appellidos e alcunhas conhecidos dos querelados, ou o maior numero possivel de signaes que os possam identificar.

ARTIGO 288.º

Se a prova da querela for documental, juntar-se-hão ao requerimento os documentos comprobativos.

Se a prova for testemunhal, deverá juntar-se uma relação de testemunhas com declaração de seus nomes, appellidos, aicunhas profissões ou occupações e moradas.

§ unico. Se o querelante não tiver logo noticia do todas as testemunhas que deve produzir, poderá nomea-las no auto de querela ou em todo o decurso do processo preparatorio.

ARTIGO 289.º

Prestada a querela, o juiz a distribuirá por turno sucessivo ao escrivão a quem competir, e ordenará que, depois de reduzida a auto, este lhe seja feito concluso.

ARTIGO 290.º

Para a distribuição das querelas haverá um livro numerado e rubricado pelo respectivo juiz, com as divisões seguintes:

1.º Numeração de ordem, que se renovará annualmente no mez de janeiro;
2.º Natureza do crime;
3.º Nomes dos querelados;
4.º Nomes dos offendidos;
5.º Appellidos dos escrivães;
6.º Data da distribuição;
7.º Observações.

§ unico. Sendo a querela prestada contra pessoas incertas, deverá fazer-se essa declaração na casa destinada para os nomes dos querelados.

ARTIGO 291.º

O auto de querela deverá conter:

1.º O anno, mez e dia em que é feito;
2.º O requerimento de querela transcripto integralmente;
3.º Os nomes, appellidos, alcunhas, profissões ou occupações e moradas das testemunhas;
4.º As rubricas do juiz e do magistrado do ministerio publico, e as assignaturas da parte querelante ou do seu procurador, e do escrivão.

ARTIGO 292.º

Os escrivães deverão transcrever por extenso no livro do registro das peças do processo os autos de querela que lhes forem distribuidos, addicionando-lhes os nomes das testemunhas, se não tiverem sido todas nomeadas no requerimento de querela, pondo a verba do registro á margem do auto da querela.

ARTIGO 293.º

O juiz receberá ou rejeitará a querela prestada dentro de vinte e quatro horas, se o querelado estiver detido em custodia, e dentro de oito dias, se estiver caucionado ou ausente.

ARTIGO 294.º

A querela póde ser rejeitada:

1.º Quando o juiz entender que o facto por que se querelou não tem criminalidade;
2.º Quando julgar que não pertence á competencia criminal.

§ 1.º O despacho que rejeitar a querela será logo intimado ao magistrado do ministerio publico e á parte querelante.

§ 2.º No caso do numero 1.º d'este artigo o querelado será immediatamente solto, se não estiver detido em custodia ou preso por outro motivo.

TITULO III
Dos meios de verificar a culpabilidade dos agentes dos crimes

CAPITULO I
Disposições geraes

ARTIGO 295.º

Para verificar a culpabilidade dos agentes dos crimes são admittidos os meios de prova seguintes:

1.º Prova documental;
2.º Prova testemunhal;
3.º Confissão dos réus;
4.º Exames e vistorias;
5.º Indicios ou presumpções.

ARTIGO 296.º

Aindaque a culpabilidade esteja suficientemente comprovada pela prova documental, serão sempre inquiridas testemunhas acerca da moralidade e precedentes dos agentes dos crimes.

ARTIGO 297.º

Os juizes apreciarão o valor das provas com relação á criminalidade dos agentes dos crimes, segundo as regras de direito.

CAPITULO II
Da prova documental

ARTIGO 298.º

Se para prova da criminalidade dos agentes dos crimes forem offerecidos documentos authenticos, traslados ou certidões d'elles, documentos particulares ou publicas fórmas, o juiz instructor do processo os examinará attentamente, e, não os achando regulares ou extrahidos em devida fórma, mandará intimar o magistrado do ministerio publico e a parte querelante para os juntarem de novo ao processo.

CAPITULO III
Da prova testemunhal

SECÇÃO I
Da nomeação das testemunhas

ARTIGO 299.º

Os magistrados do ministerio publico deverão nomear pelo menos oito testemunhas nas querelas que prestarem, as quaes serão inquiridas pelos juizes, afóra as referidas.

§ unico. Poderão, porém, nomear até vinte testemunhas, em cujo numero se não comprehenderão as referidas.

ARTIGO 300.º

No caso previsto no n.º 2.º do artigo 272.º poderá ser nomeado para depor a respeito de cada facto o numero de testemunhas declarado no artigo antecedente.

ARTIGO 301.º

Havendo parte querelante, deverá combinar com o magistrado do ministerio publico sobre a nomeação das testemuhas, de modo que o numero d'estas não exceda a vinte, salvo o disposto no artigo antecedente.

§ unico. Se não podérem combinar-se, e o numero das testemunhas nomeadas exceder a vinte, o juiz inquirirá as primeiras dez nomeadas pelo magistrado do ministério publico, e as primeiras dez que tiverem sido nomeadas pela parte querelante.

ARTIGO 302.º

Se houver mais de uma parte querelante, serão inquiridas primeiramente as testemunhas nomeadas pelo magistrado do ministerio publico, comtanto que não excedam o numero de dez. As demais que faltarem até preencher o numero de vinte serão tiradas igualmente das primeiras nomeadas por todos os querelantes; e, se na distribuição ainda faltar alguma para o preenchimento do numero de vinte, será inquirida d'entre as que tiverem sido nomeadas pelo primeiro querelante, observada a ordem de precedencia da nomeação.

ARTIGO 303.º

A parte offendida que der sua querela, depois de inquiridas mais de dez testemunhas nomeadas pelo magistrado do ministerio publico, poderá nomear as que faltarem até perfazerem o numero de vinte; e, se as que faltarem forem menos de cinco, poderá nomear até este numero para serem inquiridas, postoque excedam a vinte.

SECÇÃO II
Das pessoas que podem ser testemunhas e das inhabeis para o ser

ARTIGO 304.º

Podem ser testemunhas todas as pessoas de ambos os sexos que não sejam inhabeis por incapacidade natural, ou por disposição da lei.

ARTIGO 305.º

São inhabeis para ser testemunhas por incapacidade natural:
1.º Os dementes;
2.º Os menores de quatorze annos do sexo masculino e os menores do doze annos do sexo feminino.

§ 1.º Poderão comtudo dar informações sem prestar juramento, tanto os dementes nos intervallos lucidos, como os menores a que se refere este artigo.

§ 2.º Para se certificar da lucidez das faculdades dos dementes poderá o juiz ordenar que se proceda a exame por peritos facultativos.

ARTIGO 306.º

São inhabeis por disposição da lei para serem testemunhas:
1.º Os descendentes e ascendentes legitimos e naturaes, conjuges, irmãos e cunhados dos offendidos ou dos agentes dos crimes;
2.º Os que voluntariamente vierem depor a juizo sem previa intimação judicial;
3.º Os que denunciaram o crime;
4.º Os interpretes;
5.º Os inimigos dos ofendidos ou dos querelados.

§ 1.º As pessoas a que se refere o numero 1.º d'este artigo sómente são inhabeis para deporem a respeito de factos criminosos imputados aos réus, com quem tiverem parentesco, podendo ser inquiridas ácerca dos factos relativos aos demais co-réus que figurarem no mesmo processo, devendo declarar-se no seu depoimento que só são interrogadas a respeito d'estes.

§ 2.º São considerados inimigos os individuos, entre os quaes se der alguma das causas declaradas no § unico do artigo 46.º

SECÇÃO III
Do comparecimento das testemunhas, das causas legitimas de escusa e das testemunhas exemptas de comparecer perante o juiz instructor do processo

ARTIGO 307.º

São obrigadas a comparecer no local, dia e hora marcados no respectivo mandado ou deprecada:
1.º As testemunhas residentes na comarca do juiz instructor do processo, embora não residam na séde da comarca;

2.º As testemunhas residentes em comarca diferente, quando o seu comparecimento no juizo instructor do processo seja absolutamente necessario para se proceder ao reconhecimento da identidade de algum agente do crime, ou para alguma acareação com elle ou com alguma testemunha.

ARTIGO 308.º

As testemunhas inquiridas têem direito a um salario diario de 300 réis, que será comprehendido nas custas do processo e pago a final pelos réus.

§ unico. Sendo as testemunhas inquiridas residentes em comarca differente, terão direito, alem do salario, a uma indemnisação das despezas do transporte paga pelo cofre da administração da justiça.

ARTIGO 309.º

Não sendo indispensavel o comparecimento pessoal das testemunhas residentes em comarca differente, serão inquiridas por deprecada, na qual se deverá designar o dia em que começou o processo preparatorio e aquelle em que deve findar.

ARTIGO 310.º

São causas legitimas da falta de comparecimento das testemunhas:
1.ª A doença comprovada por certidão jurada de facultativo, ou, na falta d'este, do respectivo parocho, confirmada pelo administrador do concelho, se a testemunha residir na cabeça do concelho, ou pelo juiz eleito, se for residente em outra freguezia;
2.º A consternação de família por motivo de fallecimento de descendentes, ascendentes, irmãos e cunhados;
3.º A superveniencia de algum acontecimento de força maior e irresistivel, que impossibilite o intimado de comparecer em juizo;
4.º A incompatibilidade resultante da prestação de outro serviço ordenado pela auctoridade competente, que obste a que o intimado compareça em juizo no dia e hora assignados.

ARTIGO 311.º

Quando pelo documento mencionado no n.º 1.º do artigo antecedente constar que a doença impossibilita a testemunha de comparecer em juizo dentro do praso em que deve ser encerrado o processo preparatorio, e a parte que a tiver nomeado não prescindir d'ella ou não a substituir por outra, o juiz se transportará ao domicilio d'ella para lhe tomar o depoimento.

ARTIGO 312.º

Se n'esse acto o juiz se convencer de que a testemunha não estava impossibilitada de comparecer em juizo, ordenará que se proceda a exame sobre o seu estado physico por facultativo ou facultativos diferentes dos que passaram a certidão, e, se pelo exame se mostrar que o estado de saude da testemunha a não impedia de apresentar-se em juizo, será logo condemnada disciplinarmente em prisão de quinze dias a seis mezes, e na multa de 10$000 a 100$000 réis, conforme o grau de culpa.

ARTIGO 313.º

São exemplos de comparecer perante o juiz instructor do processo para deporem como testemunhas:

1.º Os membros da familia real;
2.º Os ministros de estado effectivos;
3.º Os conselheiros d'estado effectivos, e os extraordinarios em exercicio;
4.º Os pares do reino;
5.º Os embaixadores, ministros plenipotenciarios e ministros residentes dos soberanos estrangeiros;
6.º Os consules e mais agentes consulares, que em virtude de tratados gosarem d'esta immunidade.

ARTIGO 314.º

Tendo de ser inquirida alguma das pessoas mencionadas no artigo antecedente, o respectivo juiz do domicilio d'ellas se transportará á sua morada, acompanhado de um escrivão para receber os seus depoimentos.

ARTIGO 315.º

Se a testemunha que houver de ser inquirida for deputado que haja tomado assento na camara, o juiz instructor do processo requisitará ao presidente da camara electiva, se estiver aberta, o comparecimento da testemunha no dia e hora que indicar.

ARTIGO 316.º

Observar-se-hão as disposições das leis especiaes e dos tratados ácerca das formalidades com que devem ser inquiridos os individuos que fizerem parte do exercito e da armada, certos e determinados empregados, e os consules das nações, com as quaes se houverem celebrado esses tratados.

SECÇÃO IV

Da inquirição das testemunhas

ARTIGO 317.º

As testemunhas serão inquiridas pelos juizes em autos summarios ou assentadas, cujo numero não poderá exceder a cinco.

§ unico. A esta inquirição não poderão assistir os magistrados do ministerio publico, as partes querelantes ou os agentes dos crimes.

ARTIGO 318.º

Antes de interrogadas, as testemunhas prestarão o juramento seguinte: «Juro sobre os santos evangelhos, e tomo a Deus por testemunha de que vou dizer só a verdade».

ARTIGO 319.º

Se as testemunhas não professarem a religião catholica apostolica romana, prestarão juramento segundo a religião que seguirem, e com as formalidades n'ella adoptadas.

§ unico. No caso de não poderem ser observadas as formalidades dos cultos estrangeiros na prestação do juramento, as testemunhas prometterão sob palavra de honra que hão de dizer a verdade.

ARTIGO 320.º

Se alguma testemunha não souber fallar a língua portugueza, o juiz nomeará um interprete, a quem deferirá juramento de traduzir com exactidão e transmittir com fidelidade todas as perguntas que fizer á testemunha, e as respostas que ella der.

§ unico. O juramento deve constar do depoimento da testemunha, o qual será assignado por ella conjuntamente com o interprete.

ARTIGO 321.º

Se a testemunha for surda e souber ler, as perguntas serão feitas por escripto e as respostas dadas oralmente.

§ unico. Se porém for surda-muda, e souber ler e escrever, as perguntas serão feitas por escripto e as respostas dadas pela mesma fórma. No caso de não saber ler e escrever, o juiz nomeará para interprete a pessoa mais habilitada para se entender com a testemunha, deferindo-lhe juramento na fórma prescripta no artigo antecedente.

ARTIGO 322.º

Prestado o juramento, o juiz perguntará ás testemunhas:

1.º Os seus nomes, appellidos, alcunhas, idade, estado, profissão ou occupação, e residencia;

2.º Se têem parentesco, e em que grau, com o querelado, com a parte querelante ou com os offendidos, ou se são seus domesticos, conforme a condição da testemunha;

3.º Se tem com os mesmos amisade ou inimisade, que possa influir na verdade do seu depoimento.

ARTIGO 323.º

Em seguida serão interrogadas:

1.º Sobre a existencia do crime, sobre as circumstancias que o precederam, acompanharam e seguiram, e sobre o modo, logar e tempo em que foi committido;

2.º Sobre quaes os auctores ou cumplices d'elles;

3.º Sobre a moralidade e precedentes d'estes.

ARTIGO 324.º

Declarando as testemunhas que são presenciaes, serão interrogadas:

1.º Em que logar e tempo foi committido o crime;

2.º Quaes as pessoas que estavam presentes, com declaração de seus nomes, appellidos, alcunhas e residencias, ou, não podemdo indica-los, o maior numero de signaes que as possam identificar.

ARTIGO 325.º

Se derem sómente informações de ouvida, ser-lhes-hão feitas as mesmas perguntas indicadas no artigo antecedente.

ARTIGO 326.º

As perguntas serão feitas com a maior simplicidade e clareza, de modo que as testemunhas possam comprehender bem o objecto sobre que têem de depor, não podendo em caso algum ser acompanhadas de insinuações, suggestões, promessas ou ameaças.

ARTIGO 327.º

Todas as respostas das testemunhas serão escriptas.

§ unico. Se porém os seus depoimentos já estiverem escriptos no corpo de delicto, e nada houverem accrescentado ou alterado, bastará fazer referencia áquelles depoimentos.

ARTIGO 328.º

Os juizes não deverão contentar-se com uma simples resposta affirmativa ás perguntas que fizerem, mas exigir que as testemunhas narrem os factos que souberem, e tenham relação directa ou indirecta com crime.

ARTIGO 329.º

É absolutamente prohibido ás testemunhas declarar que sabem de sciencia certa o que depôem.

§ unico. O juiz que se contentar com esta resposta e a mandar escrever, e o escrivão que a escrever, incorrerão, cada um, na multa de 5$000 réis a 50$000 réis, que lhes será imposta disciplinarmente.

ARTIGO 330.º

Se a testemunha no acto do depoimento apresentar algum objecto que possa servir para fazer culpa aos agentes do crime, ou em beneficio de sua defesa, no depoimento se fará expressa menção da apresentação, e se juntará ao processo, sendo possivel, ou se guardará no archivo do juizo, ou em poder de depositario idoneo.

§ unico. Se o objecto apresentado for algum papel escripto, será rubricado pelo juiz, pela testemunha que o offerecer, ou pelo escrivão, se ella não souber escrever.

ARTIGO 331.º

Recusando alguma testemunha responder ás perguntas que lhe forem feitas, o juiz a advertirá de que incorre na pena de desobediencia.

§ unico. Se a testemunha, depois de advertida, insistir em recusar-se a responder, o juiz ordenará que sejam intimadas duas testemunhas para presencearem a recusa, e com o depoimento d'ellas constituirá o corpo de delicto indirecto, fazendo logo deter em custodia a testemunha desobediente.

SECÇÃO V

Da redacção, confirmação, rectificação dos depoimentos das testemunhas, e do modo como devem ser escriptos

ARTIGO 332.º

As testemunhas podem dictar os seus depoimentos, os quaes serão escriptos pelo escrivão. Se porém não usarem d'esta faculdade, serão redigidos pelo juiz, conservando, quanto for possivel, na redacção as proprias expressões da testemunha, de modo que possam ser por esta bem comprehendidas.

ARTIGO 333.º

Os depoimentos serão lidos ás testemunhas antes de serem assignados.

§ 1.º As testemunhas poderão confirmar, augmentar, diminuir ou fazer qualquer alteração em seus depoimentos. De tudo se fará menção no seguimento do depoimento sem todavia se emendar o que estiver escripto.

§ 2.º Depois de lidos os depoimentos, serão assignados de rubrica pelo juiz de direito, pelas testemunhas que souberem escrever e pelo escrivão. Se ellas não souberem ou não podérem assignar, o escrivão assim o declarará no fim dos depoimentos, que serão assignados com o nome inteiro do juiz.

ARTIGO 334.º

Nos depoimentos das testemunhas não haverá entrelinhas, borrões ou rasuras.

§ 1.º As emendas serão resalvadas á margem, e a resalva rubricada pelo juiz, escrivão e testemunha que souber escrever.

§ 2.º No caso de contravenção d'este artigo, o escrivão será condemnado disciplinarmente na multa de 5$000 a 50$000 réis.

ARTIGO 335.º

As folhas que contiverem os depoimentos das testemunhas serão rubricadas pelo juiz, escrivão e pelas testemunhas que souberem escrever.

SECÇÃO VI

Da confrontação das testemunhas entre si e com os agentes dos crimes

ARTIGO 336.º

Quando alguma testemunha affirmar em seu depoimento a existencia de algum facto ou circumstancia essencial do mesmo, de modo que haja contradicção ou divergencia com o depoimento de outras testemunhas, o juiz procederá á confrontação e á acareação d'ellas entre si.

ARTIGO 337.º

Reunidas as testemunhas contradictorias ou divergentes, o juiz lhes notará com toda a clareza os factos ou circumstancias essenciaes em que houver contradicção ou divergencia, fazendo consignar em um auto por elle assignado, pelo escrivão e pelas testemunhas que souberem escrever, tanto as ponderações que fizer ás testemunhas, como as respostas que estas derem.

ARTIGO 338.º

Proceder-se-ha do mesmo modo quando a contradicção ou divergencia se verificar entre as asserções dos réus e os depoimentos das testemunhas, lavrando-se o respectivo auto que será tambem assignado por aquelles, se souberem escrever.

SECÇÃO VII

Da substituição das testemunhas

ARTIGO 339.º

As testemunhas nomeadas para deporem no summario podem ser substituidas:
1.º Quando não podérem ser intimadas por estarem ausentes, em logar incerto ou por terem fallecido;
2.º Quando estiverem impossibilitadas de comparecer em juizo por alguma das causas mencionadas no artigo 310.º, no caso de não ser essencial o seu depoimento, e ter prescindido d'elle o magistrado do ministerio publico, ou a parte querelante que as tiver nomeado.

SECÇÃO VIII

Do reconhecimento da identidade dos agentes dos crimes

ARTIGO 340.º

Se as testemunhas inquiridas no auto summario não podérem designar os agentes dos crimes de modo que possam ser conhecidos, o juiz procederá ao reconhecimento da identidade d'elles, fazendo-os apresentar ás testemunhas acompanhados de outros individuos que ellas não conheçam. Do reconhecimento da identidade se lavrará um auto, que será assignado pelo juiz, escrivão e testemunhas que souberem assignar.

CAPITULO IV

Da confissão dos agentes dos crimes

ARTIGO 341.º

A confissão é a declaração espontanea feita pelo agente do crime ácerca da perpetração do facto criminoso que lhe é imputado.

ARTIGO 342.º

A confissão póde ser judicial ou extra-judicial. A confissão judicial é a que é feita no acto do interrogatorio dos agentes dos crimes. A confissão extra-judicial é a que é feita por modo differente.

ARTIGO 343.º
Nos interrogatorios observar-se-ha o disposto nos artigos 110.º a 123.º

CAPITULO V
Dos exames e vistorias

ARTIGO 344.º
No decurso do processo preparatorio póde proceder-se a exames:
1.º Para verificar o grau de discernimento e imputabilidade dos agentes dos crimes;
2.º Para se effectuarem quaesquer operações medico-legaes, ou outras averiguações conducentes ao descobrimento dos crimes e seus agentes.

ARTIGO 345.º
Os exames podem ser promovidos pelos magistrados do ministerio publico, requeridos pelas partes querelantes e determina-dos officiosamente pelos juizes instructores do processo.

ARTIGO 346.º
Os juizes poderão proceder a vistorias nos logares em que os crimes forem commettidos, ou naquelles em que o julgarem necessaria para a indagação da verdade.

ARTIGO 347.º
As vistorias serão feitas com intervenção de peritos ou assistencia de informadores que possam esclarecer os juizes que as determinarem.

ARTIGO 348.º
Dos exames e vistorias se lavrarão os respectivos autos, rubricados pelo juiz, assignados pelos peritos e informadores que souberem escrever e pelo escrivão do processo.

CAPITULO VI
Dos indicios ou presumpções

ARTIGO 349.º
Os indicios ou presumpções são as legitimas consequencias deduzidas de factos conhecidos, dos quaes se conclue a existencia da criminalidade dos agentes dos crimes.

ARTIGO 350.º
Os indicios podem ser:
1.º Manifestos, proximos, ou remotos, segundo tiverem uma relação necessaria, directa ou indirecta com a criminalidade dos agentes dos crimes;
2.º Antecedentes, concomitantes ou consequentes, segundo se referirem a uma epocha anterior, actual ou posterior ao commettimento do crime.

ARTIGO 351.º

A apreciação dos indicios pertence aos juizes, devendo attender á connexão e concordancia dos factos entre si.

CAPITULO VII
Da pronuncia

SECÇÃO I
Disposições geraes

ARTIGO 352.º

A pronuncia é a declaração da culpabilidade imputada pelo juiz aos agentes dos crimes para o fim de os compellir ao julgamento.

ARTIGO 353.º

A pronuncia póde verificar-se:
1.º Contra os agentes mencionados no requerimento da querela;
2.º Contra quaesquer outros que se descobrirem pelo decurso do processo preparatorio.

ARTIGO 354.º

O despacho de pronuncia deverá declarar:
1.º O nome do agente do crime;
2.º No caso de pluralidade de agentes, o grau de participação que compete a cada um, declarando se são auctores ou cumplices;
3.º A natureza do crime e as circumstancias que o precederam, acompanharam ou seguiram;
4.º O logar e tempo em que foi commettido, sempre que sejam conhecidos;
5.º A citação da lei penal que pune o facto criminoso.

ARTIGO 355.º

No mesmo despacho determinarão os juizes que se proceda á custodia dos agentes pronunciados que n'ella senão acharem, se o crime não admittir caução, ou, quando a admitta, se não se promptificarem a presta-la.

ARTIGO 356.º

Os despachos de pronuncia serão proferidos pelos juizes no decurso do processo de instrucção preliminar, á proporção que entenderem que ha fundamento para serem exarados.
§ unico. Para este fim poderão ordenar ao escrivão que lhes faça o processo concluso, ou, se o julgarem conveniente, exarar os despachos de pronuncia em seguida á prova documental ou testemunhal existente no processo, independentemente do termo de conclusão.

ARTIGO 357.º

O despacho de pronuncia será intimado ao magistrado do ministerio publico e á parte querelante. Igual intimação se fará ao réu, dentro em vinte e quatro horas, se estiver detido em custodia, e dentro em oito dias, estando caucionado.

ARTIGO 358.º

Se algum dos réus for menor de vinte e um annos, postoque seja casado, o juiz lhe nomeará curador, ao qual, depois de juramentado, será igualmente intimado o despacho de pronuncia, dentro dos prasos marcados no artigo antecedente.

ARTIGO 359.º

São efeitos do despacho de pronuncia:
1.º Compellir os agentes pronunciados, que desde então são considerados réus do crime, a comparecerem perante o juiz de direito da respectiva comarca para serem accusados e julgados;
2.º A sujeição dos mesmos á custodia e aos regulamentos das cadeias, quando lhes não for concedida caução, ou se recusem a presta-la nos crimes que a admittirem.
3.º A suspensão do exercicio do emprego ou officio, se o indiciado for funccionario publico.

ARTIGO 360.º

Se os juizes entenderem que não ha prova ou indicios para pronuncia obrigatoria, assim o declararão por despacho fundamentado, o qual somente será proferido depois de concluidos todos os actos e diligencias do processo preparatorio.

§ unico. Se alguns dos presumidos agentes do crime estiverem detidos em custodia, será esta immediatamente relaxada.

ARTIGO 361.º

Proferido o despacho de pronuncia obrigatoria, o respectivo escrivão o transcreverá no livro de registro das peças do processo, pondo á margem do despacho a competente verba.

SECÇÃO II
Da confirmação dos despachos de pronuncia proferidos pelos juizes ordinarios

ARTIGO 362.º

Logoque o juiz ordinario tenha concluido o processo preparatorio dos crimes commettidos no seu julgado, quer tenha havido pronuncia obrigatoria, quer não, deverá ordenar no despacho que houver por encerrado o summario, que o processo seja remettido ao juiz de direito da respectiva comarca para confirmar ou reformar o mesmo despacho, podendo a remessa ser ordenada por mandado do juiz de direito, se o juiz ordinario a não mandar fazer dentro de tres dias.

§ 1.º O escrivão fará apresentar o processo ao juiz de direito da comarca dentro do praso de tres dias contados da data da entrega do despacho do juiz ordinario ou da apresentação do mandado do juiz de direito.

§ 2.º O juiz de direito mandará lavrar termo de apresentação do processo pelo escrivão do turno semanal, e que este declare por termo o estado do processo.

§ 3.º Lavrado o termo do estado do processo, será este logo feito concluso ao juiz de direito pelo escrivão, que fica sendo competente para todos os termos ulteriores do processo.

ARTIGO 363.º

Nos processos instaurados nos juizos ordinarios poderá o juiz de direito:

1.º Confirmar ou reformar a pronuncia, segundo a apreciação que fizer da prova ou indicios e da lei penal applicavel;

2.º Reperguntar as testemunhas já inquiridas, quando lhe parecerem deficientes os depoimentos;

3.º Inquirir de novo até cinco testemunhas;

4.º Proceder a todas as diligencias e operações legaes auctorisadas no processo preparatorio, que julgue necessarias para o descobrimento da verdade.

ARTIGO 364.º

Os despachos de pronuncia ou de que não ha fundamento para ella proferidos pelo juiz ordinario não produzirão effeito algum sem a previa confirmação do juiz de direito da respectiva comarca.

ARTIGO 365.º

Organisar-se-ha em cada comarca um livro com as indicações prescriptas nos n.ºˢ 1.º, 2.º, 3.º, 4.º e 5.º do artigo 290.º, devendo conter mais duas casas, uma das quaes designará por extracto a natureza do despacho do juiz ordinario, e a outra será destinada para se transcrever por extenso o despacho do juiz de direito.

CAPITULO VIII

Da custodia ou detenção preliminar

ARTIGO 366.º

Exarado o despacho de pronuncia obrigatoria, proceder-se-ha á custodia ou detenção preliminar dos pronunciados, que n'ella se não acharem, observando-se o disposto nos artigos 81.º a 93.º

CAPITULO IX

Das visitas domiciliarias

ARTIGO 367.º

Nas visitas domiciliarias, a que for mister proceder no decurso do processo preparatorio, observar-se-hão as disposições dos artigos 94.º a 109.º

CAPITULO X
Dos interrogatorios dos custodiados

ARTIGO 368.º

Nos interrogatorios dos custodiados observar-se-ha o disposto nos artigos 110.º a 123.º

CAPITULO XI
Da caução de liberdade provisoria

ARTIGO 369.º

As disposições dos artigos 124.º a 162.º são applicaveis aos réus pronunciados que quizerem prestar canção.

TITULO IV
Das diligencias supplementares

ARTIGO 370.º

Concluido o processo preparatorio ou de instrucção preliminar e tendo passado em julgado a pronuncia obrigatoria, será o processo continuado com vista ao magistrado do ministerio publico para que possa promover as diligencias supplementares que lhe pareçam necessarias para o descobrimento da verdade.

ARTIGO 371.º

São diligencias supplementares:
1.º A inquirição de mais cinco testemunhas a cada facto criminoso, das quaes o magistrado do ministerio publico não tivesse conhecimento durante o processo preparatorio;
2.º A acareação das testemunhas inquiridas no processo preparatorio, ou das posteriormente nomeadas entre si e com os réus;
3.º A acareação dos co-réus;
4.º A rectificação da pronuncia, se o offendido fallecer depois de encerrado o processo preparatorio em resultado de ferimentos ou offensas corporaes que soffresse.

TITULO V
Das nullidades e irregularidades no processo preparatorio ou de instrucção preliminar

ARTIGO 372.º

Constitue em geral nullidade no processo preparatorio, toda a omissão de actos ou diligencias essenciaes ao descobrimento da verdade, e que possam influir tanto na averiguação da culpabilidade dos agentes dos crimes, como na defeza dos mesmos.

ARTIGO 373.º

São especialmente nullidades no processo preparatorio:
1.º A falta da assignatura da parte querelante no auto de querela, salvo se esta tiver sido prestada pelo magistrado do ministerio publico, que tenha assignado o requerimento;
2.º A falta de juramento ás testemunhas e peritos;
3.º A falta de interprete ajuramentado;
4.º A falta de intimação do despacho de pronuncia ao réu, se não tiver aggravado dentro do praso legal;
5.º A falta de nomeação de curador ao réu menor de vinte e um annos, postoque seja casado.

ARTIGO 374.º

É irregularidade a falta de observancia da disposição preceptiva da lei, quer seja quanto á forma do acto, quer quanto no tempo em que devia ser praticado.

TITULO VI
Da reforma do processo preparatorio ou de instrucção preliminar

ARTIGO 375.º

A reforma do processo preparatorio ou de instrucção preliminar póde ter logar:
1.º No caso de extravio;
2.º No caso de subtracção, roubo ou por effeito de qualquer força maior e irresistivel;
3.º No caso de dilaceração ou inutilisação.

ARTIGO 376.º

Nos casos dos n.ºˢ 1.º e 2.º do artigo antecedente, a reforma começará por um auto de declaração feita pelo magistrado e jurada pelo empregado, de cujo poder se verificou o extravio, subtracção ou roubo do processo.

ARTIGO 377.º

Em seguida o magistrado do ministerio publico promoverá, e a parte querelante poderá requerer, que se extráia certidão do auto de querela que tiver prestado, e que se proceda á inquirição das testemunhas mencionadas no mesmo auto.

ARTIGO 378.º

Qualquer que seja o modo como deponham as testemunhas inquiridas, o juiz deverá confirmar a pronuncia obrigatoria.

ARTIGO 379.º

Do despacho de pronuncia cabem os mesmos recursos que caberiam do despacho primitivo, salvo o caso de haverem os tribunaes superiores negado provimento sobre o mesmo ponto de que se recorrer.

ARTIGO 380.º

Os magistrados do ministerio publico deverão requisitar dos tribunaes superiores copias authenticas das decisões proferidas sobre recursos interpostos depois de concluido o processo preparatorio, e faze-las juntar ao processo reformando.

TITULO VII
Da fórma do processo das excepções

CAPITULO I
Da fórma do processo das excepções peremptorias

SECÇÃO I
Disposições geraes

ARTIGO 381.º

As excepções peremptorias podem ser offerecidas em todo o decurso do processo preparatorio.

ARTIGO 382.º

É permittido aos agentes dos crimes offerecer excepções peremptorias, independentemente de se acharem detidos em custodia ou caucionados.

ARTIGO 383.º

Não poderá ser admittida excepção peremptoria que não seja assignada por advogado.

§ unico. Se o agente do crime ou delicto não poder constituir advogado, requererá ao juiz que lhe nomeie um dos inscriptos no juizo.

SECÇÃO II
Da fórma do processo das excepções peremptorias

ARTIGO 384.º

A parte que pretender offerecer alguma excepção peremptoria deverá dirigir ao juiz competente um requerimento, que poderá ser articulado, se a natureza do objecto o exigir, no qual exporá com clareza e brevidade a materia da excepção, citando a lei penal applicavel.

ARTIGO 385.º

O requerimento deverá ser instruido com os documentos em que se fundar.

§ 1.º Se a excepção for de prescripção, deverá ser instruida com certidão do corpo de delicto e mais documentos authenticos demonstrativos da data em que o crime ou delicto foi commettido.

§ 2.º Sendo a excepção de caso julgado, deverá juntar-se certidão da sentença definitiva com transito em julgado, proferida sobre o mesmo facto e entre os mesmos agentes.

§ 3.º No caso de amnistia ou perdão real, deverá juntar-se copia authentica do decreto publicado na folha official do governo, na parte respectiva ao agente amnistiado ou perdoado.

ARTIGO 386.º

O juiz, mandando juntar a excepção ao respectivo processo e responder a parte contraria dentro do praso de tres dias, julga-la-ha procedente ou improcedente, em conformidade com a lei.

§ unico. A decisão do juiz será logo intimada ás partes.

CAPITULO II
Da fórma do processo das excepções dilatorias

SECÇÃO I
Disposições geraes

ARTIGO 387.º

As excepções dilatorias podem ser offerecidas em todo o decurso do processo preparatorio ou de instrucção preliminar.

ARTIGO 388.º

Salvo o caso declarado no artigo 32.º, n.º 4.º, nenhum agente do crime ou delicto poderá offerecer excepção dilatoria sem que esteja detido em custodia ou caucionado nos casos em que a caução é admittida.

ARTIGO 389.º

É applicavel ás excepções dilatorias o disposto no artigo 383.º

SECÇÃO II
Da fórma do processo das excepções de incompetencia

ARTIGO 390.º

A parte que pretender offerecer excepção de incompetencia dirigirá ao juiz respectivo um requerimento fundamentado, no qual deverá demonstrar que elle carece de jurisdicção para conhecer ou julgar da infracção, quer seja por que lhe pertence uma classificação diversa da que lhe foi dada, quer porque a infracção foi commettida em logar em que o juiz não exerce jurisdicção, quer pela qualidade do agente.

ARTIGO 391.º

O juiz, mandando juntar a excepção oferecida ao processo, e responder a parte contraria dentro de vinte e quatro horas, julgará dentro em tres dias a excepção procedente ou improcedente, conforme a lei.

§ unico. A decisão será logo intimada ás partes.

SECÇÃO III

Da fórma de processo da excepção de suspeição

SUB-SECÇÃO I

Da suspeição dos juizes de direito de primeira instancia e dos juizes ordinarios

ARTIGO 392.º

O juiz de direito ou ordinario, que por efeito de alguma das causas declaradas no artigo 49.º se não julgar habilitado para conhecer e julgar uma acção criminal, poderá declarar-se suspeito por despacho, afirmando sob juramento que tem justos motivos de suspeição que o inhibem de ser juiz n'essa acção.

§ unico. Salvo o caso de parentesco até o quarto grau, o juiz não poderá declarar as causas de suspeição.

ARTIGO 393º

Logoque o juiz de direito ou ordinario se tiver declarado suspeito, o escrivão continuará o processo com vista ao magistrado do ministerio publico, o qual deverá ordenar que seja feito concluso ao respectivo substituto para o proseguimento da acção criminal proposta.

ARTIGO 394.º

A suspeição opposta ao juiz de direito ou ordinario pode ser offerecida em um requerimento, ou deduzida por artigos, se comprehender differentes factos, devendo ser logo instruida com a prova documental em que se fundar, ou com a relação de testemunhas que houverem de depor sobre a materia da suspeição.

§ unico. Se o requerimento não for instruido com a prova declarada n'este artigo, a excepção será desde logo rejeitada.

ARTIGO 395.º

O juiz ordenará por despacho, que a excepção de suspeição seja appensa á respectiva acção criminal, e que, depois de autuada, lhe volte conclusa.

ARTIGO 396.º

Se o juiz confessar a suspeição opposta, observar-se-ha o disposto no artigo 393.º

ARTIGO 397.º

Negando o juiz a suspeição, poderá dentro do praso de oito dias contestar a materia da mesma pela fórma indicada no artigo 394.º

§ unico. Se o juiz excepto carecer de juntar documentos que tenha de requisitar de alguma auctoridade ou repartição publica, poderá espaçar a contestação até que os possa obter.

ARTIGO 398.º

Offerecida a contestação, o juiz excepto ordenará por despacho, que o excipiente seja intimado para comparecer perante elle no praso de tres dias, a fim de se proceder á nomeação de arbitros que decidam a excepção de suspeição, com a comminação de que não comparecendo, se julgará sem effeito a suspeição oferecida.

ARTIGO 399.º

Os arbitos serão em numero de tres, um dos quaes sera escolhido pelo juiz excepto e outro pelo excipiente d'entre uma lista triplice de nomes, que cada um deverá apresentar, podendo o terceiro ser nomeado por mutuo accordo para o caso de empate.

§ 1.º Quando não concordarem na nomeação do terceiro arbitro, servirá como tal o vogal mais idoso da câmara municipal do respectivo concelho.

§ 2.º No caso de legitimo impedimento d'este, servirá de arbitro o vogal mais votado.

ARTIGO 400.º

Só podem ser arbitros:

1.º Os magistrados aposentados da ordem judicial ou administrativa, que residirem dentro da jurisdicção do juiz excepto;

2.º As auctoridades administrativas e fiscaes;

3.º Os bachareis formados que não exercerem habitualmente a profissão de advogado;

4.º Os membros do conselho de districto, quando a suspeição for offerecida na capital do districto administrativo;

5.º Os vogaes da camara municipal e do conselho municipal ;

6.º Os que foram recenseados como dos quarenta maiores contribuintes.

ARTIGO 401.º

Não podem ser nomeados arbitros:

1.º Os descendentes, ascendentes, irmãos, parentes e affins até o quarto grau do juiz excepto e do excipiente;

2.º Os inimigos de qualquer das partes.

§ unico. Para os effeitos do numero 2.º d'esse artigo, consideram-se inimigos os individuos a que se refere o § unico do artigo 46.º

ARTIGO 402.º

Feita a nomeação dos arbitros, o juiz excepto ordenará immediatamente que o processo seja feito concluso ao respectivo substituto, o qual os fará intimar para prestarem juramento de decidir imparcialmente a suspeição.

ARTIGO 403.º

Prestado o juramento, os arbitros nomearão d'entre si um presidente para deferir ao expediente e lavrar os despachos interlocutorios e accordão definitivo.

ARTIGO 404.º

Aos arbitros compete a mesma jurisdicção criminal, que têem os juizes de direito para ordenar as diligencias necessarias para a decisão da excepção de suspeição.

ARTIGO 405.º

Compete-lhes:
1.º Expedir mandados para a inquirição de testemunhas, assignados pelo presidente;
2.º Dirigir deprecadas aos juizes de direito ou ordinarios de comarca ou julgado differente, assignadas pelo presidente;
3.º Requisitar das auctoridades e repartições publicas os documentos de que carecerem para a regular instrucção do processo da suspeição.

ARTIGO 406.º

Os arbitros reunir-se-hão em sessão na casa do tribunal judicial nos dias em que não houver incompatibilidade com outro serviço.

ARTIGO 407.º

As testemunhas serão inquiridas em sessão publica, devendo os seus depoimentos ser redigidos pelo presidente e escriptos pelo escrivão do processo, observando-se na inquirição o disposto nos artigos 317.º a 338.º

ARTIGO 408.º

Finda a inquirição das testemunhas, os arbitros proferirão a a sua decisão em forma de accordão até á segunda audiencia immediata, na qual será lido e publicado pelo presidente, lavrando logo o escrivão o termo de publicação.

ARTIGO 409.º

Da decisão dos arbitros não cabe recurso algum.

ARTIGO 410.º

O processo de suspeição deverá concluir-se dentro do praso de quinze a vinte dias, salvo se tiverem de ser inquiridas testemunhas residentes em comarca differente, e as deprecadas não podérem voltar cumpridas dentro d'este praso, e salvo o disposto no § unico do artigo 397.º

SUB-SECÇÃO II
Da suspeição dos magistrados do Ministerio publico junto dos juizes do direito e ordinarios

ARTIGO 411.º

A disposição do artigo 392.º é applicavel aos magistrados do ministerio publico junto dos juizes de direito de primeira instancia e junto dos juizes ordinarios.

ARTIGO 412.º

Declarando-se suspeito algum dos magistrados a que se refere o artigo antecedente, o respectivo juiz de direito ou ordinario nomeará quem o represente nos actos do processo, se elle não tiver substituto legal.

§ 1.º A nomeação deverá recair em bacharel formado que tenha pratica do fôro, devendo o nomeado prestar juramento, do qual se lavrará termo.

§ 2.º Na falta de bacharel formado, deverá o juiz nomear pessoa idonea que reuna as condições exigidas na lei e ordens do governo.

ARTIGO 413.º

A disposição do artigo antecedente não é extensiva ás comarcas de Lisboa e Porto, nas quaes serão os magistrados do ministerio publico que se declararem suspeitos substituidos pelo seu collega de outro circulo criminal, que for designado pelo respectivo procurador regio.

ARTIGO 414.º

Se a suspeição for offerecida contra os magistrados do ministerio publico junto dos juizes de direito de primeira instancia ou junto dos juizes ordinarios, observar-se-ha o disposto nos artigos 394.º a 410.º

ARTIGO 415.º

Confessando os magistrados a que se refere o artigo antecedente a suspeição opposta, ou sendo julgada procedente, observar-se-ha o disposto nos artigos 412.º e 413.º

TITULO VIII

Da fórma do processo preparatorio nos crimes commettidos pelos agentes dos crimes sujeitos á competencia especial ou privativa

CAPITULO I

Da fórma do processo preparatorio nos crimes commettidos pelos membros da familia real, ministros e secretarios d'estado, conselheiros d'estado, pares do reino, deputados da nação, embaixadores, ministros plenipotenciarios, ministros residentes e agentes diplomaticos

ARTIGO 416.º

Os juizes criminaes communs são competentes para procederem á instauração do processo preparatorio nos crimes commettidos:

1.º Pelos membros da familia real;
2.º Pelos ministros e secretarios d'estado;
3.º Pelos conselheiros d'estado;
4.º Pelos dignos pares do reino;
5.º Pelos deputados da nação durante o periodo da legislatura;
6.º Pelos embaixadores, ministros plenipotenciarios, ministros residentes e agentes diplomaticos.

ARTIGO 417.º

No processo preparatorio instaurado contra os agentes dos crimes a que se refere o artigo antecedente observar-se-ha o disposto nos artigos 263.º a 361.º, não podendo efectuar-se a captura dos agentes dos crimes mencionados no artigo antecedente sem que preceda a decisão de que trata o artigo 730.º

CAPITULO II
Da fórma do processo preparatorio nos crimes commettidos por magistrados judiciaes e do ministerio publico

SECÇÃO I
Da fórma do processo preparatorio nos crimes commettidos pelos conselheiros do supremo tribunal de justiça, juizes das relações e magistrados do ministerio publico junto d'estes tribunaes

ARTIGO 418.º

O supremo tribunal de justiça é competente para proceder em primeira e ultima instancia ao processo preparatorio dos crimes commettidos tanto no exercicio como fóra do exercicio de suas funcções:
1.º Pelos conselheiros do supremo tribunal de justiça;
2.º Pelo procurador geral da corôa e fazenda e seus ajudantes;
3.º Pelos juizes das relações;
4.º Pelos procuradores regios e seus ajudantes.

ARTIGO 419.º

No processo preparatorio observar-se-ha, na parte applicavel, o disposto nos artigos 263.º a 361.º, com as especialidades seguintes.

ARTIGO 420.º

É admittida a querela popular, que poderá ser prestada por qualquer pessoa, nos crimes de peita, suborno e concussão, e nos crimes offensivos do direito eleitoral.

ARTIGO 421.º

Prestada a querela contra algum dos magistrados mencionados no artigo 418.º, o presidente do supremo tribunal de justiça, ou quem legalmente o substituir, a distribuirá a um dos juizes, que ficará sendo o juiz relator em todos os actos e termos do processo.

ARTIGO 422.º

O secretario do supremo tribunal de justiça servirá de escrivão em todos os actos e termos do processo.

ARTIGO 423.º

Lavrado o auto de querela, o feito concluso, o relator o apresentará em conferencia da sua respectiva secção, a qual decidirá, depois de ouvido o relatorio, se a recebe ou rejeita.

§ 1.º A querela póde ser rejeitada nos casos previstos no artigo 294.º e no caso de julgar a secção improcedente o corpo de delicto.

§ 2.º Sendo a querela rejeitada pelo fundamento declarado no n.º 1.º do artigo 294.º, será condemnada a parte querelante particular em uma multa de 50$000 a 200$000 réis applicada para as despezas do tribunal.

ARTIGO 424.º

Sendo necessario proceder a alguma diligencia ou á inquirição de testemunhas residentes fóra da séde do supremo tribunal de justiça, o relator expedirá carta de ordem ao juiz de direito da comarca em que as testemunhas residirem ou a diligencia tiver de effectuar-se, devendo ser devolvida ao tribunal superior, logoque esteja cumprida, ficando traslado dos depoimentos ou do resultado da diligencia.

ARTIGO 425.º

Se os crimes admittirem caução, os magistrados judiciaes e do ministerio publico de que trata o artigo 418.º não serão obrigados a presta-la, podendo promover soltos os termos do seu livramento.

ARTIGO 426.º

Sendo recusado como suspeito algum conselheiro do supremo tribunal de justiça, durante o processo preparatorio, observar-se-ha o disposto no artigo 1048.º

SECÇÃO II
Da fórma do processo preparatorio nos crimes commettidos pelos juizes de direito de primeira instancia

ARTIGO 427.º

O tribunal da relação do respectivo districto é competente para proceder ao processo preparatorio dos crimes commettidos pelos juizes de direito de primeira instancia, tanto no exercicio como fóra do exercicio de suas funções.

ARTIGO 428.º

No processo preparatorio observar-se-ha o disposto nos artigos 263.º a 361.º, com a declaração de que, se houver de proceder-se a alguma diligencia na comarca onde servir o juiz de direito querelado, ou tiverem de ser inquiridas testemunhas n'ella residentes, o juiz relator dará commissão ao juiz de direito da comarca mais proxima, que deverá transportar-se á comarca onde tiverem de effectuar-se as diligencias ou residirem as testemunhas, acompanhado de um escrivão.

ARTIGO 429.º

Se durante o processo preparatorio for offerecida alguma excepção de suspeição contra algum dos juizes da relação, observar-se-ha o disposto nos artigos 1018.º e 1026.º

CAPITULO III

Da fórma do processo preparatorio nos crimes commettidos por officiaes e praças do exercito e da armada

ARTIGO 430.º

Os juizes criminaes communs são competentes para a instauração do processo preparatorio dos crimes communs commettidos por oficiaes e praças do exercito e da armada depois de assentarem praça.

ARTIGO 431.º

Não tendo sido presos em flagrante delicto os agentes dos crimes mencionados no artigo antecedente, e tendo havido pronuncia obrigatoria, será a captura d'elles requisitada do commandante da respectiva divisão militar, sendo dispensados de prestarem caução, se o crime a admittir.

ARTIGO 432.º

Concluido o processo preparatorio, será enviado pelo magistrado do ministerio publico ao commandante da respectiva divisão militar o processo original, ou o traslado, se houver outros co-réus, que não devam ser julgados pelos tribunaes militares.

TITULO IX

Do processo accusatorio

CAPITULO I

Disposições preliminares

ARTIGO 433.º

Logoque tenha passado em julgado a despacho de pronuncia obrigatoria, e estejam findas as diligencias supplementares a que se houver procedido, o juiz mandará juntar ao processo certificado do registro criminal respectivo a cada réu.

ARTIGO 434.º

Quando os réus se acharem pronunciados por differentes crimes, o juiz ordenará que os respectivos processos sejam appensos ao que tiver sido instaurado pelo crime mais grave, sendo requisitados por deprecadas os que penderem em outra comarca.

ARTIGO 435.º

Se não estiverem em custodia ou caucionados todos os co-réus pronunciados no mesmo processo, ou se algum empregar meios dilatorios que visivelmente tendam a protelar o julgamento, o magistrado do ministerio publico promoverá a extracção do respectivo traslado para os instaurar o processo accusatorio contra os que estiverem detidos em custodia ou caucionados.

ARTIGO 436.º

Aindaque estejam presos ou caucionados todos os co-réus, é permittido a qualquer d'elles requerer a extracção do traslado do processo para ser julgado em processo separado.

ARTIGO 437.º

Os processos instaurados nos julgados que não forem sedes de comarca serão oficiosamente remettidos pelo juiz ordinario ao juiz de direito da comarca para se instaurar perante elle o processo accusatorio e de julgamento.

ARTIGO 438.º

O processo accusatorio comprehende a exposição escripta da accusação e defeza dos réus.

CAPITULO II
Do libello criminal

SECÇÃO I
Disposições geraes

ARTIGO 439.º

O libello criminal é a exposição circumstanciada da accusação deduzida por artigos e redigida com precisão e clareza, em conformidade com o requerimento de querela, prova documental e testemunhal, e despacho de pronuncia.

ARTIGO 440.º

O libello criminal deverá conter:
1.º A narração do facto ou factos elementares ou constitutivos da criminalidade attribuida aos réus, com designação do lugar e tempo em que foram commettidos, sempre que seja possivel;
2.º A declaração das circumstancias aggravantes e attenuantes, que precederam, acompanharam ou seguiram os factos criminosos;
3.º A citação da lei penal que pune o facto, tendo em vista as circumstancias aggravantes ou attenuantes, ou, no concurso de ambas, o predominio de umas sobre as outras.

ARTIGO 441.º

Os artigos do libello terão uma numeração seguida, devendo cada artigo comprehender um só facto.

§ unico. Nos crimes que constarem de actos successivos poderão mencionar-se no mesmo artigo os differentes factos que os constituem, ou articular estes em numeros distinctos, dependentes do mesmo artigo.

ARTIGO 442.º

As circumstancias aggravantes e attenuantes serão articuladas em seguida ao facto criminoso a que disserem respeito.

ARTIGO 443.º

No caso de pluralidade de crimes imputados ao mesmo réu, pelos quaes tenha de ser simultaneamente accusado, serão todos comprehendidos no mesmo libello, postoque uns pertençam á competencia criminal e outros á correccional, em conformidade com o disposto no artigo 228.º

ARTIGO 444.º

No caso de pluralidade de agentes, o libello deverá conter:
1.º Os nomes dos réus pela ordem em que se acharem escriptos no requerimento de querela e despacho de pronuncia;
2.º A indicação dos factos constitutivos da participação, principal ou secundaria, attribuida a cada um dos réus.

SECÇÃO II

Da formação do libello criminal

ARTIGO 445.º

Para a formação do libello criminal será o processo continuado com vista por espaço de oito dias ao magistrado do ministerio publico junto do juiz de direito da respectiva comarca.

ARTIGO 446.º

Havendo parte querelante que não tenha desistido da querela, será o processo continuado com vista ao advogado que constituir na séde da comarca, pelo espaço de tempo declarado no artigo antecedente.

§ unico. No caso de haver mais de uma parte querelante, formarão todas um só libello, assignado pelos seus respectivos advogados, devendo o processo ser continuado com vista pelo mencionado praso ao advogado que primeiramente tiver sido constituido, ou, sendo as procurações da mesma data, ao que tiver mais tempo de exercicio no juizo.

ARTIGO 447.º

Se alguns dos co-réus tiverem requerido a separação do processo, formar-se-ha um libello criminal em cada um dos respectivos processos.

ARTIGO 448.º

Não entregando o magistrado do ministerio publico o processo com o libello, findo o praso fixado no artigo 445.º, o escrivão o requisitará por um oficio, e, se a entrega se não verificar no dia seguinte, assim o communicará ao juiz de direito para se passar mandado de cobrança.

ARTIGO 449.º

Se os advogados das partes querelantes não entregarem o processo, findo o praso fixado no artigo antecedente, o escrivão passará logo mandado de cobrança.

SECÇÃO III
Da prova do libello criminal

ARTIGO 450.º

A prova do libello criminal póde ser documental ou testemunhal.

§ 1.º Sendo documental, deverá o libello ser instruido com os documentos em que se fundar, ou fazer referencia a elles, no caso de estarem incorporados no processo.

§ 2.º Se a prova for testemunhal, deverá ser acompanhado de uma relação de testemunhas, com designação de seus nomes, appellidos, alcunhas e moradas, ou o maior numero de indicações que as possam identificar.

ARTIGO 451.º

Poderá comtudo a parte que formar o libello criminal:

1.º Oferecer na audiencia de discussão e julgamento, antes da constituição do jury, os documentos que julgar convenientes;

2.º Apresentar a relação de testemunhas, datada e assignada, oito dias antes do que tiver sido designado para a discussão e julgamento;

3.º Augmentar, substituir ou eliminar da relação de testemunhas as que lhe convier, dentro do praso fixado no numero antecedente.

ARTIGO 452.º

As testemunhas nomeadas para prova dos artigos do libello criminal pódem ser, não só as que foram inquiridas no processo preparatorio, mas quaesquer outras que possam depôr sobre os factos ou circumstancias enunciadas no mesmo libello.

ARTIGO 453.º

Residindo as testemunhas em comarca diferente, expedir-se-ha deprecada ao respectivo juiz para proceder á inquirição d'ellas, ou para ordenar o seu comparecimento pessoal na audiencia da discussão e julgamento, segundo tiver sido promovido pelo magistrado do ministerio publico, ou requerido pela parte querelante.

ARTIGO 454.º

Na inquirição das testemunhas observar-se-ha o disposto nos artigos 317.º a 338.º, devendo as perguntas sobre a materia da accusação ser feitas pelo magistrado do ministerio publico, podendo o juiz de direito fazer as que lhe parecerem necessarias para o descobrimento da verdade.

ARTIGO 455.º

Se a testemunha nomeada para depôr sobre a materia do libello for alguma das mencionadas no artigo 313.º, observar-se-ha o disposto no artigo 314.º

ARTIGO 456.º

Sendo absolutamente indispensavel o depoimento oral de alguma das testemunhas, a que se refere o artigo antecedente, o magistrado do ministerio publico, por intervenção do seu immediato superior, fará esta requisição ao ministro e secretario d'estado dos negocios da justiça, expondo as rasões da necessidade do comparecimento pessoal.

SECÇÃO IV
Do offerecimento do libello criminal

ARTIGO 457.º

Se os réus estiverem detidos em custodia, o libello criminal do magistrado do ministerio publico e da parte querelante considera-se offerecido logo que o processo é entregue ou cobrado pelo escrivão.

ARTIGO 458.º

Quando os réus estiverem caucionados, o libello do magistrado do ministerio publico será offerecido na primeira audiencia immediata á terminação do praso em que o processo tiver sido entregue ou cobrado.

§ unico. Havendo uma ou mais partes querelantes, o libello do magistrado do ministerio publico será offerecido conjunctamente com o libello destas na primeira audiencia depois da entrega ou cobrança do processo.

ARTIGO 459.º

Para o offerecimento do libello criminal serão os réus caucionados apregoados duas vezes por um official de diligencias do juizo, ficando esperados para a audiencia seguinte, se não estiverem presentes, ou quem os represente por procuração.

§ unico. Não comparecendo na audiencia seguinte, na qual serão novamente apregoados, o juiz de direito lhes assignará á revelia o praso de quinze dias para offerecerem a contestação escripta.

ARTIGO 460.º

Offerecidos os libellos, o escrivão extrahirá copias d'elles e das relações de testemunhas, as quaes, entregará a cada um dos réus.

§ 1.º Se os réus estiverem detidos em custodia, a entrega das copias ser-lhes-ha feita pessoalmente dentro de vinte e quatro horas na presença de duas testemunhas, que assignarão a certidão da entrega, se souberem escrever.

§ 2.º Quando os réus estiverem caucionados, a entrega das copias terá logar na audiencia em que os libellos forem offerecidos, ou n'aquella para que ficarem esperados. Se não comparecerem n'esta, o escrivão entregará as copias aos respectivos advogados, que assignarão as certidões da entrega; e, não tendo ainda sido constituidos, serão as copias entregue dentro de tres dias, no domicilio que os réus tiverem escolhido.

SECÇÃO V
Da nomeação officiosa de advogado, defensor e curador dos réus, e das causas legitimas de escusa do patrocinio

ARTIGO 461.º

Se os réus, ao tempo do offerecimento do libello criminal, não tiverem constituido advogado para os defender, o juiz de direito lhes nomeará oficiosamente, no praso de vinte e quatro horas, o advogado do juizo a quem competir por escala.

§ unico. Para este fim haverá em cada juizo uma tabella com designação das nomeações de patrocinio officioso.

ARTIGO 462.º

Esta nomeação officiosa não prejudica o direito que assiste aos réus de constituir advogado até o dia da discussão e julgamento.

ARTIGO 463.º

Na falta ou legitimo impedimento dos advogados do juizo, será nomeado para defensor dos réus o solicitador mais idoneo, e, na falta ou impedimento d'este, um dos escrivães do juizo.

ARTIGO 464.º

Se no mesmo processo forem implicados differentes co-réus, o advogado ou defensor constituido ou nomeado será encarregado da defeza de todos.

§ unico. Exceptuam-se da disposição d'este artigo:
1.º O caso de haver collisão de defezas entre os co-réus, no qual serão nomeados tantos advogados ou defensores, quantos forem os co-réus, cujas defezas repugnarem entre si;
2.º O caso de querer algum d'elles constituir outro advogado ou defensor.

ARTIGO 465.º

Se algum dos réus for menor de vinte e um annos, postoque seja casado, o advogado ou defensor reunirá a qualidade de curador, devendo prestar o respectivo juramento.

ARTIGO 466.º

São causas legitimas de escusa do patrocinio officioso:
1.º A molestia comprovada por certidão de facultativo;
2.º A consternação de familia por motivo de fallecimento de descendente, ascendente, irmão, cunhado ou conjuge;
3.º A superveniencia de algum caso de força maior e irresistivel;
4.º A intima amisade e dependencia a respeito do offendido;
5.º A inimisade com o réu por alguma das causas previstas no § unico do artigo 46.º;
6.º A gerencia de causas do offendido contra o réu, salvo se este consentir na nomeação.

ARTIGO 467.º

Postoque o advogado ou defensor nomeado não allegue causa legitima de escusa de patrocinio officioso, poderá ser substituido por outro da sua escolha, que voluntariamente se preste a defender o réu, uma vez que preceda annuencia d'este.

CAPITULO III
Da contestação escripta

SECÇÃO I
Disposições geraes

ARTIGO 468.º

A contestação escripta é a exposição dos factos demonstrativos da defeza dos réus, redigida com precisão e clareza, e deduzida por artigos.

ARTIGO 469.º

Contestando os réus por negação absoluta, poderão allegar o seu bom comportamento anterior, ou serviços relevantes prestados ao paiz.

ARTIGO 470.º

São respectivamente applicaveis á contestação escripta as disposições dos artigos 441.º e 442.º

ARTIGO 471.º

No caso de pluralidade de agentes, a contestação deverá mencionar os nomes d'estes, pela ordem em que estiverem escriptos na copia do respectivo libello criminal.

SECÇÃO II
Da formação da contestação escripta

ARTIGO 472.º

Para a formação da contestação escripta não será o processo continuado com vista aos advogados ou defensores dos réus; mas poderão examina-lo no cartorio do respectivo escrivão e tomar os apontamentos de que carecerem.

ARTIGO 473.º

Havendo no processo diferentes advogados ou defensores, combinarão entre si o modo de redigir a contestação, a qual deverá ser assignada por todos.

§ unico. Exceptua-se da disposição d'este artigo o caso de haver collisão de defeza entre algum dos co-réus.

ARTIGO 474.º

Se alguns dos réus se livrarem em processos separados, em cada um d'elles se formará uma contestação.

SECÇÃO III

Da prova da contestação escripta

ARTIGO 475.º

É applicavel á contestação escripta o disposto nos artigos 447.º a 449.º com as alterações seguintes.

ARTIGO 476.º

Os réus poderão augmentar, substituir ou eliminar da relação de testemunhas as que lhes convierem, tres dias antes do que tiver sido designado para a discussão e julgamento do processo.

ARTIGO 477.º

No caso de ser absolutamente indispensavel o depoimento oral de alguma das testemunhas, a que se refere o artigo 465.º, o respectivo advogado do réu que a nomear dirigirá ao magistrado do ministerio publico uma exposição escripta das rasões da necessidade do comparecimento pessoal da testemunha, a fim de que possa effectuar-se a requisição de que trata o artigo 456.º

SECÇÃO IV

Do offerecimento da contestação escripta

ARTIGO 478.º

A contestação escripta será offerecida na audiencia ou no cartorio do escrivão do processo dentro do praso de quinze dias contados da data da entrega da copia do libello criminal aos réus.

ARTIGO 479.º

Logoque a contestação seja offerecida, o escrivão extrahirá copia da mesma, bem como das relações de testemunhas, para serem entregues ao magistrado do ministerio publico e aos advoga-dos das partes querelantes, passando as respectivas certidões da entrega, assignadas por estes.

ARTIGO 480.º

Não sendo a contestação escrita offerecida dentro do prazo fixado no artigo 475.º, o escrivão continuará o processo com vista ao magistrado do ministerio publico, o qual promoverá que os réus sejam lançados d'ella, sem prejuizo da contestação verbal que possam offerecer na audiencia de discussão e julgamento.

TITULO X
Das nullidades do processo accusatorio

ARTIGO 481.º

São sómente nullidades no processo accusatorio:
 1.º A falta de nomeação de advogado ou defensor ao réu e de curador ao menor;
 2.º A falta de entrega da copia do libello criminal ao réu, quando por parte d'este tenha deixado de apresentar-se contestação escripta;
 3.º A falta de entrega da copia da contestação ao advogado da parte querelante, se este se prevalecer d'esta nullidade antes da discussão e julgamento;
 4.º A falta de entrega da copia da relação das testemunhas nomeadas para prova do libello criminal ou da contestação, se tiver sido junta depois de offerecidos estes articulados;
 5.º A falta de entrega da copia da pauta dos jurados ao réu.

TITULO XI
Da fórma do processo das excepções no processo accusatorio

ARTIGO 482.º

As disposições dos artigos 381.º a 415.º são applicaveis ás excepções peremptorias e dilatorias offerecidas durante o processo accusatorio, devendo ser apresentadas conjuntamente com a contestação, mas em artigos distinctos, se a excepção for articulada.

TITULO XII
Do processo plenario ou de julgamento

CAPITULO I
Disposições preliminares

ARTIGO 483.º

O processo plenario ou de julgamento tem por objecto sujeitar á decisão do jury por meio de uma discussão controvertida a materia de facto da accusação e defeza, a fim de que o juiz de direito possa applicar na sentença a lei penal respectiva.

ARTIGO 484.º

Decorrido o praso em que os réus devem offerecer a contestação, o juiz de direito mandará continuar o processo com vista por quarenta e oito horas ao magistrado do ministerio publico para o examinar e preparar-se para a discussão, podendo n'esse acto tomar os convenientes apontamentos.

§ unico. Se a natureza do crime e extensão do processo exigir mais d'este exame, poderá o juiz de direito prorogar por mais tres dias o praso declarado n'este artigo.

ARTIGO 485.º

Se o magistrado do ministerio publico notar, que no processo ha alguma nullidade insanavel, promoverá que se julgue nullo tudo o que se houver processado depois da falta que constituir a nullidade.

ARTIGO 486.º

Quando pelo exame do processo conhecer, que deixou de praticar-se alguma diligencia necessaria para o descobrimento da verdade, promoverá igualmente que se proceda á mesma com a maior brevidade.

ARTIGO 487.º

Não fazendo o magistrado do ministerio publico promoção algum, poderá o juiz de direito officiosamente ordenar, que se effectuem as diligencias alludidas no artigo antecedente.

ARTIGO 488.º

Nos crimes de ferimentos ou offensas corporaes cumpre aos magistrados do ministerio publico promover que se proceda a exame de sanidade nos offendidos, e faze-lo incorporar no respectivo processo.

ARTIGO 489.º

Estando o processo nos termos regulares, o juiz de direito o declarará por seu despacho preparado para ser discutido e julgado na audiencia geral do respectivo semestre, ordenando que seja inscripto na tabella.

ARTIGO 490.º

Quinze dias antes da abertura da audiencia geral, o juiz de direito ordenará aos escrivães que lhe façam conclusos os processos que estiverem preparados para a discussão e julgamento, designando por despacho em cada um d'elles o dia em que estes actos devem ter logar.

ARTIGO 491.º

Os processos serão discutidos e julgados, guardada a ordem de precedencia seguinte:

1.º Os processos dos réus que tiverem estado detidos em custodia por maior espaço de tempo;

2.º Os processos por crimes mais graves;

3.º Os processos mais antigos, regulando-se a antiguidade pelo auto de querela;

4.º Os processos em que os réus se livrarem sob caução.

ARTIGO 492.º

Designados os dias da discussão e julgamento dos processos, o escrivão a quem competir por turno formará uma tabella dos mesmos, a qual será affixada na porta da casa da audiencia.

ARTIGO 493.º

Nenhum processo que não esteja inscripto na tabella poderá entrar em discussão e julgamento senão na audiencia geral do semestre seguinte.

ARTIGO 494.º

O escrivão do processo entregará a cada um dos réus, pelo menos oito dias antes d'aquelle que tiver sido designado para a discussão e julgamento, uma copia da pauta dos jurados que hão de funcionar no respectivo semestre.

§ 1.º Se os réus se livrarem caucionados, a entrega da copia da pauta será feita ao advogado constituido ou nomeado, quando o réu não tenha escolhido por domicilio a séde da comarca.

§ 2.º Da entrega da copia da pauta se passará certidão, assignada pelo réu se souber escrever ou seu advogado, e por duas testemunhas presentes se souberem escrever.

ARTIGO 495.º

Deverão ser intimados, com a possivel antecipação do dia destinado para a discussão e julgamento:

1.º O magistrado do ministerio publico;
2.º As partes querelantes e accusadoras e seus advogados;
3.º Os offendidos, postoque não hajam querelado ou tenham desistido da querela;
4.º Os réus e seus advogados;
5.º As testemunhas produzidas por parte da accusação e da defeza ;
6.º Os peritos, quando for reclamada a sua presença na audiencia.

CAPITULO II

Das audiencias geraes

SECÇÃO I

Disposições geraes

ARTIGO 496.º

Em todas as comarcas do continente do reino e ilhas adjacentes haverá em cada semestre audiencias geraes, presididas pelo juiz de direito com intervenção de jurados para o julgamento dos crimes da competencia criminal, a que corresponderem as penas declaradas no artigo 259.º

ARTIGO 497.º

As audiencias geraes abrir-se-hão nas epochas designadas por decreto do governo, tendo em vista a commodidade dos povos.

ARTIGO 498.º

As audiencias geraes serão publicas.

§ 1.º Exceptuam-se aquellas em que forem discutidos e julgados os crimes previstos nos artigos 391.º a 401.º do codigo nos quaes o juiz de direito poderá officiosamente, ou precedendo promoção do magistrado do ministerio publico, determinar que sejam secretas.

§.º Poderão comtudo assistir a estas audiencias:
1.º Os advogados inscriptos no juizo;
2.º Os peritos que intervieram no exame;
3.º Os escrivães e officiaes de diligencias, precedendo licença do juiz de direito.

ARTIGO 499.º

Se a audiencia for secreta, o juiz de direito, depois de constituido o tribunal criminal, declarará por despacho escripto no processo, que no interesse da moralidade a audiencia não pode ser publica, ordenando que os espectadores se retirem da sala do tribunal.

ARTIGO 500.º

Cada audiencia geral poderá comprehender diferentes sessões.

§ 1.º As sessões serão continuas e deverão durar por espaço de oito horas, se o julgamento se não concluir antes.

§ 2.º Poderão comtudo ser interrompidas pelo espaço de tempo que aos juizes de direito parecer necessario para satisfação das necessidades do alimento e repouso, devendo n'este caso declarar em voz alta a hora em que devem continuar.

ARTIGO 501.º

Da discussão e julgamento dos crimes lavrar-se-ha uma acta, escripta pelo escrivão, rubricada em cada folha pelo juiz de direito, sendo-o tambem a final pelo mesmo e pelo magistrado do ministerio publico, e assignada pelo escrivão do processo.

§ 1.º A acta deverá conter a descripção resumida das formalidades legaes observadas na discussão e julgamento, e dos incidentes que occorrerem, devendo ser junta ao processo em seguida á sentença.

§ 2.º Se a discussão e julgamento comprehenderem mais de uma sessão, lavrar-se-hão de cada uma as respectivas actas, nas quaes se descreverão os actos nellas practicados, fazendo-se apenas resumida referencia á constituição do tribunal.

ARTIGO 502.º

Conservar-se-hão de pé na audiencia:
1.º Os advogados durante as suas allegações oraes;
2.º Os escrivães enquanto lerem quaesquer peças do processo, e quando se dirigirem ao juiz de direito e ao magistrado do ministério publico;
3.º Os officiaes de diligencias, salvo quando o juiz de direito lhes conceder licença para que possam estar assentados;
4.º Os réus durante os interrogatorios, e quando se dirigirem ao juiz de direito e magistrado do ministerio publico.

ARTIGO 503.º

Os espectadores conservar-se-hão nos logares que lhes são destinados sem darem signaes de approvação ou desapprovação.

ARTIGO 504.º

É permittido a qualquer pessoa tomar apontamentos da discussão do processo.

ARTIGO 505.º

Poderão ser admittidos tachygraphos nos logares que o juiz de direito lhes destinar, e d'onde possam ouvir bem.

SECÇÃO II

Da policia da audiencia geral

ARTIGO 506.º

A policia da audiencia geral compete aos juizes de direito.

ARTIGO 507.º

No exercicio d'ella é permittido aos juizes de direito:
1.º Advertir, uma vez sómente, os espectadores que derem signaes de approvação ou desapprovação, fazendo-os sair da sala do tribunal se reincidirem;
2.º Mandar expulsar os que perturbarem o socego, ordem e decencia;
3.º Mandar prender disciplinarmente por espaço de tres até quinze dias os que recusarem sair ou tornarem a entrar;
4.º Mandar deter em custodia os que commetterem algum crime, e proceder á instauração do competente processo.

ARTIGO 508.º

Na respectiva acta fará o juiz de direito consignar as occorrencias que motivaram o exercicio da jurisdicção disciplinar.

CAPITULO III

Do adiamento da audiencia geral

ARTIGO 509.º

A audiencia geral póde ser adiada:
1.º Por molestia superveniente do juiz de direito ou do magistrado do ministerio publico, legalmente comprovada;
2º Por molestia superveniente que impossibilite os réus de comparecerem na audiencia, precedendo exame de peritos facultativos que declarem a impossibilidade;
3.º Por não se poder preencher o numero legal de jurados;
4.º Por falta de comparecimento de testemunhas, cujo depoimento seja considerado essencial pela parte que as tiver produzido, e do qual não possa prescindir.

ARTIGO 510.º

Se o jury não podér constituir-se com o numero de jurados presentes, e com os espectadores, nos termos do artigo 530.º, o juiz de direito adiará a discussão e julgamento do processo para outro dia que opportunamente designará.

ARTIGO 511.º

O magistrado do ministerio publico requisitará do presidente da commissão encarregada da formação da pauta dos jurados um numero de jurados igual ao dos que deixaram de comparecer, e promoverá a instauração do processo competente contra os que faltarem sem causa justificada.

ARTIGO 512.º

Os novos jurados serão immediatamente intimados para comparecerem na audiencia immediata á intimação, devendo entregar-se uma pauta supplementar dos nomes d'elles aos réus quarenta e oito horas antes da audiencia de discussão e julgamento.

ARTIGO 513.º

Se a testemunha que deixar de comparecer na audiencia tiver sido intimada, e constar que reside ou se acha na comarca, o juiz de direito a fará compellir sob custodia a comparecer, se a parte que a tiver produzido não prescindir do seu depoimento, adiando a audiencia de discussão e julgamento para o primeiro dia desimpedido do respectivo semestre.

ARTIGO 514.º

Se a testemunha que tiver sido intimada se ausentar para outra comarca diferente, e a parte que a tiver produzido não podér prescindir do seu depoimento, ficará a discussão e julgamento do processo adiado até que a testemunha possa comparecer.
§ unico. Na hypothese d'este artigo expedir-se-ha deprecada ao juiz de direito da comarca em que a testemunha residir ou se achar, a fim de que seja remettida sob custodia ao juiz deprecante.

ARTIGO 515.º

A testemunha que for compellida a comparecer sob custodia, será n'ella detida até o dia em que tiver logar a discussão e julgamento do processo.
§ unico. Poderá porém prestar caução, nos termos e segundo as disposições dos artigos 124.º a 154.º

ARTIGO 516.º

Se a testemunha que deixar de comparecer na audiencia não tiver sido intimada, nem o poder ser até o dia immediato áquelle em que terminarem as audiencias geraes do semestre, em que devia ser discutido e julgado o processo em que ella tinha de depor, proceder-se-ha á discussão e julgamento do respectivo processo.

ARTIGO 517.º

Se a testemunha que não comparecer tiver sido inquirida no corpo de delicto ou no auto summario, será lido o seu depoimento cscripto na occasião em que devia depor oralmente.

ARTIGO 518.º

Não se achando escripto o depoimento da testemunha, se a parte que a tiver nomeado declarar que lhe é absolutamente indispensavel, exporá verbalmente ao juiz de direito as rasões pelas quaes julga não poder prescindir d'elle.

ARTIGO 519.º

Finda a leitura do depoimento escripto ou ouvidas as rasões em que a parte se funda para não prescindir d'elle, proseguir-se-ha na discusão do processo:

§ 1.º Antes de propostos os quesitos ao jury, o juiz de direito o interrogará em um quesito preliminar sobre se o depoimento da testemunha, que deixou de comparecer por não poder ser intimada, é absolutamente necessario para proferir uma decisão conscienciosa e justa.

§ 2.º Sendo aftirmativa a resposta do jury, ficará a discussão da causa adiada para o semestre seguinte.

TITULO XIII
Da constituição dos tribunaes criminaes de primeira instancia

CAPITULO I
Disposições geraes

ARTIGO 520.º

Para poder constituir-se o tribunal criminal de 1.ª instancia, deverão comparecer na audiencia geral, no dia designado para a discussão e julgamento:

1.º O juiz de direito;
2.º O magistrado do ministerio publico;
3.º O escrivão do processo;
4.º A parte querelante e accusadora por si ou representada pelo seu advogado;
5.º O réu e seu advogado ou defensor ;
6.º Os jurados;
7.º As testemunhas residentes na comarca, e as que residirem em comarca differente, quando a sua presença tiver sido exigida.

ARTIGO 521.º

O juiz de direito ordenará a um official de diligencias que interpelle a parte querelante e accusadora e os réus, e que proceda a uma chamada das testemunhas, tomando nota dos nomes das que faltarem e aceitando os documentos comprobativos do motivo da falta.

ARTIGO 522.º

Comparecendo todas as testemunhas, ou prescindindo as partes das que faltarem, proceder-se-ha á discussão e julgamento do processo nos termos dos artigos seguintes.

CAPITULO II
Da formação e constituição do jury

SECÇÃO I
Da formação do jury

ARTIGO 523.º

O jury que houver de intervir no julgamento dos crimes communs e excepcionaes, e bem assim o jury mixto, serão formados por commissões especiaes, nos termos da respectiva lei organica e dos regulamentos.

SECÇÃO II
Da constituição do jury

ARTIGO 524.º

O escrivão a quem competir por turno fará em voz alta uma chamada de todos os jurados que compõem a pauta, tomando nota dos nomes dos que faltarem, e aceitando os documentos comprobativos do motivo da falta.

ARTIGO 525.º

O magistrado do ministerio publico exigirá do escrivão a certidão da intimação para promover o procedimento competente contra os que faltarem sem motivo justificado.

ARTIGO 526.º

Feita a chamada, serão os bilhetes que contêem os nomes dos jurados presentes lançados em uma urna, da qual serão extrahidos por um menor de dez a doze annos.

ARTIGO 527.º

O menor extrahirá de cada vez um só bilhete, que entregará ao juiz, o qual, desdobrando-o, lerá em voz alta o nome do jurado, repetindo-se este acto até á constituição do jury.

ARTIGO 528.º

Á proporção que forem extrahidos, irão os jurados que não forem recusados tomando assento no logar que lhes é destinado, guardada a ordem de precedencia da extracção.

ARTIGO 529.º

O jury fica constituido com o numero de nove jurados e um substituto, o qual se conservará dentro da teia até á publicação da decisão do jury.

ARTIGO 530.º

Quando não podér constituir-se com os jurados da respectiva pauta, por efeito da falta de comparecimento, inhabilidade legal ou das recusações, será preenchido o numero legal pelos espectadores que tiverem as condições exigidas na lei para serem jurados, ficando salvo o direito de recusa, se ainda podér ser exercido.

ARTIGO 531.º

Sendo accusados na mesma audiencia de julgamento differentes co-réus, serão todos julgados com intervenção do mesmo jury, postoque alguns se livrem em processo separado.

ARTIGO 532.º

São causas legitimas da falta de comparecimento dos jurados as declaradas no artigo 310.º

ARTIGO 533.º

Constituido o jury, o juiz de direito lhe deferirá o juramento.

§ 1.º A formula do juramento é a seguinte: «Vós juraes perante Deus Todo Poderoso e os homens: examinar com a mais escrupulosa attenção a accusação e defeza que se vos apresenta; não trahir os direitos da sociedade, da innocencia e da humanidade; não communicar sem rigorosa necessidade com pessoa alguma até proferirdes a vossa decisão, na qual vos não deixareis mover por odio ou affeição, mas escutareis unicamente os dictames da vossa consciencia e intima convicção com a imparcialidade e firmeza de caracter proprias do homem livre e honrado?»

§ 2º Cada um dos jurados irá successivamente do seu logar prestar juramento, pondo a mão nos santos evangelhos e dizendo: «Assim o juro»;

§ 3.º Durante a recitação da formula e prestação do juramento, o juiz de direito, magistrado do ministerio publico e todas as demais pessoas que estiverem na audiencia, se conservarão de pé.

SECÇÃO III

Da incompatibilidade legal dos jurados

ARTIGO 534.º

Não podem funccionar como jurados por incompatibilidade legal:

1.º Os offendidos e partes querelantes, bem como os seus descendentes, ascendentes, irmãos, cunhados e conjuges;

2.º Os descendentes, ascendentes, irmãos, cunhados e conjuges dos réus;

3.º Os advogados das partes querelantes;

4.º Os advogados e defensores dos réus;

5.º Os peritos que intervieram no corpo de delicto;

6.º Os interpretes;

7.º As testemunhas inquiridas no corpo de delicto, ou no processo de instrucção preliminar, salvo se nada depozeram;

8.º Os jurados que tiverem parentesco até ao segundo grau por direito civil com outros jurados extrahidos.

SECÇÃO IV
Da recusação dos jurados

ARTIGO 535.º

É permittido ao magistrado do ministerio publico recusar até o numero de tres jurados.

ARTIGO 536.º

Havendo parte ou partes querelantes, deverão combinar com o magistrado do ministerio publico sobre o modo de verificar as recusações, contanto que não excedam o numero indicado no artigo antecedente.

ARTIGO 537.º

O réu poderá igualmente recusar até o numero de tres jurados.

§ unico. Sendo differentes co-réus julgados pelo mesmo jury deverão combinar entre si o modo de effectuar as recusações, cujo o numero não poderá exceder o declarado n'este artigo.

ARTIGO 538.º

Qualquer das partes que recusar algum jurado não poderá declarar os motivos da recusação.

ARTIGO 539.º

O direito de recusação póde ser exercido no acto da extracção dos jurados, e ainda antes de terem prestado juramento.

TITULO XIV
Da discussão da causa

CAPITULO I
Disposições preliminares

ARTIGO 540.º

A discussão da causa começará pelo relatorio inicial do juiz de direito.

§ unico. Este relatorio conterá uma succinta exposição dos factos criminosos imputados aos réus, e da materia de defeza por elles allegada.

ARTIGO 541.º

Em seguida o escrivão lerá em voz intelligivel as peças do processo seguintes:
1.º Corpo de delicto;
2.º Processo verbal de verificação, havendo-o;
3.º Requerimento de querela;
4.º Despacho de pronuncia, ou accordão que mandar pronunciar os réus;

5.º Libello criminal do magistrado do ministerio publico e da parte querelante e respectivos documentos;
6.º Contestação escripta e respectivos documentos.

ARTIGO 542.º

Terminada esta leitura, um official de diligencias recolherá as testemunhas á sala para esse fim destinada, na qual serão vigiadas por outro official de diligencias, para impedir que conversem acerca do objecto da discussão.

CAPITULO II
Das causas suspensivas da discussão e julgamento

ARTIGO 543.º

A discussão e julgamento dos processos podem ser suspensos:
1.º Quando sobrevier ao juiz de direito ou ao magistrado do ministerio publico doença que os impossibilite de assistirem a este acto;
2º Quando sobrevier igual doença a mais de um jurado, precedendo o competente exame feito por dois peritos;
3.º Quando o réu estiver impossibilitado, por doença physica, alienação mental, ou forte perturbação dos sentidos, de assistir ao acto da discussão, precedendo o mesmo exame;
4.º Quando for mister proceder a algum exame ou operação medico-legal ;
5.º Quando pelo decurso da discussão sobrevier ao réu conhecimento de alguma testemunha, cujo depoimento seja essencial á sua defesa;
6.º Quando for arguido de falso algum documento.
§ unico. No caso do n.º 5.º d'este artigo, o réu exporá verbalmente ao juiz de direito a rasão do tardio conhecimento da testemunha que pretende produzir; e, se for plausivel, sobreestará na discussão até o dia seguinte, ordenando que a testemunha seja intimada, e que se dê conhecimento do nome d'ella ao magistrado do ministerio publico e ao advogado da parte querelante e accusadora.

CAPITULO III
Da prova da accusação e defeza

SECÇÃO I
Da prova documental

ARTIGO 544.º

Na discussão da causa são admittidos os meios de prova mencionados no artigo 225.º

ARTIGO 545.º

Sendo offerecidos alguns documentos para prova do libello criminal e da contestação, serão lidos pelo escrivão em seguida á leitura dos respectivos articulados.

ARTIGO 546.º

Se os réus não tiverem offerecido contestação escripta, serão lidos os documentos que offerecerem quando o seu advogado ou defensor o requerer.

SECÇÃO II
Da prova testemunhal

SUB-SECÇÃO I

Das pessoas que podem ser testemunhas no processo plenario e das inhabeis para o ser

ARTIGO 547.º

As disposições dos artigos 304.º a 306.º são applicaveis ás testemunhas que tiverem de depor no processo plenario.

ARTIGO 548.º

São do mesmo modo applicaveis ao comparecimento das testemunhas no processo plenario as disposições dos artigos 307.º a 316.º

SUB-SECÇÃO II

Das testemunhas suspeitas

ARTIGO 549.º

As testemunhas podem ser suspeitas á parte ofendida, ou ao réu por alguma das causas seguintes:

1.º Parentesco até ao quarto grau por direito civil e affinidade até ao segundo grau;
2.º Intimidade ou dependencia em rasão de beneficio recebido;
3.º Inimisade, nos termos do § unico do artigo 46.º;
4.º Instauração de processo por crime de falso testemunho, tendo havido pronuncia obrigatoria;
5.º Condemnação pelo crime declarado no numero antecedente;
6.º Acceitação de dinheiro ou dadivas para jurar conforme a intenção do offendido ou do réu;
7.º Serem domesticas do offendido ou do réu.

ARTIGO 550.º

As testemunhas arguidas de suspeitas serão inquiridas, salvo se a parte que as tiver produzido prescindir do seu depoimento.

ARTIGO 551.º

As causas de suspeição serão allegadas oralmente antes de começarem as testemunhas a depor, e podem provar-se:
§ 1.º Pela confissão das testemunhas arguidas;
§ 2.º Por documentos authenticos;
§ 3.º Pela inquirição de duas testemunhas.

ARTIGO 552.º

Se a prova da suspeição for testemunhal, a parte que pretender produzi-la deverá requerer ao juiz de direito, antes do dia designado para a discussão da causa, que manda intimar as testemunhas que nomear, salvo se tiverem de depor em audiencia sobre a materia dos articulados.

ARTIGO 553.º

Os jurados avaliarão em sua consciencia o depoimento das testemunhas suspeitas e a prova offerecida ácerca da suspeição.

SUB-SECÇÃO III
Da inquirição e confrontação das testemunhas nomeadas para prova do libello criminal e da contestação

ARTIGO 554.º

A inquirição e confrontação das testemunhas, que houverem de depor no processo plenario sobre os artigos do libello criminal e da contestação, é simplesmente oral, e n'ella se observarão as disposições dos artigos 317.º a 331.º e 336.º a 338.º com as especialidades seguintes.

ARTIGO 555.º

O juiz de direito ordenará, que sejam introduzidas successivamente na audiencia as testemunhas, segundo a ordem em que tiverem sido nomeadas.

ARTIGO 556.º

As testemunhas serão acompanhadas á séde do juiz de direito por um official de diligencias a fim de prestarem o juramento prescripto no artigo 318.º

ARTIGO 557.º

Prestado o juramento, as testemunhas tomarão assento no logar que lhes for destinado, respondendo d'ali ás perguntas que lhes forem dirigidas, salvo se forem surdas e não podérem ouvir bem n'aquelle logar.

ARTIGO 558.º

Se tiver de ser inquirido como testemunha algum membro da família real, o juiz de direito saíra da sua séde e irá deferir-lhe juramento ao logar em que tiver de depor.
§ unico. Sendo a testemunha alguma das pessoas mencionadas nos n.ºs 2.º, 3.º, 4.º e 5.º do artigo 313.º, o juiz de direito conservar-se-ha de pé durante a prestação do juramento.

ARTIGO 559.º

Feitas pelo juiz de direito as perguntas preliminares indicadas no artigo 322.º, serão inquiridas em primeiro logar as testemunhas da accusação, sendo perguntadas sobre a materia do libello criminal pelo magistrado do ministerio publico, e em seguida pelo advogado da parte querelante e accusadora, quando a houver.

§ unico. A parte querelante e accusadora poderá pedir licença ao juiz de direito para informar o respectivo advogado das perguntas que julgar conveniente dirigir ás testemunhas para a indagação da verdade.

ARTIGO 560.º

Finda a inquirição de cada testemunha, poderá o advogado do réu, precedendo licença do juiz de direito, fazer á testemunha as perguntas que lhe parecerem convenientes para o descobrimento da verdade.

§ unico. É applicavel aos réus a disposição do § unico do artigo antecedente.

ARTIGO 561.º

O juiz de direito poderá fazer ás testemunhas, em todo o decurso da discussão, as perguntas que julgar convenientes para apurar a verdade.

§ 1.º Igual faculdade é concedida aos jurados, precedendo, licença do juiz de direito.

§ 2.º Nas perguntas que os jurados fizerem ás testemunhas deverão abster-se de manifestar a sua opinião pessoal ácerca da culpabilidade dos réus.

ARTIGO 562.º

Serão mostrados ás testemunhas, quando ellas o reclamarem, as partes o exigirem ou o juiz o determinar:

1.º Os documentos com que o libello criminal for instruido;
2.º Os instrumentos com que o crime for commettido;
3.º Os objectos apprehendidos aos réus ou a outras pessoas.

§ unico. O magistrado do ministerio publico fará as promoções necessarias para que estejam presentes na audiencia os instrumentos e objectos, a que se refere este artigo.

ARTIGO 563.º

Se alguma testemunha não se recordar do depoimento que haja prestado, ou alterar ou omittir algum facto ou circumstancia essencial, sobre que haja deposto no processo preparatorio ou no corpo de delicto, será instada para declarar as rasões da omissão ou alteração que fizer no depoimento oral.

ARTIGO 564.º

Se a testemunha insistir em affirmar, que não se recorda do depoimento prestado, ou não apresentar rasões plausiveis da omissão ou alteração, o magistrado do ministerio publico promoverá que seja lido o depoimento escripto, fazendo n'esse acto notar aos jurados a omissão ou alteração essencial feita pela testemunha.

ARTIGO 565.º

Finda a inquirição das testemunhas da accusação, seguir-se-ha a das que o réu tiver nomeado em sua defeza, as quaes serão perguntadas pelo respectivo advogado ou defensor, observando-se as disposições d'esta secção.

ARTIGO 566.º

O juiz de direito procederá ás acareações entre as testemunhas quando o julgar necessario, ou quando assim for promovido pelo magistrado do ministerio publico ou requerido pelos advogados da parte querelante e accusadora e dos réus.

SECÇÃO III

Da prova por meio do exames e vistorias

ARTIGO 567.º

Sendo requerido durante a discussão da causa algum exame ou operação medico-legal em contraprova d'aquelles a que se haja procedido para verificar a existencia do crime, nos termos dos artigos 344.º e 345.º, o juiz de direito adiará a discussão e julgamento da causa, e ordenará que se proceda ao exame ou operações requeridas.

ARTIGO 568.º

Ao exame ou operações a que se refere o artigo antecedente deverão assistir o juiz de direito, magistrado do ministerio publico, jurados sorteados e peritos que intervieram nos exames anteriores, lavrando-se o respectivo auto do exame assignado por todos.

ARTIGO 569.º

Se alguma das partes requerer que se proceda a vistoria, ou o jury decidir por maioria absoluta de votos que a julga necessaria para sua instrucção, o juiz de direito ordenará que se proceda a este acto no mesmo dia, ou, não sendo possivel, no dia immediato, com assistencia do magistrado do ministerio publico, das partes, seus advogados e jurados sorteados.

ARTIGO 570.º

As partes e os jurados poderão propor aos peritos os quesitos que julgarem necessarios para o descobrimento da verdade e exigir dos informadores os esclarecimentos de que carecerem.

§ unico. Os quesitos são escriptos pelo escrivão do processo, e as respostas serão escriptas em seguida a cada quesito por um dos peritos, sem que se lavre auto da vistoria.

SECÇÃO IV

Do interrogatorio dos réus

ARTIGO 571.º

Finda a inquirição das testemunhas produzidas por parte da accusação e da defeza, procederá o juiz de direito ao interrogatorio dos réus, observando o disposto nos artigos 115.º a 122.º

ARTIGO 572.º

Havendo diferentes co-réus no mesmo processo, as perguntas serão feitas separadamente a cada um de per si, ordenando o juiz de direito que fique na sala do tribunal aquelle que primeiramente houver de interrogar, fazendo recolher os mais á sala para esse fim destinada, na qual serão vigiados por um official de diligencias e pela força publica necessaria.

ARTIGO 573.º

As perguntas serão feitas em primeiro logar aos réus menores, seguindo depois o juiz de direito a ordem que lhe parecer mais conducente ao descobrimento da verdade.

ARTIGO 574.º

Terminado o interrogatorio feito pelo juiz de direito, poderá o magistrado do ministerio publico dirigir aos réus as perguntas que julgar convenientes.

§ unico. A mesma faculdade compete aos jurados, precedendo licença do juiz de direito.

ARTIGO 575.º

O juiz de direito procederá á acareação do réu com as testemunhas, com os outros co-réus e com os offendidos, postoque não hajam querelado ou tenham desistido da accusação, todas as vezes que o julgar necessario, ou for promovido pelo magistrado do ministerio publico ou requerido pela parte accusadora.

CAPITULO V

Dos debates oraes

ARTIGO 576.º

Os debates oraes comprehendem:
1.º A requisitoria do magistrado do ministerio publico;
2.º As allegações oraes dos advogados;
3.º A replica e contra-replica;
4.º A allegação oral dos réus.
5.º O relatorio do juiz de direito.

SECÇÃO I

Da requisitoria do magistrado do ministerio publico

ARTIGO 577.º

Concluidos os interrogatorios dos réus, o juiz de direito concederá a palavra ao magistrado do ministerio publico para fazer a sua requisitoria.

ARTIGO 578.º

Na requisitoria deverá o magistrado do ministerio publico:
1.º Fazer uma exposição clara e methodica dos factos criminosos, sobre que versa a accusação, e das circumstancias aggravantes ou attenuantes que os precederam, acompanharam ou seguiram;
2.º Analysar os depoimentos mais essenciaes das testemunhas produzidas por parte da accusação, confrontando-os com os da defeza;

3.º Proferir as conclusões que a sua consciencia lhe dictar, conformes ás provas resultantes da discussão do processo, á verdade, á justiça, e aos legitimos interesses da sociedade que representa.

SECÇÃO II
Das allegações oraes dos advogados

ARTIGO 579.º

Terminada a requisitoria do magistrado do ministerio publico, o juiz de direito concederá a palavra ao advogado da parte querelante e accusadora quando a houver, e em seguida ao advogado ou defensor do réu; advertindo-os de que na sua allegacção podem exprimir-se com toda a liberdade, mas com moderação e decencia, sem se afastarem do respeito e obediencia devida ás leis.

ARTIGO 580.º

Se os advogados contravierem a disposição do artigo antecedente, o juiz de direito os advertirá novamente com urbanidade.

§ 1.º Se, não obstante a advertencia, continuarem a afastar-se do preceito d'aquelle artigo, o juiz de direito lhes retirará a palavra e incumbirá da defeza outro advogado, que esteja presente na audiencia, ou, na falta d'este, um dos solicitadores ou escrivães do juizo mais idoneos.

§ 2.º Se o excesso commettido pelo advogado constituir crime, instaurar-se-ha a acção criminal competente.

SECÇÃO III
Da replica e contra replica

ARTIGO 581.º

É permittido aos magistrados do ministerio publico e aos advogados das partes querelantes replicar uma só vez ás allegações oraes dos advogados dos réus, precedendo licença do juiz de direito.

ARTIGO 582.º

O magistrado ou advogado, que usar da faculdade concedida no artigo antecedente, deverá:

1.º Limitar-se a responder de um modo claro e conciso aos argumentos principaes do advogado dos réus;

2.º Evitar, quanto possivel, repetições ociosas;

3.º Restabelecer as verdadeiras doutrinas, quando tiverem sido expostas com menos exactidão pelos advogados dos réus.

ARTIGO 583.º

Os advogados dos réus poderão contra-replicar aos argumentos da parte contraria, nos termos do artigo antecedente.

SECÇÃO IV
Da allegação oral dos réus

ARTIGO 584.º

Findas as allegações dos advogados, o juiz de direito interrogará os réus se têem mais algum facto ou circumstancia que allegar em sua defeza, escutando-os em tudo quanto não for imperttinente e alheio da mesma, e retirando-lhes a palavra quando conhecer que se prevalecem d'este direito para protrahir a discussão do processo.

SECÇÃO V
Do relatorio do juiz de direito

ARTIGO 585.º

Concluidos os debates oraes, o juiz de direito fará um relatorio imparcial da discussão do processo, devendo unicamente conter:

1.º Uma exposição clara e methodica dos factos criminosos e das circumstancias que os precederam, acompanharam ou seguiram;
2.º Um resumo das provas e indicios offerecidos por parte da accusação e da defeza, com referencia á prova documental ou testemunhal que for produzida;
3.º A confrontação da prova e indicios da accusação e da defeza, sem emittir juizo sobre a existencia da culpabilidade dos réus;
4.º O restabelecimento dos factos e da doutrina legal, quando por parte da accusação ou da defeza for alterada a verdade dos factos, ou se enunciarem theorias ou doutrinas menos conformes á lei.

ARTIGO 586.º

É expressamente prohibido aos juizes de direito:
1.º Divagar por assumptos estranhos ao processo que se discutir;
2.º Manifestar a sua opinião pessoal acerca da decisão do jury;
3.º Exercer especie alguma de pressão sobre os jurados.

ARTIGO 587.º

Durante o relatorio, o juiz de direito poderá fazer aos réus e ás testemunhas as perguntas que julgar necessarias para o descobrimento da verdade.

ARTIGO 588.º

Não é licito aos magistrados do ministerio publico, nem aos advogados interromper o juiz de direito no decurso do relatorio, nem fazer-lhe observações ou reclamações.

ARTIGO 589.º

Terminado o relatorio, o magistrado do ministerio publico poderá pedir licença ao juiz de direito para fazer as observações que julgar convenientes sobre a exposição de algum facto que lhe pareça ter sido feita com menos exactidão.

ARTIGO 590.º

O juiz de direito poderá em seguida explicar-se e fazer as necessarias rectificações, quando tenham lugar.

TITULO XV
Dos quesitos

CAPITULO UNICO
Da fórma por que devem ser propostos os quesitos

SECÇÃO I
Disposições geraes

ARTIGO 591.º

Concluido o relatorio, proporá o juiz de direito ao jury os quesitos, os quaes deverão conter somente materia de facto.

ARTIGO 592.º

Os quesitos sómente podem versar:
1.º Sobre os factos da accusação e defeza enunciados no libello criminal e na contestação;
2.º Sobre as circumstancias aggravantes e attenuantes n'elles declarados;
3.º Sobre factos nascidos da discussão do processo, comtantoque sejam da mesma natureza do facto primitivo imputado ao réu;
4.º Sobre circumstancias aggravantes e attenuantes nascidas da discussão do processo.

ARTIGO 593.º

Os quesitos devem ser redigidos com precisão e clareza, não devendo comprehender cada um mais do que um facto e uma circumstancia.

ARTIGO 594.º

Os quesitos serão dittados pelo juiz de direito em voz intelligivel e escriptos pelo escrivão. Nos processos graves e complicados, e n'aquelles em que houver muitos co-réus poderão ser escriptos pelo juiz de direito, lendo-os na audiencia.

ARTIGO 595.º

Sendo accusados conjunctamente diferentes réus, alguns dos quaes se livrem em processo separado, os quesitos deverão ser escriptos tanto no processo original como no traslado.

ARTIGO 596.º

É permittido aos magistrados do ministerio publico e aos advogados da parte querelante e do réu fazer ao juiz de direito as reclamações que julgarem convenientes sobre o modo de propor os quesitos.

§ 1.º O juiz de direito attenderá ou indeferirá estas reclamações, fundamentando o seu despacho.

§ 2.º As reclamações poderão ter logar em seguida á proposição dos quesitos, ou ainda depois de dictados ou escriptos pelo juiz, mas antes do encerramento do jury.

SECÇÃO II
Da proposição dos quesitos

ARTIGO 597.º

Se a criminalidade attribuida aos réus consistir em actos preparatorios, os quesitos deverão especificar os actos externos tendentes a facilitar ou preparar a execução do crime sem que constituam começo de execução.

ARTIGO 598.º

Quando a criminalidade consistir em tentativa, os quesitos deverão conter a declaração dos actos externos, que pela sua relação directa com o facto punivel constituam começo de execução, sendo esta suspensa por circumstancias independentes da vontade do réu.

ARTIGO 599.º

Se a criminalidade imputada ao réu consistir em crime frustrado, os quesitos deverão comprehender todos os actos ou meios de execução empregados pelo réu, com declaração de que não se verificou, por circumstancia independente da sua vontade, o resultado exigido pela lei para a consummação do crime.

ARTIGO 600.º

No caso de crime consummado, os quesitos deverão comprehender todos os elementos constitutivos exigidos pela lei para a sua existencia.

ARTIGO 601.º

No caso de accumulação de crimes attribuidos ao mesmo réu, formar-se-ha um quesito especial para cada um d'elles, não podendo em caso algum os quesitos ser complexos ou comprehensivos de mais de um crime.

ARTIGO 602.º

Não se proporão tambem quesitos alternativos ou disjunctivos.

ARTIGO 603.º

Na proposição dos quesitos seguir-se-ha a ordem do libello, de fórma que os crimes attribuidos ao mesmo réu sejam propostos em quesitos seguidos sem intercalação dos que forem respectivos aos outros co-réus.

ARTIGO 604.º

Se os réus forem accusados no libello como auctores, os quesitos deverão comprehender os factos n'elle enunciados como demonstrativos de participação principal.

§ unico. A formula do quesito será a seguinte: «O réu N... é, ou não, culpado como auctor d... *(Deve indicar-se qual o facto criminoso, especificando se são actos preparatorios, tentativa, crime frustrado ou crime consummado)* por ter... (ou haver) *(Devem declarar-se os actos externos demonstrativos da participação principal, segundo a lei penal)*?»

ARTIGO 605.º

Quando os réus forem accusados como cumplices, deverão os quesitos conter os factos mencionados no libello como demonstrativos da participação secundaria.

§ unico. A formula do quesito será a seguinte: «O réu N... é, ou não, culpado como cumplice no ... *(Deve mencionar-se o facto criminoso, como fica indicado no § unico do artigo antecedente, bens como os factos demonstrativos da participação secundaria ou cumplicidade attribuida ao réu)?»*

ARTIGO 606.º

Se os réus na sua contestação escripta, ou na defeza verbal dictada na audiencia, apresentarem materia de facto tendente a illidir directa ou indirectamente a accusação, o juiz de direito proporá ao jury os respectivos quesitos, que deverão conter resumidamente os factos allegados na contestação.

ARTIGO 607.º

Se as circumstancias aggravantes ou attenuantes afectarem a criminalidade do facto em si, será proposto um só quesito com a designação de «–Circumstancia (aggravante ou attenuante) relativa ao facto–»; devendo ser proposto logo em seguida ao facto a que disser respeito, sem que torne a repetir-se depois dos quesitos respectivos aos outros co-réus.

ARTIGO 608.º

Quando as circumstancias aggravantes ou attenuantes só modificarem a criminalidade pessoal de algum réu, serão propostas em quesitos especiaes logo depois do nome d'este e em seguida ao crime a que respeitarem.

SECÇÃO III

Da proposição dos quesitos subsidiarios

ARTIGO 609.º

Deverão propor-se quesitos subsidiarios:

1.º Emquanto á criminalidade do facto, quando pela discussão da causa se conhecer, que a criminalidade do réu tem uma gravidade maior ou menor do que a que lhe é imputada no libello criminal;
2.º Emquanto á criminalidade dos agentes, quando pela mesma discussão se mostrar, que ao réu compete um grau de participação no crime diversa da que lhe é attribuida no libello accusatorio.

ARTIGO 610.º

Os quesitos subsidiarios podem ser propostos officiosamente pelo juiz de direito, sobre promoção do magistrado do ministerio publico, e a requerimento dos advogados da parte querelante e do réu, devendo ser sempre designados com o titulo de «Quesitos subsidiarios».

ARTIGO 611.º

Não poderá ser proposto quesito algum subsidiario senão a respeito de factos criminosos da mesma natureza do facto primitivo imputado ao réu.

SECÇÃO IV
Da proposição dos quesitos no caso de accumulação da acção civil com a acção criminal

ARTIGO 612.º

Se a acção civil tiver sido accumulada com a acção criminal, o juiz de direito proporá ao jury os quesitos necessarios para fixar a importancia das perdas e damnos, em harmonia com o libello.
§ unico. A formula do quesito será a seguinte: «O réu N... é, ou não, responsavel por perdas e damnos para com... *(Deve designar-se o estado ou a parte offendida, segundo a acção civil for publica ou particular, e os factos que deram origem ás perdas e damnos)?* Sendo responsavel, em quanto estima o jury as perdas e damnos?»

ARTIGO 613.º

A resposta ao primeiro quesito será dada pela fórma seguinte: «É responsavel (ou não é responsavel, segundo se vencer), por unanimidade ou maioria».

ARTIGO 614.º

Sendo affirmativa a resposta ao primeiro quesito, a resposta ao segundo será dada pela fórma seguinte: «O jury estima as perdas e damnos sofridos pelo (estado ou offendido) em ... *(Devem designar-se por extenso em réis).*»
§ unico. Não estando habilitado para fixar as perdas e damnos, dará a resposta seguinte: «O jury não se julga habilitado por falta de dados, para fixar o valor das perdas e damnos.»

ARTIGO 615.º

Sendo negativa a resposta do jury ao quesito mencionado no artigo 612.º, a resposta sobre o valor da perdas e damnos considera-se prejudicada.

TITULO XVI
Das decisões do jury

CAPITULO I
Disposições geraes

ARTIGO 616.º

Escriptos os quesitos, o escrivão os entregará ao presidente do jury conjunctamente com o processo.

ARTIGO 617.º

Encerrado o jury na sala das deliberações, funccionará sob a presidencia do jurado que tiver sido sorteado em primeiro logar.

§ unico. Se este reclamar a nomeação de outro presidente, e forem plausiveis os motivos da reclamação, o jury procederá á eleição de presidente por escrutinio secreto, ficando eleito o que reunir a maioria absoluta dos votos.

ARTIGO 618.º

Na sala das deliberações estará affixada na parte superior da cadeira do presidente em caracteres legiveis a formula do juramento.

ARTIGO 619.º

O presidente lerá aos jurados os quesitos segundo a ordem por que foram propostos, exigindo votação nominal sobre cada um dos quesitos, guardada a ordem da extracção, e tomando nota do voto em seguida ao nome do respectivo jurado.

ARTIGO 620.º

Se algum jurado se não julgar habilitado para votar, e carecer de ser esclarecido sobre a materia de algum quesito, poderá promover discução sobre as duvidas que se lhe offerecerem.

ARTIGO 621.º

Compete ao presidente do jury dirigir a discussão e manter a ordem e decencia na sala das deliberações, podendo para este fim dirigir aos jurados as advertencias necessarias.

ARTIGO 622.º

A decisão do jury é determinada pelos dictames da consciencia e intima convicção, formadas pelo conjuncto das provas produzidas na discussão da causa ou adquiridas por outro meio.

ARTIGO 623.º

Para proferir uma decisão affirmativa ou negativa, o jury deverá ter em vista:

1.º Se o facto criminoso existiu ou não;
2.º Se, existindo, a criminalidade do mesmo póde ou não ser imputada ao réu;
3.º Se o réu, praticando o facto, obrou com imputabilidade e culpabilidade.

ARTIGO 624.º

A decisão do jury sobre cada quesito vence-se por unanimidade ou por maioria.
§ unico. Para que tenha logar a decisão por maioria é preciso que haja, pelo menos, dois terços de votos conformes.

ARTIGO 625.º

Se na votação nominal se não obtiverem os dois terços de votos necessarios para constituir a maioria, proceder-se-ha a nova votação por escrutinio secreto.

ARTIGO 626.º

Será rigorosamente mantido o segredo da votação, devendo inutilisar-se todos os apontamentos que possam revelar o voto individual.

CAPITULO II
Da incommunicabilidade do jury

ARTIGO 627.º

Durante as decisões, os jurados permanecerão incommunicaveis na sala das deliberações, da qual não poderão saír senão depois de estar vencida a decisão.

ARTIGO 628.º

O encerramento do jury póde ser interrompido quando se lhe offerecer duvida:
1.º Sobre a intelligencia de algum quesito;
2.º Sobre a fórma da resposta.
§ 1.º No caso do n.º 1.º d'este artigo, o presidente, acompanhado de todos os jurados, virá á sala da audiencia e exporá ao juiz de direito as duvidas que se offerecem ao jury, sem declarar o nome do jurado que as suscitou.
§ 2.º No caso do n.º 2.º, deverá sómente o presidente pedir os esclarecimentos de que carecer, sem revelar qual seja a decisão do jury.

CAPITULO III
Das respostas do jury

ARTIGO 629.º

Nas respostas ácerca da criminalidade do facto attribuido a algum réu, o jury declarará sempre se a decisão foi vencida por unanimidade ou por maioria.
§ 1.º Sendo affirmativa a decisão, a fórmula da resposta será a seguinte: «É culpado por unanimidade ou por maioria» (segundo se vencer).

§ 2.º Sendo negativa, dirá: «Não é culpado por unanimidade ou por maioria» (segundo se vencer).

ARTIGO 630.º

Nas respostas aos quesitos sobre circumstancias aggravantes ou attenuantes não é precisa a declaração de unanimidade ou maioria.

ARTIGO 631.º

Consideram-se prejudicadas as respostas do jury:

1.º A respeito dos quesitos que contiverem materia de defeza exclusiva da criminalidade por impossibilidade physica de participação do réu, sendo affirmativa a decisão quanto á criminalidade do mesmo;

2.º A respeito dos quesitos subsidiarios, sendo affirmativa a decisão quanto á criminalidade do facto, ou do grau de participação attribuido ao réu no libello criminal;

3.º A respeito de todos os demais quesitos, sendo negativa a decisão quanto á criminalidade do facto.

§ unico. Em todos os outros casos não especificados n'este artigo, o jury deverá sempre responder aos quesitos propostos, segundo a fórmula prescripta no artigo 629.º

ARTIGO 632.º

As respostas aos quesitos serão escriptas pelo presidente do jury na linha immediatamente inferior ao quesito a que respeitarem.

§ 1.º No caso de impedimento ou de annuencia do presidente, poderão ser escriptas por qualquer outro jurado.

§ 2.º Escripta a resposta ao ultimo quesito, seguir-se-ha a data e assignaturas dos jurados, conforme a ordem de precedencia por que foram extrahidos, sem declaração alguma de voto.

ARTIGO 633.º

Se nas respostas do jury se encontrarem algumas emendas, entrelinhas ou borrões que possam tornar difficil ou duvidoso o sentido da decisão, serão resalvados antes das assignaturas dos jurados.

ARTIGO 634.º

Assignadas as respostas, voltarão os jurados á sala do tribunal, e, occupando os respectivos logares de pé, lerá o presidente, ou, no caso de impedimento, qualquer outro jurado, em voz intelligivel os quesitos e as respostas.

ARTIGO 635.º

Finda a leitura, o presidente do jury entregará os quesitos e o processo ao escrivão, o qual os apresentará ao juiz de direito.

ARTIGO 636.º

O juiz de direito examinará attentamente as respostas do jury e, parecendo-lhes regulares e completas, e conformando-se com ellas, proferirá a sentença.

ARTIGO 637.º

O magistrado do ministerio publico e os advogados das partes querelantes e dos réus poderão pedir licença ao juiz de direito para fazer as ponderações que se lhes offerecerem sobre a fórma das respostas do jury, abstendo-se de apreciar a decisão.

ARTIGO 638.º

Se as respostas do jury não estiverem em harmonia com os quesitos propostos, ou offerecerem ambiguidade, confusão, repugnancia ou contradicção, poderá o juiz de direito ordenar, por despacho escripto em seguida ás assignaturas dos jurados, independentemente de termo de conclusão, que o jury se encerre novamente na sala das decisões para esclarecer ou harmonisar as suas respostas, declarando expressamente no despacho quaes os pontos que devem ser esclarecidos ou harmonisados.

ARTIGO 639.º

Encerrado o jury, fará em seguida ao despacho do juiz de direito as declarações que lhe forem exigidas, usando da formula seguinte: «Em observancia do despacho (supra ou retro), o jury declara...» *(Segue-se a declaração do jury.)*

CAPITULO IV

Da irrevogabilidade das decisões do jury

ARTIGO 640.º

Salvo o caso previsto no artigo 642.º as decisões do jury são irrevogaveis, e não cabe d'ellas recurso algum.

ARTIGO 641.º

É expressamente prohibido aos juizes de direito, magistrados do ministerio publico e advogados discutir, apreciar ou moralisar as decisões do jury.

CAPITULO V

Da annullação das decisões do jury

ARTIGO 642.º

Se as respostas do jury, comquanto regulares e completas, parecerem manifestamente iniquas, o juiz de direito poderá annullar a decisão ou decisões do jury com que se não conformar, declarando-as injustas e offensivas dos direitos e interesses da sociedade ou da innocencia.

§ 1.º Esta faculdade compete ao juiz de direito, tanto no caso de ser affirmativa, como negativa a decisão do jury.

§ 2.º Quando o juiz de direito annullar a decisão do jury, não poderá declarar os fundamentos da annullação.

ARTIGO 643.º

Não é permittido aos magistrados do ministerio publico promover, nem ás partes querelantes ou aos réus requerer a annullação da decisão do jury.

TITULO XVII
Da sentença criminal

CAPITULO I
Da natureza e objecto da sentença criminal

SECÇÃO I
Disposições preliminares

ARTIGO 644.º

Sendo affirmativa a decisão do jury, total ou parcialmente, e conformando-se o juiz de direito com ella, concederá a palavra ao magistrado do ministerio publico para promover a applicação da pena correspondente ao crime ou crimes, de que o réu for convencido.

ARTIGO 645.º

Incumbe ao magistrado do ministerio publico designar especificadamente a natureza da pena, e se tem ou não logar a aggravação ou attenuação da mesma, segundo concorrerem circumstancias aggravantes ou attenuantes, e conforme o predominio de umas sobre as outras.

ARTIGO 646.º

Se tiver havido parte querelante e accusadora, o juiz de direito concederá tambem a palavra ao advogado da mesma para ponderar o que se lhe offerecer sobre a applicação da pena.

ARTIGO 647.º

Em seguida o juiz de direito perguntará ao réu se tem mais que allegar em sua defeza, e concederá ao advogado d'este a faculdade de fallar sobre a applicação da pena.

ARTIGO 648.º

É permittido n'esta occasião ao advogado do réu demonstrar:
1.º Que o facto, apesar da resposta affirmativa do jury, não é criminoso segundo a lei penal;
2.º Que o crime se acha prescripto ou amnistiado.

ARTIGO 649.º

Na discussão sobre a applicação da pena é permittida a replica e contra-replica, nos termos nos artigos 581.º a 583.º

SECÇÃO II
Da sentença criminal condemnatoria

ARTIGO 650.º

Terminada a discussão oral sobre a applicação da pena, o juiz de direito ordenará ao escrivão que lhe faça o processo concluso para proferir a sentença.

ARTIGO 651.º

A sentença condemnatoria será escripta e lida pelo juiz de direito, e deverá conter:
1.º Os nomes, appellidos, alcunhas, profissão ou occupação, naturalidade e residencia dos réus;
2.º Um succinto relatorio:
I. Dos factos criminosos e circumstancias aggravantes, em conformidade com o libello criminal;
II. Da maioria de defeza e circumstancias attenuantes allegadas na contestação escripta ou verbal, ou nascidas da discussão da causa;
3.º A declaração da culpabilidade que o jury attribuiu ao réu na sua decisão;
4.º A citação da lei penal applicavel ao facto criminoso;
5.º Os fundamentos, em fórma de «considerandos», em que o juiz baseia a aggravação ou attenuação da pena.

ARTIGO 652.º

A sentença condemnatoria será proferida na audiencia em que terminar a discussão do processo.
§ 1.º Poderá, comtudo, ser proferida em outra audiencia, se o juiz de direito o julgar conveniente, comtantoque não decorram mais de tres dias.
§ 2.º Sendo feriado o dia em que se completar o triduo, a sentença será proferida no primeiro dia util que se seguir.

ARTIGO 653.º

O réu assistirá sempre á leitura da sentença condemnatoria, salvo o caso de impedimento physico, legalmente comprovado, que o impossibilite de comparecer.
§ unico. Não estando o réu presente á leitura da sentença, ser-lhe-ha esta logo intimada.

ARTIGO 654.º

Proferida a sentença condemnatoria, o escrivão deverá transcreve-la no livro de que trata o artigo 361.º

SECÇÃO III
Da sentença criminal absolutoria

ARTIGO 655.º

Sendo negativa a decisão do jury, e conformando-se o juiz de direito com ella, ordenará ao escrivão que lhe faça o processo concluso, e proferirá immediatamente a sentença absolutoria.

ARTIGO 656.º

A sentença absolutoria deverá conter:
1.º Os nomes, appellidos, alcunhas, profissão ou occupação, naturalidade e residencia dos réus;
2.º A declaração de que o jury decidiu não estar provada a culpabilidade dos factos de que eram accusados;
3.º A absolvição dos crimes de que foram acusados, e a immediata soltura dos réus, se não deverem ser retidos em custodia por outro crime, ou não estiverem cumprindo alguma pena.

CAPITULO II
Da caução de liberdade provisoria posterior á sentença condemnatoria

ARTIGO 657.º

Proferida a sentença condemnatoria, poderá o réu prestar caução perante o respectivo juizo de direito, se o crime a admittir e tiver sido requerida antes da apresentação do recurso no tribunal superior.

ARTIGO 658.º

No caso previsto no artigo antecedente, o valor da caução será fixado no duplo da quantia taxada na primeira caução, ou, se esta não tiver sido prestada, no maximo estebelecido no artigo 137.º

ARTIGO 659.º

Se a caução offerecida consistir em fiança pessoal, e o fiador for o mesmo que afiançou o réu até á sentença, e for notoriamente abonado, não se repetirá o processo da fiança, devendo somente o fiador assignar novo termo.

TITULO XVIII
Da execução da sentença criminal

CAPITULO I
Disposições geraes

ARTIGO 660.º

A execução da sentença criminal deve corresponder exactamente á determinação da mesma.

ARTIGO 661.º

Incumbe aos magistrados do ministerio publico promover, nos termos das leis e regulamentos, a prompta execução das sentenças tanto condemnatórias como absolutorias, logoque tenham transitado em julgado.

ARTIGO 662.º

No caso de accumulação de crimes attribuidos ao mesmo réu, pelos quaes tenha sido condemnado em diferentes processos e sentenças, sómente será executada a sentença condemnatoria depois de terem transitado em julgado todas as sentenças contra elle proferidas.

§ unico. Exceptua-se da disposição d'este artigo o caso de ser a pena imposta em alguma das sentenças igual ou mais grave do que a maxima que possa corresponder aos outros crimes.

ARTIGO 663.º

Se, depois de qualquer réu ter sido condemnado, perpetrar um novo crime, ou se lhe descobrir algum outro ainda não prescripto e pelo qual ainda não tenha sido julgado, sobreestar-se-ha na execução da sentença condemnatoria, até que o réu seja julgado pelo crime novamente commettido ou descoberto, salvo se a estes crimes corresponderem penas menos graves do que a que tiver sido imposta na sentença condemnatoria.

§ 1.º Verificando-se a excepção prevista na ultima parte d'este artigo, appensar-se-hão os corpos de delicto, ou os processos que estiverem organisados para subirem aos tribunaes superiores no caso de haver recurso.

§ 2.º Se os tribunaes superiores annullarem o processo, o réu será julgado por todos os crimes que houver commettido.

CAPITULO II

Das causas suspensivas da execução da sentença condemnatoria

SECÇÃO I

Disposições geraes

ARTIGO 664.º

A execução da sentença condemnatoria será suspensa:
1.º Quando se interpozer o recurso de appellação ou de revista;
2.º Quando diferentes co-réus tiverem sido condemnados como agentes do mesmo crime por sentenças diversas, as quaes, longe de poderem conciliar-se, constituam a prova da innocencia de algum dos condemnados;
3.º Quando o réu condemnado tiver requerido o processo competente contra algum jurado pelos crimes de corrupção ou peita, tendo logo pronuncia obrigatoria;
4.º Quando o réu, depois da sentença condemnatoria, houver requerido o processo competente pelo crime de falso juramento contra alguma testemunha que jurou contra elle na discussão e julgamento, verificando-se a pronuncia obrigatoria;
5.º Quando sobrevier ao condemnado affecção mental, que o prive do exercicio de suas faculdades intellectuaes, enquanto ella durar, postoque hajam intervallos lucidos;
6.º Quando o réu condemnado requerer a revisão da sentença condemnatoria, allegando erro judiciario;
7.º Quando for contestada ou duvidosa a identidade do réu.

ARTIGO 665.º

A sentença condemnatoria será, porém, logo executada:
1.º No caso do n.º 4.º do artigo antecedente:
I Se forem absolvidas as testemunhas accusadas por falso juramento;
II Se as mesmas testemunhas fallecerem antes de passar em julgado a sentença condemnatoria contra ellas proferida pelo mesmo crime.
2.º No caso do n.º 5.º do mesmo artigo, se a pena imposta for a de multa.

SECÇÃO II

Da revisão da sentença oondemnatoria e da rehabilitação do condemnado

SUB-SECÇÃO I

Da revisão da sentença condemnatoria

ARTIGO 666.º

Aos réus condemnados por sentença passada em julgado em alguma das penas mencionadas no artigo 260.º é permittido requerer a revisão da sentença condemnatoria, quando allegarem a existencia de erro judiciário que motivou a primeira condemnação.

§ 1.º Os condemnados que estiveram na situação d'este artigo deverão requerer ao juiz de direito da comarca, que os admitta a instaurar o processo de revisão da sentença condemnatoria, devendo instruir o requerimento com uma justificação de testemunhas com citação e audiencia do magistrado do ministerio publico e julgada procedente pelo respectivo juiz de direito.

§ 2.º O juiz de direito, quer tenha havido recurso de appellação, quer não, mandará communicar o requerimento ao magistrado do ministerio publico, o qual o enviará ao procurador geral da corôa e fazenda para o fazer apresentar na primeira sessão do supremo tribunal de justiça a fim de decidir, em secções reunidas, se deve ou não proceder-se á revisão da sentença condemnatoria.

ARTICO 667.º

Decidindo o supremo tribunal de justiça que deve proceder-se á revisão da sentença condemnatoria, deverá o condemnado ser novamente julgado na mesma comarca em que o foi da primeira vez, com intervenção de jury especial, nos termos dos artigos 705.º a 708.º, não devendo presidir no novo julgamento o juiz de direito que presidiu ao primeiro, mas o da comarca mais proxima, se a esse tempo ainda estiver servindo n'aquella o mesmo juiz.

SUB-SECÇÃO II
Da rehabilitação do condemnado

ARTIGO 668.º

Se o réu condemnado for declarado innocente por decisão do jury, a sentença do juiz de direito que assim o julgar será affixada nos lugares mais publicos da séde da comarca e dos julgados de que constar, e publicada gratuitamente em dez numeros seguidos da folha official do governo e de todos os periodicos politicos da comarca.

ARTIGO 669.º

Se o condemnado tiver requerido e o jury decidir que ha logar a conceder-se indemnisação a titulo de perdas e damnos, taxada esta, será immediatamente satisfeita pelo cofre da administração da justiça, ou, não estando este habilitado, pela fazenda nacional.

§ unico. Tendo havido parte querelante, que não haja desistido da accusação, será responsavel por metade da indemnisação fixada pelo jury.

SECÇÃO III
Do reconhecimento da identidade dos réus comdemnados

SUB-SECÇÃO I
Do juizo competente para o reconhecimento da identidade dos réus

ARTIGO 670.º

Sendo contestada ou duvidosa a identidade de qualquer réu condemnado, que se recusar ou subtrahir ao cumprimento da pena que lhe tiver sido imposta, proceder-se-ha ao reconhecimento d'ella no juizo de direito de 1.ª instancia em que tiver sido julgado com intervenção de jurados, devendo o reconhecimento ser feito no processo original em que o réu tiver sido condemnado, ou no traslado, quando aquelle não existir no juizo de direito.

SUB-SECÇÃO II
Do processo preparatorio do reconhecimento de identidade dos réus

ARTIGO 671.º

O processo preparatorio do reconhecimento da identidade do réu consistirá em um requerimento feito pelo magistrado do ministerio publico, devendo conter:
1.º O nome, appellidos, alcunhas, filiação, idade, estado, profissão ou occupação do condemnado, e o maior numero de signaes conhecidos que possam attestar a sua identidade;
2.º A natureza e classificação do crime commettido;
3.º A pena que lhe foi imposta;
4.º O motivo pelo qual a sentença condemnatoria não pôde ser executada.

§ unico. Este requerimento deverá ser logo instruido com a prova documental em que se fundar, ou com uma relação de testemunhas que devam ser inquiridas ácerca da identidade.

ARTIGO 672.º

Havendo parte querelante e accusadora, poderá tambem requerer o processo de identidade, nos temos do artigo antecedente.

ARTIGO 673.º

O juiz de direito procederá ao interrogatorio do condemnado, logo que seja apprehendido, á inquirição das testemunhas nomeadas, e ás acareações que julgar convenientes entre aquelle e estas.

ARTIGO 674.º

O processo preparatorio será encerrado por um despacho proferido pelo juiz de direito, julgando provada ou não provada a identidade, segundo as provas produzidas, devendo observar-se, na parte applicavel, o disposto nos artigos 298.º a 345.º

SUB-SECÇÃO III
Do processo accusatorio no reconhecimento da identidade dos réus

ARTIGO 675.º

Passando em julgado o despacho que julgue provada a identidade, o magistrado do ministerio publico formará artigos de identidade do réu, juntando-lhes a prova documental ou uma relação de testemunhas com que pretender prova-los, do que tudo se dará copia ao réu.

ARTIGO 676.º

Havendo parte querelante e accusadora, poderá tambem offerecer artigos de identidade, devendo o escrivão entregar ao réu uma copia d'elles, bem como dos documentos e da relação das testemunhas.

ARTIGO 677.º

O réu poderá apresentar a sua contestação escripta, juntando-lhe a prova documental ou relação das testemunhas que quizer produzir, devendo o escrivão entregar ao magistrado do ministerio publico e á parte querelante e accusadora copia da contestação, bem como dos documentos e da relação das testemunhas.

ARTIGO 678.º

Os prasos para o offerecimento dos artigos de identidade e da contestação são os fixados nos artigos 445.º e 478.º

SUB-SECÇÃO IV
Do processo plenario ou de julgamento no reconhecimento da identidade dos réus

ARTIGO 679.º

Ao réu será intimado o dia em que ha de ser julgada a questão da identidade, pelo menos tres dias antes do que, for designada para esse fim.

ARTIGO 680.º

Na constituição e formação do jury, discussão e julgamento do incidente da identidade, observar-se-ha o disposto no titulo XIV.

ARTIGO 681.º

O juiz de direito proporá ao jury o quesito sobre a identidade do condemnado pela forma seguinte: «Está ou não provado que N... que está presente, é o mesmo réu que foi accusado n'este processo pelo crime... (designação do crime) e condemnado na pena de... (designação da pena) por sentença proferida por este juizo em ... (data da sentença)?»

§ unico. A resposta do jury será a seguinte, segundo se vencer: «Está (ou não está) provado por (unanimidade ou maioria) que N... que está presente, é efectivamente (ou não é) o mesmo réu accusado n'este processo pelo crime de..., e condemnado na pena de... por sentença d'este juizo de ... (data da sentença).»

ARTIGO 682.º

Julgando o juiz de direito provada a identidade do condemnado, e tendo a sentença transitado em julgado, subsistirá a sentença condemnatoria em todos os seus effeitos.

CAPITULO III
Dos incidentes contenciosos suscitados na execução das sentenças

ARTIGO 683.º

A decisão dos incidentes contenciosos suscitados na execução das sentenças condemnatorias pertence ao juizo de que enganou a condemnação, ouvido o respectivo magistrado do ministerio publico.

TITULO XIX

Dos actos de policia judiciaria para verificar a existencia de crimes commettidos ou descobertos no processo plenario ou de julgamento

ARTIGO 684.º

Se no decurso do processo plenario for commettido algum crime, de que resultem vestigios physicos, sobreestar-se-ha na discussão e julgamento do processo até se praticarem os exames necessarios para a prova do crime.

ARTIGO 685.º

Descobrindo-se durante o mesmo processo algum crime, que ainda não esteja prescripto, o magistrado do ministerio publico deverá promover que se proceda a todos os actos de policia judiciaria necessarios para comprovar a existencia do crime.

ARTIGO 686.º

Se durante o mesmo processo alguma testemunha commetter o crime de falso testemunho, o juiz de direito officiosamente, ou a requerimento do magistrado do ministerio publico, da parte querelante ou do réu, mandará formar um auto, em que se declare:
1.º O dia, mez e anno em que é feito;
2.º Qual o processo que se discutia e julgava;
3.º As asserções da testemunha, consignando com a maior exactidão as palavras de que usou;
4.º As instancias que lhe foram dirigidas sobre a affirmação, negação ou omissão das circumstancias essenciaes que alterem o sentido do facto;
5.º As acareações a que se tiver procedido com outras testemunhas;
6.º Os nomes, profissões ou occupações e moradas de tres espectadores que assistirem á discussão.

ARTIGO 687.º

Lavrado o auto, os juiz de direito proporá ao juiz um quesito sobre se a testemunha commetteu o crime de falso testemunho, alterando essencialmente o sentido do facto sobre que depozer, e sabendo não ser verdadeira a circumstancia que affirmar, negar ou omittir.

§ 1.º A formula do quesito será a seguinte: «Está, ou não, provado, que a testemunha N... afirmando (negando ou omittindo) a circumstancia... (deve designar-se qual), e sabendo que tal circumstancia não era verdadeira, commetteu o crime de falso testemunho?»

§ 2.º A decisão do jury vence-se por maioria absoluta.

ARTIGO 688.º

O auto e a decisão affirmativa do jury constituem para todos os efeitos o corpo de delicto do crime de falso testemunho commettido na audiencia de julgamento.

ARTIGO 689.º

A testemunha será logo detida em custodia, se não podér prestar caução.

TITULO XX
Das nullidades e irregularidades no processo plenario ou de julgamento

ARTIGO 690.º

É, em geral, nullidade no processo plenario ou de julgamento a omissão de actos essenciaes ao descobrimento da verdade, e que possam influir, tanto na averiguação da culpabilidade dos agentes dos crimes, como na defeza dos mesmos.

ARTIGO 691.º

São especialmente nullidades:
1.º A falta de juramento aos jurados, interpretes e testemunhas;
2.º A deficiencia, contradicção ou repugnancia dos quesitos entre si, ou com as respostas do jury ou entre estas;
3.º A omissão da resalva das emendas, borrões ou entrelinhas, que se encontrarem nas respostas do jury, a qual deverá ser feita antes das assignaturas dos jurados;
4.º A falta de assignatura de algum jurado;
5.º A omissão da leitura, que o juiz de direito deverá fazer em voz intelligivel, dos quesitos dictados ou escriptos, quando se tenha protestado por esta formalidade antes do encerramento do jury, e não seja supprida pelo juiz;
6.º A falta de intimação da sentença condennatoria, se d'ella se não tiver recorrido.

ARTIGO 692.º

É irregularidade a pratica dos actos em contravenção das disposições da lei, nos termos do artigo 374.º

TITULO XXI
Da reforma do processo plenario ou de julgamento

ARTIGO 693.º

Se for mister proceder á reforma do processo depois de proferida a sentença condemnatoria, e antes de extrahido o traslado dos autos, no caso de haver recurso de appellação, observar-se-hão as disposições dos artigos 375.º a 380.º com excepção da do artigo 379.º, e juntar-se-ha ao processo reformando a certidão da sentença condemnatoria extrahida do livro, a que se refere o artigo 654.º

TITULO XXII

Da forma do processo das excepções no processo plenario ou de julgamento

ARTIGO 694.º

No processo plenario sómente serão admittidas as excepções peremptorias de prescripção e amnistia, e a excepção dilatoria de suspeição, se a parte que a offerecer, ou o magistrado que se declarar suspeito jurar que as causas da suspeição sobrevieram depois de instaurado o processo accusatorio.

ARTIGO 695.º

As disposições dos artigos 381.º a 413.º são applicaveis ás excepções de que trata o artigo antecedente.

TITULO XXIII

Das custas

CAPITULO I

Disposições geraes

ARTIGO 696.º

Custas são as despezas feitas na organisação do processo e seus incidentes.

ARTIGO 697.º

Comprehendem-se nas custas:
1.º O sello do processo;
2.º Os emolumentos dos juizes e tribunaes criminaes;
3.º Os honorarios dos advogados e defensores dos réus;
4.º Os salarios dos agentes auxiliares da acção criminal;
5.º Os salarios dos peritos, interpretes e traductores;
6.º As despezas feitas com os actos de policia judiciaria.

ARTIGO 698.º

Sómente são obrigados ao pagamento das custas os réus condemnados por sentença passada em julgado.

§ unico. Havendo no mesmo processo diferentes co-réus, serão todos solidariamente responsaveis pelo pagamento das custas.

ARTIGO 699.º

Exceptuam-se da disposição do artigo antecedente:
1.º Os réus que tiverem requerido a extracção do traslado do processo, os quaes serão responsaveis pelas custas d'este e pelas da audiencia de discussão e julgamento, posto que sejam absolvidos;
2.º Os agentes dos crimes que requererem a prestação de caução.

CAPITULO II
Da execução das custas

ARTIGO 700.º

Logoque a sentença tenha transitado em julgado, o escrivão passará certidão narrativa do processo, contendo:
1.º A indicação do juizo em que for proferida;
2.º O nome do réu;
3.º A natureza do crime;
4.º A natureza da pena, quando a sentença for condemnatoria;
5.º A data da sentença;
6.º A importancia das custas, com a declaração por extenso das verbas que pertencerem a cada magistrado, empregado ou interessado, que será designado pelo appellido de que usar.
§ unico. Esta certidão é a base da execução.

ARTIGO 701.º

A execução das custas será promovida pelos magistrados do ministerio publico.

ARTIGO 702.º

Observar-se-ha n'esta especie de execuções a fórma do processo estabelecida no codigo do processo civil para as execuções fiscaes.

TITULO XXIV
Da fórma de processo do julgamento dos réus sujeitos á competencia excepcional

CAPITULO I
Disposições geraes

ARTIGO 703.º

Estão sujeitos á competencia excepcional, quanto ao julgamento:
1.º Os réus, em cujo julgamento tiver de intervir um jury especial ou mixto;

2.º Os réus que estiverem ausentes, ha mais de seis mezes, ou se tiverem evadido da cadeia ou da custodia em que se, acharem.

§ unico. Exceptuam-se da disposição do n.º 2.º deste artigo os processos instaurados por crimes politicos, nos quaes somente será permittido propor a acção civil, se não tiver sido accumulada com a acção criminal, nos termos dos artigos 21.º e 22.º

ARTIGO 704.º

No julgamento dos réus sujeitos á competencia excepcional observar-se-ha o que se acha disposto nos artigos 483.º a 656.º com as especialidades seguintes.

CAPITULO II

Da fórma de processo do julgamento dos réus com intervenção de jury especial ou mixto

ARTIGO 705.º

Se em alguma comarca, com relação a algum processo instaurado por crimes a que corresponda alguma das penas mencionadas nos n.ºs 1.º, 2.º, 3.º e 4.º do artigo 260.º, occorrerem circumstancias tão graves que persuadam a conveniencia de se formar a pauta do jury de jurados da comarca e dos das duas mais proximas, o magistrado do ministerio publico, a parte accusadora ou o réu poderão requerer ao juiz de direito que sobreesteja no julgamento do processo, representando logo ao presidente do supremo tribunal de justiça, o qual, depois de ouvir o presidente da respectiva relação, convocará com urgencia o mesmo tribunal em secções reunidas para resolver immediatamente sobre o objecto da representação.

§ 1.º Sendo attendida a representação, o juiz de direito requisitará de cada uma das comarcas mais proximas os nomes dos doze jurados primeiramente sorteados, os quaes conjunctamente com os doze primeiramente sorteados da comarca, onde penderem o processo ou processos, a que se refere a representação, formarão a pauta do jury.

§ 2.º A resolução do supremo tribunal de justiça será tomada e communicada ao respectivo juiz de direito da comarca no praso de trinta dias contados desde a apresentação. Se o não for, proceder-se-ha ao julgamento com intervenção sómente do jury da comarca.

§ 3.º Para determinar a proximidade das comarcas atender-se-ha á menor distancia que mediar as sedes d'ellas.

§ 4.º O julgamento deverá verificar-se em audiencia extraordinaria e com toda a brevidade possível, de modo que o réu não fique retido em custodia até o semestre seguinte.

ARTIGO 706.º

Para constituir o jury que ha-de julgar os crimes a que se refere o artigo antecedente, extrahir-se-hão os bilhetes alternadamente das respectivas urnas, até se perfazer o numero legal.

§ 1.º Se não se podér cumprir o disposto n'este artigo por faltarem alguns jurados de alguma das comarcas de que tiver de ser formado o jury, preencher-se-ha com os das comarcas que estiverem presentes.

§ 2.º Se ainda assim se não podér constituir o jury, o juiz de direito adiará a audiencia de julgamento, requisitará dos juizes de direito das respectivas comarcas uma pauta supplementar de jurados e designará novo dia para julgamento, precedendo as intimações legaes.

ARTIGO 707.º

No caso de accumulação de crimes, pelos quaes o mesmo réu tenha de ser simultaneamente julgado com intervenção de jury commum e de jury especial, reunir-se-hão os diversos jurys na mesma sala do tribunal.

ARTIGO 708.º

Observar-se-ha o que se acha disposto na lei especial acerca da constituição do jury, que tiver de intervir no julgamento dos crimes de moeda falsa, e na constituição do jury mixto.

CAPITULO III
Da fórma de processo do julgamento dos réus ausentes

SECÇÃO I
Disposições preliminares

ARTIGO 709.º

Decorrido o praso de seis mezes contados da data do despacho de pronuncia ou da fuga da cadeia ou custodia, o magistrado do ministerio publico promoverá, e a parte querelante poderá requerer a justificação da impossibilidade ou difficuldade da captura do réu:
1.º Se não constar em juizo o logar certo onde esteja;
2.º Se este for de perigoso accesso;
3.º Se o réu se achar refugiado em alguma nação, com a qual se não tenha celebrado tratado que permitta a extradicção antes da sentença condemnatoria.

ARTIGO 710.º

Na justificação da ausencia dos réus é admissivel a prova documental ou testemunhal.

ARTIGO 711.º

São sómente competentes para procederem á justificação da ausencia os juizes de direito, a respeito dos réus processados na sua respectiva comarca e nos julgados d'ella dependentes.

ARTIGO 712.º

Os juizes de direito deverão proferir sentença sobre a procedencia ou improcedencia da justificação da ausencia, em conformidade com a prova offerecida.

ARTIGO 713.º

Julgada a ausencia do réu, o magistrado do ministerio publico promoverá e a parte querelante e accusadora poderá requerer que seja citado por editos para comparecer em juizo a fim de ser julgado.

ARTIGO 714.º

Os editos deverão declarar:
1.º O nome, appellidos, alcunhas e signaes, que sejam conhecidos em juizo e possam identificar o indiciado;
2.º A natureza do crime por que se acha pronunciado;
3.º Que, não comparecendo dentro do praso marcado, se procederá á revelia sem nenhuma outra citação em todos os termos ulteriores do processo;
4.º Que, findo o dito praso, lhe não será concedido livrar-se sob caução, postoque o crime a admitta;
5.º Que, terminado o mesmo praso, o indiciado deverá ser preso por qualquer agente de policia judiciaria, e o poderá ser por qualquer individuo.

§ 1.º O praso fixado nos editos para o indiciado comparecer em juizo não será menor de trinta dias, nem excederá a sessenta.

§ 2.º Os editos serão affixados por um official de diligencias na porta do edificio do tribunal em que se instaurar o processo e no ultimo domicilio do indiciado, e serão publicados gratuitamente na folha official do governo, se o processo correr na comarca de Lisboa, ou pendendo em outras comarcas, se n'ellas se não publicar algum periodico politico.

SECÇÃO II
Do processo accusatorio dos réus ausentes

ARTIGO 715.º

São applicaveis ao processo accusatorio dos réus ausentes as disposições dos artigos 433.º a 480.º com as especialidades seguintes.

ARTIGO 716.º

Havendo no mesmo processo diferentes co-réus, cuja ausencia esteja julgada por sentença, e outros que ainda possam ser capturados, extrahir-se-ha um traslado do processo para n'elle se instaurar o processo accusatorio dos ausentes.

ARTIGO 717.º

Mostrando-se pelo certificado de registo criminal, que algum réu está implicado em outro crime, observar-se-ha o disposto no artigo 434.º sem que seja mister repetir a justificação da ausencia, se estiver julgada por sentença, devendo porém repetir-se a citação edital.

ARTIGO 718.º

Serão citados pessoalmente os descendentes e ascendentes do réu ausente, e na falta d'elles os collateraes até ao quarto grau por direito civil, bem como o conjuge, se o réu for casado, para que possam allegar a favor d'elle a defeza que se lhes offerecer.

ARTIGO 719.º

Se os pessoas mencionadas no artigo antecedente não constituirem advogado ou defensor para defender o réu ausente, o juiz de direito lhe nomeará um curador ajuramentado.

ARTIGO 720.

A citações e intimações que deveriam ser feitas ao réu verificar-se-hão na pessoa do seu advogado ou curador.

ARTIGO 721.º

Findo o praso da citação edital, será o libello criminal offerecido na primeira audiencia seguinte.

ARTIGO 722.º

Offerecida a contestação ou feito o lançamento d'ella nos termos do artigo 480.º, proceder-se-ha ao julgamento do réu ausente.

SECÇÃO III
Do julgamento dos réus ausentes

ARTIGO 723.º

O julgamento dos réus ausentes será feito com intervenção de jurados, em seguida ao dos réus detidos em custodia, ou caucionados, observando-se o disposto nos artigos 523.º a 656.º com excepção dos artigos 571.º a 575.º

ARTIGO 724.º

Proferida a sentença condemnatoria contra o réu ausente, será afixada uma copia d'ella nos locaes indicados no § 2.º do artigo 714.º, e publicada nos termos do mesmo artigo.

ARTIGO 725.º

Se antes de proferida a sentença for capturado o réu, ou se apresentar voluntariamente na custodia, suspender-se-ha o julgamento, e será o réu citado para aceitar o processo no estado em que estiver, dando-se-lhe copia do libello criminal e da contestação que tiver sido offerecida.

ARTIGO 726.º

Feitos os interrogatorios ao réu, poderá dentro do praso de quinze dias ratificar a contestação offerecida, addi-la ou apresentar nova contestação e offerecer a prova documental ou testemunhal que tiver, procedendo-se em seguida ao julgamento.

TITULO XXV
Da fórma de processo do julgamento dos agentes dos crimes sujeitos á competencia especial ou privativa

CAPITULO I
Da fórma de processo do julgamento dos membros da familia real, ministros e secretarios d'estado, conselheiros d'estado, dignos pares do reino e deputados da nação

SECÇÃO I
Disposições preliminares

ARTIGO 727.º

Concluido o processo preparatorio com pronuncia obrigatoria transitada em julgado contra algum dos agentes dos crimes mencionados no artigo 732.º, o respectivo magistrado do ministerio publico o enviará, ou o competente traslado, havendo outros co-réus que devam ser julgados por outro juiz ou tribunal, ao ministerio e secretario d'estado dos negocios da justiça para que possa instaurar-se o processo accusatorio e de julgamento.

ARTIGO 728.º

Se o indiciado for par do reino ou deputado, o ministro e secretario d'estado dos negocios da justiça remetterá o processo ao presidente da respectiva camara, o qual o entregará logo ao presidente da competente commissão de legislação.

ARTIGO 729.º

O respectivo relator desta commissão trará dentro de quinze dias um relatorio escripto do processo, concluindo por emittir o seu parecer sobre se o processo deve desde logo seguir os seus termos, ou sómente depois de finda a sessão ou a legislatura.

ARTIGO 730.º

Decidindo a camara que o processo deve continuar, o digno par ou deputado ficará desde logo suspenso do exercicio das funcções legislativas, e auctorisará a captura d'elle, se o crime não admitir caução, enviando o presidente copia da decisão ao respectivo juiz de direito.

§ unico. Nos crimes em que a caução for admittida, não serão obrigados a presta-la.

ARTIGO 731.º

A discussão sobre o parecer da commissão de legislação será em sessão secreta, e a votação por escrutinio secreto.

SECÇÃO II

Da constituição da camara dos dignos pares do reino em supremo tribunal de justiça criminal

ARTIGO 732.º

A camara dos dignos pares do reino é competente para julgar em primeira e ultima instancia como supremo tribunal de justiça criminal:
1.º Os membros da familia real;
2.º Os ministros e secretarios d'estado;
3.º Os conselheiros d'estado;
4.º Os dignos pares do reino;
5.º Os deputados durante o periodo da legislatura.

ARTIGO 733.º

A camara dos dignos pares do reino póde constituir-se em supremo tribunal de justiça criminal não só durante as sessões da camara dos srs. deputados, mas tambem depois de encerradas as côrtes geraes, e ainda mesmo no caso de dissolução d'esta ultima camara.

1.º A reunião das camaras dos dignos pares, nos dois ultimos casos previstos neste artigo, não poderá verificar-se sem preceder decreto do poder executivo, ouvido o conselho d'estado, devendo o decreto designar o objecto que tem de ser submettido á decisão da camara dos dignos pares constituida em supremo tribunal de justiça criminal.

§ 2.º A camara dos digos pares constituida em supremo tribunal de justiça criminal não poderá occupar-se de outro assumpto, nem continuar as suas sessões, depois da decisão para que for convocada.

ARTIGO 734º

Logoque o presidente da camara dos dignos pares do reino receber o processo instaurado contra alguma das pessoas mencionadas no artigo 732.º, o mandará communicar com vista ao procurador geral da corôa e fazenda a fim de que possa promover as diligencias supplementares que julgar necessarias para o descobrimento da verdade.

ARTIGO 735.º

Effectuadas estas diligencias, o presidente da camara dos dignos pares do reino expedirá carta convocatoria a todos os dignos pares do reino, que estiverem na capital, convidando-os a comparecer na sessão que lhes designar para se constituirem em supremo tribunal de justiça criminal.

ARTIGO 736.º

Para que a camara dos dignos pares do reino possa constituir-se em supremo tribunal de justiça criminal é necessario que estejam presentes pelo menos dezesete dignos pares, que não estejam inhibidos por alguma das causas declaradas nos n.ºˢ 1.º a 7.º do artigo 534.º de ser juizes no processo que tiver de ser julgado.

§ unico. Não serão admittidos a tomar parte nas decisões da camara constituida em supremo tribunal de justiça criminal senão os dignos pares do reino que comparecerem na primeira sessão.

ARTIGO 737.º

Os dignos pares do reino podem ser recusados e dar-se por suspeitos por qualquer das causas declaradas no artigo 46.º

ARTIGO 738.º

Somente podem ser arbitros para decidir a excepção de suspeição offerecida contra algum digno par do reino os membros do supremo tribunal de justiça e do conselho d'estado, que deverão ser extrahidos á sorte d'entre os respectivos tribunaes, sendo o terceiro arbitro sorteado d'entre os membros de ambos os tribunaes.

ARTIGO 739.º

No caso previsto no artigo 37.º da carta constitucional, poderá a camara dos senhores deputados fazer-se representar por uma commissão de tres membros eleita por escrutinio secreto.

ARTIGO 740.º

Constituido o supremo tribunal de justiça da camara dos dignos pares, procederá a eleição por escrutinio secreto de um juiz relator, que o ficará sendo para todos os termos ulteriores do processo.

ARTIGO 741.º

O digno par juiz relator examinará o processo, e, logo que esteja habilitado para o relatar, prevenirá o presidente para que este faça convocar o tribunal de justiça.

SECÇÃO III
Da fórma o processo accusatorio contra os membros da familia real, ministros e secretarios d'estado, conselheiros d'estado, dignos pares do reino e deputados.

ARTIGO 743.º

No processo accusatorio contra os agentes dos crimes mencionados nos n.ºs 1.º, 2.º, 3.º, 4.º e 5.º do artigo 732.º observar-se-ha o disposto nos artigos 433.º a 480.º

ARTIGO 744.º

Salvo o caso previsto no artigo 739.º, a accusação será representada pelo procurador geral da corôa e fazenda ou por um dos seus ajudantes.

SECÇÃO IV
Da audiencia de discussão e julgamento perante a camara dos dignos pares

ARTIGO 745.º

Na discussão da causa e julgamento dos agentes dos crimes mencionados no artigo 732.º observar-se-ha, na parte applicavel, o disposto nos artigos 540.º a 656.º com excepção das disposições relativas á constituição do jury.

ARTIGO 746.º

A camara dos dignos pares do reino apreciará como jury as provas e indicios offerecidos por parte da accusação e da defesa, observando o disposto nos artigos 622.º e 623.º

ARTIGO 747.º

Terminado o relatorio e distribuidas pelos dignos pares duas espheras, uma das quaes conterá a letra A e outra a letra C, indicativas de *absolvição* e *condemnação*, o presidente da camara dos dignos pares fará proceder á votação sobre cada um dos factos e circumstancias da accusação e defeza.

ARTIGO 748.º

Para se julgar procedente ou improcedente a accusação é necessario que haja pelo menos dois terços de votos conformes, bastando a maioria absoluta a respeito das circumstancias aggravantes ou attenuantes.

ARTIGO 749.º

Julgando-se procedente a accusação, proceder-se-ha á votação sobre a natureza e duração da pena, devendo observar-se na redacção e assignatura do accordão o disposto nos artigos 999.º a 1001.º

ARTIGO 750.º

Concorrendo na pessoa do condemnado circumstancias relevantes que o tornem recommendavel ao poder moderador, em rasão de serviços valiosos prestados ao paiz ou de suas qualidades pessoaes, a camara dos dignos pares do reino poderá na mesma sessão ou em outra qualquer assignar uma mensagem, pedindo o perdão ou a commutação da pena imposta.

CAPITULO II

Da fórma de processo do julgamento dos conselheiros do supremo tribunal de justiça, juizes das relações, magistrados do ministerio publico junto d'estes tribunaes, embaixadores, ministros plenipotenciarios, ministros residentes e agentes diplomaticos

ARTIGO 751.º

O supremo tribunal de justiça é competente para julgar em primeira e ultima instancia pelos crimes que commetterem, tanto no exercicio como fóra do exercicio de suas funcções:
1.º Os conselheiros do supremo tribunal de justiça;
2.º Os magistrados do ministerio publico junto do mesmo tribunal;
3.º Os juizes das relações;
4.º Os magistrados do ministerio publico junto d'ellas;
5.º Os embaixadores, ministros plenipotenciarios, ministros residentes e agentes diplomaticos das nações estrangeiras.

§ unico. O julgamento verificar-se-ha em secções reunidas do tribunal, que só poderá julgar-se constituido, estando presentes dois terços dos conselheiros.

ARTIGO 752.º

Na discussão da causa e julgamento dos agentes dos crimes, a que se refere o artigo antecedente, observar-se-ha o disposto nos artigos 745.º a 750.º.

CAPITULO III

Da fórma de processo do julgamento dos juizes de direito de primeira instancia e magistrados do ministerio publico junto d'elles

ARTIGO 753.º

O tribunal da relação do respectivo districto judicial é competente para julgar em primeira e ultima instancia os juizes de direito de primeira instancia e os magistrados do ministerio publico junto d'elles pelos crimes commettidos, tanto no exercicio como fóra do exercicio de suas funcções.

§ unico. O julgamento verificar-se-ha em secções reunidas do tribunal, que só poderá julgar-se constituido, estando presentes dois terços dos juizes.

ARTIGO 754.º

Na discussão da causa e julgamento dos agentes dos crimes, a que se refere o artigo antecedente, observar-se-hão as disposições dos artigos 745.º a 750.º

CAPITULO IV
Da fórma de processo do julgamento dos juizes ordinarios, magistrados do ministerio publico junto d'elles e juizes eleitos

ARTIGO 755.º

O juiz de direito da respectiva comarca e dois substitutos, segundo a ordem de precedencia, são competentes para julgar, sem intervenção de jurados, os juizes ordinarios, os magistrados do ministerio publico junto d'elles e os juizes eleitos, pelos crimes commettidos tanto no exercicio como fora do exercicio de suas funcções.

ARTIGO 756.º

Na discussão da causa e julgamento dos crimes de que trata o artigo antecedente observar-se-ha o disposto nos artigos 745.º a 750.º

PARTE II
DA COMPETENCIA CORRECCIONAL

TITULO UNICO
Da fórma do processo correccional

CAPITULO I
Dos crimes sujeitos á competencia correccional

ARTIGO 757.º

Estão sujeitos á competencia correccional os agentes dos crimes ou delictos, a que corresponderem, separada ou cumulativamente, algumas das penas seguintes:
1.ª Prisão correccional por mais de seis mezes;
2.ª Desterro por mais de seis mezes
3.ª Multa por mais de seis meses, ou até 500$000 réis, quando a lei fixar a quantia;
4.ª Suspensão do emprego ou officio sem mais declaração, ou por mais de dois annos.
§ unico. Exceptuam-se da disposição d'este artigo os crimes a que se refere o n.º 1.º do artigo 405.º do codigo penal, os quaes serão sempre julgados em processo criminal.

ARTIGO 758.º

Denomina-se processo correccional o processo empregado para verificar a culpabilidade e tornar effectiva a punição dos agentes dos crimes ou delictos, de que trata o artigo antecedente.

CAPITULO II

Do processo preparatorio nos crimes sujeitos á competencia correccional

SECÇÃO I

Disposições geraes

ARTIGO 759.º

No processo preparatorio dos crimes mencionados no artigo 757.º observar-se-ha o disposto nos artigos 263.º a 415.º com as especialidades seguintes.

ARTIGO 760.º

Constituido o corpo de delicto, será continuado com vista ao magistrado do ministerio publico pelo praso fixado no artigo 974.º, e por igual praso à parte queixosa, se tiver declarado que quer accusar, a fim de deduzirem a sua queixa.

ARTIGO 761.º

A queixa poderá ser articulada e deverá conter:
1.º A declaração succinta do facto ou factos criminosos, com declaração do logar e tempo em que foram commettidos, e forem conhecidos;
2.º A declaração das circumstancias aggravantes ou attenuantes dos mesmos;
3.º A citação da lei penal applicavel.

ARTIGO 762.º

A prova da queixa pode ser documental ou testemunhal.
1.º Sendo documental, juntar-se-hão á queixa os documentos que a parte offerecer para prova.
§ 2.º Se a prova for testemunhal, o numero das testemunhas não poderá exceder o de cinco, afóra as referidas, salvo se se allegarem differentes factos, ácerca de cada um dos quaes poderão ser produzidas tres testemunhas.

ARTIGO 763.º

O juiz de direito ou ordinario distribuirá a queixa no respectivo livro, que deverá conter as indicações prescriptas no artigo 290.º, e procederá a todos os actos e diligencias do processo preparatorio.

ARTIGO 764.º

Findo o processo preparatorio com pronuncia obrigatoria transitada em julgado, e satisfeito o disposto nos artigos 433.º a 437.º, quando haja logar, o juiz de direito mandará dar copia da queixa ao réu.

ARTIGO 765.º

Não haverá nestes processos libello criminal; mas, quando se verificar a hypothese prevista no artigo 434.º, o magistrado do ministerio publico deverá, e o advogado da parte queixosa poderá offerecer o libello dentro do praso de oito dias, observando-se o disposto nos artigos 439.º a 460.º

ARTIGO 766.º

O réu poderá offerecer contestação escripta dentro do praso de oito dias, contados da entrega da copia da queixa ou do libello criminal, ou requerer sómente que sejam intimadas as testemunhas que quizer produzir acerca da sua defeza, que poderá apresentar oralmente ou por escripto na audiencia de julgamento.

ARTIGO 767.º

Sendo o réu menor de vinte e um annos, o juiz de direito lhe nomeará curador, nos termos do artigo 465.º

ARTIGO 768.º

Satisfeito o disposto no artigo 480.º, o juiz de direito mandará citar o réu, com antecipação de tres dias pelo menos, para comparecer em audiencia de julgamento, e, se a esse tempo não tiver constituido advogado, lh'o nomeará officiosamente, nos termos dos artigos 461.º a 463.º

SECÇÃO II

Disposições relativas aos agentes dos crimes sujeitos á competencia especial ou privativa

ARTIGO 769.º

Os juizes e tribunaes criminaes, a quem compete o julgamento dos agentes dos crimes de que tratam os artigos 416.º, 418.º, 427.º e 430.º, observarão a fórma de processo estabelecida n'este capitulo, quanto aos crimes sujeitos á competencia correccional.

CAPITULO III

Do processo de julgamento nos crimes sujeitos á competencia correccional

SECÇÃO I

Disposições geraes

ARTIGO 770.º

O julgamento dos crimes de competencia correccional pertence exclusivamente ao juiz de direito, sem intervenção de jurados, postoque tenham sido commettidos em julgado, diverso do da séde da comarca.

ARTIGO 771.º

No julgamento dos crimes de que trata o artigo antecedente observar-se-ha, na parte applicavel, o disposto nos artigos 480.º a 657.º, com excepção do relatorio de que trata o artigo 540.º, e com as especialidades seguintes.

ARTIGO 772.º

Os juizes de direito farão sempre duas audiencias de julgamento em cada semana, salvo se não houver processos preparados e durante as audiencias geraes.

ARTIGO 773.º

Os depoimentos das testemunhas produzidas para prova da accusação e da defeza serão escriptos por extenso, podendo fazer-se simples referencia aos anteriores depoimentos, se as testemunhas tiverem sido inquiridas no corpo de delicto ou no auto summario, e mencionar-se os additamentos ou alterações que fizerem, ou as contradicções que se notarem.

ARTIGO 774.º

É applicavel á execução das sentenças proferidas nos processos instaurados por crimes da competencia correccional o que se acha disposto nos artigos 660.º a 683.º, á excepção da intervenção do jury nos casos previstos no artigo 667.º

SECÇÃO II

Disposições relativas aos réus sujeitos á competencia excepcional e á competencia especial ou privativa

ARTIGO 775.º

Os juizes de direito observarão a fórma de processo estabelecida n'este capitulo, no julgamento dos crimes da competencia correccional, commettidos pelos réus sujeitos á competencia excepcional, de que trata o artigo 709.º, observando em tudo o mais o disposto nos artigos 710.º a 726.º

ARTIGO 776.º

Os tribunaes criminaes a quem compete o julgamento dos agentes dos crimes, a que se referem os artigos 416.º, 418.º e 447.º observarão a fórma de processo estabelecida n'este capitulo, no julgamento dos crimes da competencia correccional, commettidos pelos mesmos agentes, devendo em tudo o mais observar-se o disposto nos artigos 727.º a 750.º

PARTE III
DA COMPETENCIA DE POLICIA CORRECCIONAL

TITULO UNICO
Da fórma do processo de policia correccional

CAPITULO I
Dos crimes sujeitos á competencia de policia correccional

ARTIGO 777.º

Denomina-se processo de policia correccional o processo instaurado para verificar a culpabilidade e tornar effectiva a punição dos agentes dos crimes a que corresponder, separada ou cumulativamente, alguma das penas seguintes:
1.º Prisão até seis meses;
2.º Desterro até seis meses;
3.º Multas até seis meses, ou até 50$000 réis, quando a lei fixar a quantia;
4.º Reprehensão;
5.º Suspensão do emprego até dois annos;
6.º Censura.

§ unico. Exceptua-se das disposicções d'este artigo o processo especial que por lei esteja estabelecido para certos crimes.

ARTIGO 778.º

O processo de policia correccional é igualmente applicavel ás contravenções de policia e á infracção das leis administrativas ou fiscaes, a que não corresponderem penas excedentes ás estabelecidas no artigo 489.º do codigo penal.

CAPITULO II
Do processo preparatorio nos crimes de policia correccional

SECÇÃO I
Disposições geraes

ARTIGO 779.º

O processo preparatorio nos crimes e contravenções, a que se referem os artigos 777.º e 778.º, consistirá unicamente no corpo de delicto ou nos autos a elle equivalentes.

ARTIGO 780.º

Equivalem a corpo de delicto:

1.º Os autos de investigação organisados pelos administradores dos bairros ou concelhos;

2.º Os autos formados pelas auctoridades ou empregados fiscaes, a quem por virtude de lei especial é permittido organisa-los;

3.º Os autos formados pelos empregados e agentes de policia ou administração de qualquer denominação, nos termos das leis e regulamentos.

ARTIGO 781.º

Se para se verificar a existencia de algum crime ou contravenção, a que se referem os artigos 777.º e 778.º, for necessario proceder a algum exame technico que exija a intervenção de peritos, a auctoridade, empregado ou agente que formar o auto poderá mandar intimar os que julgar competentes.

ARTIGO 782.º

Os autos das contravenções serão remettidos aos magistrados do ministerio publico pela auctoridade, empregado ou agente que os tiver formado.

ARTIGO 783.º

Se os autos de que trata o artigo antecedente forem deficientes ou irregulares, o magistrado do ministerio publico promoverá que se proceda ao respectivo juizo ás diligencias, exames e demais actos necessarios para o descobrimento das contravenções e de seus agentes.

ARTIGO 784.º

Constituido o corpo de delicto, será continuado com vista ao magistrado do ministerio publico pelo praso de vinte e quatro horas, e por igual praso á parte queixosa, se tiver declarado que quer accusar, a fim de deduzirem sua queixa.

ARTIGO 785.º

A queixa poderá ser articulada, e deverá conter uma exposição clara e concisa do facto criminoso, ou da contravenção ou infracção da lei, e de todas as circumstancias que o precederam, acompanharam e seguiram, e a citação dos respectivos artigos da lei penal ou administrativa.

ARTIGO 786.º

A prova da queixa póde ser documental ou testemunhal.

§ 1.º Se a prova for documental, juntar-se-hão á queixa os documentos comprobativos que as partes oferecerem.

§ 2.º O numero das testemunhas não excederá a cinco, salvo se se allegarem differentes factos, acerca de cada um os quaes poderão ser produzidas tres testemunhas, não excedendo o numero total d'estas a nove.

ARTIGO 787.º

O juiz distribuirá a queixa no livro de que trata o artigo 288.º, e mandará citar o réu para dentro do praso de tres dias apresentar no cartorio do respectivo escrivão a contestação escripta, a qual poderá ser articulada, com os documentos e relação das testemunhas que pretender produzir, e cujo numero não excederá o determinado no § 2.º do artigo antecedente.

ARTIGO 788.º

No mandado para a citação se indicará resumidamente o objecto da accusação e os nomes das testemunhas nomeadas para prova desta, entregando-se contrafé ao réu.

ARTIGO 789.º

Se o réu preferir oferecer defeza verbal em audiencia, assim o declarará no praso indicado no artigo 787.º, devendo porém apresentar dentro d'elle o rol das testemunhas com que pretender proval-a.

ARTIGO 790.º

Se as testemunhas nomeadas para prova da queixa ou da contestação residirem em comarca differente, o juiz ordenará immediatamente a expedição de deprecada para a sua inquirição com a dilação que lhe parecer necessária.

ARTIGO 791.º

Passado o praso em que deve juntar-se a deprecada ao processo, ou fazer-se outra qualquer diligencia preparatoria que for necessaria, o juiz marcará dia para o julgamento.

SECÇÃO II
Disposições especiaes relativas aos agentes dos crimes sujeitos á competencia especial ou privativa

ARTIGO 792.º

Os juizes e tribunaes criminaes, a quem compete o julgamento dos agentes dos crimes, a que se referem os artigos 416.º, 418.º, 427.º e 430.º, observarão a fórma de processo estabelecida neste capitulo quanto aos crimes sujeitos á competencia de policia correccional.

CAPITULO III
Do processo de julgamento nos crimes de policia correccional

SECÇÃO I
Disposições geraes

ARTIGO 793.º

O julgamento dos crimes da competencia de policia correccional compete aos juizes de direito e aos juizes ordinarios sem intervenção de jurados, segundo forem commettidos na circumscripção da respectiva comarca ou julgado.

ARTIGO 794.º

É applicavel ao julgamento d'estes crimes o que se acha disposto nos artigos 480.º a 656.º com as alterações seguintes.

ARTIGO 795.º

O juiz decidirá todas as duvidas que se suscitarem na audiência, e sendo necessário mandar proceder a alguma diligência, poderá espaçar o julgamento para outra audiencia, comtanto que não haja maior intervallo que o de oito dias.

ARTIGO 796.º

Constituido o tribunal, o juiz de direito ou ordinario nomeará advogado ou defensor ao réu, se o não tiver constituido, e curador ao menor, nos termos dos artigos 440.º a 443.º

ARTIGO 797.º

Em seguida mandará ler o auto de corpo de delicto, e perguntará ás partes se renunciam o recurso de appellação. Se o renunciarem, não se escreverão os interrogatorios dos réus nem os depoimentos das testemunhas.

ARTIGO 798.º

A discussão da causa começará pelo interrogatorio dos réus, procedendo-se em seguida á inquirição das testemunhas, observando-se na redacção dos depoimentos o disposto no artigo 756.º

ARTIGO 799.º

Finda a inquirição das testemunhas, seguir-se-hão as allegações do magistrado do ministerio publico e dos advogados da parte accusadora e do réu, sem que seja permittida a replica.

ARTIGO 800.º

Em seguida o juiz de direito ou ordinário proferirá a sentença, que será por elle mesmo escripta e immediatamente publicada.

ARTIGO 801.º

Se os réus confessarem o crime ou a contravenção, lavrar-se-ha auto da confissão e não se proseguirá na discussão da causa, sendo imposta ao réu a pena applicavel no seu termo medio.

ARTIGO 802.º

Na execução das sentenças proferidas n'estes processos observar-se-ha o disposto no artigos 660.º a 683.º, á excepção da intervenção do jury no caso previsto no artigo 667.º

SECÇÃO II
Disposições relativas aos agentes dos crimes sujeitos á competencia excepcional e á competencia especial ou privativa

ARTIGO 803.º

Observar-se-ha o disposto n'este capitulo no julgamento dos réus sujeitos á competencia excepcional e á competencia especial e privativa, de que tratam os artigos 416.º, 418.º e 427.º, observando-se em tudo o mais o disposto nos artigos 709.º a 750.º

PARTE IV
DA COMPETENCIA DISCIPLINAR

TITULO UNICO
Do objecto da jurisdicção disciplinar

CAPITULO I
Disposições geraes

ARTIGO 804.º

A jurisdicção disciplinar tem por fim advertir e corrigir:

1.º As faltas commettidas pelos juizes, tanto no exercicio como fóra do exercicio de suas funcções, e que, não tendo a qualificação de crime ou delicto, revelam esquecimento e despreso da dignidade da magistratura e do zeloso cumprimento de seus deveres;

2.º As faltas e omissões commettidas nos processos criminaes pendentes pelos juizes, agentes auxiliares da acção criminal e advogados;

3.º As faltas e omissões commettidas pelos referidos agentes em quaesquer outros processos, e pelos juizes de paz, escrivães, e pelos tabelliães de notas nos actos em que intervêem;

4.º A infracção dos preceitos das leis commettida por quaesquer outros agentes sujeitos á competencia geral ou commum, nos casos especialmente previstos nas leis.

ARTIGO 805.º

As penas disciplinares são:
I Contra os juizes de direito:
1.º A advertencia;
2.º A censura;
3.º A suspensão do vencimento do ordenado.
II Contra os agentes auxiliares da acção criminal:
1.º A censura;

2.º A multa;
3.º A suspensão do officio.
III Contra os advogados:
1.º A multa;
2.º A suspensão do exercicio da advocacia.
IV Contra quaesquer outros agentes não sujeitos á competencia especial:
1.º A prisão;
2.º A multa.

§ 1.º A advertencia consistirá em uma simples admoestação escripta da falta ou omissão commettida.

§ 2.º A censura pode ser simples ou severa.

§ 3.º A multa não poderá ser inferior a 5$000 réis, nem exceder a 50$000 réis, quando for comminada ás pessoas mencionadas nos n.ºs II e III d'este artigo, nem exceder a 200$000 réis, quando for imposta ás pessoas a que se refere o n.º IV.

§ 4.º A suspensão do vencimento do ordenado não poderá exceder a tres mezes, e a do exercicio do officio ou da profissão de advogado não poderá ser por menos tempo do que quinze dias, nem exceder a seis meses.

§ 5.º Salvo o caso declarado no artigo 312.º, a prisão não poderá ser por menos tempo do que vinte e quatro horas completas, nem exceder a quinze dias.

ARTIGO 806.º

Na applicação das penas disciplinares deverão os tribunaes e juizes regular-se pelo seu prudente arbitrio, tendo em vista:
1.º A natureza e classificação da infracção;
2.º A importancia e gravidade da falta ou omissão commettida.

ARTIGO 807.º

Consideram-se mais importantes, segundo a ordem por que vão enumeradas, as faltas ou omissões seguintes:

I. Com relação aos juizes de direito e ordinários e agentes auxiliares da acção criminal:
1.º As que respeitarem aos actos de policia judiciaria conducentes á averiguação da infracção e á apprehensão de seus agentes;
2.º As relativas aos actos do processo que não possam já repetir-se;
3.º As respectivas á preterição de actos e formalidades, que, postoque possam repetir-se, dão logar á nullidade, ou retardam o andamento do processo.

II. Com relação aos advogados e defensores:
1.º A falta de comparecimento na audiencia de discussão e julgamento sem legitimo impedimento devidamente comprovado;
2.º A redacção de minuta de aggravo ou de carta testemunhavel contraria a direito expresso, frivola, ou tendente a retardar o andamento do processo.

ARTIGO 808.º

A gravidade das faltas ou omissões gradua-se segundo o merito ou demerito do magistrado, empregado ou advogado omisso.

ARTIGO 809.º

Haverá no supremo tribunal de justiça e nas relações um livro, onde serão lançadas por extracto as penas disciplinares impostas aos juizes de direito de primeira instancia, com declaração da natureza do processo e data do accordão.

ARTIGO 810.º

Haverá em cada um dos mesmos tribunaes, e em cada juizo de direito de primeira instancia, um livro escripturado nos termos do artigo antecedente com relação aos escrivães e advogados.

ARTIGO 811.º

O producto das multas entrará em um cofre especial a cargo do secretario do supremo tribunal de justiça, guarda mór da relação e do tesoureiro das multas menores do juizo, e será applicado para as despezas do expediente e da administração da justiça.

CAPITULO II
Do modo como é exercida a jurisdicção disciplinar

SECÇÃO I
Da repressão das faltas que não são qualificadas crimes, commettidas pelos conselheiros do supremo tribunal de justiça, juizes das relações, juizes de direito e ordinarios

ARTIGO 812.º

Para conhecer das faltas declaradas no n.º 1.º do artigo 804.º formar-se-hão no supremo tribunal de justiça e em cada uma das relações conselhos disciplinares.

§ unico. Os conselhos disciplinares serão compostos dos presidentes dos respectivos tribunaes e de quatro de seus membros tirados á sorte, observando-se quanto ás suspeições o disposto no artigo 1048.º

ARTIGO 813.º

Os conselhos disciplinares sómente poderão ser convocados pelo seu respectivo presidente, precedendo promoção do magistrado do ministerio publico perante o tribunal, feita em virtude de ordem do ministro e secretario d'estado dos negocios da justiça.

ARTIGO 814.º

Ao conselho disciplinar do supremo tribunal de justiça compete o conhecimento das faltas declaradas no n.º 1.º do artigo 804.º, commettidas pelos conselheiros do mesmo tribunal e pelos juizes de todas as relações; e ao das relações o das commettidas pelos juizes de direito e juizes ordinarios.

ARTIGO 815.º

As faltas a que se refere o artigo antecedente serão expostas em forma de queixa, que poderá ser articulada, pelo respectivo magistrado do ministerio publico.

§ unico. A prova da queixa póde ser documental ou testemunhal, não podendo o numero das testemunhas exceder o declarado no § 2.º do artigo 786.º

ARTIGO 816.º

Distribuida a queixa pelo presidente do conselho disciplinar, o juiz a quem tocar por distribuição ficará sendo o relator, e mandará logo dar copia d'ella e dos documentos que a instruirem ao juiz arguido para responder por escripto o que se lhe offerecer, assignando-lhe um praso rasoavel em attenção á distancia e facilidade das communicações.

ARTIGO 817.º

A resposta do juiz arguido poderá ser articulada, e a prova que produzir em defeza póde ser documental ou testemunhal, não podendo o numero das testemunhas exceder o fixado no § 2.º do artigo 786.º

ARTIGO 818.º

As testemunhas serão sempre inquiridas na comarca em que residirem.

§ 1.º Sendo residentes na comarca que for séde do tribunal em que se formar o conselho disciplinar, serão inquiridas pelo juiz relator.

§ 2.º Residindo em outra comarca, serão inquiridas pelo juiz de direito da comarca mais proxima, expedindo-se para este fim a competente ordem.

§ 3.º Nas ilhas em que houver uma só comarca, a ordem para a inquirição será expedida ao substituto do juiz arguido.

ARTIGO 819.º

Logoque haja respondido o juiz arguido, será ouvido o magistrado do ministerio publico, que responderá por escripto o que se lhe offerecer dentro do praso de cinco dias.

ARTIGO 820.º

Se o juiz arguido allegar na sua resposta a incompetencia do conselho disciplinar por competir á falta imputada a qualificação de crime ou delicto, ou se algum membro do conselho se julgar incompetente para tomar conhecimento d'ella, o conselho proporá o processo perante as secções reunidas do tribunal, e em conferencia se tomará, á pluralidade de votos, a decisão que for conforme á lei.

§ 1.º Decidindo o tribunal que o conselho disciplinar é incompetente para conhecer da falta imputada, assim o pronunciará por accordão fundamentado, citando a lei penal que qualificar de crime ou delicto a falta arguida.

§ 2.º Se o tribunal julgar competente a jurisdicção disciplinar, proferirá o competente accordão nessa conformidade.

ARTIGO 821.º

A decisão do conselho disciplinar sobre a procedencia ou improcedencia da queixa e penalidade applicavel será tomada em conferencia á pluralidade de votos.

ARTIGO 822.º

A censura simples será intimada:

1.º Aos conselheiros do supremo tribunal de justiça pelo presidente;
2.º Aos juizes das relações pelo respectivo presidente;
3.º Aos juizes de direito pelo juiz de direito do circulo criminal ou comarca mais proxima;
4.º Aos juizes ordinarios pelo juiz de direito da respectiva comarca.

ARTIGO 823.º

A censura severa será intimada:

1.º Aos conselheiros do supremo tribunal de justiça e juizes das relações, pelo presidente do supremo tribunal de justiça, comparecendo o juiz arguido perante as secções reunidas do tribunal em sessão publica, com assistencia do magistrado do ministerio publico;

2.º Aos juizes de direito pelo juiz de direito do circulo criminal ou comarca mais proxima, na presença de dois dos seus substitutos e do magistrado do ministerio publico, devendo o juiz arguido comparecer em audiencia publica no dia que for designado pelo juiz de direito encarregado da intimação;

3.º Aos juizes ordinarios pelo juiz de direito da respectiva comarca e na presença de dois dos substitutos do juiz arguido, que deverá comparecer perante elles em audiencia publica.

§ unico. Nas ilhas adjacentes, em que não houver mais do que uma comarca, a intimação da censura severa será executada pelo modo que ao conselho disciplinar parecer mais conveniente.

ARTIGO 824.º

Nos casos em que tiver sido applicada a censura simples, a pena da reincidencia será a publicação do accordão na folha official do governo, e nos casos em que tenha sido applicada a censura severa, será a suspensão do vencimento do ordenado por espaço de um a tres mezes.

§ unico. A suspensão do vencimento do ordenado sómente poderá ser imposta em conferência pelas secções reunidas do tribunal.

ARTIGO 825.º

Todas as decisões definitivas dos conselhos disciplinares serão communicadas pelo respectivo presidente ao ministro e secretario d'estado dos negocios da justiça, e, contendo censura severa, serão publicadas na folha official do governo.

SECÇÃO II

Da repressão das faltas e omissões commettidas em processos criminaes pendentes pelos juizes, agentes auxiliares da acção criminal e advogados

ARTIGO 826.º

Pelas faltas e omissões commettidas nos processos pendentes sómente poderão ser impostas aos juizes as penas disciplinares de advertencia e censura. A advertencia poderá ser feita, independentemente de previa audiencia no juiz omisso. A censura não poderá ser infligida sem que previamente seja ouvido o juiz a quem for attribuida a falta ou omissão.

ARTIGO 827.º

As penas disciplinares de censura e multa poderão ser impostas aos agentes auxiliares da acção criminal sem que sejam ouvidos. Não poderá, porém, ser-lhes comminada a pena de suspensão do officio, sem que preceda audiencia do empregado que commeteu a falta ou omissão.

ARTIGO 828.º

Aos advogados não poderá ser imposta nenhuma das penas disciplinares declaradas no n.º 1.º do artigo 804.º, sem que previamente sejam ouvidos.

§ unico. Para os effeitos d'este artigo, mandarão os juizes extrahir copias das penas dos processos que lhe parecerem necessarias, ou que forem exigidas pelos magistrados do ministério publico perante elles, e, autuadas em separado, responder por escripto dentro de um praso de tres a oito dias o advogado omisso, que poderá allegar o que se lhe offerecer em defeza e juntar os documentos que tiver.

SECÇÃO III
Da repressão das faltas e omissões commettidas pelos agentes auxiliares da acção criminal em processos criminaes findos

ARTIGO 829.º

Os juizes de direito dos circulos criminaes de Lisboa e Porto e os das demais comarcas do continente do reino e ilhas adjacentes abrirão annualmente no mez de setembro correição para conhecerem das faltas e omissões commettidas pelos escrivães dos juizes de direito e dos juizes ordinarios e oficiaes de diligencias nos processos criminaes findos durante o anno judicial.

§ unico. A correição durará todo o mez de setembro, e será annuciada em todas as freguezias da comarca por editaes, convidando todos os cidadãos a denunciarem as faltas e omissões a que se refere este artigo.

ARTIGO 830.º

Os magistrados do ministério publico junto dos respectivos juizes de direito são incumbidos de descobrir as faltas e omissões de que trata o artigo antecedente, e de promover a applicação das penas disciplinares competentes.

§ unico. Poderão comtudo os juizes de direito, independentemente da promoção dos magistrados do ministério publico, applicar as penas disciplinares que possam competir ás faltas e omissões que descobrirem.

ARTIGO 831.º

O disposto no artigo 829.º não derroga o que se acha estabelecido quanto ás correições feitas pelos juizes de direito á cerca de quaesquer outros funcionário e de qualquer outra especie de processos ou actos a ellas sujeitos.

SECÇÃO IV
Da repressão das infracções da lei que não são classificadas crimes

ARTIGO 832.º

Em todos os casos declarados n'este codigo e nas leis especiaes, em que são comminadas penas disciplinares pela pratica ou omissão de certos actos, lavrar-se-ha sempre um auto summario, do qual conste:

1.º O anno, mez e dia em que é feito;
2.º O acto ou omissão commettida;
3.º Os motivos de escusa allegados;
4.º A pena disciplinar imposta.

§ unico. Exceptua-se da disposição d'este artigo o caso de ser imposta a pena disciplinar em processo pendente.

LIVRO IV
DOS RECURSOS

TITULO I
Dos recursos em geral

CAPITULO UNICO
Disposições geraes

ARTIGO 833.º

O recurso é o acto pelo qual as partes sujeitam ao conhecimento e decisão dos juizes ou tribunaes superiores os despachos e sentenças dos juizes ou tribunaes inferiores.

ARTIGO 834.º

Não é licito á parte que tiver interposto um recurso protestar pela interposição d'aquelle que se julgar competente.

§ unico. Poderá comtudo a parte que tiver desistido de um recurso, usar de outro, se o interpozer em tempo.

ARTIGO 835.º

Salvo o caso previsto no n.º 3.º do artigo 854.º, nenhum réu poderá interpor recurso algum sem estar detido em custodia ou caucionado.

ARTIGO 836.º

Interposto o recurso, o juiz inferior não poderá apreciar os fundamentos d'elle, nem impedir o seu seguimento.

ARTIGO 837.º

Os prasos para a interposição dos recursos e para a sua apresentação nos tribunaes superiores são continuos e improrogaveis, e correm durante as ferias.

§ 1º Os prasos sómente começarão a contar-se desde o dia em que a sentença ou o despacho for intimado ao recorrente, e terminarão no dia immediato ao ultimo dia comprehendido no respectivo praso.

§ 2.º Se o dia immediato for feriado, considera-se o praso terminado no primeiro dia util que se seguir.

ARTIGO 838.º

Havendo differentes co-réus no mesmo processo, os effeitos dos recursos sómente aproveitarão áquelles que os interpozerem.

§ unico. Exceptua-se da disposição d'este artigo o recurso de que trata o n.º 1.º do artigo 855.º, cujos effeitos são extensivos aos demais co-réus, postoque o não hajam interposto, ou d'elle tenham desistido, salvo se já tiverem sido julgados.

ARTIGO 839.º

Os recursos dividem-se em:
1.º Aggravo;
2.º Appellação;
3.º Revista.

ARTIGO 840.º

As disposições d'este livro são communs a todos os agentes das infracções, quer sejam sujeitos á competencia geral ou commum, quer á competencia especial ou privativa, com excepção dos que tenham de ser julgados pela camara dos dignos pares do reino e pelo supremo tribunal de justiça em primeira e ultima instancia.

TITULO II
Do aggravo

CAPITULO I
Disposições geraes

ARTIGO 841.º

O aggravo é sempre restricto ao ponto de que é interposto, não tendo o juiz ou tribunal superior competencia para conhecer de outro objecto.

§ unico. Poderá comtudo o juiz ou tribunal superior annullar o processo, se para isso houver fundamento legal.

ARTIGO 842.º

O aggravo interpõe-se para o juiz ou tribunal immediatamente superior.

§ unico. Exceptua-se o caso de ser interposto do despacho do juiz de direito, que denegar o recurso de revista ou o impedir depois de interposto, devendo neste caso interpor--se directamente para o supremo trubinal de justiça.

ARTIGO 843.º

A interposição do recurso de aggravo não suspende o andamento do processo, mas devolve unicamente ao juiz ou tribunal superior o conhecimento do ponto sobre que versa.

§ unico. Exceptuam-se da disposição d'este artigo os aggravos interpostos nos casos do n.º 1.º do artigo 854.º e dos n.ºˢ 1.º e 2.º do artigo 855.º, aos quaes compete o effeito suspensivo do ulterior andamento do processo.

CAPITULO II
Do aggravo no auto do processo

SECÇÃO I
Dos casos em que compete o aggravo no auto do processo

ARTIGO 844.º

O aggravo no auto do processo compete:

1.º Dos despachos proferidos pelos juizes de direito e ordinarios, em que forem preteridos os termos ou formalidades do processo;

2.º Dos despachos que indeferirem as promoções dos magistrados do ministerio publico, e os requerimentos das partes querelantes ou dos réus para se effectuarem diligencias conducentes ao descobrimento da verdade.

ARTIGO 845.º

Este recurso póde ser interposto:

1.º Pelos magistrados do ministerio publico em todo o decurso do processo preparatorio, no processo accusatorio, e na audiencia de discussão e julgamento;

2.º Pelos advogados das partes querelantes e dos réus sómente depois de instaurado o processo accusatorio e na audiencia de discussão e julgamento.

ARTIGO 846.º

O recurso de aggravo no auto do processo será interposto dentro do praso de cinco dias contados do dia em que o despacho for intimado ao aggravante.

SECÇÃO II
Da fórma da interposição do aggravo no auto do processo

ARTIGO 847.º

O aggravo no auto do processo interpõe-se por um termo nos autos, assignado pelo aggravante ou por seu procurador e pelo escrivão do processo, independentemente de despacho do juiz.

ARTIGO 848.º

Sendo o aggravo no auto do processo interposto durante o processo preparatorio ou accusatorio, o aggravante declarará no respectivo termo quaes as formalidades do processo preteridas, ou as diligencias a que deixou de se proceder, e a influencia que poderiam ter no descobrimento da verdade.

ARTIGO 849.º

Se o aggravo for interposto na audiencia de discussão e julgamento, o aggravante exporá verbalmente e dictará os fundamentos d'elle, os quaes serão consignados pelo escrivão na acta da discussão e julgamento.

§ unico. Este aggravo sómente poderá ser interposto antes do encerramento do jury.

CAPITULO III
Do aggravo de petição

SECÇÃO I
Do aggravo de petição para o juiz de direito

ARTIGO 850.º

O aggravo de petição para o juiz de direito da comarca compete :

1.º Dos despachos proferidos pelos juizes ordinarios sobre a concessão ou denegação de caução;

2.º Dos despachos em que os mesmos juizes não qualificarem o facto como criminoso, ou lhe attribuirem uma qualificação que não seja conforme á lei penal.

ARTIGO 851.º

Este aggravo deverá ser interposto dentro do praso de cinco dias contados do dia em que o despacho for intimado ao aggravante.

ARTIGO 852.º

A petição de aggravo deverá conter succintamente os fundamentos do aggravo e a lei penal offendida, e deverá ser dirigida e apresentada ao respectivo juiz de direito da comarca, que mandará subir o processo dentro de vinte e quatro horas e decidirá o aggravo dentro de igual praso, independentemente de resposta do juiz ordinario.

SECÇÃO II
Do aggravo de petição para a relação do districto judicial

SUB-SECÇÃO I
Dos casos em que compete o aggravo de petição para a relação do districto judicial

ARTIGO 853.º

O aggravo de petição para a relação do districto judicial compete dos despachos proferidos pelos juizes de direito das comarcas, que forem sédes das relações.

ARTIGO 854.º

Com relação aos magistrados do ministerio publico e ás partes querelantes sómente compete:

1.º Do despacho que não qualificar o facto como criminoso, ou lhe attribuir uma qualificação que não seja conforme á lei penal;

2.º Do despacho que não pronunciar o querelado ou qualquer outro agente do crime, por falta de prova ou indicios;

3.º Do despacho que, em reparação de aggravo, despronunciar o querelado, ou qualquer outro agente do crime;

4.º Do despacho que conceder caução;

5.º Dos despachos proferidos pelos juizes nas excepções dilatorias, salvo o caso previsto no n.º 4.º do artigo 920.º;

6.º Dos despachos em que forem applicadas penas disciplinares aos escrivães e advogados.

ARTIGO 855.º

Com relação aos agentes dos crimes sómente compete:

1.º Do despacho que qualificar o facto como criminoso, ou lhe attribuir uma classificação que não seja conforme á lei penal;

2.º Do despacho que pronunciar o aggravante, posto que seja em virtude de accordão proferido pela relação em provimento de aggravo;

3.º Do despacho que não conceder caução;

4.º Nos casos previstos nos n.ºs 5.º e 6.º do artigo antecedente.

§ unico. No caso do n.º 2.º d'este artigo, o aggravo só poderá ser interposto depois de findo o processo preparatorio.

ARTIGO 856.º

O aggravo de petição deverá ser interposto dentro do praso declarado no artigo 851.º

SUB-SECÇÃO II
Da fórma da interposição do aggravo de petição para a relação do districto judicial

ARTIGO 857.º

As partes que pretenderem aggravar dirigirão ao tribunal da relação uma petição, na qual exporão succintamente os fundamentos de aggravo e a lei penal offendida.

ARTIGO 858.º

Feita a petição, o aggravante deverá entrega-la ao guarda-mór para a apresentar em conferencia na primeira sessão, a fim de se expedir o accordão compulsorio para o processo subir ao tribunal da relação.

§ unico. O guarda mór passará recibo, datado e assignado, da entrega da petição.

ARTIGO 859.º

Proferido o accordão compulsorio na petição, será esta entregue pelo guarda mór ao aggravante, do qual deverá exigir recibo; e, logoque seja apresentada ao escrivão do juiz de direito, será junta ao respectivo processo, e este continuado com vista por vinte e quatro horas ao aggravante para formar a petição do aggravo e, por igual praso ao aggravado para responder o que se lhe offerecer sobre os fundamentos d'ella.

§ 1.º O disposto neste artigo não terá logar no caso previsto no n.º 3.º do artigo 855.º, devendo juntar-se a petição do aggravo com o accordão compulsorio ao respectivo processo, o qual subirá ao tribunal cosido e lacrado com o sêllo do juizo.

§ 2.º Na petição do aggravo poderá o aggravante desenvolver os fundamentos d'elle, e juntar os documentos demonstrativos do aggravo.

ARTIGO 860.º

Se o processo não for entregue ao escrivão logoque findem os prasos marcados no artigo antecedente, deverá requisita-lo por um officio, se estiver em poder do magistrado do ministerio publico, passando mandado de cobrança, se a entrega não se effectuar no dia seguinte. Se porém o processo estiver em poder do advogado, o escrivão passará logo mandado de cobrança.

ARTIGO 861.º

Entregue o processo ao escrivão, será immediatamente feito concluso ao juiz de direito, o qual dentro de igual praso de vinte e quatro horas sustentará o despacho ou reparará o aggravo.

ARTIGO 862.º

Tanto a petição do aggravo, como a resposta do aggravado e a sustentação do despacho do juiz de direito, deverão ser dirigidos ao tribunal da relação do respectivo districto judicial, e assignados com o nome inteiro dos magistrados do ministerio publico e dos advogados.

SUB-SECÇÃO III
Da apresentação do aggravo de petição na relação do districto judicial

ARTIGO 863.º

O aggravo de petição deverá ser apresentado na relação do districto judicial dentro do praso de cinco dias contados da data do accordão compulsorio.

§ 1.º Se durante este espaço de tempo não houver sessão, por haver ferias ou por qualquer outro legitimo impedimento, será o aggravo apresentado pelo escrivão do juiz de direito na primeira sessão immediata á terminação das ferias ou cessação do impedimento.

§ 2.º A entrega do aggravo será feita ao guarda mór, o qual passará ao escrivão o competente recibo, datado e assignado, para ser junto ao respectivo processo.

SECÇÃO III
Do aggravo de petição para o supremo tribunal de justiça

SUB-SECÇÃO I
Dos casos em que compete o aggravo de petição para o supremo tribunal de justiça

ARTIGO 864.º

O aggravo de petição para o supremo tribunal de justiça compete dos accordãos das relações, que não mandarem tomar o termo de recurso de revista, quando estas estiverem na mesma cidade, que for séde do supremo tribunal de justiça.

ARTIGO 865.º

Este aggravo deverá ser interposto dentro do praso declarado no artigo 851.º

SUB-SECÇÃO II
Da fórma da interposição do aggravo de petição para o supremo tribunal de justiça

ARTIGO 866.º

A parte que pretender interpor o recurso de aggravo de petição para o supremo tribunal de justiça dirigirá ao presidente d'este tribunal um requerimento, no qual exporá os fundamentos do aggravo, concluindo por pedir que o tribunal, proferindo o respectivo accordão compulsorio, e fazendo subir o recurso, mande tomar o termo de recurso de revista e proseguir na sua expedição.

ARTIGO 867.º

A petição do aggravo será entregue ao secretario do supremo tribunal de justiça para os effeitos do artigo 858.º, passando o competente recibo da entrega, nos termos do § unico do mesmo artigo.

ARTIGO 868.º

Proferido o accordão compulsorio na petição, será esta entregue pelo secretario do supremo tribunal de justiça ao aggravante, da qual deverá exigir recibo, e, logoque seja apresentada ao respectivo escrivão da relação, será junta ao recurso.

ARTIGO 869.º

Nos aggravos de petição interpostos dos accordãos das relações não haverá minutas, contraminutas ou sustentação do accordão recorrido.

SUB-SECÇÃO III
Da apresentação do aggravo de petição no supremo tribunal de justiça

ARTIGO 870.º

São applicaveis aos aggravos de petição interpostos dos accordãos das relações as disposições do artigo 863.º, com a declaração de que a entrega do recurso deverá ser feita pelo escrivão da relação ao secretario do supremo tribunal de justiça.

CAPITULO IV
Do aggravo de instrumento

SECÇÃO I
Do aggravo de instrumento para a relação do districto judicial

SUB-SECÇÃO I
Dos casos em que compete o aggravo de instrumento para a relação do districto judicial

ARTIGO 871.º

O aggravo de instrumento para a relação do districto judicial compete dos despachos proferidos pelos juizes de direito das comarcas que não se comprehenderem nas cidades, que forem sédes das relações.

ARTIGO 872.º

São applicaveis aos aggravos de instrumento as disposições dos artigos 854.º a 856.º

SUB-SECÇÃO II
Da fórma da interposição do aggravo de instrumento para a relação do districto judicial

ARTIGO 873.º

As partes que pretenderem interpor o aggravo de instrumento para a relação do districto judicial dirigirão ao juiz de direito um requerimento, em que exporão succinttamente os fundamentos do aggravo e a lei penal offendida, e pedirão que se lhes mande tomar termo de aggravo.

§ unico. O termo do aggravo será assignado pelo agravante e escrivão do processo.

ARTIGO 874.º

Mandando o juiz de direito tomar o termo de aggravo, o escrivão começará logo a extrahir o traslado do processo.

§ 1.º Na extracção do traslado deverá o escrivão:

1.º Copiar em primeiro lugar o requerimento e termo de aggravo;

2.º Transcrever em seguida todas as peças do processo original pela ordem chronologica que se acharem, guardado o espaço necessario para as distinguir;

3.º Designar á margem cada uma das peças transcriptas.

§ 2.º O instrumento do aggravo poderá ser extrahido pelo ajudante do escrivão, e será sempre conferido e rubricado pelo escrivão do processo.

ARTIGO 875.º

O juiz de direito marcará ao escrivão um praso de quinze a trinta dias para a extracção do traslado.

§ unico. Este praso poderá ser prorogado por mais vinte dias, se o escrivão assim o requerer em virtude da extensão do processo original, ou por outro motivo plausivel.

ARTIGO 876.º

Coucluido o traslado do processo, o escrivão o continuará logo com vista por vinte e quatro horas ao aggravante para minutar o aggravo, e por igual praso ao aggravado para continuar.

ARTIGO 877.º

Se o instrumento do aggravo não for entregue ao escrivão logoque findem os prasos marcados no artigo antecedente, observar-se-ha o disposto no artigo 860.º

ARTIGO 878.º

Logoque o escrivão receber o instrumento do aggravo, o fará concluso ao juiz de direito, o qual, dentro da praso de vinte e quatro horas, sustentará o despacho ou reparará o aggravo.

SUB-SECÇÃO III
Da apresentação do aggravo de instrumento no tribunal da relação

ARTIGO 879.º

Se o juiz de direito não reparar o aggravo, ordenará por despacho, proferido em seguida á sustentação do despacho recorrido, que o instrumento do aggravo seja entregue ao aggravante, marcando-lhe um praso dentro do qual deverá ser apresentado no tribunal da relação.

ARTIGO 880.º

O escrivão entregará ao aggravante o instrumento do aggravo dentro de vinte e quatro horas contadas da data em que o tiver recebido do juiz de direito, lavrando no processo original certidão da entrega, assignada pelo aggravante ou por seu procurador.

ARTIGO 881.º

O praso para a apresentação do aggravo de instrumento no tribunal da relação não poderá exceder a quinze dias:

1.º Se tiver sido interposto de alguma comarca pertencente aos districtos judiciaes das relações de Lisboa e Porto;

2.º Se tiver sido interposto de alguma comarca pertencente ao districto judicial da relação dos Açores, que não seja separada por mar, da sede da relação.

§ unico. Se o aggravo de instrumento tiver de subir de alguma comarca do districto judicial da relação dos Açores, separada por mar da séde da relação, deverá o juiz de direito fixar um praso rasoavel para a apresentação do aggravo, conforme a distancia e facilidade de communicações.

ARTIGO 882.º

O praso para a apresetação do aggravo de instrumento somente começará a contar-se:
1.º Nos casos dos numeros 1.º e 2.º do artigo antecedente, desde a data da entrega do instrumento ao aggravante;
2.º No caso do § unico do mesmo artigo, desde o dia da saída da segunda embarcação procedente do porto a que pertencer a comarca d'onde subir o aggravo com destino ao porto da cidade, que for séde da relação.

SECÇÃO II

Do aggravo de instrumento para o supremo tribunal de justiça

SUB-SECÇÃO I

Dos casos em que compete o aggravo de instrumento para o supremo tribunal de justiça

ARTIGO 883.º

O aggravo de instrumento para o supremo tribunal de justiça compete dos accordãos das relações, que não mandarem tomar o termo de recurso de revista, quando estas estiverem em cidade que não seja séde do supremo tribunal de justiça.

ARTIGO 884.º

Este aggravo deverá ser interposto dentro do praso fixado no artigo 856.º

SUB-SECÇÃO II

Da fórma da interposição do aggravo de instrumento para o supremo tribunal de justiça

ARTIGO 885.º

A parte que pretender interpor aggravo de instrumento para o supremo tribunal de justiça dirigirá ao presidente d'este tribunal um requerimento, em que exporá os fundamentos do aggravo, concluindo por pedir que se mande tomar o termo do aggravo e proseguir na expedição do mesmo.

ARTIGO 886.º

Mandando o juiz relator tomar o termo de aggravo, o respectivo escrivão começará logo a extrahir o instrumento, o qual deverá conter:
1.º O requerimento, despacho e termo de aggravo;
2.º O accordão de que se pretende interpor o recurso de revista;
3.º Todas as demais peças do recurso que as partes apontarem para ser transcriptas:

ARTIGO 887.º

Nestes aggravos não haverá minutas, contra-minutas, nem sustentação do accordão recorrido.

SUB-SECÇÃO III
Da apresentação do aggravo de instrumento no supremo tribunal do justiça

ARTIGO 888.º

Na apresentação do aggravo de instrumento no supremo tribunal de justiça observar-se-ha o disposto nos artigos 879.º a 882.º

TITULO III
Da carta testemunhavel

CAPITULO I
Da natureza e effeitos da carta testemunhavel

ARTIGO 889.º

A carta testemunhavel é o meio subsidiario que compete aos magistrados do ministerio publico, ás partes querelantes e aos réus:

1.º Quando os juizes de direito de primeira instancia impedirem que se escreva o termo de aggravo no auto do processo ou se recusarem a mandar tomar o termo de aggravo de instrumento;

2.º Quando as relações se recusarem a mandar tomar o termo de aggravo de instrumento.

ARTIGO 890.º

As partes só poderão usar da carta testemunhavel dentro do praso de cinco dias contados da intimação do despacho ou accordão que impedir ou não mandar tomar o termo de aggravo.

ARTIGO 891.º

Á carta testemunhavel competem os mesmos effeitos do respectivo aggravo que ella substituir.

CAPITULO II
Da fórma do processo da carta testemunhavel

ARTIGO 892.º

Verificada a recusa a que se refere o artigo 889.º, a parte interessada na interposição e seguimento do aggravo poderá protestar contra o despacho ou accordão que não mandar tomar o termo do aggravo.

§ unico. O protesto poderá ser feito, no caso do n.º 1.º do artigo 889.º, em audiencia ou no cartorio do escrivão perante duas testemunhas, e, no caso do n.º 2.º do mesmo artigo, no cartorio do escrivão em presença de duas testemunhas.

ARTIGO 893.º

Logoque a parte tenha protestado, o escrivão lavrará termo de protesto, assignado por ella e pelas testemunhas.

ARTIGO 894.º

Recusando o escrivão lavrar o termo de protesto, poderá este ser feito perante qualquer tabellião, o qual lavrará immediatamente no respectivo livro de notas o termo de protesto, que será assignado pela parte e pelas testemunhas que presenciarem a recusa do escrivão, da qual se fará expressa menção no termo de protesto.

ARTIGO 895.º

O escrivão ou tabellião que exarar o termo do protesto entregará officiosamenle á parte certidão do mesmo termo.

§ unico. A certidão do protesto equivale para todos os effeitos ao termo de aggravo.

ARTIGO 896.º

Se a carta testemunhavel tiver por objecto substituir algum aggravo de instrumento, logoque a parte apresentar ao escrivão o termo de protesto, será junto ao processo, independentemente de despacho, e o escrivão extrahirá o traslado do processo, começando pela certidão do protesto, e observando o disposto no artigo 874.º

ARTIGO 897.º

O praso para a extracção do traslado será fixado:
1.º No caso do n.º 1.º do artigo 889.º pelo substituto do juiz de direito;
2.º No caso n.º 2.º do mesmo artigo por um juiz da relação pertencente á secção immediata áquella a que pertencerem os juizes que não mandaram tomar o termo de aggravo.

CAPITULO III

Da apresentação da carta testemunhavel nas relações e no supremo tribunal de justiça

ARTIGO 898.º

Se a carta testemunhavel substituir algum aggravo de instrumento, será entregue á parte que tiver requerido o protesto.

ARTIGO 899.º

O praso para a apresentação da carta testemunhavel no tribunal superior será fixado nos termos dos artigos 881.º e 888.º

TITULO IV
Da appellação

CAPITULO I
Da appellação para o juiz de direito e para o tribunal de policia correccional

ARTIGO 900.º

A appellação para o juiz de direito da comarca compete:
1.º Das sentenças proferidas pelos juizes ordinarios nas excepções peremptorias;
2.º Dos despachos em que os mesmos juizes não julgarem constituido o corpo de delicto.

ARTIGO 901.º

A appellação para o tribunal de policia correccional compete das sentenças absolutorias ou condemnatorias proferidas pelos juizes ordinarios nos crimes de policia correccional.

§ único. Para julgar esta appellação haverá em cada comarca um tribunal de policia correccional composto do juiz de direito, que será o presidente, e dos seus dois primeiros substitutos, segundo a ordem de precedencia.

ARTIGO 902.º

O recurso de appellação será interposto dentro do praso de dez dias contados da data da intimação da sentença ou despacho.

ARTIGO 903.º

São applicaveis aos vogaes do tribunal de policia correccional as disposições dos artigos 392.º a 410.º

ARTIGO 904.º

O juiz de direito será o relator dos recursos.

ARTIGO 905.º

As decisões do tribunal de policia correccional vencem-se á pluralidade de votos.

ARTIGO 906.º

A appellação suspende a execução da sentença, ou o andamento ulterior do processo até á decisão definitiva do juiz de direito ou do tribunal de policia correccional.

CAPITULO II

Da appellação para a relação do districto judicial

SECÇÃO I
Dos casos em que compete appellação para a relação do districto judicial

ARTIGO 907.º

O recurso de appellação para a relação do respectivo districto judicial compete:
1.º Das sentenças condemnatorias profferidas pelos juizes de direito, qualquer que seja a natureza e duração da pena imposta;
2.º Das sentenças proferidas nas excepções peremptorias;
3.º Dos despachos que não julgarem constituido o corpo de delicto.
§ unico. O disposto nos n.ºs 2.º e 3.º d'este artigo terá logar, ainda que tenha havido appellação do juiz ordinario para o juiz de direito da comarca.

ARTIGO 908.º

Os magistrados do ministerio publico são obrigados a interpor o recurso de appellação para a relação do districto judicial das sentenças que condemnarem em qualquer das penas declaradas nos n.ºs 1.º, 2.º, 3.º e 4.º do artigo 260.º
§ unico. Os mesmos magistrados poderão interpor este recurso todas as vezes que entenderem que quaesquer outras sentenças não foram proferidas em conformidade com a lei penal.

ARTIGO 909.º

É applicavel á appellação para a relação do districto o disposto nos artigos 902.º e 906.º

SECÇÃO II
Da fórma do processo da interposição do recurso de appellação para a relação do districto judicial

ARTIGO 910.

O recurso de appellação será interposto por um requerimento escripto, no qual deverão expor-se resumidamente os seus fundamentos, e a lei penal com que a sentença appellada deixou de conformar-se.

ARTIGO 911.º

Entendendo o juiz de direito que o recurso tem logar, mandará tomar o respectivo termo de appellação, o qual será assignado pelo appellante e pelo escrivão do processo.
§ unico. O despacho que mandar tomar ou denegar o recurso de appellação será logo intimado ao appellante e ao appellado.

ARTIGO 912.º

Mandando o juiz de direito tomar o termo do recurso de appellação, marcará no mesmo despacho o praso para a extracção do traslado, observando a disposição do artigo 875.º

ARTIGO 913.º

Se a appellação for interposta em comarca existente em cidade que for séde da relação, deverão sómente ser trasladadas as peças seguintes:
1.º Rosto do processo;
2.º Autuação;
3.º Requerimento de querela;
4.º Despacho de pronuncia;
5.º Libello criminal e contestação;
6.º Quesitos e respostas dos jurys;
7.º Sentença condemnatoria;

ARTIGO 914.º

Sendo intreposta em comarca não comprehendida em cidade, que seja séde de relação, será trasladado todo o processo, excepto se houver já sido extrahido algum traslado respectivo a algum co-réu, devendo neste caso ser somente trasladadas as peças do processo, ainda não transcriptas, que disserem respeito ao co-réu de que se tratar.

SECÇÃO III
Da apresentação do recurso de appellação na relação do districto judicial

ARTIGO 915.º

No despacho em que o juiz de direito mandar tomar o termo de appellação e fixar o praso para a extracção do traslado marcará tambem o praso dentro do qual deverá ser apresentado o recurso no tribunal da relação.

ARTIGO 916.º

O praso para a apresentação do recurso de appellação começará a contar-se:
1.º No caso de subir de comarca, que não esteja separada por mar da séde da relação, depois de findo o praso assignado ao escrivão para a extracção do traslado;
2.º No caso de subir de comarca separada por mar da séde da relação, depois da saída da segunda embarcação com procedencia do porto a que pertencer a comarca, d'onde sobe o recurso, com destino ao da cidade em que estiver a respectiva relação.

ARTIGO 917.º

Sendo o recurso de appellação interposto em comarca comprehendida em cidade, que seja sede de relação, o respectivo escrivão entregará pessoalmente o processo original devidamente fechado e lacrado ao guarda mór até á primeira sessão immediata a terminação do prazo fixado pelo juiz de direito para a apresentação do recurso.

§ unico. O escrivão cobrará recibo de entrega e junta-lo-ha ao respectivo traslado.

ARTIGO 918.º

Sendo o recurso de appellação interposto em comarca que não esteja em cidade, que seja séde de relação, subirá sempre o processo original, salvo se houver co-réus que não tenham ainda sido julgados.

§ 1.º No caso previsto neste artigo, o escrivão remetterá officiosamente o recurso fechado e lacrado com direcção externa ao guarda mór, entregando-o na estação postal, onde satisfará as formalidades estabelecidas nos regulamentos.

§ 2.º O escrivão juntará ao processo original ou traslado, que ficar no juizo, o certificado da entrega do recurso na estação postal.

ARTIGO 919.º

Se no mesmo processo for interposto o recurso de revista com relação a alguns dos co-réus absolvidos por virtude da decisão do jury, e o recurso de appellação com relação a algum dos co-réus condemnados, subirá o processo original ao supremo tribunal de justiça e o traslado a relação do respectivo districto judicial.

TITULO V
Da revista

CAPITULO I
Disposições geraes

SECÇÃO I
Dos casos em que compete o recurso de revista

ARTIGO 920.º

O recurso de revista compete:

1.º Dos accordãos proferidos pelas relações nos recursos de qualquer natureza, havendo nullidade do processo ou nullidade de sentença;

2.º Dos accordãos das relações nos casos previstos nos n.ºˢ 2.º e 3.º do artigo 907.º;

3.º Das sentenças absolutorias dos juizes de direito de primeira instancia que mandarem soltar os réus, em virtude de decisão negativa do jury;

4.º Das sentenças proferidas sobre conflictos de jurisdicção, quando os juizes confligantes pertencerem a differente districto judicial;

5.º Dos accordãos das relações que pronunciarem magistrados judiciaes ou do ministerio publico.

§ 1.º Para os efeitos do n.º 1.º d'este artigo são nullos:

1.º O processo em que houver preterição de acto essencial, ou de formalidades estabelecidas na lei com a comminação de nullidade;

2.º O accordão ou sentença que julgarem directamente o contrario do que estatuir a lei penal, ou d'ella fizerem applicação manifestamente errada.

§ 2.º No caso previsto em o n.º 3.º d'este artigo, para que o recurso de revista suspenda a soltura do réu, é necessario:
1.º Que se haja protestado por certa e determinada nullidade;
2.º Que o protesto seja feito antes da leitura da decisão do jury ;
3.º Que o recurso seja interposto immediatamente depois da publicação da sentença que ordenar a soltura do réu.

ARTIGO 921.º

Salvo o caso declarado no n.º 3.º do § 2.º do artigo antecedente, o recurso de revista deverá ser interposto dentro do praso de dez dias contados da intimação da sentença ou accordão recorrido.

ARTIGO 922.º

O recurso de revista suspende a execução da sentença ou accordão de que for interposto até á decisão do supremo tribunal de justiça.

ARTIGO 923.º

Nos crimes em que for admittida caução, poderão os réus, cuja soltura tiver sido suspensa por se verificar o caso previsto no n.º 3.º do artigo 920.º, livrar-se sob a caução prestada, lavrando-se termo de ratificação, ou prestar nova caução, se a que tiver sido oferecida consistir em fiança pessoal e o fiador recusar afiançar os réus.

SECÇÃO II
Da fórma da interposição do recurso de revista

ARTIGO 924.º

O recurso de revista deverá ser interposto por um requerimento dirigido ao juiz relator ou ao juiz de direito de primeira instancia, segundo for interposto de sentença d'este ou de accordão da relação, declarando a nullidade do processo ou da sentença ou accordão recorridos.

ARTIGO 925.º

Sendo o recurso de revista interposto de accordão de alguma relação, o juiz relator mandará juntar o requerimento ao respectivo processo, e tomar o termo do recurso, se entender que este tem logar.
§ unico. No caso, porém, de entender que não compete o recurso de revista, apresentará o requerimento e o processo na primeira conferencia, na qual se tomará a decisão que se vencer por tres votos conformes.

ARTIGO 926.º

Se o recurso de revista for interposto de sentença do juiz de direito, será o termo do recurso mandado tomar ou denegado por despacho do respectivo juiz de direito.

ARTIGO 927.º

Os despachos e accordãos que mandarem tomar ou denegarem o recurso de revista serão logo intimados ao recorrente e recorrido.

ARTIGO 928.º

Tomado o termo do recurso de revista, e assignado pelo recorrente e pelo escrivão, o processo será feito concluso ao respectivo juiz para os efeitos do artigo 912.º

ARTIGO 929.º

Subindo o recurso de alguma relação ou comarca existente na cidade que for séde do supremo tribunal de justiça, sómente deverá ser trasladado:
1.º O rosto do processo;
2.º O accordão da relação.

SECÇÃO III
Da apresentação dos recursos de revista no supremo tribunal de justiça

ARTIGO 930.º

São respectivamente applicaveis á apresentação dos recursos de revista no supremo tribunal de justiça as disposições dos artigos 915.º a 919.º, com a declaração de que a entrega e remessa dos recursos deverá ser feita ao secretario do supremo tribunal de justiça.

CAPITULO II
Da segunda revista

ARTIGO 931.º

Póde interpor-se segunda revista dos accordãos proferidos pelas relações em virtude de concessão de revista.

ARTIGO 932.º

Na segunda revista podem allegar-se:
1.º Fundamentos diversos dos invocados na primeira;
2.º Os mesmos fundamentos;
3.º Diversos e os mesmos fundamentos conjuntamente.

TITULO VI
Do julgamento dos recursos nas relações

CAPITULO I
Disposições preliminares

SECÇÃO I
Da distribuição dos recursos

SUB-SECÇÃO I
Da classificação dos recursos

ARTIGO 933.º

Logoque o guarda mór receber os recursos, lançará no rosto d'elles a nota da apresentação, datada e assignada, e os apresentará na primeira sessão do tribunal, para serem distribuidos.

ARTIGO 934.º

A distribuição dos recursos será precedida da classificação dos mesmos, feita por um dos juizes de cada relação, estabelecendo para este fim o presidente um turno mensal entre elles.

ARTIGO 935.º

As classes a que pertencem os recursos são as seguintes:
1.º Appellações em processos criminaes;
2.º Appellações em processos correccionaes;
3.º Appellações em processos de policia correccional;
4.º Aggravos de petição;
5.º Aggravos de instrumento;
6.º Cartas testemunhaveis;
7.º Excepções peremptorias e dilatorias;
8.º Papeis diversos e incidentes contenciosos.

ARTIGO 936.º

Para os effeitos do artigo antecedente, haverá um livro numerado e rubricado pelo presidente ou pelo guarda mór, precedendo a respectiva commissão, o qual será dividido em oito partes correspondentes ás classes dos recursos.

§ unico. Cada uma das classes dos recursos será escripturada pela fórma seguinte:
1.º Numeração de ordem, renovada annualmente no mez de janeiro;
2.º Designação do magistrado ou do nome do recorrente e do réu;
3.º Data da distribuição;
4.º Declaração de estar conforme, datada e rubricada pelo juiz.

ARTIGO 937.º

Feita a classificação dos recursos que tiverem de ser distribuidos, o juiz do turno mensal escreverá, em seguida á nota de apresentação, a classe a que pertencem, designando-os por uma serie de numeros, no caso de haver diferentes recursos da mesma classe.

SUB-SECÇÃO II
Da distribuição dos recursos pelos juizes das relações

ARTIGO 938.º

A distribuição será feita por sorteamento em sessão publica por meio de espheras, observando-se a ordem de precedencia das classes designadas no artigo 935.º, e a ordem de precedencia dos juizes.

§ unico. As espheras serão lançados na urna pelo presidente, por elle baralhadas e extrahidas, e lidos os numeros n'ellas inscriptos.

ARTIGO 939.º

Se na mesma classe houver differentes recursos a distribuir, o presidente lançará na urna um numero de espheras igual ao dos recursos, devendo cada uma d'ellas ter uma numeração correspondente á serie dos numeros dos recursos.

§ unico. A primeira esphera que for extrahida adjudica em distribuição o recurso ao juiz, a quem competir, segundo a ordem de precedencia, devendo proceder-se pela mesma forma na extracção das outras espheras.

ARTIGO 940.º

Havendo na mesma classe um unico recurso para distribuir, o presidente lançará na urna quatro espheras, que terão uma numeração correspondente aos quatro primeiros juizes que se seguirem áquelle a quem na mesma classe tomou a ultima distribuição.

§ 1.º A esphera que for extrahida designará o juiz a quem o recurso fica distribuido.

§ 2.º Não poderá ser distribuido a este juiz outro recurso da mesma classe enquanto todos os outros juizes não estiverem preenchidos.

ARTIGO 941.º

O juiz do turno mensal escreverá por baixo da designação da classe o appellido do juiz a quem o recurso coube em distribuição, datando e rubricando esta.

ARTIGO 942.º

Escripta a distribuição no recurso, o guarda mór tomará o respectivo assento no livro competente.

ARTIGO 943.º

O juiz a quem for distribuido o recurso ficará sendo o relator d'elle.

ARTIGO 944.º

Se no acto da distribuição constar que algum juiz, a quem os recursos ou papeis deviam pertencer, se acha impedido por espaço de tempo excedente a quinze dias, serão logo distribuidos provisoriamente pelos outros juizes da respectiva secção, fazendo-se no livro e nos recursos ou papeis a declaração do impedimento do juiz a quem os recursos primeiramente tinham pertencido.

§ unico. Cessando o impedimento antes de ter o recurso ou papel o numero legal dos *vistos*, ficará sem efeito a distribuição provisoria e será considerado como distribuido ao juiz a quem pertencia.

ARTIGO 945.º

Procede-se a nova distribuição do recurso:
1.º No caso de transferencia, aposentação ou fallecimento do juiz, a quem tiver sido distribuido;
2.º Se depois da distribuição sobrevier ao juiz impedimento, cuja duração exceda a quinze dias;
3.º No caso de se julgar procedente a suspeição opposta ao juiz a quem o recurso for distribuido.

§ unico. Se o impedimento do juiz cessar antes do praso fixado no n.º 2.º d'este artigo, ou não se julgando provada a suspeição opposta, ficará sem efeito a nova distribuição e subsistirá a primeira.

ARTIGO 946.º

Nas relações que tiverem mais de uma secção, a nova distribuição será restricta aos juizes da respectiva secção em que o recurso ou papel tiver corrido ou começar a correr.

§ unico. Exceptua-se da disposição d'este artigo o caso de ser o mesmo recurso julgado pela mesma relação em virtude de decisão do supremo tribunal de justiça.

SUB-SECÇÃO III

Da distribuição dos recursos pelos escrivães das relações

ARTIGO 947.º

A distribuição dos recursos pelos escrivães das relações será feita no mesmo acto em que se fizer a dos juizes.

ARTIGO 948.º

São respectivamente applicaveis aos escrivães as disposições dos artigo 938.º a 942.º

ARTIGO 949.º

O escrivão a quem for distribuido o recurso procederá a um exame ácerca do estado d'elle, declarando em um termo o que notar digno de menção.

ARTIGO 950.º

Concluido o exame, o escrivão fará o recurso concluso ao juiz a quem tiver sido distribuido.

SECÇÃO II
Da nomeação officiosa de advogado e curador dos réus e das causas legitimas de escusa do patrocinio

ARTIGO 951.º

Se os réus, ou sejam recorrentes ou recorridos, não tiverem constituido advogado perante o tribunal da relação, o juiz relator lh'o nomeará, observando o disposto nos artigos 461.º a 464.º

ARTIGO 952.º

Se algum dos réus for, menor de vinte e um annos, postoque seja casado, o advogado constituido ou nomeado será tambem curador, e n'essa qualidade prestará o respectivo juramento.

ARTIGO 953.º

São applicaveis á nomeação e escusa dos advogados as disposições dos artigos 466.º e 467.º

SECÇÃO III
Da continuação dos recursos com vista ao magistrado do ministerio publico e aos advogados

ARTIGO 954.º

Satisfeito o disposto nos artigos 951.º a 954.º, o juiz relator mandará continuar o recurso com vista ao magistrado do ministerio publico e ao advogado da parte querelante e accusadora, se tiverem sido recorrentes, e em seguida ao advogado do curador dos réus, invertendo-se a ordem na continuação da vista, se o réu for recorrente.

§ unico. O praso pelo qual é concedida a vista será de dez dias para cada uma das partes nos recursos de appellação, e de cinco dias nos recursos de aggravo de petição de instrumento e nas cartas testemunhaveis.

ARTIGO 955.º

Se o recurso for de appellação, tanto o magistrado do ministerio publico, como os advogados poderão deduzir por escripto as nullidades que notarem, e as considerações que se lhes offerecerem sobre a natureza e duração da pena imposta, ou sobre a procedencia ou improcedencia da acção criminal.

ARTIGO 956.º

No mesmo acto poderão tomar os apontamentos necessarios para a discussão, na qual poderão deixar de comparecer, se tiverem allegado por escripto sobre a natureza e duração da pena.

ARTIGO 957.º

Notando os magistrados do ministerio publico alguma nullidade em qualquer recurso, promoverão que seja imposta a pena disciplinar competente contra os magistrados, empregados judiciaes ou advogados que derem causa á nullidade.

ARTIGO 958.º

Se, findo o praso fixado no parágrafo anterior no artigo 951.º, as partes não entregarem o recurso ao escrivão, observar-se-ha o disposto no artigo 860.º, e o escrivão deverá logo faze-lo concluso ao juiz relator para ser incluido na tabella.

CAPITULO II
Da ordem do serviço nas relações

ARTIGO 959.º

Os juizes das relações de Lisboa e Porto serão distribuidos no mez de janeiro de cada anno pelo presidente em duas secções.
§ unico. Os juizes da relação dos Açores formam uma só secção.

ARTIGO 960.º

Cada uma das secções da relação de Lisboa e Porto se reunirá em sessão uma vez por semana.
§ unico. As sessões deverão celebrar-se nos dias de quarta-feira e sabbado.

ARTIGO 961.º

A relação dos Açores celebrará duas sessões por semana.
§ unico. As sessões terão logar nos dias de quarta feira e sabbado.

ARTIGO 962.º

Se algum dos dias mencionados nos artigos antecedentes for santtificado ou feriado, serão as sessões celebradas no primeiro dia util que se seguir.

ARTIGO 963.º

As sessões deverão começar ás nove horas da manhã desde o 1.º de abril até 31 de agosto, e ás dez horas da manhã desde o 1.º de outubro até 31 de março.
§ 1.º Antes da hora fixada no artigo antecedente cada um dos juizes fará a sua inscripção no respectivo livro para esse fim destinado.
§ 2.º Feitas as inscripções, o guarda mór lavrará um termo de encerramento, que deverá conter os nomes dos juizes inscriptos, e será rubricado pelo presidente.

ARTIGO 964.º

São applicaveis ás sessões das relações as disposições dos artigos 498.º a 505.º

ARTIGO 965.º

As sessões podem ser adiadas:
1.º Por molestia superveniente dos juizes ou do magistrado do ministerio publico, quando a ellas deva ser presente;
2.º Por molestia do advogado da parte querelante e accusadora e do réu, comprovada por certidão do facultativo;
3.º Pelas causas declaradas nos nos 2.º e 3.º do artigo 466.º

ARTIGO 966.º

Logoque esteja formada a tabella dos recursos que devem ser julgados, o escrivão a quem tiverem sido distribuidos dirigirá cartas de aviso aos juizes e ao magistrado do ministerio publico, e intimará os advogados do dia designado para o julgamento dos recursos que tiverem de ser discutidos.

CAPITULO III

Das attribuições dos presidentes das relações no julgamento dos recursos

ARTIGO 967.º

Com referencia ao julgamento dos recursos compete aos presidentes das relações:
1.º Designar no principio de cada mez por turno um juiz quem incumbe fazer a classificação dos recursos;
2.º Mandar formar pelo guarda mór a tabella dos recursos que devem ser julgados em cada sessão, e que será afixada na porta da sala do tribunal;
3.º Dirigir os trabalhos das sessões;
4.º Manter a ordem e decencia nas discussões;
5.º Apurar a final o vencimento;
6.º Desempatar com o seu voto, quando não houver vencimento;
7.º Proceder disciplinarmente:
I. Contra os juizes que em conferencia perturbarem a ordem e decencia da discussão;
II. Contra os espectadores que alterarem a ordem ou faltarem á decencia e respeito nas sessões publicas, competindo-lhe as attribuições consignadas nos artigos 506.º e 507.º

CAPITULO IV

Do julgamento dos aggravos e cartas testemunhaveis

SECÇÃO I

Disposições geraes

ARTIGO 968.º

O juiz a quem for distribuido algum aggravo de petição ou de instrumento, ou carta testemunhavel, deverá examina-lo minuciosamente para poder fazer o competente relatorio até á primeira conferencia seguinte, e prestar os esclarecimento que lhe forem pedidos pelos juizes adjuntos.

ARTIGO 969.º

Examinando o recurso, o juiz relator o apresentará na primeira conferencia, na qual deverá declarar se as partes deduziram por escripto, ou se notou alguma nullidade.

ARTIGO 970.º

Se, pela exposição e esclarecimento prestados, os juizes adjuntos se julgarem habilitados para proferirem uma decisão, lavrar-se-ha na mesma conferencia o respectivo accordão da decisão que se vencer.

§ unico. Quando porém carecerem de examinar o recurso, ficará a decisão adiada para a primeira conferencia immediata.

ARTIGO 971.º

No caso previsto no § unico do artigo antecedente, o juiz relator passará logo na mesma conferencia o recurso ao juiz adjunto que se lhe seguir, o qual o passará ao juiz immediato, devendo se por este apresentado na primeira sessão para ter logar o julgamento.

ARTIGO 972.º

Nenhum dos juizes que examinar o recurso escreverá n'elle mais do que o «visto», datado e rubricado.

ARTIGO 973.º

Decidindo o tribunal que procedem as nullidades deduzidas pelas partes ou notadas pelos juizes, fica prejudicada a decisão do ponto de aggravo.

§ 1.º No caso previsto n'este artigo, o processo será julgado nullo, total ou parcialmente, segundo se vencer, declarando-se expressamente os actos a que deve proceder-se no juizo inferior.

§ 2.º A annullação do processo não comprehende os documentos em que for instruido.

ARTIGO 974.º

Não se julgando procedentes as nullidades arguidas ou notadas, decidir-se-ha o ponto do aggravo.

ARTIGO 975.º

Feito o relatorio do aggravo, concluirá o juiz relator por emittir o seu voto, concedendo ou denegando provimento.

§ unico. Em seguida votarão os dois juizes adjuntos, segundo a ordem de precedencia.

ARTIGO 976.º

Os aggravos e cartas testemunhaveis serão decididos por tres votos conformes.

§ 1.º Se estes tres votos se não poderem obter entre os juizes da respectiva secção, serão chamados os juizes das outras secções nas relações que constarem de mais de uma, até se alcançar aquelle numero de votos.

§ 2.º Os juizes que ficarem vencidos deverão fazer em seguida á sua rubrica a respectiva declaração podendo expor resumidamente os fundamentos do seu voto.

ARTIGO 977.º

Os juizes poderão discutir em conferencia a materia dos recursos de aggravo ou cartas testemunhaveis, fallando em primeiro logar o juiz relator, seguindo-se os juizes adjuntos pela ordem em que tiverem visto o feito, e se estes não fizerem vencimento, segundo a ordem de precedencia.

§ unico. Não é permittido a nenhum juiz fallar mais de duas vezes, salvo para modificar ou revogar a opinião que tiver expendido, devendo para este fim pedir licença ao presidente, e expor as rasões que o determinam a mudar o voto.

ARTIGO 978.º

O juiz ralator tomará nota dos votos de cada um do juizes e dos fundamentos por elles allegados a fim de serem consignados no acordão os dos juizes que fizerem vencimento, devendo previamente communica-los aos mesmos juizes, para poderem fazer as alterações ou modificações que julgarem necessarias.

ARTIGO 979.º

Os accordãos deverão sempre conter:
1.º Os nomes, appellidos e alcunhas dos aggravantes e aggravados, quando não forem os magistrados do ministerio publico;
2.º Um resumido relatorio do objecto do aggravo;
3.º Os fundamentos da decisão, quer seja confirmativa, quer seja revogatoria;
4.º A data e rubrica dos juizes.

SECÇÃO II
Do julgamento dos conflictos de jurisdicção ou de competencia

ARTIGO 980.º

Distribuido o conflicto de jurisdicção ou de competencia, o juiz relator mandará continua-lo com vista ao magistrado do ministerio publico por cinco dias.

ARTIGO 981.º

Se com a resposta do magistrado do ministerio publico o tribunal se julgar sufficientemente habilitado para decidir o conflicto, poderá julga-lo na mesma conferencia em que for distribuido.

ARTIGO 982.º

Quando o tribunal se não julgar sufficientemente informado para decidir o conflicto e carecer de alguns esclarecimentos, poderá expedir carta de ordem aos juizes de direito em conflicto, fixando-lhes um praso rasoavel dentro do qual deverão responder.

§ 1.º As cartas de ordem deverão conter por copia o requerimento do conflicto e os documentos em que se fundar, e serão entregues ao magistrado do ministerio publico junto do tribunal que houver de julgar o conflicto para as fazer cumprir pelos magistrados junto dos juizes confligantes.

§ 2.º Se o tribunal julgar necessario examinar o processo, ordenará que este lhe seja remettido ou o respectivo traslado, conforme tiver sido levantado o conflicto em comarca existente na sede da relação ou em outra.

ARTIGO 983.º

Os juizes em conflicto deverão responder dentro do praso que lhes for assignado, entregando a carta de ordem ao magistrado do ministerio publico encarregado do seu cumprimento.

§ 1.º Findos os prasos marcados, os magistrados do ministerio publico junto dos juizes confligantes devolverão ao magistrado do ministerio publico junto do tribunal que ha de julgar o conflicto as cartas de ordem com as respostas dos juizes, ou certidão da falta d'ellas.

§ 2.º O magistrado do ministerio publico que não tiver levantado o conflicto remetterá juntamente com a carta de ordem o seu parecer fundamentado sobre o objecto do conflicto.

ARTIGO 984.º

A decisão do conflicto terá logar até á segunda conferencia posterior á apresentação das cartas de ordem e parecer de que trata o artigo antecedente.

ARTIGO 985.º

Julgado o conflicto, o escrivão passará cartas de sentença da decisão, que entregará ao magistrado do ministerio publico junto do tribunal em que foi julgado, o qual as remetterá aos magistrados junto dos juizes em conflicto.

CAPITULO V
Do julgamento da appellação

SECÇÃO I

Disposições geraes

ARTIGO 986.º

Para que possa ter logar o julgamento da appellação é necessario:

1.º Que o recurso tenha sido visto por cinco juizes, se tiver de ser discutido em sessão, e por tres, se tiver de ser julgado em conferencia;

2.º Que estejam presentes ao julgamento cinco juizes, dois dos quaes tenham visto o recurso;

3.º Que ao julgamento dos recursos que tiverem de ser discutidos estejam presentes o magistrado do ministerio publico e o advogado constituido ou nomeado, ou o curador dos réus menores, que tenham visto o recurso, ou que se declarem habilitados para a discussão, salvo o disposto no artigo 956.º

ARTIGO 987.º

Se as partes deduzirem ou o juiz notar alguma nullidade, ou se houver algum aggravo no auto do processo, levará o recurso á primeira conferencia, na qual se tomará a decisão que se vencer por tres votos conformes.

§ unico. O accordão que for proferido não será intimado ás partes, nem d'elle cabe recurso algum.

ARTIGO 988.º

Se o tribunal decidir que procedem as nullidades, ou se der provimento no aggravo no auto do processo, fica prejudicado o julgamento da appellação, tendo inteira observancia o disposto nos §§ 1.º e 2.º do artigo 973.º

ARTIGO 989.º

Decidindo o tribunal que não procedem as nullidades, ou negando provimento ao aggravo no auto do processo, o recurso começará logo a correr pelos juizes para o julgamento.

§ 1.º O juiz relator passará na mesma conferencia o recurso ao juiz adjunto que se lhe seguir, sendo por este transmittido ao juiz immediato, e assim successivamente, até que tenha sido visto nos termos do n.º 1.º do artigo 986.º

§ 2.º A disposição do artigo 972.º é applicavel aos recursos de appellação.

SECÇÃO II

Do julgamento das appellações que admitem discussão

SUB-SECÇÃO I

Disposições geraes

ARTIGO 990.º

Salvo o caso previsto no § 1.º do artigo 498.º, serão discutidas em sessão publica as appellações que disserem respeito a crimes da competencia criminal e correccional.

ARTIGO 991.º

A discussão da appellação começará pelo relatorio feito pelo juiz, a quem tiver sido distribuida.

§ 1.º O relatorio deverá conter uma exposição resumida dos factos criminosos attribuidos aos réus, bem como da materia da defeza por elles allegada.

§ 2.º O relatorio póde ser verbal ou escripto. Sendo escripto, não se juntará ao recurso.

ARTIGO 992.º

Concluido o relatório, o presidente concederá a palavra ao magistrado do ministerio publico para fazer a sua requisitoria.

ARTIGO 993.º

A requisitoria sómente poderá versar:
1.º Sobre a incriminação legal dos factos criminosos attribuidos aos réus;
2.º Sobre a natureza e duração da pena;
3.º Sobre a procedencia ou improcedencia de alguma excepção peremptoria que for allegada.

ARTIGO 994.º

Feita a requisitoria do magistrado do ministerio publico, o presidente concederá a palvra ao advogado da parte querelante e accusadora, havendo-a e em seguida ao advogado do réu para fazerem as suas allegações oraes.

ARTIGO 995.º

As allegações oraes sómente poderão versar sobre os pontos declarados no artigo 993.º

ARTIGO 996.º

Os magistrados do ministerio publico junto das relações poderão replicar e os advogados contra-replicar, nos termos dos artigos 581.º a 583.º

ARTIGO 997.º

Terminada a discussão, os juizes retirar-se-hão á sala das conferencias para julgarem a appellação.

ARTIGO 998.º

É applicavel á discussão e decisão dos recursos de appellação o disposto nos artigos 976.º a 978.º

ARTIGO 999.º

Da decisão que se vencer se lavrará na sala das conferencias o respectivo accordão, que será publicado em sessão publica no mesmo dia em que o julgamento tiver logar.

§ 1.º Poderá porém ser lavrado na conferencia seguinte, quando a natureza do recurso ou a duração da discussão exigirem o adiamento da redacção e publicação do accordão.

§ 2.º No caso previsto no § antecedente, o juiz relator escreverá logo por lembrança a decisão no livro para esse fim desttinado, rubricado pelo presidente, devendo aquella ser assignada por todos os juizes.

ARTIGO 1000.º

Os accordãos deverão conter:
1.º O nome, appellidos, alcunhas do réu, sua profissão ou occupação, estado e residencia conhecida;
2.º A natureza do crime ou delicto de que é accusado;
3.º Os fundamentos da decisão em forma de «considerandos»;
4.º A declaração da pena em que o réu é condemnado.

§ 1.º Os accordãos serão assignados de rubrica pelos juizes presentes á discussão e julgamento, guardada a ordem por que tiverem visto o recurso e a precedencia que tiverem no tribunal, declarando o juiz relator em seguida ao appellido a sua qualidade de relator.

§ 2.º Se no acto de se assignar o accordão, não estiverem presentes alguns juizes que votaram, será assignado pelos presentes, fazendo o juiz relator no final do accordão a declaração seguinte, que rubricará: «Tem voto do juiz N...» ou «Tem voto de «vencido» do juiz N... ».

§ 3.º Quando o presidente votar, assignará depois dos juizes, acrescentando em seguida á rubrica a qualidade de «presidente».

ARTIGO 1001.º

Publicado o accordão, o magistrado do ministerio publico assignará tambem de rubrica, escrevendo depois das rubricas dos juizes: «Fui presente, N...»

SUB-SECÇÃO II
Do julgamento das appellações no caso de sentenças contradictorias

ARTIGO 1002.º

Pendendo na mesma relação em recurso de appellação differentes sentenças condemnatorias proferidas contra diversos réus, as quaes, longe de se poderem conciliar, constituam a prova da innocencia de um dos condemnados, e, não tendo ainda sido julgada nenhuma d'ellas, o respectivo magistrado do ministerio publico promoverá officiosamente, ou a requerimento de algum dos condemnados, que os processos se appensem ao que primeiramente tiver sido distribuido, a fim de que o tribunal possa apreciar as sentenças.

ARTIGO 1003.º

Em seguida serão os processos feitos conclusos ao juiz a quem primeiramente houver sido distribuido um dos processos, o qual ficará sendo relator, e mandará dar vista d'elles por espaço de trinta dias ao magistrado do ministerio publico, e por igual praso ao advogado dos réus, para allegarem o que julgarem conveniente.

ARTIGO 1004.º

Recebidos ou cobrados os processos, nos termos do artigo 958.º, se designará em conferencia o dia em que deve ter logar o julgamento, que deverá verificar-se em secções reunidas do tribunal.

ARTIGO 1005.º

Se as partes fizerem alguns requerimentos, serão decididos em conferencia.

ARTIGO 1006.º

As decisões vencem-se por maioria absoluta.

ARTIGO 1007.º

Decidindo o tribunal que as sentenças não podem conciliar-se, as annullará, e designará um juizo de direito de primeira instancia differente dos primeiros, no qual os réus sejam conjunctamente julgados.

SECÇÃO II
Do julgamento das appellações que não admittem discussão

ARTIGO 1008.º

Serão julgadas em conferencia, sem que sejam discutidas pelas partes:
1.º As appellações que disserem respeito a crimes de policia correccional;
2.º As appellações nos casos previstos nos n.ᵒˢ 2.º e 3.º do artigo 907.º

ARTIGO 1009.º

São applicaveis ao julgamento das appellações a que se refere o artigo antecedente as disposições dos artigos 976.º a 979.º

CAPITULO VI
Do julgamento dos recursos em que for concedida a revista

ARTIGO 1010.º

Concedendo o supremo tribunal de justiça a revista com o fundamento de nullidade do accordão, observar-se-ha o disposto nos artigos 990.º a 1001.º, com a declaração de que o recurso será visto por sete juizes, e não poderá ser proposto e julgado com menos de cinco.

§ unico. Para haver vencimento em qualquer decisão é preciso que haja cinco votos conformes.

ARTIGO 1011.º

Se o supremo tribunal de justiça conceder segunda revista pelos mesmos fundamentos por que já tiver sido concedida a primeira, ou pelos mesmos e diversos fundamentos conjunctamente, a relação a que for remettido o recurso deverá conformar-se com a decisão proferida pelo supremo tribunal de justiça.

CAPITULO VII
Da deserção dos recursos

ARTIGO 1012.º

Serão julgados em conferencia desertos e não seguidos, precedendo promoção escripta do magistrado do ministerio publico, todos os recursos interpostos pelas partes, que são obrigadas a fazer o preparo estabelecido na lei, se o não satisfizerem dentro do praso de quinze dias depois da apresentação dos recursos no tribunal da relação.

§ único. Exceptuam-se da disposição d'este artigo os recursos em que forem interessados réus legalmente classificados pobres.

ARTIGO 1013.º

Para os effeitos do artigo antecedente, o guarda mór entregará officiosamente no fim de cada trimestre ao respectivo magistrado do ministerio publico uma relação dos recursos em que as partes não tiverem feito o preparo.

ARTIGO 1014.º

O magistrado do ministerio publico promoverá que no respectivo escrivão faça um annuncio na folha official do governo, cuja publicação será gratuita, citando o recorrente para fazer o preparo do cartorio dentro do praso de trinta dias contados da publicação do anuncio, com a comunicação de ser o recurso julgado deserto e não seguido, não se verificando o preparo dentro d'este praso.

ARTIGO 1015.º

O escrivão certificará narrativamente que fez o annuncio, com declaração do numero da folha official em que foi publicado e de haver decorrido o praso fixado no artigo antecedente, e fará o recurso concluso para ser julgado deserto e não seguido em conferencia por tres votos conformes.

TITULO VII
Da execução dos accordãos das relações

ARTIGO 1016.º

São applicaveis á execução dos accordãos das relações as disposições dos artigos 660.º a 683.º

TITULO VIII
Da suspeição dos juizes e magistrados do ministerio publico junto das relações

CAPITULO I
Da suspeição dos juizes das relações

ARTIGO 1017.º

É applicavel aos juizes das relações o disposto no artigo 392.º

ARTIGO 1018.º

São competentes para julgarem a suspeição:

1.º O supremo tribunal de justiça, se for opposta á maioria dos juizes de alguma das relações;

2.º A relação em sessão plena, se for opposta ao respectivo presidente;
3.º A respectiva secção, se for recusado como suspeito algum dos juizes.

ARTIGO 1019.º

Se a suspeição for opposta a algum dos juizes da relação, será deduzida por um requerimento dirigido ao presidente, observando-se o disposto no artigo 394.º

§ 1.º Se o presidente for o recusado, será o requerimento dirigido ao vice-presidente.

§ 2.º A suspeição sómente poderá ser deduzida na sessão em que o recurso for distribuido, excepto se sobrevier de novo.

ARTIGO 1020.º

O presidente, ou, se este for o recusado, o vice-presidente, apresentará o requerimento em conferencia, e retirando-se logo o juiz ou juizes recusados como suspeitos, aquelle a quem tocar por distribuição com os dois juizes adjuntos que se lhe seguirem, decidirão se os fundamentos allegados são ou não procedentes para inhibirem o juiz ou juizes recusados de julgar o recurso.

§ 1º Sendo negativa a decisão, mandar-se-ha proseguir no andamento e julgamento do recurso pelos mesmos juizes.

§ 2.º Se a decisão for affirmativa, os juizes determinarão que o recusado ou recusados respondam até á primeira sessão sobre a existencia das motivos da suspeição.

ARTIGO 1021.º

Se os recusados confessarem em suas respostas a suspeição ou se abstiverem de responder, será a suspeição immediatamente julgada provada e os juizes recusados não poderão mais conhecer nem julgar o recurso.

§ unico. Negando, porém, a suspeição, poderão contesta-la nos termos prescriptos no artigo 397.º

ARTIGO 1022.º

Offerecida a contestação, poderão o recusante e recusados louvar-se em um juiz da relação para julgar a suspeição.

§ unico. Não concordando em que a suspeição seja julgada por um só juiz, serão nomeados: um por parte do recusante e outro por parte dos recusados, devendo ser extrahido á sorte um terceiro juiz para o caso de empate pelo presidente ou pelo vice-presidente, se aquelle for o recusado.

ARTIGO 1023.º

Sendo a suspeição opposta ao presidente, não terá logar o disposto no artigo antecedente; mas será decidida pela maioria absoluta de votos dos juizes de que o tribunal se compozer.

ARTIGO 1024.º

Sendo nomeadas testemunhas para prova das suspeição, serão inquiridas na respectiva relação, salvo se residirem em comarca que não seja séde do tribunal, porque neste caso serão inquiridas pelo respectivo juiz de direito.

§ unico. Na inquirição das testemunhas observar-se-ha o disposto nos artigos 317.º a 335.º

ARTIGO 1025.º
O processo da suspeição deverá terminar dentro de quinze a vinte dias.

ARTIGO 1026.º
Da decisão proferida sobre a suspeição não cabe recurso algum.

CAPITULO II
Da suspeição dos magistrados do ministerio publico junto das relações

ARTIGO 1027.º
São applicaveis aos magistrados do ministerio publico junto das relações as disposições dos artigos 1017.º a 1026.º, com a declaração de que a suspeição será julgada pela respectiva secção da relação, junto da qual funccionar o magistrado recusado.

TITULO IX
Do julgamento dos recursos no supremo tribunal de justiça

CAPITULO I
Disposições preliminares

ARTIGO 1028.º
São applicaveis aos recursos de revista as disposições dos artigos 933.º a 958.º, com a declaração de que as obrigações do guarda mór e dos escrivães das relações serão desempenhadas pelo secretario do supremo tribunal de justiça, e, na sua falta ou impedimento, pelo official da secretaria do mesmo tribunal.

CAPITULO II
Da ordem do serviço no supremo tribunal de justiça

ARTIGO 1029.º
As disposições dos artigos 959.º, 960.º, 962.º a 966.º são applicaveis á ordem do serviço do supremo tribunal de justiça.

CAPITULO III
Das attribuições do presidente do supremo tribunal de justiça no julgamento dos recursos

ARTIGO 1030.º

Ao presidente do supremo tribunal de justiça competem, com relação ao julgamento dos recursos de revista, as mesmas attribuições que pelo artigo 967.º competem aos presidentes das relações.

CAPITULO IV
Do julgamento dos recursos de revista no supremo tribunal de justiça

SECÇÃO I
Do julgamento dos recursos de revista que admittem discussão

ARTIGO 1031.º

Salvos os casos previstos no artigo 498.º, e n.º 5.º do artigo 1034.º, serão discutidos em sessão publica os recursos de revista que disserem respeito a crimes da competencia criminal e correccional.

ARTIGO 1032.º

Na discussão dos recursos de revista observar-se-hão as disposições dos artigos 990.º a 1001.º, com a declaração de que a requisitoria do magistrado do ministerio publico e as allegações oraes dos advogados somente poderão versar:
    1.º Sobre nullidades do processo;
    2.º Sobre nullidade da sentença;
    3.º Sobre a procedencia ou improcedencia de alguma excepção peremptoria, que for alterada.

ARTIGO 1033.º

Decidindo o supremo tribunal de justiça que é nullo o accordão da relação, mandará julgar de novo a causa pela mesma relação, se nella houver numero duplicado de juizes, de modo que não intervenha no julgamento nenhum dos juizes que julgaram o recurso, ou por outra relação, segundo julgar conveniente.

SECÇÃO II
Do julgamento dos recursos de revista que não admittem discussão

ARTIGO 1034.º

Serão julgados em conferencia:
1.º Os recursos interpostos dos accordãos das relações nos casos previstos no artigo 1008.º;

2.º Os aggravos de petição e de instrumento;
3.º As cartas testemunhaveis;
4.º As excepções;
5.º Os recursos de que o supremo tribunal de justiça julgue não dever tomar conhecimento;
6.º Os recursos em que as partes deduzirem ou o conselheiro relator notar nullidade no processo;
7.º A desistencia dos recursos de revista;
8.º Os incidentes contenciosos.

ARTIGO 1035.º

Nenhum recurso de revista poderá ser julgado, sem que tenha sido visto por sete conselheiros, tres dos quaes sejam presentes ao julgamento.

ARTIGO 1036.º

São applicaveis ao julgamento dos recursos de revista em conferencia as disposições dos artigos 968.º a 985.º

ARTIGO 1037.º

Se o supremo tribunal de justiça decidir que o processo está nullo mandará proceder á sua reforma no mesmo ou em diverso juizo, segundo julgar conveniente.

ARTIGO 1038.º

Decidindo o tribunal que é nullo o accordão da relação, mandará julgar de novo a causa, em conformidade com o disposto no artigo 1033.º

SECÇÃO III
Do julgamento dos recursos de revista em secções reunidas

ARTIGO 1039.º

Serão julgados pelo supremo tribunal de justiça em secções reunidas:
1.º A segunda revista;
2.º As sentenças ou accordãos contradictorios, que longe de poderem conciliar-se, constituam a prova da innocencia de algum dos condemnados;
3.º As sentenças ou accordãos proferidos contra qualquer réu que tiver querelado por crime de falso testemunho contra alguma testemunha que depozesse no processo plenario ou de julgamento;
4.º As sentenças ou accordãos proferidos contra qualquer réu que houver querelado pelo crime da corrupção contra algum dos jurados que interviesse no seu julgamento.

ARTIGO 1040.º

Tendo o procurador geral da corôa conhecimento de que differentes co-réus foram condemnados como autores do mesmo crime por diferentes sentenças, as quaes, longe de poderem conciliar-se, constituam a prova da innocencia de algum dos condemnados, promoverá oficiosamente, ou a requerimento de algum d'elles, que o supremo tribunal de justiça ordene que seja suspensa a execução das sentenças, postoque de todas tenha sido negada a revista, e que os processos sejam remettidos ao mesmo tribunal.

ARTIGO 1041.º

Distribuidos os processos, observar-se-ha no processo da annullação das sentenças o disposto nos artigos 1003.º a 1007.º

ARTIGO 1042.º

Se depois da sentença condemnatoria o réu querelar por crime de falso testemunho contra alguma testemunha que depozesse no processo plenario ou de julgamento, e houver pronuncia obrigatoria, o procurador geral da corôa, logoque tenha conhecimento d'isso, promoverá a suspensão da execução da sentença.

Sendo as testemunhas condemnadas pelo crime de falso testemunho por sentença passada em julgado, o procurador geral da corôa promoverá que sejam remettidos ao supremo tribunal de justiça o processo em que o réu foi condemnado e aquelle em que o foram as testemunhas.

§ 1.º Verificando o supremo tribunal de justiça em secções reunidas, que as testemunhas foram condemnadas por crime de falso testemunho prestado contra o réu no processo plenario, annullará a sentença condemnatoria contra elle proferida, e remetterá o processo a um juizo de direito de primeira instancia, diverso d'aquelle em que os réus e as testemunhas tiverem sido condemnados, a fim de se proceder a nova accusação.

§ 2.º Na discussão da causa não poderão ser inquiridas as testemunhas condemnadas pelo crime de falso testemunho, sob pena de nullidade.

ARTIGO 1044.º

Nenhum réu condemnado poderá querelar contra as testemunha pelo crime de falso testemunho, quando não houver requerido o auto de que trata o artigo 686.º, ou quando lhe for indeferido o requerimento sobre este objecto, salvo se os factos comprobativos do crime lhe vierem á noticia depois da discussão do processo.

ARTIGO 1045.º

Proceder-se-ha pela fórma estabelecida nos artigos 1042.º e 1043.º, quando o réu condemnado querelar pelos crimes de corrupção ou peita contra algum dos jurados que interviesse no seu julgamento.

TITULO X
Da deserção dos recursos de revista

ARTIGO 1046.º

São applicaveis á deserção dos recursos que subirem ao supremo tribunal de justiça as disposições dos artigos 1012.º a 1015.º, com a declaração de que as obrigações do guarda mór da relação serão desempenhadas pelo secretario do supremo tribunal de justiça.

TITULO XI
Da execução dos accordãos do supremo tribunal de justiça

ARTIGO 1047.º

São applicaveis á execução dos accordãos do supremo tribunal de justiça as disposições dos artigos 660.º a 683.º

TITULO XII
Da suspeição dos conselheiros do supremo tribunal de justiça e dos magistrados do ministerio publico junto d'elle

ARTIGO 1048.º

Se os conselheiros do supremo tribunal de justiça se declararem suspeitos ou forem recusados como taes, observar-se-hão, na parte applicavel, as disposições dos artigos 1017.º a 1027.º

ÍNDICE

Breve exposição de motivos do projeto de Codigo do Processo Criminal 13

LIVRO I
DAS ACÇÕES

TITULO I	*Das acções provenientes da infracção da lei penal*........................	41
CAPITULO I	*Disposições geraes*	41
CAPITULO II	*Da acção criminal*	41
SECÇÃO I	*Da natureza e divisão da acção criminal*	41
SECÇÃO II	*Da acção criminal publica*	42
SECÇÃO III	*Da acção criminal particular*	43
CAPITULO III	*Das causas suspensivas da acção criminal*	44
CAPITULO IV	*Das causas extinctivas da acção criminal*	44
CAPITULO V	*Da acção civil resultante do crime*	44
SECÇÃO I	*Da natureza e divisão da acção civil*	44
SECÇÃO II	*Da acção civil publica*	45
SECÇÃO III	*Da acção civil particular*	45
CAPITULO VI	*Das causas suspensivas da acção civil resultante da infracção*.....	45
CAPITULO VII	*Das causas extinctivas da acção civil resultante da infracção*	46
TITULO II	*Das excepções*	46
CAPITULO I	*Da natureza das excepções e sua divisão*	46
CAPITULO II	*Das excepções peremptorias*	47
SECÇÃO I	*Da prescripção*..	47
SECÇÃO II	*Do caso julgado*	47
SECÇÃO III	*Da amnistia e perdão real*..	48
CAPITULO III	*Das excepções dilatoriais*	48
SECÇÃO I	*Da incompetencia*	48
SECÇÃO II	*Da suspeição*	49
SUB-SECÇÃO I	*Da suspeição dos juizes*	49
SUB-SECÇÃO II	*Da suspeição dos magistrados do ministerio publico*.................	49
SECÇÃO III	*Dos conflictos de jurisdicção ou de competencia*	50
SECÇÃO IV	*Das questões prejudiciaes*...	50

LIVRO II
DA POLICIA JUDICIARIA

TITULO I	*Disposições preliminares*	52
SECÇÃO I	*Da queixa dos offendidos*	52
SECÇÃO II	*Da denuncia civica*	52
SECÇÃO III	*Da participação das auctoridades administrativas e de policia*....	53
SECÇÃO IV	*Da communicação dos crimes feita pelos juizes e tribunaes*..........	53

226 • Direito Processual Penal

SECÇÃO V	*Do conhecimento judicial dos crimes por notoriedade publica*	53
SECÇÃO VI	*Dos crimes ou delictos flagrantes*	54
TITULO II	*Da policia judiciaria*	54
CAPITULO UNICO	*Do objecto da policia judiciaria, das auctoridades e agentes que a exercem e da continuidade dos seus actos*............................	54
SECÇÃO I	*Do objecto da policia judiciaria, e das auctoridades e agentes encarregados do seu exercício*	54
SECÇÃO II	*Da continuidade dos actos de policia judiciaria e das ferias*	55
TITULO III	*Das restricções legaes empregadas pela policia judiciaria*	56
CAPITULO I	*Disposições geraes*..	56
CAPITULO II	*Da custodia ou detenção provisoria dos agentes das infracções* ...	56
SECÇÃO I	*Dos casos em que tem logar a custodia ou detenção provisoria*	56
SECÇÃO II	*Do modo como deve efectuar-se a custodia ou detenção provisoria*	57
CAPITULO III	*Das visitas domiciliarias*...	59
CAPITULO IV	*Da apprehensão de papeis ou objectos encontrados aos agentes dos crimes ou a outras pessoas*	61
CAPITULO V	*Dos interrogatorios dos custodiados*	61
CAPITULO VI	*Da caução de liberdade provisoria*...	64
SECÇÃO I	*Disposições geraes*..	64
SECÇÃO II	*Dos crimes em que é admittida a caução de liberdade provisoria* .	65
SECÇÃO III	*Do juizo competente para a prestação da caução*	65
CAPITULO VII	*Da fórma de processo das cauções de liberdade provisoria*...........	66
SECÇÃO I	*Disposições geraes*..	66
SECÇÃO II	*Da caução em numerario*	67
SECÇÃO III	*Da caução em titulos de divida publica fundada*	67
SECÇÃO IV	*Da fiança pessoal*	67
SUB-SECÇÃO I	*Dos que podem ser fiadores e das obrigações a que estão sujeitos*	67
SUB-SECÇÃO II	*Da fórma do processo da fiança pessoal*	68
CAPITULO VIII	*Do quebramento e causas extinctivas da caução de liberdade provisoria*	69
SECÇÃO I	*Do quebramento da caução de liberdade provisoria*	69
SECÇÃO II	*Das causas extinctivas da caução de liberdade provisoria*	70
TITULO IV	*Do corpo de delicto*	70
CAPITULO I	*Do corpo de delicto e sua divisão*	70
SECÇÃO I	*Disposições geraes*..	70
SECÇÃO II	*Do corpo de delicto directo*	71
SUB-SECÇÃO I	*Dos exames technicos para a formação dos corpos de delictos directos*	72
SUB-SECÇÃO II	*Dos exames technicos para a verificação de certos e determinados crimes*	74
SECÇÃO III	*Do corpo de delicto indirecto*	75
CAPITULO II	*Das auctoridades competentes para a formação do corpo de delicto*	76

CAPITULO III	*Da distribuição, reforma e autos complementares do corpo de delicto*	77
SECÇÃO I	*Da distribuição dos corpos de delicto*	77
SECÇÃO II	*Da reforma dos corpos de delicto*	78
SECÇÃO III	*Dos autos complementares dos corpos de delicto*	79
TITULO V	*Do processo verbal de verificação dos crimes*	79

LIVRO III
DA COMPETENCIA

TITULO PRELIMINAR	*Da competencia em geral*	81
CAPITULO I	*Da competencia e sua divisão*	81
SECÇÃO I	*Disposições geraes*	81
SECÇÃO II	*Da competencia em rasão da qualidade e situação do agente da infracção*	81
SECÇÃO III	*Da competencia em rasão do logar em que a infracção é commettida*	82
SECÇÃO IV	*Da competencia em rasão da classificação da infracção*	82
CAPITULO II	*Da prorogação da competencia*	83
CAPITULO III	*Da prevenção da competencia*	84
CAPITULO IV	*Dos juizes e tribunaes que exercem jurisdicção criminal*	84
CAPITULO V	*Da divisão judicial criminal*	85
CAPITULO VI	*Dos magistrados incumbidos da proposição da acção criminal* ...	86
CAPITULO VII	*Dos agentes auxiliares da acção criminal*	86
CAPITULO VIII	*Da mutua coadjuvação entre os juizes, tribunaes criminaes e outras auctoridades, e do modo como devem effectuar-se as diligencias relativas á acção criminal*	87
PARTE I	*Da competencia criminal*	89
TITULO I	*Dos crimes sujeitos á competencia criminal*	89
TITULO II	*Do processo preparatorio ou de instrucção preliminar*	89
CAPITULO I	*Disposições geraes*	89
CAPITULO II	*Da querela*	91
SECÇÃO I	*Disposições geraes*	91
SECÇÃO II	*Do juizo competente para a prestação da querela*	92
SECÇAO III	*Da querela officiosa do ministerio publico*	92
SECÇÃO IV	*Da querela particular da parte offendida*	92
SECÇÃO V	*Das pessoas contra quem póde ser prestada a querela*	93
SECÇÃO VI	*Do requerimento, distribuição, auto, recebimento e rejeição da querela*	93
TITULO III	*Dos meios de verificar a culpabilidade dos agentes dos crimes*	95
CAPITULO I	*Disposições geraes*	95
CAPITULO II	*Da prova documental*	95
CAPITULO III	*Da prova testemunhal*	96
SECÇÃO I	*Da nomeação das testemunhas*	96

SECÇÃO II	*Das pessoas que podem ser testemunhas e das inhabeis para o ser*	97
SECÇÃO III	*Do comparecimento das testemunhas, das causas legitimas de escusa e das testemunhas exemptas de comparecer perante o juiz instructor do processo*	97
SECÇÃO IV	*Da inquirição das testemunhas*	99
SECÇÃO V	*Da redacção, confirmação, rectificação dos depoimentos das testemunhas, e do modo como devem ser escriptos*	102
SECÇÃO VI	*Da confrontação das testemunhas entre si e com os agentes dos crimes*	102
SECÇÃO VII	*Da substituição das testemunhas*	103
SECÇÃO VIII	*Do reconhecimento da identidade dos agentes dos crimes*	103
CAPITULO IV	*Da confissão dos agentes dos crimes*	103
CAPITULO V	*Dos exames e vistorias*	104
CAPITULO VI	*Dos indicios ou presumpções*	104
CAPITULO VII	*Da pronuncia*	105
SECÇÃO I	*Disposições geraes*	105
SECÇÃO II	*Da confirmação dos despachos de pronuncia proferidos pelos juizes ordinarios*	106
CAPITULO VIII	*Da custodia ou detenção preliminar*	107
CAPITULO IX	*Das visitas domiciliarias*	107
CAPITULO X	*Dos interrogatorios dos custodiados*	108
CAPITULO XI	*Da caução de liberdade provisoria*	108
TITULO IV	*Das diligencias supplementares*	108
TITULO V	*Das nullidades e irregularidades no processo preparatorio ou de instrucção preliminar*	108
TITULO VI	*Da reforma do processo preparatorio ou de instrucção preliminar*	109
TITULO VII	*Da fórma do processo das excepções*	110
CAPITULO I	*Da fórma do processo das excepções peremptorias*	110
SECÇÃO I	*Disposições geraes*	110
SECÇÃO II	*Da fórma do processo das excepções peremptorias*	110
CAPITULO II	*Da fórma do processo das excepções dilatorias*	111
SECÇÃO I	*Disposições geraes*	111
SECÇÃO II	*Da fórma do processo das excepções de incompetencia*	111
SECÇÃO III	*Da fórma de processo da excepção de suspeição*	112
SUB-SECÇÃO I	*Da suspeição dos juizes de direito de primeira instancia e dos juizes ordinarios*	112
SUB-SECÇÃO II	*Da suspeição dos magistrados do Ministerio publico junto dos juizes do direito e ordinarios*	114
TITULO VIII	*Da fórma do processo preparatorio nos crimes committidos pelos agentes dos crimes sujeitos á competencia especial ou privativa* ..	115
CAPITULO I	*Da fórma do processo preparatorio nos crimes committidos pelos membros da familia real, ministros e secretarios d'estado, conselheiros d'estado, pares do reino, deputados da nação, embaixadores, ministros plenipotenciarios, ministros residentes e agentes diplomaticos*	115

CAPITULO II	*Da fórma do processo preparatorio nos crimes commettidos por magistrados judiciaes e do ministerio publico*	116
SECÇÃO I	*Da fórma do processo preparatorio nos crimes commettidos pelos conselheiros do supremo tribunal de justiça, juizes das relações e magistrados do ministerio publico junto d'estes tribunaes*	116
SECÇÃO II	*Da fórma do processo preparatorio nos crimes commettidos pelos juizes de direito de primeira instancia*	117
CAPITULO III	*Da fórma do processo preparatorio nos crimes commettidos por officiaes e praças do exercito e da armada*	118
TITULO IX	*Do processo accusatorio*	118
CAPITULO I	*Disposições preliminares*	118
CAPITULO II	*Do libello criminal*	119
SECÇÃO I	*Disposições geraes*	119
SECÇÃO II	*Da formação do libello criminal*	120
SECÇÃO III	*Da prova do libello criminal*	121
SECÇÃO IV	*Do offerecimento do libello criminal*	122
SECÇÃO V	*Da nomeação officiosa de advogado, defensor e curador dos réus, e das causas legitimas de escusa do patrocinio*	123
CAPITULO III	*Da contestação escripta*	124
SECÇÃO I	*Disposições geraes*	124
SECÇÃO II	*Da formação da contestação escripta*	124
SECÇÃO III	*Da prova da contestação escripta*	125
SECÇÃO IV	*Do offerecimento da contestação escripta*	125
TITULO X	*Das nullidades do processo accusatorio*	126
TITULO XI	*Da fórma do processo das excepções no processo accusatorio*	126
TITULO XII	*Do processo plenario ou de julgamento*	126
CAPITULO I	*Disposições preliminares*	126
CAPITULO II	*Das audiencias geraes*	128
SECÇÃO I	*Disposições geraes*	128
SECÇÃO II	*Da policia da audiencia geral*	130
CAPITULO III	*Do adiamento da audiencia geral*	130
TITULO XIII	*Da constituição dos tribunaes criminaes de primeira instancia*	132
CAPITULO I	*Disposições geraes*	132
CAPITULO II	*Da formação e constituição do jury*	133
SECÇÃO I	*Da formação do jury*	133
SECÇÃO II	*Da constituição do jury*	133
SECÇÃO III	*Da incompatibilidade legal dos jurados*	134
SECÇÃO IV	*Da recusação dos jurados*	135
TITULO XIV	*Da discussão da causa*	135
CAPITULO I	*Disposições preliminares*	135
CAPITULO II	*Das causas suspensivas da discussão e julgamento*	136
CAPITULO III	*Da prova da accusação e defeza*	136
SECÇÃO I	*Da prova documental*	136
SECÇÃO II	*Da prova testemunhal*	137

SUB-SECÇÃO I	*Das pessoas que podem ser testemunhas no processo plenario e das inhabeis para o ser*....................	137
SUB-SECÇÃO II	*Das testemunhas suspeitas*	137
SUB-SECÇÃO III	*Da inquirição e confrontação das testemunhas nomeadas para prova do libello criminal e da contestação*	138
SECÇÃO III	*Da prova por meio do exames e vistorias*............	140
SECÇÃO IV	*Do interrogatorio dos réus*	140
CAPITULO V	*Dos debates oraes*	141
SECÇÃO I	*Da requisitoria do magistrado do ministerio publico*	141
SECÇÃO II	*Das allegações oraes dos advogados*................	142
SECÇÃO III	*Da replica e contra replica*................	142
SECÇÃO IV	*Da allegação oral dos réus*................	143
SECÇÃO V	*Do relatorio do juiz de direito*................	143
TITULO XV	*Dos quesitos*	144
CAPITULO UNICO	*Da fórma por que devem ser propostos os quesitos*............	144
SECÇÃO I	*Disposições geraes*................	144
SECÇÃO II	*Da proposição dos quesitos*................	145
SECÇÃO III	*Da proposição dos quesitos subsidiarios*............	146
SECÇÃO IV	*Da proposição dos quesitos no caso de accumulação da acção civil com a acção criminal*	147
TITULO XVI	*Das decisões do jury*................	148
CAPITULO I	*Disposições geraes*................	148
CAPITULO II	*Da incommunicabilidade do jury*................	149
CAPITULO III	*Das respostas do jury*................	149
CAPITULO IV	*Da irrevogabilidade das decisões do jury*............	151
CAPITULO V	*Da annullação das decisões do jury*................	151
TITULO XVII	*Da sentença criminal*	152
CAPITULO I	*Da natureza e objecto da sentença*................	152
SECÇÃO I	*Disposições preliminares*	152
SECÇÃO II	*Da sentença criminal condemnatoria*	153
SECÇÃO III	*Da sentença criminal absolutoria*	154
CAPITULO II	*Da caução de liberdade provisoria posterior á sentença condemnatoria*	154
TITULO XVIII	*Da execução da sentença criminal*................	155
CAPITULO I	*Disposições geraes*................	155
CAPITULO II	*Das causas suspensivas da execução da sentença condemnatoria* ...	156
SECÇÃO I	*Disposições geraes*................	156
SECÇÃO II	*Da revisão da sentença condemnatoria e da rehabilitação do condemnado*	156
SUB-SECÇÃO I	*Da revisão da sentença condemnatoria*	156
SUB-SECÇÃO II	*Da rehabilitação do condemnado*	157
SECÇÃO III	*Do reconhecimento da identidade dos réus comdemnados*	157

SUB-SECÇÃO I	*Do juizo competente para o reconhecimento da identidade dos réus*	157
SUB-SECÇÃO II	*Do processo preparatorio do reconhecimento de identidade dos réus*	158
SUB-SECÇÃO III	*Do processo accusatorio no reconhecimento da identidade dos réus*	158
SUB-SECÇÃO IV	*Do processo plenario ou de julgamento no reconhecimento da identidade dos réus*	159
CAPITULO III	*Dos incidentes contenciosos suscitados na execução das sentenças*	159
TITULO XIX	*Dos actos de policia judiciaria para verificar a existencia de crimes commettidos ou descobertos no processo plenario ou de julgamento*	160
TITULO XX	*Das nullidades e irregularidades no processo plenario ou de julgamento*	161
TITULO XXI	*Da reforma do processo plenario ou de julgamento*	161
TITULO XXII	*Da fórma do processo das excepções no processo plenario ou de julgamento*	162
TITULO XXIII	*Das custas*	162
CAPITULO I	*Disposições geraes*	162
CAPITULO II	*Da execução das custas*	163
TITULO XXIV	*Da fórma de processo do julgamento dos réus sujeitos á competencia excepcional*	163
CAPITULO I	*Disposições geraes*	163
CAPITULO II	*Da forma de processo do julgamento dos réus com intervenção de jury especial ou mixto*	164
CAPITULO III	*Da fórma de processo do julgamento dos réus ausentes*	165
SECÇÃO I	*Disposições preliminares*	165
SECÇÃO II	*Do processo accusatorio dos réus ausentes*	166
SECÇÃO III	*Do julgamento dos réus ausentes*	166
TITULO XXV	*Da fórma de processo do julgamento dos agentes dos crimes sujeitos á competencia especial ou privativa*	168
CAPITULO I	*Da fórma de processo do julgamento dos membros da familia real, ministros e secretarios d'estado, conselheiros d'estado, dignos pares do reino e deputados da nação*	168
SECÇÃO I	*Disposições preliminares*	168
SECÇÃO II	*Da constituição da camara dos dignos pares do reino em supremo tribunal de justiça criminal*	169
SECÇÃO III	*Da fórma o processo accusatorio contra os membros da familia real, ministros e secretarios d'estado, conselheiros d'estado, dignos pares do reino e deputados.*	170
SECÇÃO IV	*Da audiencia de discussão e julgamento perante a camara dos dignos pares*	171

CAPITULO II	*Da fórma de processo do julgamento dos conselheiros do supremo tribunal de justiça, juizes das relações, magistrados do ministerio publico junto d'estes tribunaes, embaixadores, ministros plenipotenciarios, ministros residentes e agentes diplomaticos*	172
CAPITULO III	*Da fórma de processo do julgamento dos juizes de direito de primeira instancia e magistrados do ministerio publico junto d'elles*	172
CAPITULO IV	*Da fórma de processo do julgamento dos juizes ordinarios, magistrados do ministerio publico junto d'elles e juizes eleitos*	173
PARTE II	*Da competencia correccional*	173
TITULO UNICO	*Da fórma do processo correccional*	173
CAPITULO I	*Dos crimes sujeitos á competencia correccional*	173
CAPITULO II	*Do processo preparatorio nos crimes sujeitos á competencia correccional*	174
SECÇÃO I	*Disposições geraes*	174
SECÇÃO II	*Disposições relativas aos agentes dos crimes sujeitos á competencia especial ou privativa*	175
CAPITULO III	*Do processo de julgamento nos crimes sujeitos á competencia correccional*	175
SECÇÃO I	*Disposições geraes*	175
SECÇÃO II	*Disposições relativas aos réus sujeitos á competencia excepcional e á competencia especial ou privativa*	176
PARTE III	*Da competencia correccional*	177
TITULO UNICO	*Da fórma do processo de policia correccional*	177
CAPITULO I	*Dos crimes sujeitos á competencia de policia correccional*	177
CAPITULO II	*Do processo preparatorio nos crimes de policia correccional*	177
SECÇÃO I	*Disposições geraes*	177
SECÇÃO II	*Disposições especiaes relativas aos agentes dos crimes sujeitos á competencia especial ou privativa*	179
CAPITULO III	*Do processo de julgamento nos crimes de policia correccional*	179
SECÇÃO I	*Disposições geraes*	179
SECÇÃO II	*Disposições relativas aos agentes dos crimes sujeitos á competencia excepcional e á competencia especial ou privativa*	181
PARTE IV	*Da competencia disciplinar*	181
TITULO UNICO	*Do objecto da jurisdicção disciplinar*	181
CAPITULO I	*Disposições geraes*	181
CAPITULO II	*Do modo como é exercida a jurisdicção disciplinar*	183
SECÇÃO I	*Da repressão das faltas que não são qualificadas crimes, commettidas pelos conselheiros do supremo tribunal de justiça, juizes das relações, juizes de direito e ordinarios*	183
SECÇÃO II	*Da repressão das faltas e omissões commettidas em processos criminaes pendentes pelos juizes, agentes auxiliares da acção criminal e advogados*	185
SECÇÃO III	*Da repressão das faltas e omissões commettidas pelos agentes auxiliares da acção criminal em processos criminaes findos*	186
SECÇÃO IV	*Da repressão das infracções da lei que não são classificadas crimes*	187

LIVRO IV
DOS RECURSOS

TITULO I	*Dos recursos em geral*	187
CAPITULO UNICO	*Disposições geraes*	187
TITULO II	*Do aggravo*	188
CAPITULO I	*Disposições geraes*	188
CAPITULO II	*Do aggravo no auto do processo*	189
SECÇÃO I	*Dos casos em que compete o aggravo no auto do processo*	189
SECÇÃO II	*Da fórma da interposição do aggravo no auto do processo*	190
CAPITULO III	*Do aggravo de petição*	190
SECÇÃO I	*Do aggravo de petição para o juiz de direito*	190
SECÇÃO II	*Do aggravo de petição para a relação do districto judicial*	191
SUB-SECÇÃO I	*Dos casos em que compete o aggravo de petição para a relação do districto judicial*	191
SUB-SECÇÃO II	*Da fórma da interposição do aggravo de petição para a relação do districto judicial*	191
SUB-SECÇÃO III	*Da apresentação do aggravo de petição na relação do districto judicial*	192
SECÇÃO III	*Do aggravo de petição para o supremo tribunal de justiça*	193
SUB-SECÇÃO I	*Dos casos em que compete o aggravo de petição para o supremo tribunal de justiça*	193
SUB-SECÇÃO II	*Da fórma da interposição do aggravo de petição para o supremo tribunal de justiça*	193
SUB-SECÇÃO III	*Da apresentação do aggravo de petição no supremo tribunal de justiça*	194
CAPITULO IV	*Do aggravo de instrumento*	194
SECÇÃO I	*Do aggravo de instrumento para a relação do districto judicial*	194
SUB-SECÇÃO I	*Dos casos em que compete o aggravo de instrumento para a relação do districto judicial*	194
SUB-SECÇÃO II	*Da fórma da interposição do aggravo de instrumento para a relação do districto judicial*	194
SUB-SECÇÃO III	*Da apresentação do aggravo de instrumento no tribunal da relação*	195
SECÇÃO II	*Do aggravo de instrumento para o supremo tribunal de justiça*	196
SUB-SECÇÃO I	*Dos casos em que compete o aggravo de instrumento para o supremo tribunal de justiça*	196
SUB-SECÇÃO II	*Da fórma da interposição do aggravo de instrumento para o supremo tribunal de justiça*	196
SUB-SECÇÃO III	*Da apresentação do aggravo de instrumento no supremo tribunal do justiça*	197
TITULO III	*Da carta testemunhavel*	197
CAPITULO I	*Da natureza e effeitos da carta testemunhavel*	197
CAPITULO II	*Da fórma do processo da carta testemunhavel*	197

CAPITULO III	*Da apresentação da carta testemunhavel nas relações e no supremo tribunal de justiça*	198
TITULO IV	*Da appellação*	199
CAPITULO I	*Da appellação para o juiz de direito e para o tribunal de policia correccional*	199
CAPITULO II	*Da appellação para a relação do districto judicial*	199
SECÇÃO I	*Dos casos em que compete appellação para a relação*	200
SECÇÃO II	*Da fórma do processo da interposição do recurso de appellação para a relação do districto judicial*	200
SECÇÃO III	*Da apresentação do recurso de appellação na relação do districto judicial*...	201
TITULO V	*Da revista*	202
CAPITULO I	*Disposições geraes*..	202
SECÇÃO I	*Dos casos em que compete o recurso de revista*	202
SECÇÃO II	*Da fórma da interposição do recurso de revista*	203
SECÇÃO III	*Da apresentação dos recursos de revista no supremo tribunal de justiça*	204
CAPITULO II	*Da segunda revista*	204
TITULO VI	*Do julgamento dos recursos nas relações*	205
CAPITULO I	*Disposições preliminares*	205
SECÇÃO I	*Da distribuição dos recursos*	205
SUB-SECÇÃO I	*Da classificação dos recursos*	205
SUB-SECÇÃO II	*Da distribuição dos recursos pelos juizes das relações*	206
SUB-SECÇÃO III	*Da distribuição dos recursos pelos escrivães das relações*............	207
SECÇÃO II	*Da nomeação officiosa de advogado e curador dos réus e das causas legitimas de escusa do patrocinio*	208
SECÇÃO III	*Da continuação dos recursos com vista ao magistrado do ministerio publico e aos advogados*	208
CAPITULO II	*Da ordem do serviço nas relações*	209
CAPITULO III	*Das attribuições dos presidentes das relações no julgamento dos recursos*	210
CAPITULO IV	*Do julgamento dos aggravos e cartas testemunhaveis*	210
SECÇÃO I	*Disposições geraes*..	210
SECÇÃO II	*Do julgamento dos conflictos de jurisdicção ou de competencia*...	212
CAPITULO V	*Do julgamento da appellação*	213
SECÇÃO I	*Disposições geraes*..	213
SECÇÃO II	*Do julgamento das appellações que admittem discussão*	214
SUB-SECÇÃO I	*Disposições geraes*..	214
SUB-SECÇÃO II	*Do julgamento das appellações no caso de sentenças contradictorias*	216
SECÇÃO II	*Do julgamento das appellações que não admittem discussão*	217
CAPITULO VI	*Do julgamento dos recursos em que for concedida a revista*	217
CAPITULO VII	*Da deserção dos recursos*	217
TITULO VII	*Da execução dos accordãos das relações*	218

TITULO VIII	*Da suspeição dos juizes e magistrados do ministerio publico junto das relações*.....................	218
CAPITULO I	*Da suspeição dos juizes das relações*	218
CAPITULO II	*Da suspeição dos magistrados do ministerio publico junto das relações*.................	220
TITULO IX	*Do julgamento dos recursos no supremo tribunal de justiça*	220
CAPITULO I	*Disposições preliminares*	220
CAPITULO II	*Da ordem do serviço no supremo tribunal de justiça*	220
CAPITULO III	*Das attribuições do presidente do supremo tribunal de justiça no julgamento dos recursos*.................	221
CAPITULO IV	*Do julgamento dos recursos de revista no supremo tribunal de justiça*	221
SECÇÃO I	*Do julgamento dos recursos de revista que admittem discussão*	221
SECÇÃO II	*Do julgamento dos recursos de revista que não admittem discussão*	221
SECÇÃO III	*Do julgamento dos recursos de revista em secções reunidas*	222
TITULO X	*Da deserção dos recursos de revista*	223
TITULO XI	*Da execução dos accordãos do supremo tribunal de justiça*	224
TITULO XII	*Da suspeição dos conselheiros do supremo tribunal de justiça e dos magistrados do ministerio publico junto d'elle*.................	224

VII - Segundo Projecto Navarro de Paiva

PROJECTO DEFINITIVO

DE

CODIGO DO PROCESSO CRIMINAL

REDIGIDO

POR

NAVARRO DE PAIVA

Do conselho de Sua Magestade, juiz de direito de primeira instancia,
procurador regio junto da relação do Porto, etc.

LISBOA
IMPRENSA NACIONAL
1882

EXPOSIÇÃO DE MOTIVOS
DO
PROJECTO
DE
CODIGO DO PROCESSO CRIMINAL

I

Importancia do processo criminal. – Reformas parciaes e incompletas sobre organisação judiciaria e do processo criminal. – Incitamentos e esforços dos governos a este respeito. – Necessidade de codificação da legislação sobre o processo criminal. – Projecto de codigo do processo criminal do auctor. – Projecto definitivo de codigo do processo criminal do auctor. – Se a reforma da legislação do processo criminal deve, ou não, preceder a revisão do codigo penal.

Se, na phrase conceituosa de *Lerminier*, o direito é a vida, o processo é o movimento. O direito permaneceria inerte e immovel sem o processo, que é a sua realisação pratica, a sua materialisação.

Se a lei penal dá a medida da civilisação de um povo, se ella traduz o estado de cultura e adiantamento de uma nação, a lei do processo criminal não exprime menos o grau de desenvolvimento e civilisação de um paiz.

Nos povos sujeitos a um regimen de oppressão e intolerancia as leis reguladoras do processo são por extremo restrictivas da liberdade individual. Pelo contrario as nações regidas por instituições liberaes, cercam a liberdade individual de todas as garantias possiveis. É que a liberdade individual é, na phrase de *Emile Clolus*[1], a base da liberdade politica e de todas as liberdades sociaes.

O insigne criminalista *Ortolan,* querendo affirmar a importancia da lei do processo, escreveu[2] que, se uma boa penalidade nada póde contra um processo criminal defeituoso, um bom processo penal póde muito contra uma penalidade viciosa.

A sociedade, obedecendo á lei providencial da sua conservação, exerce o direito de punir. O infractor, perturbando as leis da harmonia social, contrahiu o dever de sujeitar-se á imposição da pena, para que possa restabelecer-se n'elle o estado de direito, para exemplo dos outros e para segurança da sociedade.

O complexo de actos, termos e formalidades conducentes a verificar a existencia do crime e a culpabilidade e punição do delinquente constitue o processo.

Os progressos da sciencia do direito penal, as reclamações da opinião publica, as representações dos magistrados e o conhecimento pratico da deficiencia e imperfeição da lei reguladora do processo criminal, determinaram os governos do paiz a emprehender algumas reformas parciaes e incompletas, das quaes umas dizem respeito á organisação judiciaria e outras á fórma do processo.

---

[1] De la détention préventive et de la mise en liberté sous caution, pag. 16.
[2] Cours. de législ. pén. comp., introd. phil., pag. 88.

O decreto n.º 24 de 16 de maio de 1832 contém a organisação judiciaria e a fórma do processo criminal, que mais tarde foi refundida, ampliada ou modificada na reforma judicial de 13 de janeiro de 1837, na lei de 28 de novembro de 1840 e na novissima reforma judicial de 21 de maio de 1841.

Nas leis de 17 de março e 10 de abril de 1838 estabeleceram-se providencias excepcionaes relativas á instrucção e julgamento dos processos instaurados por certos e determinados crimes.

As disposições d'estas leis foram prorogadas pelas leis de 17 de julho de 1839 e 26 de setembro de 1840, suspendendo esta ultima lei no artigo 3.º a intervenção do jury, tanto de pronuncia como de sentença, julgando definitivamente de facto e de direito os juizes de direito de primeira instancia, proprietarios e substitutos, cada um no circulo da sua competencia, com recurso para a relação do districto, independentemente da audiencia geral.

Havendo na nossa legislação do processo uma lacuna ácerca do processo dos réus ausentes e contumazes, providenciou sobre este assumpto o decreto de 18 de fevereiro de 1847, cujas disposições na parte relativa á prescripção foram pouco depois suspensas pelo artigo 2.º do decreto de 30 de julho do mesmo anno.

Publicado o codigo penal approvado por decreto de 10 de dezembro de 1852, appareceu na mesma data o decreto que regulou o processo ácerca das fianças e dos crimes a que correspondem penas correccionaes, cujas disposições foram em parte derogadas pela lei de 18 de agosto de 1853.

A lei de 18 de julho de 1855 contém disposições concernentes ao modo de substituir os juizes e á instrucção e julgamento dos processos criminaes.

Na lei de 4 de junho de 1859, cuja execução foi regulada pelo decreto de 4 de agosto, do mesmo anno, de par com a incriminação de alguns factos relativos á fabricação e falsificação de moeda nacional ou estrangeira, metallica ou de papel, de papeis de credito publico, ou de notas de qualquer banco ou estabelecimento legalmente, auctorisado, comprehendem-se disposições ácerca da organisação e constituição do jury especial, que deve intervir no julgamento dos processos instaurados para a punição dos crimes d'esta natureza.

Não satisfazendo ás exigencias da nossa epocha a legislação que regulava a livre manifestação do pensamento, publicou-se a lei de 17 de maio de 1866, em que se contêem preceitos abolitivos das cauções e restricções estabelecidas para a imprensa periodica, e algumas disposições ácerca do processo e da competencia do ministerio publico para promover a punição de certos crimes de diffamação e injuria.

Sendo omissa a nossa legislação penal a respeito da punição dos factos criminosos praticados por portuguez em paiz estrangeiro, a lei de 1 de julho de 1867 preencheu esta lacuna, estabelecendo as condições e termos em que se devia instaurar o respectivo processo.

No decreto de 29 de dezembro de 1869 estabeleceram-se disposições relativas a uma nova organisação dos juizes ordinario, que foi alterada e substituida pela que foi estabelecida na lei de 16 de abril de 1874, que regulou as attribuições d'estes magistrados.

Se das medidas legislativas volvemos os olhos para as propostas de iniciativa ministerial[3], vemos uma serie de tentativas de reformas, já de organisação judiciaria, já sobre a

---

[3] Vid. as propostas de lei de 18 de junho de 1850, 28 de fevereiro de 1860 (*Diario de Lisboa*, n.º 54), 9 de janeiro de 1861 (*Diario de Lisboa*, n.ᵒˢ 11 e 12), 3 de janeiro de 1863 (*Diario de Lisboa*, n.º 16), 26 de abril de 1880 (*Diario do governo*, n.º 96).

fórma do processo, das quaes algumas não saíram do seio das respectivas commissões, e outras, apesar das modificações que soffreram, não foram convertidas em lei.

Aquellas providencias legislativas e estes tentames revelam a indisputavel necessidade de prover de remedio a um mal geralmente reconhecido.

Ao passo que os governos, usando da sua iniciativa, propunham e o parlamento approvava as medidas de reforma parcial sobre organisação judiciaria e sobre o processo, a que nos referimos, reconheciam em differentes diplomas a instante e indeclinavel necessidade de comprehender em um corpo unico e homogeneo a legislação sobre o processo criminal.

Chamado da universidade de Coimbra em 22 de março de 1783, o dr. *Paschoal José de Mello Freire* elaborou uma reforma da legislação penal e do processo criminal, que elle concluiu em 1789[4], sendo nomeada por decreto de 3 de fevereiro d'este ultimo anno uma commissão composta de magistrados e jurisconsultos para o exame e revisão deste importante trabalho, ouvido o seu auctor, «para que podesse como bem instruido na materia, defender, interpretar e modificar as suas proposições".

A lei de 14 de janeiro de 1823 offereceu premio e distincções a quem apresentasse um projecto de codigo criminal, que fosse conforme ás luzes do seculo e aos principios estabelecidos na constituição politica da monarchia.

A lei de 25 de abril de 1835 offereceu uma gratificação ao auctor de um projecto de codigo criminal, que deveria comprehender o codigo criminal propriamente dito e de processo respectivo.

O decreto de 6 de julho de 1853 nomeou uma commissão para formar uma proposta de lei, na qual se consignassem as regras necessarias para que, reformando-se adequadamente o processo, se alcançasse, com a intervenção do jury bem constituido, assim o prompto castigo dos delinquentes, como a garantia devida á innocencia.

Reconhecendo o decreto de 30 de dezembro de 1857, que de dia para dia crescia a urgencia de organisar um codigo do processo criminal, incumbiu esse trabalho a uma nova commissão de magistrados e jurisconsultos.

No relatorio que precede o decreto de 13 de janeiro de 1870 reconheceu-se, que tanto o codigo penal como o respectivo processo reclamavam urgentemente alterações, e no artigo 1.º d'este diploma nomeou-se «uma commissão para tomar conhecimento dos relatorios dos magistrados judiciaes e do ministerio publico, ou quaesquer outros documentos relativos a reforma na lei penal e seu processo».

Mas, sem embargo de ter sido reconhecida, nos differentes diplomas a que nos referimos, a instante e improcrastinavel necessidade da reforma do processo criminal, e de terem sido offerecidos incitamentos a este difficil emprehendimento, são decorridos quasi quarenta e oito annos desde o estabelecimento do systema constitucional sem que tenha sido votada uma lei, que comprehenda no conjuncto de suas disposições as differentes phases do processo criminal, conciliando, quanto possivel, o principio essencial da repressão, base fundamental da existencia e conservação da sociedade, com o da liberdade individual.

---

[4] Publicada em Lisboa em 1823 por Miguel Setaro, com o titulo de *Ensaio de codigo criminal, a que mandou proceder a Rainha Fidelissima D. Maria I, composto por Paschoal José de Mello Freire.*

Este facto fez por vezes entibiar o nosso animo e desfallecer o nosso espirito, e, se nos abalançámos a uma empreza tão ardua e difficil, não foi pela confiança nos nossos recursos, mas pelo ardente desejo de prestarmos este serviço ao paiz.

Convencido da imperfeição da nossa actual lei do processo criminal, que por certo mal se coaduna com o progresso e civilisação do paiz, pensámos como o presidente do tribunal criminal do Sena, *Scipião Bexon,* que o dever do magistrado não consistia tão só no conhecimento e applicação da lei, mas em investigar tudo o que podesse concorrer para a tornar proficua á manutenção da ordem.

Dois meios se offereciam ao nosso espirito para satisfazer a esta necessidade: melhorar as disposições vigentes sobre o processo criminal, alterando-as, modificando-as ou addicionando-as, consoante fosse mister para conseguir este fim, ou proceder á codificação das disposições que devem regular a fórma do processo, em ordem a poder corresponder ao duplo fim a que deve tender: assegurar o imperio da lei por effeito da sua acção repressiva, respeitando ao mesmo tempo as garantias protectoras da liberdade individual.

Sectario do principio da codificação, não podiamos deixar de optar por este ultimo systema.

Foi sempre nossa firme convicção, que a codificação da legislação é uma necessidade impreterivel da nossa epocha, e em um escripto publicado em um jornal politico[5] dissemos:

«A codificação e a dispersão da legislação têm dado margem ás disputas de duas escolas rivaes, que se debatem ha longo tempo: a escola historica e a escola philosophica; mas cremos que o principio da codificação tem mais adeptos.»

De accordo com esta idéa estão a tendencia geral dos espiritos, o pensamento de quasi todos os governos e os factos consummados da publicação dos codigos nos diferentes ramos de direito.

A dispersão das multiplices e variadas provisões sobre a fórma do processo criminal, que indicámos, a falta de uniformidade, de cohesão e de nexo entre ellas, e as omissões em alguns pontos de competencia, que muito importa regular de um modo claro e preciso, mais nos fortaleceram na idéa de que se tornava mister reunir em um só corpo, uniforme e homogeneo, as disposições reguladoras do processo, cessando de vez a incerteza, a fluctuação e o arbitrio na fórma do processo, a qual, como garantia da liberdade individual, e da segurança da sociedade, deve ser certa, definida e prefixa.

Compenetrado d'esta idéa, redigimos um ensaio sobre a reforma da legislação do processo criminal, sob o titulo de *Projecto de codigo do processo criminal*[6].

Por decreto de 1 de maio de 1875 foi nomeada uma commissão composta de nove membros, da qual fizemos parte, a qual, tomando por base este *projecto* e as disposições da novissima reforma judicial, elaborasse um projecto de codigo do processo criminal.

Sendo alguns dos vogaes d'esta commissão substituidos por outros[7] e tendo celebrado algumas sessões, redigimos o presente *Projecto definitivo,* adoptando outra divisão de materias mais pratica, harmonisando-a, em parte, com o que se resolveu na commissão.

---

[5] *A Revolução de setembro,* n.º 3:108.
[6] Impresso na imprensa nacional de Lisboa em novembro de 1874.
[7] Decretos de 22 de fevereiro e de 28 de junho de 1877 *(Diário do governo,* n.ºs 49 e 145).

Depois da publicação do nosso *Projecto de codigo do processo criminal*, consultámos a legislação italiana, o codigo de instrucção criminal da Austria, approvado pela lei de 23 de maio de 1873, a legislação do Brazil de 1871 relativa á organisação judiciaria, á prisão e á fiança; relemos e meditámos do codigo do processo criminal hespanhol[8], e tivemos tambem presente o projecto de reforma do processo de instrucção criminal apresentado ao senado da republica franceza, na sessão de 27 de novembro de 1879, pelo guarda sellos, ministro da justiça, o sr. *Le Royer*[9].

A proposito de cada artigo do nosso *Projecto definitivo* citámos os artigos parallelos, concordantes e por vezes discordantes, quer do nosso *Projecto* primitivo, quer dos codigos estrangeiros, para que o leitor possa recorrer ás fontes, onde fomos haurir, as doutrinas que adoptámos, e notar a divergencia dos preceitos que estatuimos.

Em todos estes codigos e leis se acham consignados principios eminentemente liberaes e protectores da ordem social. Lendo attentamente estas e aquellas, e reflectindo com toda a madureza nos seus preceitos, entendemos que, apesar de importarem um sensivel progresso na ordem do processo criminal, não podiamos nem deviamos copiar sem exame e sem critica disposições, que não se coadunassem com a nossa organisação judiciaria, com as nossas instituições, com os nossos costumes, com a nossa civilisação.

«A legislação de um povo, dissemos nós em um documento official[10], é sempre adaptada ao grau de civilisação, costumes, habitos e necessidades de uma epocha determinada, e o reflexo das idéas d'essa epocha».

«Obedecendo á lei immutavel do progresso, modifica-se, reforma-se e segue a sociedade nas suas successivas transformações. Sob os governos absolutos é tyrannica e oppressiva; sob os governos livres é a imagem da liberdade e da tolerancia. A legislação é o molde em que se vasam as idéas de uma epocha, e a expressão mais ou menos exacta das necessidades de um povo.»

Tivemos presentes as pelavras conceituosas de *Portalis*[11]: que as leis são feitas para os homens e não os homens para as leis, devendo estas ser adaptadas ao caracter, habitos e situação do povo para quem são feitas, e haver a maior sobriedade de innovações em materia de legislação, porque, se é possivel calcular as vantagens de uma theoria nova, só a pratica póde tornar sensiveis os inconvenientes que ella offerece.

Não dissimularemos, porém, que ha uma questão que tem preoccupado os criminalistas e tratadistas do processo criminal: se a reforma do codigo penal e a do codigo do processo criminal devem ser simultaneas ou successivas.

A este respeito escrevemos em 15 de dezembro de 1877 em um jornal politico[12] o seguinte:

«Não nos parece que a revisão do codigo penal deva necessariamente preceder a reforma da legislação sobre o processo criminal. O codigo penal é um complexo de disposições ácerca

---

[8] Ley de enjuiciamiento criminal de 22 de dezembro de 1872.
[9] Publicado em os n.ᵒˢ 13 e 14 do *Journal officiel de la république française* de 14 e 15 de janeiro de 1880.
[10] Relatorio dirigido ao conselheiro procurador geral da corôa e fazenda em 23 de outubro de 1869 (impresso em 1871).
[11] *Discour préliminaire* du premier project de code civil.
[12] *Jornal do commercio,* n.º 7:233.

dos factos ou omissões, que são classificados crimes, e da penalidade respectiva a cada um; e o codigo do processo criminal é o conjuncto de preceitos e regras necessarios para que a acção criminal tenha ingresso em juizo e siga o seu curso regular, no intuito de assegurar a efectiva punição dos agentes da infracção da lei penal. Sendo este o objecto dos dois codigos, não vemos que haja absoluta dependencia d'este a respeito d'aquelle.»

«Ou se adopte no codigo do processo criminal a competencia bipartida do processo *ordinario* de querela e processo *correccional,* ou a competencia tripartida, em que, alem d'estas duas especies de processo, se comprehende o processo intermedio estatuido pelo decreto de 10 de dezembro de 1852, revogado pela lei de 18 de agosto de 1853, qualquer d'estas divisões de competencia nada tem que ver com a reforma do codigo penal.»

«Segundo forem n'elle augmentadas ou diminuidas as penas correspondentes aos crimes, assim se restringirá ou alargará a area da competencia criminal ou correccional. A maior ou menor elevação da penalidade é a medida da competencia: nada mais.»

«Póde haver, e haverá de certo, no codigo do processo criminal algumas referencias ao codigo penal; mas nenhum inconveniente ha em que sejam feitas por um modo generico, sem designação de artigos, como se faz no codigo civil com relação ao codigo do processo civil.»

Tinhamos escripto as palavras que antecedem antes de depararmos com a auctorisada opinião do sr. *Bonneville*[13]*,* conselheiro do tribunal da relação de Paris, que não hesita em affirmar, que a simultaneidade da reforma dos dois codigos duplicaria as difficuldades da empreza.

Em 1802 *Napoleão I* determinou, que a organisação das leis repressivas começasse pela adopção do codigo de instrucção criminal. Justificando esta medida, diziam os oradores do governo[14]: «N'esta grave materia a lei do processo tem maior importancia do que em materia civil. Sendo o seu fim a investigação e verificação dos maleficios, o convencimento dos culpados, a applicação e execução das penas, esta lei constitue incontestavelmente a base fundamental do systema, repressivo. Destinada a garantir os direitos da sociedade e dos accusados, deve ser essencialmente independente da penalidade, cuja medida póde variar, conforme o tempo e a lenidade dos costumes. Só depois de ter traçado as regras da instrucção criminal é que o legislador deverá tratar de estabelecer, para cada crime ou delicto, penas justas e sufficientemente repressivas.»

Sustentando que não é essencial que a reforma da legislação ácerca do processo criminal seja precedida pela revisão do codigo penal, não é nosso intuito affirmar que esta não seja exigida em altos brados pela magistratura, pelos jurisconsultos e pela consciencia publica.

Por decreto de 30 de dezembro de 1857 foi nomeada uma commissão encarregada de rever o codigo penal, a qual se desempenhou d'esta incumbencia, redigindo um *Projecto de codigo penal*[15]*,* visto como o referido decreto lhe commettêra a incumbencia de elaborar a proposta que tivesse por mais rasoavel e proficua.

Não existindo entre nós systema penitenciario, occorreu a esta necessidade a lei da reforma penal e de prisões de 1 de julho de 1867, estatuindo a prisão cellular, que ainda não

---

[13] *De l'amélioration de la loi pénale* (Paris, 1855), pag. 17.
[14] Exposition des motifs du code d'instruction criminal, rapport de *Treillard, Réal et Faure.*
[15] Publicaram-se duas edições d'este projecto na imprensa nacional, em 1861 e 1864.

teve execução, apesar de ter sido publicada a lei de 24 de abril de 1873, que auctorisou a construcção de uma cadeia geral penitenciaria no districto da relação de Lisboa.

O decreto de 8 de outubro de 1874, reconhecendo que a commissão permanente creada pelos decretos de 13 e 20 de janeiro de 1870 tinha antes por encargo propor e formular remedios singulares para necessidades eventuaes e hypotheses occorrentes, do que a reforma completa das leis penaes de que se carece, dissolveu esta commissão e creou junto ao ministerio da justiça uma commissão encarregada da reforma do codigo penal, tendo por base o actual codigo decretado em 10 de dezembro de 1852, e o projecto de codigo confeccionado pela commissão creada por decreto de 30 de dezembro de 1857, accommodando os seus trabalhos aos preceitos da lei de 1 julho de 1867[16].

Em conclusão, o codigo repressivo compõe-se de tres leis connexas: a lei do processo criminal, a lei penal e a lei penitenciaria[17].

Este codigo é geralmente considerado como deficiente, insufficiente e anachronico, revelando omissões nas incriminações, desproporção nas penalidades, e um cortejo de rigores demasiadamente oppressivos da liberdade individual sem utilidade da repressão.

Mas, porque se não conseguiu ainda remodelar e reformar a legislação penal em harmonia com os principios mais racionaes da sciencia do direito penal, com o estado da nossa civilisação, com a lenidade dos nossos costumes, ficaremos acaso inhibidos de emprehender a reforma da legislação ácerca do processo criminal, instantemente reclamada com voz unisona pelos espiritos mais esclarecidos?

II

Divisão do projecto definitivo de codigo do processo criminal. Justificação d'esta divisão.

O Projecto definitivo de codigo do processo criminal divide-se em quatro livros.

No livro I comprehendem-se os principios geraes relativos ás acções resultantes da infracção da lei penal e á competencia. Este livro é como que a synthese do codigo do processo criminal, encontrando-se ali as regras geraes que dominam todo o systema d'elle.

O livro II trata *«da fórma do processo»*, e subdivide-se em tres partes distinctas, consignando-se em cada uma d'ellas os preceitos relativos ao *processo preparatorio,* ao *processo accusatorio* e ao *processo de julgamento.*

Esta ultima parte soffre ainda uma triplice subdivisão, regulando o julgamento dos processos criminaes, segundo a quantidade da pena correspondente ao crime ou delicto.

Comprehende este livro os preceitos e regras ácerca dos actos, termos e formalidades, que se devem empregar desde o ingresso da acção criminal em juizo, até o seu termo.

Expondo em um documento official as nossas idéas[18] ácerca do systema geral e economia do codigo penal, dissemos «que não duvidariamos adoptar a divisão, seguida pela

---

[16] Alguns dos vogaes d'esta commissão foram substituidos por outros, nomeados por decretos de 19 de novembro de 1874, 9 de julho e 10 de novembro de 1881.

[17] *Bonneville* citado, introduction, pag. XVI.

[18] Relatorio dirigido ao conselheiro procurador geral da corôa e fazenda, em 23 de outubro de 1869 (impresso no Porto em 1871).

commissão[19] quanto ás infracções, em crimes delictos e contravenções, a qual não só se deriva da maior ou menor gravidade das infracções, exprimindo esta diversa nomenclatura as differentes classificações dos factos incriminados, mas facilitaria a instauração do processo correspondente a cada especie de infracção. Assim, para a repressão das infracções que tivessem a natureza de crimes deveria instaurar-se o processo de querela; para a das que fossem classificadas como delictos, a fórma do processo correccional; para a das contravenções, a do processo de simples policia.»

Sendo, porém, outra a divisão adoptada pelo codigo penal vigente, tivemos de redigir o *Projecto de codigo do processo criminal* em harmonia com ella.

O livro III inscreve-se *«dos processos especiaes»* e contém as disposições, que regulam a fórma do processo dos crimes commettidos pelos delinquentes, que por motivos de conveniencia e ordem publica não podem estar sujeitos aos juizes e tribunaes ordinarios.

O livro IV comprehende a materia *«dos recursos»*.

Sob esta inscripção encerram-se os preceitos relativos aos recursos de *aggravo, appellação, revista* e *embargos*.

Parece-nos que a divisão das materias do *Projecto definitivo* é racional e logica.

Resultando da infracção da lei penal a acção criminal para a imposição da pena ao infractor e a acção civil para a reparação do damno, tornava-se mister prescrever em curta synthese os preceitos, que devem regular aquella acção desde a sua origem, quer com relação ao offendido, quer com referencia ao delinquente, quer a respeito dos juizes ou tribunaes que têem de conhecer d'ella.

Depois d'este complexo de preceitos geraes, segue-se naturalmente estatuir as regras e formalidades, que devem observar-se desde o ingresso da acção criminal no juizo ou tribunal criminal até á sua terminação.

Havendo alguns delinquentes que gosam de fôro especial, não por virtude de privilegio pessoal, que não póde coexistir com o regimen constitucional, mas por interesse da ordem publica e por motivos de conveniencia social, era indispensavel que os preceitos relativos á acção criminal proposta contra elles fossem comprehendidos em um livro especial.

Finalmente a materia dos recursos, pela sua natureza e comprehensão, estava naturalmente indicando que devia fazer objecto de um livro separado e distincto.

III

Livro I – Disposições geraes. – Das acções provenientes da infracção da lei penal. – Das causas suspensivas e extinctivas das acções provenientes da infracção da lei penal. – Da competencia. – Dos actos e termos do processo criminal. – Das custas. – Das nullidades. – Das provas.

O livro I do *Projecto definitivo* encerra em proposições genericas os preceitos, que regulam o exercício da acção criminal, os obstaculos que se oppõem ao seu curso regular, as causas que a extinguem, e os principios que determinam a competencia dos juizes e tribunaes criminaes.

---

[19] Nomeada por decreto de 30 de dezembro de 1857.

Esforçámo-nos em consignar em preceitos syntheticos os principios que regem a acção criminal, os meios dilatorios que differem o seu andamento regular, os meios extinctivos que a fazem terminar, e as regras da competencia, quer quanto aos juizes e tribunaes que exercem jurisdicção criminal, quer com relação á fórma do processo.

Poucos preceitos estabelecidos no *Projecto definitivo* carecem de justificação, porque são geralmente acceitos pelos codigos das nações cultas e pela jurisprudencia.

No artigo 7.º estatuimos o preceito da intervenção officiosa do ministerio publico para propor a acção criminal para a verificação do crime ou delicto e para a consequente punição do delinquente.

Tal era o preceito estabelecido no artigo 1.º do decreto de 10 de dezembro de 1852.

O crime affecta sempre a sociedade, e a magistratura do ministerio publico, como legitimo representante d'ella não podia ficar impassivel em presença da infracção da lei penal, qualquer que fosse a natureza e importancia do direito violado.

Entretanto, posto que a sociedade seja interessada na repressão dos maleficios, esta intervenção tem os seus naturaes limites nos principios de moralidade, no decoro da familia, nas conveniencias sociaes, que impõem ao ministerio publico a necessidade impreterivel de se abster de intentar a acção criminal, sem que preceda queixa da pessoa offendida ou do seu legitimo representante, como succede nos crimes de attentado ao pudor e nos de injuria commettidos contra algum soberano estrangeiro.

Nos artigos 10.º e 11.º trata *o Projecto definitivo* do modo como são representados nos juizos e tribunaes criminaes as pessoas incapazes de exercer os seus direitos por menoridade ou interdicção, e os corpos collectivos, succursaes, agencias ou estabelecimentos filiaes de qualquer banco. Pareceu-nos que a simples referencia aos preceitos do codigo do processo civil era sufficiente para regular a legitimidade das partes perante os juizos e tribunaes criminaes.

Podendo, porém, succeder que o delinquente seja o legitimo representante da pessoa, que não tenha a capacidade legal para comparecer em juizo, occorreu-nos a idéa de prevenir esta hypothese no § unico do artigo 10.º, onde se determina que, verificada ella, seja representado por um parente até o segundo grau por direito civil, e, na falta d'elle, por meio de supprimento judicial.

Alem das causas suspensivas mencionadas genericamente no artigo 12.º, enumera *o Projecto definitivo*, no artigo 14.º, as excepções dilatorias de *incompetencia, de suspeição, conflictos de jurisdicção* ou de *competencia*, e *prejudiciaes*.

A excepção de *incompetencia* induz falta de jurisdicção, ou seja em rasão do juiz ou tribunal criminal, ou da fórma do processo, ou da pessoa do delinquente: *ratione loci, materiæ, vel personæ*.

Posto que a competencia seja improrogavel, esta regra admitte as excepções consignadas no artigo 30.º e § unico do artigo 35.º

Tem sido ventilada entre os jurisconsultos a questão da *suspeição* dos juizes e magistrados do ministerio publico, no processo criminal[20]. Com relação aos juizes, é nossa opinião que n'este assumpto devem observar-se as prescripções, dos artigos 294.º a 298.º do

---

[20] Vid. o nosso *Manual do ministerio publico*, segunda edição, vbo. «*suspeição*».

codigo do processo civil. Não desconhecemos, que o alvará de 26 de abril de 1752 não admittia as suspeições dos juizes no processo preparatorio[21] *(inquirições devassas);* mas esta disposição não póde nem deve ser mantida em uma organisação racional do processo criminal. O poder judicial deve conservar toda a sua pureza e manter todo o seu prestigio para poder cumprir condignamente a sua nobre missão, e mal se poderão elevar á altura d'ella magistrados, que fundadamente possam ser suspeitados de menos isentos do influxo de paixões ou de motivos, que possam perturbar a serenidade do seu animo impassivel.

Admittindo a deducção da excepção de *suspeição* no processo preparatorio dentro do limitado praso de cinco dias estabelecido no artigo 17.º, obviâmos as delongas que poderiam oppor-se ao curso regular d'esta importante phase do processo.

Quanto aos magistrados do ministerio publico, opinámos que *a suspeição* não póde ser admittida no processo preparatorio, porque importaria um meio dilatorio e impeditivo da instauração da acção criminal.

Importa proceder com a maxima celeridade desde o momento da perpetração do crime, para apprehender desde logo todos os vestigios que d'elle restarem e que possam attestar a sua existencia, e este resultado difficilmente se poderá obter, admittida a excepção de suspeição opposta a estes magistrados no decurso do processo preparatorio.

Não podemos, porém, dizer o mesmo a respeito do processo de julgamento. No drama judiciario representado na audiencia, o representante da sociedade deve mostrar-se sobranceiro ás paixões que o possam dominar, e apenas animado do sentimento da justiça e do desejo de que a verdade se patenteie em toda a sua luz. Um accusador apaixonado e acintoso, desafogando rancores e odios contra o accusado, seria a consagração legal da vindicta pessoal e um espectaculo improprio do templo da justiça.

Uma das excepções dilatorias, que o presumido delinquente póde offerecer durante o processo preparatorio, é a questão *prejudicial* de propriedade ou de posse em bens immoveis: *feci, sed jure feci.*

O conhecimento d'esta excepção pertence aos juizes e tribunaes civis, devendo sobreestar-se no andamento da acção criminal até á decisão da questão sobre a propriedade ou sobre a posse. Se, porém, a questão *prejudicial* versar sobre a propriedade de effeitos moveis, os tribunaes civis carecem de competencia para decidir esta questão. Assim, no furto de objectos moveis os tribunaes criminaes são competentes para conhecer das excepções offerecidas como meio de defeza.

Tratando-se, porém de uma questão relativa ao estado civil do delinquente, como, por exemplo, se um individuo accusado do crime de *bigamia* allegar a nullidade do matrimonio, aos tribunaes civis compete conhecer da validade d'elle.

No caso de se tratar de questões, cuja decisão compete ao juizo ecclesiastico, das que dizem respeito ao abuso de funcções religiosas, injuria ao dogma, publicação de doutrinas contrarias á religião catholica, e outras similhantes, a acção criminal não progride sem que preceda decisão do juizo competente. Tal é a doutrina consignada na portaria do ministerio da justiça de 21 de março de 1853.

---

[21] Vid. uma minuta do auctor no *Direito,* tomo I, pag. 340.

Importa, porém, não exagerar a necessidade da intervenção do juizo ecclesiastico na prévia decisão das questões da competencia do juizo criminal, e, sob color da conveniencia do mutuo accordo, que aliás muito importa manter, entre o poder civil e o poder ecclesiastico, não subordinar a instauração da acção criminal a uma intervenção menos fundada d'este poder.

Entre as causas extinctivas da acção criminal comprehende-se a *prescripção,* que é uma excepção peremptoria de interesse e ordem publica.

É bem conhecida entre os jurisconsultos do paiz a questão dos actos interruptivos do processo, e a jurisprudencia que nos ultimos tempos parece ter sido fixada pelo supremo tribunal de justiça. Este illustrado tribunal, depois de uma serie de accordãos[22] em que tinha decidido, que qualquer acto ou termo do processo era sufficiente para interromper a prescripção, tem seguido ultimamente a opinião de que o unico acto judicial, que póde obstar a ella, é a instauração do processo excepcional dos réus ausentes estabelecido no decreto de 18 de fevereiro de 1847[23].

Para obviar a fluctuação das decisões dos tribunaes sobre este ponto, estatue o § unico do artigo 23.º, que a extracção dos mandados de captura importa um acto interruptivo da prescripção. Tal é a jurisprudencia seguida pelos tribunaes francezes[24].

O caso julgado constitue uma excepção peremptoria e póde verificar-se em grau de pronuncia ou em grau de julgamento.

A lei attribue ao caso julgado pelas jurisdicções de julgamento uma presumpção de verdade, em virtude da qual não se póde pôr em duvida o que foi irrevogavelmente decidido: *res judicata pro veritate habetur.* A maxima *non bis in idem* é uma garantia social necessaria, que deve proteger todos os cidadãos submettidos a um julgamento.

Todavia este principio soffre as excepções previstas nos artigos 86.º, 365.º, n.ᵒˢ 3.º e 4.º, e 540.º, 541.º e 543.º, a que correspondem os artigos 246.º e 360.º do codigo de instrucção criminal francez, segundo os quaes a auctoridade do caso julgado é meramente provisoria emquanto não apparecem novas provas ou indicios de culpabilidade.

Não fomos tão longe. Entendendo que era mister pôr um termo, ás pesquizas e investigações da justiça, para salvaguardar a segurança individual sem prejuizo dos interesses da repressão, julgámos que o caso julgado no processo preparatorio não podia perimir a acção criminal, quando a querela for annullada, ou quando tiver sido dada contra pessoas incertas e o crime não estiver prescripto.

No artigo 28.º estabelecem-se as regras que regulam a competencia, isto é, o direito que compete aos juizes ou tribunaes criminaes de exercer jurisdicção em certos e determinados actos. A competencia deve ser considerada sob a triplice relação do facto criminoso, do logar em que é commettido e da pessoa do delinquente: *racione materiæ, loci, vel personæ* .

---

[22] Vid. accordãos de 14 de maio de 1852 (*Diario do governo,* n.º 141) 10 de fevereiro de 1854 (*Diario do governo,* n.º 69), 15 de janeiro de 1856 (*Diario do governo,* n.º 45), 14 de julho de 1857 (*Diario do governo,* n.º 208), 17 de março de 1871 (*Diario do governo,* n.º 84).

[23] Vid. accordãos de 26 de janeiro e 18 de maio de 1877 (*Diario do governo,* n.ᵒˢ 77 e 120), 24 de maio de 1878 (*Diario do governo,* n.º 201).

[24] Vid. uma minuta de revista do auctor no *Direito,* tomo X, pag. 584; a nossa *Resposta ás observações* ao nosso *projecto definitivo,* publicada na *Revista de legislação e de jurisprudencia,* tomo XIV, pag. 579; *Dutruc.,* Mémorial du ministère public, tomo II, n.º 50, pag. 929; *Brun de Villeret,* Traité théorique et pratique de la prescription en matière criminalle, n.ᵒˢ 212 e 213.

Todo o juiz ou tribunal criminal deve encerrar-se nos limites que lhe são assignados pela lei, fóra dos quaes os actos praticados não têem auctoridade. A incompetencia é portanto de ordem publica, podendo ser allegada em todo o estado da causa e supprida officiosamente pelos juizes.

A competencia em rasão da materia ou do facto criminoso admitte differente fórma de processo, conforme a quantidade da pena correspondente ao crime ou delicto. Assim, nos crimes a que corresponderem as penas mencionadas nos artigos 250.º, 386.º e § unico do artigo 390.º, a fórma do processo do julgamento varia e admitte actos, termos e formalidades differentes.

A competencia em rasão do logar limita o exercicio da jurisdicção dos juizes a conhecer e julgar dos crimes commettidos dentro da respectiva circumscripção. Todavia rasões ponderosas de ordem publica persuadem a conveniencia de se prorogar a competencia do juiz da comarca, em que o crime ou delicto é committido, nos casos previstos no § unico do artigo 30.º de serem os delinquentes uma universalidade ou de se imputarem ao delinquente diversos crimes ou delictos processados em diferentes comarcas.

Estabelecendo n'este artigo a competencia do juiz do logar do delicto para conhecer e julgar todas as infracções commettidas dentro da sua jurisdição, foi nosso intuito facilitar a prova e todos os elementos de instrucção, que podem ser mais proveitosamente colligidos no logar da perpetração do crime ou delicto, onde existem o offendido e as testemunhas, do que n'aquelle em que o delinquente for encontrado. Entendemos que a unidade da competencia fortalece a acção repressiva pela localisação dos meios de prova, que mais facilmente se encontram no logar do crime, o que d'est'arte se evitam conflictos de jurisdicção ou de competencia, que, protelando o rapido andamento da acção criminal, fazem obliterar a impressão do crime, difficultam os meios de prova e enervam a repressão.

Taes eram as disposições do direito romano, e taes são as das legislação criminal da Allemanha, Italia e Inglaterra[25].

Todavia esta regra não podia deixar de ter a excepção, que estabelecemos no artigo 31.º Sendo de obvia conveniencia apprehender desde logo todas as provas da perpetração do crime, forçoso era decretar a competencia do juiz do logar em que o delinquente fosse encontrado ou capturado para proceder officiosamente a todos os actos e diligencias necessarias para este fim.

Para estes actos de mera policia judiciaria não duvidámos admittir a prorogação da competencia a favor d'este juiz.

Finalmente, a competencia em rasão da pessoa do delinquente encontra a sua racional justificação na necessidade de cercar de garantias de todo o ponto efficazes os delinquentes, que pela sua elevada posição; social devem estar ao abrigo de qualquer sentimento de animadversão ou de rivalidade das outras classes.

Inscreve-se o titulo IV: *Dos actos e termos do processo criminal.*

---

[25] *Vid. Bonneville* citado, pag. 326.

No titulo V trata o *Projecto definitivo «das custas»*, e cremos que a doutrina dos artigos 57.º, 58.º e 59.º não dará margem a reparos.

No primeiro d'estes artigos estabelece-se o principio de que sómente os réus condemnados são obrigados a satisfazer as custas do processo. Sendo este um preceito inconcusso, pareceu-nos que admittia uma excepção racional e justificada com relação ás custas dos traslados, dos recursos de aggravo e da fiança, actos que dizem respeito á defeza dos réus, e que muitas vezes evitam os actos subsequentes ao processo preparatorio[26].

Este preceito é o reconhecimento da pratica seguida nos juizos e tribunaes criminaes.

No artigo 58.º estabelece-se o principio da solidariedade entre os co-réus com relação á obrigação de pagarem as custas, o qual é um consectario da solidariedade criminal, que existe entre os co-réus do mesmo crime. Havendo entre estes unidade de fins e de proventos, e associando-se no mesmo projecto criminoso, a responsabilidade de indemnisar a sociedade pelas despezas do processo é a resultante d'aquelle principio.

O artigo 59.º especifica o que se comprehende nas custas, removendo duvidas que podem suscitar-se n'este assumpto.

Trata-se no titulo VI: *Das nullidades*.

Poucos assumptos ha que como este tanto se prestem á controversia juridica. Por um lado o principio da necessidade da repressão, que exige imperiosamente a brevidade do castigo e a certeza na applicação d'elle, está naturalmente aconselhando a determinação fixa, inalteravel, computada, dos actos e termos do processo, cuja preterição importa nullidade insupprivel; por outro lado os fóros sacratissimos da defeza reclamam não menos instantemente, que a lei do processo não prefixe nem comprehenda n'um quadro fatal o numero de formalidades impreteriveis, cuja omissão obste a novas investigações.

Ha e haverá sempre uma lucta irreconciliavel, um antagonismo eterno entre a liberdade e a ordem, entre a auctoridade e o livre arbitrio. A liberdade reclama todas as garantias protectoras dos seus fóros e repelle todas as restricções; a ordem inquieta-se com as franquias demasiadas da liberdade.

Adoptando um systema intermedio, procurámos fugir dos dois extremos, e por isso, receiando os inconvenientes do arbitrio dos juizes e tribunaes criminaes, se lhes concedessemos a latitude consignada no n.º 14 do artigo 13.º da lei de 18 de julho de 1855, exigimos o numero de cinco votos accordes para se decidir, que a preterição dos actos e termos do processo é essencial ao descobrimento da verdade e tem uma influencia directa na decisão da causa.

Seguindo este systema, julgámos que a segurança individual e social ficam salvaguardadas, e evitámos o inconveniente da immobilisação da jurisprudencia.

A materia das provas não podia deixar de ter cabimento nas disposições geraes comprehendidas no livro I, e constituem o objecto do titulo VII e ultimo d'este livro.

Sendo o fim da justiça criminal o descobrimento da verdade, e importando á sociedade tanto a punição do verdadeiro criminoso como o triumpho da innocencia, o processo criminal não podia deixar de admittir todos os meios de prova reconhecidos na lei civil e do processo civil, competindo aos juizes criminaes a apreciação da prova do facto criminoso e da culpabilidade do delinquente.

---

[26] Vid. uma resposta do auctor na *Revista de legislação e de jurisprudencia*, tomo XIV, pag. 509.

IV

Livro II – Da fórma do processo. – Parte I. – Do processo preparatorio. – Necessidade da creação de juizes preparadores. – Denuncia civica. – Processo inquisitorial: – Systema accusatorio – Meio de conciliar o principio da repressão com a defeza. – Necessidade da detenção preventiva. – Conveniencia de ampliar a concessão da fiança. – Parte II. – Do processo accusatorio. – Parte III. – Do processo de julgamento. – Conveniencia de unificar a forma do processo de julgamento e de proscrever os julgamentos excepcionaes. – Justificação de diversas disposições.

Emprehendendo a reforma do processo criminal, entendemos que deviamos propor a adopção de todos os meios de verificar a existencia do crime e a culpabilidade do delinquente, proscrevendo todas as formalidades inuteis, vexatorias e oppressivas. As formalidades lentas e apparentemente prolixas do processo são garantias de segurança individual e social; mas importa não as multiplicar e exagerar, em detrimento da liberdade do cidadão e sem utilidade real e apreciavel para a sociedade.

Compenetrado d'estas idéas, empregámos todos os meios e envidámos todos os esforços para expungir da reforma do processo criminal, que intentámos, todos os actos, termos e formalidades, que a rasão, a observação e a pratica do fôro não aconselhem como indispensaveis para a investigação da verdade, que é o fim da justiça criminal.

Todos reconhecem a indisputavel conveniencia de estatuir uma fórma de processo, que abrevie quanto seja possivel, e sem detrimento das garantias individuaes e sociaes, a instrucção do processo e o julgamento do delinquente, pois que é axioma vulgar em direito penal, que a pena é tanto mais efficaz e exemplar, quanto mais de perto segue o crime[27]. Se no momento em que este é commettido a sociedade exige a severa punição do criminoso mais tarde, apagada a impressão que d'elle resultou, serenado o terror publico, acalmado o alarme social, aos sentimentos de animadversão para com o delinquente succedem os de compaixão para com o homem transviado do caminho do dever pelo influxo de paixões desordenadas, pela falta de instrucção, ou pelo concurso de circumstancias irresistiveis.

É, portanto, mister aligeirar quanto possivel a fórma do processo sem comprometter os interesses da sociedade, nem os direitos da innocencia.

A este respeito diz *J. Tissot*[28]:

«Formalidades do processo criminal sabiamente concebidas e fielmente observadas são a muitos respeitos mais importantes do que uma penalidade inteiramente apropriada aos delictos. É nas formalidades que consiste a garantia de não ser accusado e condemnado sem ser culpado e de gosar da segurança e inviolabilidade essenciaes á vida social. Sem as formalidades, habilmente concebidas e observadas com uma intelligencia escrupulosa, o arbitrio, a negligencia, a propria injustiça tomam o logar do direito; a innocencia está ameaçada pela propria instituição que deve protegel-a; todos os direitos estão em perigo, todos podem ser atacados e violados sem esperança fundada de reparação[29]».

---

[27] *Bonneville* citado, pag. 322.
[28] *Le droit pénal étudié dans ses principes, dans les usages et les lois des differents peuples du monde.*
[29] Vid. a nossa *Resposta ás observações ao nosso projecto definitivo*, publicada na *Revista de legislação e de jurisprudencia*, tomo XV, pag. 33.

Uma das reformas que se nos afigura que poderia concorrer poderosamente, para se conseguir este resultado era a creação de juizes preparadores nas comarcas de Lisboa e Porto.

Ha muito que estamos convencido de que a nossa organisação judiciaria é sobre maneira deficiente e carece de ser reformada. Como prova d'esta asserção, transcreveremos aqui o que dissemos na *«Breve exposição de motivos»* do nosso primeiro *«Projecto;* «Occorreu-nos a idéa de crear juizes preparadores nas comarcas de Lisboa e Porto. Afigura-se-nos que da creação d'estes logares adviria reconhecida vantagem ao serviço publico n'estas comarcas, em que o movimento criminal é assás crescido, e far-se-hia simultaneamente um ensaio proficuo, separando as funcções da instrucção do processo das do julgamento final[30].»

Inscreve-se o livro II: *Da fórma do processo.* Encerra este livro o complexo de actos, termos e formalidades do processo tendentes a tornar effectiva a acção criminal desde o seu ingresso em juizo até á sua terminação.

A parte I d'este livro trata do *processo preparatorio.* Antes, porém, de se occupar d'esta parte do processo, o *Projecto definitivo* consagra o *titulo preliminar* á enumeração dos meios, pelos quaes o juizo criminal tem conhecimento da infracção da lei penal. Tal é o objecto dos artigos 66.º a 74.º

Entre esses meios figura em primeiro logar a queixa do offendido, que o artigo 68.º torna meramente facultativa, em harmonia com a nossa legislação anterior.

No artigo 60.º do nosso *Projecto* primitivo estabeleciamos, que toda a pessoa offendida por qualquer crime devia queixar-se verbalmente ou por escripto ao respectivo magistrado do ministerio publico, exceptuando d'esta disposição as pessoas offendidas pelos crimes de attentado ao pudor, estupro, violação, rapto e adulterio. Justificando esta disposição, escrevemos na *«Breve exposição de motivos»* o seguinte: «Pareceu-nos conforme aos princípios da penalogia, que ao offendido corria o indeclinavel e impreterivel dever de queixar-se á auctoridade publica da infracção da lei penal, e que, estando longe da epocha do direito penal, em que vigorava o systema das *composições percuniarias,* não era licito ao paciente do crime deixar de pedir a repressão do agente do mesmo. Estabelecemos, comtudo, as excepções do § unico do artigo 60.º, porque se nos afigura que um principio eminentemente moral exige que não haja publicidade obrigatoria na delação dos crimes ali alludidos.»

Considerando todos os cidadãos interessados na manutenção da ordem social, e julgando o seu concurso uma consequencia da sua coexistencia na sociedade, entendemos que a queixa era um dever impreterivel da parte do offendido, que por este modo concorria para a conservação da ordem e tranquillidade publica.

Partindo d'este principio, sustentado por escriptores eminentes, considerámos como um dever de todo o cidadão a denuncia do crime, que denominámos civica para remover toda a idéa odiosa, geralmente ligada a esta palavra. Póde, porém, mais do que a nossa convicção o preconceito generalisado e arreigado de que a denuncia é um acto repugnante e repellido pela opinião publica, e por isso a substituimos pela participação que qualquer pessoa queira fazer do crime ou delicto.

Para justificar a nossa opinião, seja-nos licito transcrever aqui o que escrevemos na *«Breve exposição de motivos»* do citado *Projecto:* «No intuito de nobilitar a *denuncia* e de

---

[30] Vid. o artigo 9.º da proposta de lei apresentada em sessão da camara dos senhores deputados de 26 de abril de 1880.

remover todo o caracter odioso, que se lhe associa, demos-lhe o qualificativo de *«civica»*, reconhecendo assim que o principio da solidariedade defensiva da sociedade exige, que não permaneçam, impassiveis os cidadãos que presencearam algum crime ou d'elle tiveram noticia. As excepções consignadas no § unico do artigo 61.º justificam-se pela natureza e elevação das profissões ali referidas. Doutrina identica se acha estabelecida no artigo 30.º do codigo de instrucção criminal e no artigo 378.º do codigo penal francez[31].»

Um dos problemas da actualidade, que mais preoccupa a attenção e exame dos magistrados, jurisconsultos e pensadores, é o da fórma, da instrucção do processo preparatorio.

A historia, diz o sr. *Le Royer,*[32] apresenta dois systemas de instrucção preparatoria applicados successivamente, segundo prevalecem as noções de franquias individuaes sobre os direitos mal definidos da communidade. Em Roma a iniciativa da accusação competia a qualquer cidadão, não havendo representante especial da sociedade. O processo tinha toda a publicidade.

Abstendo-nos de fazer a historia do systema accusatorio e do inquisitorial, limitar-nos-hemos a investigar qual d'estas fórmas deverá ser adoptada no nosso processo de instrucção.

Os partidarios da publicidade da instrucção preparatoria, inspirados de idéas generosas, impressionados pelo vexame do sequestro da liberdade individual, e identificados com o principio sagrado da defesa do cidadão, reclamam em altos brados a necessidade instante, e imperiosa de proscrever a fórma inquisitorial na investigação das provas de culpabilidade do presumido delinquente. No sentir d'elles, a instrucção preparatoria, supprimindo as garantias do accusado e os meios de defeza, concede á accusação um poder illimitado, comprommettendo irreparavelmente os direitos do presumido delinquente[33].

Transcrevemos aqui, não pelo que valem, senão porque exprimem: a nossa convicção, as palavras que escrevemos na *«Breve resposta aos estudos juridicos acerca do nosso projecto de codigo do processo criminal»*: «O horror que elle professa á fórma inquisitorial (assim denominada pelo insigne *Faustin Hélie* e por outros tratadistas do processo criminal), empregada para descobrir e colligir todas as provas e indicios de culpabilidade contra o supposto delinquente, provem acaso mais da qualidade do adjectivo, que parece recordar a existencia de um tribunal de ominosa memoria, do que da natureza e essencia d'essa fórma, estabelecida em quasi todos os codigos das nações cultas, defendida pelos mais abalisados escriptores, e apoiada em rasões indestructiveis de reconhecida conveniencia.»

«Proscrevendo a intervenção da parte, tanto publica como particular, no processo preparatorio, foi nosso intento obviar a um dualismo entre o juiz e as partes de todo o ponto prejudicial á administração da justiça e á indagação da verdade. Vendo cada um as cousas por seu prisma, surgiriam instancias reiteradas, apreciações contradictorias, debates pouco serenos, que protrahiriam a instrucção e dariam aso a conflictos sempre nocivos á causa publica.»

---

[31] E tambem nos artigos 87.º e 88.º do codigo da Baviera, e no artigo 155.º da ley de enjuiciamiento criminal de Hespanha. Vid. *Bonneville* citado, pag. 55.

[32] Project de loi tendant à réformer le code d'instruction criminelle, présenté au nom de M. Jules Grëvy, par M. E. Le Royer, guardes des sceaux, ministre de la justice. *Journal officiel de la république française* le 15 janvier, 1880.

[33] *Munier Jolin*, Instruction criminelle, inquisitoriale et secrète.

«Demais, o presumido delinquente, conscio do pensamento do juiz, trataria por si e pelo influxo de seus protectores e sequazes de inutilisar o trabalho paciente e reflectido d'este magistrado, exercendo pressão, ou corrompendo testemunhas, e contrapondo á prova descoberta pelo juiz outra prova artificial architectada para subtrahir-se aos vexames, eventualidades e riscos de um julgamento.»

«Se acaso têem havido abusos, que denotem preterição do cumprimento do dever, se porventura algum juiz aproveitou o processo preparatorio para dar logar á satisfação de ruins paixões, para cevar odios e rancores, para opprimir cidadãos inoffensivos, para flagellar a innocencia, felizmente são rarissimos os exemplos d'estas aberrações, como espontaneamente reconhece o nosso censor, em homenagem á magistratura portugueza. Onde os partidarios da publicidade da instrucção do processo vêem um perigo para a liberdade individual, vemos nós uma efficaz garantia social. Se muito importa não sacrificar o individuo em holocausto á sociedade, não menos releva não arriscar a segurança d'esta sob color de proteger a liberdade individual.»

«Alem d'isto, ha casos em que é de indisputavel conveniencia evitar a divulgação das indagações e pesquizas do juiz instructor. Da publicidade d'estes actos póde muitas vezes resultar algum desaire ao presumido delinquente, e por vezes pairar a duvida no animo dos que assistiram a elles. Nada tão melindroso e fragil como a honra! Nada tão caro e apreciavel como a reputação! Vem a pêllo recordar as conceituosas palavras de *Voltaire:* «Calumniae, calumniae, que da calumnia sempre ficará algum vestigio!»

«Estimando em pouco a auctoridade das nossas palavras e o peso das nossas rasões, escutaremos as de *Bertin,* que assim se expressa. «A presença do publico nos differentes actos de instrucção preparatoria póde, em certas circumstancias, ser util ao suspeito, que encontra effectivamente na publicidade da informação garantias de calma e imparcialidade, que porventura não achará sempre no jury, que procede secretamente e cujos actos não são fiscalisados pelos assistentes que escutam e apreciam as suas averiguações.»

«Estas vantagens afiguram-se terminantes aos que exigem a publicidade da instrucção «preparatoria, mas esquecem por certo que a questão envolve outros elementos de solução. «Se, em muitos casos, o suspeito de um crime póde ter interesse em que a instrucção «preparatoria seja feita publicamente, em outros convir-lhe-ha muito mais não tornar o publico «confidente de uma inculpação injusta, que póde ser destruida pelas informações que desde o «principio da instrucção póde subministrar. Não convem a todos que se dê publicidade á «queixa, posto que seja mal fundada, e á informação que é a sua consequencia. Algumas «pessoas, injustamente accusadas, felicitam-se de achar no segredo da instrucção prepara- «toria uma protecção para a sua honra e contra as prevenções desfavoráveis, que são o «resultado de imputações que deixam muitas vezes vestigios desagradaveis.»

«Passando a encarar a questão sob o aspecto social, o mesmo escriptor acrescenta: «Todas as infracções da lei penal devem ser punidas para salvaguardar a ordem publica e «garantir a segurança dos cidadãos. Para chegar a este resultado a lei deve collocar aquelles, a «quem incumbe de comprovar o facto e de reunir os elementos de prova, em condições taes, «que possam, dentro dos limites da justiça e da humanidade, desempenhar utilmente a missão «que lhes está confiada. Acaso a publicidade da instrucção preparatoria permitte ao juiz «desempenhal-a como exige o interesse publico?»

«Quando o magistrado procede secretamente no seu gabinete á informação, as explica-
«ções dadas pelo presumido delinquente ou pelas testemunhas podem patentear-lhe o corpo
«do delicto e descobrir-lhe um ou muitos cumplices; adopta immediatamente todas as medidas
«que lhe parecem necessarias, e póde por estes meios chegar a adquirir as provas indispen-
«saveis e uteis á justiça.»

«Se a instrucção preparatoria se torna publica, os parentes, os amigos e talvez os proprios
«cumplices do accusado abster-se-hão de assistir a ella. As indicações valiosas feitas em
«audiencia serão immediatamente aproveitadas para fazer desapparecer todos os vestigios do
«crime e os criminosos.»

«Occupando-se do influxo que a instrucção secreta tem exercido na Inglaterra, diz aquelle
«auctor: «É facil comprehender que estas revelações feitas publicamente deveriam empecer a
«marcha da justiça criminal, enervar a repressão e favorecer a impunidade. É mister que o mal
«fosse profundo e assás consideravel o damno social para que os inglezes, que conservam as
«suas leis, posto que universalmente reconhecidas como más, e professam um verdadeiro
«culto pelas que consagram os principios fundamentaes das suas instituições, estabeleces
«sem uma excepção á regra geral da publicidade na instrucção preparatoria. A lei de 14 de
«agosto de 1848 determina que o logar ou edificio, em que o juiz ou juizes fizerem os exames e
«receberem as declarações de que se trata, não será considerado como um tribunal publico
«*(cour publique)* com relação a estes actos, podendo o juiz ou juizes, á sua discrição,
«prohibir que ninguem entre ou se conserve no dito lugar ou edificio sem seu consentimento
«ou permissão, se porventura julgarem que será mais facilmente attingido o fim que a justiça
«se propõe.»

«O sr. *Ernesto Bertrand,* juiz do tribunal do Sena, em um folheto intitulado *Da detenção
preventiva em França e Inglaterra,* observa com rasão que é para estranhar que, quando a
Inglaterra, determinada por imperiosos motivos a reconhecer os graves inconvenientes da
publicidade da instrucção preparatoria, adopta, ao menos em parte, a regra contraria, se trate
em França de estabelecer um modo de instrucção reconhecido como defeituoso em Inglaterra e
que está abandonado em parte pela legislação d'este paiz.»

«Depois das conceituosas palavras que ficam transcriptas e do edificante exemplo da
Inglaterra, tão aferrada ás suas instituições seculares, que estamos costumados a citar a
proposito de tudo, seria baldado intento desenvolver mais este assumpto.»

Mas, se reconhecemos com alguns antigos jurisconsultos francezes[34], que a instrucção
prévia é a «alma do processo, e que é ella que lhe dá o ser e a fórma», entendemos tambem que
convem aos interesses da sociedade e do cidadão não lhe tolher os meios de habilitar o juiz
para chegar ao descobrimento da verdade, que é o fim da justiça criminal.

Se criminalistas eminentes julgam ter encontrado a solução pratica do problema, alliando
e combinando o systema accusatorio com inteira publicidade e como correctivo contra os
abusos e excessos do systema inquisitorial, não podemos nem devemos dissimular que a
opinião publica, os espiritos mais reflectidos, criminalistas profundos e magistrados conspi-
cuos começam a preoccupar-se com a situação do presumido delinquente, a quem a contingencia da prova moral, póde fazer parecer criminoso, e que não póde fazer ouvir a sua voz no
gabinete do juiz instructor do processo.

---

[34] Ayraul, *De l'ordre, formalité et instruction judiciaire,* liv. I, part. I, n.º 5, p. 5.

O sr. *Le Royer*, guarda sellos, ministro da justiça da republica franceza, no relatorio que precede o projecto de reforma do codigo de instrucção criminal, apresentado no senado em sessão de 27 de novembro de 1879, reconhece que, sendo este codigo um grande progresso na epocha da sua promulgação, muitas das suas disposições não correspondem aos dictames da rasão e ás preoccupações escrupulosas da justiça, e que, se a sociedade exige que o crime não fique impune, a defeza reclama não menos imperiosamente, que a pena recáia sómente sobre o culpado. Reconhecendo que a inviolabilidade da innocencia é tão importante como a certeza exemplar da repressão, e que a tranquillidade da sociedade é mais ameaçada por uma condemnação injusta do que pela impunidade de um criminoso, entende que os interesses da defeza não devem considerar-se em opposição com os da sociedade.

Determinado por estas ponderosas rasões, propõe no artigo 64.º do projecto de reforma do codigo de instrucção criminal, que as testemunhas possam ser inquiridas em presença ou na ausencia do ministerio publico, da parte civil e do presumido delinquente, devendo, n'este ultimo caso, o juiz dar conhecimento a este dos depoimentos d'ellas com a possivel brevidade, ou, o mais tardar, antes de terminar a instrucção do processo.

Meditámos profundamente no alcance d'esta reforma, e confessâmos que, tendo chegado a redigir alguns artigos, facultando o comparecimento do presumido delinquente, assistido do seu advogado, ao acto da inquirição das testemunhas, sendo tambem intimado o ministerio publico para ser presente, receiámos que a transição rapida do systema do processo de instrucção secreta para um regimen de publicidade e debate controvertido entre o juiz e as partes nos conduzisse ás perniciosas consequencias que acima expozemos, e que os legitimos interesses da sociedade fossem gravemente compromettidos.

A propria França, tão adiantada no caminho da civilisação e das reformas sociaes, parece ter hesitado em pôr por obra esta reforma, porque ainda não foi convertida em lei.

Occorreu-nos um meio de conciliar o principio essencial da repressão com o direito sagrado da defeza, e consignámos no § 2.º do artigo 76.º a faculdade de poder o delinquente, durante o processo preparatorio, offerecer ao juiz instructor as provas que tiver da sua innocencia, e que este deverá colher, uma vez que não tendam manifestamente a protrahir o andamento regular do processo. Evitando os graves inconvenientes de ter o delinquente previo conhecimento do pensamento do juiz no processo de instrucção e de empecer a acção d'este magistrado, fica d'este modo salvaguardada a innocencia, que póde, desde o começo da instrucção, fornecer ao juiz todos os meios de prova que tiver para a demonstrar.

O processo preparatorio começa pela querela.

Este termo, que, segundo a antiga terminologia, designava a promoção do magistrado do ministerio publico ou o requerimento da parte offendida dirigido ao juiz a fim de proceder á instauração do processo criminal para averiguar a culpabilidade do delinquente, é empregado no *Projecto definitivo* no sentido lato de *queixa* para se proceder aos actos e termos do processo necessarios para tornar effectiva a punição do criminoso, que commetter qualquer infracção, a que corresponda alguma pena maior ou alguma das penas correccionaes a que se refere o artigo 386.º

Adoptando este meio de ingresso da acção criminal em juizo, pareceu-nos que evitavamos um desperdicio de tempo consumido em promover a formação do corpo de delicto.

Supprimimos o auto de querela, por ser a mera e simples reproducção do requerimento d'esta.

Julgando insufficiente o praso de trinta dias estabelecido pela legislação vigente para o encerramento do processo preparatorio, propomos que se prelongue por espaço de sessenta dias, se antes da terminação d'elle não estiver verificada a existencia do crime e a culpabilidade do delinquente.

Pareceu-nos de indisputavel conveniencia não circumscrever as investigações e pesquizas do juiz instructor a um praso assaz limitado, e que os interesses da sociedade reclamam, que se fixe um praso mais extenso para se poderem descobrir, colligir e apreciar as provas do crime e dos seus agentes responsaveis.

Taes são as rasões justificativas das disposições dos artigos 75.º, 81.º e 82.º

No artigo 78.º estatuimos a disposição de que, se o delinquente estiver condemnado em pena que não possa ser aggravada, e commetter um novo crime ou delicto, ou se se lhe descobrir algum outro ainda não prescripto, deverá formar-se processo preparatorio para verificar se ha outro co-réu implicado no mesmo facto criminoso.

Os fundamentos d'esta disposição estão consignados no officio, que em 12 de maio de 1879 dirigimos ao ex.^{mo} conselheiro procurador geral da corôa e fazenda, e de que passâmos a transcrever o seguinte:

«O codigo penal determina no artigo 87.º o seguinte: «Salvo nos casos especialmente «declarados, não tem logar a accumulação das penas, excepto a de multa, por crimes anteriores «á primeira condemnação; e se applicará sómente a pena mais grave decretada na lei, aggra-«vando-se, segundo as regras geraes, em attenção á circumstancia da accumulação de crimes.»

«Disposições similhantes se encontram no artigo 1173.º da novissima reforma judicial e no artigo 19.º da lei da reforma penal e de prisões de 1 de julho de 1867.»

«A analyse d'aquelle artigo do codigo penal leva-me naturalmente a decompol-o nas proposições seguintes:»

«1.ª Que, em regra, não é permittida a accumulação de penas no caso de um concurso de crimes anteriores á primeira condemnação, excepto a de multa;

«2.ª Que, dado o concurso ou simultaneidade de crimes, sómente será imposta a pena mais grave, observando-se na aggravação as regras geraes em attenção á circumstancia da accumulação dos crimes».

«Á excepção de *Ortolan,* que combate como injusto e desnecessario, tanto o systema da addição de cada pena a cada delicto, como o da applicação da pena mais grave no caso de accumulação ou concurso de muitos delictos, todos os criminalistas mais notaveis se pronunciam por este ultimo systema, que se baseia mais em um principio de humanidade e de equidade do que no rigor do direito.»

«Convem ter presente que o concurso ou accumulação de crimes póde ser ideal ou moral, e real ou material.»

«Quando o agente pratica um só acto, que encerra em si a violação simultanea de muitos deveres e que importa a transgressão de differentes leis penaes, póde dizer-se que, sob o aspecto do exercicio da actividade physica, não lia mais do que um delicto; mas pelo lado da apreciação moral do acto dá-se a perpetração de muitos crimes. Podem servir de exemplos de accumulação ideal ou moral de delictos a prisão do chefe do estado na occasião de uma sedição ou rebelião, ou a de um funccionario publico, espancado e ferido na mesma occasião, a invasão de casa alheia contra vontade do dono ou locatario e installação n'ella para atacar o governo existente.»

«N'estes e n'outros casos similhantes a solução do problema penal não oferece difficuldades, pois que deverá attender-se á infracção mais grave, que resultar do acto, para se applicar a pena mais grave, constituindo as outras infracções motivos de aggravação.»

«O mesmo pode dizer-se com relação aos delictos *continuos,* impropriamente chamados *successivos,* os quaes, posto que constem de diversos actos, estão todos ligados pela unidade de concepção, de resolução e de fim. Taes são os delictos de fabricação de um cunho falso, com o qual se fundem muitas moedas falsas; de conservar correspondencia com uma potencia estrangeira inimiga, e outros similhantes. Ha n'estes delictos uma continuidade moral, que se revela na reiteração de actos, cada um dos quaes, considerado isoladamente, é de per si criminoso.»

«Onde, porém, o problema é de difficil solução, é na accumulação real, formal ou material de crimes. É aqui sómente que se dá a pluralidade de delictos praticados pelo mesmo agente.»

«O juiz criminal pode achar-se a respeito do mesmo agente, a quem se imputam differentes infracções, na situação de ter de applicar a disposição do artigo 87.º do codigo penal: 1.º, a crimes de que só houve conhecimento em juizo depois da sentença condemnatoria proferida por outros crimes; 2.º, a crimes commettidos posteriormente ao julgamento e condemnação.»

«A primeira hypothese acha-se prevista no artigo 1178.º da novissima reforma judicial, que manda remetter o réu preso ao juiz de direito, em cuja jurisdicção se commetteu o crime, devendo sobreestar-se na execução da sentença emquanto não for julgado pelo segundo. É a consagração do principio do artigo 1173.º, reproduzida com alguma alteração no artigo 87.º do codigo penal.»

«A segunda hypothese é propriamente a da consulta, e acha se discutida e resolvida na acta da sessão do conselho da procuradoria regia da relação de Lisboa de 4 de agosto de 1842, approvada por officio d'essa procuradoria geral da corôa de 30 de junho de 1845, e transmittida aos delegados subordinados a esta procuradoria regia na circular n.º 278.»

«O conselho decidiu em hypothese identica á que sujeito á resolução de v. ex.ª, que devia formar-se novo processo pelos fundamentos seguintes:

«1.º Porque, nascendo a acção publica da lei, não era licito aos magistrados do ministerio publico desistir d'ella, porque a lei não lhes concedia similhante arbitrio;

«2.º Porque, sendo arbitraria a pena imposta pela ord., liv. 5.º, tit. 48, § 3.º, ao crime de fuga da cadeia, devia o ministerio publico promover a applicação de uma pena, que podesse acrescer e accumular-se com a outra, em que o réu estava condemnado;

«3.º Porque a disposição do artigo 1173.º da novissima reforma judicial presuppõe o caso de serem julgados ao mesmo tempo todos os crimes imputados a um réu, por serem anteriores á prisão e julgamento, e não a hypothese de se julgar um crime posterior ao julgamento de outros commettidos pelo mesmo réu, pois que, se se pretendesse dar outra intelligencia ao citado artigo 1173.º, resultaria o absurdo de poder um criminoso, depois de condemnado, commetter impunemente outros crimes.»

«Entretanto, doutrina diversa foi sustentada em officio do ministerio da justiça de 22 de maio de 1860, insinuando que a instauração de um novo processo por crime leve, contra um réu já condemnado em pena perpetua, importaria um desacato ao poder judicial, se não se mandasse cumprir a pena, que já não póde ser aggravada; um embaraço ao poder executivo, se se sobreestivesse na execução da sentença condemnatoria até ao julgamento do novo crime; e um incentivo ao criminoso, que acharia no proprio crime meio facil de zombar das leis e dos poderes publicos.»

«A minha opinião é que, embora o crime commettido depois de ter sido o réu condemnado por outros, seja punido com pena menos grave, tem necessariamente de formar-se novo processo:

«1.º Pelo principio de que a instauração da acção criminal provém da lei e não da vontade ou arbitrio dos seus executores;

«2.º Porque o codigo penal presuppõe no artigo 87.º a hiypothese da accusação simultanea de differentes crimes anteriores á primeira condemnação, emquanto na hypothese sujeita o crime não existia, pois que só foi commettido depois de ter sido o réu julgado e condemnado por outro ou outros crimes;

«3.º Porque, podendo haver co-auctores ou cumplices na perpetração do crime commettido depois de ter sido condemnado o réu por outro crime, embora mais grave, não póde deixar de instaurar-se a competente acção criminal para averiguar a existencia do novo crime e a responsabilidade criminal e civil d'elle resultante, nos termos dos artigos 105.º e 106.º do codigo penal e artigo 2363.º do codigo civil;

«4.º Porque, salvo o caso previsto no § 2.º do artigo 79.º do codigo penal, as penas são sempre susceptiveis de aggravação, como se mostra das disposições dos § 3.º, 4.º, 5.º e 6.º d'este artigo e do artigo 78.º do codigo penal.»

Mau grado nosso, e determinado pela invencivel repugnancia que se nota em fazer despezas reproductivas na administração da justiça, tivemos de desistir da creação dos peritos officiaes, que tinhamos estabelecido no artigo 172.º do nosso primeiro *Projecto* para as cidades de Lisboa, Porto e Ponta Delgada. A falta de organisação do serviço medico-legal entre nós é sobremaneira sensivel e muito póde affectar a administração da justiça criminal[35]. As declarações scientificas e consciensiosas dos peritos são um poderoso auxiliar para os magistrados, e, posto que ellas não sejam inconcussas nem irrefutaveis, exercem comtudo um poderoso influxo no resultado da acção criminal.

Justificando a creação d'aquelles peritos, escrevemos na *«Breve exposição de motivos»* do primeiro *Projecto*: «Os peritos officiaes, escolhidos d'entre as summidades da sciencia, e ligados pelo vinculo do juramento, offerecem todas as garantias de acerto e imparcialidade nas suas decisões.»

Respeitando a liberdade de consciencia, e convencido de que convem á magestade da justiça evitar a representação de scenas pouco edificantes nos tribunaes, prevenimos nos artigos 99.º, 127.º e 128.º a hypothese de declararem os peritos, as testemunhas e os interpretes que não professam religião alguma, admittindo-os a fazer as suas declarações ou a deporem, mediante a sua palavra de honra. Para os denominados livres pensadores, que se acharem n'esta situação e que não podem invocar a divindade para affirmarem a verdade do seu depoimento, entendemos que este é o unico vinculo que os póde ligar.

Em Italia procedeu-se similhantemente, approvando-se as disposições modificativas da formula do juramento, com a collaboração dos ministros da justiça os srs. *Vigliani* e *Mancini*, tirando-lhe todo o caracter theologico e religioso[36].

---

[35] Vid. um projecto de lei no *Diario da camara dos senhores deputados* de 15 de fevereiro de 1882.

[36] O sr. *Bradlaugh*, tendo sido excluido da camara dos communs em Inglaterra, por ter recusado prestar juramento, foi expulso segunda e terceira vez, por ter declarado que o juramento não tinha para elle força obrigatoria.

O sr. *Humbert,* guarda sellos, ministro da justiça da republica franceza, no intuito de obviar os incidentes motivados por escrupulos de consciencia, apresentou na sessão da camara dos deputados de 18 de março do corrente anno de 1889 um projecto de lei, permittindo a substituição do juramento por uma promessa solemne de dizer a verdade, quando as testemunhas, os jurados, ou outras pessoas que tiverem de prestar juramento, declararem que as suas convicções não lh'o permittem prestar[37]. A commissão encarregada de examinar este projecto, de que foi relator o sr. *Jullien,* rejeitou a formula do juramento, admittindo sómente a simples promessa de dizer toda a verdade[38].

A detenção preventiva do presumido delinquente, posto que não seja uma pena, porque não a póde haver sem que tenha precedido um julgamento e uma condemnação, é um sacrificio exigido em nome da segurança social, da salvaguarda do delinquente, do interesse da instrucção do processo e da execução da pena. Se esta medida póde opprimir a liberdade de um innocente e causar-lhe grave damno material e moral, esta injustiça necessaria, na phrase de *Emile Clolus*[39], é em muitos casos uma garantia para a sociedade ameaçada por novos crimes, a que póde abalançar-se o criminoso no estado de liberdade; a egide protectora do presumido delinquente, que no momento em que o crime é committido póde ser victima da excitação publica; um meio energico de instrucção do processo, porque o criminoso, no estado de liberdade, poderia aniquilar as provas, intimidar, corromper, sollicitar, ameaçar as testemunhas e combinar com ellas os depoimentos que devem prestar; e finalmente uma garantia da effectiva execução da sentença condemnatoria[40].

Restringimos comtudo no artigo 150.º a prisão preventiva aos casos de flagrante delicto, com exclusão das coimas e contravenções, de se evadir o delinquente da cadeia, logar de custodia, ou da guarda dos empregados ou agentes de justiça, administração ou policia, e aos crimes ou delictos que não admittem fiança, procurando d'este modo conciliar, quanto possivel, o principio da repressão com a liberdade individual.

Se o sequestro da liberdade do presumido delinquente é um mal necessario, a incommunicabilidade d'elle é uma medida preventiva de indisputavel conveniencia. Se depois da perpetração do crime o delinquente estiver em contacto com os outros criminosos, póde o convivio com estes cortar o fio que póde servir de guia ao juiz instructor no dedalo do crime.

É da mais intuitiva conveniencia deixar o criminoso entregue ás suas proprias impressões e aos impulsos da sua consciencia, para que possa espontaneamente e sem sombra de coacção fazer ao juiz todas as revelações, que possam derramar luz na instrucção do processo.

Reconhecendo, porém, que esta situação angustiosa não póde nem deve prolongar-se, limitámos no artigo 167.º a duração da incommunicabilidade ao praso de oito dias, podendo o juiz instructor suavisal-a, permittindo ao detido o uso de livros ou de instrumentos de trabalho profissional, comtanto que não sejam de tal natureza que possa attentar contra a sua existencia, ou não tendam a tornar illusorio o estado de incommunicabilidade.

Posto que a legislação de algumas nações conceda ao delinquente ampla liberdade provisoria, sem que seja compellido a prestar caução, pareceu-nos que n'este assumpto deviamos

---

[37] Vid. *Journal des débats politiques et littéraires,* 20 mars, 1882.
[38] Vid. *Journal des débats politiques et littéraires,* 1er e 2 avril, 1882.
[39] Obra citada, pag. 47.
[40] Vid. *Faustin Hélie,* Traité d'instruction criminelle, V, pag. 748.

manter a legislação vigente. Convencido de que as provisões d'ella são garantia sufficiente para salvaguardar a liberdade individual, estabelecemos no artigo 191.º a disposição de que o delinquente poderá livrar-se solto, sem que seja compellido a prestar fiança, nos crimes ou delictos a que corresponderem as penas n'elle mencionadas.

Á excepção contra os que são notoriamente considerados vadios facilmente se justifica pelos antecedentes d'elles.

Entendemos que nos crimes a que corresponder alguma das penas maiores, deve ser concedida fiança, provando-se pelo processo preparatorio, ou, quando não tenha ainda sido instaurado, por uma inquirição summaria de duas ou mais testemunhas, que existe alguma dos circumstancias attenuantes, previstas nos n.ᵒˢ 2.º, 3.º, 4.º, 5.º, 7.º, 8 .º, 9.º e 10.º do artigo 20.º do codigo penal.

Disposições similhantes foram adoptadas na legislação do imperio do Brazil.

Afigura-se-nos que não podiamos ir tão longe como foi o projecto de lei da commissão de legislação apresentado na sessão da camara dos senhores deputados de 12 de março do actual anno de 1881, e votado na sessão de 19 do mesmo mez e anno, no qual era admittida a fiança para todos os crimes a que correspondem penas maiores.

Posto que reconheçâmos que o direito de liberdade é um dos direitos absolutos mais preciosos, e que o codigo do processo criminal será tanto mais perfeito, quanto mais podér conciliar o respeito por este direito com o principio da repressão, comtudo entendemos que não póde dar-se á fiança a latitude que lhe concedia o projecto a que nos referimos.

Se o estado lastimoso em que se acha a maior parte das cadeias, que mais parecem antros de feras do que prisões de homens, está naturalmente instando para que se amplie a garantia da liberdade provisoria, parece-nos comtudo que ella não deve exagerar-se até o ponto de commetter os legitimos interesses da sociedade. Posto que a fiança garanta a apresentação do réu em juizo para assistir aos actos a que deve ser presente, o receio de soffrer uma pena grave póde em muitos casos determinal-o a preferir os incommodos e privações do homisio ou da expatriação voluntaria ás incertezas do resultado do julgamento.

Não devemos todavia encobrir, que na «*Breve exposição de motivos*» do nosso primeiro *Projecto* prevenimos um reparo, que pode fazer-se contra esta doutrina, escrevendo o seguinte: «Pode objectar-se que o reconhecimento das circumstancias attenuantes pelo juiz instructor do processo pode ser desattendido pelo jury, que póde no seu *veredictum* não as julgar provadas, resultando assim um antagonismo entre a decisão dos juizes de facto e a do juiz de direito e do tribunal da relação, no caso de se haver interposto algum aggravo.»

«Reconhecemos a força, mas não a procedencia do reparo. O processo preparatorio póde subministrar aos juizes de direito os elementos necessarios para reconhecerem a existencia de circumstancias attenuantes; mas o plenario da causa e a discussão controvertida podem convencer o jury de que realmente se não provam essas circumstancias. Não ha decisões antagonicas, porque são proferidas em situações muito differentes, e com elementos de prova diversos.»

«Na proposta n.º 3, apresentada em sessão da camara dos senhores deputados de 14 de maio de 1870 por um illustrado ministro da justiça[41], continha-se uma disposição quasi identica, e

---

[41] *Diario da camara dos senhores deputados* de 1870, pag. 463.

essa proposta teve o assentimento da illustre commissão creada por decreto de 20 de janeiro de 1870.»

Nas disposições relativas ao processo accusatorio, comprehendidas nos artigos 223.º a 249.º, não figuram alterações notaveis, limitando-nos a reduzir a outro methodo, que nos pareceu mais adequado, as provisões reguladoras d'esta phase do processo criminal.

O processo de julgamento comprehende tres divisões distinctas. A primeira contém as provisões relativas ao julgamento dos crimes ou delictos, a que correspondem penas maiores, occupando-se *o Projecto definitivo* d'esta materia nos artigos 250.º a 347.º A segunda divisão encerra os preceitos relativos ao julgamento dos crimes ou delictos, a que se refere o artigo 386.º, e a terceira comprehende os que dizem respeito ao julgamento dos crimes ou delictos, e das contravenções e coimas, a que se referem o § unico do artigo 386.º e o artigo 390.º

Estatuindo esta triplice fórma de julgamento, reproduzimos com algumas alterações as disposições do decreto de 10 de dezembro de 1852, e approximâmo-nos do pensamento da proposta de lei n.º 2, apresentada na sessão da camara dos senhores deputados de 14 de Maio de 1870[42].

As representações reiteradas dos magistrados judiciaes e do ministerio publico, e os clamores unisonos da opinião publica ácerca dos inconvenientes praticos da lei de 18 de agosto de 1853, convenceram-nos da necessidade indeclinavel de estabelecer uma fórmula de processo mais summaria, a qual, dispensando a intervenção do jury, désse á sociedade e ao delinquente as necessarias garantias de um julgamento revestido das formalidades indispensaveis para chegar ao descobrimento da verdade.

Se a intervenção de juizes pares, escolhidos eventualmente nas differentes classes da sociedade, é uma garantia individual e social do maior alcance, rasões de indisputavel conveniencia persuadem que ella se restrinja aos crimes ou delictos de maior importancia e gravidade, e que os juizes de facto não sejam a cada passo afastados dos seus negocios particulares para exercerem esta importantissima parte da soberania popular.

Confiando aos juizes de direito o julgamento dos crimes a que correspondem penas correccionaes, converte-se em lei o arbitrio ha longo tempo estabelecido em quasi todos os tribunaes do paiz, com manifesta infracção d'aquella lei e com acquiescencia tacita d'aquelles a quem compete velar pela sua execução.

Sendo, porém, muito avultado o movimento criminal nas cidades de Lisboa, Porto e Ponta Delgada, e mostrando a experiencia que a actividade dos juizes de direito, por indefessa que seja, é de todo o ponto insufficiente para o julgamento dos crimes ou delictos a que correspondem penas maiores, penas correccionaes, e ainda para julgarem as contravenções, coimas e transgressões de posturas municipaes, occorreu-nos a idéa de confiar o seu julgamento aos substitutos dos juizes de direito.

Não dissimularemos que este alvitre revela a deficiencia da nossa organisação judiciaria; mas, tendo de subordinar a redacção do nosso *Projecto* á que actualmente existe, recorremos a este meio para conseguir o effectivo julgamento das infracções de menos importancia.

Não é novo o precedente de funccionarem simultaneamente os juizes de direito proprietarios e os respectivos substitutos, pois que se acha consignado no § 2.º do artigo 87.º e no § 2.º do artigo 118.º da novissima reforma judicial, e no § 1.º do artigo 1.º da lei de 18 de julho de 1855.

---

[42] *Diario da camara dos senhores deputados,* pag. 461.

Quanto ao julgamento dos réus com intervenção de jurados, pareceu-nos que era de reconhecida conveniencia unificar a competencia criminal, e não estabelecer excepções, que não sejam justificadas por imperiosas rasões de ordem publica. Determinado por estas considerações, submettemos ao jury ordinario o julgamento de todos os crimes ou delictos a que correspondem penas maiores.

Conforme o preceito do § 3.º do artigo 353.º da novissima reforma judicial, as causas de contrabando e descaminho são julgadas pelos juizes de direito sem intervenção de jurados, e, segundo o disposto na lei de 4 de junho de 1859, os crimes de fabricação e falsificação de moeda, papeis de credito publico, e notas de qualquer banco ou estabelecimento legalmente auctorisado, são julgados por um jury especial organisado nos termos do regulamento de 4 de agosto do mesmo anno.

Posto que aquelle crime affecte directamente os redditos do estado, e este cause grande perturbação na sociedade, não são por certo crimes de maior momento do que os que violam o direito da existencia ou de outro direito absoluto do homem.

A lei de 1 de julho de 1867 concedeu a faculdade de serem julgados por um jury composto de jurados da comarca em que pende o processo, e dos das duas mais proximas, os réus accusados de crimes a que corresponderem penas maiores, quando occorrerem motivos graves, que persuadam a conveniencia de recorrer a este meio excepcional de julgamento.

Se acaso têem havido epochas em que a frouxidão dos meios repressivos, impressionando o animo esclarecido dos auctores das duas leis citadas, os determinou a propor a adopção de medidas excepcionaes para obviar os nocivos effeitos da impunidade, parece-nos que seria mais conveniente proceder á reforma da instituição do jury, do que lançar antecipadamente uma suspeição sobre os jurados da comarca em que se instaurou o processo.

Respeitando muito as intenções dos illustrados ministros, que propozeram as leis indicadas, entendemos que convem mais aguardar serena e desprevenidamente o *veredictum* do jury, e, quando o juiz de direito o julgue manifestamente offensivo dos principios de justiça, submetter a causa a um novo jury organisado nos termos da lei de 1 de julho de 1867. D'este modo conciliam-se os interesses da sociedade com os do delinquente, que deve ser julgado pelos seus juizes pares, escolhidos d'entre os que melhor conhecem os seus precedentes.

Demais, afigura-se-nos que esta fórma excepcional de julgamento não obvia os funestos effeitos da impunidade. Se o delinquente pode encontrar juizes de facto complacentes na comarca em que pende o processo, o seu influxo pessoal e a preponderancia dos seus protectores facilmente se estenderão á area das duas comarcas mais proximas.

O ardiloso abuso, que se tem dado nos tribunaes criminaes, de nomearem os réus para testemunhas de sua defeza alguns jurados da pauta do respectivo semestre, que suppõem menos complacentes justifica a disposição do n.º 4.º do artigo 277.º

Com a adopção d'esta providencia cremos que ficam garantidos os direitos da sociedade e os da defeza.

Coherente com o principio da liberdade de consciencia, que determinou a providencia dos artigos 99.º, 127.º e 128.º com relação aos peritos, testemunhas e interpretes, estatuimos no § 2.º do artigo 279.º, que o jurado que declarar, que não professa religião alguma, prometterá debaixo de palavra de honra satisfazer a formula do juramento.

O artigo 300.º contém as regras que o magistrado do ministerio publico deve observar na allegação oral, que deve resumir a accusação. Sendo este magistrado o representante da sociedade, que é tão interessada na repressão severa do crime como no triumpho completo da innocencia, a allegação deve ser a exacta expressão da verdade e o reflexo da consciencia do magistrado, que, se em obediencia á lei, de que é orgão, póde ser compellido a promover a instauração de procedimento criminal, deve ser inteiramente livre nas suas conclusões oraes[43].

A liberdade da defeza do accusado não póde ter outros limites senão os da lei, da moderação e da decencia, incorrendo o advogado que se afastar d'estes preceitos na privação da palavra, sem prejuízo de procedimento criminal, se o excesso commettido revestir o caracter de infracção punivel.

Tal é a rasão justificativa da disposição dos artigos 299.º e 302.º, dos quaes eliminámos a advertencia decretada no artigo 1:141.º da novissima reforma judicial de que o advogado não pode fallar contra a sua consciencia, porque a julgâmos offensiva da sua dignidade.

Ficam por este modo garantidos os fóros da defeza e prevenidos ou reprimidos os excessos improprios do sanctuario da justiça, e que, longe de servirem, prejudicam a causa do accusado.

Convencido de que o relatorio dos juizes de direito, longe de ser um acto inutil, pode concorrer efficazmente para se restabelecer a verdade dos factos, muitas vezes alterados, encarecidos ou desfigurados pelo excessivo zelo dos representantes da sociedade ou pelos advogados dos réus, impozemos no artigo 304.º aos juizes a obrigação de fazerem, em seguida ás allegações das partes, um relatorio claro, preciso e imparcial, abstendo-se quanto possivel de emittir a sua opinião.

Posto que reconheçamos a difficuldade do desempenho d'este importante dever, e que os abusos commettidos por alguns juizes tenham exercido um certo influxo em alguns espiritos, determinando-os a pronunciar-se contra os relatorios[44], comtudo insistimos em conservar este meio de instrucção dos jurados, por nos parecer que póde contribuir para o descobrimento da verdade. A possibilidade do abuso não pode servir, de argumento para condemnar um preceito, de cuja exacta e religiosa observancia podem advir beneficos resultados. Tem-se abusado das instituições mais sanctas e augustas, e ainda ninguem se lembrou de as proscrever.

A proposição dos quesitos é um dos mais difficeis e espinhosos deveres dos juizes, pois que, sendo a synthese da accusação e da defeza, devem ser redigidos com toda a precisão e clareza, contendo o resumo dos elementos constitutivos do facto criminoso e do grau de participação que n'elle teve o seu agente responsavel. Attenta a difficuldade da materia concedemos no artigo 305.º ao juiz de direito a faculdade de dictar ou escrever os quesitos.

Parecendo-nos deficiente a formula adoptada na novissima reforma judicial para a proposição dos quesitos ao jury, conformámo-nos com a que se acha consignada no codigo de instrucção criminal francez.

Não desconhecemos que o jury é chamado a decidir sobre a existencia de um facto; porém a sua decisão não versa tão sómente sobre o facto material, mas sobre a intencionalidade do agente e sobre a sua consequente responsabilidade criminal. Assim o reconhece a citada reforma no artigo 1:155.º

---

[43] Vide o nosso *Manual do ministerio publico*, vhs. *accusação, conclusões*.
[44] Vid. a proposta de lei apresentada pelo sr. *Moraes Carvalho* na sessão da camara dos senhores deputados de 9 de janeiro de 1861, e renovada na de 17 de julho do mesmo anno.

Determinado por estes motivos, redigimos os artigos 313.º, 314.º e 315.º

No artigo 325.º estabelecemos uma theoria nova entre nós: a repressão da abstenção do voto do jurado.

A ley de enjuiciamiento criminal de Hespanha, de 22 de dezembro de 1872, pune com a pena de inhabilitação temporaria especial o jurado, que, sendo instado tres vezes pelo presidente, se abstiver de votar.

Parecendo-nos que esta abstenção tinha inteira analogia com o abandono de emprego, equiparámos este acto a esta infracção, considerando a abstenção como voto exclusivo da culpabilidade do réu.

A novissima reforma judicial concede no artigo 1162.º aos juizes de direito a faculdade de annullarem as decisões do jury, quando lhes parecerem manifestamente iniquas.

Devendo o poder judicial ser impassivel, e convindo que as suas decisões não possam ser suspeitadas de nenhum outro sentimento que não seja o da justiça, hesitámos se deveriamos conservar esta disposição, ou se deveria conceder-se aquella faculdade aos magistrados do ministerio publico. Entretanto, reflectindo sobre o alcance d'esta innovação, entendemos que não podiamos constituir o ministerio publico arbitro da justiça a iniquidade do veredictum do jury, e recusar identica faculdade á parte accusadora e ao réu; e determinado por estas considerações, julgámos dever conservar a disposição vigente e confiar ao juiz de direito a faculdade de corrigir as decisões do jury, da qual por certo usarão com a sobriedade e imparcialidade tradicionaes na magistratura portugueza.

Não podendo reconhecer a inerrancia e omnipotencia das decisões do jury, entendemos que a faculdade de as invalidar sómente deve pertencer aos juizes de direito e não ás partes, que raro se conformariam com a primeira decisão do jury.

Para evitar abusos na prolongação da detenção do réu, e para se effectuarem os actos preparatorios para o novo julgamento, fixámos o praso de trinta dias, permittindo que elle possa gosar de liberdade provisoria, continuando afiançado, ou, se o não estiver, prestando fiança, se o crime ou delicto a admittir.

Estabelecendo um appello para um jury mais numeroso, composto de uma pauta triplice, formada de jurados da comarca em que tiver sido instaurado o processo e dos das duas comarcas mais proximas, cremos que ficam salvaguardados os direitos da sociedade e da parte offendida.

Taes são as rasões justificativas das disposições dos artigos 336.º e 337.º

Disposição similhante vigora na Inglaterra, onde existe o jury de appellação ou de revisão[45], ao qual é de novo submettido o julgamento da causa nos casos de suborno de jurados, de insufficiencia de prova ou de ser contraria ao *veredictum* do jury a que foi produzida, e de excesso na fixação de perdas e damnos arbitrados pelo jury.

Convencido de que as sentenças, quer condemnatorias, quer absolutorias, devem ser fundamentadas consignámos nos artigos 341.º e 346.º os preceitos que nos aparecem adequados para as decisões do poder judicial tenham toda a auctoridade legal e moral de que carecem.

---

[45] *Joseph Rey* chama a este jury *o grande jury,* e affirma que é composto de vinte e quatro jurados, não devendo confundir-se com o jury de accusação.-Vid. *Rey,* Des institutions judiciaires de l'Angleterre comparées avec celles de la France, tom. II, pag,. 63; *J. D. M. Ferraz,* Exame sobre o jury, pag. 35; *J. J. Ferreira de Moura,* Reflexões criticas sobre a administração da justiça em Inglaterra, pag. 170 e 174.

«Não basta, escrevemos na *«Breve resposta aos estudos juridicos acerca do projecto de codigo do processo criminal»*, *que* as decisões dos tribunaes sejam executadas: é mister que sejam apoiadas em considerações, que possam convencer o publico da sua procedencia e justiça. D'este modo elevar-se-ha o credito dos magistrados, e subira de ponto o prestigio da magistratura.»

Sendo impossivel que os juizes de direito, em seguida a uma discussão prolongada e entrecortada de incidentes contenciosos, e depois de debates por vezes agitados e apaixonados, possam conservar a serenidade de animo indispensavel para redigir uma sentença fundamentada, estabelecemos no artigo 342.º a faculdade de a proferirem dentro do praso de tres dias, ou no primeiro dia util que se seguir ao triduo, e for feriado o dia em que este se completar. D'este modo ficam precavidos os funestos inconvenientes que podem provir de uma decisão precipitada.

No intuito de conciliar a liberdade individual com a repressão, e tendo em consideração o estado lastimoso em que se acha a maior parte das cadeias do paiz, e a possibilidade de se renovar a instancia por virtude da annullação do processo, admittimos nos artigos 348.º e 349.º a fiança posterior á sentença condemnatoria, salvo se o réu tiver sido condemnado em alguma pena maior temporaria. É, a reproducção do pensamento do projecto de lei da commissão de legislação de 12 de março de 1881, votado na sessão da camara dos senhores deputados de 19 do mesmo mez e anno.

Convencido de que a prompta e immediata repressão do crime é da maior conveniencia e do mais salutar effeito, legisla-se nos artigos 350.º e 351.º para os casos de se commetterem crimes ou delictos na audiencia geral, ou de se descobrirem durante ella alguns ainda não prescriptos, estatuindo-se providencias tendentes a accelerar a sua punição.

As disposições dos §§ 3.º e 4.º do artigo 352.º importam uma dupla garantia para a sociedade e para o réu. Se a presença de uma parte dos jurados, que ouviram as palavras da testemunha e assistiram á discussão e aos debates da causa, póde concorrer efficazmente para a repressão do crime de falso juramento, convem que entre a perpetração e o julgamento d'este crime medeie um espaço de tempo rasoavel para que a decisão do jury seja e pareça dictada pela rasão fria e determinada pelos impulsos da consciencia.

Sendo omissa a novissima reforma judicial ácerca do modo como deve ser executada a sentença condemnatoria, occupá-mo-nos d'esta materia nos artigos 660.º a 663.º do nosso primeiro *Projecto*. Reflectindo, porém, sobre este assumpto pareceram-nos em extremo deficientes as provisões n'elle consignadas, e por isso o *Projecto definitivo* trata d'esta materia nos artigos 355.º a 364.º, nos quaes se estabelecem minuciosas disposições para o integral cumprimento da sentença condemnatoria, segundo a natureza da pena imposta.

Sendo igualmente omissa a legislação vigente ácerca do modo pratico como devem ser cumpridos os decretos de amnistia, providenciou-se a este respeito no artigo 363.º, a fim de que a pena seja executada segundo o julgamento proferido pelos juizes e tribunaes, em conformidade da graça concedida pelo poder moderador.

Nos juizos criminaes das comarcas de Lisboa e Porto dá-se a anomalia de serem as sentenças criminaes executadas pelos juizes de direito das varas civeis na parte relativa á reparação de perdas e damnos, custas e multas. O artigo 364.º do *Projecto definitivo* regula este assumpto, estabelecendo a competencia d'aquelles juizes para a execução integral das sentenças por elles proferidas. O juiz da acção deve ser o juiz da execução, e portanto não ha rasão alguma que justifique a competencia dos juizes civeis para fazerem executar as sentenças proferidas pelos juizes criminaes.

No artigo 365.º occupa-se o *Projecto definitivo* das causas suspensivas da execução da sentença.

Cremos que a nenhuma das sete causas enumeradas n'este artigo póde offerecer-se impugnação fundada. Entretanto não devemos occultar, que já se têem suscitado duvidas ácerca da conveniencia de admittir a suspensão da execução da sentença condemnatoria nos casos de requerer o réu procedimento criminal contra algum jurado ou testemunha por algum dos crimes a que se refere o n.º 4.º do artigo citado, fundando-se os impugnadores d'esta disposição na possibilidade de recorrerem os réus a este meio impeditivo, attenta a facilidade com que podem encontrar testemunhas, que provem os crimes de corrupção ou peita de alguns jurados e de falso testemunho prestado por alguma testemunha no plenario da causa.

Se não é acrisolada a pureza dos nossos costumes, se não é exemplar a moralidade dos nossos tempos, não podemos expungir da lei adjectiva, com fundamento na possibilidade de um abuso, uma garantia importante que póde restituir á liberdade e á plenitude dos seus direitos originarios um réu injustamente condemnado.

Tendo proposto no artigo 723.º do nosso primeiro *Projecto* a intervenção do jury no julgamento dos réus ausentes, no artigo 377.º do *Projecto definitivo* insistimos no ensaio d'esta medida, por nos parecer que deverá produzir resultados satisfactorios

Justificando esta innovação, dissemos na «*Breve exposição de motivos*» d'aquelle *Projecto:* «A intervenção do jury nos processos instaurados contra os réus ausentes é uma solida garantia para estes, que serão julgados pelos seus juizes pares, e para a sociedade, que não se achará exposta aos funestos resultados da impunidade. Posto que não possamos soccorrernos ás estatisticas criminaes, por não existirem no nosso paiz, podemos comtudo affirmar que, depois da publicação do decreto de 18 de fevereiro de 1847, talvez se não tenha obtido a condemnação de uma quarta parte dos réus que têem sido julgados como ausentes. É que os juizes de direito, adstrictos á prova legal e a julgar *secundum allegata et probata*, não podem apreciar como jurados a prova moral em que estes baseiam o seu *veredictum*[46].»

Longe de repugnar á natureza das funcções dos juizes de facto a sua intervenção no julgamento dos réus ausentes, importa ella uma salutar garantia para elles e para a sociedade: para elles, porque são julgados pelos seus pares, que têem inteiro conhecimento da sua moralidade e precedentes; para a sociedade, porque, não estando o jury adstricto á prova legal, nem subordinado a certo e determinado numero de testemunhas, mas tão só aos impulsos da sua consciencia e á prova moral para proferirem o seu *veredictum*, succede que em grande numero de casos são declarados como provados factos, que escapariam á acção dos tribunaes, se porventura fossem apreciados pelos juizes de direito.

Pois, porque o réu se acha ausente, ha de acaso ser privado da solida garantia de ser julgado pelos seus juizes pares? Pois, se a intervenção d'elles é de incommensuravel vantagem para o réu e para a sociedade, a ausencia d'aquelle ha de porventura collocal-o em uma situação mais desvantajosa do que a dos réus que estão em juizo?

---

[46] Vid. a «*Breve exposição de motivos*» do nosso primeiro *Projecto,* pag. XXXVIII, e uma minuta de revista do auctor, no *Direito,* tom. V, pag. 244.

Admittido o jury na apreciação da prova dos factos criminosos imputados aos réus ausentes, equipara-se, quanto possivel, a sua situação á dos réus que não se subtrahiram á acção da justiça, ficando tão sómente privados da defeza oral que poderiam produzir nas respostas aos interrogatorios. Onde pois alguem póde ver inconvenientes, encontrámos nós vantagens apreciaveis e irrefragaveis, concedendo ao delinquente e á sociedade uma dupla garantia, de que até agora têem sido privados, e que póde concorrer poderosamente para salvaguardar a innocencia e para fortalecer a repressão[47].

Coherente com a natureza summaria do processo correccional, estabelecemos nos artigos 386.º e 387.º disposições tendentes a abreviar o julgamento dos réus sem preterir as formalidades necessarias para o descobrimento da verdade.

Não podendo deixar de escrever-se os depoimentos das testemunhas inquiridas no acto do julgamento para que os tribunaes superiores os possam apreciar, admittimos no artigo 388.º a simples referencia aos depoimentos anteriores, quando estiverem escriptos no processo, evitando d'este modo repetições inuteis e ociosas, e permittindo apenas que se consignem os additamentos ou alterações que as testemunhas fizerem.

Com relação ao julgamento das contravenções dos regulamentos de policia e das coimas e transgressões de policia municipal, estabelecemos o julgamento á revelia no caso previsto no § unico do artigo 397.º, attendendo á modicidade das penas correspondentes a estas infracções. No artigo 149.º do codigo de instrucção criminal francez encontra-se uma disposição similhante.

V

Livro III. – Dos processos especiaes

A competencia especial para conhecer e julgar os crimes ou delictos commettidos pelos delinquentes, a que se refere o § 2.º do artigo 38.º, assenta em rasões de conveniencia social irrefutaveis. As disposições dos artigos 403.º a 457.º, longe de constituirem um privilegio, são garantias efficazes e protectoras dos direitos da sociedade e dos delinquentes.

Como no primeiro *Projecto*, tivemos de subordinar a redacção dos artigos 403.º a 418.º ás disposições da lei fundamental do estado, que no artigo 41.º confia á camara dos dignos pares o julgamento dos membros da familia real, ministros e secretarios d'estado, conselheiros d'estado, pares do reino e deputados da nação.

Exigindo as funcções de julgar a mais imperturbavel serenidade de espirito, e inteira isenção de motivos de qualquer natureza que possam actuar no animo dos juizes, afigura-se-nos que um corpo politico deliberante, sujeito á influição de paixões partidarias, é de todo o ponto improprio para exercer o poder de julgar. Se aquelle artigo da carta podesse ser revogado por uma lei organica, não duvidariamos confiar o julgamento dos delinquentes, que gosam de fôro especial, ao supremo tribunal de justiça, que, occupando o primeiro grau na hierarchia judicial, offerece as garantias de competencia e imparcialidade, que exige a administração da justiça criminal.

---

[47] Vid. a nossa *Resposta ás observações ao nosso Projecto definitivo*, publicada na *Revista de legislação e de jurisprudencia*, tom. XV, pag. 3.

Coherente com as idéas que sempre temos sustentado, restringimos no artigo 405.º os effeitos da recusa da camara dos senhores deputados para a continuação do processo criminal contra algum dos seus membros, limitando-os á duração da sessão ou da legislatura.

«A camara electiva, dissemos nós em uma minuta de revista[48], concedendo ou negando a auctorisação para o seguimento do processo criminal instaurado contra um dos seus membros no fôro commum, obra pura e simplesmente como corpo politico, attende unica e exclusivamente ao imperio das conveniencias politicas, pesa e aprecia o influxo d'estas e o interesse social da repressão do crime, e determina-se segundo o predominio d'este ou d'aquelle para conceder ou negar a licença para o proseguimento do processo. A isto se limita a competencia da camara electiva, que não póde invadir a esphera dos outros poderes politicos do estado. A immunidade parlamentar, estabelecida no intuito de salvaguardar a integridade da representação nacional e de obviar a que por uma manobra partidaria e facciosa fossem subtraidos ao parlamento alguns de seus membros, não póde ter, outro effeito senão o da cessação temporaria do proseguimento do processo.»

«Rasões de conveniencia politica e de ordem publica podem exigir, que se denegue a licença para a continuação do processo; mas os effeitos da recusa não vão alem do imperio d'essas rasões, são meramente transitorios e de occasião, e uma garantia politica de simples opportunidade, que não póde nem deve ser exagerada até ao extremo de produzir a terminação do processo. A camara dos deputados, recusando a licença para a continuação do processo, não o extingue, impede apenas, no interesse da causa publica, que reputa superior ao da immediata punição do crime, a instauração e seguimento do processo accusatorio e de julgamento, que trariam como inevitavel e impreterivel consequencia a ausencia do parlamento de um dos seus membros.»

«E não se diga que é arbitraria e cerebrina a distincção de que a camara electiva, concedendo ou recusando a licença para o seguimento do processo, obra como corpo politico. Esta distincção deriva da propria natureza d'este corpo essencialmente politico.»

«É absolutamente preciso interpretar as leis, diz *Correia Telles,* (Theoria da interpretação das leis) em um de dois casos: 1.º, quando na lei se encontra alguma obscuridade, alguma ambiguidade, ou falta de expressão; 2.º, quando o sentido da lei é claro nos termos, mas conduzir-nos-ia a consequencias falsas e decisões injustas, se indistinctamente fosse applicada a tudo o que parece ter comprehendido nas suas palavras.»

«Reconhecendo que na redacção do artigo 27.º da carta constitucional se não encontra a necessaria clareza, corre ao interprete o rigoroso e indeclinavel dever de procurar o complemento do pensamento do legislador em outros logares d'aquelle codigo politico, que mais relação possam ter com o mesmo objecto, e melhor possam conformar-se com a intenção, do legislador, seguindo d'esta arte a bem conhecida regra de hermeneutica juridica de que os logares antecedentes de uma lei devem interpretar-se pelos consequentes *e vice versa,* de modo que do conjuncto de suas disposições resulte um todo homogeneo e harmonico.»

«Lendo o artigo 41.º da carta constitucional, vê-se que se acha ahi estatuida a competencia *exclusiva* da camara dos dignos pares para o conhecimento dos delictos commettidos pelos senhores deputados: Se este artigo estabelece a competencia *exclusiva* d'aquella camara

---

[48] Vid. *Direito* citado, tom. v, pag. 244.

para este effeito, é evidente que a nenhum outro tribunal ou corporação é licito arrogar-se ou ingerir-se no conhecimento e apreciação dos crimes imputados a qualquer das pessoas a que o citado artigo se refere. Logo a attribuição, que o artigo 27.º da carta constitucional confere á camara electiva, de conceder ou negar auctorisação para o seguimento do processo, não póde ter o effeito de constituir esta camara em tribunal de justiça para decidir que o processo fica extincto. Similhante interpretação importaria a annullação do artigo 41.º da mesma carta.»

No artigo 422.º estabelecemos que as disposições, que regulam a fórma do processo criminal contra os magistrados judiciaes e do ministerio publico, são applicaveis aos crimes commettidos no exercido de suas funcções, posto que ao tempo em que seja instaurado o processo não pertençam á magistratura.

A garantia da fórma do julgamento especial cobre o acto, e por isso deve subsistir ainda depois de ter cessado o exercicio das funcções do magistrado accusado, e de certo ella desapparece desde que sejam chamados a julgar os crimes por elle commettidos individuos que não pertençam a esta classe, e que podem ser influidos de malquerenças e dominados pelo imperio de paixões e de pressões externas na apreciação da prova dos factos criminosos imputados a magistrados, que no exercicio dos seus cargos têm muitas occasiões de incorrer no desagrado d'aquelles para com quem não foram complacentes[49].

Nos artigos 440.º a 457.º occupa-se o *Projecto definitivo* da competencia e jurisdição disciplinar para a repressão das faltas commettidas pelos juizes, empregados judiciaes e advogados.

A jurisdicção disciplinar comprehende os factos praticados pelos magistrados judiciaes, que, não tendo a natureza de crimes ou delictos, revelam comtudo a falta de dignidade e de decoro, que demandam as elevadas funcções da judicatura.

Se ao primeiro aspecto se nos afigura que não pertence á esphera do codigo do processo criminal o conhecimento de factos que não têm a natureza de crimes ou delictos, comtudo a pureza da vida dos magistrados e a austeridade do seu procedimento no zeloso cumprimento dos seus deveres, não podem deixar de reflectir na vida d'aquelles a quem está confiada a elevada missão de conhecer, apreciar e julgar dos mais inestimaveis direitos originarios e adquiridos do homem.

Na lei de 10 de abril do 1849 estão consignados os preceitos que regulam a fórma do processo ácerca do modo de reprimir estes factos.

Na redacção dos artigos 446.º a 453.º reproduzimos, com algumas alterações na fórma e no methodo, as disposições d'esta lei, que, se não tem sido executada frequentemente, é porque felizmente são raros na magistratura portugueza, onde a compostura dos costumes e a rigidez do procedimento são tradicionaes, os exemplos de magistrados que possam ser considerados menos dignos das elevadas funcções de julgar.

Convindo, pois, que a vida publica do magistrado judicial seja espelho sem mancha, não podia deixar de ter cabimento no codigo do processo criminal uma fórma de processo tendente a reprimir faltas, que revelam o esquecimento e desprezo da dignidade da magistratura e do zeloso cumprimento dos deveres dos magistrados judiciaes.

---

[49] *Breve resposta aos estudos juridicos ácerca do projecto de codigo do processo criminal*, cap. XXI, pelo auctor.

Os artigos 454.º a 457.º contêem disposições relativas á repressão de faltas commettidas nos processos criminaes pelos juizes de direito de primeira instancia, secretarios, escrivães e advogados[50].

A jurisdicção disciplinar, destinada mais a advertir do que a punir, exerce um benefico influxo no procedimento dos magistrados, funccionarios judiciaes e advogados, e é de um effeito salutar para com o publico. Tratando-se da codificação da legislação sobre o processo criminal, não podiam ser n'ella preteridas as disposições reguladoras d'este assumpto.

A disposição do § unico do artigo 457.º, justifica-se pela necessidade de dar aos magistrados do ministerio publico a força necessaria para o cabal desempenho da sua elevada missão.

VI

Livro IV. – Dos recursos

A materia dos recursos constitue o objecto do livro IV e ultimo do *Projecto definitivo*.

Admittimos no artigo 468.º o aggravo no auto do processo dos despachos proferidos pelo juiz de direito ácerca dos actos, termos e formalidades do processo relativos ao julgamento.

Tendo estatuido o aggravo de petição a respeito da preterição de actos, termos e formalidades attinentes ao processo preparatorio, não podiamos admitir o aggravo no auto, do processo sobre este assumpto[51].

Nos artigos 470.º a 486.º contêem-se as disposições relativas aos aggravos de petição, nas quaes estabelecemos os preceitos que nos parecem indispensaveis ao curso regular da acção criminal e á justa defeza do delinquente.

Tendo o código do processo civil eliminado o aggravo de *instrumento,* entendemos que o não deviamos incluir no *Projecto definitivo de codigo do processo criminal,* visto como nenhuma rasão de conveniencia social aconselhava a conservação d'este recurso, que aquelle codigo expungira por desnecessario.

As provisões que estabelecemos com relação á interposição, seguimento e decisão do aggravo de *petição* mostram que, de par com a celeridade com que este recurso deve ser decidido, se não preteriram as garantias individuaes, que uma boa lei do processo deve subministrar ao presumido delinquente.

Em face das disposições contidas nos artigos 502.º, 503.º e 506.º vê-se, que desde que o aggravo de petição é distribuido até que terminam os *vistos,* decorrem apenas sete dias, não podendo decorrer mais de outros sete desde que é incluido na tabella até que seja julgado, salvo o caso de se juntarem documentos no tribunal da relação[52].

---

[50] Vid. a nossa *Resposta ás observações ao nosso Projecto definitivo,* publicada na *Revista de legislação e de jurispondencia,* tom. XV, pag. 19.

[51] Vid. a nossa *Resposta ás observações ao nosso Projecto definitivo,* publicada na *Revista de legislação e de jurispondencia,* tom. XV, pag. 34.

[52] Vid. a nossa *Resposta ás observações ao nosso Projecto definitivo,* publicada na *Revista de legislação e de jurispondencia,* tom. XV, pag. 35.

Facultando no artigo 487.º a appellação de todas as sentenças condemnatorias, foi nosso intuito conceder ao magistrado do ministerio publico, á parte offendida e ao delinquente o recurso da sentença, com que porventura se julgassem offendidos, qualquer que seja a natureza e gravidade da pena.

A excepção do § unico facilmente se justifica pela natureza das penas impostas nas coimas ou transgressões de posturas, de que não, resulta stygma, nem damno material apreciavel.

Convencido de que o magistrado do ministerio publico junto do juizo de direito de primeira instancia está mais habilitado do que os que funccionam junto dos tribunaes de segunda instancia para avaliar a proporção da pena imposta ao crime ou delicto imputado ao réu, estatuimos no artigo 493.º o preceito da minuta obrigatoria do magistrado appellante, na qual deverá expor em conclusão resumida os fundamentos do recurso interposto.

No intuito de abreviar o julgamento dos recursos de appellação, estabelecemos nos artigos 512.º a 527.º as provisões que julgámos adequadas para conseguir este fim.

Das disposições consignadas n'estes artigos, resulta que, desde que o recurso de appellação é distribuido até que seja julgado medeia o espaço de quarenta e quatro dias, se as partes o não entregarem antes do praso de dez dias que lhes concedemos e que o artigo 703.º da novissima reforma judicial concede aos advogados, ou se não juntarem documentos perante o tribunal da relação como lhes permitte o artigo 515.º[53]

No artigo 520.º dispensámos a presença do magistrado do ministerio publico ao acto do julgamento da appellação, quando tenha allegado nos autos por escripto ácerca da natureza e duração da pena. Disposição similhante encontra-se no artigo 11.º do decreto de 23 de junho de 1870. Sendo, porém, facultativa esta disposição, áquelle magistrado assiste o direito de comparecer n'aquelle acto, quando assim o exijam os interesses da sociedade que representa.

No artigo 494.º admittimos o recurso de revista sómente das decisões definitivas dos tribunaes das relações e das sentenças absolutorias dos juizes de direito de primeira instancia.

As disposições dos §§ 1.º e 2.º d'este artigo, relativas á soltura e detenção do réu, são uma homenagem ao reconhecimento da presumida innocencia ou da falta de responsabilidade criminal do supposto delinquente que acaba de ser absolvido. A situação do réu depois de proferido o *veredictum* absolutorio do jury, é muito differente d'aquella em que se acha o réu pronunciado, que ainda não apresentou a sua defeza em debate controvertido. A detenção, portanto, do réu que se acha n'esta situação só póde justificar-se por um limitado espaço de tempo.

Nas provisões relativas ao julgamento dos recursos no supremo tribunal de justiça reproduzimos as disposições adoptadas no julgamento dos recursos nos tribunaes das relações, vindo portanto os recursos a ser decididos por aquelle tribunal nos mesmos prasos em que o devem ser n'estes, como resulta das disposições dos artigos 533.º a 536.º

Prevenimos no artigo 544.º a hypothese de apparecer a pessoa que o processo affirma ter sido victima de um crime de que resultou a morte. Desde que este facto póde succeder, corre ao legislador o indeclinavel dever de estatuir os meios necessarios para reconhecer a identidade d'ella, a fim de que possa ser restituido ao estado de liberdade, aquelle a quem a contingencia de prova moral e a fallibilidade dos juizos humanos fizeram parecer criminoso.

---

[53] Vid. a nossa *Resposta ás observações ao nosso Projecto definitivo,* publicado na *Revista de legislação de jurisprudencia*, tom. XV, pag, 49.

Pareceu-nos que, depois de identificar por meio de exame o supposto paciente do crime, deveria annullar-se o processo e submetter o réu condemnado a um novo julgamento perante o juiz de direito da mesma comarca.

Entendemos que devia ser admittido o recurso de embargos aos accordãos do supremo tribunal de justiça, em harmonia com o que se achava estatuido no artigo 13.º da lei de 19 de dezembro de 1843 e no artigo 1176.º do codigo do processo civil, e por isso consignámos este recurso no artigo 545.º

―――

Rematâmos aqui a *exposição de motivos* em que omittimos a justificação de algumas disposições, que não nos parecem sujeitas a reparos fundados.

Depois de publicados e antes de distribuidos o nosso *Projecto definitivo*, appareceram publicadas em os n.ᵒˢ 706 a 712 da *Revista de legislação e de jurisprudencia* umas *Observações*, a que respondemos em os n.ᵒˢ 713 e 714 do tomo XIV, e n.ᵒˢ 729 a 732 do tomo XV, para onde remettemos o leitor que quizer ter a condescendencia de as ler e appreciar.

PROJECTO DEFINITIVO
DE
CODIGO
DO
PROCESSO CRIMINAL

LIVRO I
DISPOSIÇÕES GERAES

TITULO I
Das acções provenientes da infracção da lei penal

ARTIGO 1.º

Da infracção da lei, penal nasce a acção criminal para tornar effectiva a punição do delinquente, e a acção civil para a reparação do damno resultante do crime ou delicto.

> Projecto, artigos 1.º e 2º; novissima reforma judicial, artigo 855.º; codigo penal, artigo 105.º; codigo civil, artigos 2:361.º, 2:363.º e 2:364.º

§ 1.º Os meios pelos quaes se verifica a existencia do crime ou delicto e a culpabilidade do delinquente constituem o processo.

> Projecto, artigo 4.º; codigo do processo civil, artigo 1.º

§ 2.º A fórma do processo varia, segundo a quantidade da pena correspondente á infracção da lei penal e a qualidade do delinquente.

> Projecto, artigo 5.º

ARTIGO 2.º

A acção civil póde accumular-se com a acção criminal ou intentar-se em processo separado. No primeiro caso, o conhecimento e decisão da acção civil pertence ao juizo criminal; no segundo ao juizo civil.

> Projecto, artigos 21.º e 22.º; novissima reforma judicial, artigo 859.º; codigo hespanhol, artigo 9.º

ARTIGO 3.º

Nos casos em que a acção publica deve intervir, não poderá intentar-se separadamente a acção civil, emquanto o facto criminoso não estiver verificado por sentença passada em julgado.

> Projecto, artigo 27.º, n.º 2.º; codigo civil, artigo 2:373.º; codigo de instrucção criminal francez, artigo 3.º; codigo hespanhol, artigos 12.º e 13.º

ARTIGO 4.º

O exercicio da acção criminal não depende da prévia decisão da acção civil, salvo o disposto no n.º 1.º do artigo 12.º

> Projecto, artigo 4.º; codigo penal, artigo 125.º, § unico; codigo hespanhol, artigo 14.º

ARTIGO 5.º

A extincção da acção criminal não prejudica a acção civil resultante do crime ou delicto, salvo se o offendido tiver sido parte na acção criminal.

> Projecto, artigo 39.º; novissima reforma judicial, artigo 1:094.º; codigo hespanhol, artigo 15.º

ARTIGO 6.º

A parte offendida pode renunciar ou desistir da acção criminal ou civil.

§ unico. A renuncia, desistencia ou perdão da parte offendida não prejudica o exercicio da acção do ministerio publico, salvo o disposto no codigo penal.

> Codigo penal, artigo 402.º, § unico; codigo hespanhol, artigo 7.º; codigo de instrucção criminal francez, artigo 4.º

ARTIGO 7.º

Incumbe aos magistrados do ministerio publico propor officiosamente a acção criminal, que for competente para a verificação do crime ou delicto e punição do delinquente.

> Projecto, artigo 7.º; decreto de 10 de dezembro de 1852, artigo 1º; codigo hespanhol, artigo 6.º; codigo de instrucção criminal austriaco, artigo 34.º

§ unico. Exceptua-se da disposição d'este artigo a acção criminal, cujo exercicio, por disposição da lei penal ou de lei especial, depender de prévia queixa ou querela e accusação da pessoa offendida ou de quem legitimamente a representar.

> Projecto, artigo 7.º, § unico; codigo penal, artigos 399.º e 401.º, § 3.º; novissima reforma judicial, artigo 866.º; decreto de 10 de dezembro de 1852, artigo 1.º; lei de 17 de maio de 1866, artigo 6.º, § 2.º; lei de 1 de julho de 1867, artigo 1.º, § 2.º; codigo hespanhol, artigo 5.º; codigo de justiça militar, artigo 193.º, § 2.º

ARTIGO 8.º

Os magistrados do ministerio publico são competentes para proporem a acção civil resultante do crime ou delicto, quando o damno disser respeito ao estado.

> Projecto, artigo 19.º; novissima reforma judicial, artigo 855.º; codigo do processo civil, artigo 10.º

ARTIGO 9.º

Consideram-se partes offendidas:

1.º O paciente do crime ou delicto;

2.º Nos crimes de que resultar a morte, o conjuge sobrevivo, não estando separado judicialmente, os descendentes e ascendentes, e, na falta de qualquer d'estes, os transversaes até o quarto grau por direito civil, preferindo os mais proximos aos mais remotos, e bem assim os herdeiros instituidos e donatarios do fallecido;

> Projecto, artigo 10.º, n.º 2.º; novissima reforma judicial, artigo 865.º, § 2º.

3.º Nos crimes de adulterio, o conjuge offendido;

> Projecto, artigo 10.º, n.º 4.º; novissima reforma judicial, artigo 866.º, § 2.º; codigo penal, artigo 401.º, § 3.º; codigo civil, artigo 1:209.º

4.º Nos crimes ou delictos offensivos do direito eleitoral, qualquer cidadão legalmente recenseado.

> Decreto de 30 de setembro de 1852, artigo 143.º

ARTIGO 10.º

Os incapazes serão representados nos juizos e tribunaes criminaes pelos seus legitimos representantes, nos termos do codigo do processo civil.

> Projecto, artigos 11.º e 12.º; novissima reforma judicial, artigo 868.º; codigo civil, artigos 97.º, 98.º, 100.º, 321.º e 1:192.º; codigo do processo civil, artigos 9.º e 12.º

§ unico. Sendo o delinquente algum dos representantes do incapaz, a auctorisação para recorrer ao juizo criminal será concedida por um ascendente d'este, ou, não existindo ou não querendo este, por um parente até o segundo grau por direito civil, e, na falta d'elles, por supprimento judicial.

ARTIGO 11.º

Os corpos collectivos, as succursaes, agencias ou estabelecimentos filiaes de qualquer banco, sociedade ou companhia, serão representados nos juizos ou tribunaes criminaes, nos termos do codigo do processo civil.

> Codigo do processo civil, artigo 11.º

TITULO II

Das causas suspensivas e extinctivas das acções provenientes da infracção da lei penal

CAPITULO I
Disposições geraes

ARTIGO 12.º

A acção criminal fica suspensa:
1.º Nos casos em que a lei tornar dependente a sua proposição da decisão de outro juizo ou tribunal, ou de auctorisação do governo;

> Projecto, artigo 15.º, n.º 3.º codigo commercial, artigo 1:151.º

2.º Quando for offerecida alguma excepção dilatoria;

> Projecto, artigo 15.º, n.º 2.º; lei de 17 de maio de 1866, artigo 8.º

3.º Quando o delinquente, accusado do crime de diffamação, pretender provar os factos imputados a empregados publicos ou a outra pessoa, nos termos do artigo 408.º do codigo penal;

> Codigo penal, artigos 408.º e 410.º, § unico; lei de 17 de maio de 1866, artigo 6.º, § 1.º

4.º Quando subrevier affecção mental ao delinquente.

> Projecto, artigo 15.º, n.º 4.º; novissima reforma judicial, artigo 1:182.º

§ unico. A superveniencia da affecção mental não obsta á instauração do processo preparatorio.

> Projecto, artigo 15.º, n.º 4.º; novissima reforma judicial, artigo 1:182.º

§ unico. A superveniencia da affecção mental não obsta á instauração do processo preparatorio.

> Projecto, artigo 15.º, § unico.

ARTIGO 13.º

A acção criminal extingue-se:
1.º Por alguma excepção peremptoria legalmente provada;
2.º Pela morte do delinquente;

3.º Pela execução da sentença condemnatoria;
4.º Pela sentença absolutoria passada em julgado.

Projecto, artigo 16.º; novissima reforma judicial, artigos 1:183.º e 1:184.º; codigo penal, artigo 119.º

CAPITULO II
Das excepções

ARTIGO 14.º

As excepções são dilatorias ou peremptorias.

Projecto, artigos 29.º e 30.º

§ 1.º São excepções dilatorias:
1.º A incompetencia do juizo ou tribunal criminal;
2.º A suspeição;
3.º Os conflictos de jurisdicção ou competencia;
4.º As questões prejudiciaes.

Projecto, artigo 32.º

§ 2.º São excepções peremptorias:
1.º A prescripção;
2.º O caso julgado;
3.º A amnistia ou perdão real.

Projecto, artigo 31.º

ARTIGO 15.º

A excepção de incompetencia póde dar-se em rasão da fórma do processo e do juizo ou tribunal criminal.

Projecto, artigos 43.º, 44.º e 215.º

§ 1.º A excepção de incompetencia em rasão da fórma do processo póde ser deduzida em qualquer estado do processo, devendo os juizes ou tribunaes criminaes declarar-se incompetentes, se para isso houver fundamento, posto que não tenha sido deduzida a excepção.

Codigo do processo civil, artigo 3.º § 2.º

§ 2.º A excepção de incompetencia em rasão do juiz ou tribunal criminal sómente poderá ser deduzida dentro do praso de cinco dias contados d'aquelle em que ao delinquente for intimado o despacho de pronuncia, ou, nos casos do § unico do artigo 385.º e do artigo 392.º, desde o dia em que for citado.

Codigo do processo civil, artigo 3.º

ARTIGO 16.º

O juiz não póde declarar-se voluntariamente suspeito no processo criminal, e as partes só o podem recusar como tal por algum dos fundamentos declarados nos n.ᵒˢ 1.º, 2.º, 3.º, 4.º e 8.º do artigo 293.º do codigo do processo civil.

§ 1.º O incidente da suspeição não obsta á pratica dos exames necessarios para a verificação do crime ou delicto.

§ 2.º O juiz não póde funccionar no processo criminal nos casos previstos no artigo 292.º do codigo do processo civil, devendo observar-se o disposto no § 1.º do mesmo artigo, quando se verificar algum dos impedimentos n'elle mencionados.

ARTIGO 17.º

Ás suspeições no processo criminal são applicaveis as disposições dos artigos 294.º, 295.º, 296.º, 297.º e 298.º do codigo do processo civil, com a declaração de que, se a suspeição for deduzida no processo preparatorio, deverá ser apresentada dentro de cinco dias, e se for deduzida no processo accusatorio, será offerecida conjunctamente com a defeza.

ARTIGO 18.º

As disposições dos artigos 16.º e 17.º são applicaveis ao magistrado do ministerio publico, com a declaração de que as partes só o poderão recusar como suspeito depois de começar o processo accusatorio.

ARTIGO 19.º

Aos escrivães e secretarios é applicavel o disposto nos artigos 16.º e 17.º, devendo observar-se no incidente da suspeição o disposto nos n.ᵒˢ 1.º, 2.º, 3.º e 4.º do artigo 305.º do codigo do processo civil.

ARTIGO 20.º

Dá-se o conflicto de jurisdicção ou competencia, quando differentes juizes ou tribunaes conhecem ou se abstêem de conhecer da mesma acção criminal.

Projecto, artigos 50.º e 51.º

§ unico. O conflicto póde dar-se entre juizes criminaes pertencentes ao mesmo ou a differente districto judicial, e entre juizes ou tribunaes ordinarios e juizes ou tribunaes especiaes.

Projecto, artigo 52.º; codigo de justiça militar, artigo 227.º

ARTIGO 21.º

Levantado o conflicto, sobreestar-se-ha até á sua decisão no ulterior andamento do processo.

§ unico. Se porém o conflicto for negativo, deverão os juizes ou tribunaes criminaes proceder a todos os actos e meios de prova necessarios para a verificação do crime ou delicto.

Projecto, artigo 53.º

ARTIGO 22.º

As questões prejudiciaes suspendem o andamento da acção criminal até que sejam decididas pelos juizes ou tribunaes competentes por sentença passada em julgado.

Projecto, artigos 56.º e 58.º

§ unico. Estas questões sómente podem versar:
1.º Sobre o estado civil da pessoa;
2.º Sobre o direito da propriedade ou sobre a posse de bens immoveis;
3.º Sobre a prova de factos da competencia de outro juizo ou tribunal.

Projecto, artigo 55.º

ARTIGO 23.º

A acção criminal prescreve no praso e termos estabelecidos no codigo penal.

Projecto, artigo 33.º; codigo penal, artigo 123.º

§ unico. Para o effeito de interromper a prescripção da acção criminal consideram-se actos do processo aqueles a que se refere o artigo 50.º, bem como as promoções do magistrado do ministerio publico consignadas no processo, relativas á captura do réu.

ARTIGO 24.º

A acção civil resultante do crime prescreve no praso e termos estabelecidos no codigo penal, se tiver sido cumulada com a acção criminal. Se, porém, tiver sido proposta em processo separado, o praso e termos da prescripção serão regulados pelo codigo civil.

Projecto, artigo 34.º; código penal, artigos 123.º, § 4.º, e 127.º

ARTIGO 25.º

A prescripção da acção criminal e da pena póde ser allegada em todo o estado da causa pelas partes, e será officiosamente julgada pelos juizos e tribunaes criminaes, posto que não tenha sido allegada.

Novissima reforma judicial, artigo 1:207.º; codigo de justiça militar, artigo 419.º

ARTIGO 26.º

O caso julgado extingue a acção criminal contra o mesmo delinquente a quem for imputado um facto criminoso, a respeito do qual tiver sido proferido despacho ou sentença definitiva passada em julgado.

Projecto, artigos 35.º, 36.º e 37.º

§ 1.º Para que possa ter logar o caso julgado é necessario, que se verifique a identidade do facto criminoso e do delinquente.

§ 2.º Exceptuam-se da disposição d'este artigo os casos previstos nos artigos 36.º e 86.º

> Projecto, artigo 37.º, § unico; novissima reforma judicial, artigo 883.º

ARTIGO 27.º

A amnistia ou perdão real extingue a acção criminal, mas não a civil resultante do crime ou delicto, nos, termos do codigo penal.

> Projecto, artigo 42.º; codigo penal, artigo 120.º, § 1.º e 121.º

TITULO III

Da competencia

CAPITULO I
Disposições geraes

ARTIGO 28.º

A competencia dos juizes e tribunaes criminaes é determinada pelo maximo da pena correspondente ao crime ou delicto, pelo logar em que é commettido, e pela qualidade do delinquente.

> Projecto, artigos 215.º e 216.º; novissima reforma judicial, artigos 870.º, 886.º e 1:026.º

ARTIGO 29.º

No caso de accumulação de crimes ou delictos imputados ao mesmo delinquente, serão todos julgados com intervenção de jurados, posto que a algum d'elles corresponda pena inferior ás mencionadas no artigo 386.º

> Projecto, artigos 223.º e 228.º

ARTIGO 30.º

O juiz do logar em que o crime ou delicto for commettido é competente para conhecer e julgar todos os crimes ou delictos commettidos dentro da sua jurisdicção.

> Projecto, artigos 218.º e 279.º; novissima reforma judicial, artigos 870.º e 886.º

§ unico. Exceptuam-se:

1.º Os crimes ou delictos commettidos pela maior parte dos habitantes de uma comarca, cujo processo preparatorio compete ao juiz de direito da comarca mais proxima;

> Projecto, artigo 218.º, § unico; novissima reforma judicial, artigo 1:269.º

2.º A accumulação de crimes ou delictos processados em diversas comarcas, os quaes serão julgados no juizo em que pender o processo pelo crime ou delicto, a que corresponder a pena mais grave.

Se as penas forem da mesma gravidade, a competencia será determinada a favor da comarca da naturalidade do delinquente, ou, se o crime não for ali commettido, pela prioridade do procedimento criminal.

> Novissima reforma judicial, artigos 1:033.º, § unico, 1:090.º e 1:173.º; codigo penal, artigo 87.º

ARTIGO 31.º

Não estando o delinquente preso ou afiançado no juizo em que o crime ou delicto for commettido, o juiz do logar em que elle for encontrado ou capturado é competente para proceder *ex officio* a todos os actos e diligencias necessarias para verificar a existencia do crime, devendo remettel-os logo áquelle juizo.

> Projecto, artigos 232.º, 233.º e 234.º

ARTIGO 32.º

Se o crime ou delicto for commettido em navio portuguez no mar alto, é competente para conhecer d'elle e julgal-o o juiz do primeiro logar do territorio portuguez a que o navio aportar.

> Projecto, artigo 219.º; novissima reforma judicial, artigo 887.º

ARTIGO 33.º

Os juizes criminaes portuguezes são competentes, não havendo tratado em contrario, para conhecerem e julgarem:

1.º Todas as infracções commettidas em territorio ou dominio portuguez, qualquer que seja a nacionalidade do infractor;

2.º Os crimes commettidos a bordo de navio portuguez em mar alto, de navio de guerra portuguez surto em porto estrangeiro, ou de navio mercante portuguez surto em porto estrangeiro, quando os delictos respeitarem a gente da tripulação sómente, e não houverem perturbado a tranquillidade do porto;

3.º Os crimes commettidos por portuguezes em paiz estrangeiro contra a segurança interior ou exterior do estado, de falsificação de sellos publicos, de moedas portuguezas, de papeis de credito publico, ou de notas de banco nacional, de companhias ou de estabelecimentos legalmente auctorisados para a emissão das mesmas notas, não tendo os criminosos sido julgados no paiz onde delinquiram;

4.º Qualquer outro crime ou delicto commettido por portuguez em paiz estrangeiro, verificando-se os requisitos seguintes:

a) Sendo o criminoso ou delinquente encontrado em Portugal;

b) Sendo o facto tambem qualificado de crime ou delicto pela legislação do paiz onde foi praticado;

c) Não tendo o criminoso ou delinquente sido julgado no paiz em que commetteu o crime ou delicto.

§ unico. Exceptuam-se da disposição do n.º 1.º d'este artigo as infracções praticadas a bordo de navio de guerra estrangeiro em porto ou mar territorial portuguez, ou a bordo de navio mercante estrangeiro, quando occorrerem entre gente da tripulação sómente e não perturbarem a tranquillidade do porto.

Lei de 1 de julho de 1867, artigo 1.º, n.ºs 1.º, 2.º, 3.º e 4.º; codigo penal, artigo 27.º

ARTIGO 34.º

Se a competencia para conhecer e julgar os crimes ou delictos, de que trata o n.º 3.º do artigo antecedente, se não podér determinar pelo logar em que o criminoso for achado, por estar fóra do territorio portuguez, determinar-se-ha pelo domicilio d'elle ao tempo em que se ausentou do reino.

§ unico. Na falta de qualquer d'estes elementos, serão competentes os juizes criminaes da comarca de Lisboa, que julgarão por turno.

Lei de 1 de julho de 1867, artigo 1.º, § 5.º

ARTIGO 35.º

Quando aos delictos de que trata o n.º 4.º do artigo 33.º só forem applicaveis penas correccionaes, o magistrado do ministerio publico não promoverá a formação e julgamento do respectivo processo, sem que haja queixa da parte offendida ou participação official da auctoridade do paiz onde se commetteram os mencionados delictos.

Lei de 1 de julho de 1867, artigo 1.º, § 2.º

§ unico. O processo que houver de intentar-se pelos crimes, de que trata este artigo, poderá, para mais facil indagação da verdade, correr e ser julgado no juizo de direito da comarca mais proxima do logar em que o crime ou delicto tiver sido commettido, precedendo requisição do magistrado do ministerio publico, audiencia do juiz respectivo e decisão affirmativa do supremo tribunal de justiça.

Lei de 1 de julho de 1867, artigo 1.º, § 4.º

ARTIGO 36.º

Se os criminosos ou delinquentes de que tratam os n.ºs 3.º e 4.º do artigo 33.º tiverem sido condemnados no logar do crime ou delicto e se houverem subtrahido ao cumprimento de toda ou de parte da pena imposta, formar-se-ha novo processo perante o respectivo juizo portuguez, que, se julgar provado o crime ou delicto, lhes applicará a pena correspondente na lei penal portugueza, levando-lhes em conta a parte que já tiverem cumprido.

Lei de 1 de julho de 1867, artigo 1.º, § 3.º

ARTIGO 37.º

Para os effeitos da competencia considerar-se-ha mais proxima a comarca, cuja séde estiver menos distante da séde da outra comarca.

§ unico. Sendo igual a proximidade, será a competencia determinada por meio de sorteio, a que procederá o presidente do supremo tribunal de justiça com assistencia do respectivo magistrado do ministerio publico.

Projecto, artigo 705.º, § 3.º; lei de 16 de abril de 1874, artigo 7.º, § 2.º; codigo do processo civil, artigo 31.º, § 2.º

ARTIGO 38.º

A competencia em rasão da qualidade do delinquente divide-se em competencia geral e especial.

§ 1.º Estão sujeitos á competencia geral todos os delinquentes não especificados no § 2.º d'este artigo.

Projecto, artigo 217.º e § n.º 2.º.

§ 2.º Estão sujeitos á competencia especial:
1.º Os membros da família real;
2.º. Os ministros e secretarios d'estado;
3.º Os conselheiros d'estado;
4.º Os dignos pares do reino;
5.º Os deputados da nação, durante o periodo da legislatura;
6.º Os embaixadores, ministros plenipotenciarios, ministros residentes e agentes diplomaticos das nações estrangeiras;
7.º Os magistrados judiciaes;
8.º Os magistrados do ministerio publico;
9.º Os officiaes e praças de pret do exercito e da armada.

Projecto, artigo 217.º, § 3º; novissima reforma judicial, artigo 1026.º; carta constitucional, artigos 41.º e 131.º, § 2.º; codigo de justiça militar, artigo 297.º

CAPITULO II
Dos juizes e tribunaes criminaes

ARTIGO 39.º

Exercem jurisdicção criminal:
1.º O supremo tribunal de justiça em todo o territorio da monarchia portugueza;

> Projecto, artigo 235.º; novissima reforma judicial, artigo 6.º

2.º Os tribunaes das relações no seu respectivo districto judicial;

> Projecto, artigo 235.º; novissima reforma judicial, artigo 29.º

3.º Os juizes de direito, de primeira instancia na sua respectiva comarca ou districto criminal;

> Projecto, artigo 235.º; novissima reforma judicial, artigos 82.º e 108.º

4.º O juizes ordinarios no seu respectivo julgado;

> Projecto, artigo 235.º; novissima reforma judicial, artigo 118.º

5.º O jury.

§ unico. A camara dos pares exerce tambem jurisdicção criminal, quando se constituir em tribunal de justiça criminal.

ARTIGO 40.º

Compete ao supremo tribunal de justiça
1.º Conceder ou negar revista nos processos criminaes, designando no primeiro caso o juizo ou tribunal em que o processo ha de ser novamente julgado;

> Novissima reforma judicial, artigo 20.º, n.º 1.º

2.º Conhecer e julgar os conflictos de jurisdicção ou de competencia, que se levantarem entre as relações, entre os juizes de direito de differentes districtos judiciaes e entre os tribunaes militares;

> Novissima reforma judicial, artigo 20.º, n.º 8.º; codigo de justiça militar, artigo 227.º, n.º 1.º; projecto, artigo 52.º, n.º 2.º

3.º Mandar suspender a execução de sentenças contradictorias, em que dois ou mais réus forem condemnados como auctores do mesmo crime;

> Novissima reforma judicial, artigo 20.º, n.º 2.º; projecto, artigo 664.º, n.º 2.º

4.º Mandar suspender a execução da sentença, em que for condemnado algum réu, quando este tiver requerido o processo competente contra algum jurado pelos crimes de corrupção ou peita, ou contra alguma testemunha pelo crime de falso testemunho prestado em audiencia de julgamento;

> Novissima reforma judicial, artigo 20.º, n.ᵒˢ 3.º e 4.º; projecto, artigos 664.º, n.ᵒˢ 3.º e 4.º, e 1:039.º

5.º Auctorisar a formação do processo na comarca mais proxima do logar em que tiver sido commettido o crime no caso previsto no § unico do artigo 35.º;

> Lei de 1 de julho de 1867, artigo 1.º, § 4.º

6.º Conhecer e julgar em primeira e ultima instancia os crimes commettidos pelos embaixadores, ministros plenipotenciarios, ministros residentes, agentes diplomaticos das nações estrangeiras, conselheiros do supremo tribunal de justiça, juizes dos tribunaes de segunda instancia e magistrados do ministerio publico junto dos mesmos tribunaes.

> Novissima reforma judicial, artigos 20.º, n.º 5.º, 820.º e 1:026.º; projecto, artigos 217.º, § 3.º, 418.º e 751.º; projecto definitivo, artigo 38.º, § 2.º, n.ᵒˢ 6.º, 7.º e 8.º

ARTIGO 41.º

Compete aos tribunaes das relações:

1.º Julgar os recursos interpostos das sentenças e despachos dos juizes de direito de primeira instancia, e annullar os processos em que houver nullidade insupprivel;

> Novissima reforma judicial, artigo 42.º, n.º 2.º

2.º Conhecer e julgar os conflictos de jurisdicção ou de competencia, levantados entre juizes de direito de primeira instancia do mesmo districto judicial;

> Novissima reforma judicial, artigo 43.º, n.º 4.º, projecto, artigo 52.º, n.º 1.º

3.º Mandar suspender a execução de sentenças contradictorias, em que dois ou mais réus forem condemnados como auctores do mesmo crime;

> Novissima reforma judicial, artigo 44.º, n.º 1.º; projecto, artigos 664.º, n.º 2.º, e 1:002.º

4.º Impor aos juizes de direito de primeira instancia, advogados e empregados judiciaes penas disciplinares;

> Novissima reforma judicial, artigo 44.º, n.º 4.º; projecto, artigos 826.º, 827.º e 828.º

5.º Conhecer e julgar em primeira e ultima instancia os crimes commettidos pelos juizes de direito de primeira instancia, e pelos magistrados do ministerio publico junto d'elles.

> Novissima reforma judicial, artigo 43.º, n.º 1.º; projecto, artigos 427.º, 753.º e 754.º

ARTIGO 42.º

Compete aos juizes de direito de primeira instancia:

1.º Proceder á formação do corpo de delicto para verificar a existencia dos crimes commettidos na respectiva comarca;

> Novissima reforma judicial, artigo 899.º

2.º Conhecer e julgar os crimes não exceptuados da sua competencia;

> Artigo 38.º, § 2.º

3.º Conhecer e julgar os crimes commetidos pelos juizes de paz no exercicio de suas funcções.

§ unico. Se o juiz de direito for o paciente do crime ou delicto, será a jurisdicção criminal exercida pelo respectivo substituto.

> Novissima reforma judicial, artigos 85.º, e 1:228.º

ARTIGO 43.º

Compete aos jurados pronunciar sobre o facto e sobre as circumstancias aggravantes e attenuantes.

> Carta constitucional, artigo 119.º; novissima reforma judicial, artigo 157.º

ARTIGO 44.º

A competencia do jury termina no fim do respectivo semestre, salvo se o julgamento não podér concluir-se dentro d'elle.

> Regulamento de 29 de agosto de 1867, artigos 22.º, § unico, e 26.º

CAPITULO III

Dos magistrados que exercem a acção criminal

ARTIGO 45.º

Aos magistrados do ministerio publico incumbe:

1.º Propor a acção criminal e intervir nos seus incidentes;

2.º Promover o cumprimento de deprecadas, cartas de ordem, rogatorias, mandados de captura e de intimação de testemunhas, e todas as diligencias necessarias para o andamento do processo criminal;

3.º Promover o que for conforme á lei até á inteira execução a sentença.

> Projecto, artigos 244.º, 256.º, 257.º, 258.º e 259º; novissima reforma judicial, artigo 958.º

ARTIGO 46.º

Compete ao procurador geral da corôa e seus ajudantes:

1.º Promover o que for conforme á lei nos processos que subirem em recurso de revista ao supremo tribunal de justiça;

2.º Promover a formação do processo, contra os delinquentes de que trata o n.º 6.º do artigo 40.º;

3.º Transmittir aos procuradores regios as instrucções necessarias para o seguimento regular da acção criminal.

Novissima reforma judicial, artigo 24.º

ARTIGO 47.º

Compete aos procuradores regios:

1.º Promover o que for conforme á lei nos processos que subirem em recurso aos tribunaes das relações;

2.º Promover a formação do processo contra os delinquentes, de que trata o n.º 5.º do artigo 41.º;

3.º Promover a imposição de penas disciplinares aos escrivães e secretarios, em conformidade com a lei;

4.º Promover a prompta execução das sentenças, quer condemnatorias quer absolutorias;

5.º Promover a suspenção das sentenças contradictorias, em que dois ou mais réus forem condemnados como auctores do mesmo crime;

6.º Interpor os recursos competentes das sentenças e despachos que não forem conformes á lei;

7.º Transmittir aos delegados as instrucções necessarias para o seguimento regular da acção criminal.

Novissima reforma judicial, artigo 52.º

ARTIGO 48.º

Compete aos delegados dos procuradores regios:

1.º Promover a formação do corpo de delicto para verificar a existencia dos crimes;

2.º Promover a formação dos processos competentes contra os delinquentes de que tratam o § 1.º do artigo 38.º e os n.ºˢ 1.º a 8.º do § 2.º do mesmo artigo.

3.º Promover a prompta execução das sentenças, quer condemnatorias, quer absolutorias;

4.º Interpor os recursos competentes das sentenças e dos despachos menos conformes á lei.

Novissima reforma judicial, artigos 1:163.º e 1:185.º; projecto, artigo 908.º

CAPITULO IV
Dos escrivães e secretarios

ARTIGO 49.º

Aos escrivães e secretarios incumbe:

1.º Escrever todos os actos e termos do processo;

> Codigo do processo civil, artigo 61.º; projecto, artigo 219.º, n.º 1.º

2.º Apresentar ao magistrado do ministerio publico, os processos criminaes e entregar-lhe as certidões de que carecerem para o exercício da acção criminal.

> Projecto, artigo 219.º, n.º 4.º; portarias de 17 de abril de 1855, 10 de maio e 5 de junho de 1860 e 9 de novembro de 1869.

TITULO IV
Dos actos e termos do processo criminal

Artigo 50.º

São applicaveis ao processo criminal, na parte em que o podérem ser, as disposições dos artigos 59.º a 103.º do codigo do processo civil, com as alterações seguinte:

ARTIGO 51.º

Os actos e termos do processo criminal não admittem publicidade emquanto o delinquente não estiver em juizo.

> Novissima reforma judicial, artigos 880.º, § unico, e 1:001.º, codigo do processo civil, artigo 59.º

§ 1.º Os actos do processo criminal preparatorio serão praticados pelos juizes sem assistencia das partes, as quaes podem comtudo fornecer-lhes documentos ou exposições escriptas tendentes ao descobrimento da verdade.

> Projecto, artigo 265.º

§ 2.º O acto do julgamento será sempre publico, salvo se a decencia e a moralidade exigirem que seja secreto.

> Novissima reforma judicial, artigo 1:088.º; codigo do processo civil, artigo 59.º, § 2.º, projecto, artigo 265.º

ARTIGO 52.º

Os juizes de direito das comarcas de Lisboa e Porto, e os das comarcas em que houver mais de um juiz, farão por turno duas audiencias por semana para n'ellas se verificarem os actos e termos do processo que deverem ser accusados em audiencia, observando o que sobre este assumpto estiver legislado no codigo do processo civil.

Codigo do processo civil, artigos 289.º a 291.º

ARTIGO 53.º

Os ajudantes ou amanuenses dos escrivães só poderão escrever os traslados do processo ou passar certidões dos actos e termos d'este, quando estejam em juizo, ou tenham sido julgados todos os delinquentes que n'elle figurarem.

Codigo do processo civil, artigo 61.º, § unico; lei de 16 de junho de 1855, artigo 31.º

§ unico. Os traslados deverão ser extrahidos pela ordem em que estiverem escriptos os actos e termos do processo original, devendo os espaços em branco ser preenchidos no traslado por traços horisontaes e notado á margem cada um dos actos e termos.

Projecto, artigo 874.º, § 1.º, n.ºˢ 2.º e 3.º

ARTIGO 54.º

Os actos e termos do processo criminal não podem ser praticados em dias santificados, ou durante as férias.

§ 1.º Deverão porém ser praticados durante as férias:

1.º Os áctos e termos do processo preparatorio, ainda que tenham de efectuar-se em jurisdicção alheia;

Lei de 18 de julho de 1855, artigo 10.º, § 6.º

2.º Os interrogatorios dos réus.

§ 2.º A captura dos réus póde effectuar-se nos dias santificados e durante as férias.

ARTIGO 55.º

Os mandados de captura serão cumpridos por quaesquer juizes de direito, em cuja jurisdicção for encontrado o réu, precedendo despacho que ordene o cumprimento d'elles.

Projecto, artigos 89.º e 253.º, § unico; decreto de 23 de junho de 1845, artigo 1.º, § 1.º; novissima reforma judicial, artigo 1:007.º

ARTIGO 56.º

As cartas de ordem, deprecadas e rogatorias deverão conter:

1.º Na parte superior da primeira folha, em fórma de titulo, a designação do juiz ou tribunal que as expede e a d'aquelle a quem são dirigidas, com a declaração de poderem ser cumpridas por qualquer outro juiz ou tribunal, em que o possam ser;

2.º A transcripção das peças do processo necessarias para que possam effectuar-se as diligencias com proveito da administração da justiça e as que forem requeridas pelas partes.

Projecto, artigo 254.º, II.

TITULO V
Das custas

ARTIGO 57.º

Sómente são obrigados ao pagamento das custas os réus que forem condemnados. Se forem absolvidos, será condemnada nas custas a parte querelante, havendo-a.

§ unico. Exceptuam-se da disposição d'este artigo as custas dos traslados, dos recursos de aggravo e da fiança, que serão pagas pelos respectivos réus que os requererem.

Decreto de 30 de julho de 1830, cap. 10.º, § 52.º; codigo penal, artigo 118.º; lei de 18 de julho de 1855, artigo 18.º

ARTIGO 58.º

Sendo implicados differentes co-réus no mesmo processo, serão todos solidariamente responsaveis pelo pagamento das custas, ficando salvo áquelle que pagar o direito de haver dos outros a quota correspondente.

Projecto, artigos 698.º e 699.º; codigo do processo civil, artigo 117.º § unico.

ARTIGO 59.º

As custas comprehendem o sêllo do processo, os emolumentos dos juizes e os salarios dos empregados judiciaes, as despezas dos exames e operações medico-legaes, os honorarios dos peritos e advogados e o salario das testemunhas.

Projecto, artigo 697.º; codigo hespanhol, artigo 120.º.

TITULO VI
Das nullidades

ARTIGO 60.º

A nullidade póde dar-se no processo criminal, ou na sentença.

§1. Dá-se a nullidade no processo criminal, quando se praticar algum acto que a lei não admitte ou sem as formalidados legaes, ou quando se omittir algum acto prescripto na lei.

Projecto, artigos 372.º, e 690.º; codigo do processo civil, artigo 128.º; lei de 19 de dezembro de 1843, artigo 1.º, § 1.º

§ 2.º Dá-se a nullidade de sentença, quando ella julgar directamente o contrario do que dispõe a lei, ou d'ella fizer applicação manifestamente errada.

Lei de 19 de dezembro de 1843, artigo 1.º, § 2.º

ARTIGO 61.º

As nullidades são suppriveis ou insuppriveis.

§ 1.º As nullidades insuppriveis tornam nullo tudo o que se tiver processado desde que ellas se verificaram.

§ 2.º As nullidades suppriveis só annullam o acto a que se referem e os termos subsequentes que d'elle dependerem absolutamente.

Codigo do processo civil, artigo 129.º

ARTIGO 62.º

São nullidades insuppriveis:

1.º A incompetencia do juiz ou do jurado;

2.º A falta de exame para verificar o corpo de delicto ou de auto que a lei considere equivalente a elle;

3.º A falta de assignatura da parte accusadora ou de quem a representar no requerimento para o começo da acção criminal:

4.º A falta de juramento aos peritos e testemunhas, que o deverem prestar;

5.º A falta de interprete ajuramentado, se tiver de prestar juramento, ou a nomeação de pessoa que o não possa ser;

6.º A falta de intimação do despacho de pronuncia ao réu, se não tiver aggravado dentro do praso legal;

7.º A falta de nomeação de advogado ou defensor do réu, se o não tiver constituido no processo antes de exarado o despacho de pronuncia;

8.º A falta de entrega da copia do libello accusatorio ao réu, quando por parte d'este tenha deixado de apresentar-se contestação por escripto, ou defesa verbal na audiencia de julgamento;

9.º A falta de entrega da copia da constestação á parte accusadora, se esta allegar esta nullidade antes da audiencia do julgamento;

10.º A falta de entrega da copia do rol das testemunhas á parte accusadora ou ao réu, se não tiverem sido nomeadas no libello accusatorio ou no requerimento da acção criminal;

11.º A falta de entrega da copia da pauta dos jurados ao réu;

12.º A falta de juramento aos jurados ou da assignatura d'estes nas respostas aos quesitos.

A omissão, inversão ou diversidade de appellidos não importa nullidade, se da discussão se poder conhecer a identidade do jurado.

13.º A deficiencia dos quesitos, a contradicção ou repugnancia d'estes entre si, ou com as respostas do jury, ou entre estas;

14.º A omissão da resalva das emendas, borrões ou entrelinhas que se encontrarem nas respostas do jury;

15.º A omissão da leitura, feita pelo juiz em voz intelligivel, dos quesitos propostos ao jury, quando esta formalidade não seja supprida pelo juiz a requerimento das partes antes do encerramento do jury na sala das suas deliberações;

16.º A sentença que julgar directamente o contrario do que dispõe a lei ou d'ella fizer applicação manifestamente errada;

17.º A falta de intimação da sentença condemnatoria, se d'ella se não tiver interposto o recurso competente dentro do praso legal.

§ unico. Fóra d'estes casos só haverá nullidade insupprivel, quando os tribunaes superiores decidirem por cinco votos conformes, que a preterição dos actos ou termos do processo é essencial ao descobrimento da verdade e póde influir directamente na decisão da causa.

Lei de 18 de julho de 1855, artigo 13.º

ARTIGO 63.º

A omissão de actos ou formalidades que não possam já praticar-se ou que, praticados fóra da occasião, já não podem esclarecer o facto nem contribuir para satisfação da justiça, deverá ser supprida pelos tribunaes competentes, se do processo constar a verdade de modo irrecusavel.

Lei de 18 de julho de 1855, artigo 13.º, n.º 2.º

TITULO VII
Das provas

ARTIGO 64.º

São admittidos no processo criminal todos os meios de prova estabelecidos na lei civil e do processo civil com as modificações decretadas n'este código.

Projecto, artigo 295.º

ARTIGO 65.º

Os juizes apreciarão as provas do crime ou delicto e da culpabilidade do delinquente segundo as regras de direito.

Projecto, artigos 297.º e 351.º

LIVRO II
DA FÓRMA DO PROCESSO CRIMINAL

PARTE I
DO PROCESSO CRIMINAL PREPARATORIO

TITULO PRELIMINAR
Do conhecimento judicial dos crimes ou delictos

ARTIGO 66.º

O conhecimento judicial dos crimes ou delictos tem logar:
1.º Por queixa do offendido;
2.º Por participação de qualquer pessoa;
3.º Por participação da auctoridade administrativa ou de qualquer agente de administração ou de policia;
4.º Por communicação dos juizes ou tribunaes;
5.º Por notoriedade publica;
6.º Nos casos de crime ou delicto flagrante.

> Projecto, artigo 59.º; novissima reforma judicial, artigos 891.º a 896.º

ARTIGO 67.º

O conhecimento judicial das contravenções tem logar pela remessa do respectivo auto ao magistrado do ministerio publico ou agente encarregado de promover a sua punição.

ARTIGO 68.º

Toda a pessoa offendida por qualquer crime ou delicto, posto que não queira ser parte accusadora, poderá queixar-se verbalmente ou por escripto ao respectivo juiz, magistrado do ministerio publico ou administrativo, agente da administração ou de policia mais proximo do logar em que o crime ou delicto for commettido.

> Projecto, artigo 60.º; codigo hespanhol, artigos 161.º e 163.º; novissima reforma judicial, artigo 896.º

§ 1.º Se a queixa for verbal, será reduzida a auto assignado pelo magistrado ou agente que; a receber, pelo escrivão e pelo queixoso, se souber ou podér escrever, devendo declarar-se no auto o facto criminoso, as circumstancias que o revestirem e os nomes das testemunhas que o possam provar.

> Codigo hespanhol, artigo 167.º

§ 2.º Sendo a queixa feita por escripto, será assignada pelo queixoso, por seu procurador, ou pela pessoa que a rogo d'elle a fizer, e a assignatura reconhecida por tabellião.

        Codigo penal, artigo 245.º; codigo hespanhol, artigos 163.º e 164.º

ARTIGO 69.º

Os incapazes só poderão ser admittidos a queixar-se em juizo, sendo a queixa auctorisada pelos seus representantes, salvo se estes forem os delinquentes, porque n'este caso deverá sel-o por um ascendente, ou não querendo, ou não existindo este, por um parente até o segundo grau por direito civil.

        Artigo 10.º, § unico; codigo hespanhol, artigos 156.º e 157.º

ARTIGO 70.º

Toda a pessoa que presencear algum crime ou delicto ou d'elle tiver conhecimento por qualquer outro meio poderá participal-o aos magistrados ou agentes a que se refere o artigo 68.º

        Projecto, artigo 61.º; novissima reforma judicial, artigo 891.º; codigo hespanhol, artigo 155.º; codigo de instrucção criminal austriaco, artigo 86.º

§ 1.º Se a pessoa que fizer a participação não for conhecida em juizo, irá acompanhada pelo menos de uma testemunha conhecida que atteste a identidade do participante, observando-se o disposto nos §§ 1.º e 2.º do artigo 68.º

        Novissima reforma judicial, artigo 892.º, § unico.

§ 2.º Se a denuncia for anonyma e noticiar factos circumstanciados, que tornem verosimil a perpetração de algum crime ou delicto, deverá proceder-se com toda a circumspecção aos actos e diligencias necessarias para a sua verificação.

        Codigo de instrucção criminal austriaco, artigo 87.º

ARTIGO 71.º

Os magistrados administrativos e os agentes de administração e de policia deverão participar os crimes de que tiverem noticia ao respectivo juiz e ao magistrado do ministerio publico, enviando a este todas as informações, autos de investigação a que procederem e quaesquer documentos que possam servir de prova do crime ou delicto.

§ unico. Se o delinquente tiver sido preso em flagrante delicto, acompanhará a participação, sendo possivel.

        Projecto, artigo 64.º; novissima reforma judicial, artigos 893.º e 894º; codigo administrativo de 6 de maio de 1878, artigo 204.º, n.º 22.º

ARTIGO 72.º

Qualquer auctoridade, tribunal ou funccionario publico de qualquer categoria, que no exercicio de suas funcções descobrir algum crime ou delicto, deverá participal-o ao respectivo magistrado do ministerio publico, enviando-lhe as informações e documentos de que trata o artigo antecedente.

> Projecto, artigos 65.º e 66.º; novissima reforma judicial, artigo 895.º; codigo hespanhol, artigo 158.º; codigo de instrucção criminal francez, artigo 29.º; codigo de instrucção criminal austriaco, artigo 84.º

§ unico. Se o crime ou delicto for descoberto em processo pendente, o juiz por seu despacho, e o tribunal por accordão em conferencia mandará continuar o processo com vista ao respectivo magistrado do ministerio publico, depois de proferida a sua decisão.

> Projecto, artigo 66.º; novissima reforma judicial, artigo 895.º, § unico.

ARTIGO 73.º

Tem logar o conhecimento do crime ou delicto por notoriedade publica, quando tenha sido divulgado pela imprensa periodica ou por outra especie de publicação que o haja tornado do dominio publico.

> Projecto, artigo 68.º; codigo de processo criminal austriaco, artigo 87.º

ARTIGO 74.º

Considera-se flagrante delicto não só aquelle que se está commettendo ou acabou de commetter-se sem intervallo algum, mas tambem o caso em que o delinquente, acabando de o praticar, foge do logar d'elle e é logo continua e successivamente perseguido por qualquer empregado ou agente da justiça, administração ou policia, ou por qualquer pessoa.

> Projecto, artigo 69.º; novissima reforma judicial, artigo 1:020.º; codigo hespanhol, artigo 196.º; codigo do processo criminal do Brazil, artigo 131.º; codigo de instrucção criminal austriaco, artigo 175.º, n.º 1.º; codigo de instrucção criminal francez, artigos 41.º e 46.º; projecto do ministro da justiça da republica franceza de 27 de novembro de 1879, artigo 156.º

§ unico. São equiparados ao flagrante delicto, comtanto que seja proximo do tempo da sua perpetração:

1.º O caso de serem encontrados ao delinquente effeitos, armas ou instrumentos que façam presumir que elle é auctor ou cumplice do crime ou delicto;

2.º O caso de reclamar o dono da casa em que se commetteu o crime ou delicto a assistencia da justiça para o verificar.

> Projecto do ministro da justiça da republica franceza citado, artigo 156.º

TITULO I
Disposições geraes

ARTIGO 75.º

O processo criminal preparatorio nos crimes ou delictos começará pela querela e poderá prolongar-se por espaço de sessenta dias a contar da data d'ella, se antes d'este praso não estiver verificada a existencia do crime ou delicto e a culpabilidade do delinquente.

> Projecto, artigos 264.º e 267.º; novissima reforma judicial, artigo 880.º, § unico; lei de 18 de julho de 1855, artigo 10.º, § 3.º

§ 1.º Findo o praso fixado n'este artigo, o processo preparatorio será encerrado.

§ 2.º Este praso poderá prorogar-se, quando tiverem de ser inquiridas testemunhas referidas ou residentes em paiz estrangeiro, em provincia ultramarina ou em outra comarca, que o não possam ser dentro d'elle, ou quando tenha de proceder-se a alguma diligencia necessaria para o descobrimento da verdade.

> Projecto, artigo 267.º; lei de 18 de julho de 1855, artigo 10.º, § 3.º; codigo hespanhol, artigo 235.º

ARTIGO 76.º

No processo criminal preparatorio as partes poderão fornecer aos juizes todas as provas que tiverem ácerca da existencia do crime ou delicto e da culpabilidade do delinquente, e requerer que estes procedam ás diligencias e averiguações necessarias.

§ 1.º Os juizes procederão a estas diligencias e averiguações, podendo, tambem recorrer officiosamente a todos os meios de prova que julgarem necessarios para o descobrimento da verdade.

§ 2.º É permittido ao presumido delinquente, durante o processo preparatorio, offerecer ao juiz as provas que tiver da sua innocencia, e requerer as diligencias e averiguações que verosimilmente a possam comprovar e a que o juiz deverá proceder, comtanto que não tendam manifestamente a protrair o processo preparatorio.

> Projecto, artigo 59.º, § 1.º, artigo 265.º, § unico; Ortolan, Élém. de droit pénal, n.º 1:810.º, segunda edição; codigo de instrucção criminal austriaco, artigo 199.º; projecto do ministro da justiça da republica franceza de 27 de novembro de 1879, artigo 120.º

ARTIGO 77.º

Se durante o processo preparatorio o facto criminoso tiver uma qualificação diversa da que lhe foi dada pelas partes, o juiz lhe dará a que for conforme á lei penal.

> Projecto, artigos 269.º e 270.º; Netto, nota 2 ao artigo 883.º da novissima reforma judicial.

ARTIGO 78.º

Se o delinquente estiver condemnado em pena que não possa ser aggravada, e commetter um novo crime ou delicto, ou se descobrir algum outro não prescripto, formar-se-ha o processo preparatorio para verificar se ha outros co-réus responsaveis pelo mesmo facto criminoso.

§ unico. Na hypothese prevista n'este artigo, o réu condemnado sómente será julgado pelo novo crime ou delicto que commetter, ou pelo que se descobrir, se for annullado o processo instaurado pelo crime mais grave.

Codigo penal, artigo 94.º; lei de 26 de outubro de 1840; circular do procurador regio do Porto, n.º 780.

ARTIGO 79.º

O processo preparatorio nas contravenções e coimas consistirá em um simples auto lavrado pela auctoridade ou agente encarregado de as verificar, o qual será por elle enviado ao respectivo magistrado do ministerio publico.

Projecto, artigos 779.º e 782.º; novissima reforma judicial, artigo 1: 251.º

§ unico. As partes poderão requerer antes do julgamento todos os meios de prova estabelecidos n'este codigo para verificar a existencia das contravenções e coimas.

Projecto, artigo 783.º

ARTIGO 80.º

Desencaminhando-se ou inutilisando-se algum processo criminal, poderá qualquer das partes requerer a reforma d'elle por meio de certidões do livro de registo dos exames.

§ unico. Tendo havido producção de provas, observar-se-ha o disposto no artigo 578.º do codigo do processo civil.

TITULO II
Da querela

ARTIGO 81.º

A parte offendida que pretender querelar dirigirá ao respectivo juiz uma petição, que deverá conter a exposição do facto criminoso e das circumstancias aggravantes ou attenuantes que o revestirem, com declaração do nome, appellidos ou alcunhas do delinquente, da sua qualidade de auctor ou cumplice, logar e tempo em que o crime ou delicto foi commettido, sendo conhecidos, e citação da lei penal applicavel.

Projecto, artigos 271.º e 287.º, n.ᵒˢ 2.º, 3.º e 4.º; novissima reforma judicial, artigo 864.º; codigo do processo criminal do Brazil, artigo 79.º

§ 1.º Se o querelante não for o magistrado do ministerio publico, deverá declarar na petição o seu nome, profissão ou occupação, domicilio ou residencia, onde lhe devem ser feitas as intimações necessarias para o andamento do processo, devendo a assignatura ser reconhecida por tabellião, se não for conhecido em juizo, ou attestada a sua identidade por uma testemunha conhecida.

> Projecto, artigos 282.º e 287.º; novissima reforma judicial, artigos 878.º e 881.º; codigo do processo criminal do Brazil, artigo 78.º

§ 2.º Não sendo conhecidos o delinquente ou o tempo em que o crime ou delicto foi commettido, poderá a querela ser dada contra as pessoas incertas, que pelo processo preparatorio se mostrarem culpadas, ou indicarem-se na petição os signaes que o possam identificar, e deverá declarar-se que o crime não está prescripto.

> Projecto, artigo 286.º; novissima reforma judicial, artigos 872.º e 873.º; codigo do processo criminal do Brazil, artigo 79.º, § 3.º

§ 3.º Sendo a querela prestada por procurador, deverá a procuração conter a exposição do facto criminoso e as circumstancias referidas n'este artigo.

> Projecto, artigo 284.º; novissima reforma judicial, artigo 877.º

ARTIGO 82.º

O magistrado do ministerio publico dará a sua querela dentro do praso de quarenta e oito horas, contadas d'aquella em que o delinquente foi preso, ou, se o não tiver sido, dentro de oito dias a contar d'aquelle em que tiver conhecimento official do crime ou delicto.

> Projecto, artigo 274.º; lei de 18 de julho de 1855, artigo 9.º

§ unico. As partes particularmente offendidas poderão querelar emquanto não estiver encerrado o processo preparatorio.

ARTIGO 83.º

A querela deverá comprehender todos os factos criminosos commettidos pelo delinquente e por outros co-réus, quando os houver.

> Projecto, artigos 227.º, n.º 2.º 272.º e 273.º; novissima reforma judicial, artigo 875º

ARTIGO 84.º

Salvo o disposto nos artigos 30.º, § unico, n.º 1.º, 32.º, 33.º, e § unico do artigo 35.º, a querela sómente poderá ser dada no juizo em que o crime ou delicto for commettido.

> Projecto, artigo 277.º; novissima reforma judicial, artigos 886.º e 887.º; *Bonneville*, de l'amélioriation de la loi criminelle, pag. 326 a 337.

ARTIGO 85.º

A parte offendida que desistir da querela não poderá accusar o delinquente.

> Projecto, artigo 283.º; novissima reforma judicial, artigo 857.º

ARTIGO 86.º

Poderá ser admittida segunda querela a respeito do mesmo crime, e contra os mesmos querelados, se a primeira tiver sido julgada nulla por despacho passado em julgado, ou se tiver sido dada contra pessoas incertas e o crime não estiver prescripto.

> Projecto, artigo 273.º; projecto definitivo, artigo 26.º, § 2.º; novissima reforma judicial, artigo 883.º; codigo de instrucção criminal francez, artigo 246.º; regulamento (brazileiro) de 3 de dezembro de 1841, artigo 270.º

ARTIGO 87.º

A querela póde ser rejeitada pelo juiz, quando julgar que não é criminoso o facto de que se querelou, ou quando lhe não compete esta fórma de processo.

> Projecto, artigo 294.º

§ unico. Rejeitada a querela, o juiz mandará immediatamente soltar o presumido delinquente, se estiver preso, e não dever ser conservado na cadeia por outro motivo.

> Projecto, artigo 294.º, § 2.º

ARTIGO 88.º

Logo que o magistrado do ministerio publico ou a parte offendida tenha dado a querela, o juiz a distribuirá ao respectivo escrivão, se não tiver, fundamento legal para a rejeitar, e procederá a todos os actos e termos do processo preparatorio para verificar a existencia do crime e a culpabilidade do delinquente.

> Projecto, artigo 289.º; novissima reforma judicial, artigo 890.º

ARTIGO 89.º

Para os effeitos do artigo antecedente, haverá em cada juizo um livro numerado e rubricado pelo respectivo juiz com as divisões seguintes:
1.ª Numeração de ordem, que se renovará annualmente no mez de janeiro;
2.ª Natureza do crime ou delicto;
3.ª Nome do querelante, quando não for o ministerio publico;
4.ª Nome do delinquente ou a declaração de que é incerto;
5.ª Appellidos dos escrivães;
6.ª Data da distribuição;
7.ª Observações.

> Projecto, artigo 290.º

TITULO III
Da prova no processo criminal preparatorio

ARTIGO 90.º

No processo criminal preparatorio são admittidos os meios de prova seguintes:
1.º Confissão das partes;
2.º Exames e vistorias;
3.º Prova documental;
4.º Prova testemunhal;
5.º Juramento da parte offendida;
6.º Indicios ou presumpções.

>Projecto, artigo 295.º; codigo civil, artigo 2:407.º

CAPITULO I
Da confissão das partes

ARTIGO 91.º

A confissão da parte offendida ou do delinquente será feita perante o juiz e reduzida a termo.

§ unico. A confissão do delinquente não suppre os meios de prova estabelecidos no artigo antecedente.

>Projecto, artigo 167.º; novissima reforma judicial, artigo 901.º; codigo hespanhol, artigo 261.º; codigo de instrucção criminal austriaco artigo 206.º; projecto do codigo do ministro da justiça da republica franceza, de 27 de novembro de 1879, artigo 121.º

CAPITULO II
Dos exames e vistorias

SECÇÃO I

Dos exames

ARTIGO 92.º

Se existir ou for encontrado o paciente ou o objecto do crime ou delicto, e existirem vestigios materiaes d'elle, proceder-se-ha aos exames necessarios para verificar o corpo do delicto.

>Projecto, artigos 163.º e 167.º; novissima reforma judicial, artigo 238.º, 239.º e 352.º, codigo do processo criminal do Brazil, artigo 134.º; codigo de instrução criminal austriaco, artigo 98.º

§ unico. Os magistrados do ministerio publico deverão promover, e as partes particularmente offendidas poderão requerer que se proceda a estes exames, embora não queiram querelar, devendo os juizes, na falta de promoção ou requerimento, proceder officiosamente a elles com a maior brevidade.

ARTIGO 93.º

Se para verificar o corpo do delicto for necessario fazer algum exame que exija conhecimentos technicos de alguma sciencia, arte, industria ou officio, deverá ser feito com intervenção de peritos nomeados pelo respectivo juiz, devendo declarar-se resumidamente no mandado de intimação o objecto sobre que tem de versar o exame.

> Projecto, artigo 171.º; novissima reforma judicial, artigo 903.º; codigo hespanhol, artigo 240.º; codigo do processo criminal do Brazil, artigo 135.º; codigo de instrucção criminal austriaco, artigos 118.º e 119.º

ARTIGO 94.º

Não podem ser nomeados peritos:
1.º Os membros da familia real;
2.º Os ministros d'estado effectivos;
3.º Os arcebispos, bispos e vigarios geraes;
4.º Os juizes de qualquer categoria, os seus conjuges, descendentes, ascendentes, irmãos ou affins no mesmo grau.

> Codigo do processo civil, artigo 239.º; codigo hespanhol, artigo 360.º; codigo de instrucção criminal austriaco, artigo 120.º

ARTIGO 95.º

São isentos de servir como peritos:
1.º Os pares do reino e os deputados da nação durante o periodo das sessões legislativas;
2.º Os conselheiros d'estado, juizes e magistrados do ministerio publico em effectivo serviço;
3.º Os ecclesiasticos que tiverem cura de almas;
4.º Os militares em effectivo serviço, ainda que não sejam de patente.

> Codigo do processo civil, artigo 240.º

ARTIGO 96.º

Nenhum facultativo que exerça clinica poderá ser isento de intervir nos exames para que for intimado, salvo se houver incompatibilidade absoluta entre este serviço e o exercicio de funcções officiaes.

> Novissima reforma judicial, artigo 903.º, § 4.º; portaria do ministerio do reino de 29 de setembro de 1855.

ARTIGO 97.º

Nos exames deverão intervir pelo menos dois peritos.

§ 1.º No caso de não haver mais de um perito no logar em que houver de fazer-se o exame e na distancia de cinco kilometros, será válido com a intervenção de um só, devendo fazer-se esta declaração no respectivo auto.

> Projecto, artigo 173.º; novissima reforma judicial, artigo 903.º § 2.º; codigo hespanhol, artigo 355.º

§ 2.º Se no logar em que houver de fazer-se o exame não houver nenhum perito, o juiz ordenará que o objecto que tem de ser submettido ao exame seja transportado para a sede da comarca, com tanto que o transporte possa effectuar-se sem prejuizp da averiguação da verdade e da saude publica. Não podendo fazer-se o transporte, o exame será feito pelas pessoas que o juiz julgar mais habilitadas.

> Projecto, artigo 174.º; novissima reforma judicial, artigo 903.º, § 3.º

ARTIGO 98.º

Se as declarações e conclusões dos peritos forem obscuras ou contradictorias entre si ou com os factos averiguados ou se as conclusões não parecerem logicamente deduzidas dos principios expostos, as partes poderão requerer e o juiz ordenar que sejam convocados a uma conferencia para as esclarecerem, harmonisarem ou rectificarem.

§ unico. Não podendo obter-se este resultado, ou havendo rasões fundadas para duvidar da verdade e exactidão das mesmas declarações e conclusões, poderá ser requerido pelas partes ou ordenado pelo juiz um exame com peritos diferentes, os quaes serão requisitados das comarcas mais proximas, se os não houver n'aquella em que tiver de verificar-se, sendo-lhes abonada pelo cofre do juizo a importancia dos honorarios e a despeza do transporte.

> Projecto, artigo 182.º; codigo do processo civil, artigo 237.º § 5.º; codigo hespanhol, artigo 380.º; codigo de instrucção criminal austriaco, artigos 125.º e 126.º

ARTIGO 99.º

O exame será feito em presença do juiz e do magistrado do ministerio publico, salvo nos crimes de incontinencia, deferindo o juiz aos peritos o juramento, segundo o rito da sua religião, para examinarem o objecto, submettido ao exame e declararem com verdade e exactidão tudo o que encontrarem digno de notar-se. Os peritos que declararem não professar religião alguma farão as suas declarações debaixo de palavra de honra.

> Projecto, artigos 175.º e 176.º; codigo do processo civil, artigo 236.º; codigo de instrucção criminal austriaco, artigos 121.º e 122.º; codigo hespanhol, artigos 327.º e 371.º

§ 1.º A parte querelante e o delinquente, se estiver preso ou afiançado, poderão assistir ao exame com os seus advogados, devendo este ser presente quando o juiz ou as partes o julgarem necessario para o descobrimento da verdade.

> Codigo hespanhol, artigo 373.º; codigo de instrucção criminal austriaco, artigo 120.º

§ 2.º Tanto as partes como o juiz poderão propor aos peritos os quesitos que lhes parecerem necessarios para a verificação do crime ou delicto, aos quaes elles deverão responder.

> Projecto, artigo 177.º; codigo do processo civil, artigo 243.º; codigo hespanhol, artigos 376.º e 379.º

§ 3.º Se os peritos carecerem de algumas informações ou esclarecimentos relativos ao objecto do exame poderão requerer ao juiz que lhes sejam prestados.

> Projecto, artigo 178.º; codigo de instrucção criminal austriaco, artigo 123.º

§ 4.º Se o juizo dos peritos estiver dependente das informações ou esclarecimentos a que se refere o § antecedente, ou se por outro motivo attendivel o exame, não podér concluir-se no mesmo dia, poderá ficar adiado, para o dia seguinte, tomando-se as precauções necessarias para evitar a alteração ou substituição do objecto sujeito ao exame.

> Projecto, artigo 179.º; codigo de instrucção criminal austriaco, artigo 124.º; codigo hespanhol, artigo 378.º

§ 5.º Se o objecto sujeito ao exame exigir uma descripção minuciosa e technica, que não possa ser desde logo redigida, poderão os peritos fazer o respectivo relatorio, que será por elles assignado e rubricado, e que o juiz mandará juntar ao auto de exame como parte integrante d'elle, depois de o haver rubricado, bem como o magistrado do ministerio publico.

> Projecto, artigo 180.º; codigo de instrucção criminal austriaco, artigo 124.º

§ 6.º Do exame deverá lavrar-se um auto assignado e rubricado pelo juiz, magistrado do ministerio publico, partes, peritos e escrivão, devendo tambem lavrar-se este auto, quando por qualquer motivo o exame não possa effectuar-se.

> Projecto, artigo 167.º, § unico, e 183.º; novissima reforma judicial, artigo 903.º, § 1º

ARTIGO 100.º

Se houver de proceder-se exame em algum cadaver, deverá a identidade d'este ser reconhecida pelo escrivão ou por uma testemunha, pelo menos, que a possa attestar.

§ unico. Não sendo reconhecida a identidade do cadáver, deverá fazer-se uma descripção d'elle, declarando o sexo, comprimento, côr do rosto, olhos, cabellos, signaes physionomicos ou do corpo, vestuario que trazia, e tirar-se a photographia d'elle, sendo possivel, ordenando o juiz que seja exposto ao publico por vinte e quatro horas, se o estado do cadaver o permittir, para poder ser reconhecido.

> Projecto, artigo 184.º; codigo hespanhol, artigos 239.º, 247.º, 251.º, 252.º e 253.º; codigo de instrucção criminal austriaco, artigo 127.º

ARTIGO 101.º

Nos exames feitos em cadaveres os peritos procederão a requerimento das partes ou ex-officio á autopsia cadaverica, se poder fazer-se sem perigo da saude publica, e examinarão sempre as cavidades craneana, thoraxica e abdominal.

§ 1.º Estes exames serão feitos nos theatros anatomicos, ou, não os havendo, nos hospitaes, casas ou locaes fornecidos pelas camaras municipaes ou juntas de parochia, ou no domicilio do defuncto, se a familia o requerer.

> Projecto, artigo 185.º; codigo hespanhol, artigos 254.º 255.º

§ 2.º Findo o exame, os peritos farão a sua declaração, descrevendo tudo o que julgarem digno de menção, concluindo por emittirem o seu juizo ácerca da causa efficiente da morte.

> Projecto, artigo 186.º; codigo hespanhol, artigo 254.º

§ 3.º Se os peritos não podérem pelos meios ao seu alcance, proferir uma conclusão positiva ácerca da causa da morte, mas tiverem suspeitas de que ella proveiu de substancias toxicas, o magistrado do ministerio promoverá e a parte offendida poderá requerer que se extráiam do cadaver as visceras, substancias e liquidos necessarios para serem submettidos á analyse chimica, devendo ser encerrados em vasos apropriados, cintados e rubricados pelo juiz, magistrado do ministerio publico e peritos. Quando algum d'estes objectos tenha de ser destruido ou modificado, deverá, sempre que seja possivel, ser guardada uma parte d'elles até á terminação do processo com as mesmas precauções.

> Projecto, artigo 187.º; código hespanhol, artigo 257.º; codigo de instrucção criminal austriaco, artigos 122.º e 131.º

ARTIGO 102.º

Quando o exame versar sobre ferimentos ou offensas corporaes, os peritos deverão declarar o numero e a natureza d'elles, a sua extensão e profundidade, a qualidade do instrumento com que indicam ter sido feitos, o prognostico provavel da doença e os effeitos que d'elles podem resultar no estado physico e intellectual, actual e futuro, do examinado, a duração da impossibilidade do trabalho profissional ou de qualquer outro.

> Projecto, artigo 189.º; novissima reforma judicial, artigo 904.º; codigo de instrucção criminal austriaco, artigo 132.º

§ 1.º Se os peritos entenderem que pode haver grave inconveniente em proceder desde logo ao exame, o juiz deverá adial-o para o dia que eles indicarem.

§ 2.º Não se achando os peritos habilitados para proferirem uma conclusão positiva ácerca do prognostico ou da duração da impossibilidade do trabalho, poderão reserval-a para o exame de sanidade, declarando, sempre que seja possivel, o dia em que este deve verificar-se.

§ 3.º Se o offendido vier a morrer em seguida aos ferimentos ou offensas corporaes que soffeu, deverão os peritos declarar sempre se a morte resultou d'elles directa e necessariamente, ou de alguma causa accidental.

> Projecto, artigo 189.º, §§ 1.º, 2.º e 3.º novissima reforma judicial, artigo 904.º; codigo de instrucção criminal austriaco, artigo 129.º

ARTIGO 103.º

Nos exames para reconhecimento de letra ou assignaturas que se suspeite serem falsificadas observar-se-hão na parte applicavel as disposições dos artigos 248.º, 249.º e 250.º do codigo do processo civil.

> Codigo de instrucção criminal austriaco, artigo 135.º

ARTIGO 104.º

Sendo necessario proceder a exame em algum livro, que não esteja findo, pertencente a alguma repartição publica ou cartorio, deverá verificar-se n'aquelles a que pertencer.

> Projecto, artigo 80.º, n.º 5.º; codigo hespanhol, artigo 458.º

ARTIGO 105.º

Sendo necessario para a qualificação do crime ou delicto determinar o valor da cousa que tiver sido objecto d'elle, ou a importancia do damno que d'elle resultou ou podia resultar, o juiz instructor tomará declarações juradas ao lesado e procederá em seguida a exame por peritos para fazerem a devida avaliação.

> Projecto, artigo 192.º; novissima reforma judicial, artigo 909.º; codigo hespanhol, artigo 259.º; codigo de instrucção criminal austriaco, artigos 99.º e 138.º

ARTIGO 106.º

Havendo duvida ácerca do grau de discernimento do delinquente ou se está affectado de doença mental, que o prive da responsabilidade de seus actos, proceder-se-ha ao respectivo exame por peritos facultativos alienistas, ou na falta d'elles por outros competentes.

> Projecto, artigo 344.º, n.º 1.º; codigo de instrucção criminal austriaco, artigo 134.º

ARTIGO 107.º

Nos exames para verificar o corpo de delicto deverão os juizes, com a assistencia do magistrado do ministerio publico e da parte querelante, se estiver presente, fazer verificar pelos peritos:

1.º Todos os vestigios do crime ou delicto;

2.º O estado do logar em que tiver sido commettido, descrevendo-o com a possivel exactidão e fazendo levantar a planta d'elle, sendo possivel;

3.º As armas e instrumentos que, denotarem ter servido para commetter o crime ou delicto, ou estarem destinados para elle, e os objectos deixados pelo delinquente no logar do delicto; descrevendo a relação que possam ter com o crime.

> Projecto, artigo168.º; novissima reforma judicial, artigo 905.º; codigo hespanhol, artigos 242.º e 243.º; projecto do codigo de instrução criminal do ministro da republica franceza de 27 de novembro de 1879, artigo 47.º

§ 1.º Os juizes mandarão, apprehender as armas, instrumentos e objectos; a que se refere o numero antecedente, fazendo-os sellar e appensar ao processo, ou depositar em poder de depositario idoneo os que pelo seu peso e volume não podérem ser appensos.

> Projecto, artigo 109.º; codigo hespanhol, artigo 246.º; codigo de instrucção criminal, austriaco, artigo 98.º

§ 2.º Em seguida ás declarações dos peritos deverão os juizes consignar no auto todas as circumstancias relativas ao modo e tempo em que o crime ou delicto foi commettido, colligindo escrupulosamente todas as provas, tanto contra como a favor do presumido delinquente, tomando logo declarações sem juramento aos descendentes, ascendentes ou parentes do offendido, e com juramento aos creados, domesticos, vizinhos e outras quaesquer pessoas que verosimilmente pareça que podem esclarecer a justiça.

> Projecto, artigo 168.º, n.º 3.º; novissima reforma judicial, artigo 902; codigo hespanhol, artigo, 244.º

ARTIGO 108.º

Antes de concluido o exame para se verificar o corpo de delicto, não se poderá fazer alguma alteração no objecto do crime ou delicto, logar e vestigios d'elle, incorrendo o transgressor d'este preceito na multa de 10$000 a 200$000 réis, que lhe será imposta disciplinarmente, segundo a gravidade do caso e o grau de malicia.

> Projecto, artigo 169.º; novissima reforma judicial, artigo 906.º; codigo hespanhol, artigo 245.º

§ unico. O juiz, e na sua falta, a auctoridade administrativa, e os agentes de administração ou de policia adoptarão todas as providencias para que se não alterem os vestigios do crime ou delicto, antes de findo o exame, nem se afastem do logar d'elle as pessoas que possam informar ácerca d'elle, fazendo o juiz constar no respectivo auto, sendo possivel, se a desapparição dos vestigios foi casual ou intencional, bem como as causas e os meios para esse fim empregados.

> Projecto, artigo 170.°; novissima reforma judicial, artigo 907.°; codigo hespanhol, artigos 244.°, 245.° e 248.°; decreto do Brazil n.° 4:824.°, de 22 de novembro de 1871, artigos 38.°, 40.°, 41.° e 42.°

ARTIGO 109.°

Haverá em cada cartorio um livro de registo, numerado e rubricado pelo juiz de direito, com termos de abertura e encerramento, e que será destinado, para n'elle se registarem por extracto os autos de exames, e por extenso as declarações dos peritos.

> Decreto de 21 de março de 1842.

SECÇÃO II
Das vistorias

ARTIGO 110.°

Se durante o processo preparatorio o juiz julgar necessario proceder, ou as partes offendidas ou o delinquente requererem que se proceda a vistoria no logar em que foi commettido o crime ou delicto, fará essa diligencia com tres peritos, que julgar mais idoneos, mandando lavrar o respectivo auto, que será por elle assignado, pelos peritos que souberem assignar e pelo escrivão.

§ unico. As partes offendidas e o delinquente podem apresentar ao juiz os quesitos que entenderem necessarios para a averiguação da verdade.

> Projecto, artigos 346.°, 347.° e 348.°; codigo do processo civil, artigo 243.°

ARTIGO 111.°

É applicavel aos peritos que forem nomeados para as vistorias o disposto nos artigos 94.°, 95.° e 99.°

CAPITULO III
Da prova documental

ARTIGO 112.°

Se forem offerecidos documentos para prova do crime ou delicto e da culpabilidade do delinquente, o juiz os apreciará segundo as regras do direito civil.

> Projecto, artigo 298.°

ARTIGO 113.º

Aos documentos a que se refere o artigo antecedente são applicaveis as disposições dos artigos 213.º e 214.º do codigo de processo civil.

CAPITULO IV
Da prova testemunhal

ARTIGO 114.º

Podem ser testemunhas no processo criminal todas as pessoas de ambos os sexos que não sejam inhabeis por incapacidade natural ou por disposição da lei.

> Projecto, artigo 304.º; codigo civil, artigo 2509.º; codigo hespanhol, artigo 305.º

§ unico. Quando o juiz, pelas respostas da testemunha, conhecer que ella é inhabil, não a admittirá a depor, fazendo declarar em seguida ás respostas o motivo por que a não inquire e assignando com ella, se souber assignar.

> Codigo do processo civil, artigo 271.º, § 2.º

ARTIGO 115.º

São inhabeis para ser testemunhas por incapacidade natural:
1.º Os desassisados;
2.º Os cegos e surdos, nas causas cujo conhecimento depender d'estes sentidos;
3.º Os menores de doze annos.

> Projecto, artigo 305.º; codigo civil, artigo 2:510.º

§ 1.º Os desassisados poderão ser inquiridos como testemunhas nos intervallos lucidos, certificando-se o juiz da lucidez das faculdades d'elles por exame de peritos facultavos.

> Projecto, artigo 305.º; § 1.º

§ 2.º Os menores de doze annos poderão dar informações sem juramento.

> Projecto, artigo 305.º, § 2.º; codigo hespanhol, artigo 326.º; codigo de instrucção criminal franceza, artigo 790.º; projecto do ministro da justiça da republica franceza de 27 de novembro de 1879, artigo 5.º

ARTIGO 116.º

São inhabeis para ser testemunhas por disposição da lei:
1.º As partes offendidas;
2.º Os ascendentes e descendentes legitimos e naturaes, conjuges, posto que separados judicialmente, irmãos e cunhados das partes offendidas e do delinquente;
3.º Os que participarem o crime ou delicto em juizo;

4.º Os que vierem depor voluntariamente a juizo sem previa intimação, salvo o disposto no § 1.º do artigo 394.º;

5. Os condemnados em qualquer pena perpetua, salvo para darem simples informações á justiça;

> Projecto, artigo 306.º; novissima reforma judicial, artigos 941.º, 964.º e 968.º; codigo penal, artigo 53.º; codigo de instrucção criminal francez, artigo 156.º; codigo hespanhol, artigo 311.º; codigo de instrucção criminal austriaco, artigo 152.º

6.º Os empregados publicos, ecclesiasticos, advogados, medicos, cirurgiões e parteiras ácerca dos segredos, que em virtude de suas funcções, estado ou profissão lhes forem confiados.

> Projecto, artigo 62.º; novissima reforma judicial, artigo 966.º; codigo de instrucção criminal austriaco, artigo 151.º; projecto do ministro da republica franceza citado, artigo 57.º

§ unico. As pessoas a que se refere o n.º 2.º não ficam inhibidas de depôr ácerca dos factos criminosos imputados a outros co-réus, havendo-os, com os quaes não tenham o parentesco de que trata o mesmo numero.

> Codigo do processo criminal austriaco, artigo 152.º

ARTIGO 117.º

São obrigadas a comparecer no local, dia e hora marcados pelo juiz as testemunhas que não estejam isentas ou impossibilitadas de comparecer perante o juiz instructor do processo.

§ 1.º Estão isentas de comparecer perante elle:

1.º Os membros da familia real;
2.º Os ministros d'estado effectivos e os conselheiros d'estado effectivos;
3.º Os arcebispos e bispos;
4.º Os pares do reino;
5.º Os embaixadores, ministros plenipotenciarios, ministros residentes, encarregados de negocios de nações estrangeiras, consules e agentes consulares, que em virtude de tratados ou do principio de reciprocidade gosem d'esta immunidade;
6.º Os vogaes effectivos e os supplentes em exercicio do supremo tribunal administrativo e do tribunal de contas;
7.º Os conselheiros do supremo tribunal de justiça e o do tribunal superior de guerra e marinha;
8.º Os juizes de direito de segunda instancia;
9.º Os que forem domiciliados em comarca differente, salvo o disposto no artigo 141.º
10.º Os que estiverem impossibilitados de comparecer.

> Projecto, artigos 313.º, 314.º e 316.º; novissima reforma judicial, artigos 1:122.º e 1:124.º; codigo do processo civil, artigo 266.º; codigo hespanhol, artigo

307.º; codigo do processo do Brazil, artigo 85.º; codigo de instrucção criminal austriaco, artigo 155.º

§ 2.º As testemunhas mencionadas nos n.ᵒˢ 1.º a 8.º do § 1.º serão inquiridas na sua residencia, e, se alguma d'ellas for membro da familia real, deverá preceder decreto que auctorise o seu depoimento e regule as formalidades que hão de observar-se no acto d'elle.

> Novissima reforma judicial, artigo 1:122.º; codigo do processo civil, artigo 206.º, § 1.º, codigo de instrucção criminal francez; artigos 410.º a 517.º; codigo hespanhol, artigo 308.º

§ 3.º São causas de impossibilidade de comparecer perante o juiz do processo:

1.º A molestia comprovada por certidão jurada de facultativo, ou, na falta d'este, do respectivo parocho confirmada pelo administrador do concelho, se a testemunha residir na cabeça do concelho, ou não residindo, pelo regedor de parochia;

2.º A consternação de familia por motivo de fallecimento de descendentes, ascendentes, conjuge ou irmão;

3.º Algum caso de força maior;

4.º A prestação de outro serviço publico que obste a que a testemunha compareça no dia e hora designados.

> Projecto, artigo 310.º; novissima reforma judicial, artigo 901.º

§ 4.º Se a impossibilidade prevista no n.º 1.º do § antecedente não cessar antes de encerrado o processo preparatorio, a testemunha será inquirida no seu domicilio. Convencendo-se porém o juiz de que ella não estava impossibilitada de comparecer, mandará proceder a exame por outro facultativo, e, se d'elle resultar que ella podia comparecer, será logo condemnada disciplinarmente na pena de prisão de quinze até sessenta dias, segundo a gravidade do caso e o grau de dolo, sem prejuizo do procedimento criminal contra o facultativo que passou o attestado.

> Projecto, artigos 311.º e 312.º; novissima reforma judicial, artigo 961.º e 962.º; codigo hespanhol, artigo 315.º; codigo de instrução criminal austriaco, artigo 154.º; projecto do ministro da republica franceza citado, artigo 61.º

ARTIGO 118.º

Os membros dos corpos legislativos não poderão, durante o periodo das sessões, ser intimados para depor como testemunhas sem licença da respectiva camara, salvo se renunciarem esta immunidade.

> Projecto, artigo 315.º; codigo do processo civil, artigo 267.º

ARTIGO 119.º

Sendo nomeado para testemunha o juiz do processo, declarará sob juramento se tem conhecimento do facto criminoso. No caso affirmativo, deixará de ser juiz do processo.

> Codigo do processo civil, artigo 268.º

ARTIGO 120.º

O escrivão do processo, que for nomeado para testemunha, será inquirido em primeiro logar e o seu depoimento escripto por outro escrivão.

> Codigo do processo civil, artigo 269.º

ARTIGO 121.º

Sendo nomeados para testemunhas empregados de algum tribunal ou repartição publica, ou das estações do caminho de ferro ou algum official ou praça do exercito ou da armada, o juiz os requisitará ao respectivo chefe ou commandante, combinando quanto possivel as conveniencias da instrucção do processo com as do serviço publico.

> Codigo de instrucção criminal austriaco, artigo 158.º; officio do ministro da justiça de 19 de julho de 1876.

ARTIGO 122.º

Poderá ser inquirida, a requerimento das partes offendidas ou officiosamente pelo juiz antes de começar o processo preparatorio, a testemunha que estiver em idade avançada, soffrer doença grave, ou tiver de ausentar-se.

§ unico. O depoimento será fechado e lacrado e sómente será aberto pelo juiz depois de começado o processo preparatorio.

> Novissima reforma judicial, artigo 1:120.º; codigo do processo civil, artigo 270.º; codigo hespanhol, artigos 344.º e 345.º

ARTIGO 123.º

As testemunhas serão nomeadas no requerimento de querela ou no decurso do processo preparatorio pelo magistrado do ministerio publico. A parte offendida poderá tambem nomear testemunhas, posto que não tenha querelado.

§ 1.º O numero das testemunhas não será inferior a oito, nem excederá a trinta, afóra as referidas. Se os factos forem differentes, poderão ser nomeados tres a cada um, posto que excedam aquelle numero.

> Novissima reforma judicial, artigo 938.º; lei de 18 de julho de 1855, artigo 10.º

§ 2.º Se tiverem sido inquiridas algumas testemunhas, quando a parte offendida der a sua querela, deverá a nomeação d'ellas ser feita de accordo com o magistrado do ministerio, publico, e, se não poderem accordar-se, serão sempre inquiridas, posto que excedam a trinta, até dez das testemunhas nomeadas pelo querelante, guardada a ordem de precedencia da nomeação, ou até cinco das nomeadas por cada um dos querelantes, se houver mais de um, afóra as referidas.

> Novissima reforma judicial, artigo 939.º, § 1.º; lei de 18 de julho de 1855, artigo 10.º, § 1.º

ARTIGO 124.º

O juiz instructor do processo, sempre que o julgar necessario para o descobrimento da verdade, poderá ordenar que a testemunha o acompanhe ao logar do delicto.

> Codigo hespanhol, artigo 334.º

ARTIGO 125.º

As testemunhas serão inquiridas pelo juiz de direito em autos summarios, sem publicidade e separadamente umas das outras, tomando-se as precauções necessarias para não conversarem ácerca do crime e para que umas não ouçam os depoimentos das outras, devendo ser advertidas antes de começarem a depor das penas em que incorrem pelo crime de testemunho falso.

> Projecto, artigos 317.º e 323.º; novissima reforma judicial, artigos 943.º e 1:054.º; codigo do processo criminal do Brazil, artigo 88.º; codigo hespanhol, artigos 326.º e 328.º; codigo de instrucção criminal austriaco, artigos 162.º e 165.º

§ unico. O auto summario deverá declarar o dia, mez e anno em que é feito.

> Projecto de codigo do ministro da republica franceza citado artigo 69.º

ARTIGO 126.º

Antes de começar a inquirição, as testemunhas serão recolhidas em uma sala, d'onde sairão pela ordem em que estiverem mencionadas no rol, salvo se o juiz julgar conveniente alteral-a.

> Código do processo civil, artigo 271.º

ARTIGO 127.º

Antes de serem inquiridas, as testemunhas prestarão juramento segundo o rito da religião que professarem, incorrendo, no caso de recusarem prestal-o, na pena correspondente ao crime de desobediencia. Se declararem que não professam religião alguma, prometterão debaixo de palavra de honra dizer a verdade.

> Projecto, artigos 318.º e 3191º; novissima reforma judicial, artigo 944.º; codigo do processo civil, artigo 271.º, § 1.º; codigo do processo criminal do Brazil, artigo 86.º; codigo hespanhol, artigo 327.º; codigo de instrucção criminal austriaco, art. 160.º

§ unico. Em seguida o juiz lhes perguntará os seus nomes, appellidos, alcunhas, estado, edade, profissão ou occupação, naturalidade e residencia, e bem assim se são parentes, amigos ou inimigos do offendido ou do delinquente, seus domesticos, e se têem algum interesse directo ou indirecto no processo.

> Projecto, artigo 322.º; novissima reforma judicial, artigo 945.º; codigo do processo civil, artigo 271.º; § 1.º; codigo hespanhol, artigo 329.º; codigo de instrucção criminal austriaco, artigo 166.º; codigo de instrucção criminal francez, artigos 75.º e 317.º; projecto do ministro da republica franceza citado, artigo 65.º

ARTIGO 128.º

Se a testemunha não fallar a lingua portugueza, o juiz nomeará um interprete que, debaixo de juramento, ou de sua palavra de honra, nos termos do artigo 99.º, lhe transmitta as perguntas e ao juiz as respostas que ella der, devendo o depoimento ser assignado por todos, se souberem assignar.

> Projecto, artigo 320.º; codigo do processo civil, artigo 274.º; codigo hespanhol, artigo 336º; codigo de instrucção criminal austriaco, artigo 163.º

ARTIGO 129.º

Se a testemunha for surda-muda e souber ler e escrever, as perguntas serão feitas por escripto e as respostas dadas pela mesma fórma. Se porém não souber ler e escrever, o juiz nomeará para interprete um mestre de surdos-mudos, ou na falta d'este, a pessoa que melhor possa entender-se com ella, deferindo-lhe juramento nos termos do artigo antecedente.

> Projecto, artigo 321.º, § unico; novissima reforma judicial, artigo 950.º; codigo do processo civil, artigo 274.º; § 2.º codigo hespanhol, artigo 338.º; codigo de instrucção criminal austriaco, artigo 164º; codigo de instrucção criminal francez, artigo 333º; projecto do ministro da republica franceza citado, artigos 66.º e 67.º

§ unico. Sendo a testemunha unicamente surda, e sabendo ler, as perguntas serão feitas por escripto e as respostas dadas oralmente.

> Projecto, artigo 321.º; novissima reforma judicial, artigo 950.º; codigo do processo civil, artigo 274.º; codigo de instrucção criminal austriaco, artigo 164.º; codigo de instrucção criminal francez, artigo 333.º; projecto do ministro da republica franceza citado, artigo 66.º

ARTIGO 130.º

As perguntas deverão ser feitas com a maior clareza, de modo que a testemunha possa comprehender bem o objecto sobre que tem de depor, devendo o juiz de direito abster-se de empregar insinuações, suggestões, promessas, injurias ou ameaças.

Projecto, artigo 326.º; novissima reforma judicial, artigo 947.º, § unico; codigo hespanhol, artigo 335.º

§ unico. A testemunha que recusar responder ás perguntas que lhe forem feitas incorrerá na pena correspondente ao crime de desobediencia.

Projecto, artigo 331.º; codigo de instrucção criminal austriaco, artigo 160.º

ARTIGO 131.º

A testemunha deverá narrar os factos e circumstancias respectivas sem ser interrompida e dar a rasão do seu dicto. Se o juiz de direito julgar necessario esclarecer algum facto ou circumstancia, ou obter explicações para fazer desapparecer alguma obscuridade ou contradicção, dirigirá á testemunha as perguntas necessarias, as quaes serão consignadas no depoimento.

Projecto, artigos 328.º e 329.º; novissima reforma judicial, artigo 947.º, § unico; codigo hespanhol, artigo 329.º; codigo de instrucção criminal austriaco, artigo 167.º; projecto do ministro da justiça da republica franceza citado, artigo 68.º

ARTIGO 132.º

A testemunha deve ser interrogada ácerca do crime ou delicto, das circumstancias que o revestirem, quer sejam contra, quer a favor do delinquente, do tempo, logar e modo como foi committido, da parte que n'elle teve o delinquente ou delinquentes e dos antecedentes d'estes.

Projecto, artigo 323.º; novissima reforma judiciaria, artigo 946º; codigo hespanhol, artigo 341.º; codigo de instrucção criminal austriaco, artigo 165.º

§ 1.º Declarando alguma testemunha que é presencial, será interrogada em que tempo e logar viu o que affirma, se estavam ali outras pessoas que tambem o vissem e quaes eram, declarando, no caso de as não conhecer, o maior numero de signaes que as possam identificar.

Projecto, artigo 324.º; novissima reforma judicial, artigo 947.º

§ 2.º Proceder-se-ha pela mesma fórma, quando a testemunha declarar que sabe de ouvida o que depoz.

Projecto, artigo 325.º; novissima reforma judicial, artigo 947.º

ARTIGO 133.º

Se a testemunha no acto do depoimento apresentar algum documento ou objecto que possa servir para fazer culpa ao querelado ou a qualquer outro delinquente, ou a favor d'elle, no depoimento se fará expressa menção da apresentação e se juntará ao processo o documento, depois de rubricado por ella e pelo juiz de direito, bem como o objecto, sendo possivel, devendo, no caso contrario, observar-se o disposto no § 1. º do artigo 107.º

> Projecto, artigo 330.º; novissima reforma judicial, artigo 948.º; codigo do processo civil, artigo 273.º, § 4.º

§ unico. A testemunha póde exigir que lhe seja mostrado o documento ou objecto que estiver no processo ou existir em juizo.

> Codigo do processo civil, artigo 273.º, § 4 .º

ARTIGO 134.º

Havendo duvida ácerca da preexistencia da cousa furtada ou roubada, as testemunha deverão ser inquiridas a respeito dos antecedentes do individuo que se diz dono d'ella, ou, se o furto ou roubo consistir em dinheiro, ácerca dos recursos d'elle e de todas as circumstancias que possam fornecer indicios de os possuir ao tempo em que se diz commettido o crime ou delicto.

> Codigo hespanhol, artigo 258.º

ARTIGO 135.º

As respostas da testemunha, que não forem manifestamente impertinentes serão escriptas, conservando-se na redacção, quanto seja possivel as expressões de que usar, de modo que ella as possa comprehender.

> Projecto, artigo 332.º; novissima reforma judicial, artigo 951.º; codigo do processo civil, artigo 276.º; codigo hespanhol, artigos 332.º e 341.º

§ 1.º O depoimento poderá ser redigido pela testemunha, ou, se ella não usar d'esta faculdade, pelo juiz de direito, podendo fazer as reclamações que julgar necessarias para que o depoimento seja consignado com a possível exactidão.

> Projecto, artigo 332.º; novissima reforma judicial, artigo 951.º; codigo do processo civil, artigo 276.º, § 1.º

§ 2.º O depoimento será lido, á testemunha pelo escrivão, se ella não preferir, lel-o, podendo confirmal-o, ou fazer-lhe qualquer additamento, alteração ou rectifcação do que tudo se fará menção no seguimento do depoimento sem todavia se emendar o que estiver escripto.

> Projecto, artigo 333.º e § 1.º; novissima reforma judicial, artigo 952.º; codigo hespanhol, artigo 339.º; projecto de codigo de instrucção criminal do ministro da republica franceza citado, artigo 69.º

§ 3.º O depoimento depois de lido será assignado pela testemunha, que souber, podér ou quizer assignar, pelo interprete, quando intervier, pelo juiz com o nome inteiro, quando a testemunha não assignar, e pelo escrivão, sendo cada folha rubricada por todos, excepto por este, mencionando-se a leitura e a assignatura da testemunha ou a falta ou recusa d'ella.

> Projecto, artigo 353.º, § 2.º e artigo 335.º; novissima reforma judicial, artigo 952.º, § unico; codigo do processo civil, artigo 276.º § 2.º; codigo hespanhol, artigo 340.º; projecto de codigo de instrucção criminal do ministro da republica franceza citado, artigo 69.º

§ 4.º No depoimento não haverá entrelinhas, devendo as rasuras e emendas ser resalvadas á margem pelo escrivão, e a resalva assignada pelo juiz, escrivão, testemunha que tiver assignado, e interprete.

> Projecto, artigo 344.º; novissima reforma judicial, artigo 953.º; codigo hespanhol, artigo 346.º; projecto do ministro da republica franceza citado, artigo 70.º

ARTIGO 136.º

Não concordando as testemunhas sobre algum facto essencial ou circumstancia importante do crime ou delicto, o juiz de direito procederá á confrontação e acareação de umas com outras.

> Projecto, artigo 336.º; novissima reforma judicial, artigo 97.º, codigo, do processo civil, artigo 277.º; codigo hespanhol, artigo 347.º; codigo de instrucção criminal austriaco, artigo 168.º

ARTIGO 137.º

Salvos os casos em que o juiz de direito o julgar conveniente, a confrontação sómente se verificará simultaneamente entre duas testemunhas, devendo precisar com toda a clareza o facto ou circumstancia em que houver contradicção ou divergencia, fazendo consignar em um auto por elle assignado, pelo escrivão e testemunhas, que souberem, podérem ou quizerem assignar, as ponderações feitas e as respostas obtidas.

> Projecto, artigo 337.º; novissima reforma judicial, artigo 970.º; codigo do processo civil, artigo 277.º, § 4.º; codigo hespanhol, artigos 348.º e 349.º; codigo de instrucção criminal austriaco, artigo 168.º

ARTIGO 138.º

Sendo a testemunha domiciliada em comarca diferente da do juiz instructor do processo, será requisitado o seu comparecimento para o acto da confrontação ao respectivo juiz do seu domicilio, sendo as despezas do transporte satisfeitas pelo cofre d'aquelle juizo.

> Projecto, artigos 301.º e 308.º, § unico.

ARTIGO 139.º

A testemunha, que não for empregado publico do estado, districto ou municipio, tem direito a uma indemnisação de 300 réis a 1$000 réis diarios, que o juiz de direito fixará, conforme as circumstancias, e entrará em regra de custas.

> Projecto, artigo 308.º; projecto de codigo do ministro da republica franceza citado, artigo 72.º

CAPITULO V
Dos indicios ou presumpções

ARTIGO 140.º

O juiz de direito instructor do processo apreciará o valor dos indicios, attendendo á connexão e concordancia dos factos entre si e á relação que possam ter com o facto criminoso imputado ao delinquente.

> Projecto, artigos 297.º e 351º; codigo civil, artigo 2:516.º

TITULO IV
Do reconhecimento da identidade do delinquente, armas, instrumentos e objectos do crime

ARTIGO 141.º

Havendo duvida ácerca da identidade da pessoa do delinquente, o juiz de direito procederá ao reconhecimento d'ella, fazendo-o apresentar a uma ou mais testemunhas conjunctamente com outros individuos, d'entre os quaes ellas o reconhecerão.

> Projecto, artigo 340.º; novissima reforma judicial, artigo 971.º; codigo hespanhol, artigo 263.º; codigo de instrucção criminal austriaco, artigo 168.º

§ 1.º Sendo necessario fazer-se o reconhecimento por mais de uma testemunha, cada um d'elles se fará separadamente sem que as testemunhas possam communicar entre si até que se haja effectuado o ultimo reconhecimento.

> Novissima reforma judicial, artigo 971.º, § unico; codigo hespanhol, artigo 264.º; codigo de instrucção criminal austriaco, artigo 468.º

§ 2.º Sendo differentes os delinquentes que tenham de ser reconhecidos por uma só testemunha, poderá fazer-se o reconhecimento em um só acto.

> Codigo hespanhol, artigo 264.º

§ 3.º Do reconhecimento se lavrará o respectivo auto assignado pelo juiz de direito, escrivão e pelas pessoas que n'elle intervierem, quando souberem, podérem ou quizerem assignar devendo declarar-se n'elle todas as circumstancias que occorrerem, os signaes pessoaes do delinquente e os nomes dos que n'elle intervierem.

ARTIGO 142.º

Se para auxiliar o reconhecimento for necessario juntar certificado do registo criminal, certidão do registo civil ou parochial ou qualquer outro documento, o magistrado do ministerio publico o requisitará de quem competir para ser junto ao processo.

Codigo hespanhol, artigos 269.º e 274.º

ARTIGO 143.º

Quando for preciso proceder ao reconhecimento de armas ou instrumentos, que serviram ou estavam destinados para commetter o crime ou delicto, ou de cousas que se suspeite terem sido objecto d'elle, serão apresentadas ás testemunhas só ou conjunctamente com outras similhantes, adoptando o juiz de direito todas as providencias que julgar necessarias para que o reconhecimento possa verificar-se.

Codigo de instrucção criminal austriaco, artigo 168.º; codigo hespanhol, artigo 334.º

TITULO V
Da pronuncia

ARTIGO 144.º

Logo que pelo exame e apreciação dos meios de prova de que trata o artigo 90.º o juiz de direito instructor do processo julgar verificada a existencia do crime, ou delicto e a culpabilidade do querelado, ou de, qualquer outro delinquente proferirá despacho de pronuncia fundamentado contra elle, que desde então será considerado réu no processo.

Projecto, artigos 352.º, 353.º e 356.º; novissima reforma judicial, artigo 987.º; lei de 18 de julho de 1855, artigo 11.º; codigo do processo criminal do Brazil, artigo 144.º; codigo hespanhol, artigo 280.º

§ unico. O despacho de pronuncia deverá declarar: 1.º, o nome, appellidos e alcunhas do réu, que constarem do processo; 2.º, se é responsavel como auctor ou cumplice do crime ou delicto; 3.º, a natureza, d'este e as circumstancias que o revestirem, quer sejam contra, quer a favor do réu; 4.º, o logar, e tempo em que foi commettido, sempre que sejam conhecidos; 5.º, a citação da lei penal que pune, o facto criminoso; 6.º se é ou não admissivel a fiança; 7.º, que se organise o respectivo boletim para ser enviado ao registo criminal; 8.º, que se passem mandados de captura para o réu ser conduzido á custodia, se n'ella não estiver detido.

> Projecto, artigos 354.º e 355.º; novissima reforma judicial, artigo 939.º; decreto de 7 de novembro de 1872, artigos 4.º e 12.º

ARTIGO 145.º

O despacho de pronuncia será intimado dentro de vinte e quatro horas ao magistrado do ministerio publico e á parte querelante, dentro de egual praso, ao réu, se estiver detido em custodia, e dentro de oito dias, se estiver afiançado, devendo o escrivão entregar um extracto do despacho ao director da cadeia ou carcereiro, quando o réu estiver preso, para fazer o respectivo registo.

> Projecto, artigo 357.º; novissima reforma judicial, artigo 990.º

ARTIGO 146.º

Se algum dos querelados estiver detido em custodia, o despacho de pronuncia será proferido dentro do praso de oito dias contados d'aquelle em que estiver á disposição do juiz de direito, o qual, findo aquelle, praso, o mandará soltar a requerimento do preso, do magistrado do ministerio publico ou officiosamente, se julgar que não ha fundamento para a pronuncia.

> Projecto, artigo 360.º; novissima reforma judicial, artigo 988.º; codigo do processo criminal do Brazil, artigo 148.º

ARTIGO 147.º

O juiz de direito instructor do processo proseguirá no processo preparatorio até que tenham sido inquiridas as testemunhas nomeadas pelas partes e as referidas.

> Projecto, artigo 369.º

§ unico. Terminada a inquirição das testemunhas, se o juiz de direito julgar que, não ha prova da existencia do facto criminoso ou da culpabilidade de pessoa alguma, assim o declarará por despacho fundamentado, que será, intimado dentro de vinte e quatro horas ao magistrado do ministerio publico, á parte querelante e ao querelado.

> Projecto, artigo 360.º

ARTIGO 148.º

São effeitos da pronuncia, quando o respectivo despacho tenha transitado em julgado:
1.º A suspensão dos direitos politicos;
2.º A suspensão do exercicio do emprego ou officio;

3. Compellir o réu ao julgamento pelo crime ou delicto que lhe é imputado;
4.º Sujeitar o réu á observancia dos regulamentos da cadeia, se n'ella estiver detido

> Projecto, artigo 359.º; decreto de 16 de maio de 1832, artigo 276.º; novissima reforma judicial, artigos 765.º e 778.º.

ARTIGO 149.º

Haverá em cada cartorio um livro destinado ao registo dos despachos de pronuncia, que será numerado e rubricado pelo juiz de direito e terá termo de abertura e encerramento com declaração do numero de folhas.

§ unico. N'este livro serão copiados os despachos de pronuncia no praso de quarenta e oito horas e serão tambem copiadas as sentenças condemnatorias relativas a cada réu, e averbadas as absolutorias.

> Codigo do processo civil, artigos 208.º e 285.º; decreto de 21 de março de 1842.

TITULO VI

Da prisão

ARTIGO 150.º

Ninguem poderá ser preso antes da culpa formada, excepto:
1.º Nos casos de flagrante delicto, excluidas as contravenções e coimas;
2.º No caso de se evadir o delinquente da cadeia, logar de custodia ou da guarda dos empregados ou agentes de justiça; administração ou policia;
3.º Nos crimes ou delictos que não admittem fiança.

> Projecto, artigo 81.º; carta constitucional, artigo 145.º; novissima reforma judicial, artigo 1023.º; lei do Brazil, nº 2:033 de 20 de setembro de 1871, artigo 13.º, § 2.º; decreto do Brazil, n.º 4:824 de 22 de novembro de 1871, artigo 27.º; codigo hespanhol, artigos 382.º, 384.º e 396.º; codigo de instrucção criminal austriaco, artigos 175.º e 177.º; projecto do ministro da republica franceza de 27 de novembro de 1879, artigo 157.º

ARTIGO 151.º

Nos casos previstos nos numeros 1.º e 2.º do artigo antecedente a prisão póde ser feita por qualquer auctoridade, empregado, agente de justiça, administração ou policia, e por qualquer pessoa particular, posto que o delinquente seja encontrado em comarca differente, comtanto que o tenham seguido, devendo o preso ser immediatamente apresentado ao juiz competente ou á auctoridade judicial mais proxima do logar em que a prisão se effectuar.

> Carta constitucional, artigo 145.°, § 9.°; novissima reforma judicial, artigo 1:019,°; codigo administrativo, artigo 204.°, n.° 24.°; codigo de instrucção criminal francez, artigo 106.°; lei do Brazil citada, artigo 12.°; regulamento do Brazil de 31 de janeiro de 1842, artigo 117.°; decreto do Brazil citado, artigo 29.°; codigo hespanhol, artigo 388.°; projecto do ministro da justiça da republica franceza de 27 de novembro de 1879, artigo 157.°

§ unico. Se a prisão for feita de noite, o preso será recolhido na casa da guarda ou na estação de policia, e logo de manhã conduzido á presença do juiz de direito da comarca.

ARTIGO 152.°

Nos crimes que não admittem fiança poderá o magistrado do ministerio publico ou a parte, offendida requerer e o juiz de direito ordenar a prisão preventiva do delinquente, a qual sómente poderá effectuar-se por mandado ou requisição escripta assignada pelo juiz, incluindo a via telegraphica, comtanto que preceda prova documental ou inquirição summaria de duas ou mais testemunhas, de que resulte prova ou indicios de culpabilidade.

> Lei do Brazil citada, artigo 13.° § 2.°; decreto do Brazil citado, artigo 29.° e § 1.°; código hespanhol, artigo 396.°

§ 1.° Poderá verificar-se a prisão preventiva, independentemente da prova exigida n'este artigo, nos crimes seguintes:
1.° Homicidio;
2.° Falsificação de moeda ou papeis de credito nacionaes ou estrangeiros;
3.° Passagem d'estes effeitos falsificados;
4.° Levantamento de fazenda alheia;
5.° Roubo;
6.° Furto domestico;
7.° Nos casos, previstos nos tratados ou convenções.

> Projecto, artigo 82.°; novissima reforma judicial, artigo 1023.°; lei de 4 de junho de 1859, artigo 6.°

§ 2.° Não poderá ter logar a prisão preventiva do delinquente, se tiver decorrido um anno depois da perpetração do crime ou delicto.

> Lei do Brazil citada, artigo 13.°, § 4.°; decreto do Brazil citado, artigo 29.°, § 3.°

ARTIGO 153.°

Observar-se-hão as disposições dos tratados ou convenções acerca das immunidades de que gosam os consules geraes, consules e vice-consules, chancelleres e agentes consulares.

> Projecto, artigo 81.°

ARTIGO 154.º

Proferido o despacho de pronuncia, o escrivão passará tantos mandados de captura quantos forem exigidos pelo juiz, magistrado do ministerio publico e pela parte offendida, posto que não tenha intentado a acção criminal.

> Projecto, artigo 86.º; novissima reforma judicial, artigo 958.º; regulamento de 15 de dezembro de 1835, artigo 7.º; decreto de 23 de junho de 1845, artigo 1.º

§ 1.º Os mandados serão exequiveis em qualquer comarca do continente do reino, ilhas adjacentes e provincias ultramarinas, precedendo o «*cumpra-se*» do respectivo juiz, e deverão conter:

1.º O nome do juiz que os expedir;

2.º O nome, appellido, alcunhas, estado, naturalidade, residencia do delinquente, quando conhecidos, ou pelo menos o maior numero de signaes, que o possam identificar;

3.º A natureza do crime ou delicto;

4.º A declaração de que a prisão póde, ou não, ser substituida por fiança;

5.º A rubrica do juiz.

> Artigo 55.º; projecto, artigos 87.º e 90.º; novissima reforma judicial, artigos 1:002.º, 1:005.º e 1:007.º; lei do Brazil citada, artigo 14.º; § 5.º; código hespanhol, artigo 398.º; codigo de instrucção criminal francez, artigo 98.º; projecto do ministro da justiça da republica franceza de 27 de novembro de 1879, artigos 76.º, 77.º e 79.º

§ 2.º Nenhum juiz poderá eximir-se de fazer cumprir qualquer mandado de captura, salvo se n'elle faltar algum dos requisitos mencionados no § antecedente.

> Projecto, artigo 91.º; novissima reforma judicial, artigo 1:007.º

ARTIGO 155.º

As auctoridades, agentes de justiça, administração ou policia poderão, para effectuar a prisão dos delinquentes:

1.º Requisitar a força militar necessaria por intervenção do respectivo, magistrado do ministerio publico, pela fórma prescripta nas ordens do governo;

> Projecto, artigo 93.º, n.º 1.º; novissima reforma Judicial, artigo 1:016.º; portarias de 18 de dezembro de 1869 e 8 de julho de 1879; ordem do exercito n.º 18 de 30 de setembro de 1879; projecto do ministro da justiça da republica franceza citado, artigo 80.º

2.º Empregar o grau de força necessaria, usar de armas e dos meios de legitima defeza para repellir a agressão ou resistencia.

> Projecto, artigo 93.º, n.º 2.º; codigo do processo criminal do Brazil, artigos 180.º e 182.º

ARTIGO 156.º

Salvo o caso de flagrante delicto, se para se effectuar a prisão for necessario entrar em casa do delinquente ou em qualquer outra, ou em edificio ou logar publico ou religioso, em que se suspeite achar-se acolhido, deverá passar-se ordem em duplicado, na qual se deverão declarar os motivos da suspeita, que o magistrado do ministerio publico ou a parte querelante tiverem feito constar por escripto, passando-se em seguida mandado de captura com a expressa determinação da entrada, sem o que o executor d'elle a não poderá verificar.

> Projecto, artigo; 97.º, n.º 1.º; novissima reforma judicial, artigo 1012.º; codigo hespanhol, artigos 428.º, 432.º, 438.º e 439.º

§ 1.º A entrada nas casas, edificios e logares a que, se refere este artigo, sómente poderá ser determinada nos crimes que não admittem fiança e effectuar-se de dia, desde o nascimento até ao occaso do sol, em presença de duas testemunhas, devendo e executor do mandado de captura entregar um exemplar d'elle ao dono da casa, chefe, administrador ou guarda dos edificios ou logares mencionados.

> Projecto, artigo 97.º; novissima reforma judicial, artigo 1:009.º codigo do processo criminal do Brazil, artigo 199.º; codigo hespanhol, artigos 428.º, 432.º, 445.º e 447.º

§ 2.º De noite sómente poderá verificar-se a entrada, havendo reclamação ou vozes de soccorro dos donos ou habitantes da casa, edificio ou logares de que trata o mesmo artigo.

> Projecto, artigo 98.º; carta constitucional, artigo 145.º

§ 3.º O disposto no § 1.º não obsta a que se empreguem exteriormente as medidas de policia necessarias para evitar a evasão do delinquente ou a saída de instrumentos, livros, papeis e quaesquer objectos que possam ter relação com o crime.

> Projecto, artigo 97.º, § unico; novissima reforma judicial, artigo 1:009.º; codigo do processo criminal do Brazil, artigo 186.º; codigo hespanhol, artigo 448.º

§ 4.º O juiz que ordenar e o official ou agente de justiça, administração ou de policia que effectuar a entrada em contravenção do disposto no § 1.º, incorrem na pena correspondente ao crime de abuso de auctoridade.

> Novissima reforma judicial, artigo 1:012.º; codigo penal, artigo 292.º, n.º 1.º

§ 5.º Do resultado da diligencia a que se refere este artigo passará o executor da ordem certidão assignada por elle e pelas testemunhas, se souberem, podérem ou quizerem assignar.

> Projecto, artigo 105.º; novissima reforma judicial, artigo 1:013.º; codigo hespanhol, artigo 454.º

ARTIGO 157.º

O executor da prisão apprehenderá ao preso qualquer arma ou instrumento que lhe encontrar, e o entregará ao juiz de direito, tomando as precauções necessarias para que não haja alteração alguma na pessoa ou trajo d'elle, que possa difficultar o reconhecimento da sua identidade.

> Codigo do processo criminal do Brazil, artigo 181.º; codigo hespanhol, artigo 265.º

ARTIGO 158.º

O executor do mandado de captura entregará ao preso um dos duplicados d'elle, com declaração do dia, hora e logar em que se effectuou a prisão, fazendo identica declaração no outro exemplar, em que o director da cadeia ou carcereiro passará recibo da entrega do preso, com declaração do dia e hora, para ser junto ao processo.

> Novissima reforma judicial, artigo 1:014.º; lei do Brazil n.º 2:033, de 20 de Setembro de 1871, artigo 13.º; projecto do ministério da justiça da republica franceza citado, artigo 79.º

ARTIGO 159.º

Logo que se effectue a prisão do delinquente, será immediatamente conduzido á cadeia do juizo por onde se passou o mandado, e, se tiver sido preso em comarca differente da do juiz instructor do processo, será intimado para se apresentar no juizo da culpa dentro de um praso rasoavel, que lhe será assignado segundo a distancia e facilidade de communicações.

> Projecto, artigo 133.º; novissima reforma judicial, artigos 1:014.º e 1:018.º

§ unico. Se o preso quizer prestar fiança, não será conduzido á cadeia, mas á presença do juiz de direito da comarca, em que se effectuar a prisão.

> Projecto, artigo 129.º

ARTIGO 160.º

Não se empregarão maus tratos, insultos ou ameaças para com o preso, incorrendo o executor da prisão nas penas impostas na lei penal ao infractor d'este preceito.

> Novissima reforma judicial, artigo 1:015.º

ARTIGO 161.º

O preso não será conduzido com ferros ou algemas, nem se usará para com elle de qualquer meio de coacção physica, salvo o caso de receio fundado de que possa evadir-se em virtude de seus antecedentes judiciarios ou de outras circumstancias, que justifiquem estes meios preventivos de segurança.

> Decreto do Brazil n.º 4:824, de 22 de novembro de 1871, artigo 28.º

ARTIGO 162.º

Nenhum director da cadeia ou carcereiro receberá preso algum sem ordem por escripto da auctoridade judicial, administrativa ou militar, salvo nos casos de flagrante delicto, em que haja impossibilidade de ser apresentado o preso ao juiz de direito.

> Codigo penal, artigo 292.º, n.º 5.º; lei do Brazil citada, artigo 13.º, § 1.º; projecto do ministro da justiça da republica franceza citado, artigo 81.º

§ 1.º O director da cadeia ou carcereiro, logo que receber algum preso, fará os assentos no livro de registo, e informará por escripto o respectivo juiz de direito, quando o preso não estiver detido á ordem d'elle, do dia, hora, motivo da prisão, auctoridade, empregado, agente ou pessoa que a effectuou.

> Portarias de 23 de abril de 1836, 26 de junho de 1838, 5 de setembro de 1839, 14 de novembro de 1851; regulamento provisorio de 16 de janeiro de 1843, artigo 5.º, § 1.º, n.º 2.º; projecto do ministro da republica franceza citado, artigo 81.º

§ 2.º Egual informação enviará ao mesmo juiz, logo que tenham decorrido sete dias contados da entrada do detido na cadeia sem que lhe tenha sido intimado o despacho de pronuncia.

> Projecto do ministro da republica franceza citado, artigo 100.º

ARTIGO 163.º

Se o presumido delinquente tiver sido preso antes da culpa formada, passadas vinte e quatro horas contadas da entrada d'elle na cadeia, o juiz de direito officiosamente ou a requerimento do preso mandará passar mandado de prisão preventiva ou de soltura, segundo achar ou não criminalidade no facto imputado ou motivo legal para a detenção ou soltura. No primeiro caso, mandará entregar ao preso uma nota por elle assignada com declaração dos motivos da prisão, dos nomes da parte querelante, havendo-a, e das testemunhas.

> Carta constitucional, artigo 145.º, § 7.º; novissima reforma judicial, artigo 1:0924.º; codigo do processo criminal do Brazil, artigo 148.º; projecto do ministro da justiça da republica franceza citado, artigos 84.º e 87.º

ARTIGO 164.º

Os presumidos delinquentes que estiverem presos preventivamente deverão, se os logares da detenção o permittirem, conservar-se isolados uns dos outros.

> Codigo de instrucção criminal austriaco, artigo 184.º; projecto do ministro da justiça da republica franceza citado, artigo 101.º

ARTIGO 165.º

O detido em prisão preventiva não póde receber nem dirigir telegrammas, cartas ou outros escriptos similhantes sem previo conhecimento e auctorisação do juiz de direito instructor do processo, podendo comtudo escrever a este, e ao seu advogado, salvo durante o periodo da incommunicabilidade.

> Codigo de instrucção criminal austriaco, artigo 187.º; projecto do ministro da justiça da republica franceza citado, artigo 102.º

ARTIGO 166.º

O juiz de direito instructor do processo poderá permittir que o detido em prisão preventiva seja visitado pelo confessor, medico, pessoas de família ou outras, com quem tenha negocios, em presença de um empregado, observando-se os regulamentos da cadeia.

> Novissima reforma judicial, artigo 973.º; codigo de instrucção criminal austriaco, artigo 186.º; projecto do ministro da justiça da republica franceza citado, artigo 103.º

ARTIGO 167.º

Quando o juiz instructor do processo o julgar necessario, poderá ordenar a incommunicabilidade do detido, a qual nunca excederá o praso de oito dias, expedindo para esse fim mandado ao director ou carcereiro, que o averbará no assento do preso.

> Novissima reforma judicial, artigo 973.º; decreto de 20 de dezembro de 1839, artigo 3.º; regulamento de 16 de janeiro de 1843, artigos 3.º e 46.º; codigo de instrucção criminal austriaco, artigo 186.º; projecto do ministro da justiça da republica franceza citado, artigo 104.º; codigo hespanhol, artigos, 299.º e 300.º

§ unico. O juiz instructor poderá permittir ao detido incommunicavel o uso de livros ou de instrumentos de trabalho profissional, comtanto que não sejam de tal natureza que possa attentar contra a vida, ou não tendam a tornar illusoria a incommunicabilidade.

> Codigo hespanhol, artigo 301.º

ARTIGO 168.º

Se findo o praso de oito dias contados da entrada do preso na cadeia da comarca do juiz de direito instructor do processo, este não achar prova de culpabilidade do querelado, mandará immediatamente passar mandado de soltura, se não dever ser conservado na cadeia por outro motivo, podendo novamente ser preso, logo que se prove a culpabilidade.

> Projecto, artigos 83.º e 300.º, § unico; novissima reforma judicial, artigo 988.º

TITULO VII
Da busca

ARTIGO 169.º

Se para effectuar a prisão do delinquente ou para apprehender os instrumentos, livros, papeis ou objectos que tenham relação com o crime ou delicto for necessario proceder a busca no domicilio de alguma pessoa, ou em algum edificio ou logar publico ou religioso, o magistrado do ministerio publico ou a parte querelante exporá no seu requerimento, e o juiz declarará no seu despacho, quando officiosamente a determinar, os motivos de suspeita que existem para se proceder a este acto.

> Projecto, artigos 94.º e 97.º; novissima reforma judicial, artigo 914.º; codigo do processo criminal do Brazil, artigos 189.º e 190.º; codigo hespanhol, artigos 428.º e 438.º, codigo de instrucção criminal austriaco, artigo 139.º

ARTIGO 170.º

1.º Considera-se domicilio para os effeitos do artigo antecedente:

1.º Os paços e sitios reaes, posto que não estejam habitados pelo chefe do estado;

2.º Os edifcios ou logares fechados ou a parte destinada á habitação de alguma pessoa e suas dependencias, se estiverem fechados;

3.º Os navios mercantes.

> Codigo hespanhol, artigo 434.º

§ unico. As hospedarias, casas de pasto, botequins e tabernas sómente são considerados domicilio dos respectivos donos que n'ellas habitarem, e de nenhum modo das pessoas que n'ellas se encontrarem ou residirem accidental ou temporariamente.

> Codigo hespanhol, artigo 437.º

ARTIGO 171.º

Consideram-se edificios ou logares publicos para os effeitos do artigo 169.º:

1.º Os destinados ao serviço official, civil, ecclesiastico ou militar, quer seja do estado, quer do districto, municipio ou parochia, posto que sejam habitados pelo respectivo chefe ou pelo encarregado da sua guarda;

2.º Os destinados a qualquer estabelecimento de beneficencia, caridade, instrucção ou recreio, legalmente auctorisados;

3.º Os navios de guerra nacionaes ou estrangeiros.

> Codigo hespanhol, artigo 429.º

§ unico. Não poderá effectuar-se busca em navio de guerra estrangeiro sem preceder auctorisação do respectivo commandante, ou, no caso de recusa, do ministro ou representante diplomatico da respectiva nação.

Codigo hespanhol, artigo 442.º

ARTIGO 172.º

Consideram-se edifcios ou logares religiosos para os effeitos do citado artigo 169.º os templos, sacristias, cemiterios e a clausura.

§ unico. Para que possa verificar-se a entrada na clausura é necessario que preceda auctorisação do respectivo prelado diocesano.

ARTIGO 173.º

Não poderá dar-se busca no domicilio do chefe do estado, dos ministros de estado, membros das camaras legislativas, representantes diplomaticos, consules das nações estrangeiras, edificios da representação nacional ou nos templos, sem que preceda um recado de attenção do juiz que a determinar dirigido ao respectivo mordomo, dono da casa, presidente ou parocho.

Codigo hespanhol, artigos 430.º, 431.º, 435.º, 436.º e 443.º

ARTIGO 174.º

Observar-se-hão as disposições dos tratados que garantem a inviolabilidade dos archivos das legações, consulados e papeis de chancellaria das nações estrangeiras.

Projecto, artigo 101.º, § unico.

ARTIGO 175.º

Nos casos de flagrante delicto a busca póde ser dada por qualquer auctoridade judicial, preferindo a mais graduada, e por qualquer empregado, agente de justiça, administração ou policia.

Projecto, artigo 96.º, n.º 1.º

§ unico. Nos outros casos a busca sómente será dada pelo respectivo juiz de direito instructor do processo, quando tiver por fim a apprehensão das provas do crime ou delicto, e por qualquer empregado, agente de justiça, administração ou policia, quando tiver por fim a prisão do delinquente.

Projecto, artigo 96.º, n.º 2.º; regulamento do Brazil de 31 de dezembro de 1842, artigo 123.º; codigo de instrucção criminal austriaco, artigo 141.º

ARTIGO 176.º

Salvos os casos de flagrante delicto e de reclamação do dono da casa, a busca para effectuar a prisão do delinquente só poderá verificar-se nos crimes que não admittirem fiança, de dia e com as formalidades prescriptas no artigo 156.º, as quaes deverão igualmente observar-se, quando a busca tiver por fim apprehender os instrumentos, livros, papeis ou objectos que tenham relação com o crime, incorrendo o infractor d'esta disposição na pena imposta aos que se introduzem em casa alheia fóra dos casos em que a lei o permitte.

> Projecto, artigo 97.º; novissima reforma judicial, artigo 914.º; codigo do processo criminal do Brazil, artigos 192.º e 193.º regulamento do Brazil de 31 de janeiro de 1842, artigo 115.º

ARTIGO 177.º

Fóra dos casos de flagrante delicto, assistirão ao acto da busca o magistrado do ministerio publico e duas testemunhas, e deverá ser intimado o presumido delinquente, mordomo, chefe, dono ou habitante da casa, edificio ou logar, em que tiver de dar-se, para assistirem a ella ou fazerem representar-se legitimamente, procedendo-se à revelia, se não comparecerem ou se não se fizerem representar.

> Projecto, artigo 100.º; novissima reforma judicial, artigo 916.º; codigo hespanhol, artigo 450.º; codigo de instrucção criminal austriaco, artigos 140.º e 141.º

ARTIGO 178.º

A busca deve ser continua e successiva, e, se não podér concluir-se de dia, poderá continuar de noite, se o dono da casa ou o seu representante convier, adoptando-se, no caso de opposição, as medidas de precaução estabelecidas no § 3.º do artigo 156.º e collocando-se sellos nas portas das casas ou edificios.

> Codigo hespanhol, artigo 451.º

ARTIGO 179.º

Havendo suspeitas de que o delinquente occulta em si instrumentos, livros, papeis ou objectos que tenham relação com o crime ou delicto, deverá proceder-se á busca com todo o recato e urbanidade, e sómente depois de se ter recusado a entregal-os, evitando-se as inspecções inuteis.

> Codigo de instrucção criminal austriaco, artigos 139.º e 140.º

ARTIGO 180.º

Se a busca tiver de verificar-se no domicilio de alguma pessoa ou em edificio ou lugar publico ou religioso, deverá proceder-se com toda a decencia, circumspecção e urbanidade, evitando-se, quanto possivel, damnos e deteriorações nos edificios ou construcções, inspecções inuteis, exame de livros de contabilidade, e a revelação de segredos que não tenham relação com o crime ou delicto.

> Projecto, artigos 103.º e 104.º; codigo hespanhol, artigo 455.º; codigo de instrucção criminal austriaco, artigo 142.º

ARTIGO 181.º

Havendo opposição da parte dos donos da casa a que se verifique a busca, poderá o juiz de direito mandar proceder aos arrombamentos que forem indispensaveis para a inspecção da casa ou das construcções em que se suspeite estarem occultos o delinquente ou os objectos que se procuram, devendo os empregados de justiça ou agentes de administração ou de policia, que tiverem de a effectuar, recorrer à auctoridade judicial mais graduada da freguezia, e, na falta d'esta, ao regedor de parochia, para mandar proceder aos arrombamentos necessarios, sem prejuizo da responsabilidade criminal do dono da casa pelo crime de desobediencia.

> Projecto, artigo 102.º; codigo do processo do Brazil, artigos 185.º, 186.º e 200.º; codigo hespanhol, artigos 449.º e 450.º

ARTIGO 182.º

Se na busca se encontrarem instrumentos, livros, papeis ou objectos que tenham relação com o crime ou delicto, o juiz de direito, officiosamente ou a requerimento do magistrado do ministerio publico, ordenará que sejam apprehendidos, fazendo rubricar os livros e papeis pelo presumido delinquente ou por quem o representar, ou pela pessoa em cujo domicilio forem encontrados, ou, no caso de não saberem, não poderem ou não quererem rubricar, por uma das testemunhas da busca, fazendo sellar os instrumentos e objectos, appensal-os ao processo ou deposital-os, nos termos do § 1.º do artigo 107.º

> Projecto, artigos 106.º e 109.º; novissima reforma judicial, artigo 916.º, § 1.º e 4.º; codigo hespanhol, artigo 456.º

ARTIGO 183.º

Sendo dada a busca nos casos de flagrante delicto por algum dos empregados ou agentes, a que se refere o artigo 175.º, deverão limitar-se a fazer apprehensão nos livros e papeis sem os ler, fechando-os, sellando-os e rubricando o fecho ou sobrescripto, sendo tambem este rubricado pela pessoa em cujo domicilio foram apprehendidos, devendo ser immediatamente entregues ao juiz de direito instructor do processo.

> Projecto, artigo 106.º; codigo de instrucção criminal austriaco, artigo 145.º; codigo hespanhol, artigo 461.º

ARTIGO 184.º

O juiz de direito instructor do processo poderá fazer prevenir as estações telegrapho-postaes para não entregarem ao delinquente, preso ou afiançado, a correspondencia que lhe for endereçada, nem expedirem a que elle enviar, e fazer apprehensão em uma e outra, conservando intactos os sobrescriptos, rubricando estes e aquella, e procedendo pela fórma prescripta nos artigos 177.º e 182.º

> Codigo penal, artigo 295.º; lei de 7 de julho de 1880, artigo 21.º; codigo hespanhol, artigos 459.º, 464.º, 465.º e 466.º codigo de instrucção criminal aus-

triaco, artigos 146.º, 147.º, e 187.º; projecto do ministro da justiça da republica franceza de 27 de novembro de 1879, artigo 45.º

§ unico. Se a correspondencia não tiver relação com o crime ou delicto, não poderá ser apprehendida e será entregue ao destinatario. Tendo, porém, alguma relação, com elle, o juiz de direito mandará dar copia ao interessado ou seu representante da parte que disser respeito aos seus negocios particulares.

Codigo hespanhol, artigo 467.º; codigo de instrucção criminal austriaco, artigo 148.º; projecto do ministro da justiça da republica franceza citado, artigo 46.º

ARTIGO 185.º

Lavrar-se-ha um auto da busca, que se juntará ao processo, assignado pelo juiz de direito, magistrado do ministerio publico, pessoas em cujo domicilio ella se effectuar ou seu representante, testemunhas e escrivão, devendo n'elle mencionar-se a natureza dos instrumentos, livros, papeis ou objectos apprehendidos, o reconhecimento que d'elles fizer o delinquente, a rubrica ou imposição de sellos e as demais circumstancias que occorrerem.

Projecto, artigo 105.º; novissima reforma judicial, artigo 916.º, §§ 2.º e 4.º; codigo do processo criminal do Brazil, artigo 201.º; codigo hespanhol, artigo 454.º; codigo de instrucção criminal austriaco, artigo 142.º

ARTIGO 186.º

Sendo negativo o resultado da busca, o juiz de direito mandará passar certidão do respectivo auto e do requerimento em que for pedida á pessoa em cujo domicilio se verificar, se a requerer.

Regulamento do Brazil de 31 de janeiro de 1842, artigo 127.º, codigo de instrucção criminal austriaco, artigo 142.º

ARTIGO 187.º

Se alguma pessoa reclamar a propriedade das cousas apprehendidas na busca, o juiz de direito, com annuencia do magistrado do ministerio publico e da parte querelante, que serão ouvidos por escripto, as mandará entregar. Havendo opposição, não serão entregues sem que o reclamante justifique a propriedade d'ellas, conforme o disposto no codigo do processo civil.

Codigo do processo criminal do Brazil, artigo 194.º

§ unico. Sendo as cousas apprehendidas susceptiveis de deterioração, poderão ser entregues mediante fiança, idonea ou deposito do valor d'ellas, precedendo avaliação por peritos nomeados pelas partes o pelo reclamante, nos termos do artigo 237.º do codigo do processo civil.

Codigo do processo criminal do Brazil, artigo 194.º

ARTIGO 188.º

Se passados seis mezes depois de terminado o julgamento no juizo de primeira instancia, as cousas apprehendidas não forem reclamadas, o magistrado do ministerio publico promoverá a sua remoção para a caixa geral de depositós.

Codigo do processo criminal do Brazil, artigo 195.º

TITULO VIII
Da fiança

ARTIGO 189.º

O presumido delinquente poderá em qualquer estado do processo promover os termos do seu livramento, gosando de liberdade provisoria, se o crime ou delicto admittir fiança.

Projecto, artigo 125.º; novissima reforma judicial, artigo 922.º; lei do Brazil n.º 2:033, de 20 de setembro de 1871, artigo 14.º, § 6.º

ARTIGO 190.º

A fiança garante a apresentação do afiançado aos actos do processo a que pessoalmente é obrigado a assistir. Estes actos são: os interrogatorios, as acareações, a audiencia de discussão e julgamento, a publicação e execução da sentença.

Projecto, artigos 124.º e 149.º; novissima reforma judicial, artigo 937.º; codigo hespanhol, artigo 407.º

ARTIGO 191.º

O presumido delinquente poderá livrar-se solto sem que seja compellido a prestar fiança nos crimes ou delictos, a que corresponder, separada ou cumulativamente, alguma das penas seguintes:
1.º Prisão até seis mezes;
2.º Desterro até seis mezes;
3.º Multa até seis mezes, ou até 100$000 réis, quando a lei fixar a quantia;
4.º Perda de direitos politicos;
5.º Suspensão de direitos politicos;

6.º Reprehensão;
7.º Censura;
8.º Demissão ou suspensão do exercicio do emprego.

> Projecto, artigo 131.º, § unico; decreto de 10 de dezembro de 1852, artigo 2.º; código do processo criminal do Brazil, artigo 100.º; regulamento do Brazil de 31 de janeiro de 1842, artigo 299.º; projecto da commissão de legislação da camara dos senhores deputados, de 12 de março de 1881, artigo 3.º

§ unico. São exceptuadas da disposição d'este artigo os que notoriamente forem considerados vadios.

> Lei do Brazil de 3 de dezembro de 1841, artigo 37.º; regulamento do Brazil supracitado, artigo 300.º

ARTIGO 192.º

A fiança sómente será admittida nos crimes ou delictos a que corresponder:

1.º Qualquer pena maior temporaria, verificando-se alguma das circumstancias previstas em os n.ºs 2.º, 3.º, 4.º, 5.º, 7.º, 8.º, 9.º, e 10.º do artigo 20.º do codigo penal, comprovadas pelo processo preparatorio, ou, não tendo ainda este sido instaurado, por uma inquirição summaria de duas ou mais testemunhas que provem a existencia de alguma d'estas circumstancias:

2.º Pena correccional por mais de seis mezes.

> Projecto, artigo 131.º, n.ºs 1, 2.º e 4.º; decreto de 10 de dezembro de 1852, artigo 2.º; proposta de lei de 14 de maio de 1870, artigo 3.º; decreto do Brazil n.º 4:824, de 22 de novembro de 1871, artigo 33.º, § 1.º; projecto da commissão de legislação supra citado, artigo 1.º

ARTIGO 193.º

O valor da fiança será taxado na quantia de 500$000 réis até 1:000$000 réis para os crimes ou delictos, a que se refere o n.º 1.º do artigo 192.º, e na quantia de 50$000 réis até 500$000 réis para os crimes ou delictos, a que allude o n.º 2.º do mesmo artigo, tendo-se em consideração a natureza e o numero das circumstancias que revestirem o crime ou delicto, os antecedentes e os recursos do delinquente.

> Projecto, artigos 137.º e 138.º; novissima reforma judicial, artigo 925.º; codigo do processo criminal do Brazil, artigo 109.º; lei do Brazil n.º 2:033, de 20 de setembro de 1871, artigo 14.º, § 2.º; decreto do Brazil, n.º 4:824, de 22 de novembro de 1871, artigo 33.º, § 2.º; codigo hespanhol, artigo 406.º; codigo de instrução criminal austriaco, artigo 192.º

ARTIGO 194.º

A fiança póde consistir em dinheiro, titulos de divida publica fundada, pertencentes ao afiançado ou a terceiro, ou em abonação pessoal.

§ unico. O valor dos titulos de divida publica será determinado pela ultima cotação publicada na folha official.

> Projecto, artigos 126.º e 144.º; novissima reforma judicial, artigo 926.º; codigo hespanhol, artigo 408.º; lei do Brazil citada, artigos 14.º e 15.º; codigo de instrucção criminal austriaco, artigo 193.º; projecto do ministro da justiça da republica franceza, de 27 de novembro de 1879, artigo 112.º

ARTIGO 195.º

Só podem ser fiadores os que podem contratar, excepto as mulheres.

> Projecto, artigo 146.º; codigo civil, artigo 819.º; codigo do processo criminal do Brazil, artigo 107.º

ARTIGO 196.º

O fiador do delinquente é sempre principal pagador, e, sendo offerecido mais de um, são todos responsaveis solidariamente pelo valor da fiança.

> Projecto, artigos 147.º e 148.º

ARTIGO 197.º

Se o fiador, pretender exonerar-se da responsabilidade da fiança, poderá requerer em qualquer estado, do processo, que o afiançado seja intimado para apresentar dentro do praso de quinze dias outro fiador, com a comminação de ser preso se o não fizer; mas a sua responsabilidade sómente cessará, verificada a prisão do afiançado ou prestando este nova fiança.

> Projecto, artigo 151.º; lei do Brazil de 3 de dezembro de 1841, artigo 41º; regulamento do Brazil de 31 de janeiro de 1842, artigo 308.º, n.º 3.º

ARTIGO 198.º

Sobrevindo mudança de estado da fortuna do fiador e não garantindo as testemunhas abonatorias a responsabilidade d'elle, o magistrado do ministerio publico deverá promover e a parte querelante poderá requerer que o afiançado seja citado para prestar nova fiança dentro do praso de quinze dias, com a comminação de ser preso, se assim o não fizer dentro d'este praso.

> Codigo do processo criminal do Brazil, artigo 110.º; regulamento do Brazil do 31 de janeiro de 1842, artigos 307.º e 308.º, n.º 3.º

ARTIGO 199.º

Se o delinquente for preso por crime ou delicto que admitta fiança e se promptificar a prestal-a, não será conduzido á cadeia, mas á presença do respectivo juiz de direito, procedendo-se n'esta diligencia continua e successivamente, salvos os intervallos necessarios para satisfazer as necessidades do alimento e repouso.

> Projecto, artigos 125.º e 129.º; novissima reforma judicial, artigos 1:017.º e 1:022.º; lei do Brazil n.º 2:033.º, de 20 de setembro de 1871, artigo 14.º, § 3.º; decreto do Brazil n.º 4:824, de 22 de novembro de 1871, artigo 33.º

ARTIGO 200.º

Effectuando-se a prisão do delinquente em juizo differente d'aquelle em que estiver pronunciado, se o mandado de prisão declarar que é admissivel a fiança, poderá prestal-a perante o juiz de direito da comarca em que for preso, o qual o fará intimar para se apresentar no juizo da culpa dentro de um praso que lhe assignará em conformidade com o disposto no artigo 159.º, devendo o respectivo magistrado do ministerio público enviar ao mesmo juizo copia da guia de deposito, se a fiança consistir em dinheiro ou titulos de divida publica, ou do termo de fiança e declaração de residencia, e certidão da intimação.

> Projecto, artigos 132.º, n.º 2.º, 133.º e 134.º; novissima reforma judicial, artigo 1018.º

ARTIGO 201.º

O presumido delinquente, posto que não esteja preso, poderá requerer ao respectivo juiz de direito que lhe conceda fiança, declarando no requerimento o crime ou delicto que lhe é imputado, e offerecendo-se a depositar o valor da fiança em dinheiro ou titulos de divida publica, ou a dar fiador idoneo e abonado, indicando n'este caso duas testemunhas que se responsabilisem subsidiariamente, no caso de insolvabilidade d'élle.

> Projecto, artigos 135.º e 141.º

§ 1.º O processo da fiança correrá em separado, mas será appenso ao processo principal, devendo formar um só processo, quando for requerida simultaneamente por differentes delinquentes, os quaes pagarão proporcionalmente as custas.

> Codigo hespanhol, artigo 427.º

§ 2.º Consistindo a fiança em dinheiro ou titulos de divida publica, o juiz mandará fazer o respectivo deposito na caixa geral de depositos ou nas caixas filiaes, por meio de uma guia em duplicado, um dos quaes se juntará ao processo da fiança.

> Projecto, artigos 141.º e 143.º; novissima reforma judicial, artigo 926.º; codigo hespanhol, artigo 416.º; projecto do ministro da justiça da republica franceza de 27 de novembro de 1879, artigo 114.º

§ 3.º Sendo offerecido fiador, o juiz de direito inquirirá as testemunhas em auto summario ácerca do estado de fortuna d'elle, salvo se esta for tão notoria que dispense esta prova, e, depois de ouvido o magistrado do ministerio publico ácerca da idoneidade e sufficiencia do fiador, concederá ou denegará a fiança requerida, conforme for de direito.

> Projecto, artigos 152.º e 153.º; novissima reforma judicial, artigo 927.º

ARTIGO 202.º

Concedida a fiança, o juiz respectivo ordenará que o fiador assigne termo de fiança no processo, e que o afiançado assigne termo de declaração de residencia na comarca, passando-se immediatamente mandado de soltura, se estiver preso, e dando-se-lhe alvará de fiança.

> Projecto, artigos 140.º e 154.º; novissima reforma judicial, artigos 929.º e 931.º; codigo do processo criminal do Brazil, artigo 106.º

§ unico. O escrivão juntará ao processo certidão do termo da fiança.

> Novissima reforma judicial, artigo 929.º

ARTIGO 203.º

Não tendo ainda sido instaurado o processo preparatorio, poderá o presumido delinquente requerer ao respectivo juiz de direito que lhe conceda fiança provisoria.

> Lei do Brazil n.º 2:033, de 20 de setembro de 1871, artigo 14.º; decreto do Brazil n.º 4:824, de 22 de novembro de 1871, artigo 33.º

§ 1.º Requerida a fiança provisoria, o juiz de direito procederá a uma inquirição summaria de duas ou mais testemunhas, e, ouvindo por escripto o magistrado do ministerio publico, concederá ou denegará a fiança requerida, segundo se verificarem ou não os casos e circumstancias previstas no artigo 192.º

§ 2.º No processo d'esta fiança observar-se-ha o disposto nos artigos 201.º e 202.º

ARTIGO 204.º

Durante o processo preparatorio o juiz de direito poderá, officiosamente ou a requerimento do magistrado do ministerio publico ou da parte querelante:

1.º Cassar a fiança provisoria, se ao crime ou delicto competir uma classificação que a exclua;

2.º Elevar a taxa da mesma fiança até o valor maximo fixado no artigo 193.º, conforme as circumstancia e termos a que o mesmo artigo allude;

3.º Ordenar a substituição do fiador provisorio, verificado o caso previsto no artigo 198.º

> Decreto do Brazil n.º 4:824, de 20 de novembro de 1871, artigos 35.º e 37.º

§ unico. Não se verificando nenhum dos casos previstos n'este artigo, a fiança provisoria converte-se em definitiva para todos os effeitos.

ARTIGO 205.º

Se o afiançado deixar de comparecer a algum dos actos, a que se refere o artigo 190.º, e se a fiança consistir em dinheiro ou em titulos de divida publica, será citado a requerimento do magistrado do ministerio publico ou da parte querelante, na residencia que tiver escolhido, para se apresentar em juizo dentro do praso de oito dias, e, se tiver dado fiador, será este citado para o apresentar dentro do mesmo praso, com a comminação de que, se não comparecer, será julgada quebrada a fiança.

> Projecto, artigos 156.º e 157.º; novissima reforma judicial, artigos 932.º, 933.º e 934.º

§ unico. A fiança não se julgará quebrada, justificando o fiador que o afiançado deixou de comparecer por alguma das causas previstas no § 3.º do artigo 417.º

ARTIGO 206.º

A importancia da fiança quebrada será applicada para fazenda nacional, deduzidas as custas do processo e o valor das perdas e damnos, quando sejam requeridos pela parte offendida.

> Projecto, artigo 161.º; novissima reforma judicial, artigo 932.º; leis do Brazil de 3 de dezembro de 1841, artigo 45.º, e de 21 de setembro de 1871, artigo 14.º, § 4.º; regulamento do Brazil de 31 de janeiro de 1842, artigo 316.º; codigo hespanhol, artigos 418.º e 426.º; codigo de instrucção criminal austriaco, artigo 193.º; codigo de instrucção criminal francez, artigos 120.º e 121.º; projecto do ministro da republica franceza citado, artigos 111.º e 115.º

ARTIGO 207.º

A sentença que julgar quebrada a fiança será executada pelo magistrado do ministerio publico, nos termos dos artigos 615.º e 616.º do codigo do processo civil.

§ unico. O afiançado ou o fiador sómente poderão allegar nos embargos como materia de defeza alguma das causas justificativas da falta de comparecimento mencionadas no § 3.º do artigo 117.º

> Projecto, artigos 158.º e 159.º

ARTIGO 208.º

A fiança extingue-se:
1.º Pela morte do afiançado;
2.º Pela prisão do afiançado no caso previsto no artigo 197.º;
3.º Pela sentença absolutoria transitada em julgado.

> Projecto, artigo 162.º

§ unico. No caso previsto n'este artigo, a quantia ou os titulos de divida publica depositados serão immediatamente entregues a quem pertencerem, passando-se o competente precatorio de levantamento.

Novissima reforma judicial, artigo 936.º; projecto do ministro da republica franceza citado, artigo 116.º

TITULO IX
Dos interrogatorios

ARTIGO 209.º

Dentro de quarenta e oito horas contadas da entrada do delinquente na cadeia ou da prestação da fiança, o juiz de direito procederá ao interrogatorio d'elle, fazendo-lhe as perguntas necessarias para o descobrimento da verdade, as quaes poderão ser repetidas, officiosamente, a requerimento do magistrado do ministerio publico, da parte querelante ou do interrogado, até á terminação do processo preparatorio.

Projecto, artigo 110.º; novissima reforma judicial, artigo 972.º; codigo hespanhol, artigos 281.º, 282.º e 294.º; codigo de instrucção criminal austríaco, artigo 198.º

§ unico. Se o interrogado for subdito estrangeiro, proceder-se-ha ao interrogatorio d'elle dentro do praso fixado no respectivo tratado.

Tratado com a Gran-Bretanha de 3 de julho de 1842, artigo 17.º; lei de 12 de março de 1745, artigo 3.º e § unico.

ARTIGO 210.º

As perguntas serão feitas em presença de um advogado ou, na falta d'elle, de um solicitador do juizo, constituido pelo interrogado ou nomeado pelo juiz de direito, ou, na falta d'elles, de um escrivão ou de uma testemunha, podendo assistir a ellas o magistrado, do ministério publico e a parte querelante, só ou com o seu advogado, os quaes poderão requerer que se façam ao interrogado as perguntas que julgarem necessarias para o descobrimento da verdade.

Projecto, artigo 113.º; novissima reforma judicial, artigo 974,°; projecto do ministro da republica franceza de 27 de novembro de 1879, artigo 119.º

§ unico. Os interrogatorios dos presos deverão ser feitas nos edificios das cadeias, quando tenham as condições necessarias para esse fim.

Projecto, artigo 112.º

ARTIGO 211.º

O juiz de direito verificará a identidade do interrogado, perguntando-lhe o seu nome, sobrenome, edade, estado, profissão, officio ou occupação, naturalidade e ultima residencia, se sabe ler e escrever, se já esteve alguma vez preso, qual foi o resultado do processo, e se cumpriu a pena em que foi condemnado.

> Projecto, artigo 115.º; novissima reforma judicial, artigo 976.º; codigo do processo criminal do Brazil, artigo 98.º, § 1.º; codigo hespanhol, artigo 284.º

§ unico. Havendo mais de um delinquente implicado no mesmo crime ou delicto, a cada um d'elles se farão separadamente os interrogatorios, segundo a ordem de precedencia que o juiz de direito julgar conveniente para o descobrimento da verdade.

> Projecto, artigo 122.º; novissima reforma judicial, artigo 975.º

ARTIGO 212.º

Se o interrogado não fallar a lingua portugueza, for surdo mudo ou simplesmente surdo, observar-se-ha o disposto nos artigos 128.º e 129.º

> Projecto, artigo 144.º; novissima reforma judicial, artigo 981.º; codigo hespanhol, artigo 292.º

ARTIGO 213.º

As perguntas deverão ser feitas com a maior clareza, seguindo, quanto possível, a ordem das datas e dos factos, de modo que o interrogado os comprehenda bem e possa destruil-os ou confirmal-os, devendo repetir-se quando pareça que as não comprehendeu, ou quando as respostas não concordarem com ellas.

> Artigo 130.º; projecto, artigo 119.º, novissima reforma judicial, artigo 986.º, codigo de instrucção criminal austriaco, artigo 199.º; projecto do ministro da republica franceza citado, artigo 120.º

§ 1.º O juiz de direito deverá abster-se de empregar insinuações, suggestões, promessas, injurias ou ameaças para obter a confissão do interrogado ou qualquer outra declaração.

> Artigo 130.º; projecto, artigo 121.º; codigo hespanhol, artigo 285.º; codigo de instrucção criminal austriaco, artigos 200.º e 202.º

§ 2.º O interrogado deverá estar sempre livre de ferros e algemas ou de qualquer outro meio de coacção physica, adoptando-se comtudo as medidas de precaução necessarias para não se evadir.

> Novissima reforma judicial, artigo 1:034.º; codigo de instrucção criminal austriaco, artigo 198.º

ARTIGO 214.º

O interrogado nunca será obrigado a responder precipitadamente, devendo o juiz de direito conceder-lhe o tempo que lhe parecer rasoavel para recuperar a serenidade que tenha perdido, ou para se recordar de factos ou circumstancias particulares, ou de tempos mais remotos, a que as perguntas se refiram.

        Projecto, artigo 120.º; novissima reforma judicial, artigo 978.º; codigo hespanhol, artigo 286.º

ARTIGO 215.º

Recusando o interrogado responder a todas ou a certas e determinadas perguntas, ou simulando surdez, demencia ou imbecilidade, se o juiz de direito se convencer d'esta simulação, pelas suas observações pessoaes, por exame de peritos ou por inquirição de duas ou mais testemunhas, observará ao interrogado que esta attitude não lhe aproveita nem obsta ao curso regular do processo.

        Codigo de instrucção criminal austriaco, artigo 203.º

ARTIGO 216.º

Existindo no processo, ou achando-se depositados em juizo alguma arma, instrumento, objecto ou documento relativos ao crime ou delicto, deverão ser apresentados ao interrogado para declarar se os reconhece, podendo o juiz de direito, quando se tratar de crime de falsificação de escripto ou de assignatura, convidal-o a escrever alguma palavras ou phrases.

        Codigo de instrucção criminal austriaco, artigo 291.º; projecto do ministro da republica franceza citado, artigo 122.º

§ unico. Se os objectos a que se refere este artigo forem apresentados pelo interrogado para fazerem culpa a outro delinquente ou a favor d'elle, proceder-se-ha pela fórma determinada no artigo 133.º

ARTIGO 217.º

Se o interrogado invocar factos ou provas que excluam a culpabilidade, o juiz de direito procederá immediatamente á sua verificação, e fará juntar ao processo os documentos que elle apresentar, salvo se as allegações tenderem manifestamente a retardar o andamento regular do processo.

        Artigo 76.º § 2.º; novissima reforma judicial, artigo 989.º; codigo hespanhol, artigo 289.º; codigo de instrucção criminal austriaco, artigo 198.º; projecto do ministro da republica franceza citado, artigo 129.º

ARTIGO 218.º

Confessando o interrogado o crime ou delicto, o juiz de direito lhe perguntará:

1.º A causa ou motivo que teve para o commetter;
2.º O tempo, logar, modo e meios empregados para o praticar;
3.º Se é reincidente;
4.º Se n'elle tomaram parte outros delinquentes, indicando-os pelo seus nomes, appellidos, alcunhas, ou, não os conhecendo, pelo maior numero de signaes que os possam identificar.

> Projecto, artigo 118.º; novissima reforma judicial, artigo 979.º

ARTIGO 219.º

Negando o interrogado os factos ou circumstancias, que constarem dos depoimentos de testemunhas inquiridas no processo preparatorio, o juiz de direito lhe dará conhecimento d'elles, e lhe fará as instancias, que julgar necessarias ao descobrimento da verdade.

> Novissima reforma judicial, artigo 977.º

ARTIGO 220.º

Repetindo-se os interrogatorios, se as respostas estiverem em contradicção ou desharmonia, ou se o interrogado retractar as anteriores o juiz de direito deverá interrogal-o ácerca da causa determinante da contradicção, desharmonia ou retractação.

> Codigo de instrucção criminal austriaco, artigo 204.º

ARTIGO 221.º

Havendo divergencia ou contradicção entre as respostas do interrogado e as declarações das testemunhas sobre algum facto essencial ou circumstancia importante do crime, ou delicto, ou entre as respostas dos co-delinquentes, proceder-se-ha pela fórma determinada nos artigos 136.º e 137.º

> Projecto, artigos 122.º e 338.º; novissima reforma judicial, artigo 975.º; codigo de instrucção criminal austriaco, artigo 205.º; projecto do ministro da justiça da republica franceza citado, artigos 124.º e 136.º

ARTIGO 222.º

As respostas do interrogado não poderão ser suggeridas pelo seu advogado ou pelas pessoas que assistirem ao interrogatorio, e, se aquelle as não quizer dictar, serão redigidas pelo juiz de direito, conservando, quanto seja possivel, as expressões de que o interrogado usar.

> Artigo 135.º, § 1.º; projecto, artigo 123.º, § 2.º; novíssima reforma judicial, artigo 982.º; codigo hespanhol, artigo 291.º; projecto do ministro da justiça, da republica franceza citado, artigo 123.º

§ 1.º Depois de escriptas as respostas, serão lidas ao interrogado, se não preferir lel-as, podendo confirmal-as, ou fazer-lhe qualquer additamento, alteração ou rectificação, do que tudo se fará menção, no auto do interrogatorio sem comtudo se emendar o que estive escripto.

Artigo 135. º, § 2.º; novissima reforma judicial, artigo, 983.º; projecto do ministro da republica franceza citado, artigo 123.º

§ 2.º Do interrogatorio se lavrará auto, que será assignado pelo juiz de direito, pelo interrogado, quando souber, podér ou quizer assignar, pelo interprete, quando intervier, pelas pessoas que assistirem a elle, e pelo escrivão, sendo cada folha rubricada por todos.

Artigo 135.º, § 3.º; novissima reforma judicial, artigo 985.º; codigo do processo criminal do Brazil, artigo 99.º; codigo hespanhol, artigo 298.º; projecto do ministro da justiça da republica franceza citado, artigo 123.º

§ 3.º Nas respostas não haverá entrelinhas, devendo observar-se o disposto no § 4.º do artigo 135.º quanto ás rasuras e emendas.

Novissima reforma judicial, artigo 984.º; codigo hespanhol, artigo 297.º

PARTE II
DO PROCESSO ACCUSATORIO

TITULO UNICO

CAPITULO I
Disposições geraes

ARTIGO 223.º

Logo que esteja encerrado o processo preparatorio e que os réus estejam detidos na cadeia ou afiançados, o escrivão juntará ao respectivo processo certificado do registro criminal, que requisitará do encarregado do mesmo registro, e continuará os autos com vista ao magistrado do ministerio publico.

Projecto, artigo 433.º

ARTIGO 224.º

Se os réus estiverem pronunciados por differentes crimes ou delictos, o magistrado do ministerio publico promoverá dentro do praso de vinte e quatro horas, para os effeitos do n.º 2.º do § unico do artigo 30.º, que os respectivos processos sejam appensos ao que tiver sido instaurado pelo crime ou delicto mais grave, sendo requisitados por deprecada os que estiverem pendentes em outra comarca.

> Projecto, artigo 434.º; novissima reforma judicial, artigo 1:033.º, § unico.

ARTIGO 225.º

Se não estiverem detidos na cadeia ou afiançados todos os co-réus pronunciados no mesmo processo, ou se algum d'elles empregar meios dilatorios que tendam manifestamente a protelar o julgamento, o magistrado do ministerio publico promoverá a extracção do respectivo traslado para se instaurar a accusação contra os que estiverem presos ou afiançados.

> Projecto, artigo 435.º; accordão da relação do Porto de 5 de maio de 1871 na *Revista de legislação e de jurisprudencia*, de Coimbra, tomo IV, pag. 173.

ARTIGO 226.º

Se algum dos co-réus tiver de ser julgado em algum tribunal especial, o magistrado do ministerio publico promoverá que se extráia o respectivo traslado do processo, que enviará ao presidente do tribunal competente.

> Codigo de justiça militar, artigo 246.º; decreto de 11 de agosto de 1870; alvará de 21 de outubro de 1763, § 8.º; codigo do processo criminal do Brazil, artigo 258.º

ARTIGO 227.º

Havendo differentes co-réus no mesmo processo, poderá cada um d'elles requerer a extracção do traslado, logo que esteja encerrado o processo preparatorio.

> Projecto, artigo 436.º; novissima reforma judicial, artigo 2:102.º

ARTIGO 228.º

O processo accusatorio correrá em separado para cada um dos co-réus que requerer a extracção do traslado, devendo comtudo ser julgados simultaneamente todos os que estiverem presos ou afiançados.

> Projecto, artigo 447.º; novissima reforma judicial, artigos 1:101.º e 1:103.º

ARTIGO 229.º

As disposições d'este capitulo e dos capitulos II e III d'este titulo são communs á accusação dos crimes ou delictos, a que correspondem penas maiores ou alguma das mencionadas no artigo 386.º

CAPITULO II
Da accusação

ARTIGO 230.º

A accusação dos réus será feita por meio de um libello accusatorio deduzido por artigos, em conformidade com a despacho de pronuncia, e deverá conter:

1.º O nome, appellidos, alcunhas, estado, profissão, oficio ou occupação, naturalidade e ultima residencia de cada réu, ou o maior numero de indicações que o possam identificar;

2.º O facto imputado a cada réu, com declaração do logar e tempo em que foi commettido, sendo conhecidos, e se constitue acto preparatorio, tentativa do crime, crime frustrado ou consummado, especificando sempre se o réu é responsavel como auctor ou cumplice;

3.º As circumstancias aggravantes ou attenuantes, que precederam, acompanharam ou seguiram o facto criminoso;

4.º A citação da lei penal applicavel, tendo em consideração o facto criminoso e as circumstancias a que se refere o numero antecedente.

> Projecto, artigos 439.º, 440.º e 444.º; novissima reforma judicial, artigo 1:097.º; codigo do processo criminal do Brazil, artigo 254.º; regulamento do Brazil de 31 de janeiro de 1842, artigo 340.º; codigo hespanhol, artigo 562.º; codigo de instrucção criminal francez, artigo 241.º; codigo de instrucção criminal austriaco, artigo 207.º

ARTIGO 231.º

Os artigos do libello terão uma numeração seguida, devendo cada artigo comprehender um só facto.

> Projecto, artigo 441.º

§ unico. As circumstancias aggravantes e attenuantes serão articuladas em seguida ao facto criminoso a que disserem respeito.

> Projecto, artigo 442.º

ARTIGO 232.º

No caso previsto no n.º 2.º do § unico do artigo 30.º, serão comprehendidos no mesmo libello accusatorio todos os crimes ou delictos imputados ao mesmo réu.

> Projecto, artigo 443.º; accordãos do supremo tribunal de justiça de 23 de janeiro de 1875 (*Diario do Governo*, n.º 43), 18 de fevereiro de 1876 (*Diario do Governo*, n.º 63), e 16 de novembro de 1877 (*Diario do Governo*, n.º 295).

ARTIGO 233.º

Se a prova do libello accusatorio for documental, deverá este ser instruido com os documentos em que se fundar, ou fazer referencia a elles, se existirem no processo.

> Projecto, artigo 450.º, § 1.º

ARTIGO 234.º

Se para prova da accusação tiverem de ser produzidas testemunhas, deverão ser nomeadas no fim do libello, com declaração dos seus nomes, appellidos, alcunhas; profissão, officio ou occupação e moradas, ou do maior numero de indicações que as possam identificar.

> Projecto, artigo 450.º, § 2.º; novissima reforma judicial, artigo 1:104.º

§ 1.º Estas testemunhas podem ser, não só as inquiridas no processo preparatorio, mas quaesquer outras de que o magistrado do ministerio publico ou a parte accusadora tiverem noticia, comtanto que não excedam o numero de trinta, salvo se tiverem de depor a factos differentes, porque n' este caso poderão ser inquiridas tres a cada facto.

> Projecto; artigo 452.º; novíssima reforma judicial, artigo 1:104.º

§ 2.º As testemunhas nomeadas no libello podem ser addicionadas ou substituidas, comtanto que os nomes, occupações e moradas sejam intimados ao réu pelo menos oito dias antes do julgamento, devendo a intimação ser feita pessoalmente ao réu que estiver detido na cadeia, e, na residencia dos que se livrarem soltos ou afiançados.

> Projecto, artigo 451.º, n.º 3.º; novissima reforma judicial, artigo 1:115.º e § 2.º

ARTIGO 235.º

O magistrado do ministerio publico deverá formar o libello accusatorio dentro do praso de oito dias contados d'aquelle em que o processo ou o respectivo traslado lhe tiver sido continuado com vista, findos os quaes o escrivão o cobrará oficiosamente.

> Projecto, artigos 445.º e 448.º; novissima reforma judicial, artigo 1:105.º

§ unico. Este praso poderá ser prorogado por igual espaço de tempo pelo juiz de direito, se o processo for complicado ou se o magistrado do ministerio publico allegar motivo plausivel para esta prorogação.

> Regulamento do Brazil de 31 de janeiro de 1842, artigo 339.º

ARTIGO 236.º

Havendo parte accusadora que não tenha desistido da querela, poderá offerecer o libello accusatorio dentro do praso fixado no artigo antecedente, sem que os autos lhe sejam continuados com vista, podendo comtudo ser examinados no cartorio do escrivão pelo advogado que tiver constituido.

> Projecto, artigo 446.º; novissima reforma judicial, artigo 1:098.º

§ unico. Se houver mais de uma parte accusadora, formarão todas um só libello accusatorio dentro do praso estabelecido n'este artigo.

> Projecto, artigo 446.º; § unico, novissima reforma judicial artigo 1:100.º

ARTIGO 237.º

Se o réu se livrar solto, ou, havendo co-réus, se algum d'elles estiver afiançado, o libello accusatorio do magistrado do ministerio publico e o da parte accusadora serão offerecidos na primeira audiencia immediata á entrega ou cobrança do processo.

> Projecto, artigo 458.º; novissima reforma judicial, artigo 1:106.º, § 3.º

§ 1.º Se os réus afiançados, depois de apregoados, não comparecerem na audiencia, ou advogado ou defensor constituido ou nomeado, ficarão esperados até á audiencia seguinte, na qual serão novamente apregoados, e lhes será assignado, quer compareçam quer não, o praso de quinze dias para contestarem o libello accusatorio, findo o qual serão lançados da contestação escripta.

> Projecto, artigo 459.º; novissima reforma judicial, artigo 1:106.º, § 3.º

ARTIGO 238.º

Logo que seja offerecido o libello accusatorio, o escrivão extrahirá copia d'elle, dos documentos offerecidos e do rol das testemunhas, a qual entregará a cada um dos réus. Sendo extensos os documentos, o escrivão intimará o réu no acto da entrega da copia do libello para os mandar examinar no cartorio pelo seu advogado ou defensor.

> Projecto, artigo 460.º; novissima reforma judicial, artigo 1:106.º; codigo do processo civil, artigo 210.º; codigo de instrucção criminal austriaco, artigo 207.º; regulamento do Brazil de 31 de janeiro de 1842, artigo 341.º

§ 1.º Se o réu estiver detido na cadeia, a entrega da copia, do libello accusatorio deverá ser feita dentro de quarenta e oito horas contadas da entrega ou da cobrança do processo, devendo o escrivão n'esse acto intimar o réu para dentro do praso de quinze dias apresentar no cartorio a contestação, passando certidão d'esta intimação e da entrega da copia do libello, que será assignada pelo réu, se souber, podér ou quizer assignar, e por duas testemunhas, se souberem escrever.

         Projecto, artigo 460.º, § 1.º, novissima reforma judicial, artigo 1:106.º, § 2.º

§ 2.º Livrando-se os réus soltos ou afiançados, a copia do libello ser-lhe-ha entregue na audiencia em que for offerecido ou n'aquella para que ficaram esperados. Se porém não comparecerem, a entrega da copia será feita na residencia do afiançado, o qual será intimado, ou, não sendo encontrado, a pessoa em quem se verificar a intimação, para examinar no cartorio os documentos, se forem extensos.

         Projecto, artigo 460.º, § 2.º; novissima reforma judicial, artigo 1:106.º, § 3.º; regulamento do Brazil de 31 de janeiro de 1842, artigo 341.º

ARTIGO 239.º

Se o réu ao tempo em que for offerecido o libello accusatorio, não tiver constituido advogado, o juiz de direito lhe nomeará officiosamente no praso de vinte e quatro horas um dos advogados do juizo a quem competir por escala, ficando sem effeito esta nomeação, se o réu constituir outro advogado até o dia do julgamento.

         Projecto, artigos 461.º e 462.º; novissima reforma judicial, artigos 1:107.º e 1:108.

§ 1.º Na falta ou impedimento de advogado, será nomeado para defensor do réu um dos solicitadores do juizo, e na falta d'este um dos escrivães, excepto o do processo.

         Projecto, artigo 463.º; novissima reforma judicial, artigo 1:109.º

§ 2.º No acto da entrega da copia do libello accusatorio, o escrivão communicará ao réu, ou, não sendo encontrado, á pessoa em quem se verificar a intimação, o nome e residencia do advogado ou defensor nomeado, com declaração do nome da rua e do numero da casa, o que deverá certificar na intimação.

         Novissima reforma judicial, artigo 1:107.º, § 2.º

ARTIGO 240.º

Se no mesmo processo se livrarem differentes co-réus, o advogado ou defensor constituido ou nomeado será encarregado da defeza de todos, salvo se alguma d'estas estiver em opposição com a de algum dos co-réus, ou se algum d'elles quizer constituir outro advogado ou defensor.

         Projecto, artigo 464.º; novissima reforma judicial, artigo 1:107.º, § 3.º

ARTIGO 241.º

O advogado ou defensor nomeado sómente poderá escusar-se do patrocinio officioso por alguma das causas previstas no § 3.º do artigo 117.º

Projecto, artigo 466.º; novissima reforma judicial, artigo 1:107.º § 4.º

§ unico. Posto que o advogado ou defensor nomeado não allegue causa legitima de escusa, poderá, com licença do juiz de direito, ser substituido por outro da sua própria escolha que voluntariamente se preste a defender o réu.

Projecto, artigo 467.º; novissima reforma judicial, artigo 1:107.º, § 4.º

ARTIGO 242.º

Se as testemunhas nomeadas para prova do libello accusatorio residirem em comarca diferente, a parte que o tiver offerecido deverá logo requerer carta precatoria dirigida ao juiz de direito do domicilio d'ellas para serem inquiridas, ou para comparecerem em audiencia do julgamento, se, for requerida a sua confrontação com o réu observando-se o disposto, no artigo 138.º

Projecto, artigo 453.º; novissima reforma judicial, artigos 1:067.º, § 1.º, e 1:116.º

ARTIGO 243.º

Residindo as testemunhas em paiz estrangeiro, dirigir-se-ha rogatoria ao respectivo juiz criminal, se houver tratado ou principio de reciprocidade que auctorise a inquirição por este meio.

Novissima reforma judicial, artigo 1.117.º

ARTIGO 244.º

As testemunhas serão inquiridas em audiencia dentro de dez dias contados do recebimento da carta precatoria, precedendo intimação do magistrado do ministerio publico junto do juiz deprecado e do advogado da parte accusadora ou do réu, se o tiverem constituido.

§ unico. Exceptuam-se as testemunhas mencionadas nos n.ºs 1.º a 8.º do § 1.º do artigo 117.º, que serão inquiridas nos termos e, com as formalidades prescriptas no artigo 285.º

Novissima reforma judicial, artigo 1:119.º

ARTIGO 245.º

São applicaveis ás testemunhas que tiverem de depor sobre os artigos do libello accusatorio as disposições dos artigos 114.º a 139.º, devendo as perguntas a que se refere o § unico do artigo 127.º ser feitas pelo juiz de direito, e as demais pelo magistrado do ministerio publico e pelo advogado da parte accusadora, podendo o advogado do réu ou o juiz de direito fazer as que julgarem necessarias para o descobrimento da verdade.

Projecto, artigo 454.º; novissima reforma judicial, artigos 1:120.º a 1:126.º

CAPITULO III
Da defeza

ARTIGO 246.º

Se o réu quizer contestar por escripto o libello accusatorio, deverá offerecer a contestação deduzida por artigos dentro do praso de quinze dias contados d'aquelle em que lhe tiver sido entregue a copia do libello, estando preso, ou d'aquelle em que lhe for assignado em audiencia, se estiver afiançado ou solto, e, se não a offerecer dentro d'este praso, não lhe será mais recebida.

>Projecto, artigos 468.º, 470.º 478.º e 480.º; novissima reforma judicial, artigo 1:111.º

§ unico. As excepções serão offerecidas conjunctamente com a constestação, mas em artigos separados, começando por ellas a defeza.

>Novissima reforma judicial, artigo 316.º

ARTIGO 247.º

Havendo co-réus que se livrem no mesmo processo, não haverá mais do que uma contestação para todos, salvo se a defeza de uns estiver em opposição com a dos outros.

§ unico. Se porém algum d'elles se livrar em processo separado, em cada um d'elles se formará uma contestação.

>Artigo 240.º; projecto, artigos 473.º e 474.º; novissima reforma judicial, artigos 1:112.º e 1:114.º

ARTIGO 248.º

O escrivão extrahirá logo uma copia da contestação, do rol das testemunhas e dos documentos a ella juntos, que será entregue ao magistrado do ministerio publico e á parte accusadora, ou a cada uma d'ellas, se houver mais de uma, devendo passar certidão da entrega, nos termos prescriptos no artigo 238.º

>Projecto, artigo 479.º; novissima reforma judicial, artigo 1:111.º,§ 1.º

§ unico. Se forem extensos os documentos juntos com a contestação, será o processo continuado com vista por oito dias ao magistrado do ministerio publico e por igual praso á parte accusadora, dividindo entre si este praso, se houver mais de uma.

>Codigo do processo civil, artigo 210.º, § 1.º

ARTIGO 249.º

Na inquirição das testemunhas produzidas para prova da defeza observar-se-ha o disposto nos artigos 242.º; 243.º, 244.º e 245.º, devendo as perguntas ácerca dos artigos da contestação ser feitas pelo advogado ou defensor constituido ou nomeado.

>Novissima reforma judicial, artigo 1:119.º

PARTE III
DO PROCESSO DE JULGAMENTO

DIVISÃO I
Do julgamento dos crimes ou delictos a que correspondem penas maiores

TITULO I
Disposições geraes

ARTIGO 250.º

Estão sujeitos ao julgamento do juiz de direito com intervenção de jurados os réus a que se refere o § 1.º do artigo 38.º, pronunciados por crimes ou delictos, a que corresponder qualquer das penas maiores estabelecidas no codigo penal ou na lei especial.

Projecto, artigos 260.º e 496.º; lei de 18 de agosto de 1853, artigo 2.º

ARTIGO 251.º

Findo o praso em que o réu deve offerecer a contestação, o juiz de direito mandará continuar o processo com vista por quarenta e oito horas ao magistrado do ministerio publico para o examinar, podendo n'esse acto promover que se proceda aos exames necessarios para a exacta classificação do crime ou delicto, ou a quaesquer outras diligencias necessarias para o descobrimento da verdade, e que sejam suppridas as nullidades que admittirem supprimento ou que se reformem as insuppriveis.

Projecto, artigos 484.º, 485.º e 486.º; portaria de 21 de agosto de 1848; lei de 18 de julho de 1855, artigo 14.º; regulamento do Brazil de 31 de janeiro de 1842, artigo 343.º

§ unico. O praso estabelecido n'este artigo poderá ser prorogado por igual espaço de tempo, se o processo for volumoso ou se o magistrado do ministerio publico allegar motivo plausivel para esta prorogação.

ARTIGO 252.º

Se o magistrado do ministerio publico não promover nenhum acto ou diligencia, poderá o juiz de direito ordenar que se effectuem os que julgar necessarios para o descobrimento da verdade, supprir as nullidades suppriveis e proceder á reforma dos actos e termos affectados de nullidade insupprivel.

Projecto, artigo 487.º; novissima reforma judicial, artigos 510.º e 1:127.º

ARTIGO 253.º

Estando o processo nos termos regulares, o juiz de direito o declarará por seu despacho preparado para ser julgado na audiencia geral do respectivo semestre.

Projecto, artigo 489.º

ARTIGO 254.º

Quinze dias antes da abertura da audiencia geral os escrivães farão conclusos ao juiz de direito os processos que estiverem preparados para serem julgados, assignando este o dia em que deve verificar-se o julgamento.

Projecto, artigo 490.º

§ unico. Na designação do dia do julgamento deverá o juiz de direito guardar a ordem de precedencia seguinte:
1.º Os processos dos réus que estiverem detidos na cadeia ha mais tempo;
2.º Os processos por crimes mais graves;
3.º Os processos mais antigos.

Projecto, artigo 491.º; novissima reforma judicial, artigo 511.º

ARTIGO 255.º

Assignado o dia de julgamento dos processos, o escrivão mais antigo formará uma tabella d'elles assignada pelo juiz de direito, a qual será affixada na porta da sala do tribunal, devendo affixar-se tabellas addicionaes dos processos que estiverem preparados para ser julgados no respectivo semestre.

Projecto, artigos 492.º e 493.º; novissima reforma judicial, artigos 511.º e 512.º

ARTIGO 256.º

O escrivão do processo entregará a cada um dos réus, pelo menos oito dias antes do que tiver sido assignado para o julgamento, uma copia da pauta dos jurados que hão de funccionar no respectivo semestre.

§ unico. Da entrega da copia da pauta, que deverá ser feita pessoalmente ao réu detido na cadeia, e no domicilio do réu afiançado, passará o escrivão respectivo certidão, assignada pelo réu, se souber, podér ou quizer assignar, e por duas testemunhas, se souberem assignar.

Projecto, artigo 494.º; novissima reforma judicial, artigos 1:046.º e 1:129.º

ARTIGO 257.º

Deverão ser intimados com a possivel antecipação do dia designado para o julgamento:
1.º O magistrado, do ministerio publico;
2.º A parte accusadora e seu advogado;

3.º O offendido, posto que não querelasse ou desistisse da accusação;
4.º O réu e seu advogado ou defensor;
5.º As testemunhas produzidas por parte da accusação e da defeza.

Projecto, artigo 495.º; novissima reforma judicial, artigos 512.º e 1:127.º

TITULO II
Da audiencia geral

ARTIGO 258.º

Abrir-se-ha nas epochas designadas pelo governo a audiencia geral para o julgamento dos crimes ou delictos de que trata o artigo 250.º

Projecto, artigo 497.º; novissima reforma judicial, artigos 507.º e 1:127.º

ARTIGO 259.º

Os dias de audiencia geral serão continuos; mas, se durante a semana houver algum dia sanctificado ou feriado, a quinta feira será dia de descanso, salvo se já tiver havido outra sessão.

Novissima reforma judicial, artigo 508.º

§ unico. A audiencia geral começará ás dez horas da manhã.

Codigo do processo civil, artigo 151.º, § 3.º

ARTIGO 260.º

A audiencia geral será sempre publica, salvo se o processo disser respeito a crime ou delicto, cuja discussão possa offender a decencia e a moral publica, devendo n'este caso o juiz de direito por despacho fundamentado ordenar que a sessão seja secreta e que os espectadores se retirem da sala do tribunal, na qual sómente poderão conservar-se as partes, seus procuradores, e os advogados, posto que não sejam da causa, sendo novamente admittido o auditorio para assistir á leitura da decisão do jury.

Artigo 51.º, § 2.º; projecto, artigos 498.º e 499.º novissima reforma judicial, artigos 1:088.º, § 1.º, e 1:180.º

§ unico. Ainda que a sessão seja secreta, a extracção do jury e as recusações dos jurados serão sempre feitas em publico.

Novissima reforma judicial, artigo 1:088.º, § 3.º

ARTIGO 261.º

Cada audiencia geral poderá comprehender mais de uma sessão.

§ 1.º As sessões serão contínuas, podendo prolongar-se durante a noite e para dia feriado, se o jury estiver encerrado na sala das suas deliberações.

§ 2.º Poderão comtudo ser interrompidas:

1.º Se assim for preciso para satisfazer as necessidades do alimento e repouso, devendo o juiz de direito declarar em voz alta o espaço de tempo da interrupção e a hora em que deve continuar a sessão;

2.º Nos casos previstos no artigo 266.º

> Projecto, artigo 500.º; novissima reforma judicial, artigos 1:086.º e 1:179.º; codigo de instrucção criminal francez, artigo 353.º; codigo de instrucção criminal austriaco, artigo 273.º

ARTIGO 262.º

O escrivão do processo lavrará uma acta de cada sessão, rubricada em cada folha pelo juiz de direito e por elle assignada e pelo magistrado do ministerio publico; devendo conter a descripção resumida da constituição do tribunal, das formalidades observadas na discussão e julgamento e dos incidentes que occorrerem, e ser junta ao processo em seguida á sentença.

§ 1.º Se o julgamento comprehender mais de uma sessão, lavrar-se-ha de cada uma a respectiva acta, fazendo-se resumida referencia á constituição do tribunal.

> Projecto, artigo 501.º; novissima reforma judicial, artigos 547.º e 1:127.º; codigo de instrucção criminal austriaco, artigo 271.º

§ 2.º Consideram-se omittidos, sem admissão de prova em contrario, todos os actos e formalidades que não estejam expressamente mencionados na acta.

> Novissima reforma judicial, artigos 547.º, § 1.º, e 1127.º

ARTIGO 263.º

Conservar-se-hão de pé na audiencia:

1.º Os advogados durante as allegações oraes;

2.º Os escrivães emquanto lerem quaesquer peças do processo, ou quando se dirigirem ao juiz de direito ou ao magistrado do ministerio publico;

3.º Os officiaes de diligencias, salvo quando o juiz de direito lhes conceder licença para estarem assentados;

4.º Os réus durante o interrogatorio, ou quando se dirigirem ao juiz de direito ou ao magistrado do ministerio publico.

> Projecto, artigo 503.º; ordenação, livro I, titulo 55.º, § 3.º; livro III, titulo 19.º, § 8.º; codigo de instrucção criminal austriaco, artigo 233.º

ARTIGO 264.º

É permittido a qualquer pessoa tomar apontamentos da discussão da causa, e serão admittidos tachygraphos, aos quaes o juiz de direito destinará logar d'onde possam ouvir bem.

Projecto, artigos 504.º e 505.º; novissima reforma judicial, artigo 1:090.º

ARTIGO 265.º

Ao juiz de direito incumbe a policia da audiencia geral, podendo requisitar a força publica necessaria para evitar a evasão do réu e para manter a ordem do tribunal.

Projecto artigo 506.º; codigo do processo civil, artigo 60.º

§ unico. No exercicio da policia da audiencia poderá:

1.º Advertir os espectadores que derem signaes de approvação ou desapprovação, fazendo-os sair da sala do tribunal, se reincidirem;

2.º Mandar expulsar os que excitarem tumulto;

3.º Mandar prender por espaço de um até tres dias os que, sendo expulsos, tornarem a entrar, e os que recusarem sair,

4.º Proceder á formação do processo competente, se o tumulto for acompanhado de algum crime ou delicto, fazendo prender o delinquente em flagrante delicto.

Projecto, artigo 507.º; novissima reforma judicial, artigo 1:089.º; codigo de instrucção criminal austriaco, artigo 233.º; codigo hespanhol, artigos 792.º e 793.º

TITULO III
Da discussão da causa

CAPITULO I
Disposições geraes

ARTIGO 266.º

A discussão da causa será continua e sómente poderá ser suspensa:

1.º Se o juiz de direito ou o magistrado do ministerio publico se impossibilatarem por doença de assistir a este acto

2.º Se algum dos jurados se impossibilitar pelo mesmo motivo de funccionar, de modo que como supplente não haja, o numero legal para poderem deliberar, precedendo exame por peritos;

3.º Se o réu se impossibilitar por doença, alienação mental ou forte perturbação dos sentidos de assistir á discussão, precedendo o mesmo exame;

4.º Se for necessario proceder a alguma vistoria, nos termos do artigo 294.º;

5.º Se sobrevier ao réu conhecimento de alguma testemunha, cujo depoimento seja essencial á sua defeza, e cujo nome, morada e mister não tenha sido intimado ás, partes accusadoras;

6.º Se faltar alguma testemunha da accusação ou da defeza, que tenha sido intimada com sufficiente antecipação e de que a parte respectiva não prescinda.

> Projecto, artigo 543.º; novissima reforma judicial, artigos 1:066.º, 1:067.º, 1:139.º, 1:181.º e 1:182.º codigo hespanhol, artigo 789.º

§ 1.º No caso do n.º 5.º d'este artigo, o réu exporá verbalmente ao juiz de direito a rasão do tardio conhecimento da testemunha e o artigo da contestação sobre que ha de depor, e, concedendo o espaço de vinte e quatro horas para ser intimada e dar-se conhecimento do nome d'ella ás partes accusadoras, o mesmo juiz sobrestará na discussão da causa por igual espaço de tempo.

> Projecto, artigo 543.º, § unico; novissima reforma judicial, artigo 1:137.º

§ 2.º Verificando o caso previsto no n.º 6.º deste artigo, começará a discussão da causa, e, depois de inquiridas as testemunhas da accusação e da defeza, será lido o depoimento da testemunha que não comparecer, se existir no processo preparatorio, e não o havendo, a parte allegará verbalmente as rasões por que o julga necessario. Em seguida o juiz de direito proporá ao jury o quesito seguinte: «O depoimento oral da testemunha N ... é absolutamente necessario para uma decisão justa n'esta causa?» O jury encerrar-se-ha para deliberar, vencendo-se a sua decisão por maioria absoluta. Se a decisão for negativa, proseguirá a discussão da causa; se for affirmativa, será adiada para depois do julgamento da ultima causa que houver de ser julgada nas audiencias geraes do respectivo semestre, ou para as do semestre seguinte, se a testemunha não podér ser intimada, não podendo o julgamento ser mais espaçado, ainda que a testemunha não compareça.

> Projecto, artigos 513.º, 514.º, 515.º e 519.º; novissima reforma judicial, artigos 1:067.º e 1:139.º

ARTIGO 267.º

Durante a discussão da causa e ainda depois dos debates o réu poderá conferenciar com o seu advogado ou defensor, salvo no acto dos interrogatorios.

> Codigo de instrucção criminal austriaco, artigo 245.º

ARTIGO 268.º

Em todos os incidentes da discussão da causa em que fallar o magistrado do ministerio publico ou o advogado da parte accusadora, será ouvido o advogado do réu, e, se este for o primeiro a fallar, serão aquelles tambem ouvidos.

> Novissima reforma judicial, artigo 1:142.º

ARTIGO 269.º

Annunciada a abertura da audiencia geral pelo official de diligencias do turno semanal, o juiz de direito ordenará que este apregoe a parte accusadora e o réu, que deverá estar livre de ferros ou algemas, e proceda á chamada das testemunhas, que serão recolhidas á sela respectiva, nos termos e para os effeitos do artigo 126.º

> Projecto, artigo 521.º; novissima reforma judicial, artigos 486.º a 526.º e 1127.º; decreto do Brazil de 31 de janeiro de 1842, artigos: 348.º, 351.º, 352.º e 355.º; codigo de instrucção criminal francez, artigo 316.º; codigo hespanhol, artigo 614.º; codigo de instrucção criminal austriaco, artigo 239.º

§ unico. As pessoas que constituirem o tribunal deverão comparecer com alguma antecipação.

> Projecto, artigo 520.º; novissima reforma judicial, artigo 486.º

CAPITULO II
Da constituição do jury

ARTIGO 270.º

Comparecendo o magistrado do ministerio publico, a parte accusadora ou o seu advogado, o réu assistido do seu advogado ou defensor e as testemunhas, ou prescindindo as partes das que faltarem, proceder-se-ha á constituição do jury, devendo o escrivão a quem competir por turno fazer em voz alta uma chamada dos jurados que compõem a pauta, tomando nota dos nomes dos que faltarem e passando certidão das faltas que occorrerem, a qual entregará ao magistrado do ministerio publico.

> Projecto, artigos 521.º, 522.º, 524.º e 525.º; decreto do Brazil de 31 de janeiro de 1842, artigos 344.º e 345.º

§ unico. São causas legitimas de falta de comparecimento dos jurados as declaradas no § 3.º do artigo 117.º

> Projecto, artigo 532.º

ARTIGO 271.º

Feita a chamada dos jurados, o juiz de direito mandará contar publicamente pelo escrivão do turno os bilhetes que devem conter os nomes dos jurados da pauta, e os mandará lançar em uma urna, da qual serão extrahidos por um menor de dez annos, o qual tirará de cada vez um só bilhete, que entregará ao juiz de direito, o qual lerá em voz alta o nome do jurado, repetindo-se este acto até que o jury esteja constituido.

§ unico. Sendo o jury composto nos termos do artigo 337.º, deverão os bilhetes ser extrahidos alternadamente de cada uma das urnas.

> Projecto, artigos 526.º e 527.º; novissima reforma judicial, artigos 518.º e 1:127.º; regulamento do Brazil de 31 de janeiro de 1842, artigo 357.º; codigo hespanhol, artigo 727.º

ARTIGO 272.º

Á proporção que se forem extrahindo e lendo os bilhetes, poderá o magistrado do ministerio publico, a parte accusadora e o réu recusar sem causa tres jurados, devendo os que não forem recusados tomar assento no logar que lhes é destinado, segundo a ordem de precedencia da extracção.

> Projecto, artigo 528.º; novissima reforma judicial, artigos 519.º, 522.º e 1:127.º; codigo do processo criminal do Brazil, artigo 275.º; codigo hespanhol, artigo 730.º

§ 1.º Havendo parte accusadora, ou mais de uma, as recusações serão feitas de accordo com o magistrado do ministério publico, de modo que não excedam o numero fixado n'este artigo, e que a este magistrado fique sempre salvo o numero de duas recusações, e, na falta de accordo, a sorte decidirá qual d'ellas deverá exercer o direito de recusa.

> Projecto, artigo 536.º; novissima reforma judicial, artigos 519.º, 521.º, § 1.º, e 1:127.º; codigo do processo civil, artigo 401.º, § 8.º; codigo do processo criminal do Brazil, artigo 276.º; codigo hespanhol, artigo 728.º

§ 2.º Sendo julgados pelo mesmo jury differentes co-réus, combinarão entre si as recusações, e, se não podérem accordar-se, a sorte decidirá a ordem em que devem ser feitas, devendo cada um d'elles recusar successivamente um jurado até se completar o numero de tres.

> Projecto, artigo 537.º e § unico; novissima reforma judicial, artigos 521.º e 1:127.º; codigo do processo civil, artigo 401.º, § 8.º

ARTIGO 273.º

O jury fica constituido com nove jurados e um substituto, que só intervirá quando algum d'aquelles se impossibilitar durante o julgamento, devendo conservar-se dentro da teia até á publicação da decisão do jury.

> Projecto, artigo 529.º; lei de 1 de julho de 1867, artigo 1.º, § 1.º; codigo do processo civil, artigo 401.º, § 7.º

§ unico. O jurado que for sorteado em primeiro logar será o presidente do jury, salvo o disposto no artigo 319.º

> Projecto, artigo 617.º; novissima reforma judicial, artigos; 539.º, § 5.º, e 1:127.º; decreto do Brazil de 31 de janeiro de 1842, artigo 373.º; codigo hespanhol, artigo 755.º; codigo de instrucção criminal francez, artigo 342.º codigo de instrucção criminal austriaco, artigo 326.º

ARTIGO 274.º

Se o jury não podér constituir-se com os jurados da respectiva pauta, será preenchido pelos espectadores que tiverem os requisitos legaes para serem jurados, ficando salvo o direito de recusa, se ainda podér ser exercido. Se porém não podér perfazer-se por esta fórma, o magistrado do ministerio publico requisitará do presidente da commissão do recenseamento dos jurados o numero igual ao dos que deixaram de comparecer, adiando o juiz de direito a audiencia do julgamento até que sejam intimados os novos jurados, cujos nomes serão communicados ao réu tres dias antes do que for designado para o julgamento.

> Projecto, artigos 510.º, 511.º e 512.º; novissima reforma judicial, artigos 523.º, 1:044.º e 1:127.º; codigo hespanhol, artigo 715.º

ARTIGO 275.º

Se tiver de ser julgado algum réu estrangeiro, em cujo julgamento tenha de intervir jury mixto, observar-se-hão as disposições da lei especial ácerca da constituição do jury.

> Lei de 14 de março de 1845, artigo 5.º

ARTIGO 276.º

Sendo accusados na mesma audiencia geral differentes co-réus, serão todos julgados conjunctamente com intervenção do mesmo jury, posto que algum d'elles se livre em processo separado.

> Artigo 228.º; Projecto, artigo 531.º; novissima reforma judicial, artigo 1103.º

ARTIGO 277.º

Não podem funccionar como jurados por incompatibilidade legal:

1.º Os juizes, magistrados do ministerio publico e o escrivão do processo;

2.º Os descendentes, ascendentes, irmãos, cunhados e conjuges da parte offendida ou do réu, posto que tenha havido separação;

3.º Os jurados que tiverem parentesco na linha recta descendente ou ascendente, ou até o segundo grau na collateral com o juiz de direito ou com outro jurado sorteado;

4.º Os que, tendo sido nomeados testemunhas por parte da accusação ou da defeza, declararem no acto do sorteio que foram testemunhas presenciaes de algum facto;

5.º Os advogados da parte accusadora ou do réu;
6.º Os peritos que intervieram no exame;
7.º Os interpretes;
8.º As testemunhas inquiridas no processo preparatorio, salvo se nada depozeram.

§ unico. Cessa a incompatibilidade estabelecida no n.º 4.º d'este artigo, se a parte que tiver, nomeado a testemunha desistir do seu depoimento.

> Projecto, artigo 534.º; novissima reforma judicial, artigos 1:043.º, 1:044.º e 1:128.º; codigo do processo civil, artigo 401.º, § 8.º; codigo do processo criminal do Brazil, artigo 277.º; codigo hespanhol, artigo 668.º

ARTIGO 278.º

A parte que allegar alguma das incompatibilidades a que se refere o artigo antecedente, deverá, se não for confessada pelo jurado sorteado, proval-a por documentos ou por duas testemunhas, conhecendo o juiz de direito summariamente n'esse acto da incompatibilidade.

> Novissima reforma judicial, artigo 1:044.º

ARTIGO 279.º

Constituido o jury, o juiz de direito lhe deferirá o juramento, recitando a formula seguinte: «Vós juraes perante Deus Todo Poderoso e os homens examinar com a mais escrupulosa attenção as provas da accusação e da defeza; não trahir os direitos da sociedade, da innocencia e da humanidade; não communicar, sem rigorosa necessidade, com pessoa alguma até proferirdes a vossa decisão; não escutar os sentimentos de odio ou affeição, mas unicamente os dictames da vossa consciencia e intima convicção, com a imparcialidade e firmeza de caracter proprias do homem livre e honrado.»

> Projecto, artigo 533.º; novissima reforma judicial, artigo 1:130.º; codigo de instrucção criminal francez, artigo 312.º; codigo do processo criminal do Brazil, artigo 253.º; codigo hespanhol, artigo 733.º

§ 1.º Cada um dos jurados irá successivamente do seu logar, e segundo a ordem em que forem sorteados, prestar juramento, pondo a mão nos santos Evangelhos e dizendo: «Assim o juro». Durante este acto as pessoas que constituirem o tribunal e os espectadores estarão de pé.

> Projecto, artigo 533.º § 3.º; novissima reforma judicial, artigo 1:047.º; regulamento do Brazil de 31 de dezembro de 1842, artigo 358.º

§ 2.º Se algum dos jurados declarar que não professa a religião catholica, prestará juramento segundo o rito da sua religião. Se declarar que não professa religião alguma, prometterá debaixo de palavra de honra satisfazer a formula do juramento.

> Artigo 127.º; codigo hespanhol, artigo 733.º; projecto de lei do sr. Humbert, ministro da justiça da republica franceza, de 18 de março de 1882.

ARTIGO 280.º

Logo que o jury esteja constituido, o escrivão lerá em voz intelligivel as peças do processo seguintes:
1.º Participação do crime ou delicto;
2.º Auto de verificação do corpo de delicto;
3.º Requerimento de querela;
4.º Despacho de pronuncia;
5.º Libello accusatorio e documentos em que se fundar;
6.º Contestação e documentos em que se fundar;
7.º As demais peças que as partes requererem.

> Projecto, artigos 541.º, 545.º e 546.º; novissima reforma judicial, artigo 1:131.º; codigo de instrucção criminal francez, artigo 313.º; codigo do processo criminal do Brazil, artigo 260.º

CAPITULO III
Da prova da accusação e da defeza

ARTIGO 281.º

Se o réu não offerecer contestação por escripto dentro do praso fixado no artigo 246.º, poderá na discussão da causa allegar e provar defeza verbal, que será por elle dictada ou pelo seu advogado ou defensor e escripta pelo escrivão na acta da audiencia de julgamento.

> Projecto, artigos 486.º e 546.º; novissima reforma judicial, artigo 1:113.º

§ 1.º O réu poderá juntar documentos para prova da sua defeza antes de constituido o jury, observando-se o disposto nos §§ 1.º e 2.º do artigo 212.º e artigo 341.º do codigo do processo civil.

§ 2.º É applicavel á defeza verbal o disposto no artigo 249.º, devendo o réu indicar os pontos de facto sobre que devem ser inquiridas as testemunhas.

> Codigo de justiça militar, artigo 305.º, § unico.

ARTIGO 282.º

Sendo produzidas testemunhas para prova da accusação e da defeza, observar-se-hão as disposições dos artigos 114.º a 139.º com as alterações seguintes.

> Projecto, artigo 547.º

ARTIGO 283.º

As testemunhas serão introduzidas na audiencia, segundo a ordem em que tiverem sido nomeadas, salvo se a parte que as produziu requerer a inversão d'essa ordem.

> Projecto, artigo 555.º; novissima reforma judicial, artigos 1:049.º e 1.134.º; codigo do processo civil, artigo 271.º; codigo espanhol, artigos 611.º , 615.º e 736.º

ARTIGO 284.º

Prestado o juramento nos termos do artigo 127.º, as testemunhas tomarão assento no logar que lhes for destinado, d'onde responderão ás perguntas que se lhes fizerem, salvo se forem surdas, porque n'este caso o juiz de direito lhes destinará o logar que lhe parecer mais conveniente.

> Projecto, artigo 557.º; novissima reforma judicial, artigo 1:134.º; codigo de instrucção criminal francez, artigo 317.º

ARTIGO 285.º

Se tiver de ser inquirida alguma das pessoas a que se referem os n.ᵒˢ 1.º a 8.º do artigo 117.º, a parte que a nomear promoverá com antecipação, que se passe o decreto a que se refere o § 2.º do mesmo artigo, se a testemunha nomeada for membro da familia real, e, se for alguma das mencionadas nos n.ᵒˢ 2.º a 8.º do dito artigo, que o respectivo juiz de direito lhe dirija um officio deprecatorio para comparecer na audiencia de julgamento, devendo accusar a recepção, que equivale a intimação.

> Projecto, artigo 558.º; novissima reforma judicial, artigo 1122.º; codigo do processo civil, artigo 206.º, § 1.º; codigo hespanhol, artigo 308.º

§ unico. Sendo a testemunha alguma das pessoas mencionadas nos n.ᵒˢ 1.º a 8.º do artigo 117.º, o juiz de direito deverá estar de pé no acto de lhe deferir o juramento.

> Projecto, artigo 558.º, § unico.

ARTIGO 286.º

A inquirição e confrontação das testemunhas é simplesmente oral, devendo as perguntas ser feitas nos termos dos artigos 245.º e 249.º, e ser inquiridas em primeiro logar as testemunhas da accusação.

> Projecto, artigos 554.º; 559.º e 565.º; novissima reforma judicial, artigos 1:054.º e 1:132.º; codigo de instrucção criminal francez, artigo 317.º; codigo hespanhol, artigo 611.º

ARTIGO 287.º

Os jurados, precedendo licença do juiz de direito, poderão fazer as perguntas que julgarem necessarias para o descobrimento da verdade, sem comtudo manifestarem a sua opinião ácerca da culpabilidade dos réus.

>Projecto, artigo 561.º, §§ 1.º e 2.º; novissima reforma judicial, artigo 1:133.º; regulamento do Brazil de 31 de janeiro de 1842, artigo 359.º; codigo de instrucção criminal francez, artigo 319.º

ARTIGO 288.º

As testemunhas arguidas de suspeitas serão inquiridas, salvo se a parte que as tiver produzido prescindir do seu depoimento.

>Projecto, artigo 549.º; codigo hespanhol, artigo 618.º

§ 1.º As testemunhas podem, ser suspeitas á parte offendida ou ao réu por alguma das causas seguintes:

1.º Parentesco até o quarto grau e affinidade até o segundo grau;
2.º Intimidade ou dependencia;
3.º Inimisade;
4.º Condemnação por crime de falso testemunho;
5.º Acceitação de dinheiro ou dadivas para jurar conforme a intenção do offendido ou do réu;
6.º Ser domestico do offendido ou do réu;
7.º Os antecedentes judiciarios ou maus precedentes.

>Projecto, artigo 549.º

§ 2.º As causas de suspeição serão allegadas oralmente depois de acabar de depôr a testemunha, e podem provar-se por documentos ou por testemunhas, que deverão ser nomeadas e intimadas com antecipação, se não tiverem de depôr sobre a matéria da accusação ou da defeza.

>Projecto, artigos 551.º e 552.º; novissima reforma judicial, artigos 528.º, 1:058.º e 1:134.º

§ 3.º É expressamente prohibido dirigir ás testemunhas palavras ou allusões injuriosas, devendo precisar-se sempre as causas de suspeição.

>Novissima reforma judicial, artigos 1:058.º e 1:134.º

ARTIGO 289.º

Serão mostrados ás testemunhas e ao réu, quando as partes o requererem, o juiz de direito o determinar, ou ellas o reclamarem, os documentos, objectos ou instrumentos do crime ou delicto, devendo o magistrado do ministério publico promover que sejam apresentados na audiencia de julgamento.

>Artigo 133.º, § unico; projecto, artigo 562.º; novissima reforma judicial, artigos 1:055.º e 1:138.º; codigo de instrucção criminal francez, artigo 329.º; codigo hespanhol, artigo 622.º; codigo de instrucção criminal austriaco, artigos 239.º e 253.º

ARTIGO 290.º

Se a testemunha recusar responder, não se recordar do depoimento que haja prestado, omittir, ou alterar algum facto ou circumstancia essencial, sobre que depozesse no processo preparatorio, ser-lhe-ha lido o depoimento escripto para se lhe notarem as omissões ou contradicções em que incorrer e as alterações essenciaes que fizer, sem prejuizo do procedimento criminal competente.

>Projecto, artigos 563.º e 564.º; novissima reforma judicial, artigos 1:060.º e 1:134.º; codigo de instrucção criminal francez, artigo 318.º; codigo hespanhol, artigos 626.º e 627.º; codigo do processo criminal austriaco, artigo 252.º

ARTIGO 291.º

Estando escripto no processo preparatorio o depoimento de alguma testemunha, que tenha fallecido ou que não podesse ser intimada, será lido em voz intelligivel pelo escrivão, segundo a ordem em que tiver sido nomeada.

>Novissima reforma judicial, artigos 1:063.º e 1:134.º; codigo de instrucção criminal austriaco, artigo 252.º

ARTIGO 292.º

O juiz de direito procederá á acareação entre as testemunhas, quando o julgar necessario para o descobrimento da verdade, ou quando assim o requererem o magistrado do ministerio publico ou os advogados da parte accusadora e do réu.

>Projecto, artigo 566.º; novissima reforma judicial, artigos 1:072.º, 1:133.º e 1:134.º; codigo hespanhol, artigo 623.º; codigo de instrucção criminal austriaco, artigo 248.º

ARTIGO 293.º

As testemunhas, ainda depois de terem sido inquiridas, permanecerão na audiencia até que o jury se tenha encerrado na sala das suas deliberações, salvo se o juiz de direito lhes conceder licença para se retirarem antes.

>Codigo de instrucção criminal francez, artigo 320.º; codigo de instrucçao criminal austriaco, artigo 248.º

ARTIGO 294.º

Se durante a discussão da causa alguma das partes requerer que se proceda a vistoria no logar em que foi commettido o crime ou delicto, ou se o jury decidir por maioria absoluta de votos, que a julga necessaria para sua instrucção, o juiz de direito, sobreestando na discussão da causa, procederá a ella no mesmo dia, ou, não sendo possivel, no dia seguinte, com assistencia do magistrado do ministerio publico, da parte accusadora, dos advogados ou defensores e jurados, observando-se o disposto nos artigos 110.º e 111.º

> Projecto, artigo 569.º; codigo hespanhol, artigos 636.º e 638.º

ARTIGO 295.º

Terminada a inquirição das testemunhas produzidas por parte da accusação e da defeza, o juiz de direito procederá ao interrogatorio oral do réu, observando o disposto nos artigos 211.º a 222.º

> Projecto, artigo 571.º; novissima reforma judicial, artigo 1:140.º; decreto do Brazil de 31 de janeiro de 1842, artigo 358.º; codigo de instrucção criminal austriaco, artigo 245.º

ARTIGO 296.º

Sendo julgados ao mesmo tempo differentes co-réus, as perguntas serão feitas pela fórma prescripta no § unico do artigo 211.º, sendo interrogado em primeiro logar o réu que tiver a parte principal no crime ou delicto, fazendo, o juiz de direito recolher os demais réus á sala respectiva, nos termos do artigo 126.º

> Projecto, artigos 572.º e 573.º; codigo de instrucção criminal francez, artigo 327.º

ARTIGO 297.º

Concluido o interrogatorio, poderá o magistrado do ministerio publico dirigir ao réu as perguntas que julgar convenientes para o descobrimento da verdade, podendo os jurados usar da mesma faculdade, precedendo licença do juiz de direito.

> Projecto, artigo 574.º; regulamento do ministerio publico de 15 de dezembro de 1835, artigo 59.º

ARTIGO 298.º

A acareação do réu poderá verificar-se não só com os demais co-réus, com as testemunhas e com a parte accusadora, mas tambem com a parte offendida, posto que não accuse.

> Projecto, artigo 575.º

CAPITULO IV
Dos debates

ARTIGO 299.º

Findo o interrogatorio do réu, o juiz de direito concederá a palavra ao magistrado do ministerio, publico para fazer a sua allegação oral, e em seguida aos advogados da parte accusadora, havendo-a, e do réu, advertindo estes de que podem exprimir-se com toda a liberdade, mas com moderação e decencia sem se afastarem do respeito e obediencia devida á lei.

> Projecto, artigo 577.º; novissima reforma judicial, artigo 1:141.º; codigo hespanhol, artigo 738.º

§ 1.º Havendo mais de um advogado por parte da accusação, será concedida a palavra segundo a prioridade das procurações, e, se forem de igual data, fallará em primeiro logar o advogado que tiver mais tempo de exercicio no tribunal.

§ 2.º O mesmo se observará com relação aos advogados da defeza, com a declaração de que usará primeiramente da palavra o advogado do réu que tiver a parte principal no crime ou delicto.

ARTIGO 300.º

Na allegação oral deverá o magistrado do ministerio publico:

1.º Fazer uma exposição clara e precisa dos factos criminosos e das circumstancias aggravantes ou attenuantes, que os precederam, acompanharam ou seguiram, dando-lhe a qualificação legal que lhes competir, em conformidade com o libello accusatorio ou com a discussão da causa;

2.º Analysar a prova produzida por parte da accusação e da defeza;

4.º Proferir as conclusões que a sua consciencia lhe dictar, conforme as provas resultantes da discussão, a verdade, a justiça e os legitimos interesses da sociedade.

> Projecto, artigo 578.º; regulamento do ministerio publico de 15 de dezembro de 1835, artigo 60.º; codigo hespanhol, artigo 738.º

§ unico. Os advogados da parte accusadora deverão conformar-se com as prescripções do § antecedente.

ARTIGO 301.º

O magistrado do ministerio publico e os advogados da parte accusadora poderão, precedendo licença do juiz de direito, replicar uma só vez ás allegações oraes dos advogados da defeza, que poderão tambem responder e serão os ultimos a fallar.

> Projecto, artigos 581.º e 583.º novissima reforma judicial, artigo 1:141.º; codigo de instrucção criminal austriaco, artigo 255.º

ARTIGO 302.º

Se os advogados nas suas allegações se afastarem do respeito devido á lei ou excederem os limites da decencia, o juiz de direito os advertirá com urbanidade, e se, não obstante a advertencia, continuarem, lhes retirará a palavra e incumbirá da defeza outro advogado que esteja presente, ou, na falta d'elle, um dos solicitadores ou escrivães do juizo, sem prejuizo do procedimento criminal que possa competir, se o excesso commettido constituir crime ou delicto.

> Projecto, artigo 580.º; novissima reforma judicial, artigo 1:143.º codigo de instrucção criminal austríaco, artigo 236.º

ARTIGO 303.º

Em seguida ás allegações, o juiz de direito perguntará ao réu se tem mais algum facto ou circumstancia que allegar em sua defeza, concedendo-lhe a palavra para esse fim, e retirando-lh'a quando tratar de assumpto impertinente e alheio da causa, offender a moral, ou faltar ao respeito devido á lei e ao tribunal.

> Projecto, artigo 584.º; novissima reforma judicial, artigo 1:144.º; codigo hespanhol, artigo 738.º

§ unico. Depois da allegação do réu o juiz de direito declarará terminados os debates, sem que seja permittido ao magistrado do ministerio publico ou aos advogados da parte accusadora e do réu usarem mais da palavra.

> Novissima reforma judicial, artigo 1:144.º

ARTIGO 304.º

Seguidamente o juiz de direito fará um relatorio claro, preciso e imparcial, abstendo-se quanto possivel de emittir a sua opinião. Este relatorio deverá conter:

1.º Uma exposição resumida do facto ou factos criminosos com a qualificação legal, que lhe foi dada no libello accusatorio ou que resultar da discussão da causa, e bem assim das circumstancias aggravantes ou attenuantes, que os precederam, acompanharam ou seguiram;

2.º Um resumo das provas tanto a favor como contra o réu;

3.º O restabelecimento dos factos e da doutrina legal, quando por parte da accusação ou da defeza for alterada a verdade d'aquelles, ou esta for enunciada de modo menos conforme á lei.

> Projecto, artigo 585.º; novissima reforma judicial, artigo 1:144.º; codigo de instrucção criminal francez, artigo 336.º codigo hespanhol, artigo 740.º; codigo de instrucção criminal austriaco, artigo 325.º; lei do Brazil de 3 de dezembro de 1841, artigo 58.º; decreto do Brazil de 31 de dezembro de 1842, artigo 366.º

§ unico. O juiz do direito não poderá ser interrompido durante o relatorio por nenhuma observação ou reclamação feita pelo magistrado do ministerio publico ou pelos advogados da parte accusadora ou dos réus.

> Projecto, artigo 588.º novissima reforma judicial, artigo 1:145.º

TITULO IV
Dos quesitos

CAPITULO I
Da proposição dos quesitos

ARTIGO 305.º

Concluido o relatorio, o juiz de direito proporá ao jury os quesitos sobre a materia de facto, que poderão ser por elle dictados em voz intelligivel e escriptos pelo escrivão, ou por elle mesmo, sendo n'este caso lidos na audiencia.

> Projecto, artigos 591.º e 594.º; novissima reforma judicial, artigo 1:144.º; decreto do Brazil de 31 de janeiro de 1842, artigo 366.º; codigo hespanhol, artigos 741.º e 751.º; codigo de instrucção criminal austriaco, artigo 316.º

ARTIGO 306.º

Sendo julgados conjunctamente differentes co-réus se algum d'elles se livrar em processo separado, os quesitos deverão ser feitos em cada um dos processos.

> Projecto, artigo 595.º; novissima reforma judicial, artigo 1:103.º

ARTIGO 307.º

Se no libello accusatorio se accumularem diversos crimes, para cada um d'elles se fará, um quesito separado; e, havendo co-réus accusados do mesmo crime, deverá formar-se a respeito de cada um d'elles um quesito distincto.

> Projecto, artigos 601.º e 603.º; novissima reforma judicial, artigo 1:146.º; codigo de justiça militar, artigo 342.º, n.ºˢ 1.º e 2.º; lei do Brazil de 3 de dezembro de 1841, artigo 63.º; lei do Brazil de 3 de dezembro de 1841 artigo 133.º; decreto do Brazil de 1 de janeiro de 1842, artigo 371.º; codigo hespanhol, artigos 745.º e 746.º

ARTIGO 308.º

Os quesitos deverão ser redigidos com precisão e clareza, de modo que não comprehendam perguntas complexas ou alternativas, nem sejam deficientes, contradictorios ou repugnantes entre si.

> Projecto, artigos 593.º, 601.º e 602.º; novissima reforma judicial, artigo 1:147.º, lei de 18 de julho de

1855, artigo 13.º, n.º 11.º; codigo de justiça militar, artigo 342.º, § unico; lei do Brazil de 3 de dezembro de 1841, artigo 59.º; decreto do Brazil de 31 de janeiro de 1842, artigo 371.º

ARTIGO 309.º

Não poderá fazer-se quesito ácerca de facto criminoso, que não esteja expressamente comprehendido na accusação.

Projecto, artigo 592.º; novissima, reforma judicial, artigo 1:147.º; codigo de justiça militar, artigo 342.º, n.º 4.º

§ unico. Quando, porém, o facto criminoso constante da accusação podér ser considerado sob differente aspecto legal, ou quando pela discussão se mostrar, que lhe corresponde uma qualificação differente, deverão propor-se os quesitos necessarios, uma vez que a pena correspondente não seja superior á que tiver sido pedida na accusação.

Projecto, artigo 591.º, n.º 3.º; codigo de justiça militar, artigo 342.º, n.º 5.º; codigo hespanhol, artigo 747.º; codigo de instrucção criminal austriaco, artigo 321.º

ARTIGO 310.º

Se no libello accusatorio forem allegadas circumstancias aggravantes, deverão ser comprehendidas em quesitos separados em seguida ao facto criminoso a que disserem respeito.

Projecto, artigos 607.º e 608.º; novissima reforma judicial, artigo 1:148.º; codigo de instrucção criminal austriaco, artigo 322.º

ARTIGO 311.º

Allegando o réu na contestação escripta ou na defeza verbal alguma causa justificativa, que o exima de responsabilidade criminal, ou alguma circumstancia attenuante, deverá fazer-se um quesito especial a respeito de cada uma.

Projecto, artigo 606.º; novissima reforma judicial, artigo 1:149.º; codigo de justiça militar, artigo 342.º, n.º 6.º; lei do Brazil de 3 de dezembro de 1841, artigo 61.º; decreto do Brazil de 31 de janeiro de 1842, artigo 369.º; codigo de instrucção criminal francez, artigo 339.º; codigo de instrucção criminal austriaco, artigo 319.º

ARTIGO 312.º

Se o réu for maior de sete e menor de quatorze annos, far-se-ha quesito especial, perguntando se praticou o facto com o necessario discernimento.

> Codigo penal, artigo 23.º, n.º 3.º; codigo de justiça militar, artigo 342.º, n.º 8.º; lei do Brazil de 3 de dezembro de 1841, artigo 62.º; decreto do Brazil de 31 de dezembro de 1842, artigo 370.º; codigo de instrucção criminal francez, artigo 340.º

ARTIGO 313.º

Os quesitos deverão ser feitos em conformidade com a accusação e com a defeza, e especificar a natureza do facto criminoso e o grau de participação imputado ao réu.

> Projecto, artigos 597.º, 598.º, 599.º e 600.º; codigo de instrucção criminal austriaco, artigo 318.º

§ 1.º A formula dos quesitos ácerca do facto criminoso será a seguinte:

O réu N... é, ou não, culpado como *auctor (ou como cumplice, conforme for accusado) do... (Deve declarar-se o facto criminoso, especificando se são actos preparatorios, tentativa, crime frustrado ou crime consummado)*?

> Projecto, artigos 604.º e 605.º; novissima reforma judicial, artigos 1:146.º, 1:150.º e 1:151.º; codigo de instrucção criminal francez, artigo 337.º; codigo hespanhol, artigo 750.º

§ 2.º A formula dos quesitos a respeito das circumstancias aggravantes ou attenuantes, ou da causa justificativa será a seguinte:

A circumstancia aggravante (ou attenuante*,* ou a causa justificativa) de ... (Deve indicar-se qual seja) está, ou não, provada?

> Projecto, artigos 607.º e 608.º; novissima reforma judicial, artigo 1:148.º; codigo de justiça militar, artigo 342.º, n.ºˢ 2.º e 3.º; codigo de instrucção criminal francez, artigo 338.º; lei do Brazil de 3 de dezembro de 1841, artigos 59.º e 60.º; decreto do Brazil de 31 de janeiro de 1842, artigos 368.º e 369.º

ARTIGO 314.º

Se pela discussão se mostra o facto criminoso imputado ao réu tem diversa qualificação, ou que este teve n'elle um grau de participação differente da que lhe foi attribuida no libello accusatorio, o juiz de direito, a requerimento do magistrado do ministerio publico, dos advogados da parte accusadora ou do réu, ou officiosamente, proporá quesitos subsidiarios em conformidade com o que resultar da discussão da causa.

> Artigo 309.º § unico; projecto, artigos, 609.º, 610.º e 611.º; novissima reforma judicial, artigo 1:151.º; codigo de justiça militar, artigo 342.º, n.º 5.º; codigo

hespanhol, artigo 747.º; codigo de instrucção criminal austriaco, artigo 320.º

§ 1.º A formula do quesito ácerca da qualificação diversa do facto criminoso será a seguinte: «Se o réu N... não é culpado como auctor *(ou como cumplice; conforme for accusado)* do crime consummado de... *(Deve declarar-se qual seja)*, é culpado como auctor *(ou como cumplice, conforme for accusado)* da tentativa do mesmo crime por ter... *(Deve especificar-se o facto criminoso que a constitue. Do mesmo modo se procederá se da discussão se mostrar que o réu é responsavel por crime frustrado, ou por actos preparatorios)*?

Novissima reforma judicial, artigo 1:150.º

§ 2.º A formula do quesito ácerca do grau different de participação attribuida ao réu será a seguinte: «Se o réu N... não é culpado como auctor do... *(Deve declarar-se o facto criminoso, especificando se são actos preparatorios, tentativa, crime frustrado ou crime consummado)*, é culpado, como cumplice do mesmo facto, por ter... *(Deve declarar-se o facto que constitue a cumplicidade)?*

Novissima reforma judicial, artigo 1:151.º

ARTIGO 315.º

Tendo-se accumulado no libello accusatorio a acção civil com a acção criminal, o juiz de direito proporá os quesitos necessarios para fixar a importancia das perdas e damnos.

Artigo 2.º; projecto, artigo 612.º; novissima reforma judicial, artigo 1:165.º

§ unico. A formula do quesito será a seguinte: «O réu N... é, ou não, responsavel por perdas e damnos para com ... *(Deve designar-se o estado ou a parte offendida, que os pedir)* por ter ... *(Deve declarar-se o facto que lhe deu causa)?* Sendo responsavel, em quanto fixa o jury a importancia das perdas e damnos? *(Deve ser mencionada por extenso.)*

Novissima reforma judicial, artigo 1:166.º

ARTIGO 316.º

O juiz de direito não poderá ser interrompido emquanto dictar os quesitos, mas depois de lidos poderão o magistrado do ministerio publico ou os advogados da parte accusadora ou do reu fazer as reclamações, que julgarem necessarias para que sejam propostos em conformidade com a accusação, com a defesa, ou com o que resultar da discussão da causa.

Projecto, artigo 596.º; novissima reforma judicial, artigo 1:145.º; codigo de justiça militar, artigo 343.º, codigo de *brumaire*, anno IV, artigo 751.º; codigo de instrucção criminal austriaco, artigo 316.º

§ unico. Se as reclamações não forem attendidas, poderão as partes propor quesitos addicionaes escriptos em papel separado e por elles assignados, que serão juntos aos autos, devendo fazer-se de tudo especificada menção na acta.

Codigo de justiça militar artigo 343.º, §§ 1.º, 2.º e 3.º

ARTIGO 317.º

Escriptos os quesitos nos autos, o escrivão os entregará ao presidente do jury, devendo fechar, coser e lacrar os depoimentos escriptos das testemunhas e as respostas escriptas do réu.

> Projecto, artigo 616.º; novissima reforma judicial, artigo 1:152.º; codigo de instrucção criminal francez, artigo 342.º; codigo hespanhol, artigo 753.º

CAPITULO II
Das decisões e respostas do jury

ARTIGO 318.º

Entregue o processo ao presidente do jury, o juiz de direito mandará retirar o réu da sala da audiencia, e os jurados encerrar-se-hão na sala destinada para as suas deliberações, onde não poderão communicar com pessoa alguma, e da qual não poderão sair senão depois de terem proferido a sua decisão, devendo o mesmo juiz adoptar as providencias necessarias para manter a incommunicabilidade do jury.

> Projecto, artigos 617.º e 697.º; novissima reforma judicial, artigo 1:153.º; codigo de justiça militar, artigo 345.º; decreto do Brazil de 31 de janeiro de 1842, artigos 362.º e 373.º; codigo de instrucção criminal francez, artigos 341.º e 343.º; codigo hespanhol, artigo 756.º; codigo de instrucção criminal austriaco, artigo 327.º

§ unico. O encerramento do jury poderá ser interrompido:

1.º Se assim for indispensavel para satisfazer as necessidades do alimento e repouso, devendo o juiz de direito exercer a maior vigilancia para obviar a qualquer communicação verbal ou por escripto, e mandar comparecer na sala da audiencia o presidente do jury, ao qual será entregue o alimento, depois de inspeccionado.

> Codigo hespanhol, artigo 757.º

2.º Se o presidente do jury reclamar o comparecimento do juiz de direito na sala das suas deliberações para o esclarecer ácerca da intelligencia de algum quesito ou sobre a forma da resposta, devendo transportar-se ali com o magistrado do ministerio publico e com os advogados da parte accusadora e do réu.

> Projecto, artigo 628.º; codigo de instrucção criminal francez, artigo 267.º; codigo de instrucção criminal austriaco, artigo 327.º; codigo hespanhol, artigo 758.º; accordãos do tribunal de cassação francez de 3 de março, 26 de maio e 13 de outubro de 1826 e 1 de outubro de 1846.

ARTIGO 319.º

Encerrado o jury na sala das suas deliberações, se o presidente reclamar a sua substituição, proceder-se-ha á eleição de outro presidente por escrutinio secreto, ficando eleito o que reunir a maioria absoluta de votos.

> Projecto, artigo 617.º; novissima reforma judicial, artigos 539.º, § 5.º, e 1.127.º; decreto do Brazil de 31 de janeiro de 1842, artigo 373.º; codigo de instrucção criminal francez, artigo 342.º; codigo hespanhol, artigo 755.º; codigo de instrucção criminal austriaco, artigo 326.º

ARTIGO 320.º

Na sala das deliberações estarão affixadas em caracteres maiusculos as instrucções seguintes: «A lei não prescreve aos jurados regras fixas para determinar a plenitude ou a sufficiencia da prova, nem lhes impõe o dever de attenderem a certo e determinado numero de provas de qualquer especie para considerarem como verdadeiro o facto submettido ao seu exame e apreciação. A lei impõe aos jurados o dever de se interrogarem no silencio e no recolhimento e de procurarem na sinceridade de sua consciencia qual a impressão que fizeram na sua rasão as provas produzidas contra ou a favor do accusado, sem pensarem nas disposições das leis penaes, nem se preoccuparem com as consequencias que podem resultar da sua deliberação.»

> Projecto, artigos 618.º e 622.º; codigo de instrucção criminal francez, artigo 342.º; codigo de instrucção criminal austriaco, artigo 326.º

ARTIGO 321.º

O presidente do jury lerá os quesitos, segundo a ordem por que foram propostos, exigindo votação nominal sobre cada um d'elles, conforme a ordem de precedencia da extracção dos jurados, tomando nota do voto de cada um e votando em ultimo logar.

ARTIGO 322.º

Se algum jurado se não julgar habilitado para votar e carecer de ser esclarecido sobre a materia do algum quesito, poderá promover discussão e expor as duvidas que se lhe offerecerem.

> Projecto, artigo 620.º; decreto do Brazil de 31 de janeiro de 1842, artigo 375.º; codigo de instrucção criminal francez, artigo 342.º; leis francezas de 9 de setembro de 1835 e 13 de maio de 1836, e relatorios (no *Moniteur* de 12 de agosto de 1835 e 29 de março de 1836); codigo hespanhol, artigo 759.º

ARTIGO 323.º

Compete ao presidente do jury dirigir a discussão e manter a ordem e decencia na sala das deliberações, podendo para esse fim dirigir aos jurados as advertencias necessarias.

> Projecto, artigo 621.º

ARTIGO 324.º

A decisão do jury vence-se por unanimidade ou por maioria.

§ unico. Para haver decisão por maioria é necessario que haja, pelo menos, dois terços de votos conformes.

> Projecto, artigo 624.º; novissima reforma judicial, artigo 1:155.º; codigo de justiça militar, artigo 349.º; codigo do processo criminal do Brazil, artigo 270.º; codigo hespanhol, artigo 761.º; codigo de instrucção criminal francez, artigo 347.º; codigo de instrucção criminal austriaco, artigo 329.º

ARTIGO 325.º

Nenhum dos jurados poderá abster-se de votar, equivalendo a abstenção ao crime de abandono de emprego.

> Codigo hespanhol, artigo 762.º

§1.º A abstenção será considerada como voto exclusivo da culpabilidade do réu.

> Codigo hespanhol, artigo 762.º

§ 2.º Se algum jurado se recusar a votar, o presidente lavrará uma acta assignada por todos os jurados, mencionando-se a falta de assignatura do recusante, se não quizer assignar.

ARTIGO 326.º

Se na votação nominal se não obtiverem dois terços de votos para constituirem maioria, proceder-se-ha a nova votação por escrutinio secreto.

> Projecto, artigo 625.º

ARTIGO 327.º

Na resposta ácerca do facto criminoso imputado ao réu o jury declarará sempre se a decisão foi por unanimidade ou por maioria, sem que possa indicar-se o numero de votos.

> Projecto, artigo 629.º; codigo de justiça militar, artigo 349.º; decreto do Brazil de 31 de janeiro de 1842, artigo 379.º

§ unico. A formula da resposta será a seguinte: «É culpado *(ou não é culpado, conforme se vencer)*, por unanimidade *(ou por maioria, conforme se vencer)*.

> Projecto, artigo 629.º, §§ 1.º e 2.º; novissima reforma judicial, artigos, 1:155.º e 1:156.º

ARTIGO 328.º

A declaração de unanimidade ou maioria será tambem exigida nas respostas aos quesitos sobre a causa justificativa do crime, mas não nas respostas ácerca das circumstancias aggravantes ou attenuantes.

> Projecto, artigo 631.º; novissima reforma judicial, artigo 1158.º; codigo de justiça militar, artigo 351.º

§ unico. A formula da resposta será a seguinte: «Está provada *(ou não está provada)* por, unanimidade *(ou por maioria, conforme se vencer)*.

> Novissima reforma judicial, artigo 1:156.º; codigo de justiça militar, artigo 351.º; decreto do Brazil de 31 de janeiro de 1842, artigos 369.º e 372.º

ARTIGO 329.º

O jury deverá declarar prejudicadas as respostas:

1.º A respeito dos quesitos que comprehenderem factos, cuja existencia seja incompativel com a resposta affirmativa ácerca da culpabilidade do réu;

2.º A respeito dos quesitos subsidiarios, se for affirmativa a resposta sobre o facto criminoso ou sobre o grau de participação attribuido ao réu no libello accusatorio;

3.º A respeito de todos os demais quesitos, se for negativa a resposta ácerca do facto criminoso imputado ao réu.

> Projecto, artigo 631.º; accordão do tribunal de cassação de França de 2 de outubro de 1845; *Berriat--Saint-Prix*, Le jury en matière criminelle, 3ème ed., n.º 262.

ARTIGO 330.º

O jury não poderá declarar nas suas respostas responsavel o réu por facto criminoso que não esteja comprehendido nos quesitos; mas poderá reconhecer a existencia de qualquer circumstancia attenuante, ainda que não tenha sido interrogado ácerca d'ella.

> Novissima reforma judicial, artigo 1:161.º; lei de 18 de julho de 1855, artigo 13.º, § unico.

§ unico. No caso previsto n'este artigo a formula da resposta será a seguinte: «O jury reconhece que o réu N... commetteu o crime de... *(Deve declarar qual é o crime)* com a circumstancia de... *(Deve declarar a circumstancia)*.

ARTIGO 331.º

As respostas aos quesitos serão escriptas pelo presidente do jury na linha immediatamente inferior ao quesito a que disserem respeito.

§ 1.º No caso de impedimento ou de annuencia do presidente, poderão as respostas ser escriptas por qualquer outro jurado.

§ 2.º Escriptas as respostas, serão datadas e assignadas por todos os jurados, segundo a ordem de precedencia por que forem extrahidos, sem que os que ficaram em minoria possam declarar-se vencidos ou fazer qualquer outra declaração.

> Projecto, artigo 632.º; lei do Brazil de 3 de dezembro de 1841, artigo 65.º; decreto do Brazil de 31 de janeiro de 1842, artigo 384.º; codigo hespanhol, artigo 763.º; codigo de instrucção criminal francez, artigos 347.º e 349.º

ARTIGO 332.º

Se nas respostas do jury houver emendas, entrelinhas ou borrões, serão resalvados por extenso pelo presidente ou pelo jurado que escrever as respostas, devendo todos os jurados assignar no fim sem declaração de voto.

> Projecto, artigo 633.º; novissima reforma judicial, artigos 542.º, § 1.º, e 1:127.º; lei de 18 de julho de 1855, artigo 13.º, n.º 12.º

ARTIGO 333.º

Escriptas e assignadas as respostas, voltarão todos os jurados á sala da audiencia, e, occupando os seus respectivos logares de pé, lerá o presidente, ou, no caso de impedimento ou annuencia d'este, qualquer outro jurado em voz intelligivel os quesitos e as respostas, dizendo antes de os ler: «A decisão conscienciosa do jury é a seguinte».

> Projecto, artigo 634.º; novissima reforma judicial, artigo 1:161.º, § unico; decreto do Brazil de 31 do janeiro de 1842, artigo 378.º; codigo hespanhol, artigo 765.º; codigo de instrucção criminal francez, artigo 348.º, codigo de instrucção criminal austriaco, artigo 330.º

ARTIGO 334.º

Finda a leitura, o presidente do jury entregará os quesitos e o processo ao escrivão, o qual o fará logo concluso ao juiz de direito, que proferirá a sentença, se as respostas lhe parecerem regulares e completas.

> Projecto, artigos, 635.º e 636.º; novissima reforma judicial, artigo 1:171.º

ARTIGO 335.º

Se as respostas do jury forem incompletas, obscuras, ambiguas ou contradictorias entre si ou com os quesitos, poderá o juiz de direito officiosamente, ou a requerimento do magistrado do ministerio publico ou dos advogados da parte accusadora ou do réu, ordenar por despacho escripto em seguida ás assignaturas dos jurados, que o jury se encerre novamente para completar, esclarecer ou harmonisar as suas respostas nos pontos que o mesmo juiz expressamente declarará.

> Projecto, artigos 637.º e 638.º, novissima reforma judicial, artigos 542.º, § 2.º, e 1:127.º; codigo de instrucção criminal austriaco, artigo 331.º

§ unico. Encerrado o jury, fará em seguida ao despacho do juiz de direito as declarações que lhe forem exigidas, usando o presidente ou o jurado que as escrever da formula seguinte:
O jury declara... *(Segue-se a declaração do jury e as assignaturas dos jurados).*

> Projecto, artigo 639.º; novissima reforma judicial, artigos 542.º, § 2.º e 1:127.º

TITULO V

Do segundo julgamento no caso de serem annulladas por iniquas as respostas do jury

ARTIGO 336.º

Se alguma ou todas as respostas do jury, posto que regulares e completas, parecerem manifestamente iniquas e injustas, poderá o juiz de direito annullar aquellas com que não se conformar, quer sejam afirmativas, quer negativas, devendo ordenar que a causa seja discutida e julgada perante um novo jury com relação aos factos criminosos, que deverá indicar.

> Projecto, artigo 642.º; novissima reforma judicial, artigo 1:162.º; codigo de justiça militar, artigo 353.º; codigo hespanhol, artigo 776.º; codigo de instrucção criminal francez, artigo 352.º; codigo de instrucção criminal austriaco, artigo 332.º

§ unico. O julgamento do réu deverá verificar-se dentro do praso de trinta dias, findo o qual deverá immediatamente ser solto, se não estiver afiançado, ou não prestar fiança, se o crime a admittir.

ARTIGO 337.º

No caso previsto no artigo antecedente o jury será composto de doze jurados, devendo a pauta ser formada de jurados da comarca em que pender o processo e das duas comarcas mais proximas.

> Projecto, artigo 705.º; lei de 1 de julho de 1867, artigo 4.º

§ 1.º Para os effeitos d'este artigo o governo publicará uma relação das comarcas, com declaração do numero de kilometros que distam da séde de cada uma d'ellas.

> Projecto, artigo 705.º, § 3.º

§ 2.º O juiz de direito da comarca em que pender a processo requisitará dos juízes de direito das duas comarcas mais proximas a pauta do jury observando-se as disposições do artigo 256.º

ARTIGO 338.º

A extracção dos jurados será feita pela forma prescripta no artigo 274.º, com a declaração de que os bilhetes que contiverem os nomes d'elles serão lançados em tres urnas, das quaes serão extrahidas alternadamente.

ARTIGO 339.º

Salvo o caso previsto no artigo 336.º, as decisões, do jury são irrevogaveis e não admittem recurso.

> Projecto, artigo 640.º; novissima reforma judicial, artigo 1:162.º, § 2.º; codigo de justiça militar, artigo 353.º; codigo hespanhol, artigo 776.º; codigo de instrucção criminal francez, artigo 350.º

TITULO VI
Da sentença

ARTIGO 340.º

Se a decisão do jury for affirmativa quanto á culpabilidade do réu, o juiz de direito concederá a palavra ao magistrado do ministerio publico e ao advogado da parte accusadora sobre a applicação da pena correspondente ao crime ou delicto.

Em seguida perguntará ao réu se tem que allegar mais algum facto ou circumstancia em sua defeza, e concederá a palavra ao advogado ou defensor do réu sobre a applicação da pena, segundo a ordem estabelecida no artigo. 299.º

> Projecto, artigos 644.º e 647.º; novissima reforma judicial, artigos 1:168.º e 1:169.º; decreto do Brazil de 31 de janeiro de 1842, artigo 381º; codigo hespanhol, artigo 766.º; codigo de instrucção criminal francez, artigo 362.º; codigo de instrucção criminal austriaco, artigo 335.º

§ 1.º O magistrado do ministerio publico e o advogado da parte accusadora deverão indicar expressamente a natureza e quantidade da pena applicavel, segundo o concurso e o predominio das circumstancias aggravantes ou attenuantes.

> Projecto, artigo 645.º; novissima reforma judicial, artigo 1:168.º

§ 2.º O advogado ou defensor do réu poderá demonstrar:
1.º Que ao facto criminoso não compete a pena pedida por parte da accusação;

2.º Que o facto, apesar da resposta affirmativa do jury, não é criminoso, segundo a lei penal;
3.º Que se acha prescripto ou amnistiado;
4.º Que d'elle não resulta a indemnisação de perdas e damnos.

Projecto, artigo 648.º; novissima reforma judicial,
artigo 1:169.º; codigo hespanhol, artigo 766.º

ARTIGO 341.º

Feitos os autos conclusos, se da decisão affirmativa do jury resultar responsabilidade criminal ou civil para o réu, ou uma e outra, o juiz de direito, proferirá sentença condemnatoria, que será por elle escripta e lida, e deverá conter:

1.º O nome, appellidos, alcunhas, profissão, occupação ou officio, naturalidade e residencia do réu;

2.º Um resumido relatorio do facto ou factos cirminosos e das circumstancias aggravantes ou attenuantes, que os precederam, acompanharam ou seguiram, em conformidade com a accusação ou a defeza e com o que resultar da discussão da causa;

3.º A declaração da culpabilidade e responsabilidade por perdas e damnos attribuida ao réu pelo jury;

4.º A citação da lei penal applicavel;

5.º Os fundamentos da condemnação em forma de «considerandos».

Projecto, artigo 551.º; novissima reforma judicial,
artigos 1:165.º, 1:171.º e 1:474.º; codigo hespanhol,
artigo 88.º; codigo de instrucção criminal austriaco,
artigo 270.º

§ unico. A sentença deverá declarar perdidos a favor do estado as armas ou instrumentos, que serviram ou estavam, destinados para commetter o crime ou delicto.

Codigo de justiça militar, artigo 863.º

ARTIGO 342.º

A sentença condemnatoria será proferida na audiencia em que terminar a discussão da causa, salvo se esta se prolongar, ou se o processo for complicado, devendo n'estes casos ser proferida em outra, comtanto que não decorram mais de tres dias.

Projecto, artigo 652.º; novissima reforma judicial,
artigo 1171.º

§ 1.º Se o dia em que se completar o triduo for feriado, a sentença será proferida no primeiro dia util que se seguir.

Projecto, artigo n.º 652.º, § 2.º

§ 2.º O réu assistirá sempre á leitura da sentença condemnatoria, salvo o caso de impedimento physico comprovado por exame de peritos facultativos.

Projecto, artigo 653.º

ARTIGO 343.º

Proferida a sentença condemnatoria, o juiz de direito, dirigirá ao réu uma breve allocução, exhortando-o a conformar-se com a lei, devendo o escrivão intimal-a logo ao réu.

> Projecto, artigo 653.º, § unico; novissima reforma judicial, artigos 1:175.º e 1:476.º

ARTIGO 344.º

Publicada a sentença condemnatoria, poderão as partes dentro do praso de vinte e quatro horas, contadas da intimação, requerer que se declare alguma obscuridade ou ambiguidade que porventura contenha.

> Codigo do processo civil, artigo 988.º

ARTIGO 345.º

Sendo negativa a decisão do jury, ou, posto que seja affirmativa, se o juiz de direito entender que o facto não constituir crime ou delicto, feitos os autos conclusos, proferirá immediatamente sentença absolutoria.

> Projecto, artigo 655.º; novissima reforma judicial, artigo 1:471.º e 1:172.º; codigo de justiça militar, artigo 355.º; codigo de instrucção criminal francez, artigo 364.º; codigo de instrucção criminal austriaco, artigos 334.º e 337.º

ARTIGO 346.º

A sentença absolutoria deverá conter;
1.º As declarações expressas no n.º 1.º do artigo 341.º;
2.º A declaração de que o jury decidiu não estar provada a culpabilidade do facto imputado ao réu;
3.º A demonstração de que o facto imputado não constitue crime ou delicto, se a decisão for affirmativa;
4.º A absolvição do crime ou delicto e a immediata soltura do réu, se não dever ser detido na cadeia por outro crime ou delicto.

> Projecto, artigo 656.º; novissima reforma judicial, artigo 1:163.º lei de 19 de dezembro de 1843, artigo 9.º

ARTIGO 347.º

O escrivão lavrará nos autos termo de publicação das sentenças, tanto condemnatorias como absolutorias, que intimará ás partes, e as registará por extenso no livro de que trata o artigo 109.º

> Projecto, artigo 654.º; novissima reforma judicial, artigo 1:175.º; decreto de 21 de março de 1842.

TITULO VII
Da fiança posterior á sentença

ARTIGO 348.º

Proferida sentença condemnatoria, poderá o réu prestar fiança, nos termos do artigo 192.º, salvo se for condemnado em alguma das penas de trabalhos publicos, prisão maior ou degredo, ficando n'este caso sem effeito a que houver prestado.

> Projecto de lei da commissão de legislação de 12 de março de 1881, artigo 1.º e § 3.º, votado na sessão da camara dos senhores deputados de 19 do mesmo mez e anno.

§ 1.º No processo da fiança observar-se-ha o disposto nos artigos 193.º a 198.º, 201.º, 202.º, 205.º a 208.º

§ 2.º A fiança prestada subsistirá para todos os effeitos durante os termos dos recursos interpostos, se o fiador a ratificar por um termo lavrado no processo.

> Projecto da commissão de legislação citado, artigo 1.º, § 1.º

ARTIGO 349.º

Se o réu condemnado pretender prestar fiança, ou se o fiador assignar termo de ratificação da anterior, não será aquelle conduzido á cadeia, devendo proceder-se n'esta diligencia conforme o disposto no artigo 199.º

TITULO VIII

Da accusação e julgamento dos crimes ou delictos commettidos ou descobertos durante a audiencia geral

ARTIGO 350.º

Se durante a audiencia geral o réu commetter algum crime ou delicto, ou se se descobrir algum outro que não esteja prescripto, e aos quaes corresponda pena mais grave do que a que compete áquelle de que é accusado, observar-se-hão as disposições seguintes.

§ 1.º Sendo o crime ou delicto commettido em audiencia geral, verificar-se-ha a sua existencia pelos meios de prova estabelecidos no artigo 90.º, seguindo-se logo a accusação oral do réu, a defesa verbal, a proposição dos quesitos e a sentença.

> Projecto, artigos 684.º e 685.º; codigo de instrucção criminal austriaco, artigos 263.º, 278.º e 279.º

2.º Havendo co-réus implicados no mesmo crime ou delicto, que possam ser capturados, proceder-se-ha pela forma prescripta no antecedente, posto que a pena correspondente seja menos grave do que a que compete ao crime ou delicto de que é accusado o réu que estiver sendo julgado.

ARTIGO 351.º

Se não tiver sido instaurado processo preparatorio ácerca de algum crime ou delicto, cuja existencia se descobriu durante a audiencia geral, o magistrado do ministerio publico promoverá que se reduzam a auto os depoimentos das testemunhas que fizerem culpa ao réu ou a quaesquer outros co-réus, e se extraiam copias dos documentos comprobativos della, para que possa instaurar-se o processo em juizo competente, ficando o réu detido na cadeia, se o crime ou delicto não admittir fiança e não a prestar.

> Projecto, artigos 663.º e 685.º; novissima reforma judicial, artigos 1:177.º e 1:788.º; codigo de justiça militar, artigo 361.º; codigo de instrucção criminal francez, artigo 379.º

§ unico. Constando, porém, em juizo que se acha instaurado processo preparatorio pelo crime ou delicto, a que se refere este artigo, e não tendo ainda sido inquiridas as testemunhas da accusação e da defeza a respeito do crime ou delicto de que o réu é accusado, sobreestar-se-ha na discussão e julgamento para os effeitos do artigo 224.º

> Projecto, artigo 684.º

ARTIGO 352.º

Se o crime ou delicto commettido em audiencia geral for o de falso testemunho, o juiz de direito, officiosamente ou a requerimento do magistrado do ministerio publico ou do advogado da parte accusadora, proporá ao jury o quesito seguinte: «Está, ou não, provado que N..., affirmando... *(Devem resumir-se as palavras da testemunha)*, testemunhou falso a favor *(ou contra, conforme for o depoimento)* do réu N...?

> Projecto, artigos 666.º e 667.º; novissima reforma judicial, artigos 535.º, 1:064.º e 1:127.º; codigo penal, artigo 238.º

§ 1.º A decisão do jury vence-se por maioria absoluta.

> Projecto, artigo 687.º, 2.º; novissima reforma judicial, artigos 535.º, 1:064.º e 1:127.º

§ 2.º Sendo affirmativa a decisão do jury, o juiz de direito mandará formar um auto, que deverá conter:
1.º O dia, mez e anno em que é feito;
2.º A causa que se discutia;
3.º As palavras de que a testemunha usou e todas as circumstancias que ocorreram;
4.º As instancias que lhe foram feitas as acareações a que se haja procedido;
5.º Os nomes, moradas e mesteres de três espectadores que assistissem á discussão, os quaes assignarão o auto com o juiz de direito e jurados.

> Projecto, artigo 686.º; novissima reforma judicial, artigos 535.º, 1:064.º e 1:127.º

§ 3.º Este auto equivale ao auto de verificação do corpo de delicto, devendo logo formar-se o processo preparatorio e accusatorio para ser julgada a testemunha na audiencia geral do mesmo semestre, comtanto que medeie pelo menos o espaço de trinta dias.

> Projecto, artigo 688.º; novissima reforma judicial, artigos 535.º, 1:064.º e 1:127.º

§ 4.º Não sendo possível verificar-se o julgamento dentro do praso fixado no §3.º, deverá effectuar-se no semestre seguinte, intervindo nelle, pelo menos, cinco jurados dos que intervieram na decisão preliminar sobre a prova de falso testemunho, salvo se algum tiver fallecido ou se impossibilitar de comparecer por alguma das causas declaradas no §3.º do artigo 117.º

TITULO IX
Da execução da sentença

CAPITULO I
Disposições geraes

ARTIGO 353.º

A execução da sentença deve corresponder exactamente á sua determinação e deverá effectuar-se logo que passe em julgado.

> Projecto, artigo 660.º; novissima reforma judicial, artigo 120.º; codigo penal, artigo 95.º; codigo de justiça militar, artigos 413.º, 414.º e 415.º; codigo de instrucção criminal francez, artigo 375.º

§ 1.º A sentença passa em julgado, se d'ella se não interpozer o recurso competente dentro do praso de dez dias, contados da intimação, ou, se ella o não admittir, findo este praso.

§ 2.º Quando porém algum réu condemnado em pena correccional allegar e provar algum caso de força maior ou grave prejuizo para os seus negocios, e não houver receio de evasão, poderá o juiz de direito, ouvido o magistrado do ministerio publico, conceder-lhe um praso não excedente a trinta dias para começar a cumprir a pena.

> Codigo de instrucção criminal austriaco, artigo 401.º

ARTIGO 354.º

Incumbe aos magistrados do ministerio publico promover o que for conforme á lei e aos regulamentos:

1.º Para que as sentenças, quer condemnatorias quer absolutorias, logo que tenham transitado em julgado, sejam prompta e integralmente executadas;

2.º Para que a condemnação se julgue extincta, quando os documentos competentes assim o comprovem.

> Projecto, artigo 661.º; regulamento provisorio de 16 de janeiro de 1843, artigo 45.º; portaria do ministerio da justiça de 30 de novembro de 1864, n.º 3.º

ARTIGO 355.º

Se na execução da sentença se suscitar algum incidente contencioso, será decidido pelo respectivo juizo ou tribunal de que emanou a condemnação, ouvido o ministério publico.

> Projecto, artigo 683.º; codigo penal, artigo 100.º

ARTIGO 356.º

A pena de prisão cellular será cumprida nas cadeias geraes penitenciarias, e a pena de prisão correccional nas cadeias districtaes ou comarcas, nos termos da lei da reforma penal e das prisões e dos regulamentos.

> Lei da reforma penal e de prisões de 1 de julho de 1867, artigos 27.º, 40.º e 52.º

§ unico. A remoção de presos em cumprimento de pena de uma para outra cadeia por falta de segurança, por causa de epidemia ou por outro motivo igualmente attendivel, será concedida pelo governo, precedendo informação, do ministerio publico, nos termos dos regulamentos.

> Regulamento provisorio das cadeias de 12 de dezembro de 1872, artigo 6.º

ARTIGO 357.º

Se a sentença condemnar em pena de degredo, os réus não serão transportados ao logar d'elle sem que previamente sejam inspeccionados por peritos facultativos, que os declararem aptos para o cumprimento d'esta pena.

> Portaria do ministério da justiça de 4 de julho de 1850, 19 de agosto de 1851 e 13 de setembro de 1853; regulamento provisorio das cadeias civis de 12 de dezembro de 1872, artigo 11.º

§ 1.º Os procuradores regios são competentes para mandar intimar os peritos facultativos para assistirem a estas inspecções, incorrendo os que se recusarem a prestar este serviço na pena correspondente ao crime de desobediencia.

> Codigo penal, artigo 188.º

§ 2.º As intimações de que trata o § 1.º serão feitas pelos continuos das secretarias das procuradorias regias, os quaes terão a mesma fé que têem os officiaes de diligencias das relações.

ARTIGO 358.º

Sendo algum réu condemnado em pena de expulsão do reino, o magistrado do ministerio publico, de accordo com a auctoridade administrativa, adoptará as providencias convenientes para que a expulsão se verifique no ponto da fronteira do reino mais proximo da comarca em que o réu for condemnado, se for hespanhol; e, se for qualquer outro estrangeiro, promoverá que seja entregue ao representante diplomatico, e, na falta d'este, ao consul da nação a que pertencer o condemnado, a fim de se effectuar a expulsão.

§ unico. Em qualquer dos casos previstos n'este artigo, juntar-se-ha ao respectivo processo certidão ou qualquer outro documento escripto comprobativo da execução da sentença.

> Regulamento do Brazil de 31 de janeiro de 1842, artigo 416.º; codigo de instrucção criminal austriaco, artigo 407.º

ARTIGO 359.º

Se a sentença condemnar em pena de perda ou suspensão temporaria de direitos politicos, ou se esta pena resultar accessoriamente da imposição de outra pena, o escrivão do processo entregará ao magistrado do ministerio publico, logo que ella passe em julgado, uma certidão narrativa, com declaração do nome do condemnado, crime ou delicto, pena e data da sentença, a fim de ser por elle enviada á auctoridade administrativa do concelho, que for séde da comarca, pondo-se a respectiva verba no processo.

> Codigo hespanhol, artigos 916.º e 918.º; codigo de instrucção criminal austriaco, artigo 402.º

ARTIGO 360.º

Observar-se-ha o disposto no artigo antecedente, quando a condemnação importar a incapacidade para tornar a servir qualquer emprego, devendo n'este caso a certidão narrativa ser enviada ao ministerio da justiça e outra identica ao governador civil do respectivo districto.

Codigo hespanhol, artigos 914.º e 915.º; codigo de instrucção criminal austriaco, artigo 402.º

ARTIGO 361.º

Quando a pena imposta for a de suspensão do exercicio do emprego, a certidão narrativa da sentença será enviada pelo escrivão ao chefe da repartição em que se processar a folha do vencimento do empregado suspenso.

Codigo hespanhol, artigo 917.º; codigo de instrucção criminal austriaco, artigo 402.º

ARTIGO 362.º

Logo que a sentença condemnatoria haja transitado em julgado, se a pena imposta for o degredo, o escrivão do respectivo juizo ou tribunal passará certidão do teor d'ella, que entregará ao magistrado do ministerio publico, bem como uma guia para cada réu, a qual deverá conter:

1.º O nome, appellidos, alcunhas, idade, filiação, estado, profissão, occupação ou officio, naturalidade, ultima residencia e signaes physicos do réu;

2.º A natureza do crime ou delicto;

3.º A natureza e duração da pena;

4.º A data da sentença, e o juizo ou tribunal em que for proferida com declaração de que transitou em julgado.

Regulamento do ministerio publico de 15 de dezembro de 1835, artigo 16.º; decreto de 23 de junho de 1845, artigo 12.º

ARTIGO 363.º

Se a pena imposta for perdoada ou commutada pelo poder moderador, o magistrado do ministerio publico promoverá que se julgue por conforme á culpa do réu o respectivo decreto de amnistia, de que juntará copia na parte respectiva, a fim de que a pena seja executada conforme o julgamento de conformidade da graça com a culpa.

ARTIGO 364.º

Os juizes de direito criminaes das comarcas de Lisboa e Porto são competentes para a execução das sentenças criminaes, quer na parte relativa á imposição da pena, quer na que disser respeito á reparação de perdas e damnos, custas e multas.

Codigo do processo civil, artigos 289.º a 291.º

CAPITULO II

Das causas suspensivas da execução da sentença

SECÇÃO I

Disposições geraes

ARTIGO 365.º

A execução da sentença condemnatoria fica suspensa:

1.º Quando o réu commetter um novo crime ou delicto, ou se descobrir algum outro ainda não prescripto, aos quaes corresponda pena superior áquella em que se acha condemnado;

> Artigo 78.º; projecto, artigo 663.º; novissima reforma judicial, artigo 1:178.º; lei de 26 de setembro de 1840, artigo 5.º, § 1.º; officio do ministerio da justiça de 22 de maio de 1860.

2.º Quando se interpozer recurso de appellação ou de revista;

> Projecto, artigo 664.º, n.º 1.º

3.º Quando differentes co-réus tiverem sido condemnados como auctores ou cumplices do mesmo crime ou delicto, por sentenças diversas, as quaes, longe de poderem conciliar-se, constituam a prova da innocencia de alguns dos condemnados;

> Projecto, artigo 664.º; n.º 2.º; novissima reforma judicial, artigo 1:263.º codigo de justiça militar, artigo 410.º; codigo de instrucção criminal francez, artigo 443.º; codigo hespanhol, artigo 892.º, n.º 1.º

4.º Quando o réu condemnado tiver requerido procedimento criminal pelos crimes de corrupção ou peita contra algum jurado que interviesse no seu julgamento, ou pelo crime de falso juramento contra alguma testemunha que jurasse contra elle na discussão e julgamento havendo pronuncia obrigatoria;

> Projecto. Artigo 664.º, n.ºs 3.º e 4.º; novissima reforma judicial, artigos 1:265.º e 1:268.º; codigo de justiça militar, artigo 412.º; codigo de instrução criminal francez, artigo 445.º

5.º Quando sobrevier ao condemnado alienação mental, em quanto ella durar, posto que haja intervallos lucidos;

> Artigo 12.º, n.º 4.º; projecto, artigos 15.º, § unico, e 664.º; n.º 5.º; codigo penal, artigo 92.º, § unico.

6.º Quando for contestada ou duvidosa a identidade do réu, que se evadir da cadeia ou do logar do degredo;

> Projecto, artigos 664.º, 1:002.º e 1:040.º; novissima reforma judicial, artigo, 1:217.º

7.º Quando se verificar que existe a pessoa, que o processo mostra ter fallecido em virtude de crime ou delicto de que resultou a morte.

> Codigo de instrucção criminal francez, artigo 444.º; codigo hespanhol, artigo 892.º, n.º 2.º

§ unico. A sentença condemnatoria será porém logo executada:
1.º No caso previsto em o n.º 4.º d'este artigo, se os jurados ou as testemunhas forem absolvidas dos crimes a que o mesmo numero se refere, ou se as testemunhas fallecerem antes de passar em julgado a sentença condemnatoria contra ellas proferida pelos mesmos crimes;
2.º No caso do n.º 5.º, se a pena imposta for a de multa.

> Projecto, art. 665.º; novissima reforma judicial, artigo 1:266.º

SECÇÃO II
Do reconhecimento da identidade do condemnado

ARTIGO 366.º

Sendo contestada ou duvidosa a identidade de qualquer réu condemnado, que se evadir da cadeia ou do logar do degredo, proceder-se-ha ao reconhecimento d'ella no juizo de direito de primeira instancia em que o réu foi julgado, com intervenção de jurados, devendo o reconhecimento ser feito no processo original ou no traslado, se aquelle não existir no juizo de direito

> Projecto, artigo 670.º; novissima reforma judicial, artigos 1217.º e 1:218.º; codigo de instrucção criminal francez, artigo 518.º

ARTIGO 367.º

O processo preparatorio do reconhecimento de identidade consistirá em um requerimento instruido com documentos, ou com um rol de testemunhas ou quaesquer objectos que a possam provar, feito pelo magistrado do ministerio publico, devendo conter:
1.º O nome, appellidos, alcunhas, filiação, idade, estado, profissão, occupação ou officio do condemnado, e o maior numero de indicações que o possam identificar;
2.º A natureza do crime ou delicto pelo qual foi condemnado;
3.º A pena que lhe foi imposta;
4.º O motivo por que a sentença não pôde ser executada.

> Projecto, artigo 671.º; novissima reforma judicial, artigo 1:219.º

§ unico. Havendo parte querelante e accusadora, poderá tambem requerer o reconhecimento da identidade, nos termos d'este artigo.

> Projecto, artigo 672.º

ARTIGO 368.º

O juiz de direito procederá ao interrogatorio do condemnado, á inquirição das testemunhas e ás acareações que julgar necessarias, observando o disposto nos artigos 1144.º a 139.º, 209.º a 222.º

Projecto, artigo 670.º; novissima reforma judicial, artigo 1:219.º

ARTIGO 369.º

Findo o processo preparatorio, o magistrado do ministerio publico formará artigos de identidade, juntando-lhe quaesquer documentos e rol de testemunhas com que pretender proval-os, observando-se os prasos e termos prescriptos nos artigos 230.º a 245.º

Projecto, artigo 675.º; novissima reforma judicial, artigo 1:220.º

§ unico. Havendo parte querelante e accusadora, poderá tambem formar artigos de identidade, observando-se o disposto no artigo 236.º

Projecto, artigo 676.º

ARTIGO 370.º

O réu poderá apresentar a sua contestação por escripto dentro do praso de oito dias, contados da entrega da copia dos artigos de identidade, juntando-lhe quaesquer documentos ou rol de testemunhas que pretender produzir, devendo observar-se o que se acha disposto nos artigos 248.º e 249.º

Projecto, artigos 677.º e 678.º; novissima reforma judicial, artigo 1:221.º

ARTIGO 371.º

Assignado o dia de julgamento da identidade, será entregue ao réu a copia da pauta dos jurados, nos termos dos artigo 256.º, e, feita a intimação de que trata o artigo 257.º, deverá a do réu verificar-se pelo menos tres dias antes, observando-se na audiencia, constituição do jury, discussão da causa e debates as disposições dos artigos 258.º a 304.º

Projecto, artigos 679.º e 680.º; novissima reforma judicial, artigos 1:222.º, 1:223.º e 1:224.º.

ARTIGO 372.º

O juiz de direito proporá ao jury o quesito sobre a identidade pela fórma seguinte: «Está ou não provado que N..., que está presente, é o mesmo réu que foi accusado n'este processo pelo crime... *(Deve declarar-se a natureza, do crime ou delicto, ou o grau de participação que n'elle teve)* e condemnado na pena de... *(Deve declarar-se qual a pena)* por sentença de... *(Data da sentença)?*»

§ unico. A resposta do jury será dada pela fórma seguinte: «Está provado *(ou não está provado, segundo se vencer)* por... *(maioria ou unanimidade)* que N..., que está presente, é o mesmo réu *(ou não é o mesmo réu, segundo se vencer)* accusado n'este processo pelo crime de..., e condemnado na pena de... por sentença de...»

> Projecto, artigo 681.°; novissima reforma judicial, artigo 1:225.°

ARTIGO 373.°

Nas decisões e respostas do jury observar-se-ha o disposto nos artigos 318.° a 335.°

ARTIGO 374.°

O juiz de direito proferirá sentença, segundo a resposta do jury.

> Novissima reforma judicial, artigo 1:225.°

ARTIGO 375.°

Se passados dez dias depois de preferida a sentença que julgar provada a identidade do réu, não se interpozer recurso, será a mesma sentença logo executada.

TITULO X
Da accusação e julgamento dos réus ausentes e contumazes

ARTIGO 376.°

Consideram-se ausentes e contumazes os réus pronunciados ha mais de um anno, contado desde que a pronuncia passou em julgado, que não se acham presos ou afiançados, ou se evadiram da cadeia, logar de custodia ou da guarda dos empregados ou agentes de justiça, administração ou policia.

> Projecto, artigo 703.°, n.° 2.°; decreto de 18 de fevereiro de 1847, artigos 1.° e 2.°; codigo hespanhol, artigo 129.°

ARTIGO 377.°

Na accusação e julgamento dos réus ausentes e contumazes observar-se-ha o disposto nos artigos 223.° a 347.° com as especialidades seguintes.

> Projecto, artigos 704.°, 715.° e 723.°

ARTIGO 378.°

Decorrido o praso fixado no artigo 376.°, o magistrado do ministerio publico promoverá que se juntem ao processo mandados de prisão com certidão exarada pelos officiaes do juizo e agentes de administração ou de policia, que attestem a impossibilidade de se effectuar a prisão do réu, com declaração dos motivos justificativos d'essa impossibilidade, juntando-se igualmente um auto de busca no caso previsto no artigo 176.º

ARTIGO 379.º

Em seguida o mesmo magistrado dará uma justificação de tres testemunhas, pelo menos, que attestem que o réu está ausente em logar incerto, ou onde não póde ser preso, podendo tambem offerecer os documentos que tiver, e, sendo julgada procedente e provada, promoverá que o réu seja citado por editos para comparecer em juizo a fim de ser julgado.

> Projecto, artigos 709.º, 710.º, 711.º, 712.º e 713.º, decreto de 18 do fevereiro de 1847, artigo 2.º, codigo de instrucção criminal francez, artigo 465.º codigo de instrucção criminal austriaco, artigo 422.º

§ 1.º Os editos deverão declarar:
1.º O nome, appellidos, alcunhas e indicações que possam identificar o réu;
2.º A natureza do crime ou delicto por que se acha pronunciado;
3.º Que não comparecendo dentro do praso, indicado, se procederá á revelia em todos os actos e termos do processo sem nenhuma outra citação;
4.º Que, findo, o mesmo praso, deverá ser preso por qualquer empregado de justiça, agente de administração ou de policia, podendo sel-o por qualquer individuo.

> Projecto, artigo 714.º; decreto de 18 de fevereiro de 1847, artigo 2.º, § 1.º; codigo hespanhol, artigo 131.º; codigo de instrucção criminal austriaco, artigo 423.º

§ 2.º O praso marcado nos editos para o réu ausente e contumaz comparecer em juizo será, de sessenta a noventa dias.

> Projecto, artigo 714.º, § 1.º decreto de 18 de fevereiro de 1847, artigo 2.º, codigo de instrucção criminal austriaco, artigo 423.º, n.º 3.º

§ 3.º Os editos serão affixados por um official de diligencias na porta do edificio do tribunal da comarca em que pender o processo e no ultimo domicilio do réu, e serão publicados gratuitamente na folha official do governo, se o processo correr na comarca do Lisboa, e em qualquer outro periodico politico, se correr em outra comarca, certificando o escrivão a effectiva publicação, com declaração do numero do periodico em que for feita.

> Projecto, artigo 714.º; § 2.º, decreto de 18 de fevereiro de 1847, artigo 2.º, § 2.º; codigo de instrucção criminal francez, artigo 466.º codigo hespanhol, artigo 132.º; codigo de instrucção criminal austriaco, artigo 424.º

§ 4.º Findo o praso marcado nos editos, será a citação accusada na primeira audiencia seguinte, desde a qual se contará o praso para o offerecimento do libello accusatorio, fixado nos artigos 235.º e 236.º

ARTIGO 380.º

Deverão ser citados pessoalmente os descendentes do réu ausente e contumaz, e o conjuge, se for casado e não tiver havido separação judicial; na falta d'elles, os ascendentes, e, na falta d'estes, os transversaes até o 4.º grau por direito civil, para poderem allegar a favor d'elle a defeza que tiverem.

>Projecto, artigo 718.º; decreto de 18 de fevereiro de 1847, artigo 5.º, § 1.º codigo de instrucção criminal austriaco, artigo 424.º

§ 1.º As pessoas a que se refere este artigo poderão usar dos mesmos meios de defeza e dos recursos, que competiriam ao réu, se estivesse em juizo.

§ 2.º Se alguma das pessoas mencionadas n'este artigo allegar e provar, que o réu ausente por motivo de força maior não pôde comparecer em juizo dentro do praso indicado nos editos, o juiz de direito prorogará o praso da citação edital por igual espaço de tempo, findo o qual, não comparecendo o réu, se proseguirá nos termos do julgamento.

>Codigo de instrucção criminal francez, artigos 468.º e 469.º; codigo de instrucção criminal austriaco, artigo 427.º

ARTIGO 381.º

Se as pessoas mencionadas no artigo antecedente não constituirem advogado ou defensor do réu ausente ou contumaz, o juiz de direito lhe nomeará um, nos termos dos artigos 239.º e 240.º

>Projecto, artigo 719.º; decreto de 18 de fevereiro de 1847, artigo 5.º

ARTIGO 382.º

Havendo no mesmo processo differentes co-réus, alguns dos quaes estejam julgados como ausentes e contumazes, e outros que ainda possam ser capturados, extrahir-se-ha um traslado, no qual correrá o processo da accusação e julgamento do ausente.

>Projecto, artigo 716.º; decreto de 18 de fevereiro de 1847, artigo 2.º, § 2.º; codigo de instrucção criminal francez, artigo 474.º; codigo de instrucção criminal austriaco, artigo 428.º

ARTIGO 383.º

As citações e intimações que deveriam ser feitas ao réu ausente e contumaz, deverão verificar-se na pessoa do advogado ou defensor.

>Projecto, artigo 720.º; decreto de 18 de fevereiro de 1847, artigo 11.º

ARTIGO 384.º

Proferida sentença condemnatoria contra o réu ausente e contumaz, será affixada uma copia d'ella nos locaes indicados no § 3.º do artigo 379.º e publicada nos termos n'elle prescriptos, devendo ser executada quanto ás custas e perdas e damnos, logo que passe em julgado.

> Projecto, artigo 724.º; decreto de 18 de fevereiro de 1847, artigo 7.º, § 2.º, e 10.º, § 1.º; codigo de instrucção criminal francez, artigo 472.º

ARTIGO 385.º

Se o réu ausente e contumaz for capturado ou se apresentar voluntariamente antes do julgamento, suspender-se-ha este e observar-se-hão os termos ordinarios prescriptos n'este codigo.

> Projecto, artigo 725.º; decreto de 18 de fevereiro de 1847, artigo 11.º; codigo de instrucção criminal austriaco, artigo 426.º

DIVISÃO II

Do julgamento dos crimes ou delictos a que correspondem penas correccionaes

TITULO UNICO

Da forma de processo do julgamento dos crimes ou delictos a que correspondem penas correccionaes

ARTIGO 386.º

Estão sujeitos ao julgamento dos juizes de direito, sem intervenção de jurados, os réus a que se refere o § 1.º do artigo 38.º, pronunciados por crimes ou delictos a que corresponder separada ou cumulativamente qualquer das penas correccionaes seguintes:

1.º Prisão por mais de seis mezes até dois annos;
2.º Desterro por mais de seis mezes até dois annos;
3.º Multa por mais de seis mezes até dois annos, ou de 50$000 réis até 500$000 réis, quando a lei fixar a quantia;
4.º Suspensão do exercicio do emprego até dois annos, ou sem limitação de praso.

> Projecto, artigos 757.º, 758.º e 770.º; decreto de 10 de dezembro de 1852, artigo 6.º; lei de 18 de agosto de 1853, artigo 1.º; proposta de lei n.º 2 de 14 de maio de 1870, artigo 21.º (*Diario da camara dos senhores deputados*, pag. 462).

§ Unico. Os réus pronunciados por crimes ou delictos, a que corresponderem separada ou cumulativamente penas não excedentes ao minimo estabelecido n'este artigo, ou inferiores em gravidade, serão julgados nos termos dos artigos 390.º a 402.º

ARTIGO 387.º

O julgamento dos réus a que se refere o artigo antecedente verificar-se-ha nas audiencias que o juiz de direito designar, devendo observar-se n'elle as disposições dos artigos 250.º a 385.º, á excepção das que dizem respeito á constituição do jury, quesitos e relatorio do juiz de direito.

Projecto, artigo 771.º

ARTIGO 388.º

Os depoimentos das testemunhas produzidas para prova da accusação e da defeza serão escriptos de teor, devendo ser redigidos com toda a concisão possivel pela parte que as produzir, nos termos do artigo 245.º, e fazer-se apenas referencia, ao anterior depoimento, se estiver escripto no processo preparatorio, e mencionar-se os additamentos ou alterações que fizerem ou as contradicções que se notarem.

Projecto, artigo 773.º

ARTIGO 389.º

A sentença absolutoria será sempre fundamentada.

DIVISÃO III

Do julgamento das contravenções, coimas e transgressões de posturas municipaes

TITULO UNICO

Da fórma de processo do julgamento das contravenções, coimas e transgressões de posturas municipaes

ARTIGO 390.º

São competentes para julgar sem intervenção de jurados, as contravenções das leis e regulamentos de administração, de policia e de fazenda, e bem assim as coimas e transgressões de posturas e regulamentos municipaes:

1.º Nas comarcas de Lisboa, Porto e Ponta Delgada os substitutos dos juizes de direito criminaes;

2.º Nas demais comarcas do continente do reino e ilhas adjacentes os juizes de direito.

§ unico. Se as contravenções a que se refere este artigo forem punidas com penas superiores ao minimo estabelecido no artigo 386.º, serão os contraventores julgados pela fórma prescripta nos artigos 386.º a 389.º

ARTIGO 391.º

A accusação das contravenções das leis e regulamentos de administração, de policia e de fazenda compete nas comarcas de Lisboa, Porto e Ponta Delgada aos sub-delegados dos procuradores regios, e nas demais comarcas do continente do reino e ilhas adjacentes aos delegados dos mesmos procuradores regios.

> Regulamento do ministerio publico de 15 de dezembro de 1835, artigo 23.º; novissima reforma judicial, artigo 114.º

§ unico. A pessoa offendida pela contravenção ou quem legalmente a representar poderá constituir-se parte e accusal-a.

> Codigo de instrucção criminal austriaco, artigo 449.º

ARTIGO 392.º

As coimas e transgressões de posturas e regulamentos municipaes serão accusadas pelos zeladores municipaes, guardas campestres ou pela pessoa que tiver parte na imposição da multa.

> Novissima reforma judicial, artigo 144.º, n.º 3.º; lei de 2 de julho de 1867, artigo 12.º, n.º 12.º; e artigo 36.º

ARTIGO 393.º

O magistrado do ministerio publico ou a parte que pretender accusar uma contravenção, ou uma coima ou transgressão de postura municipal, fará um requerimento ao respectivo juiz, em que exporá resumidamente o facto, declarará o nome ou indicações que possam identificar o contraventor ou transgressor e citará a lei penal, regulamento ou postura applicavel, concluindo por pedir que seja citado para ser julgado.

§ 1.º É applicavel á prova das contravenções e coimas ou transgressões de posturas o disposto nos artigos 233.º e 234.º, com as alterações seguintes.

§ 2.º O numero das testemunhas não poderá exceder a tres, salvo se a accusação comprehender mais de um facto, porque n'este caso serão admittidas duas testemunhas para prova de cada um.

§ 3.º Se tiverem de ser addicionadas ou substituidas algumas testemunhas, serão os seus nomes, occupações e moradas intimados ao contraventor ou transgressor quarenta e oito horas antes do julgamento.

ARTIGO 394.º

Distribuido o requerimento, o contraventor ou transgressor será citado com antecedencia de tres dias pelo menos para comparecer em audiencia de julgamento, entregando-lhe o official, ou, não o encontrando no seu domicilio, a uma pessoa de sua familia copia do requerimento e do rol das testemunhas, e declarando-lhe que pode examinar no cartorio do escrivão os documentos em que o requerimento se fundar.

§ 1.º Na occasião da citação poderá o citado indicar ao official os nomes, occupações e moradas das testemunhas que quizer produzir em sua defeza, as quaes serão por este logo citadas, se residirem no domicilio do contraventor ou transgressor, não podendo exceder o numero fixado no § 2.º do artigo 393.º Se as não indicar, poderá apresental-as no dia do julgamento.

> Projecto, artigo 786.º; codigo do processo civil, artigo 264.º

§ 2.º O contraventor ou transgressor póde offerecer defeza por escripto, á qual são applicaveis as disposições dos §§ 2.º e 3.º do artigo 393.º

§ 3.º O official de diligencias ou o contraventor ou transgressor entregará ao magistrado do ministerio publico ou ás pessoas indicadas no artigo 392.º, uma copia do rol das testemunhas da defeza, quarenta e oito horas antes do julgamento.

ARTIGO 395.º

O julgamento deverá verificar-se em audiencia publica, salvo o disposto no artigo 260.º, devendo os substitutos do juiz de direito combinar com este os dias em que ella deve effectuar-se.

> Codigo de instrucção criminal francez, artigo 171.º; codigo de instrucção criminal austriaco, artigo 456.º

ARTIGO 396.º

São applicaveis ao julgamento dos contraventores ou transgressores as disposições do § unico do artigo 259.º e dos artigos 260.º a 269.º

ARTIGO 397.º

Se o contraventor ou transgressor não podér comparecer no acto do julgamento por alguma das causas prescriptas no § 3.º do artigo 117.º, será este adiado pelo tempo indispensavel para que possa verificar-se.

§ unico. Não allegando e provando o contraventor ou transgressor nenhuma das causas a que se refere este artigo, ou não comparecendo no dia novamente designado para o julgamento, deverá este effectuar-se á revelia, se não constituir advogado ou solicitador que o represente e defenda.

> Codigo de instrucção criminal francez, artigos 149.º, 152.º, 185.º e 186.º; codigo de instrucção criminal austriaco, artigos 454.º e 455.º

ARTIGO 398.º

O julgamento começará pela leitura do requerimento do magistrado do ministerio publico ou da parte que accusar a contravenção, coima ou transgressão de postura, lendo-se as peças do processo que as partes requererem e procedendo em seguida o juiz ao interrogatorio do contraventor ou transgressor, nos termos do artigo 211.º a 222.º

ARTIGO 399.º

Se o accusado confessar a contravenção ou transgressão, deverá declarar-se na acta do julgamento a confissão espontanea, sendo logo o contraventor ou transgressor condemnado na quantia media da multa correspondente, especificando-se o artigo da respectiva lei, regulamento ou postura municipal applicavel.

> Portaria de 15 de setembro de 1853, n.º 8.º;
> decretos de 3 de outubro de 1860, artigo 20.º, e de 21
> de outubro de 1863, artigo 37.º

§ unico. Proceder-se-ha pela fórma prescripta neste artigo, se a pena applicavel for a de prisão, e o contraventor ou transgressor se prestar a remil-a logo ou der fiança idonea.

ARTIGO 400.º

Negando o contraventor ou transgressor o facto ou omissão accusada proceder-se-ha á inquirição das testemunhas, nos termos dos artigos 284.º a 298.º, devendo escrever-se na acta um extracto succinto dos depoimentos, ou fazer-se referencia aos anteriores, se estiverem escriptos nos termos do artigo 388.º

ARTIGO 401.º

Finda a inquirição das testemunhas, o magistrado do ministerio publico e o advogado da parte offendida, havendo-a, resumirão a accusação, pedindo a imposição da pena applicavel, fallando em seguida o advogado ou defensor do contraventor ou trangressor, se o tiver constituido, e pela ordem estabelecida no § 2.º do artigo 299.º, na hypothese n'elle prevista, terminando assim os debates.

ARTIGO 402.º

A sentença deverá ser proferida na mesma audiencia do julgamento, ou o mais tardar na immediata, verificada a hypothese prevista no artigo 342.º, e será logo intimada ao contraventor ou transgressor ou a quem o representar e defender.

LIVRO III

DOS PROCESSOS ESPECIAES

TITULO I

Da fórma do processo criminal contra os membros da familia real, ministros e secretarios d'estado, conselheiros d'estado, pares do reino e deputados da nação

CAPITULO I
Do processo preparatorio

ARTIGO 403.º

As disposições dos artigos 66.º a 188.º são applicaveis aos crimes ou delictos commettidos pelos membros da familia real, ministros e secretarios d'estado, conselheiros d'estado, dignos pares do reino e deputados eleitos durante o periodo da legislatura, posto que não tenham ainda tomado assento, com as alterações seguintes.

>Projecto, artigo 745.º; lei de 15 de fevereiro de 1849, artigo 4.º

ARTIGO 404.º

Se algum par ou deputado for pronunciado, o magistrado do ministerio publico, depois de encerrado o processo preparatorio, o enviará, ou o respectivo traslado d'elle, se houver outros co-réus que devam ser julgados por outro juiz ou tribunal, ao presidente da respectiva camara, ou, se esta estiver fechada, ao ministro e secretario d'estado dos negocios da justiça, devendo sobreestar-se no procedimento ulterior até á decisão da camara.

>Projecto, artigos 727.º e 728.º; carta constitucional, artigo 27.º; codigo hespanhol, artigos 493.º, 494.º e 495.º

ARTIGO 405.º

O processo será apresentado na primeira sessão á respectiva commissão de legislação, a qual dará, dentro do praso de quinze dias, o seu parecer sobre se o processo deve continuar desde logo, ou sómente depois de finda a sessão ou a legislatura.

>Projecto, artigo 729.º; carta constitucional, artigo 27.º; regulamento interno da camara dos dignos pares de 2 de maio de 1843, artigos 7.º, 10.º e 15.º

ARTIGO 406.º

Decidindo a camara que o processo deve desde logo continuar, o digno par ou deputado ficará suspenso do exercicio das funcções legislativas, e, se não tiver sido preso em flagrante delicto, auctorisará a captura d'elle, se não prestar fiança, nos casos em que o crime ou delicto a admittir, devendo o presidente enviar copia da decisão ao magistrado do ministerio publico junto do juizo em que se instaurou o processo preparatorio.

> Projecto, artigo 730.º; carta constitucional, artigo 27.º; regulamento interno da camara dos dignos pares de 2 de maio de 1843, artigos 10.º e 13.º; novissima reforma judicial, artigo 1003.º

§ unico. A discussão do parecer da commissão de legislação será em sessão secreta e a votação por escrutinio secreto.

> Projecto, artigo 731.º; regulamento interno da camara dos dignos pares de 2 de maio de 1843, artigo 14.º

CAPITULO II
Do processo accusatorio e de julgamento

ARTIGO 407.º

São applicaveis á accusação e julgamento dos delinquentes mencionados no artigo 403.º as disposições dos artigos 223.º a 385.º, á excepção das relativas á constituição do jury, devendo comtudo observar-se as dos artigos 277.º e 278.º, verificadas as incompatibilidades n'elles previstas.

> Projecto, artigo 745.º; regulamento interno da camara dos dignos pares de 2 de maio de 1843, artigos 18.º e 19.º; lei de 15 de fevereiro de 1849, artigo 4.º

ARTIGO 408.º

A camara dos dignos pares do reino é competente para conhecer da accusação e julgar em primeira e ultima instancia, como tribunal de justiça criminal, os crimes ou delictos commettidos pelos delinquentes mencionados no artigo 403.º

> Projecto, artigo 732.º; carta constitucional, artigo 41.º, § 1.º; regulamento interno da camara dos dignos pares de 2 de maio de 1843, artigo 4.º

ARTIGO 409.º

A camara dos dignos pares do reino pode constituir-se em tribunal de justiça criminal, não só durante as sessões da camara dos senhores deputados, mas tambem depois de encerradas as côrtes geraes, e ainda mesmo no caso de ter sido dissolvida esta ultima camara.

> Projecto, artigo 733.º; lei de 15 de fevereiro de 1819, artigo 1.º

§ 1.º A reunião da camara dos dignos pares, nos dois ultimos casos previstos n'este artigo, não poderá verificar-se sem preceder decreto do poder executivo, ouvido o conselho d'estado, devendo o decreto designar o objecto que tem de ser submettido á decisão da camara.

> Projecto, artigo 733.º; lei de 15 de fevereiro de 1849, artigo 2.º e § unico.

§ 2.º O presidente da camara dos dignos pares expedirá carta convocatoria a todos os dignos pares que residirem no continente do reino, convidando-os a comparecerem na sessão que lhes designar para se constituirem em tribunal de justiça criminal.

> Projecto, artigo 735.º; regulamento interno da camara dos dignos pares de 2 de maio de 1843, artigo 1.º

ARTIGO 410.º

Para que a camara dos dignos pares possa constituir-se em tribunal de justiça criminal e devidamente funccionar, é necessario que estejam presentes pelo menos dezesete pares, que não estejam inhibidos por alguma das causas declaradas no artigo 16.º de ser juizes no processo que tiver de ser julgado.

> Projecto, artigo 736.º; lei de 15 de fevereiro de 1849, artigo 3.º; regulamento interno da camara dos dignos pares de 2 de maio de 1843, artigo 1.º, § unico.

§ unico. Não serão admittidos a tomar parte nas decisões da camara constituida em tribunal de justiça criminal senão os pares que comparecerem na primeira sessão.

> Projecto, artigo 736.º, § unico; regulamento interno citado, artigo 9.º

ARTIGO 411.º

Ao presidente da camara dos dignos pares compete presidir ao tribunal de justiça criminal e exercer as mesmas attribuições criminaes que competem ao presidente do supremo tribunal de justiça.

> Regulamento interno da camara dos dignos pares de 2 de maio de 1843, artigo 5.º

ARTIGO 412.º

O director geral da secretaria da camara dos dignos pares ou o empregado que o substituir, exercerá as funcções de escrivão nos processos que ella julgar, servindo de officiaes de diligencias os continuos da secretaria.

> Projecto, artigo 742.º; lei de 2 de setembro de 1842; regulamento interno da camara dos dignos pares de 2 de maio de 1843, artigo 21.º

ARTIGO 413.º

A accusação será sustentada pelo procurador geral da corôa ou por um dos seus ajudantes, podendo a camara dos senhores deputados fazer-se representar por uma commissão de tres membros eleita por escrutinio secreto, se o delinquente for algum ministro d'estado ou conselheiro d'estado, cuja accusação tenha sido por ella decretada.

> Projecto, artigo 739.º; lei de 15 de fevereiro de 1849, artigo 5.º; regulamento interno da camara dos dignos pares de 2 do maio de 1843, artigo 2.º; novissima reforma judicial, artigo 24.º, n.º 1.º

ARTIGO 414.º

Constituida a camara dos pares em tribunal de justiça criminal, procederá á eleição por escrutinio secreto de um de seus membros para juiz relator, ao qual competem as mesmas attribuições criminaes que pertencem aos juizes relatores dos processos julgados pelo supremo tribunal de justiça.

> Projecto, artigo 40.º; regulamento interno da camara dos dignos pares de 2 de maio de 1843, artigo 21.º

ARTIGO 415.º

Terminado o relatorio, o digno par juiz relator proporá ao tribunal criminal os quesitos, nos termos dos artigos 305.º a 316.º

> Projecto, artigo 747.º

ARTIGO 416.º

Escriptos os quesitos, o escrivão, observando o disposto no artigo 317.º, entregará o processo ao digno par presidente do tribunal criminal, passando em seguida este a votar os quesitos propostos, nos termos dos artigos 324.º a 333.º, com a declaração de que o resultado da votação será verificado pelo presidente, e escripto pelo digno par juiz relator em seguida ao respectivo quesito.

> Projecto, artigo 747.º; regulamento interno da camara dos dignos pares de 2 de maio de 1843, artigo 20.º

ARTIGO 417.º

Julgando-se procedente a accusação, proceder-se-ha á votação sobre a natureza da pena e sua duração, se for temporaria, bastando a maioria absoluta para haver vencimento.

> Projecto, artigo 749.º; regulamento interno da camara dos dignos pares de 2 de maio de 1843, artigo 20.º; codigo de justiça militar, artigos 358.º, § 1.º, e 405.º

ARTIGO 418.º

Concorrendo na pessoa do condemnado circumstancias relevantes que o tornem recommendavel ao poder moderador, em rasão de serviços valiosos prestados á nação ou de suas qualidades distinctas, o tribunal criminal poderá na mesma sessão ou em qualquer outra dirigir ao chefe do estado uma mensagem, pedindo perdão ou commulação da pena imposta.

Projecto, artigo 750.º

TITULO II
Da fórma do processo criminal contra os embaixadores, ministros plenipotenciarios, ministros residentes e agentes diplomaticos das nações estrangeiras

CAPITULO I
Do processo preparatorio

ARTIGO 419.º

São applicaveis aos crimes ou delictos committidos pelos embaixadores, ministros plenipotenciarios, ministros residentes e agentes diplomaticos das nações estrangeiras as disposições dos artigos 66.º a 222.º, com as alterações seguintes.

ARTIGO 420.º

Salvo o caso previsto no artigo 31.º, o supremo tribunal de justiça é competente para proceder a todos os actos e termos do processo preparatorio nos crimes ou delictos a que se refere o artigo antecedente.

Projecto, artigo 751.º; carta constitucional, artigo 431.º, § 2.º

CAPITULO II
Do processo accusatorio e de julgamento

ARTIGO 421.º

O supremo tribunal de justiça é competente para julgar em primeira e ultima instancia, sem intervenção de jurados, os delinquentes mencionados no artigo 419.º; devendo observar-se no julgamento o disposto nos artigos 433.º e 435.º

Projecto, artigo 752.º

TITULO III
Da fórma do processo criminal contra os magistrados judiciaes e do ministerio publico

CAPITULO I
Da fórma do processo criminal nos crimes ou delictos comettidos pelos magistrados judiciaes e do ministerio publico no exercicio de suas funcções

SECÇÃO I
Disposições geraes

ARTIGO 422.º

As disposições d'este capitulo são applicaveis:

1.º Aos magistrados judiciaes e do ministerio publico, que forem processados por crimes ou delictos commettidos no exercicio de sua funcções, posto que ao tempo em que seja instaurado o processo não pertençam á magistratura;

2.º Aos magistrados substitutos e interinos, que forem processados por crimes ou delictos commettidos no exercicio de suas funcções.

SECÇÃO II
Do processo preparatorio

ARTIGO 423.º

Salvo o caso previsto no artigo 31.º, são competentes para proceder a todos os actos e termos do processo preparatorio pelos crimes ou delictos no exercicio de suas funcções:

1.º Os conselheiros do supremo tribunal de justiça a respeito dos crimes ou delictos commettidos pelos conselheiros do mesmo tribunal e pelos magistrados do ministerio publico junto d'elle, pelos juizes de direito de segunda instancia e pelos magistrados do ministerio publico junto d'elles;

2.º As relações a respeito dos crimes ou delictos commettidos pelos juizes de direito de primeira instancia e magistrados do ministerio publico junto d'elles;

3.º Os juizes do direito de primeira instancia a respeito dos crimes ou delictos commettidos pelos juizes ordinarios e juizes de paz e pelas pessoas que exercerem junto d'aquelles, funcções do ministerio publico.

Projecto, artigos 751.º, 753.º e 755.º; novissima reforma judicial, artigos 20.º, n.º 5.º, 43.º, n.º 1.º, 85.º, n.º 2.º, 820.º e 1:026.º, n.ºˢ 2.º, 3.º, e 4.º, 1:236 e 1:240.º

§ unico. O juiz relator a quem for distribuido o processo é competente para proceder a todos os actos, e termos do processo preparatorio. Se porém julgar que deve ser indeferida alguma diligencia ou averiguação requeridas, a decisão será tomada em conferencia por maioria.

ARTIGO 424.º

São applicaveis ao processo preparatorio dos crimes ou delictos commettidos pelos magistrados judiciaes e do ministerio publico no exercicio de suas funcções as disposições dos artigos 66.º a 222.º com as alterações seguintes.

Novissima reforma judicial artigo 773.º

ARTIGO 425.º

Nos crimes de peita, suborno, peculato e concussão, qualquer cidadão poderá requerer querela contra os magistrados judiciaes e do ministerio publico.

Carta constitucional, artigo 124.º; novissima reforma judicial, artigo 865.º

ARTIGO 426.º

Se o delinquente for conselheiro do supremo tribunal de justiça ou juiz de direito de segunda instancia, o requerimento da querela será dirigido ao presidente do respectivo tribunal, o qual o apresentará na primeira sessão para ser distribuido, nos termos dos artigos 1:029.º e 1:156.º do código do processo civil.

Novissima reforma judicial, artigos 771.º e 786.º

ARTIGO 427.º

Se tiverem de ser inquiridas testemunhas residentes fóra da comarca em que estiver a séde do tribunal, ou de proceder-se a alguma outra diligencia no processo preparatorio fora da mesma comarca, o juiz relator dará commissão para as effectuar ao juiz de direito da respectiva comarca, não sendo o querelado, ou, se o for, ao juiz de direito da comarca mais proxima.

Artigos. 40.º e 41.º; novissima reforma judicial, artigo 772.º; codigo de instrucção criminal francez, artigos 488.º e 497.º

§ unico. Na ultima hypothese prevista n'este artigo, o juiz de direito a quem for dada a commissão deverá transportar-se á comarca em que tiverem de inquirir-se as testemunhas ou de effectuar-se as diligencias, acompanhado do escrivão e official de diligencias que escolher, enviando ao juiz relator a inquirição ou resultado da diligencia commettida dentro do praso fixado, o qual poderá ser prorogado, nos termos do § 2.º do artigo 75.º

Novissima reforma judicial, artigo 772.º

ARTIGO 428.º

Findo o processo preparatorio, o juiz relator mandará extrahir copia d'elle, que enviará ao querelado, marcando-lhe um praso não excedente a sessenta dias para responder por escripto o que se lhe offerecer.

Novissima reforma judicial, artigo 774.º

ARTIGO 429.º

Recebida, a resposta do magistrado querelado, ou findo o praso marcado para apresentar, o juiz relator mandará continuar o processo com vista pelo praso de quinze dias ao magistrado do ministerio publico e por igual praso á parte querelante, havendo-a, para, responderem por escripto o que se lhes offerecer ácerca do processo e da resposta do querelado, e informará o presidente do respectivo tribunal dos termos do processo a fim de se reunir em sessão plena para decidir sobre a prova que offerecer o processo preparatorio.

Novissima reforma judicial, artigo 775.º

ARTIGO 430.º

Na sessão que for designada e em conferencia, a que assistirão o magistrado do ministerio publico e o advogado da parte querelante, havendo-a, serão lidos, pelo escrivão o requerimento da querela, auto de verificação do corpo de delicto, depoimentos das testemunhas inquiridas no processo preparatorio, resposta do querelado e dos querelantes e as demais peças do processo que os juizes ou as partes julgarem necessarias, fazendo o juiz relator em seguida um relatorio circumstanciado do processo.

Novissima reforma judicial, artigo 776.º; codigo de instrucção criminal francez, artigo 499.º

§ 1.º Findo o relatorio, o magistrado do ministerio publico e o advogado da parte querelante, havendo-a, sairão da sala das conferencias, e o tribunal decidirá se ha, ou não, fundamento para pronuncia.

Novissima reforma judicial, artigo 776.º

§ 2.º A decisão vence-se por maioria e será verificada pelo presidente.

ARTIGO 431.º

Se o magistrado querelado for pronunciado, ficará desde logo suspenso do exercicio de suas funcções, e, se o crime ou delicto não admittir fiança, proceder-se-ha á prisão, nos termos dos artigos 450.º e seguintes, podendo encarregar-se d'esta diligencia qualquer juiz de direito das comarcas comprehendidas no respectivo districto administrativo.

Novissima reforma judicial, artigos 765.º e 778.º; decreto n.º 24 de 16 de maio de 1832, artigo 276.º

§ unico. Nos crimes ou delictos que admittirem fiança, o magistrado pronunciado não será obrigado a prestal-a, devendo considerar-se presente no seu domicilio necessario para a instauração do processo accusatorio e de julgamento, procedendo-se a prisão sem admissão de fiança, se não comparecer no dia assignado para o julgamento.

Novissima reforma judicial, artigos 765.º e 778.º; codigo civil, artigo 51.º

ARTIGO 432.º

Se algum juiz tiver sido suspenso por decreto real, em conformidade com o disposto no artigo 121.º da carta constitucional, logo que os papeis respectivos sejam distribuidos, o juiz relator mandará responder o juiz suspenso e o magistrado do ministerio publico, nos termos dos artigos 428.º e 429.º, e decidirá em sessão plena e em conferencia se na suspensão se observou a fórma do processo estabelecida na lei.

Novissima reforma judicial, artigos 781.º, 782.º e 784.º

§ 1.º Se a decisão for affirmativa, o tribunal ratificará a suspensão, pronunciará o juiz e mandará instaurar o processo accusatorio.

Novissima reforma judicial, artigo 785.º

§ 2.º Sendo negativa a decisão, restituirá o juiz suspenso ao exercicio de suas funcções, não progredindo mais o processo.

Novissima reforma judicial, artigo 783.º

SECÇÃO III
Do processo accusatorio e de julgamento

ARTIGO 433.º

No processo accusatorio contra os magistrados judiciaes e do ministerio publico, pelos crimes ou delictos commettidos no exercicio das suas funcções, deverão observar-se as disposições dos artigos 223.º a 249.º

Novissima reforma judicial, artigos 765.º, 766.º e 779.º

ARTIGO 434.º

São competentes para julgar, sem intervenção de jurados:

1.º O supremo tribunal de justiça, em primeira e ultima instancia, os crimes ou delictos commettidos no exercicio de suas funcções pelos conselheiros do mesmo tribunal e pelos magistrados do ministerio publico junto d'elle, pelos juizes de direito dos tribunaes de segunda instancia, e pelos magistrados do ministerio publico junto d'elles;

2.º Os tribunaes das relações, em primeira e ultima instancia, os crimes ou delictos commettidos no exercicio de suas funcções pelos juizes de direito de primeira instancia e pelos magistrados do ministerio publico junto d'elles;

3.º Os juizes de direito de primeira instancia, os crimes ou delictos commettidos no exercicio de suas funcções pelos juizes ordinarios e juizes de paz, e pelas pessoas que exercerem junto d'aquelles funcções do ministerio publico.

> Projecto, artigos 751.º, 753.º e 755.º; novissima reforma judicial, artigos 20.º, n.º 5.º, 43.º, n.º 1.º, e 820.º; carta constitucional, artigo 131.º, § 2 .º

ARTIGO 435.º

São applicaveis ao julgamento dos magistrados judiciaes e do ministerio publico, pelos crimes ou delictos commettidos no exercicio de suas funcções, as disposições dos artigos 250.º a 375.º, á excepção das que se contêem nos artigos 254.º a 256.º, 258.º, 270.º a 279.º, 305.º a 339.º, competindo ao juiz relator as attribuições dos juizes de direito de primeira instancia.

> Projecto, artigos 752.º, 754.º e 755.º; novissima reforma judicial, artigos 770.º e 779.º

§ 1.º Se o processo estiver nos termos regulares de ser julgado, o juiz relator prevenirá o presidente do respectivo tribunal para assignar o dia do julgamento, o qual nunca poderá ter logar sem que medeie pelo menos o espaço de vinte dias, contados desde a contestação escripta ou do praso fixado no artigo 246.º

> Novissima reforma judicial, artigos 768.º e 779.º

§ 2.º O julgamento dos magistrados mencionados nos n.ᵒˢ 1.º, e 2.º do artigo 434.º deverá verificar-se em sessão plena do respectivo tribunal, vencendo-se a decisão por maioria, nos termos do § 2.º do artigo 430.º

> Novissima reforma judicial, artigos 770.º e 779.º

CAPITULO II
Da fórma do processo criminal nos crimes ou delictos commettidos pelos magistrados judiciaes e do ministerio publico fóra do exercicio de suas funcções

SECÇÃO I
Do processo preparatorio

ARTIGO 436.º

Nos crimes ou delictos commettidos fóra do exercicio de suas funcções pelos conselheiros, do supremo tribunal de justiça, juizes de direito de segunda e de primeira instancia, magistrados do ministerio publico junto d'elles, juizes ordinarios e juizes de paz, é competente para proceder aos actos e termos do processo preparatorio o juiz de direito da comarca em que o crime ou delicto for commettido, devendo observar-se as disposições dos artigos 66.º a 222.º com as alterações seguintes.

Novissima reforma judicial, artigos 763.º, 821.º e 1:228.º

ARTIGO 437.º

O juiz de direito instructor do processo deverá proceder a todos os actos e termos do processo preparatorio, que julgar necessarios para a verificação do facto criminoso e da culpabilidade do delinquente.

Novissima reforma judicial artigo 1:228.º, § 2.º

ARTIGO 438.º

Se houver prova sufficiente para a pronuncia, e se o pronunciado for conselheiro do supremo tribunal de justiça, juiz de direito de segunda ou de primeira instancia, ou magistrado do ministerio publico junto d'elles, o juiz de direito instructor do processo sobreestará no proseguimento d'elle e o remetterá ao presidente do tribunal que for competente para o julgar, o qual, depois de distribuida a querela, cumprido o disposto nos artigos 428.º a 430.º, e satisfeita alguma diligencia requerida pelo magistrado do ministerio publico ou pela parte querelante, ratificará a pronuncia e mandará suspender o magistrado pronunciado, se para isso houver fundamento.

Novissima reforma judicial, artigos 763.º e 1:004.º

§ unico. O disposto no § unico do artigo 423.º é applicavel ao processo preparatorio dos crimes ou delictos a que se refere o artigo 436.º

SECÇÃO II
Do processo accusatorio e de julgamento

ARTIGO 439.º

Na accusação e julgamento dos crimes ou delictos commettidos pelos magistrados judiciaes e do ministerio publico fóra do exercicio de suas funções observar-se-hão as disposições dos artigos 434.º e 435.º

TITULO IV

Do julgamento das faltas que não são qualificadas crimes ou delicto commettidas pelos juizes, empregados judiciaes e advogados

CAPITULO I
Da jurisdicção disciplinar

ARTIGO 440.º

Pertence á jurisdicção disciplinar advertir e corrigir:
1.º As faltas commettidas pelos juizes, tanto no exercicio como fóra do exercicio de suas funcções, e que, não tendo a qualificação de crimes ou delictos, revelam esquecimento e desprezo da dignidade da magistratura e do zeloso cumprimento de seus deveres;

Projecto, artigo 804.º, n.º 1.º; lei de 10 de abril de 1849, artigo 1.º

2.º As faltas ou omissões commettidas nos processos criminaes pelos juizes, secretarios, escrivães, revedores, contadores, distribuidores, officiaes de diligencias e advogados.

Projecto, artigo 804.º, n.ºˢ 2.º e 3.º

ARTIGO 441.º

As penas disciplinares são:
1.º Contra os juizes:
a) A advertencia;
b) A censura, simples ou severa;
c) A suspensão do vencimento, que nunca será inferior a oito dias, nem superior a dois mezes.

Projecto, artigo 805.º; lei de 10 de abril de 1849, artigos 10.º, 11.º, 12.º e 13.º

2.º Contra os empregados mencionados no n.º 2.º do artigo antecedente:
a) A censura, simples ou severa;
b) A multa, que nunca será inferior a 5$000 réis, nem superior a 50$000 réis;
c) A suspensão do officio, que nunca será imposta por espaço inferior a oito dias, nem superior a seis mezes.

Projecto, artigo 805.º, n.º 2.º; codigo do processo civil, artigos 36.º, n.º 9.º, 39.º, n.º 7.º, 41.º, n.º 6.º

3.º Contra os advogados:
a) A multa, que nunca será inferior a 5$000 réis, nem superior a 50$000 réis;
b) A suspensão do exercicio da advocacia, que nunca será imposta por espaço inferior a oito dias, nem superior a seis mezes;

c) A eliminação de expressões diffamatorias ou injuriosas nos escriptos forenses.

> Projecto, artigo 805.°, § 3.°; lei de 19 de dezembro de 1843, artigo 19.°, lei de 16 de junho de 1855, artigo 35.°; codigo penal, artigo 419.°

§ 1.° No caso previsto no n.° 1.°, a pena de reincidencia será:

1.° Se tiver sido applicada a censura simples, a publicação d'esta na folha official do governo;

2.° Se tiver sido imposta a censura severa, a suspensão do vencimento do ordenado, que sómente poderá ser imposta em conferencia do tribunal pleno.

> Projecto, artigo 824.°, § unico; lei de 10 de abril de 1849, artigo 13.°

§ 2.° A gravidade das penas disciplinares considera-se segundo a ordem de precedencia em que se acham enumeradas n'este artigo.

ARTIGO 442.°

As disposições dos artigos 101.°, 102.° e 103.° do codigo do processo civil são applicaveis ao processo criminal, com a declaração de que o escrivão ou secretario deverá fazer immediatamente os autos conclusos, se se tratar da liberdade do delinquente, e, em qualquer outro caso, dentro do praso de vinte e quatro horas, se não for devido o preparo, devendo cobral-os dentro do mesmo praso, quando a cobrança for deretada.

ARTIGO 443.°

Na applicação das penas disciplinares entre o minimo e o máximo, deverão os tribunaes e juizes criminaes attender á gravidade da falta ou omissão commettida, á possibilidade ou impossibilidade de repetir-se o acto ou termo do processo, que deixou de praticar-se, e ao merito ou demerito do juiz empregado ou advogado omisso.

> Projecto, artigos 807.° e 808.°;

ARTIGO 444.°

Haverá no supremo tribunal de justiça e nos tribunaes de segunda instancia tres livros, em cada um dos quaes serão lançadas por extracto as penas disciplinares impostas aos juizes, aos empregados mencionados no n.° 2.° do artigo 441.° e aos advogados.

Em cada juizo de direito de primeira instancia haverá dois livros para o mesmo fim, com relação aos empregados judiciaes e advogados.

> Projecto, artigos 809.° e 810.°

ARTIGO 445.°

A importancia das multas impostas entrará em um cofre especial a cargo do secretario do supremo tribunal de justiça, do guarda mór da respectiva relação e do contador dos juizos de direito de primeira instancia, e será applicada para as despezas da administração da justiça.

> Projecto, artigo 811.°

CAPITULO II

Da fórma do processo da repressão das faltas que revelam esquecimento e desprezo da dignidade da magistratura e do zeloso cumprimento dos deveres

ARTIGO 446.º

Para conhecer das faltas declaradas no n.º 1.º do artigo 441.º, formar-se-hão no supremo tribunal de justiça e em cada um dos tribunaes das relações conselhos disciplinares, compostos dos respectivos presidentes e de quatro de seus membros tirados á sorte, excluidos os que estiverem comprehendidos na disposição do artigo 16.º, servindo de escrivão o respectivo secretario ou guarda mór.

Projecto, artigo 812.º; lei de 10 de abril de 1849, artigo 2.º

ARTIGO 447.º

Ao conselho disciplinar do supremo tribunal de justiça compete o conhecimento das faltas declaradas no n.º 1.º do artigo 441.º, commettidas pelos conselheiros do mesmo tribunal e pelos juizes de direito de segunda instancia, e ao conselho disciplinar das relações o das commettidas pelos juizes de, direito de primeira instancia e juizes ordinarios do respectivo districto judicial.

Projecto, artigo 814.º; lei de 10 de abril de 1849, artigo 3.º

ARTIGO 448.º

Os conselhos disciplinares sómente poderão ser convocados pelo seu respectivo presidente, a requerimento do magistrado do ministerio publico junto do tribunal, feito em virtude de ordem do ministro e secretario d'estado dos negocios da justiça.

Projecto, artigo 813.º; lei de 10 de abril de 1849, artigo 4.º

§ 1.º O requerimento poderá ser articulado, devendo juntar-se-lhe os documentos comprovativos das faltas arguidas ou rol de testemunhas, cujo numero não excederá a oito, salvo se comprehender differentes factos, porque n'este caso, serão inquiridas tres a cada um.

Projecto, artigo 815.º; lei de 10 de abril de 1849, artigo 6.º

§ 2.º Distribuido o requerimento, o conselheiro ou juiz a quem tocar, ficará sendo o relator, e mandará logo dar copia d'este e dos documentos que o instruirem ao juiz arguido, para responder por escripto o que se lhe offerecer, assignando-lhe um praso rasoavel, não excedente a sessenta dias.

Projecto, artigo 816.º; lei de 10 de abril de 1849, artigo 5.º

§ 3.º A resposta do juiz arguido, poderá, ser articulada, juntando-lhe documentos, ou rol de testemunhas, segundo o disposto, no § 1.º

> Projecto, artigo 817.º lei de 10 de abril de 1849, artigo 6.º

ARTIGO 449.º

As testemunhas residentes na comarca em que estiver a séde do conselho disciplinar serão inquiridas perante, elle devendo as que residirem em outra comarca ser inquiridas pelo juiz de direito da comarca mais proxima, nos termos do artigo 427.º

> Projecto, artigo 818.º; lei de 10 de abril de 1849, artigo 6.º

§ unico. Nas ilhas adjacentes em que houver uma só comarca, a ordem para a inquirição das testemunhas será dirigida ao substituto do juiz arguido.

> Projecto, artigo 818.º § 3.º; lei citada, artigo 6.º, § unico,

ARTIGO 450.º

Recebida a resposta do juiz arguido, ou findo o praso em que a deve apresentar, o magistrado do ministerio publico responderá por escripto, dentro do praso de quinze dias, o que se lhe offerecer, deliberando em seguida o conselho disciplinar em conferencia sobre a sua competencia.

> Projecto, artigo 819.º; lei de 10 de abril de 1849, artigo 7.º

ARTIGO 451.º

Se o juiz arguido allegar na sua resposta, ou algum membro do conselho disciplinar propozer a incompetencia d'este, por competir á falta imputada a qualificação de crime ou delicto, o conselho, sobreestando na decisão final, proporá o processo em sessão plena do respectivo tribunal, que em conferencia decidirá á pluralidade de votos o que for conforme a lei.

> Projecto, artigo 820.º; lei de 10 de abril de 1849, artigos 8.º e 9.º

§ 1.º Decidindo o tribunal que a falta imputada não é da competencia disciplinar, ou porque constitue crime ou delicto, ou porque por sua natureza e qualidade não está sujeita á jurisdicção disciplinar, mandará, no primeiro caso, devolver o processo ao magistrado do ministerio publico para usar da acção competente, citando no accordão a lei que qualificar de crime ou delicto a falta arguida, e no segundo que mais se não prosiga no processo.

> Projecto, artigo 820.º § 1.º; lei de 10 de abril de 1849, artigo 8.º, § 1.º

§ 2.º Se o tribunal julgar competente a jurisdição disciplinar, assim o decidirá por accordão, reunindo-se depois o conselho disciplinar em conferencia para proferir a sua decisão final.

> Projecto, artigo 820.º, § 2.º; lei de 10 de Abril de 1849, artigo 8.º, § 2.º

ARTIGO 452.º

A censura simples será intimada;

1.º Aos conselheiros do supremo tribunal de justiça e aos juizes de segunda instancia pelo respectivo presidente do tribunal a que pertencerem, perante o respectivo conselho disciplinar reunido em conferencia, expedindo n'este ultimo caso a respectiva carta de ordem, se for mister;

2.º Aos juizes de direito de primeira instancia por um juiz de igual graduação da mesma comarca, se n'ella o houver, e, não o havendo, pelo juiz de direito da comarca mais proxima;

3.º Ao juiz ordinario, pelo juiz de direito da respectiva comarca.

> Projecto, artigo 822.º; lei de 10 de abril de 1849, artigo 10.º

ARTIGO 453.º

A censura severa será intimada:

1.º Aos conselheiros do supremo tribunal de justiça e aos juizes de segunda instancia pela fórma determinada no n.º 1.º do artigo antecedente em tribunal pleno;

2.º Aos juizes de direito de primeira instancia pela fórma determinada no n.º 2.º do mesmo artigo, devendo a intimação ser feita pessoalmente na séde da comarca do juiz arguido, e verificar-se perante os demais juizes de direito nas comarcas onde os houver, e, não os havendo, perante dois dos seus substitutos, e na presença do respectivo magistrado do ministerio publico, devendo o juiz arguido comparecer perante elles no dia que lhe for marcado;

3.º Ao juiz ordinario pelo juiz de direito da respectiva comarca na presença de dois dos substitutos do juiz arguido.

§ unico. Nas ilhas adjacentes em que não houver mais do que uma comarca, a censura severa será executada pela fórma prescripta n'este artigo, ou pelo modo que ao conselho disciplinar parecer mais conveniente.

> Projecto, artigo 823.º; lei de 10 de abril de 1849, artigo 12.º

CAPITULO III

Da fórma do processo da repressão das faltas commettidas nos processos criminaes pelos juizes de direito, de primeira instancia, empregados judiciaes e advogados

ARTIGO 454.º

Á excepção da advertencia e da eliminação de expressões diffamatorias e injuriosas, nenhuma das penas disciplinares especificadas no n.º 2.º do artigo 441.º poderá ser imposta aos juizes, empregados judiciaes e advogados pelas faltas commettidas nos processos criminaes, sem que previamente sejam ouvidos, devendo os tribunaes superiores por accordão em conferencia e os juizes por despacho ordenar, que dentro do praso de quarenta e oito horas respondam por escripto o que se lhes offerecer, expedindo-se carta de ordem, se não residirem na comarca que for séde do tribunal.

Projecto, artigos 826.º e 827.º; codigo do processo civil, artigos 101.º, §§ 2.º e 3.º, 119.º, § 2.º e 120.º, § 2.º

§ unico. Se a falta ou infracção que motivar o exercicio da jurisdicção disciplinar for commettida por advogado, os tribunaes e juizes mandarão extrahir copias das peças do processo que lhes parecerem necessarias e autual-as em separado.

Projecto, artigo 828.º

ARTIGO 455.º

Logo que findo o praso mercado no artigo antecedente ou tenha voltado cumprida a carta de ordem, o respectivo juiz ou tribunal, em presença da resposta do arguido ou sem ella, proferirá a sua decisão em conferencia por maioria.

§ unico. A suspensão do vencimento do ordenado dos juizes sómente poderá ser determinada por accordão em conferencia do tribunal pleno.

Projecto, artigo 828.º

ARTIGO 456.º

O disposto no artigo antecedente não prejudica a correição, a que os juizes de direito criminaes das comarcas de Lisboa e Porto e das demais comarcas deverão proceder em seguida ás audiencias geraes, para conhecerem e reprimirem as faltas commettidas nos processos pendentes ou findos pelos empregados judiciaes mencionados no n.º 2.º do artigo 440.º e pelos tabelliães e escrivães dos juizes de paz.

Projecto, artigo 829.º; novissima reforma judicial, artigos 548.º e 564.º; decreto de 9 de abril de 1863.

§ unico. A correição será annunciada por editaes affixados nos logares mais publicos de cada freguezia da comarca convidando todos os cidadãos a participarem as faltas a que se refere este artigo.

Projecto, artigo 829.º, § unico.

ARTIGO 457.º

Os magistrados do ministerio publico junto dos respectivos juizos ou tribunaes são incumbidos de descobrir as faltas a que se refere o artigo antecedente e de promover a applicação das penas disciplinares competentes, podendo comtudo os juizes applical-as, independentemente de promoção d'aquelles magistrados.

Projecto artigo 830.º; codigo processo civil, artigo 103.º § 3.º

§ unico. Os mesmos magistrados são competentes para promoverem a applicação das penas disciplinares estabelecidas nas leis ou regulamentos contra os escrivães ou secretarios, que deixarem de cumprir as suas respectivas obrigações dentro dos prasos n'elles fixados e de satisfazer as exigencias dos magistrados do ministerio publico.

LIVRO IV
DOS RECURSOS

TITULO I
Disposições geraes

ARTIGO 458.º

No processo criminal são admittidos os recursos seguintes:
1.º Aggravo no auto do processo;
2.º Aggravo de petição;
3.º Appellação;
4.º Revista;
5.º Embargos.

Projecto, artigo 839.º

ARTIGO 459.º

Interposto o recurso, o juiz ou tribunal inferior poderá recebel-o ou denegal-o, mas não impedir o seu seguimento, depois de recebido.

Projecto, artigo 836.º; novissima reforma judicial, artigo 685.º

ARTIGO 460.º

Salvo o caso previsto no n.º 4.º do artigo 470.º, nenhum delinquente ou réu poderá interpor recurso sem estar detido na cadeia ou afiançado.

Projecto, artigo 835.º

ARTIGO 461.º

Os prasos para a interposição dos recursos e para a sua apresentação nos tribunaes superiores são continuos e improrogaveis.

§ unico. Havendo justo impedimento que obstasse á interposição e apresentação do recurso no praso legal, poderá este ser interposto e apresentado fóra do praso, allegando-se e provando-se a existencia d'esse impedimento, ouvida a parte contraria.

Novissima reforma judicial, artigo, 68.º, § 1.º; codigo do processo civil, artigo 984.º

ARTIGO 462.º

O praso para a interposição de qualquer recurso conta-se do dia em que for intimado o despacho ou sentença.

> Codigo do processo civil, artigo 983.º, § 1.º

§ 1.º Não se conta no praso o dia em que elle começar, mas conta-se aquelle em que findar.

> Projecto, artigo 837.º, § 2º; codigo do processo civil, artigo 68.º, § 3.º

§ 2.º O praso corre durante as ferias e em dias feriados ou sanctificados; mas, sendo feriado ou sanctificado, ou estando comprehendido nas ferias o ultimo dia, se o acto não podér por sua natureza praticar-se n'esse dia, o praso só terminará no primeiro dia util que se seguir.

> Projecto, artigo 837.º, § 2.º; codigo do processo civil, artigo 68.º, § 4.º

§ 3.º Os effeitos da terminação do praso não dependem de lançamento ou de qualquer outra formalidade.

> Codigo do processo civil, artigo 68.º, § 6.º

ARTIGO 463.º

O recurso interposto pelo magistrado do ministerio publico aproveita sempre ao réu, posto que não tenha recorrido.

§ 1.º Havendo differentes co-réus no mesmo processo, os effeitos de recurso sómente aproveitam áquelle que o interpozer.

§ 2.º Exceptua-se da disposição do § antecedente o recurso ácerca da classificação do facto criminoso, cujos effeitos aproveitam a todos os co-réus que não tiverem sido julgados.

> Projecto, artigo 838.º; codigo do processo civil, artigo 986º; codigo de justiça militar, artigo 372.º

ARTIGO 464.º

Emquanto o delinquente não estiver preso ou, afiançado, o recurso não poderá ser interposto em audiencia, mas por meio de requerimento feito ao juiz, de cujo despacho ou sentença se pretende recorrer.

ARTIGO 465.º

Nenhum recurso poderá ter seguimento nem ser expedido sem que tenha sido feito o preparo das peças do processo, requeridas e do porte da estação postal, salvo se o recorrente for o magistrado do ministerio publico, ou algum réu devidamente classificado como pobre por attestados dos respectivos administrador do concelho e parocho.

> Codigo do processo civil, artigos 1:000.º; 1:001.º 1:018.º, § 2.º, e 1:137.º; tabella dos emolumentos de 30 de junho de 1864, artigo 93.º

ARTIGO 466.º

Nas comarcas que forem sédes do supremo tribunal de justiça ou dos tribunaes das relações o escrivão deverá apresentar o processo ao secretario ou guarda-mór, cobrando o competente recibo da entrega.

> Projecto, artigos 917.º e 930.º; novissima reforma judicial, artigo 681.º § 25.º; codigo do processo civil, artigos 1:006.º e 1:152.º

§ unico. A expedição dos recursos nas outras comarcas será feita pelo respectivo escrivão por via da estação postal, devendo ser remettidos devidamente fechados e lacrados com direcção externa ao guarda-mór da respectiva relação ou secretario do supremo tribunal de justiça, conter no involucro a declaração de «serviço publico» ou «interesse particular», e archivar-se o documento da entrega, que será averbado no registo.

> Projecto, artigo 918.º, §§ 1.º 2.º; novissima reforma judicial, artigo 681.º, § 24.º; codigo do processo civil, artigos 1:005.º, 1:018.º, § 3.º, e 1:137.º; regulamento postal de 4 de maio de 1853, artigo 64.º

ARTIGO 467.º

O recurso será julgado deserto:

1.º No juizo de direito de primeira instancia, se o recorrente não fizer o preparo do traslado e do porte da estação postal dentro do praso de dez dias contados do despacho que receber o recurso;

> Codigo do processo civil, artigo 1:001.º

2.º No tribunal da relação ou no supremo tribunal de justiça, por tres votos em conferencia, se não fizer o preparo dentro do praso de trinta dias contados da distribuição.

> Novissima reforma judicial artigo 738.º; lei (1.ª) de 19 de dezembro de 1843, artigo 15.º; codigo do processo civil, artigo 1:037.º

§ 1.º Para que o recurso possa ser julgado deserto, será previamente intimado, o procurador do recorrente, ou, não o tendo constituido, avisado por annuncio publicado gratuitamente na folha official do governo, se o processo correr na comarca de Lisboa, e em qualquer outro periodico politico, se correr em outra comarca.

> Lei de 16 de junho de 1855, artigo 19.º; codigo do processo civil, artigo 1:037.º, § 1.º

§ 2.º Findo o praso de trinta dias, contados da intimação ou da publicação do annuncio sem ter sido feito o preparo pelo recorrente, será o recurso julgado deserto, a requerimento do magistrado do ministerio, publico, ou do recorrido, quando aquelle não intervier no processo, preparando para esse fim, e o recurso baixará logo ao respectivo juizo ou tribunal.

> Codigo, do processo civil, artigo 1:037.º, § 2.º

TITULO II
Do aggravo

CAPITULO I
Do aggravo no auto do processo

ARTIGO 468.º

O aggravo no auto do processo compete de qualquer despacho proferido pelo juiz de direito ácerca de actos, termos ou formalidades relativas ao julgamento.

Codigo do processo civil, artigo 1:008.º

ARTIGO 469.º

Este aggravo interpõe-se por termo assignado pela parte ou por seu advogado ou defensor, sem dependencia de despacho, podendo a parte recorrer ao respectivo juiz de direito, no caso de se recusar o escrivão a tomal-o.

Projecto, artigo 847.º; codigo do processo civil, artigo 1:008.º, § 1.º

CAPITULO II
Do aggravo de petição para o tribunal da relação

ARTIGO 470.º

O aggravo de petição para a relação do respectivo districto judicial compete:

1.º De todos os despachos interlocutorios dos juizes de direito sobre termos e formalidades do processo antes de se proferir sentença, salvo no caso previsto no artigo 79.º;
2.º Do despacho que não qualificar o facto de criminoso ou lhe der uma qualificação que não seja conforme á lei penal;
3.º Do despacho que pronunciar ou deixar de pronunciar o delinquente;
4.º Do despacho que conceder ou denegar fiança;
5.º Do despacho que annullar o processo;
6.º Do despacho que pozer termo á causa;
7.º Do despacho que julgar as excepções;
8.º Do despacho que negar a interposição de qualquer recurso;
9.º Do despacho que julgar deserto o recurso.

Projecto, artigos 850.º, 854.º, 871.º e 872.º; codigo do processo civil, artigo 1:002.º, § unico.

§ unico. No caso previsto no n.º 3.º, o aggravo sómente poderá ser interposto depois de encerrado o processo preparatorio.

> Projecto, artigo 855.º, § unico; lei de 18 de julho de 1855, artigo 11.º

ARTIGO 471.º

Em qualquer dos casos previstos no artigo antecedente compete aos tribunaes das relações conhecer das nullidades do processo, quer sejam allegadas pelas partes, quer não.

> Projecto, artigos 969.º e 973.º; projecto da commissão de legislação da camara dos senhores deputados de 12 de março de 1881, artigo 2.º, votado em sessão de 19 do mesmo mez e anno.

ARTIGO 472.º

O aggravo de petição será interposto por termo nos autos assignado pelas partes ou por seu advogado ou procurador.

> Projecto, artigo 847.º codigo do processo civil, artigo 1:011.º

§ 1.º O praso para a interposição do aggravo é de cinco dias.

> Projecto, artigo 856.º; codigo do processo civil, artigo 1:011.º, § 1.º

§ 2.º Não se mandará tomar termo de aggravo sem que no requerimento se declare a lei offendida.

> Codigo do processo civil, artigos 1:011.º, § 2.º, e 1:012.º

ARTIGO 473.º

O aggravo de petição, interposto em comarca que fôr séde de tribunal de relação, subirá no processo original, e o que fôr interposto em comarca em que não estiver a séde d'este tribunal formará um processo separado dos autos originaes, devendo n'este caso o aggravante apontar no requerimento do aggravo ou no termo d'este as peças do processo, com que pretende instruir o recurso e das quaes se lhe passará certidão.

> Codigo do processo civil, artigos 1:013.º e 1014.º

§ 1.º A certidão conterá sempre o termo de aggravo, a petição em que tiver sido requerido, o despacho e a certidão da intimação.

> Codigo do processo civil, artigo 1:014.º, § 1.º

§ 2.º Nas certidões guardar-se-ha a ordem do processo e observar-se-ha o disposto no § unico do artigo 53.º

ARTIGO 474.º

Tomado o termo de aggravo de petição, será intimado dentro do praso de vinte e quatro horas á outra parte.

Codigo do processo civil, artigo 1:015.º

ARTIGO 475.º

O aggravante deverá, dentro do praso de oito dias a contar da interposição do recurso, apresentar no cartorio do escrivão a sua petição de aggravo, em que exporá os fundamentos d'elle, instruindo-a com os documentos que tiver, ou, se o aggravo formar processo separado; com a certidão das peças do processo requeridas e com quaesquer outros documentos.

Projecto, artigo 857.º codigo do processo civil, artigo 1:015.º, § 1.º

§ 1.º O aggravado poderá, dentro de igual praso a contar da intimação, apresentar no cartorio do escrivão qualquer allegação e as certidões das peças do processo ou outros documentos que julgar convenientes.

Codigo do processo civil, artigo 1:015.º, § 1.º

§ 2.º Durante os prasos fixados n'este artigo o escrivão facilitará no seu cartorio o processo ás partes ou ao seu advogado ou defensor para tirarem os apontamentos necessarios e passará com preferencia a outro serviço as certidões apontadas pelo aggravante e aggravado, incorrendo nos casos de negligencia, malicia ou dolo, na pena imposta no artigo 1:021.º do codigo do processo civil.

Codigo do processo civil, artigo 1:016.º

ARTIGO 476.º

Findos os prasos marcados no artigo antecedente, o escrivão juntará aos autos originaes a petição de aggravo e a allegação da outra parte, e, se o aggravo formar processo separado, autuará as respectivas certidões e documentos, fazendo o processo concluso ao juiz de direito.

Codigo do processo civil, artigo 1:047.º

§ 1.º O juiz de direito, dentro do praso de quarenta e oito horas, sustentará o seu despacho ou reparará o aggravo, podendo mandar juntar as certidões do processo que julgar necessarias para sustentação do despacho recorrido.

Projecto, artigo 861.º; codigo do processo civil, artigo 1:017.º

§ 2.º Findas as quarenta e oito horas, o escrivão cobrará immediatamente o processo, com resposta ou sem ella.

Codigo do processo civil, artigo 1:018.º

ARTIGO 477.º

Os prasos fixados no artigo 475.º e § 1.º e no § 1.º do artigo 476.º, poderão ser prorogados por igual espaço de tempo, se forem extensas as certidões das peças do processo.

Codigo do processo civil, artigo 1018.º, § 2.º

ARTIGO 478.º

Se o juiz de direito reparar o aggravo, cabe novo aggravo d'este despacho, que não poderá ser alterado, devendo observar-se n'elle o disposto nos artigos 475.º e 476.º

ARTIGO 479.º

Salvos os casos previstos nos n.ºs 2.º, 3 .º, 5.º e 6.º do artigo 470.º, a interposição do aggravo de petição não suspende o andamento do processo, a não ser pelo tempo absolutamente necessario para as partes o examinarem e se extrahirem as certidões das peças do processo apontadas.

Codigo do processo civil, artigo 1:020.º

ARTIGO 480.º

Se o juiz de direito obstar, a que se tome o termo de aggravo, a parte protestará em audiencia na presença de duas testemunhas, devendo o escrivão passar carta testemunhavel, na qual, serão copiadas as peças do processo, que ella verbalmente apontar na audiencia, ou no espaço de vinte e quatro horas no cartorio.

Projecto, artigo 889.º; novissima reforma judicial, artigo 674.º, § 7.º; codigo do processo civil, artigo 1:022.º

§ 1.º Poderá tambem a parte, em logar da carta testemunhavel, requerer dentro do praso de dez dias ao presidente do tribunal da respectiva relação que mande escrever o aggravo pelo escrivão do processo, devendo o requerimento ser instruido com os documentos necessarios.

Codigo do processo civil, artigo 1:022.º, § 1.º

§ 2.º O escrivão que recusar passar a carta testemunhavel ou cumprir a ordem superior, incorre na pena de demissão do officio.

Codigo do processo civil, artigo 1:022.º, § 2.º

ARTIGO 481.º

O juiz de direito, em presença da carta testemunhavel, mandará escrever o aggravo, se for caso d'elle.

Codigo do processo civil, artigo 1:023.º

CAPITULO III

Do aggravo de petição para o supremo tribunal de justiça

ARTIGO 482.º

O aggravo de petição para o supremo tribunal de justiça compete:
1.º Das decisões proferidas pelos tribunaes das relações nos casos previstos no artigo 470.º
2.º Dos accordãos que negarem a interposição dos recursos de aggravo ou de revista.

> Projecto, artigo 864.º; codigo do processo civil, artigo 1:133.º

ARTIGO 483.º

As disposições do artigo 472.º são applicaveis aos aggravos de petição interpostos das decisões das relações para o supremo tribunal de justiça.

> Projecto, artigo 865.º; codigo do processo civil, artigo 1:134.º

ARTIGO 484.º

O aggravo de petição para o supremo tribunal de justiça subirá sempre nos proprios autos, excepto havendo differentes co-réus, alguns dos quaes não tenham recorrido.

> Codigo do processo civil, artigo 1:135.

§ unico. Este aggravo não suspende o andamento do processo criminal, salvo se versar sobre a qualificação do facto criminoso.

> Novissima reforma judicial, artigos 682.º, § 3.º e 1:186 º; codigo do processo civil, artigo 1:138.º

ARTIGO 485.º

Sendo negada por accordão em conferencia a interposição do aggravo, a parte protestará no cartorio do escrivão em presença de duas testemunhas, e o escrivão lhe passará carta testemunhavel, na qual copiará as peças do processo que a parte lhe apontar no acto do protesto, ou nas vinte e quatro horas seguintes, sendo em tudo o mais applicavel o disposto nos §§ 1.º e 2.º do artigo 480.º

> Projecto, artigo 889.º; novissima reforma judicial, artigo 674.º, § 7.º lei (2.º) de 19 de dezembro de 1843, artigo 4.º codigo do processo civil, artigo 1:140.º

ARTIGO 486.º

O supremo tribunal de justiça, em presença da carta testemunhavel, mandará escrever o aggravo, se for caso d'elle.

> Codigo do processo civil, artigo 1:141.º

TITULO III
Da appellação

ARTIGO 487.º

Compete o recurso de appellação para o tribunal da relação de todas as sentenças condemnatorias proferidas pelos juizes de direito, qualquer que seja a natureza e duração da pena imposta.

> Projecto, artigo 907.º; novissima reforma judicial, artigo 1:185.º; decreto de 10 de dezembro de 1852, artigo 7.º

§ unico. Exceptuam-se as sentenças que impozerem penas por coimas ou transgressões de posturas municipaes.

ARTIGO 488.º

Os magistrados do ministerio publico deverão interpor sempre o recurso de appellação das sentenças proferidas pelos juizes de direito, que condemnarem em qualquer pena perpetua ou pena maior temporaria excedente a cinco annos.

> Projecto, artigo 908.º; novissima reforma judicial, artigo 1:197.º

§ unico. Os mesmos magistrados poderão interpor este recurso sempre que lhes pareça que as sentenças condemnatorias não foram proferidas em conformidade com a lei penal, devendo expor no requerimento os fundamentos do recurso.

> Projecto, artigos, 908.º, § unico e 910.º

ARTIGO 489.º

A appellação será interposta por termo nos autos, assignado pelas partes ou por seu advogado ou procurador.

§ 1.º O praso para a interposição da appellação é de dez dias contados da intimação da sentença,

> Projecto, artigos 902.º e 909.º; codigo do processo civil, artigo 994.º

§ 2.º Interposta a appellação, o escrivão fará logo o processo concluso ao juiz de direito, o qual a receberá ou negará, segundo competir, e marcará o praso para a extracção do traslado do processo e para a apresentação d'este no tribunal da relação, onde deverão subir os autos originaes, salvo se houver outros co-réus que ainda não fossem julgados, ou se o appellante for algum dos mencionados no n.º 2.º do artigo 440.º

> Projecto, artigos 911.º, 912.º e 915.º; novissima reforma judicial, artigo 681.º, § 11º; codigo do processo civil, artigos 994.º, § 2.º, e 995.º

§ 3.º O despacho que receber ou negar a appellação será logo intimado ao appellante e appellado.

> Projecto, artigo 911.º, § unico; novissima reforma judicial, artigo 681.º, § 16.º; codigo do processo civil, artigo 995.º, § 2.º

ARTIGO 490.º

A appellação suspende a execução da sentença condemnatoria.

> Projecto, artigos 906.º e 909.º; novissima reforma judicial, artigo 1:188.º

ARTIGO 491.º

Recebida a appellação, o escrivão extrahirá o traslado do processo dentro do praso marcado pelo juiz de direito.

§ 1.º O traslado conterá sómente:
1.º O rosto dos autos;
2.º Os depoimentos das testemunhas inquiridas no processo preparatorio;
3.º O despacho de pronuncia;
4.º O libello accusatorio e a contestação escripta;
5.º Os quesitos e respostas do jury;
6.º A sentença condemnatoria.

> Projecto, artigo 914.º; novissima reforma judicial, artigos 681.º § 17.º, e 1:186.º; codigo do processo civil, artigo 998.º

§ 2.º Se o appellante for algum dos mencionados no n.º 2.º do artigo 440.º, o traslado deverá sómente conter o rosto dos autos, a resposta do arguido, a sentença e as demais peças que as partes requererem.

§ 3.º Sendo a appellação interposta de sentença de algum juiz de direito de comarca em que estiver a séde da relação, o traslado conterá as peças do processo indicadas no § antecedente, á excepção dos depoimentos das testemunhas inquiridas no processo preparatorio. N'este caso subirão os autos originaes ao tribunal da relação.

> Novissima reforma judicial, artigo 681.º, § 17.º

§ 4.º Havendo differentes co-réus no processo, e tendo-se extrahido traslado relativo a algum d'elles, deverão sómente ser copiadas as peças ainda não transcriptas que disserem respeito ao co-réu de que se trata.

> Projecto, artigo 914.º

§ 5.º O praso para a extracção do traslado será de dez até quarenta dias, podendo ser prorogado por vinte dias, se o escrivão allegar motivo plausivel para a prorogação.

> Projecto, artigos 875.º e 912.º; novissima reforma judicial, artigo 681.º, § 18.º; codigo do processo civil, artigo 995.º, § 1.º

ARTIGO 492.º

O praso para a apresentação do recurso de appellação no tribunal da relação não excederá a dez dias, se a appellação tiver sido interposta de alguma comarca do continente do reino ou das ilhas adjacentes, que não esteja separada por mar da séde da respectiva relação, e não poderá exceder a quarenta dias, se tiver de subir de comarca separada por mar da séde do mesmo tribunal.

Projecto, artigo 881.º; novissima reforma judicial, artigo 681.º, § 20.º

§ unico. O praso para a apresentação da appellação começa a contar-se, no primeiro caso previsto n'este artigo, depois de findo o praso marcado ao escrivão para extrahir o traslado, e, no segundo caso, desde o dia da saída da primeira embarcação procedente do porto a que pertencer a comarca d'onde subir o recurso com destino ao da cidade em que estiver a séde da relação.

Projecto, artigo 916.º; novissima reforma judicial, artigo 681.º, § 21.º

ARTIGO 493.º

O recurso de appellação poderá ser minutado e contraminutado pelos appellantes e appellados no juizo de direito de primeira instancia ou no tribunal da relação, devendo sel-o sempre n'aquelle juizo, se o appellante for o magistrado do ministerio publico, ou, sendo appellado, se a parte contraria tiver minutado no mesmo juizo.

Codigo do processo civil, artigo 1:004.º

§ 1.º As minutas deverão sempre terminar por uma conclusão, em que se exponham resumidamente os fundamentos do recurso.

Codigo do processo civil, artigo 1:168.º, § 2.º

§ 2.º O praso para as partes minutarem e contraminutarem o recurso de appellação é de dez dias, e se for mais de uma parte, e não tiverem o mesmo advogado, cada uma terá vista pelo mesmo praso.

Codigo do processo civil, artigo 1:168.º, § 1.º

TITULO IV
Da revista

ARTIGO 494.º

O recurso de revista para o supremo tribunal de justiça compete:
1.º Dos accordãos definitivos proferidos pelos tribunaes das relações, havendo nullidade do processo ou nullidade de sentença;

2.º Das sentenças absolutorias proferidas pelos juizes de direito de primeira instancia, havendo nullidade de processo ou nullidade de sentença

> Projecto, artigo 920.º; novissima reforma judicial, artigo 1:163.º; lei (1.ª) de 19 de dezembro de 1843, artigo 1.º

§ 1.º A interposição do recurso de revista não suspende a soltura do réu nos crimes a que corresponder pena correccional, devendo ser immediatamente restituido ao estado de liberdade, se não dever ser detido na cadeia por outro crime ou delicto.

> Novissima reforma judicial, artigo 1163.º, § unico.

§ 2.º Se for imputado ao réu algum crime ou delicto a que corresponda pena maior, e não prestar fiança, sendo admissivel, sómente poderá ser detido na cadeia por espaço de trinta dias contados da interposição do recurso, findos os quaes deverá ser restituido ao estado de liberdade, se não constar por documento authentico ou pela folha oficial do governo que foi concedida a revista.

> Projecto da commissão de legislação da camara dos senhores deputados de 12 de março de 1880, artigo 8.º

ARTIGO 495.º

Dos accordãos proferidos pelos tribunaes das relações em harmonia com a decisão do supremo tribunal de justiça não compete segunda revista.

§ unico. Dos accordãos, porém, que não se conformarem com a opinião do supremo tribunal de justiça compete segundo recurso de revista para este, quaesquer que sejam os seus fundamentos.

> Projecto, artigo 932.º; lei (1.ª) de 19 de dezembro de 1843, artigo 5.º; codigo do processo civil, artigo 1:163.º

ARTIGO 496.º

São applicaveis ao recurso de revista as disposições do artigo 489.º, com a declaração de que o processo deverá ser feito concluso ao juiz relator.

> Projecto, artigos 927.º e 928.º

§ unico. Se este entender que não deve mandar tomar o termo de recurso, ou que o não deve receber, levará o processo á primeira conferencia para se decidir por tres votos conformes se deve, ou não, tomar-se o recurso.

> Projecto, artigos 924.º e 925.º; codigo do processo civil, artigo 1:149.º

ARTIGO 497.º

Sendo o recurso de revista interposto de accordão proferido pelo tribunal da relação, o traslado deverá conter as peças mencionadas no artigo 491.º, e, se for interposto de sentença absolutoria do juiz de direito de primeira instancia, sómente serão copiados o rosto dos autos e a sentença recorrida.

Projecto, artigos 929.º e 930.º; codigo do processo civil, artigo 1:151.º, § 2.º

§ 1.º Na apresentação do recurso de revista no supremo tribunal de justiça observar-se-ha o disposto no artigo 492.º, devendo subir sempre o processo original.

Projecto, artigo 930.º

§ 2.º Havendo diferentes co-réus no mesmo processo, e tendo-se interposto o recurso de revista com relação a uns e o de appellação com relação a outros, subirá o processo original ao supremo tribunal de justiça e o traslado ao respectivo tribunal da relação.

Projecto, artigo 919.º; *Direito*, tom. IX, pag. 529.

ARTIGO 498.º

O recurso de revista póde ser minutado e contraminutado no tribunal da relação ou no supremo tribunal de justiça, devendo observar-se o disposto no artigo 493.º

TITULO V

Do julgamento dos recursos nos tribunaes das relações

CAPITULO I

Disposições geraes

ARTIGO 499.º

Na ordem do serviço e distribuição dos processos que subirem aos tribunaes, das relações observar-se-ha o disposto nos artigos 1:024.º a 1:045.º do codigo do processo civil, com as alterações seguintes.

Projecto, artigos 933.º a 950.º, 959.º a 965.º e 967.º

ARTIGO 500.º

Compete aos presidentes dos tribunaes das relações:
1.º Mandar formar a tabella dos recursos que hão de ser julgados em cada sessão, e que será affixada na porta da sala do tribunal;
2.º Dirigir os trabalhos das sessões;

3.º Manter a ordem e a decencia nas discussões;
4.º Apurar a final o vencimento;
5.º Desempatar com o seu voto, quando não houver vencimento;
6.º Manter a policia do tribunal, competindo-lhes as attribuições estabelecidas no artigo 265.º

> Projecto, artigo 967.º; novissima reforma judicial, artigo 47.º, nos 1.º, 3.º, 11.º e 12.º

CAPITULO II
Do julgamento dos aggravos de petição

ARTIGO 501.º

Os aggravos de petição serão julgados em conferencia por tres votos conformes.

> Projecto, artigo 976.º; novissima reforma judicial, artigo 741.º; codigo do processo civil, artigo 1:067.º, n.º 1.º

ARTIGO 502.º

Distribuido o aggravo, o escrivão o examinará e fará concluso ao juiz relator dentro do praso de vinte e quatro horas depois da distribuição, ou depois de feito o preparo, quando for devido.

> Projecto, artigo 950.º; novissima reforma judicial, artigos 698.º e 1:191.º, codigo do processo civil, artigo 1:070.º

ARTIGO 503.º

O juiz a quem for distribuido algum aggravo deverá, dentro do praso de quarenta e oito horas, examinal-o e por-lhe o visto, datado e assignado.

> Projecto, artigos 968.º e 972.º; novissima reforma judicial, artigo 741.º; codigo do processo civil, artigo 1:072.º

§ unico. Findo este praso, o escrivão cobrará immediatamente o processo e o fará concluso successivamente pelo mesmo praso a cada um dos dois juizes seguintes, que lhe porão o visto, datado e assignado.

> Projecto, artigo 971.º; codigo do processo civil, artigo 1:072.º, § unico.

ARTIGO 504.º

Se alguma das partes juntar algum documento no tribunal da relação, o escrivão continuará logo o processo com vista por quarenta e oito horas ao advogado da parte contraria, se o tiver constituido, e, tendo sido constituidos differentes advogados, cada um d'elles terá vista pelo mesmo praso.

§ unico. Se a juncção do documento se verificar depois de ser visto o aggravo pelos juizes, o escrivão o cobrará e fará concluso aos juizes que não tiveram conhecimento d'elle pelo praso e para o fim declarados no § unico do artigo 503.º

Codigo do processo civil, artigo 1:049.º, § 3.º

ARTIGO 505.º

Se o aggravo versar sobre algum conflicto de jurisdicção ou competencia, e o tribunal da relação se não julgar sufficientemente informado para o decidir, poderá expedir carta de ordem aos juizes de direito em conflicto, marcando-lhes um praso rasoavel para responderem.

Projecto, artigo 982.º; novissima reforma judicial, artigo 743.º; codigo do processo civil, artigo 1:082.º

§ 1.º Findo este praso, o respectivo magistrado do ministerio publico junto dos juizes de direito em conflicto devolverá ao magistrado junto do tribunal da relação a carta de ordem com a resposta dos juizes e quaesquer certidões do processo que estes juntarem, ou certidão da falta d'ella.

Projecto, artigo 983.º, § 1.º; novissima reforma judicial, artigo 743.º § 5.º; codigo processo civil, artigo 1:082.º, § 1.º

§ 2.º O magistrado do ministerio publico que não tiver levantado o conflicto remetterá juntamente com a carta de ordem o seu parecer fundamentado sobre o objecto do conflicto.

Projecto, artigo 982.º, § 2.º; novissima reforma judicial, artigo 743.º, § 5.º

ARTIGO 506.º

O escrivão apresentará o processo na primeira sessão depois de ter findado o praso dos vistos, e o aggravo, depois de incluido em tabella, será julgado em conferencia por tres votos conformes dos juizes presentes.

Codigo do processo civil, artigo 1:073.º

§ 1.º Faltando o juiz relator, servirá por elle o juiz seguinte dos que tiverem visto o processo, mas o aggravo não será julgado sem estarem presentes dois d'estes juizes.

Codigo do processo civil, artigo 1:073.º, § 1.º

§ 2.º Se estiver presente só um dos juizes que tenha visto o aggravo, ficará a decisão deste addiada para a sessão seguinte, devendo n'este intervallo o processo ser visto por outros dois juizes.

Codigo do processo civil, artigo 1:073.º, § 2.º

ARTIGO 507.º

Os juizes poderão discutir em conferencia a materia dos aggravos, faltando em primeiro logar o juiz relator, seguindo-se os juizes adjuntos pela ordem em que tiverem visto o feito, e, se estes não fizerem vencimento, segundo a ordem de precedencia.

Projecto, artigo 977.º; novissima reforma judicial, artigo 711.º

§ unico. Nenhum juiz poderá ser interrompido, nem fallar mais de duas vezes, salvo para modificar ou revogar a opinião que tiver expendido, devendo para este fim pedir licença ao presidente e expor as rasões que o determinaram a mudar de voto.

Projecto, artigo 977.º, § unico; novissima reforma judicil, artigo 711.º

ARTIGO 508.º

O presidente verificará o vencimento, do qual tomará nota o juiz relator com os principaes fundamentos dos juizes vencedores, devendo communical-a aos mesmos juizes para poderem fazer as alterações ou modificações que julgarem necessarias.

Projecto, artigo 978.º; novissima reforma judicial, artigo 712.º

ARTIGO 509.º

O accordão, quer conceda, quer negue provimento no aggravo, deverá conter:
1.º Os nomes e appellidos do aggravante, quando não for o magistrado do ministerio publico;
2.º Um resumido relatorio do objecto do aggravo;
3.º Os fundamentos da decisão, que poderão ser em forma de considerandos;
4.º A data e assignatura dos juizes.

Projecto, artigo 979.º; codigo hespanhol, artigos 87.º, n.º 4.º e 88.º

§ 1.º O accordão será lavrado pelo juiz relator, salvo se ficar vencido, devendo n'este caso sel-o pelo primeiro juiz que fizer vencimento.

Codigo do processo civil, artigo 1:063.º

§ 2.º Os juizes vencidos deverão fazer, em seguida á sua assignatura, a declaração de vencidos, podendo expor concisamente os fundamentos do seu voto.

Projecto, artigo 976.º § 2.º; novissima reforma judicial, artigo 713.º; codigo do processo civil, artigo 1:074.º

§ 3.º A falta de assignatura de qualquer juiz ou da declaração do seu voto não é nullidade, estando o accordão lavrado conforme o vencido; mas qualquer das partes poderá, dentro do praso de vinte e quatro horas, requerer o supprimento d'esta falta.

Codigo do processo civil, artigo 1:063.º § 4.º

§ 4.º O accordão será publicado pelo juiz que o tiver lavrado na mesma sessão em que for decidido.

Codigo do processo civil, artigo 1:074.º

ARTIGO 510.º

O accordão que conceder provimento no aggravo será cumprido pelo juiz de direito de primeira instancia, logo que se apresente certidão d'elle, na qual se declare que passou em julgado.

Codigo do processo civil, artigo 1:075.º

ARTIGO 511.º

Publicado o accordão, poderão as partes dentro do praso de vinte e quatro horas, contadas da intimação, requerer que se declare alguma obscuridade ou ambiguidade que porventura contenha.

Codigo do processo civil, artigo 1:055.º

CAPITULO III
Do julgamento da appellação

SECÇÃO I

Disposições geraes

ARTIGO 512.º

Distribuida a appellação, o escrivão, depois de a examinar e de lavrar termo de exame, a fará conclusa ao juiz relator dentro do praso de vinte e quatro horas depois da distribuição ou de feito o preparo, quando for devido.

Projecto, artigo 950.º

ARTIGO 513.º

Se o réu, ou seja appellante ou appellado, não tiver constituido advogado perante o tribunal da relação, o juiz relator lh'o nomeará, nos termos dos artigos 239.º, 240.º e 241.º, e mandará dar vista ao magistrado do ministerio publico e aos advogados das partes, tendo sempre vista o appellante em primeiro logar.

Projecto, artigos 951.º, 953.º e 954.º; novissirna
reforma judicial, artigo 700.º; codigo do processo civil,
artigo 1:049.º

§ 1.º O praso da vista é de dez dias para o appellante e de outros dez para o appellado.

§ 2.º Se houver mais de um appellante ou appellado, e tiverem sido constituidos ou nomeados differentes advogados, cada um d'elles terá vista pelo praso de dez dias.

Codigo do processo civil, artigo 1:049.º, § 2.º

ARTIGO 514.º

Ainda que a appellação tenha sido minutada no juizo de direito de primeira instancia, poderão o appellante e appellado deduzir nullidades e excepções peremptorias, e fazer as condições que se lhes offerecerem sobre a natureza e duração da pena.

Projecto, artigo 955.º; lei de 18 de julho de 1855, artigo 15.º

§ unico. No mesmo acto poderão tomar os apontamentos necessarios para a discussão, na qual poderão deixar de comparecer, se tiverem feito allegação por escripto àcerca da natureza ou duração da pena

Projecto, artigo 956.º; lei de 18 de julho de 1855, artigo 15.º; decreto de 23 de junho de 1870, artigo 11.º

ARTIGO 515.º

Se alguma das partes juntar algum documento no tribunal da relação, observar-se-ha o disposto no artigo 504.º

Codigo do processo civil, artigo 1:049.º, § 3.º

ARTIGO 516.º

Findo o praso marcado no artigo antecedente, o escrivão cobrará o processo e o fará concluso ao juiz relator, o qual examinará o recurso dentro do praso de oito dias e lhe porá o visto, datado e assignado.

Projecto, artigos 972.º e 989.º § 1.º; lei de 18 de julho de 1855, artigo 16.º

ARTIGO 517.º

Se as partes deduzirem ou o juiz relator notar alguma nullidade, ou se houver algum aggravo no auto do processo, levará o processo á primeira sessão do tribunal para em conferencia se tomar a decisão que se vencer por tres votos conformes.

Projecto, artigo 987.º; lei de 18 julho de 1855, artigo 15.º, § 1.º

§ 1.º Se as nullidades forem julgadas suppriveis, ou se o aggravo no auto do processo tiver provimento, o tribunal mandará proceder aos actos e diligencias necessarias para o descobrimento da verdade antes de visto o processo pelos juizes .

Lei de 18 de julho de 1855, artigo 15.º, § 2.º

§ 2.º Sendo as nullidades julgadas insuppriveis, o processo será julgado nullo total ou parcialmente, salvos os documentos, e a causa será de novo instaurada ou continuada no mesmo processo, segundo se vencer.

Projecto, artigos 973.º e 988.º; lei de 18 de julho de 1855, artigo 15.º; § 3.º

§ 3.º Decidindo o tribunal que não procedem as nullidades deduzidas ou notadas, ou negando provimento ao aggravo no auto do processo, lavrar-se-ha o respectivo accordão.

>Projecto, artigos 987.º, § unico, e 989.º

ARTIGO 518.º

Não tendo sido deduzidas ou notadas nullidades ou desattendidas as que o tiverem sido, o escrivão, findo o praso fixado no artigo 516.º, cobrará o processo e o fará concluso successivamente a cada um dos dois juizes seguintes, que lhe porão tambem o *visto,* datado e assignado, e, depois de o cobrar do ultimo, o fará logo concluso ao relator, que o declarará prompto para ser inscripto em tabella para julgamento.

>Projecto, artigo 989.º, § 1.º; lei de 18 de julho de 1855, artigo 16.º

ARTIGO 519.º

Logo que o recurso tenha o numero de tres *vistos* o guarda mór organisará uma tabella com declaração do dia da sessão em que deve ser julgado, devendo o escrivão a quem tiver sido distribuido dirigir cartas de aviso aos juizes e magistrado do ministerio publico e intimar os advogados das partes do dia designado para o julgamento.

>Projecto, artigo 966.º; novissima reforma judicial, artigos 705.º e 706.º

ARTIGO 520.º

Nenhum recurso de appellação poderá ser julgado sem que estejam presentes ao julgamento cinco juizes, tres dos quaes o tenham visto, e o magistrado do ministerio publico, que tenha visto o processo, ou que se declare habilitado para a discussão, salvo o disposto no § unico do artigo 514.º

>Projecto, artigo 986.º, n.º 2.º; novissima reforma judicial, artigo 1:186.º, § unico; lei de 18 de julho de 1855, artigo 16.º

ARTIGO 521.º

Salvo o disposto no artigo 260.º, os recursos de appellação serão julgados em sessão publica, sendo applicavel ao julgamento o disposto nos artigos 261.º a 265.º

§ unico. Nos casos previstos no artigo 260.º, o tribunal decidirá por accordão em conferencia que a sessão seja secreta, conservando-se sómente n'ella as pessoas a que o mesmo artigo se refere.

ARTIGO 522.º

A discussão da appellação começará pelo relatorio, verbal ou escripto, que deverá conter uma exposição exacta e resumida dos factos criminosos imputados aos réus e das circumstancias aggravantes ou attenuantes que os revestirem, e da materia da defeza.

>Projecto, artigo 991.º; novissima reforma judicial, artigo 707.º

§ unico. O relatorio escripto nunca se juntará ao processo.

>Projecto, artigo 991.º; novissima reforma judicial, artigo 707.º

ARTIGO 523.º

Terminado o relatorio, o juiz relator concederá a palavra ao magistrado do ministerio publico e aos advogados das partes, devendo faltar em primeiro logar o appellante e observar-se nos debates o disposto nos artigos 299.ºa 302.º, com a declaração de que não poderá ser apreciada a prova dos factos que o jury declarar provados.

>Projecto, artigos 992.º a 996.º; novissima reforma judicial, artigos 708.º e 709.º

ARTIGO 524.º

Finda a discussão, os juizes passarão á sala das conferencias, onde será julgada a appellação por tres votos conformes, nos termos dos artigos 506.º a 508.º, podendo ainda o tribunal conhecer de alguma nullidade, que não tenha sido deduzida pelas partes ou notada pelos juizes.

No caso de empate votará o presidente.

>Projecto, artigo 997.º; novissima reforma judicial, artigo 710.º

§ unico. Faltando o juiz relator, servirá por elle o primeiro dos tres juizes presentes que tiver posto o *visto* no processo.

ARTIGO 525.º

Se o julgamento da appellação recair em processo, em que tenha sido concedida a revista em virtude de nullidade de sentença, a decisão do tribunal da relação vencer-se-ha por tres votos conformes, se seguir a mesma opinião do supremo tribunal de justiça, e por cinco votos conformes, se seguir opinião diferente.

>Projecto, artigo 1:010.º; lei (1.ª) de 19 de dezembro de 1843, artigo 4.º; lei de 18 de julho de 1855, artigo 17.º; codigo do processo civil, artigo 1:163.º

ARTIGO 526.º

Da decisão que se vencer tomará nota o juiz relator, nos termos do artigo 508.º, e se lavrará na sala das conferencias o respectivo accordão, que deverá conter o que se acha determinado no artigo 509.º, e será publicado pelo juiz relator na mesma sessão em que for proferido.

>Projecto, artigo 1:000.º; novissima reforma judicial, artigo 715.º

§ unico. Quando, porém, pela natureza do recurso ou pela duração da sessão não poder lavrar-se o accordão na sessão em que se vencer a decisão, poderá ser lavrado e publicado na sessão seguinte, escrevendo logo o juiz relator por lembrança a decisão, que será assignada pelos juizes no livro respectivo rubricado pelo presidente.

> Projecto, artigo 999.º; novissima reforma judicial, artigo 714.º

ARTIGO 527.º

Publicado o accordão, se as partes entenderem que contém alguma obscuridade ou ambiguidade, observar-se-ha o disposto no artigo 511.º

ARTIGO 528.º

Incumbe aos magistrados do ministerio publico junto dos tribunaes de segunda instancia promover a execução dos accordãos por elles proferidos, em conformidade com o disposto nos artigos 353.º a 363.º

> Projecto, artigo 1:016.º

§ unico. Para os effeitos d'este artigo, o juiz relator mandará expedir carta de ordem, na qual será transcripto o accordão exequendo, devendo n'ella dar commissão ao respectivo juiz de direito para mandar tomar qualquer recurso interposto pelas partes.

SECÇÃO II

Do julgamento da appellação no caso de sentenças contraditorias

ARTIGO 529.º

Pendendo em algum dos tribunaes das relações differentes sentenças condemnatorias proferidas contra dois ou mais réus, as quaes, longe de se poderem conciliar, constituam a prova da innocencia de um dos condemnados, e, não tendo sido ainda julgado nenhum dos processos, o respectivo magistrado do ministerio publico promoverá officiosamente, ou a requerimento de algum dos condemnados, que os processos se appensem ao que primeiramente tiver sido distribuido, a fim de que o tribunal possa apreciar as sentenças.

> Projecto, artigo 1:002.º; novissima reforma judicial, artigo 1:264.º; codigo de justiça militar, artigos 410.º e 411.º

§ 1.º Feitos os autos conclusos ao juiz a quem primeiramente tiver sido distribuido um dos processos, o qual ficará sendo relator de todos, mandará este continual-os com vista pelo praso de quinze dias ao magistrado do ministerio publico e por igual praso a cada um dos advogados da parte accusadora e dos réus, para allegarem por escripto o que julgarem conveniente.

> Projecto, artigo 1:003.º

§ 2.º Findo este praso, serão cobrados os autos e conclusos ao juiz relator, e a cada um dos juizes do tribunal, pelo praso de oito dias, e em conferencia se designará o dia do julgamento, que deverá verificar-se em secções reunidas do tribunal, vencendo-se as decisões por maioria absoluta de votos.

Projecto, artigos 1:004.º e 1:006.º

§ 3.º Decidindo o tribunal que as sentenças não podem conciliar-se, as annullará e designará um juizo de direito de primeira instancia, differente dos primeiros, no qual os réus serão todos conjunctamente accusados e julgados.

Projecto, artigo 1:007.º; novissima reforma judicial, artigo 1:264.º; codigo de justiça militar, artigo 410.º, § unico.

TITULO VI
Do julgamento dos recursos no supremo tribunal de justiça

CAPITULO I
Disposições geraes

ARTIGO 530.º

Na ordem de serviço e distribuição dos processos que subirem em recurso de revista ao supremo tribunal de justiça observar-se-ha o disposto nos artigos 1:153.º a 1:167.º do codigo do processo civil, com as alterações seguintes.

Projecto, artigos 1:028.º e 1:029.º

ARTIGO 531.º

Competem ao presidente do supremo tribunal de justiça as attribuições que pelo artigo 500.º pertencem aos presidentes dos tribunaes das relações.

Projecto, artigo 1:030.º

CAPITULO II
Do julgamento dos aggravos no supremo tribunal de justiça

ARTIGO 532.º

No julgamento dos aggravos no supremo tribunal de justiça observar-se-ha o disposto nos artigos 501.º a 511.º

Codigo do processo civil, artigo 1:172.º

CAPITULO III
Do julgamento dos recursos de revista no supremo tribunal de justiça

SECÇÃO I
Disposições geraes

ARTIGO 533.º

Ao julgamento dos recursos de revista no supremo tribunal de justiça são applicaveis as disposições dos artigos 512.º a 528.º, com a declaração de que o recurso será sempre visto por cinco conselheiros juizes, dos quaes tres, pelo menos, serão presentes ao julgamento.

Projecto, artigo 1:032.º; codigo do processo civil, artigo 1:169.º

§ unico. Se o magistrado do ministerio publico ou os advogados das partes fizerem algum requerimento, o conselheiro juiz relator levará o processo á conferencia para se tomar a competente decisão, que se vencerá por tres votos conformes.

Novissima reforma judicial, artigo 803.º; codigo do processo civil, artigo 1:168.º, § 3.º

ARTIGO 534.º

Salvo o caso previsto no artigo 260.º, o conselheiro juiz relator fará em sessão publica uma exposição resumida dos fundamentos do recurso, concedendo a palavra ao magistrado do ministerio publico e aos advogados das partes para fazerem as suas allegações oraes, se as não tiverem feito por escripto.

§ unico. As allegações oraes ou escriptas sómente poderão versar sobre nullidades do processo ou de sentença, e sobre a procedencia ou improcedencia de alguma excepção peremptoria.

Projecto, artigo 1:032.º; lei (1.ª) de 19 de dezembro de 1843, artigo 12.º

ARTIGO 535.º

O tribunal passará em seguida á sala das conferencias, onde serão discutidos e votados os fundamentos do recurso, vencendo-se a decisão por tres votos conformes, votando em primeiro logar os conselheiros que tiverem visto o processo o depois os seguintes até haver vencimento.

No caso de empate votará o presidente.

Codigo do processo civil, artigo 1:170.º, § unico.

ARTIGO 536.º

Na redacção do accordão observar-se-ha o disposto no artigo 526.º

Codigo do processo civil, artigo 1:167.º

ARTIGO 537.º

Se o supremo tribunal de justiça annullar o processo, mandará proceder á sua reforma no mesmo juizo ou no mesmo tribunal da relação, ou em outro juizo ou tribunal, segundo julgar conveniente.

> Projecto, artigo 1:037.º; lei (1.ª) de 19 de dezembro de 1843, artigo 2.º; codigo do processo civil, artigo 1:160.º

ARTIGO 538.º

Decidindo o supremo tribunal de justiça que é nullo o accordão proferido pelo tribunal da relação, mandará julgar de novo a causa, ou na mesma relação, se n'ella houver o numero de juizes necessarios para que possa ser julgada por juizes diversos d'aquelles que intervieram no accordão annullado, ou por outro tribunal de relação, conforme julgar conveniente.

> Projecto, artigos 1:033.º e 1:038.º; lei (1.ª) de 19 de dezembro de 1843, artigo 3.º; codigo do processo civil, artigo 1:161.º

ARTIGO 539.º

Se o supremo tribunal de justiça, em segundo recurso de revista, annullar o accordão da relação por ser proferido contra direito, mandará remetter o processo á mesma relação, a qual julgará a causa em harmonia com a decisão de direito proferida por aquelle tribunal.

> Lei (1.ª) de 19 de dezembro de 1843, artigo 5.º, § 2.º; codigo do processo civil, artigo 1:164.º

§ unico. O segundo recurso sómente poderá ser decidido em sesssão plena do supremo tribunal de justiça, por maioria absoluta de votos.

> Codigo do processo civil, artigo 1:163.º, § unico.

SECÇÃO II

Do julgamento da revista nos casos de sentenças contradictorias, falso testemunho, corrupção ou peita de jurados e de existir a pessoa que o processo declara morta

ARTIGO 540.º

Tendo algum dos magistrados do ministerio publico junto do supremo tribunal de justiça conhecimento de que differentes co-réus foram condemnados como auctores ou cumplices do mesmo crime, por differentes sentenças, as quaes, longe de poderem conciliar-se, constituam a prova da innocencia de algum dos condemnados, promoverá em conformidade com o disposto no artigo 529.º, devendo em seguida observar-se o que se acha determinado nos §§ 1.º, 2.º e 3.º do mesmo artigo.

> Projecto, artigo 1:040.º; novissima reforma judicial, artigos 825.º, 826.º e 1:263.º; codigo de justiça militar, artigos 410.º e 411.º

ARTIGO 541.º

Se depois da sentença condemnatoria o réu querelar por crime de falso testemunho contra alguma testemunha que depozesse no processo de julgamento e houver pronuncia obrigatoria passada em julgado, o supremo tribunal de justiça mandará suspender a execução da sentença, sobre promoção do respectivo magistrado do ministerio publico junto d'elle, ou a requerimento do réu.

§ 1.º Sendo as testemunhas condemnadas por sentença passada em julgado, o mesmo magistrado do ministerio publico promoverá que sejam remettidos ao supremo tribunal de justiça o processo em que o réu foi condemnado e aquelle em que o foram as testemunhas.

§ 2.º Verificando o supremo tribunal de justiça em sessão plena, que a testemunha foi condemnada por crime de falso testemunho prestado contra o réu na audiencia de julgamento, annullará a sentença condemnatoria contra elle proferida, e remetterá o processo a um juizo de direito de primeira instancia diverso d'aquelle em que os réus e a testemunha tiverem sido condemnados, a fim de se proceder a nova accusação e julgamento.

§ 3.º Na discussão da causa não poderá ser inquirida a testemunha condemnada pelo crime de falso testemunho, sob pena de nullidade.

> Projecto, artigo 1:043.º; novissima reforma judicial, artigo 1:265.º; codigo de justiça militar, artigo 412.º

ARTIGO 542.º

Nenhum réu condemnado poderá requerer procedimento criminal contra as testemunhas por crime de falso testemunho contra elle prestado na audiencia de julgamento, se não tiver requerido a formação do auto, de que trata o § 2.º do artigo 352.º

> Projecto, artigo 1:044.º; novissima reforma judicial, artigo 1:267.º

ARTIGO 543.º

Proceder-se-ha pela fórma determinada no artigo 541.º, quando o réu condemnado requerer procedimento criminal pelos crimes de corrupção ou peita contra algum dos jurados que interviesse no seu julgamento.

> Projecto, artigo 1:045.º; novissima reforma judicial, artigos 827.º e 1:268.º; codigo de justiça militar, artigo 412.º

ARTIGO 544.º

Se se verificar por exame de peritos e inquirição de tres ou mais testemunhas, com assistencia do magistrado do ministerio publico, que existe a pessoa que o processo affirma ter fallecido em virtude de crime ou delicto de que resultou a morte, proceder-se-ha pela fórma decretada no artigo 540.º, com a declaração de que o réu será julgado na mesma comarca.

TITULO VII
Dos embargos

ARTIGO 545.º

Os accordãos do supremo tribunal de justiça não admittem outro recurso senão o de embargos.

Lei (1.ª) de 19 de dezembro de 1843, artigo 13.º;
codigo do processo civil, artigo 1:176.º

§ unico. Este recurso será interposto, processado e julgado, segundo o disposto no § 1.º do artigo 1:176.º do codigo do processo civil.

ÍNDICE

Exposição de motivos do Projecto de Codigo do Processo Criminal 237

LIVRO I
DISPOSIÇÕES GERAES

TITULO I	*Das acções provenientes da infracção da lei penal*	277
TITULO II	*Das causas suspensivas e extinctivas das acções provenientes da infracção da lei penal*	280
CAPITULO I	*Disposições geraes*	280
CAPITULO II	*Das excepções*	281
TITULO III	*Da competencia*	284
CAPITULO I	*Disposições geraes*	284
CAPITULO II	*Dos juizes e tribunaes criminaes*	288
CAPITULO III	*Dos magistrados que exercem a acção criminal*	290
CAPITULO IV	*Dos escrivães e secretarios*	292
TITULO IV	*Dos actos e termos do processo criminal*	292
TITULO V	*Das custas*	294
TITULO VI	*Das nullidades*	294
TITULO VII	*Das provas*	296

LIVRO II
DA FÓRMA DO PROCESSO CRIMINAL

PARTE I
Do processo criminal preparatorio

TITULO PRELIMINAR	*Do conhecimento judicial dos crimes ou delictos*	297
TITULO I	*Disposições geraes*	300
TITULO II	*Da querela*	301
TITULO III	*Da prova no processo criminal preparatorio*	304
CAPITULO I	*Da confissão das partes*	304
CAPITULO II	*Dos exames e vistorias*	304
SECÇÃO I	*Dos exames*	304
SECÇÃO II	*Das vistorias*	304
CAPITULO III	*Da prova documental*	311
CAPITULO IV	*Da prova testemunhal*	312
CAPITULO V	*Dos indicios ou presumpções*	321

TITULO IV	Do reconhecimento da identidade do delinquente, armas, instrumentos e objectos do crime	321
TITULO V	Da pronuncia	322
TITULO VI	Da prisão	324
TITULO VII	Da busca	331
TITULO VIII	Da fiança	336
TITULO IX	Dos interrogatorios	342

PARTE II
Do processo accusatorio

TITULO UNICO	....	346
CAPITULO I	Disposições geraes	346
CAPITULO II	Da accusação	348
CAPITULO III	Da defeza	353

PARTE III
Do processo de julgamento

DIVISÃO I
Do julgamento dos crimes ou delictos a que correspondem penas maiores

TITULO I	Disposições geraes	354
TITULO II	Da audiencia geral	355
TITULO III	Da discussão da causa	358
CAPITULO I	Disposições geraes	358
CAPITULO II	Da constituição do jury	360
CAPITULO III	Da prova da accusação e da defeza	364
CAPITULO IV	Dos debates	369
TITULO IV	Dos quesitos	371
CAPITULO I	Da proposição dos quesitos	371
CAPITULO II	Das decisões e respostas do jury	375
TITULO V	Do segundo julgamento no caso de serem annulladas por iniquas as respostas do jury	380
TITULO VI	Da sentença	381
TITULO VII	Da fiança posterior á sentença	384
TITULO VIII	Da accusação e julgamento dos crimes e dos delictos commettidos ou descobertos durante a audiencia geral	384
TITULO IX	Da execução da sentença	386
CAPITULO I	Disposições geraes	386
CAPITULO II	Das causas suspensivas da execução da sentença	390
SECÇÃO I	Disposições geraes	390

SECÇAO II	*Do reconhecimento da identidade do condemnado*	391
TITULO X	*Da accusação e julgamento dos réus ausentes e contumazes*	393

DIVISÃO II
**Do julgamento dos crimes ou delictos
a que correspondem penas correccionaes**

TITULO UNICO	*Da forma de processo do julgamento dos crimes ou delictos a que correspondem penas correccionaes*	396

DIVISÃO III
**Do julgamento das contravenções, coimas e transgressões
de posturas municipaes**

TITULO UNICO	*Da forma de processo do julgamento das contravenções, coimas e transgressões de posturas municipaes*	397

LIVRO III
DOS PROCESSOS ESPECIAES

TITULO I	*Da fórma do processo criminal contra os membros da familia real, ministros e secretarios d'estado, conselheiros d'estado, pares do reino e deputados da nação*	401
CAPITULO I	*Do processo preparatorio*	401
CAPITULO II	*Do processo accusatorio e de julgamento*	402
TITULO II	*Da fórma do processo criminal contra os embaixadores, ministros plenipotenciarios, ministros residentes e agentes diplomaticos das nações estrangeiras*	405
CAPITULO I	*Do processo preparatorio*	405
CAPITULO II	*Do processo accusatorio e de julgamento*	405
TITULO III	*Da fórma do processo criminal contra os magistrados judiciaes e do ministerio publico*	406
CAPITULO I	*Da fórma do processo criminal nos crimes ou delictos comettidos pelos magistrados judiciaes e do ministerio publico no exercicio de suas funcções*	406
SECÇÃO I	*Disposições geraes*	406
SECÇÃO II	*Do processo preparatorio*	406
SECÇÃO III	*Do processo accusatorio e de julgamento*	409
CAPITULO II	*Da fórma do processo criminal nos crimes ou delictos commettidos pelos magistrados judiciaes e do ministerio publico fóra do exercicio de suas funcções*	410
SECÇÃO I	*Do processo preparatorio*	410
SECÇÃO II	*Do processo accusatorio e de julgamento*	411

TITULO IV	Do julgamento das faltas que não são qualificadas crimes ou delicto commettidas pelos juizes, empregados judiciaes e advogados...	412
CAPITULO I	Da jurisdicção disciplinar..	412
CAPITULO II	Da fórma do processo da repressão das faltas que revelam esquecimento e desprezo da dignidade da magistratura e do zeloso cumprimento dos deveres..	414
CAPITULO III	Da fórma do processo da repressão das faltas commettidas nos processos criminaes pelos juizes de direito, de primeira instancia, empregados judiciaes e advogados...................................	417

LIVRO IV
DOS RECURSOS

TITULO I	Disposições geraes...	419
TITULO II	Do aggravo...	422
CAPITULO I	Do aggravo no auto do processo...	422
CAPITULO II	Do aggravo de petição para o tribunal da relação..............	422
CAPITULO III	Do aggravo de petição para o supremo tribunal de justiça...........	426
TITULO III	Da appellação...	427
TITULO IV	Da revista...	429
TITULO V	Do julgamento dos recursos nos tribunaes das relações................	431
CAPITULO I	Disposições geraes..	431
CAPITULO II	Do julgamento dos aggravos de petição...............................	432
CAPITULO III	Do julgamento da appellação...	435
SECÇÃO I	Disposições geraes...	435
SECÇÃO II	Do julgamento da appellação no caso de sentenças contraditorias	435
TITULO VI	Do julgamento dos recursos no supremo tribunal de justiça..........	440
CAPITULO I	Disposições geraes...	440
CAPITULO II	Do julgamento dos aggravos no supremo tribunal de justiça........	440
CAPITULO III	Do julgamento dos recursos de revista no supremo tribunal de justiça..	441
SECÇÃO I	Disposições geraes...	441
SECÇÃO II	Do julgamento da revista nos casos de sentenças contradictorias, falso testemunho, corrupção ou peita de jurados o de existir a pessoa que o processo declara morta..................................	442
TITULO VII	Dos embargos...	444

VIII - Terceiro Projecto Navarro de Paiva

PROJECTO

DE

CODIGO DO PROCESSO PENAL

REDIGIDO

POR

NAVARRO DE PAIVA

Do conselho de Sua Magestade, juiz de direito de segunda instancia,
procurador regio junto da relação do Porto,
socio correspondente da academia real das sciencias de Lisboa,
da associação dos advogados e do instituto de Coimbra

LISBOA
IMPRENSA NACIONAL
1886

EXPOSIÇÃO JUSTIFICATIVA

DO

PROJECTO DE CODIGO DO PROCESSO PENAL

I

Elementos de que se compõe o codigo repressivo. – Imperfeições e defeitos do codigo penal de 10 de dezembro de 1852. – Insufficiencia repressiva da nova reforma penal de 14 de junho de 1884. – Necessidade de uma repressão mais energica. – Providencias do governo para a reforma do codigo do processo penal. – Projecto de codigo do processo criminal do auctor publicado em 1874. – Projecto definitivo do codigo do processo criminal do auctor publicado em 1882. – Justificação da denominação de codigo do processo penal.

O codigo repressivo comprehende a incriminação dos factos ou omissões, a sancção da violação dos direitos individuaes e sociaes, e os meios de verificar aquelles e de tornar effectiva a punição dos seus agentes responsaveis.

A lei evolutiva das sociedades tornou necessaria, impreterivel, urgente a reforma da nossa legislação penal, que no derradeiro quartel d'este seculo desdizia e destoava da lenidade dos nossos costumes, do adiantamento da nossa civilisação e dos sensiveis progressos da sciencia do direito penal.

Se o codigo penal promulgado em 10 de dezembro de 1852 foi uma transição dos principios deshumanos, crueis e repugnantes das ordenações do reino de 1603 para um regimen mais suave, racional e civilisador, se não póde dizer-se que fosse a exacta expressão das ideas que vogavam n'aquella epocha, não póde desconhecer-se que foi um passo firme dado no caminho do progresso, uma homenagem á dignidade humana, um melhoramento sensivel no nosso direito penal.

Confrontadas, porém, as suas provisões com os progressos da sciencia do direito penal, com o grau de desenvolvimento da sociedade contemporanea e com o estado actual da nossa civilisação, longe de serem a expressão exacta e correcta das ideas da nossa epocha, são a mais formal negação dos principios generosos e geralmente aceitos pela philosophia e pela sciencia do direito penal.

A execução do codigo penal durante o espaço de trinta e dois annos proporcionou aos magistrados incumbidos da sua applicação e aos jurisconsultos que o meditaram e analysaram diuturno espaço para conhecerem praticamente os seus defeitos, incongruencias e omissões, quer com relação á natureza e elementos constitutivos da incriminação dos factos, quer com relação á parte punitiva dos mesmos.

Essas imperfeições e defeitos, expostos nos relatorios dos magistrados e discutidos na imprensa juridica, chamaram e excitaram de tal arte a attenção dos poderes publicos, que a breve trecho foi reconhecida a impreterivel necessidade de prover de remedio sobre tão momentoso assumpto, sendo nomeadas por decretos de 30 de dezembro de 1857, 13 e 20 de janeiro de 1870 e 8 de dezembro do 1874 commissões encarregadas de rever o codigo penal em harmonia com a lei de 1 de julho de 1867.

Espiritos esclarecidos reconheceram o importante serviço prestado ao paiz pela illustrada commissão nomeada por decretos de 10 de dezembro de 1845 e 8 de agosto de 1850 para redigir o codigo penal; e, se affirmaram que «o codigo penal de 10 de dezembro de 1852 é severo e por vezes draconiano, posto que fosse promulgado para vigorar em um paiz de costumes doces, de indole branda e de espirito misericordioso[1], se opinaram que a obra legislativa de 1852 não póde nem deve ser esquecida, nem póde ser posto em duvida o seu merecimento, reconhecem igualmente que desde esta epocha até hoje a sciencia tem percorrido novos e dilatados horisontes[2].»

É partilha da humanidade a imperfeição, que imprime o seu sêllo em todas as obras que sáem da mão do homem, e portanto não é para estranhar que o codigo penal de 1852 contenha defeitos, lacunas e outros senões, que actualmente, á luz de mais avançada philosophia, de mais esclarecido criterio e sob o influxo de um regimen liberal sempre crescente e progressivo, sobem de ponto e tomam maior vulto.

Determinado por estas considerações e convencido de que a missão do legislador consiste em converter em lei as tendencias naturaes da epocha em que vive, um illustrado ex-ministro da justiça publicou a nova reforma penal de 14 de junho de 1884, em que são abolidas as penas *perpetuas,* que considera uma injustiça, por não serem proporcionadas ao damno causado na ordem moral da sociedade, que é sempre transitorio e temporario[3].

Reconhecendo a vigorosa e esclarecida iniciativa do illustrado ex-ministro da justiça, auctor da nova reforma penal, que mirou a substituir um systema penal mais suave e racional consoante a lenidade dos nossos costumes e as tendencias humanitarias da nossa epocha, não hesitâmos comtudo em affirmar que, se a theoria da perpetuidade das penas encontra adversarios poderosos[4], conta tambem ainda hoje adeptos convictos[5], sendo nossa firme convicção que a adopção de um systema penal mais energicamente repressivo salvaguardaria mais efficazmente os interesses da sociedade sem compromitter os direitos da innocencia.

A intimidação preventiva, que é o fim generoso e protector da lei penal, exige duas condições essenciaes: sufficiencia das penas, e promptidão e efficacia do procedimento penal.

Não o dissimularemos: afigura-se-nos insufficiente, como intimidação preventiva, a penalidade estatuida na nova reforma penal de 14 de junho de 1884, refundida no codigo penal de 16 de setembro ultimo.

Parece-nos arriscada e perigosa a transição rapida das penas *perpetuas* para as penas *fixas.* Se para alguns criminosos poderá ser expiação sufficiente o lapso de vinte e cinco

---

[1] Relatorio da nova reforma penal publicado no *Diario da camara dos senhores deputados* de 10 de março de 1884, pag. 592.
[2] Parecer da commissão de legislação da camara dos dignos pares, publicado no *Diario* n.º 67, pag. 505.
[3] *Diario da camara dos senhores deputados*, sessão de 10 de março de 1884, pags. 598 e 599.
[4] D. Joaquim Pacheco, El codigo penal concordado, tom. I, pag. 332.
[5] *Chauveau et Hélie*,Théorie du code pénal, tom. I, n.ºs 130 a 139, éd. de Bruxelles,1844.
Sr. Garraud, Précis de droit criminel, n.º 347, Ire éd.; n.º 179, 2me éd.
Sr. *Mártens Ferrão*, Diario da camara dos dignos pares, n.º 67, de 9 de maio de 1884, pag. 530.
Sr. *Júlio de Vilhena*, Diario da camara dos senhores deputados, sessão de 29 de dezembro de 1884, pag. 1886.

annos, que póde elevar-se a vinte e oito, e, nos casos extraordinarios, a trinta e um; se a perturbação e o abalo social poderão parecer restabelecidos, decorrido que seja este periodo diuturno, para outros delinquentes callejados no crime ou dotados de instinctos preversos, o mesmo periodo será insufficiente expiação.

Aos que objectarem com os inconvenientes de que as penas *perpetuas* são um obstaculo á regeneração do criminoso, responderemos que no poder moderador existe o meio correctivo, concedendo a commutação ou o perdão ao delinquente, quando n'elle se haja restabelecido o estado de direito.

Quanto á outra condição, a promptidão e efficacia do procedimento penal, não póde por certo ser attingida com a legislação que actualmente vigora sobre a fórma do processo penal, cuja insufficiencia tantas vezes tem sido reconhecida pelos poderes publicos.

A lei de 25 de abril de 1835 offerecendo uma gratificação ao auctor de um projecto de codigo criminal, que deveria comprehender o codigo criminal propriamente dito e do processo criminal, e os decretos de 6 de julho de 1853, de 30 de dezembro de 1857 e 13 de janeiro de 1870, nomeando differentes commissões para a reforma do codigo do processo penal, mostram evidentemente que os poderes publicos têm reconhecido a impreterivel necessidade de remodelar esta importantissima parte da legislação do nosso paiz.

É, porém, decorrido meio seculo depois do estabelecimento do systema constitucional, sem que se haja conseguido esta reforma. Convencido de que ella não póde ser por mais tempo adiada, sem compromett_er os sacratissimos direitos da innocencia e os mais graves interesses da sociedade, elaborámos em 1874 um *Projecto de codigo do processo criminal* que ficou concluido em 1 de agosto do mesmo anno. Sendo mandado imprimir pelo illustrado ministro que n'aquella epocha geria os negocios da justiça, foi nomeada por decreto de 1 de maio de 1875 uma commissão composta de nove membros de que fizemos parte, incumbida de formular um projecto do codigo do processo criminal, tomando por base o nosso *Projecto* e as disposições da novissima reforma judicial.

Convencido de que as occupações officiaes dos magistrados e o exercicio da advocacia dos illustrados vogaes que a constituiam não lhes deixava o tempo necessario para coordenar as suas idéas e organisar um projecto de codigo do processo criminal, redigimos um novo projecto, que intitulámos *Projecto definitivo de codigo do processo criminal*, cuja impressão se concluiu em 29 de maio de 1882, adoptando uma divisão de materias em harmonia com o codigo do processo civil.

O nosso primeiro *Projecto* comprehende quatro livros, que se inscrevem:
1.º Das acções;
2.º Da policia judiciaria;
3.º Da competencia;
4.º Dos recursos.

Ainda hoje estâmos convencidos de que esta divisão de materias era racional e philosophica e de todo o ponto consoante com a natureza e indole do processo penal.

Depois de havermos estatuido os principios geraes, que regulam as acções que resultam da infracção da lei penal, e que, tendo a mesma origem, tendem comtudo a fins diversos, depois de nos occuparmos das regras geraes relativas ás excepções, que são os meios de extinguir ou differir o andamento d'aquellas, entendemos que, antes de se tratar da competencia, de se assegurar o juiz da sua jurisdicção e de recorrer ás formalidades estabelecidas na lei para verificar a infracção e descobrir os seus agentes responsaveis, havia como que uma situação preliminar, que não admitte delongas e durante a qual o juiz sómente póde e deve tratar de verificar a existencia da infracção, colligir todos os vestigios que d'ella restam e apprehender o presumido delinquente. Tal é o objecto da policia judiciaria. Só depois de terminado este periodo é que podem rasoavelmente suscitar-se questões de competencia e de fórma de processo, que demandam detido exame e reflectida attenção.

Não sendo aceita esta divisão de materias pela illustrada commissão revisora, adoptámos, por transacção e com algumas modificações, a que ella produz em sessão de 5 de outubro de 1877, ficando o nosso *Projecto difinitivo* dividido em quatro livros, que se inscrevem:

1.º Disposições geraes;
2.º Da fórma do processo criminal;
3.º Dos processos especiaes;
4.º Dos recursos.

Sobrevindo a nova reforma penal de 14 de junho de 1874, tivemos ensejo de ponderar em junho de 1885 ao illustrado ministro, que então estava interinamente encarregado da pasta da justiça, que o nosso *Projecto definitivo* carecia de ser harmonisado com a mencionada nova reforma penal. Conformando-se este distincto estadista com esta indicação, manifestou-nos o desejo de dotar o paiz com um codigo do processo penal, consoante os principios mais racionaes da sciencia e em conformidade com aquella lei.

Tendo cessado a interinidade da gerencia da pasta da justiça, o illustrado ministro que d'ella foi encarregado incumbiu-nos de elaborar um novo projecto em harmonia com a citada nova reforma penal.

Subindo ao poder o actual governo, o distincto jurisconsulto, a quem coube a pasta da justiça, affirmou desde logo a firme resolução de que se achava possuido de concorrer com a efficacia dos seus recursos para que se não protrahisse por mais tempo a reforma completa da nossa legislação sobre o processo penal, urgentemente reclamada pelos tribunaes, pelo parlamento e pela opinião publica, dando claro testemunho d'esta intenção no relatorio que precede a proposta de lei sobre fianças, apresentada na sessão da camara dos senhores deputados de 15 de março do corrente anno de 1886[6], alludindo com immerecida benevolencia aos nossos modestos trabalhos, que qualificou de «valiosos e a cuja ultimação o governo se acha devotadamente empenhado», e reiterando identicas declarações na sessão da mesma camara de 24 do referido mez[7].

Do que fica exposto resulta que, todos os ministros da justiça, que se têem succedido no periodo decorrido desde 1874, em que publicámos o nosso primeiro *Projecto de codigo do processo criminal* até hoje, têem reconhecido a instante necessidade de dotar o paiz com uma lei do processo penal que, salvaguardando os direitos individuaes, garanta a segurança da sociedade por meio de uma justa e efficaz repressão.

---

[6] *Diario da camara dos senhores deputados*, pag. 639.

[7] Vid., os pareceres da commissão de legislação da camara dos senhores deputados no *Diario* de 17 do março de 1886, a pag. 717 e o da dos dignos, pares do reino de 27 do mesmo mez e anno, no *Diario* n.º 123, a pag. 334. *Diario da camara dos senhores deputados*; pag. 721.

Acceitando a difficil tarefa de redigir um terceiro *Projecto,* para cujo desempenho nos sobram desejos, escasseiam os recursos e fallece o animo, cansado pela inanidade de tantos e tão tenazes esforços, resolvemos denominal-o *Projecto de codigo do processo penal.*

Reflectindo sobre, o titulo de *Codigo do processo criminal,* que tinhamos, dado aos dois primeiros *projectos,* entendemos que não era rigorosamente exacto, nem adoptado nos tempos modernos pelos codigos das nações da Europa.

As leis que organisam a competencia e estabelecem as formalidades do processo para averiguar a existencia das infracções da lei penal e tornar effectiva a punição dos seus agentes responsaveis, não comprehendem sómente os preceitos e regras relativas á fórma do processo das infracções, que têem a natureza de crimes ou delictos, mas abrangem, outrosim, as que dizem respeito a qualquer outra especie de infracção.

Pareceu-nos, pois, que o titulo de *Projecto de codigo do processo penal,* é por sem duvida mais adequado ao fim do processo, que visa a tornar effectiva a repressão do delinquente, qualquer que seja a natureza da infracção da lei penal. Denominação similhante foi adoptada nos codigos do processo modernos de algumas nações da Europa[8].

II

Livro I – **Disposições geraes** – Das acções provenientes da infracção da lei penal. – Das causas suspensivas e extinctivas das mesmas acções. – Da competencia. – Dos juizes e tribunaes criminaes. – Dos magistrados que exercem a acção criminal. – Dos escrivães e secretarios. – Dos actos e termos do processo criminal. – Das custas. – Das nullidades. – Das provas.

Cumpre-nos apresentar n'esta *Exposição justificativa* os fundamentos das principaes disposições que estabelecemos e das alterações, additamentos e innovações que propomos.

Em materia de legislação nunca será dita a ultima palavra, e portanto não é de estranhar que o presente *Projecto* contenha maior numero de disposições do que os dois precedentes e algumas innovações, que são o fructo das conquistas da sciencia e que elevam o nivel moral das nações. A immutabilidade da legislação é um signal de impotencia e decadencia dos povos.

No titulo I do livro I trata o *Projecto de codigo do processo penal:* «Das acções provenientes da infracção da lei penal».

No artigo 1.º estatue-se que da violação d'esta lei resultam a acção criminal, que tem por fim a repressão do delinquente, e a acção civil tendente a obter a reparação do damno proveniente d'aquella violação. Posto que ambas tenham a mesma origem e provenham de um só facto, – a infracção da lei penal, – comtudo a sua natureza e effeitos são muito differentes, tendo uma por fim assegurar a ordem moral da sociedade perturbada pelo infractor, e visando a outra á reparação do damno ou á indemnisação do lesado.

Eis que a lei penal é infringida, nasce a acção criminal para se tornar effectiva a repressão do delinquente ou contraventor, e a acção civil para restituir o lesado ao estado anterior á lesão dos seus direitos, ou pelo menos para obter a indemnisação equivalente ao damno soffrido.

---

[8] Codigo dos estados da Allemanha, approvado por lei de 1 de fevereiro de 1877; codigo do processo da Belgica, cujas disposições preliminares foram promulgadas em 17 de abril de 1878, e codigos do processo da Hollanda e da Italia.

Esta disposição não tem outras excepções senão as do artigo 2.°, em que se estabelece que o exercicio da acção criminal não depende da prévia decisão da acção civil, salvos os casos em que a lei assim o determinar. Taes são os casos previstos nos artigo 1151.° do codigo commercial e no artigo 341.°, § 1.°, do codigo do processo civil.

O artigo 3.° contém a divisão da acção criminal em publica e particular, segundo for exercida pelo magistrado do ministerio publico, como representante da sociedade, ou pela parte particularmente offendida.

Segundo o disposto no artigo 63.° do codigo do instrucção criminal francez, o offendido sómente póde fazer a sua queixa e constituir-se *parte civil* perante o juiz instructor do processo para pedir a reparação de perdas e damnos, pertencendo tão só ao ministerio publico promover a effectiva punição do delinquente.

O nosso codigo de justiça militar determina no artigo 230.° e no § 2.° do artigo 252.°, que a parte particularmente offendida póde limitar-se á participação do crime ou constituir-se parte queixosa, podendo, quando estiver em juizo n'esta qualidade, auxiliar a justiça, indicando e proporcionando ao respectivo promotor todos os meios de prova de que dispozer.

A parte *queixosa* não é propriamente parte *accusadora,* mas mera e simplesmente *auxiliadora* da justiça militar.

Estando estabelecido entre nós no artigo 865.° da novissima reforma judicial o direito de poder a parte particularmente ofendida constituir-se parte *accusadora,* entendemos que nenhuma rasão milita para fazer uma innovação, que não assenta em nenhum principio de ordem publica. Se não são frequentes os casos em que a parte offendida vem a juizo requerer a punição do delinquente, nem por isso lhe deve ser tolhido este direito, quando pretenda usar d'elle.

Se o ministerio publico, como orgão e representante de sociedade, é directamente interessado na repressão do infractor da lei penal, a fim de restabelecer a ordem social abalada pelo maleficio, não deve ser defeso ao offendido secundar e auxiliar a acção repressiva do magistrado que representa a sociedade, fornecer-lhe todos os elementos de informação que possua e pedir o castigo d'aquelle que violou os seus direitos.

Offendendo todos os crimes a ordem moral da sociedade, impõe-se no artigo 4.° ao magistrado do ministerio publico a obrigação de propor officiosamente a acção criminal competente para se verificar a existencia da infracção e para ser punido o agente da mesma.

Ha nas sociedades modernas uma magistratura incumbida de representar a sociedade perante o poder judicial para se tornar effectiva a repressão do crime. Desde que se commette uma infracção, corre aos magistrados que constituem esta instituição o indeclinavel dever de instaurar a acção que for competente para restabelecer a ordem moral da sociedade perturbada pelo crime.

Entretanto, esta disposição não póde nem deve ser absoluta; tem os seus naturaes limites na moral, que é a base fundamental da legislação.

Se em regra o ministerio publico deve promover a punição do crime, ha casos em que ponderosas rasões se oppõem a que a acção officiosa tenha ingresso em juizo, sem que preceda queixa da pessoa offendida ou de quem legitimamente a representa.

Se, da perpetração de qualquer crime resulta sempre alarma e damno social, se é mister restabelecer a quietação e tranquillidade publica por meio do castigo do delinquente, rasões de moralidade e de conveniencia obstam a que se vá devassar o lar domestico, penetrar no seio da familia e divulgar factos que devem ser desconhecidos do publico. Assim, nos crimes de attentado ao pudor, violação e estupro, a acção do ministerio publico fica suspensa emquanto a pessoa offendida não apresenta a sua queixa em jnizo, ou a querela, no caso de adulterio.

Ha tambem outros casos em que o legislador julgou conveniente não impor ao ministerio publico a obrigação de intentar a acção criminal sem que preceda queixa do offendido: taes são os previstos nos artigos 53.º, § 2.º, 430.º, 452.º e § unico do artigo 481.º do codigo penal.

No artigo 5.º estabelece-se que a parte particularmente offendida póde exercer a acção criminal, e regula-se o exercicio d'este direito com relação a differentes especies de crimes.

Quanto aos crimes de que resultar a morte, a novissima reforma judicial regula no § 2.º do artigo 865.º o modo como deve ser prestada a querela. Entendemos, porém, que deviamos ampliar o direito de accusar, admittindo n'estes crimes a acção criminal simultanea do conjuge sobrevivo, que não esteja separado judicialmente, e dos descendentes e ascendentes, pelos sentimentos de presumida affeição para com a victima do crime. Não existindo nenhuma d'estas pessoas, ou no caso de se terem abstido ou desistido da acção criminal, concedemos a faculdade de usar d'ella aos transversaes até ao quarto grau por direito civil, preferindo os mais proximos aos mais remotos, podendo todos exercel-a, no caso de concorrer mais de um no mesmo grau.

Podendo alguns dos offendidos não ter a capacidade juridica necessaria para estarem em juizo, providenceia-se a este respeito nos artigos 6.º, 7.º e 8.º

Não nos afastámos das disposições dos artigos 9.º, 10.º e 11.º do codigo do processo civil, e apenas no § 2.º do artigo 6.º prevenimos a hypothese de ser o delinquente algum dos representantes do menor ou interdicto, estatuindo que a auctorisação para estar em juizo seja concedida por um ascendente d'elles, ou, no caso de não existirem ou não quererem, por um parente até ao quarto grau, e, na falta d'elles, por supprimento judicial.

No artigo 9.º consigna-se o principio de que a parte offendida tem faculdade de renunciar ou desistir da acção criminal, resultando da renuncia ou desistencia a extincção da acção officiosa do ministerio publico, nos casos previstos no § unico do artigo 4.º, isto é, n'aquelles em que a proposição da acção criminal depende de prévia queixa, denuncia, querela e accusação do offendido.

No § unico d'este artigo determina-se que, nos casos previstos no § unico do artigo 4.º, a desistencia ou renuncia faz cessar a acção officiosa do ministerio publico, qualquer que seja o estado e termos do processo.

Não desconhecemos a disposição do § unico do artigo 399.º do actual codigo penal, a variedade das decisões do supremo tribunal de justiça sobre este ponto, e que ultimamente a jurisprudencia parecia ter-se fixado no sentido de que, uma vez feita a queixa em juizo, e instaurada a acção do ministerio publico, esta fica radicada, devendo prosseguir, apesar da desistencia ou renuncia do offendido.

Se ao primeiro aspecto parece que a publicidade da queixa legitíma a intervenção officiosa do ministerio publico, e que nenhuma rasão de moralidade aconselha a extincção da acção do representante da sociedade, comtudo afigura-se-nos que o offendido ou quem o representa é o melhor juiz da conveniencia ou inconveniencia do prosseguimento de um processo em que se discute o que elle entende que não deve ser discutido.

Embora a queixa tenha tornado o facto criminoso do dominio publico, ninguem póde affirmar que um debate controvertido não possa resultar maior damno ao offendido.

O artigo 10.º é a reproducção do principio consignado no § 19.º do artigo 145.º da carta constitucional e no artigo 123.º do codigo penal, de que a pena não passa da pessoa do delinquente, cessando a acção criminal, logo que elle deixe de existir.

Nos tempos do obscurantismo instaurava-se processo ao cadaver e á memoria do delinquente[9]; mas esta aberração dos verdadeiros principios do direito penal, incompativel com a civilisação moderna e com a philosophia do direito, não tem nem podia ter cabimento nos codigos das nações civilisadas.

No artigo 11.º faculta-se á parte offendida intentar a acção civil cumulativamente com a acção criminal, ou em processo separado perante o juizo criminal, ainda que o delinquente tenha sido absolvido na acção criminal.

A theoria da accumulação facultativa da acção civil com a acção criminal conta innumeros adeptos e é sustentada pelos mais abalisados jurisconsultos. Ao primeiro aspecto parece racional e consentaneo á indole dos tribunaes, que a acção criminal seja proposta e decidida pelos tribunaes criminaes e que a acção civil seja intentada e decidida pelos tribunaes civis. A independencia d'estas duas acções parece resultar da sua propria natureza.

Entretanto, rasões de conveniencia persuadem que os tribunaes de repressão possam conhecer da acção civil resultante da infracção, quando o offendido opte pela accumulação, porque as provas demonstrativas da existencia d'esta servem para determinar a indemnisação devida ao lesado.

Tendo ambas as acções uma origem identica, – a violação da lei penal –, posto que tenham a fins differentes, a connexão das provas, a brevidade do meio e a economia das despezas do processo podem determinar o offendido a optar pela accumulação da acção civil com a acção criminal[10].

Esta theoria, que tem encontrado pequeno numero do contradictores, foi adoptada modernamente pelo artigo 4.º da lei belga de 17 de abril de 1878, que contém o titulo preliminar do codigo de instrucção penal, reproduzindo quasi nos mesmos termos o artigo 3.º do codigo de instrucção criminal francez.

Discutindo-se na commissão de revisão do codigo de instrucção criminal da Belgica, se conviria estabelecer a competencia exclusiva dos tribunaes civis para conhecerem da acção civil da parte lesada pela infracção, a mesma commissão pronunciou-se pela manutenção do systema actual, com o fundamento de que elle funcciona sem inconveniente sensivel ha mais de um seculo em França e na Belgica.

Com este parecer se conformou a commissão da camara dos deputados, a qual todavia opinou que, mantendo-se o systema da opção para a maioria dos casos, deveria permittir-se, conforme o estatuido no artigo 4.º do codigo de instrucção penal austriaco de 1873, que o tribunal criminal podesse submetter o assumpto ao tribunal civil, quando julgasse que era mister mais larga instrucção.

Achando-se estes principios consignados dos codigos das nações mais civilisadas, e não se tendo produzido argumentos que destruam fundamentalmente o principio da accumulação facultativa da acção civil com a acção criminal, sempre que as partes optem por

---

[9] *Ortolan*, Élém, de droit pénal, 2me éd., n.º 1659.
[10] Srs. *Faustin Hélie*, Traité de l'instr. crim., tom. II, pag. 166 e 471; *Ortolan*, Élém. de droit pén., 2^em éd., pag. 857; *Garraud*, Précis de droit crim., 2^em éd., pag. 435 e 503.

ella, entendemos que devia-mos manter este principio tradicional da nossa legislação, estabelecido nos artigos 859.º e 882.º da novissima reforma judicial, no artigo 21.º da lei de 4 de junho do 1883 sobre as marcas de fabricas, e no § 9.º do artigo 125.º do codigo penal de 16 de setembro ultimo.

A absolvição do réu nos tribunaes criminaes não illide a acção civil, que a parte offendida póde intentar no juizo civil, uma vez que não tenha sido parte na acção criminal.

Tal é igualmente a disposição do artigo 2505.º do codigo civil, combinada com a do artigo 2374.º

Sendo independentes e diversas estas duas acções, é conforme á sua natureza que o offendido, que prescindiu da faculdade de accumular a acção civil com a acção criminal, possa pedir no juizo civil a reparação de perdas e damnos resultantes da infracção da lei penal.

Se, porém, tiver sido parte na acção criminal, não lhe póde ser permittido intentar a acção civil.

No § unico do artigo 11.º figura-se a hypothese de fallecer o réu no decurso da accusação, ou antes de se proferir sentença no juizo de primeira instancia, e preceitua-se que a acção civil, quando accumulada com a acção criminal, possa continuar no juizo civil contra os herdeiros d'elle.

Disposição identica encontra-se no artigo 860.º da novissima reforma judicial.

Parece-nos que rasões de equidade justificam esta disposição, que dispensa as partes da duplicação de despezas com a proposição de uma nova acção para obterem a reparação do damno causado pelo infractor, cuja responsabilidade, n'esta parte, recáe sobre os seus herdeiros, nos termos do artigo 108.º do codigo penal e do artigo 2366.º do codigo civil.

Posto que seja principio geralmente reconhecido que cada um póde renunciar ao seu direito, comtudo no artigo 12.º estatue-se que, se o offendido tiver proposto sómente a acção criminal, não poderá desistir d'ella para intentar a acção civil, e, se tiver proposto esta acção separadamente, tambem não poderá desistir d'ella para intentar aquella.

Desde que o lesado optou pela acção criminal sómente, e não a accumulou com a civil, não lhe deve ser licito convolar para a acção civil pela regra: *Electa una via, non datur recursus ad alteram*[11].

Se fosse permittido ao offendido mudar de acção a seu talante, a situação do delinquente ficaria indefinida e sujeita ao capricho d'aquelle, e a lei que tal permittisse favoreceria a especulação do lesado, que estaria sempre attento ao exito da acção intentada.

Do mesmo modo, se a parte offendida preferiu intentar separadamente a acção civil para haver a reparação de perdas e damnos, esta resolução revela tacitamente que ella quiz desistir da acção criminal para pedir a imposição da pena.

O lesado tem, e deve ter, plenissima liberdade para se determinar na escolha da acção que pretende intentar, sendo-lhe permittido accumular a acção criminal com a civil no mesmo processo; mas, desde que se deliberou a optar singularmente e separadamente por uma d'estas acções, não póde aguardar o evento da que propoz para recorrer de novo a juizo. *Semel optare possumus*.

---

[11] *Mangin*, Traité de l'action publ., tom. I, n.º 35,3.ᵉᵐ éd.; *Merlin*, Question, vb. *option*, *Dutruc*, Mémorial du min. publ., tom. I, pag 50.

Entretanto, não o dissimularemos, graves auctoridades[12] opinam em sentido contrario, e sustentam que, apesar da regra enunciada *electa una via, non datur recursus ad alteram,* não póde o offendido convolar da acção civil para a criminal, mas que o póde fazer d'esta para aquella, porque d'est'arte não empeora, antes se favorece a condição do delinquente.

A nossa opinião é a que fica consignada e justificada.

Quando se commette um crime, em cuja repressão deve intervir o ministerio publico, e o offendido tiver proposto a acção civil, não póde proferir-se decisão n'esta acção emquanto o facto criminoso não estiver verificado por sentença passada em julgado, salvo o caso de ter sido o réu processado como ausente, em que o lesado tem a *faculdade* de intentar a acção civil, logo que tenha sido proferida sentença condemnatoria ou absolutoria, posto que não tenha transitado em julgado.

Tal é a disposição do artigo 13.º e § unico do *Projecto*.

Já dissemos que, posto que a acção criminal e a acção civil dimanem do mesmo facto e tenham uma origem commum, – a violação da lei penal, –tendem comtudo a fins differentes, sendo o objecto da primeira assegurar a repressão do infractor, dirigindo-se a segunda a obter a reparação, ou pelo menos a indemnisação do damno resultante da infracção.

O principio geral, que prodomina n'esta materia é a preeminencia ou excellencia da acção criminal sobre a acção civil. Desde que o magistrado do ministerio publico, como representante da sociedade, inicia a acção publica para a repressão do maleficio, que lançou o alarma na ordem social, desde que esta acção teve ingresso em juizo, não é licito ao juiz proferir decisão na acção civil proposta pelo lesado em processo separado, antes de se pronunciar o juiz criminal ácerca da procedencia da acção intentada pelo ministerio publico. Verifica-se n'esta hypothese o que os francezes exprimem pela phrase: *le criminel tien le civil en état:* é o addiamento, a procrastinação da decisão da acção civil até que seja conhecido o resultado da acção criminal. «Quando a acção publica deve intervir, dissemos nós em um modesto escripto[13], suspende causativamente a decisão da acção civil, emquanto não está devidamente comprovado e verificado o facto criminoso. Esta suspensão resulta da natureza das cousas e é um censectario logico, necessario e incontrastavel do facto criminoso, o qual dá origem a duas acções, que, resultando de um facto fundamental e identico, – a violação da lei penal, – são de todo o ponto diversas no objecto e fim a que tendem.

«Se, pois, é incontroverso que estas acções provéem do facto criminoso, como póde rasoavelmente contestar-se, sem contradizer obstinadamente as leis da logica, que deve sobreestar-se na decisão da acção civil até que a jurisdicção criminal haja comprovado e verificado a existencia d'aquelle facto?

«Esta disposição não é uma perempção da acção civil, mas um mero e simples adiamento. Se o juizo criminal comprova o maleficio, o lesado fica habilitado para intentar a acção civil a fim de obter a reparação do damno proveniente d'elle. Se, pelo contrario, a deficiencia da prova material e moral obsta á verificação do facto criminoso, o offendido não fica inhibido de

---

[12] Sr. *Faustin Hélie,* Traité de l'instr. crim., tom. II, § 123.º, pag. 476; *Garraud,* Prècis de droit crim., n.º 396, 2.ᵐᵉ éd.

[13] *Resposta aos estudos ácerca do projecto definitivo de codigo do processo criminal,* publicada na *Revista dos tribunaes,* tom. I, pág. 227.

recorrer ao juizo civil para se resarcir do damno que soffreu, uma vez que a pretensão não seja incompatível com a decisão emanada da jurisdicção criminal[14].»

Quanto á verificação do facto criminoso nos tribunaes criminaes, da qual depende a decisão da acção civil resultante do crime, é nossa opinião que é mister que ella se realise por virtude de sentença com transito em julgado.

O codigo civil não é explicito no artigo 2:373.º, pois que se limita a estatuir, que a indemnisação civil connexa com a responsabilidade criminal não poderá ser exigida judicialmente, sem que o facto criminoso tenha sido verificado pelos *meios competentes*, nos casos em que a acção publica deve intervir.

N'este artigo fomos assás explicito, como cumpre em materia tão importante, evitando os termos vagos e indefinidos de *meios competentes,* de que usa o citado artigo 2:373.º do codigo civil, e estatuindo que a verificação do facto criminoso depende de sentença com transito em julgado.

Não dissimularemos que alguns escriptores distinctos[15] opinam, que a acção civil póde ter ingresso em juizo ou decidir-se, logo que o corpo de delicto esteja constituido.

Discutindo-se este assumpto na commissão revisora do nosso *Projecto difinitivo*[16], alguns dos illustrados vogaes d'ella sustentaram que era injusto tornar dependente a proposição da acção civil da instauração, seguimento e terminação do processo criminal, que póde retardar-se por differentes causas, e que, desde que o offendido não queria ser parte na acção criminal, não era regular compellil-o a aguardar a decisão d'esta acção, visto como a sentença absolutoria nada influia na acção civil, e a sentença condemnatoria sómente constituia, mera presumpção, nos termos do artigo 2:305.º do codigo civil.

Seguimos a opinião contraria, fundado em que, dimanando a acção civil do lesado para obter a reparação do damno e a acção publica para a imposição da pena do mesmo facto, – a violação da lei penal, – exigia a logica que se aguardasse a decisão d'esta acção, quando o ministerio publico devesse intervir officiosamente, sobreestando-se na decisão da acção civil para evitar decisões contradictorias[17].

Quanto ao meio de prova, sustentámos que o corpo de delicto era insufficiente para verificar a existencia do facto criminoso e a responsabilidade criminal do seu agente, porque aquelle acto sómente servia para comprovar o facto material do crime com abstracção do delinquente; que o processo preparatorio era destinado a descobrir o agente responsavel pelo facto imputado; e que sómente o plenario da causa, a discussão e o debate controvertido podiam mostrar em toda a sua plenitude o elemento material e o elemento moral, o facto criminoso e a responsabilidade criminal do seu agente.

A nossa opinião prevaleceu, sendo approvada por maioria a redacção do artigo 3.º do *Projecto definitivo.*

Justificando a excepção consignada no § unico do artigo 13.º de que é licito ao lesado intentar a acção civil para obter a reparação do damno contra os réus ausentes, ainda que a sentença não tenha transitado em julgado, diremos que ella é a reproducção do preceito do

---

[14] *Marcadé*, Explication théor. et prat. du Code Napoléon, tom. v., pag. 205, éd. de 1868.
[15] Vid. sr. conselheiro *Dias Ferreira,* Cod. civil, tom. v, pag. 415.
[16] Acta da sessão de 31 de dezembro de 1877.
[17] *Resposta* citada, publicada na *Revista dos tribuuaes,* tom. I, pag. 228.

§ 1.º do artigo 10.º do decreto de 18 de fevereiro de 1847, e funda-se na situação excepcional em que voluntariamente se colloca o réu ausente, que por sua contumacia prescinde da defeza pessoal e oppõe d'est'arte um obice permanente e insuperavel á intimação da sentença, condição essencial para que possa passar em julgado.

Assim como a acção criminal póde ser publica ou particular, assim tambem a acção civil resultante da infracção da lei penal se divide em publica e particular, segundo for exercida em nome e no interesse da sociedade ou da parte offendida. É esta a disposição do artigo 14.º, que não admitte contestação.

No artigo 15.º estabelecemos a competencia dos magistrados do ministerio publico para intentarem a acção civil, não só quando o damno affectar o estado, mas tambem quando for causado a magistrados, funccionarios, agentes da justiça ou da administração, no exercicio de suas funcções ou por factos a ellas relativos.

Entendemos que, provindo a acção civil da infracção da lei penal, o magistrado incumbido de instaurar a acção publica em nome dos interesses sociaes é o natural representante dos do magistrado ou funccionario, que soffreu damno no acto em que exerceu as funcções do seu cargo ou por factos a ellas relativos.

A acção civil compete ao offendido e seus herdeiros, e póde ser proposta e continuada contra o delinquente ou contraventor e contra os herdeiros d'elles.

Esta disposição está consignada no artig 16.º do *Projecto,* e é a reproducção dos artigos 108.º do codigo penal de 10 de dezembro de 1852, 858.º da novissima reforma judicial e 2366.º do codigo civil.

A responsabilidade criminal é mera e simplesmente pessoal, não se transmitte, nem póde transmittir, porque deriva de um facto praticado com intelligencia e vontade pelo seu agente.

Não assim a responsabilidade civil, que é transmissivel aos herdeiros do offendido, como representantes do direito que a este assistia de obter a reparação do damno causado pela infracção, e da obrigação que recáe sobre os herdeiros do delinquente, que recebeu proveito ou obteve vantagens da perpetração do facto criminoso.

Entre as causas suspensivas da acção criminal, enumeradas no artigo 17.º, figura a da decisão previa de outro juizo ou tribunal, ou a necessidade de auctorisação do governo.

Ha casos em que a acção criminal não póde ter ingresso em juizo, sem que outro tribunal tenha proferido a sua decisão, que é como uma questão *prejudicial* de que depende a instauração d'aquella acção. Taes são os da qualificação da quebra do fallido, previsto no artigo 1151.º do codigo commercial, e o do crime de falsidade, quando o incidente d'esta é suscitado na acção civil, segundo está legislado no § 1.º do artigo 341.º do codigo do processo civil.

Uma outra causa suspensiva da acção criminal é a decisão do juizo ecclesiastico nas causas da sua exclusiva competencia, como reconheceu a portaria de 21 de março de 1853.

Este assumpto é difficil e espinhoso, e não é possivel estatuir no codigo do processo penal as hypotheses em que a instauração da acção criminal está dependente da decisão d'aquelle juizo.

Á jurisprudencia incumbe fixal-as, tendo em consideração a natureza e fins diversos da sociedade civil e ecclesiastica, que coexistem no estado[18].

---

[18] Vid. *Circulares do procurador regio da relação do Porto,* n.ᵒˢ 458, 586, 765 e 823; *Rev. de leg. e de jurisp.*, tom. XI, pag. 358.

As outras causas suspensivas mencionadas nos n.ºˢ 2.º, 3.º, 4.º, 5.º e 6.º do artigo 17.º não exigem justificação, porque não nos parece contestavel a sua doutrina.

A auctorisação do governo ainda actualmente é um obstaculo ao proseguimento da accusação dos empregados das alfandegas, como é expresso no artigo 27.º das instrucções regulamentares de 14 de outubro de 1879 e no artigo 13.º do regulamento de 1 de setembro de 1881.

Não discutiremos aqui a conveniencia da garantia politica ou immunidade estatuida no artigo 357.º do codigo administrativo de 21 de março de 1842, revogada pelo artigo 376.º do de 6 de maio de 1878[19] e pelo artigo 395.º do de 17 de julho ultimo, e conservada pelas citadas instrucções e regulamento para os empregados das alfandegas. Diremos tão só que, se rasões de conveniencia e ordem publica persuadiram e convenceram de que aquella immunidade não devia subsistir com relação aos magistrados e funccionarios administrativos, identicas rasões militam a favor da sua extincção a respeito d'aquelles empregados, que estão gosando de um privilegio odioso e mal recebido, que susta, se não annulla, as decisões do poder judicial.

As *questões prejudiciaes* são um dos obstaculos da acção criminal, quando o presumido delinquente as apresenta em juizo. Estas questões suspendem necessariamente a acção criminal.

Alguns criminalistas notam, que as expressões[20] *«excepção de questão prejudicial»* não têem toda a propriedade nem são rigorosamente exactas.

Effectivamente o presumido delinquente não é obrigado a instaurar uma acção e a fazer julgal-a pela jurisdicção civil ou por qualquer outra.

Assim, nas questões de estado não é obrigado a provocar uma decisão ácerca da não existencia da suppressão d'elle. Basta que esta questão não esteja decidida para estar ao abrigo, não só de qualquer penalidade, mas de qualquer acção repressiva, não lhe incumbindo promover quaesquer meios de defeza ou de justificação, porque não lhe póde ser aplicado o brocardo : *«réus excipiendo fit auctor»*.

O codigo civil francez estatue no artigo 327.º, que a prohibição de intentar uma acção criminal contra um delicto de suppressão de estado, antes do julgamento definitivo sobre a questão de estado, constitue uma *excepção prejudicial*. Este artigo é uma derogação ao principio da independencia da acção publica; é antes a prioridade de uma jurisdicção do que a prioridade de uma questão.

As *questões prejudiciaes* mais frequentes são as que versam sobre a propriedade ou sobre a posse de bens immobiliarios. Muitas vezes o presumido delinquente chamado a juizo invoca o seu direito de propriedade, repellindo d'esta guisa a criminalidade do facto imputado : *«feci, sed jure feci*[21]*»*. Desde que o supposto infractor deduz em sua defeza factos demonstrativos do seu direito de propriedade ou da sua posse em bens immobiliarios, de rasão é que a jurisdicção criminal sobreesteja na acção repressiva até que o juizo civil decida a questão prejudicial. Assim está concebido o artigo 18.º do *Projecto*.

---

[19] Vid. a nossa *Breve resposta aos estudos juridicos ácerca do nosso Projecto de codigo do processo criminal*, pag. 5 (Coimbra, 1877).
[20] *Bevtauld.*, Quest. et. except. préjud., pag. III
[21] *Merlin*, Répert. vbs. «questions préjudicielles»; sr. *Morin*, Répert. vbs. «quest. préj.»; *Faustin Hélie*, Traité de l'instr. crim., tom. III, pag. 186; *Mangin*, Traité de l'action publique, t. Iom, n.ºˢ 167 e 200; *Garraud*. cit., n.º 659, 2.ᵐᵉ éd.; *Rogron*, Cod. d'instr. crim. franc. art. 3.º

Todos os tratadistas restringem o effeito suspensivo da acção criminal aos titulos sobre propriedade ou posse de bens immobiliarios, não o ampliando aos bens mobiliarios. Se, em regra, o juiz da *acção* deve ser juiz da *excepção,* não póde admittir-se este principio no exame e apreciação das questões sobre direitos *pessoaes* e direitos *reaes* pela jurisdicção repressiva, a qual pela sua natureza não dispõe dos meios amplos de investigação, proprios dos juizos e tribunaes civis.

Quanto á excepção apresentada pelo presumido delinquente ácerca da propriedade dos bens mobiliarios, os tribunaes criminaes são competentes para conhecerem d'ella, porque está intimamente connexa com a criminalidade do facto, como succede nos crimes de furto, roubo, e outros similhantes[22].

Alem d'isto, as questões *prejudiciaes* podem tambem versar sobre a prova de factos da competencia do outro juizo ou tribunal. Taes são, como já dissemos, os casos previstos no artigo 1151.º do codigo commercial e no § 1.º do artigo 341.º do codigo do processo civil.

O artigo 22.º contém a divisão das excepções em dilatorias e peremptorias.

São excepções dilatorias:

1.º A incompetencia do juizo ou tribunal criminal;
2.º A suspeição;
3.º Os conflictos de jurisdicção ou de competencia.

No § 1.º do artigo 23.º estabelece-se a fórma do processo da excepção de incompetencia em rasão da *materia,* que póde ser deduzida em qualquer estado do processo, correndo aos juizes e tribunaes criminaes o dever de se declararem incompetentes, posto que a excepção não seja deduzida pelas partes.

O § 2.º do artigo 3.º do codigo do processo civil contém identica disposição.

No § 2.º do artigo 23.º regula-se a fórma do processo da excepção de incompetencia em rasão do juizo ou tribunal criminal, completando-se esta materia nos artigos 255.º e 288.º, segundo a excepção for offerecida no processo preparatorio ou accusatorio.

Tratando-se da materia das suspeições nos artigos 292.º a 305.º do codigo do processo civil, reproduzimos nos artigos 24.º a 26.º e 256.º e 257.º do *Projecto* o mesmo assumpto, fazendo as modificações proprias da natureza do processo penal.

Escriptores distinctos[23] têem sustentado que o ministério publico não póde ser recusado como parto principal, porque, sendo o adversario da outra parte, seria absurdo recusar a parte com quem se contende.

Esta rasão, porém, não procede, porque não se trata de recusar todos os membros do ministerio publico, pois que a suspeição só affecta o magistrado a quem é opposta. Não ha inconveniente em permittir a recusa de um magistrado, que não póde desempenhar dignamente a sua missão, porque póde ser substituido por outro em quem não concorra motivo legal de suspeição.

Importa á sociedade que o magistrado que a representa se mostre revestido da maior imparcialidade, e que, sempre que haja de promover que a espada da justiça cáia sobre a cabeça do culpado, o faça, não como adversario feroz e implacavel, mas como representante

---

[22] Srs. *Morin* cit., pag. 625; *Garraud* cit., n.º 666.
[23] Srs. *Massabian,* Manuel du min. pub., tom. II, n.º 1171; *Dutruc,* Mémorial du min. pub., tom. II, pag. 814.

calmo e sereno dos interesses da sociedade, não dominado pelos impulsos de vingança, senão que movido pelos sentimentos de justiça.

O direito de recusa é uma garantia concedida, não só ao delinquente, mas a sociedade e á justiça[24].

Quanto aos conflictos de jurisdicção ou de competencia, de que trata o *Projecto* nos artigos 27.º, 28.º e 585.º, reproduzimos as disposições dos artigos 743.º e 818.º da novissima, reforma judicial.

Ácerca das excepções peremptorias de prescripção e caso julgado legisla o *Projecto* nos artigos 29.º a 32.º, parecendo-nos que as suas disposições não soffrerão impugnação.

Nos artigos 33.º a 46.º trata o *Projecto* da competencia *(competere)*, que é a medida da jurisdicção, assim como esta é o poder de julgar *(jurisdictio)*[25]. Esta é mais ampla do que aquella, que é restricta e limitada, ou pela naturesa do objecto ou pela circumscripção da jurisdicção.

Rasões de conveniencia e ordem publica persuadem a necessidade de estabelecer regras fixas e inalteraveis, que encadeiem o arbitrio do julgador, a fim de que a sociedade e o delinquente possam de antemão saber qual a auctoridade a quem pertence conhecer da existencia da infracção e quaes as formalidades que a lei estatue para salvaguardar os seus direitos.

Admittimos no artigo 33.º a competencia tripartida em rasão da *materia,* isto é, da fórma do processo, do *logar* em que a infracção é commettida, e da *qualidade* do delinquente, a quem compete fôro especial, ou na linguagem dos jurisconsultos romanos, *ratione materiæ, loci, vel personæ.*

Com relação á competencia em rasão da *materia,* admitte o artigo 34.º a prorogação da competencia, attribuindo ao jury a faculdade de conhecer dos crimes sujeitos á jurisdicção exclusiva dos juizes de direito, sempre que haja accumulação d'estes crimes com outros da competencia dos juizes de facto. Acaba d'este modo a fluctuação das decisões dos tribunaes superiores sobre este ponto e submette-se á decisão do jury toda a materia de facto, no caso de concorrencia de differentes infracções.

Restringimos no artigo 35.º a competencia do juiz de direito aos crimes commettidos nos limites da sua comarca, prorogando todavia a sua competencia, no caso de concurso ou accumulação de crimes, que serão julgados na comarca em que pender o processo pelo crime ou delicto mais grave, como estava determinado no § unico do artigo 1033.º da novissima reforma judicial, estabelecendo a competencia do juiz da naturalidade do delinquente, no caso de serem as penas da mesma gravidade, ou, não sendo o crime ali commettido, a favor do juiz que tiver prevenido a jurisdicção.

De rasão se nos afiguram estas disposições, pois que o julgamento simultaneo por diversos crimes no juizo em que se commetteu o crime mais grave justifica-se para aquilatar o grau de perversão do delinquente, a fim de lhe ser infligida a pena mais grave, nos termos do artigo 102.º do codigo penal; e o julgamento do réu pelo juiz da sua naturalidade, no caso de concurso de crimes de igual gravidade ali commettidos, está naturalmente indicado pelo conhecimento da

---

[24] Vid. srs. *Ortolan et Ledeau*, Le min. pub., tom. I, pag. 80.; *Faustin Hélie* cit., tom. II, pag. 434; *Mangin* cit., tom. I, n.º 117.º; *Manual do min. pub.* do auctor, pag. 331, 2.ª ed.

[25] Sra. *Chauveau*, Princip. de comp. et de jurisd. adm.; *Garraud* cit., n. 889.º; *Morin*, cit., vb. *compétence.*

moralidade e precedentes do criminoso na terra onde nasceu e onde melhor póde ser apreciado pelos seus juizes.

Prevenimos ainda a hypothese de accumulação de crimes de igual gravidade, perpetrados em differentes comarcas, estabelecendo a competencia do juiz que primeiramente tiver instaurado procedimento, criminal. É a competencia por prevenção.

A limitação da competencia do juiz de direito para conhecer e julgar os crimes commettidos na respectiva comarca é uma innovação que já haviamos consignado no artigo 30.º do nosso *Projecto definitivo*.

Era esta a determinação do direito romano, da legislação criminal do Allemanha, da Italia e da Inglaterra[26].

Disposição diversa foi adoptada no artigo 63.º do codigo de instrucção criminal francez, que estabeleceu a competencia tripartida em rasão do *logar* em que o crime é commettido, do *domicilio* ou *residencia* do delinquente e da *captura* d'este, e que parece ter sido a fonte dos artigos 870.º e 886.º da novissima reforma judicial.

Se um eminente collaborador d'aquelle codigo[27] considerou feliz a concorrencia d'esta competencia, porque o crime não ficaria impune, um distincto magistrado e escriptor[28] pensa que esta divisão da competencia não é uma garantia, mas um obstaculo e causa de incertezas, conflictos e delongas judiciaes.

A este respeito escrevemos na *Exposição de motivos* do nosso *Projecto definitivo*: «Estabelecendo a competencia do do logar juizo do delicto para conhecer e julgar todas as infracções commettidas dentro da sua jurisdicção, foi nosso intuito facilitar a prova e todos os elementos de instrucção, que podem ser mais proveitosamente colligidos no logar da perpetração do crime ou delicto, onde existem o offendido e as testemunhas, do que n'aquelle em que o delinquente for encontrado.

«Entendemos que a unidade da competencia fortalece a acção repressiva pela localisação dos meios de prova, que mais facilmente se encontram no logar do crime, e que d'esta arte se evitam conflictos de jurisdicção ou de competencia, que, protelando o rapido andamento da acção criminal, fazem obliterar a impressão do crime, difficultam os meios de prova e enervam a repressão.»

Comtudo estabelecemos no artigo 36.º uma excepção a esta regra, admittindo tambem a competencia do juiz do logar em que o delinquente for capturado, quando o não esteja ou se não ache afiançado no juizo em que o crime foi commettido, para proceder *ex-officio* a todos os actos e diligencias necessarias para a verificação do crime.

Sendo estes actos e diligencias do dominio da policia judiciaria, e indispensaveis para comprovar a existencia do crime, e não admittindo a menor dilação, entendemos que era mister decretar a competencia do juizo em que o criminoso fosse capturado, a fim de que desde logo fossem apprehendidos todos os vestigios, que existam ou restem do crime e que tendem a desapparecer depois da sua perpetração.

---

[26] Srs. *Bonneville*, De l'amélioration de la loi criminelle, pag. 326.
[27] *Treillárd*. Vid. *Lôcré*, tom. xxv, pag. 241.
[28] Sr. *Bonneville*, cit. pag. 327.

Nos artigos 37.º a 41.º regula-se a competencia dos juizes e tribunaes criminaes, nos casos de ser committido o crime em navio portuguez no mar alto, reproduzindo a disposição do artigo 887.º da novissima reforma judicial.

Tendo a lei de 1 de julho de 1867 estabelecido diversas regras de competencia ácerca das infracções commettidas em territorio ou dominio portuguez, a bordo de navio portuguez, mercante ou de guerra, de crimes commettidos por portuguez em paiz estrangeiro, em certos crimes e em certas hypotheses n'ella previstas, e que foram reproduzidas no artigo 53.º do actual codigo penal, julgámos não só conveniente, mas indispensavel, comprehendel-as no codigo do processo penal, que deve ser um corpo de doutrinas homogeneo e tão completo, quanto seja possivel.

Taes são as disposições contidas nos artigos 38.º a 41.º do *Projecto*.

O artigo 42.º contém as regras para fixar a competencia, no caso de se referir a lei do processo á comarca mais proxima, como já estava estatuido no artigo 7.º, § 2.º, da lei de 16 de abril de 1874, que reproduziu o disposto no § 3.º do artigo 705.º do nosso primeiro *Projecto*.

Trata-se no artigo 43.º da competencia em rasão da *qualidade* do delinquente, a qual se divide em geral e especial, estando sujeitos áquella todos os delinquentes e a esta sómente certas pessoas a quem, é concedido fôro especial, não por virtude de privilegio, mas por motivo imperioso de conveniencia e ordem publica.

Esses delinquentes são os membros da familia real, os ministros e secretarios d'estado, os conselheiros d'estado, os dignos pares do reino, os membros do corpo diplomatico, os bispos das dioceses do reino e do ultramar, os conselheiros do supremo tribunal administrativo, do tribunal de contas, e do tribunal superior de guerra e marinha, e seu adjunto, os magistrados judiciaes e do ministerio publico e os officiaes e praças de pret do exercito e da armada.

No artigo, 44.º, n.º 1.º, consigna-se o principio da competencia dos juizes e tribunaes criminaes para conhecerem das questões de direito civil connexas com os factos criminosos, tão sómente com relação á criminalidade d'estes, sem prejuizo da competencia dos tribunaes civis nas relações de direito civil.

Esta hypothese póde verificar-se, quando a infracção, que faz objecto do procedimento criminal, depende de um contracto anterior, cuja existencia ou interpretação é contestada pelas partes. Assim, se se trata da violação de um deposito, penhor ou mandato, e o presumido delinquente contesta a existencia do contracto, de que depende o delicto, os tribunaes repressivos têm competencia para conhecer da existencia e interpretação d'esse contracto. Se se trata de uma questão de nacionalidade, que é um dos elementos constitutivos do crime, os mesmos tribunaes são competentes para conhecer d'esta questão[29].

No n.º 2.º do citado artigo 44.º estabelece-se a regra de que os tribunaes criminaes são tambem competentes para mandarem restituir a quem pertencer os objectos apprehendidos aos delinquentes, e os que houverem sido apresentados em juizo para prova do crime, comtanto que por disposição da lei não sejam perdidos a favor do estado.

No artigo 195.º do codigo de justiça militar acha-se estatuida uma disposição identica.

---

[29] *Garraud*. cit. n.ºs 667 e 668, pag. 824; *Ortolan*, cit., pag. 855, 2.ª ed.; *Mangin*, cit., n.ºs 168 e 169.

Todavia entendemos que deviamos fazer uma restricção a esta disposição, determinando no § unico que, se houver duvida fundada ácerca do dono dos objectos a que se refere o n.º 2.º, o juiz remetterá as partes para a acção civil competente.

Pareceu-nos, se não conforme aos principios de rigorosa justiça, pelo menos aos de equidade, conceder esta attribuição aos juizes e tribunaes criminaes, para não sujeitar as partes ás delongas e despezas de um pleito perante os tribunaes civis, salvo quando se suscitem questões que não possam ser decididas por aquelles tribunaes.

Competindo a jurisdicção criminal e civil a todos os juizes de direito das comarcas do continente do reino e ilhas adjacentes, á excepção dos das comarcas de Lisboa e Porto, onde as attribuições criminaes competem sómente aos juizes dos respectivos districtos criminaes, entendemos que era regular e conveniente estabelecer a competencia d'estes magistrados para o processo de execução dos sellos, custas e multas, devidamente contadas, competindo-lhes a mesma jurisdicção que compete aos juizes das varas civeis. Sendo estas execuções a materialisação da sentença proferida pelo juiz criminal, parece-nos justo que não sejam confiadas a outro juiz, visto como nenhuma rasão milita para alterar o principio de que o juiz da acção deve ser o juiz da execução.

Tal é a justificação da disposição do artigo 45.º

No artigo 46.º estabelece-se a competencia dos juizes ordinarios[30] para julgar as coimas e transgressões de posturas municipaes committidas no seu respectivo julgado. Este assumpto não deve ser confiado aos juizes de direito, aos quaes competem multiplices e variadas attribuições civis, criminaes e differentes actos de pura administração, que lhes não permitte occupar-se da decisão de questões de somenos importancia.

O *Projecto* trata nos artigos 47.º a 54.º das attribuições que competem aos juizes e tribunaes criminaes em todos os graus da hierarchia judicial.

Entre as attribuições que pertencem ao supremo tribunal de justiça enumera-se no artigo 48.º, n.º 1, a de decidir se na criminalidade do facto e na prova d'este houve applicação de lei manifestamente errada.

Não encobriremos que esta disposição ha de encontrar contradictores entre alguns magistrados que, afferrados ás tradições e em presença de uma longa serie de accordãos, hão de insurgir-se contra esta innovação. Nada ha, porém, menos fundado.

Os que opinam pela incompetencia do supremo tribunal de justiça para conhecer da materia de provas fundam-se em que, não reconhecendo a carta constitucional senão duas instancias, se se attribuisse ao supremo tribunal de justiça a apreciação e julgamento sobre a materia das provas, vinha a constituir uma terceira instancia.

Allegam alem d'isto que, sendo o supremo tribunal de justiça um tribunal organisado conforme o tribunal de *cassação* em França, áquelle tribunal só póde competir a apreciação e decisão sobre nullidades do processo ou de sentença e de nenhum modo a das provas.

Nenhum d'estes argumentos procede.

É certo que a lei fundamental do estado apenas reconhece os tribunaes de primeira e segunda instancia, não admittindo um tribunal de terceira instancia.

---

[30] Actualmente extinctos pelo artigo 1.º do decreto de 29 de julho ultiimo.

O supremo tribunal de justiça, porém, apreciando e decidindo sobre a natureza, alcance, procedencia ou improcedencia das provas, não se converte em terceira instancia; nada mais faz do que examinar e decidir se os juizes inferiores, apreciando as provas, se conformaram com a lei, ou se pelo contrario a applicaram por um modo erroneo ou em diametral opposição a ella.

Acaso no exame de provas não poderá commetter-se um erro?

Porventura n'este momentoso assumpto, n'este ramo tão vasto de direito, que tem sido objecto de tratados especiaes, não poderão commetter-se inexactidões, fazer-se apreciações contrarias á lei ou applicação manifestamente errada, que careçam de ser reformadas?

Onde existe a lei, que expressamente prohibe que o supremo tribunal de justiça conheça de provas?

Segundo o disposto no artigo 1.º e §§ 1.º e 2.º da lei de 19 de dezembro de 1843, o supremo tribunal de justiça conhece de nullidade do processo e de nullidade de sentença. É nullo o processo em que houver preterição de algum acto essencial, ou de formula para elle estabelecida por lei com pena de nullidade. É nulla a sentença que julgar directamente o contrario do que dispõe qualquer lei do reino, ou d'ella fizer applicação manifestamente errada. Estas disposições foram reproduzidas, com algumas alterações, nos artigos 1159.º a 1161.º do codigo do processo civil, referindo-se este ultimo artigo á nullidade de sentença por ter julgado contra *direito*.

Não obstante poder sustentar-se com plausiveis rasões[31] que na generalidade d'estas expressões se comprehende o exame e apreciação das provas, em que os juizes e tribunaes inferiores podem ter commettido directa violação de lei ou erro manifesto, o supremo tribunal de justiça continúa com ininterrompida persistencia a abster-se de conhecer e avaliar a importantissima materia das provas, de que o codigo civil se occupou nos artigos 2404.º a 2534.º, comprehendendo quasi toda a materia do livro II da parte IV.

Que importa que o supremo tribunal de justiça se converta em terceira instancia, se de feito já o é em muitas decisões?

Não tem maior valor o argumento de que um tribunal congenere, o de *cassação* em França, não conhece de provas, pois que, sem embargo de ter identica natureza, não possue a mesma organisação.

Por todas estas considerações, e fortalecido com boas auctoridades, entendemos que confiar ao mais elevado tribunal do paiz o exame e apreciação das provas em materia criminal o mesmo é que estabelecer mais um criterio das decisões dos tribunaes inferiores e conceder ás partes mais uma garantia importante.

Os artigos 55.º, 56.º, 57.º e 58.º comprehendem as attribuições dos magistrados do ministerio publico nos differentes graus da sua hierarchia.

Notaremos apenas a disposição do n.º 5.º do artigo 58.º, que impõe aos delegados do procurador regio a obrigação de assistir a todas as audiencias para fiscalisar e promover a exacta observancia da lei. Sendo o representante da sociedade e orgão do poder executivo, ao qual compete superintender no modo como a lei é cumprida e observada a disciplina dos tribunaes, entendemos que muito convém que um delegado d'este poder compareça nos tribunaes de justiça.

---

[31] *Direito,* tom. VII, pag. 85; XIV, pag. 2; XV, pag. 209.

O artigo 59.º contém um resumo das obrigações dos escrivães e secretarios, nas suas relações com os magistrados do ministerio publico e com as outras partes.

Entre aquellas julgámos conveniente consignar a de apresentarem áquelles magistrados os processos criminaes e entregar-lhes as certidões que lhes exigirem para o exercicio da acção criminal, como estava determinado nas portarias de 17 de abril de 1855, 10 de maio e 5 de junho de 1860 e 10 de novembro de 1869.

Tambem julgámos a proposito estabelecer as horas em que devem ter os cartorios abertos, a fim, de que as partes tenham a certeza de que durante ellas ali os encontrarão para tratarem dos seus direitos.

Os actos e termos do processo criminal são comprehendidos nos artigos 60.º a 79.º

Convencido de que é mister estabelecer prescripções terminantes para deixar consignados os actos e termos do processo por um modo claro e nitido, em ordem a poderem ser lidos facilmente pelos magistrados e partes que têem de compulsar os processos, estabelecemos no artigo 61.º alguns preceitos ácerca do emprego de caracteres intelligiveis, de que os escrivães e secretarios devem usar, do modo e local em que devem ser numerados e cosidos e dimensões das margens.

Estas prescripções, que a alguns poderão parecer minuciosas e proprias de um regulamento, são instantemente reclamadas pela indeclinavel necessidade de libertar o espirito dos magistrados da indescriptivel contrariedade resultante da calligraphia tantissimas vezes illegivel dos escrivães, e de manter a integridade dos processos, evitando a sua dilaceração, e a confusão que resulta da duplicação e triplicação da numeração, que se encontra em muitos processos, ignorando os magistrados nas referencias que têem de fazer qual é a ultima numeração.

No artigo 62.º decreta-se a ordem e fórma por que devem ser extrahidos os traslados, instrumentos, cartas de sentenças, certidões e copias dos actos e termos do processo criminal, estatuindo-se que sejam a exacta reproducção do processo original, ou, por assim dizer, a sua photographia.

Sendo permittido aos juizes, magistrados do ministerio publico e advogados empregar os numeros arabicos ou algarismos nos seus despachos, sentenças, promoções, articulados e requerimentos, porque rasão não ha de ser licito aos secretarios e escrivães transcrever os algarismos como estão escriptos no processo original?

Só os magistrados, advogados e mais pessoas que lidam no fôro, podem avaliar a contrariedade que soffre o espirito, tendo de ler uma serie de algarismos copiados por extenso, e a difficuldade que se encontra em compulsar um traslado, um instrumento, uma copia, sem intervallos, sem separação de paragraphos, sem distincção de periodos. É um verdadeiro dedalo, que mais inextricavel se torna pela calligraphia arrevezada e enigmatica, tão frequentemente usada nos processos!

Não desconhecemos que existe o decreto de 12 de novembro de 1881, que no artigo 17.º determina que é condição essencial para ser approvado no exame para os officios de justiça ter muito boa calligraphia; mas afigura-se-nos que não é de mais consignar no codigo do processo criminal o preceito de serem escriptos em caracteres intelligiveis os actos e termos do processo, que tem de ser lidos e examinados attentamente, porque n'esse exame vae, se não a vida, pelo menos a reputação e a liberdade do cidadão.

Não é novo o preceito de transcrever nas copias os algarismos que se lêem no processo original, pois que disposição similhante se acha estabelecida no artigo 29.º, § 1.º, da lei de 16 de junho de 1855 e no artigo 725.º, § 3.º, do codigo do processo civil.

Reconhecida a necessidade de organisar regularmente os processos criminaes, não podiamos deixar de tornar extensivas ás partes as disposições relativas aos escrivães e secretarios, e por isso determina-se no artigo 65.º que possam juntar ao processo criminal requerimentos, allegações, minutas, ou documentos, impressos ou manuscriptos, uma vez que estes o sejam em letra intelligivel e tenham as duas margens indicadas no artigo 61.º

É nossa profunda convicção, que com a adopção d'esta providencia se conseguirá regularisar a fórma do processo criminal, simplificando-a, tornando-a clara e de facil comprehensão, completando-se esta importante reforma com um formulario conciso e adequado á natureza dos actos e termos do processo criminal.

Tendo as comarcas de Lisboa e Porto uma organisação especial, pareceu-nos conveniente que n'estas comarcas, e n'aquellas em que houver mais de um juiz criminal, os respectivos juizes façam por turno duas audiencias por semana, a fim de assistirem e deferirem aos actos e termos do processo criminal, que tiverem de ser accusados em audiencia, cessando d'este modo a irregularidade de presidirem a estes actos os juizes das varas civeis, que apenas têm jurisdicção civil.

Achando-se estabelecido no § 6.º do regimento de 7 de junho de 1605, que os amanuenses dos escrivães possam extrahir traslados do processo criminal, precedendo licença por escripto do juiz, entendemos que podia reproduzir no artigo 68.º do *Projecto* a disposição do § unico do artigo 61.º do codigo do processo civil, admittindo os ajudantes ou amanuenses a escrever os traslados e a passar certidões dos actos e termos d'este, uma vez que sejam subscriptos pelos escrivães.

Entendemos que não havia inconveniente em confiar o trabalho material dos traslados e certidões aos ajudantes ou amanuenses, que devem merecer a confiança dos escrivães a quem auxiliam, tanto mais, quanto é certo que, segundo o disposto no artigo 77.º, as certidões ou copias sómente podem ser passadas, precedendo despacho do respectivo juiz, emquanto o processo não tiver publicidade, salvo sendo exigidas pelo magistrado do ministerio publico.

Nos artigos 69.º a 76.º estabelecem-se differentes provisões relativas ao modo como devem effectuar-se as diligencias concernentes á acção criminal, as quaes não carecem de justificação.

Trata-se das custas nos artigos 80.º a 85.º Parecendo-nos incontroversas as disposições n'elles consignadas, apenas temos a ponderar que no artigo 84.º se estatue, que a responsabilidade pelo pagamento das custas é meramente civil, não podendo soffrer pena corporal o réu condemnado que não possua bens para as satisfazer.

Parece-nos racional esta disposição, e que nenhum principio de moralidade e de justiça póde justificar, que se imponha uma nova pena, ao criminoso que saldou as suas contas com a sociedade.

As nullidades do processo criminal constituem o objecto dos artigos 86.º a 89.º

Reproduzimos, com ligeiras alterações, o que estava estabelecido no artigo 13.º da lei de 18 de julho de 1855, e apenas póde chamar a attenção o preceito do § 1.º artigo 88.º

Estatue-se ahi que, afóra as nullidades taxativas especificadas n'esse artigo, só haverá nullidade insuppriível, quando os tribunaes superiores decidirem por cinco votos conformes que a preterição dos actos ou termos do processo é essencial ao descobrimento da verdade e póde influir directamente na decisão da causa.

Por mais previdente que seja o legislador, não póde prever *a priori* todas as hypotheses que possam occorrer, e portanto pareceu-nos conveniente, não só para não immobilisar a jurisprudencia, que não póde vasar-se em moldes fixos, senão tambem para não commetter os direitos da sociedade e da innocencia, ampliar as nullidades, nos termos genericos em que está concebido o § 1.º artigo 88.º, exigindo como garantia o numero de cinco votos conformes para se vencer a decisão, quando é certo que nas outras decisões o *Projecto* se contenta com tres votos.

Nos artigos 90.º e 91.º trata-se das provas, admittindo-se todas as que se acham estabelecidas na lei civil. Posto que a prova testemunhal seja a mais frequente em materia criminal, comtudo não deve ser defeso ás partes recorrer a todos os meios de prova para chegar ao descobrimento da verdade.

III

Livro II – **Do processo criminal** – Parte I do processo preparatorio. – Necessidade da creação de juizes preparadores nas comarcas de Lisboa e Porto. – Parte II Do processo accusatorio. – Parte III Do processo de julgamento. – Unificação da fórma do processo e abolição dos julgamentos excepcionaes. – Justificação de diversas disposições.

No artigo 92.º declara-se o que comprehende o processo e qual a sua fórma, que é diversa segundo a materia e a qualidade do delinquente ou contraventor, e no § unico consigna-se o principio, tantas vezes repetido nos accordãos dos tribunaes superiores, de que a fórma do processo não póde ser alterada ou substituida por accordo das partes ou por arbitrio dos juizes. O assento de 16 de junho de 1812 já havia declarado, que a ordem do processo é de direito publico.

É esta por certo uma das mais solidas e importantes garantias da liberdade individual e dos interesses da sociedade. Um distincto magistrado e criminalista[32] escreveu a este respeito:

«É uma regra fundamental, que se deriva da natureza das cousas, que o processo deve traçar de antemão e com firmeza o caminho que a justiça deve percorrer, e que esta, encadeiada nas suas fórmas, não possa jamais desviar-se d'ellas».

A carta constitucional consignou no artigo 145.º, § 10.º, a garantia de que «ninguem será sentenciado senão pela auctoridade competente por virtude da lei anterior, e na fórma por ella prescripta».

Preceito similhante acha-se estatuido na ordenação, livro II, titulo I, § 13.º, no assento de 20 de julho de 1780, e no artigo 27.º do codigo penal de 16 de setembro ultimo.

Prevenindo a hypothese de se publicar alguma lei que altere ou modifique a organisação dos juizos ou tribunaes criminaes, a competencia e a fórma do processo, determina-se no artigo 93.º e no § unico, que essa lei é applicavel ás infracções committidas antes da sua promulgação, se ácerca d'estas não tiver havido começo de processo, sendo-o igualmente a todos os processos pendentes em quaquer estado, juizo ou tribunal em que se achem.

O principio salutar da não retroactividade não tem applicação ás leis do processo, que são obrigatorias, salva disposição em contrario, desde o dia da sua promulgação, e são applicaveis tanto aos processos já instaurados como aos que houverem de se instaurar.

---

[32] Sr. *Faustin Hélie* cit., tomo I, livro I, capitulo I, § 1.º, n.º 5.º – Vide um artigo do auctor na *Revista do fôro portuguez*, 1.º anno, pag. 1.

O presumido delinquente não tem direito adquirido para invocar as garantias provenientes da fórma do processo estabelecida pela legislação contemporanea da infracção, apenas lhe assiste o direito de manifestar a sua innocencia, competindo ao legislador determinar as jurisdicções perante as quaes deve fazer valer os meios de defeza e a marcha que convem seguir para esse fim. Negar ao poder social a faculdade de alterar ou modificar a organisação das jurisdicções e a fórma do processo por meio de leis, obrigatorias desde o dia da sua promulgação, o mesmo seria que embaraçar o exercicio da soberania[33].

A parte primeira do livro II, do *Projecto,* trata do processo preparatorio.

Esta phase do processo penal é por certo uma das mais importantes.

Nos artigos 96.º a 109.º comprehendem-se differentes disposições geraes relativas aos meios pelos quaes se verifica o conhecimento judicial dos crimes ou delictos, contravenções, coimas e transgressões de posturas municipaes. As disposições d'estes artigos achavam-se, na maior parte, consignadas nos artigos 891.º a 896.º da novissima reforma judicial, sendo algumas d'estas alteradas ou modificadas, sem que seja mister justificar as alterações ou modificações propostas.

Julgando insuficiente o praso de trinta dias estabelecido no artigo 10.º, § 3.º, da lei de 18 de julho de 1855 para o encerramento do processo preparatorio, elevâmos no artigo 105.º esse praso a quarenta dias, a contar da querela, se antes da sua terminação não estiver verificada a existencia do crime e a culpabilidade do delinquente.

A experiencia tem mostrado que muitas vezes não se descobrem as provas necessarias para apurar a verdade e que é mister alongar aquelle praso a fim de que o magistrado do ministerio publico e a parte offendida as possam obter.

Se não admittimos a publicidade do processo preparatorio, por incompatibilidade com a necessidade de não desnortear o juiz instructor na serie de investigações indispensaveis para chegar ao descobrimento da verdade concedemos todavia, que tanto o representante da sociedade, como a parte particularmente offendida e o presumido delinquente possam fornecer ao juiz os elementos de prova necessarios para atingir aquelle fim, posto que não estejam em juizo.

A sociedade não quer achar criminosos, deseja antes encontrar innocente; e, sendo da mais obvia conveniencia poupar ao cidadão os incommodos, vexações e prevenções que resultam de uma pronuncia, muitas vezes fundada em provas debeis, fallazes ou falsa, não duvidâmos admitir no artigo 106.º esta garantia antecipada, que tanto póde salvaguardar os interesses da sociedade, como proteger as direitos do cidadão.

Já tratámos desenvolvidamente nas *Exposições de motivos* dos dois *Projectos* anteriores[34] da necessidade de não admittir o delinquente a discutir com o juiz, a emraçal-o e illaqueal-o na murcha do processo preparatorio, e por isso não nos deteremos n'este assumpto.

Era frequente no fôro a reitação do processo preparatorio, quando no decurso d'elle competia ao facto uma qualificação differente da que lhe tinha sido dada na querela, como succedia quando esta era dada por crime de ferimentos ou offensas corporaes, e o offendido vinha a sucumbir a ellas.

---

[33] Vid. um artigo do auctor na *Revista dos tribunaes,* tom. IV, pag. 161.
[34] Vide *Breve exposição de motivos do nosso* primeiro *Projecto,* pag. 23; *Exposição de motivos do Projecto definitivo,* pag 30 a 35; e a nossa *Resposta* aos estudos acerca d'este projecto na *Revista dos tribunaes,* tom I, pag. 357.

Para evitar este inconveniente, decreta-se no artigo 107.º que o juiz, independentemente de nova querela, lhe dê a que for conforme á lei penal.

Entendemos que não póde, nem deve deixar de instaurar-se novo processo:

1.º Porque estas disposições do codigo penal presuppõem o concurso de crimes, de que réu é simultaneamente accusado, emquanto a hypothese do artigo 108.º do *Projecto* se refere á perpetração ou descobrimento de um outro crime posteriormente á condemnação do réu;

2.º Porque, podendo haver co-autores ou cumplices na prepetração do crime committido ou descoberto depois da condemnação do réu por um crime, embora mais grave, não póde deixar de instaurar-se outro processo para averiguar a existencia do novo crime e tornar effectiva a accusação por todos os que se descobrirem, nos termos e para os effeitos dos artigos 102.º, §§ 1.º e 2.º do codigo penal e 2:363.º do codigo civil[35].

Como, porém, seria inutil um novo julgamento, se não podesse ser imposta ao réu já condemnado uma pena mais grave do que a que lhe foi applicada, estabeleceu-se no § unico do citado artigo 108.º, que sómente fosse julgado pelo novo crime committido ou descoberto depois da condemnação, se fosse annullado o processo instaurado pelo crime mais grave.

As disposições contidas nos artigos 110.º a 115.º sobre a prestação da querela não nos parecem sujeitas a objecções.

No artigo 116.º admitte-se segunda querela a respeito do mesmo crime e contra os mesmos querelados:

1.º Se a primeira tiver sido julgada nulla por despacho passado em julgado;

2.º Se tiver sido dada contra pessoas incertas e o crime não estiver prescripto.

Esta excepção ao principio *non bis idem* justifica-se pelos interesses da sociedade, que exigem uma repressão certa e efficaz, e não podem consentir que fique impune um crime, cujas provas só mais tarde se poderem descobrir.

Occupando-se das provas do crime e do delinquente, o *Projecto* apresenta no artigo 128.º e seu § unico a innovação da convocação de uma conferencia de peritos, requerida pelas partes ou ordenada pelo juiz, para esclarecerem, harmonisarem ou rectificarem as suas conclusões, podendo ainda, no caso de não se obter este resultado, ser requerido ou ordenado um novo exame, em que intervirão peritos differentes, que poderão ser requisitados das comarcas mais proximas.

A deficiencia da organisação do serviço medico legal no nosso paiz exige este meio extraordinario de apurar a verdade.

Na *Breve exposição de motivos* do nosso primeiro *Projecto*[36] ponderámos a indeclinavel necessidade de organisar este ramo de serviço, em ordem a dar as necessarias garantias de acerto em decisões tão importantes, em que vae muito do interesse da sociedade e dos cidadãos.

Concedemos no artigo 130.º á parte querelante e ao delinquente, se estiver preso ou afiançado, a faculdade de poderem assistir ao exame com os seus advogados, devendo ser presente o mesmo delinquente, quando o juiz ou as partes o julgarem necessario para o descobrimento da verdade, podendo, para este fim, propor ao peritos os respectivos quesitos.

---

[35] Vid. a nossa *Circular* n.º 780.
[36] Página IX.

Sendo a prova directa a mais importante do processo penal, e o exame o *visum et repertum,* importa que as partes estejam presentes e sejam assistidas de seus advogados para fazerem todas a indagações concernentes ao descobrimento da verdade, que é o fim da justiça criminal.

No artigo 131.º determina-se que seja reconhecida a identidade do cadaver, quando n'elle tenha de recaír algum exame; e no § unico estabelece-se, que se faça uma descripção minuciosa d'elle, quando a identidade não seja reconhecida, tirando-se a sua photographia, sendo possivel, e expondo-o ao publico por espaço de vinte e quatro horas, se o estado d'elle o permittir, a fim de poder ser reconhecido.

Disposição identica está preceituada nos artigos 237.º, 247.º, 251.º, 252.º e 253.º da *ley* de *enjuiciamiento criminal de España* de 22 de dezembro de 1872, e no artigo 127.º do codigo de instrucção criminal da Austria.

Á falta de meios para instituir uma casa destinada para este fim, como a *Morgue,* em França, afigura-se-nos que a provisão do artigo 131.º será de alguma utilidade.

As disposições dos artigos 132.º, 133.º e 134.º encerram providencias e precauções que convem empregar nos crimes de envenenamento, ferimentos e offensas corporaes, conciliando, quanto possivel, a situação oppressiva do paciente do crime com as exigencias da administração da justiça criminal.

No artigo 138.º exige-se que, quando for mister determinar o valor do damno ou da cousa que tiver sido objecto do crime, o juiz tome declarações juradas ao lesado e proceda em seguida a exame por peritos para fazerem a devida avaliação, sendo possivel.

O fim d'esta disposição é evitar que o delinquente possa ser vexado e opprimido com a declaração de um valor excessivo ou de affeição desmesurada, que o offendido possa dar ao objecto do crime, como póde resultar da disposição do artigo 909.º da novissima reforma judicial.

Um dos meios de prova que o *Projecto* admitte no artigo 144.º é a vistoria.

Tratando-se de apurar a verdade em um assumpto tão momentoso como o da verificação da existencia do crime e da culpabilidade dos seus agentes, entendemos que não deviamos prescindir d'este meio de prova visual, que muito póde contribuir para aquelle fim.

Na producção da prova testemunhal, de que tratam os artigos 148.º a 172.º comprehendem-se, aperfeiçoam-se, ampliam-se e alteram-se as disposições da novissima reforma judicial e da lei de 18 de julho de 1855, harmonisando-as com as disposições co-respectivas do codigo civil e do codigo do processo civil.

Parece-nos racional a disposição do artigo 157.º, que permitte á parte offendida, posto que não tenha querelado, indicar testemunhas ao ministerio publico, identificando-os no pensamento da repressão.

As disposições dos §§ 1.º e 2.º d'este artigo parecem-nos mais claras do que as suas congeneres do artigo 939.º da novissima reforma judicial e do artigo 10.º da lei de 18 de julho de 1855.

Determina-se no artigo 158.º, que o juiz instructor do processo, sempre que o julgue necessario para o descobrimento da verdade, possa transportar-se com as testemunhas ao logar do delicto.

Parece-nos sobremaneira salutar esta provisão, porque a presença do juiz no logar em que o crime foi perpetrado e os esclarecimentos que as testemunhas hajam de prestar-lhe podem concorrer poderosamente para formar a convicção do magistrado instructor do processo.

No artigo 159.º e seus paragraphos decreta-se, que as testemunhas sejam inquiridas sem publicidade e separadamente umas das outras, sendo intimadas sómente aquellas que provavelmente podem ser inquiridas em cada assentada.

É obvio que o fim d'esta determinação é evitar o incommodo inutil das testemunhas e o accrescimo de despezas ás partes.

O artigo 161.º preceitua a obrigação do juramento que, segundo o rito da sua religião, devem prestar as testemunhas, antes de começarem a depor.

No artigo 127.º do nosso *Projecto definitivo* tinhamos estabelecido, que as testemunhas que declarassem que não professavam religião alguma, prometteriam debaixo de palavra de honra dizer a verdade.

Consignando esta disposição, era nosso intento afastar do sanctuario da justiça as scenas pouco edificantes, que já têem occorrido com os denominados livre pensadores e cercar a justiça e os seus ministros de todo o prestigio de que carecem para cumprirem a sua elevada missão. Não tendo, porém, sido estabelecida no codigo do processo civil identica disposição, entendemos que não lhe deviamos dar cabimento n'este *Projecto*, sem embargo de estar adoptada na Italia, onde foi approvada uma disposição modificativa da formula do juramento, sob proposta dos ministros da justiça os srs. *Vigliani* e *Mancini,* e de ter sido apresentada uma proposta identica na sessão da camara dos deputados da republica franceza do 18 ele março de 1882 pelo sr. *Humbert,* guarda sellos, ministro da justiça[37].

Ácerca do modo como devem ser inquiridas as testemunhas estatuem-se nos artigos 162.º a 171.º as provisões, que nos pareceram adequadas para assegurar a liberdade do depoimento e manter intemerata a expressão do pensamento da testemunha, que deverá ser reproduzido com a maxima exactidão.

Confiámos no artigo 173.º ao arbitrio do juiz instructor do processo a apreciação dos indicios ou presumpções, tendo em consideração a relação e concordancia dos factos entre si e com o facto criminoso imputado ao delinquente. Não podiamos proceder por outra fórma, porque um codigo não é um tratado.

Nos artigos 174.º a 176.º trata-se do reconhecimento da identidade do delinquente, bem como das armas, instrumentos e objectos do crime, ampliando e aperfeiçoando as disposições do artigo 971.º da novissima reforma judicial.

As disposições relativas á pronuncia e seus effeitos estão comprehendidas nos artigos 177.º a 181.º, tendo-se em consideração assegurar a prompta repressão do crime e proteger, quanto possivel, o presumido delinquente.

Se no artigo 179.º elevámos a quinze o praso de oito dias marcado no artigo 988.º da novissima reforma judicial para se exarar o despacho de pronuncia, foi porque a experiencia e as ponderações judiciosas que escutámos nos convenceram de que nem sempre era possivel colligir em tão curto espaço de tempo as provas ou indicios de culpabilidade dos agentes do crime.

O praso que propomos não será actualmente muito vexatorio e oppressivo para a liberdade provisoria do cidadão, attenta a faculdade ampla de prestar caução, que lhe concedem os §§ 1.º e 2.º do artigo 220.º e a lei de 15 de abril do corrente anno.

---

[37] Vid. a *Exposição de motivos do nosso Projecto definitivo*, pag. 42

A prisão preventiva é um dos assumptos, que mais têem preoccupado os reformadores e criminalistas.

A liberdade individual é a base da liberdade politica e de todas as liberdades sociaes[38].

A resolução, porém, d'este problema offerece extrema difficuldade, pois que não é facil determinar os limites, que justifiquem a violação da liberdade individual em beneficio dos interesses da communidade.

Sobre este assumpto defrontam-se dois systemas diametralmente oppostos: o systema inglez, que, adoptando a instrucção *publica* para descobrir o delinquente, não auctorisa a detenção preventiva; e o systema francez que, admittindo a instrucção *secreta* para a investigação do criminoso, acceita a prisão prévia d'este como um corollario impreterivel.

Admittindo no artigo 106.º do presente *Projecto* o processo preparatorio ou de instrucção preliminar sem *publicidade*, que sempre recusámos denominar *secreto*, pela inanidade d'este termo, que não corresponde á realidade das cousas, adoptámos nos artigos 182.º a 200.º as provisões que nos pareceram conciliar, quanto possivel, o respeito pela liberdade individual e pela ordem social, garantindo aquella e salvaguardando esta.

D'este importante objecto tratavam a novissima reforma judicial nos artigos 1:002.º a 1:024.º e a lei de 4 do junho de 1859 com relação aos crimes de falsificação de moeda e papeis de credito. Entretanto o progresso das idéas ácerca do direito penal, as tendencias liberaes da nossa epocha e a diuturna experiencia não podiam por mais tempo conformar-se com as provisões d'estas leis, que eram consideradas anachronicas dos nossos costumes.

Determinado por tão poderosas rasões, ampliámos no artigo 131.º do nosso primeiro *Projecto* e no artigo 192.º do *Projecto definitivo* a faculdade de se livrarem os delinquentes sob caução, tendo tido a satisfação de ver reproduzidas litteralmente as nossas idéas em um projecto de lei do sr. conselheiro *Julio de Vilhena,* que, omittindo o nosso nome, nos honrou sobremaneira, perfilhando as nossas idéas[39].

No artigo 182.º consignámos o principio estabelecido no artigo 145.º, § 7.º, da carta constitucional, de que ninguem poderá ser preso antes da culpa formada, excepto:

1.º Nos crimes que não admittem fiança;

2.º No caso de se evadir o delinquente da cadeia, logar de custodia ou da guarda dos empregados ou agentes de justiça, administração ou policia;

3.º Nos casos de flagrante delicto, com excepção dos que tiverem de ser julgados no juizo de policia correccional, das coimas e transgressões de posturas municipaes.

Estas excepções estão naturalmente indicadas pela natureza menos grave das infracções, que não fundamentam o receio de que os seus agentes se subtráiam ao respectivo julgamento.

No § unico do citado artigo reproduzimos a disposição da artigo 3.º do segundo acto addicional, contido na lei de 24 de julho de 1885, ácerca da immunidade de que gosam os pares vitalicios ou temporarios e os deputados de não poderem ser presos, sem preceder ordem da sua respectiva camara, salvo nos crimes a que corresponda a pena mais elevada da escala penal.

---

[38] Sr. *Emile Clolus,* De la détention préventive, pag. 16.
Vide a nossa *Resposta aos estudos ácerca do* nosso *Projecto definitivo,* na *Revista dos tribunaes,* tom. I, pag. 305.

[39] Apresentado na sessão da camara dos senhores deputados de 23 de dezembro de 1883, e publicado no *Diario* da mesma camara, pag. 1892. Vid. *O Commercio Portuguez,* n.º 38, de 1881.

É a garantia politica de que gosam os representantes da nação.

Achando-se estabelecida na legislação do imperio do Brazil[40] a prisão preventiva, julgámos dever adoptar no nosso *Projecto* esta idéa, nos crimes que atacam direitos importantes, como são o homicidio, envenenamento, infanticidio, contra a segurança interior e exterior do estado, falsificação de moeda em papeis de credito nacionaes ou estrangeiros, passagem dos mesmos titulos falsificados, roubo, e nos casos previstos nos tratados ou convenções.

A natureza dos direitos violados, o alarme social que resulta da perpetração de crimes de tanta gravidade e a necessidade de restabelecer a segurança e tranquillidade publica pela effectiva repressão dos agentes de taes crimes, justificam a detenção preventiva effectuada com a maxima celeridade, incluindo a via telegraphica, ficando todavia o mandado ou requisição escripta do juiz dependente de prova documental ou testemunhal, comprovativa de culpabilidade.

Julgámos, porém, conveniente reduzir ao praso de seis mezes esta medida preventiva, que pela legislação brazileira se extende até um anno.

Taes são as provisões contidas no artigo 184.º

No artigo 188.º adoptam-se as precauções necessarias para se verificar o ingresso na casa do cidadão, conciliando a inviolabilidade d'ella com as exigencias da administração da justiça criminal.

Os artigos 190.º a 195.º encerram providencias tendentes a informar o preso da sua situação, a accelerar a sua conducção á cadeia do juizo de onde emanou o mandado, a garantir a sua integridade physica e moral e segurança pessoal, prohibindo que se lhe inflijam, maus tratos, injurias e ameaças.

A situação do detido é consideravelmente adoçada com a permissão facultada nos artigos 196.º a 198.º de se corresponder com o juiz e com o seu advogado, excepto durante o periodo da incommunicabilidade, e de poder receber a visita do confessor, medico, pessoas de familia e outras, com quem tenha negocios, em presença de um empregado.

A situação mais penosa do preso é a do periodo da incommunicabilidade; situação vexatoria e oppressiva, mas indispensavel e impreterivel para chegar ao descobrimento da verdade, unico escopo da justiça criminal. Julgando, porém, que esta situação angustiosa não póde nem deve prolongar-se, restringimos no artigo 199.º a sua duração a oito dias, permitindo no § unico que o detido incommunicavel possa fazer uso de livros e instrumentos de trabalho profissional inoffensivos e que não tendam a tornar illusoria a incommunicabilidade.

Em todos os codigos das nações civilisadas se reconhece a necessidade da incommunicabilidade, variando todavia os prasos d'ella[41].

Com a adopção d'estas providencias, que são verdadeiras medidas de hygiene moral, ficam um tanto suavisadas as aguras do carcere e as horas melancholicas do detido.

O praso de oito dias, fixado no artigo 988.º da novissima reforma judicial para a pronuncia do delinquente detido em custodia, é elevado a quinze no artigo 200.º do *Projecto*.

---

[40] Lei n.º 2:033, de 20 de setembro de 1871, artigo, 13.º, § 2.º; decreto n.º 4:824, de 22 de novembro de 1871, artigo 29.º, §§ 1.º e 3.º

[41] Vid. a nossa *Resposta aos estudos á cerca do* nosso *Projecto definitivo,* na *Revista dos tribunaes,* tom. I, pag. 308.

A longa pratica de muitos juizes instructores e a constante observação têem gerado a convicção de que é sobremodo difficil, se não impossivel, exarar em muitos processos um despacho de pronuncia fundamentado e baseado em provas, que nem sempre podem colligir-se no curto praso de oito dias.

Ampliada, como está, a fiança, poucas vezes o detido experimentará os effeitos da prolongação do sequestro da sua liberdade, antes de estar definida a sua situação de innocente ou de culpado.

A busca é um dos meios muitas vezes empregados para descobrir e apprehender o delinquente e os instrumentos, livros, papeis e objectos que tenham relação com o crime.

Trata-se d'este objecto nos artigos 201.º a 219.º, em que se regulam com a devida minuciosidade as differentes hypotheses que podem occorrer, estabelecendo-se os preceitos e regras que convem empregar, conciliando o respeito pela inviolabilidade da casa do cidadão com as legitimas exigencias da justiça criminal, e consignando as formalidades que devem observar-se, quando a busca haja de efectuar-se em edificios ou logares religiosos, na residencia do chefe do estado, de altos funccionarios publicos, e na de representantes das nações estrangeiras.

A novissima reforma judicial era extremamente omissa a este respeito, tratando d'este assumpto apenas nos artigos 914.º a 916.º e 1009.º a 1013.º.

No artigo 207.º do *Projecto* permitte-se a busca, nos casos de flagrante delicto, dada por qualquer auctoridade judicial, preferindo a mais graduada, e por qualquer empregado, agente de justiça, administração ou policia.

No § unico, porém, determina-se que, afóra o caso de flagrante delicto, a busca tendente á apprehensão das provas do crime sómente seja effectuada pelo juiz instructor do processo, podendo sel-o pelos empregados e agentes acima mencionados, quando tenha por fim a prisão do delinquente.

A actualidade do crime não admitte delongas e justifica a intervenção de qualquer cidadão, como investido de auctoridade e representante da força publica para a captura do delinquente. Nos outros casos, porém, entendemos que seria arriscado, vexatorio e prejudicial para o presumido delinquente permittir a outrem, que não fosse o juiz instructor do processo, o devassamento dos livros, papeis e mais objectos que possam relacionar-se com o crime.

O artigo 216.º contém um preceito, que é uma explanação do disposto no § 2.º do artigo 295.º do actual codigo penal, garantindo ao mesmo tempo a inviolabilidade da correspondencia particular, quando não seja relativa ao facto criminoso de cuja investigação se trata.

O artigo 218.º é a consequencia do que se acha disposto no n.º 2.º do artigo 41.º ácerca da competencia dos juizes e tribunaes criminaes para mandarem restituir a quem pertencer os objetos apprehendidos.

Na redacção dos preceitos sobre as formalidades com que devem ser observadas as buscas serviram-nos de valioso subsidio as disposições da *ley de enjuiciamiento criminal de Espanã* do 22 de dezembro de 1872 e as do codigo de instrucção criminal da Austria de 23 de maio de 1873.

Poucos assumptos têem chamado e excitado tanto a attenção dos estadistas e criminalistas contemporaneos como o que diz respeito ao livramento dos réus no estado de liberdade provisoria. Justamente preoccupados com os males, por vezes irreparaveis, que podem resultar da detenção provisoria do presumido delinquente, têem procurado conciliar, quanto possivel, a situação suspeitosa d'este com os interesses da sociedade offendida pelo crime, e que muito ha mister de ver restabelecida a segurança e tranquillidade publica, premunindo-se contra a eventualidade da evasão do delinquente.

De um lado estão os sectarios do principio da maior amplidão na concessão da liberdade provisoria, os quaes só admittem restricções minimas a este direito. Do outro lado acham-se os propugnadores da limitação d'esta garantia, os quaes julgam que só deve ser concedida nos crimes de somenos importancia e gravidade.

Reconhecendo a difficuldade de apresentar um systema que satisfaça a todas as exigencias e concilie o goso da liberdade provisoria do presumido delinquente com a necessidade de assegurar a repressão, seguimos um meio termo entre estes dois extremos. Se o primeiro é altamente sympathico, se todos devem estremecer diante da possibilidade de uma detenção injusta, determinada por um processo inspirado por sentimentos de vindicta pessoal ou por virtude de ruins paixões, se é repugnante o sequestro da liberdade do cidadão em cadeias, onde o corpo se enfraquece, o espirito se atrophia, a rasão se obscurece e a moralidade quasi desapparece na promiscuidade asquerosa e repugnante de criminosos de differentes especies, desde o que foi impellido ao crime por effeito de uma paixão impetuosa e nobre até o scelerado, nutrido e callejado no crime, comtudo não póde deixar de se reconhecer a impreterivel necessidade de salvaguardar os legitimos interesses da sociedade, assegurando a presença do réu para que possa dar-lhe contas do seu procedimento.

Do estado inficioso, physico e moral, das nossas prisões tem nascido a tendencia geral, se não universal, para ampliar o livramento dos réus sob caução.

Alguns espiritos meticulosos, preoccupados em extremo com a necessidade de assegurar o comparecimento do delinquente aos actos do processo a que deve ser presente, estremecem em face da latitude que nos ultimos tempos se tem pretendido dar á liberdade caucionada do infractor.

Chegâmos a participar d'esses receios, porque podem dar-se hypotheses em que delinquentes argentarios, ou por estes favorecidos, troquem a peso de oiro o goso da liberdade provisoria no intento reservado de a converterem em definitiva, se a probabilidade de uma condemnação os persuadir a procurarem guarida segura em paiz onde possam refugiar-se impunemente por falta de tratado de extradição.

A sciencia do direito penal não proferiu ainda a ultima palavra a este respeito, e quem sabe quando a dirá.

Ainda hoje estamos convencidos de que o systema que seguimos no nosso *Projecto definitivo* era preferivel ao que adoptâmos no *Projecto* actual.

No artigo 192.º d'aquelle *Projecto* estabelecemos o seguinte:

«A fiança sómente poderá ser concedida nos crimes ou delictos a que corresponder:

«1.º Qualquer pena maior temporaria, verificando-se alguma das circumstancias previstas nos n.ᵒˢ 2.º, 3.º, 4.º, 5.º, 7 .º, 8.º, 9.º e 10.º do artigo 20.º do codigo penal, comprovadas pelo processo preparatorio, ou, não tendo ainda este sido instaurado, por uma inquirição summaria de duas ou mais testemunhas, que provem a existencia de alguma d'estas circumstancias;

«2.º Pena correccional por mais de seis mezes.»

Este artigo e os artigos 193.º a 208.º foram litteralmente reproduzidos na proposta que elaborámos e que foi apresentada pelo illustrado ex-ministro da justiça, o sr. conselheiro *Julio de Vilhena,* na sessão da camara dos senhores deputados de 26 de março de 1883.

O actual sr. ministro da justiça apresentou, na sessão da camara dos senhores deputados de 15 de março do corrente anno, uma proposta, que foi convertida na lei de 15 de abril, que inserimos no § 1.º do artigo 220.º do presente *Projecto*.

No § 2.º d'este artigo fomos, porém, mais longe e estabelecemos que, ainda mesmo nos crimes excluidos de fiança, a que se refere o § 1.º, esta poderá ser admittida, se concorrerem taes circumstancias attenuantes que façam descer a pena abaixo do termo medio da sua duração.

Dando esta latitude aos juizes, como já haviamos consignado no artigo 131.º, n.º 3.º, do nosso primeiro *Projecto*, approximâmo-nos das idéas que transparecem no substancioso e esclarecido parecer da commissão de legislação da camara dos dignos pares do reino de 27 de março ultimo, e que propendem para «conceder ao juiz uma grande latitude de apreciação, segundo as circumstancias de cada caso, por ser elle o unico capaz de medir a necessidade e a opportunidade da detenção previa, considerando-a como questão de facto em cada especie, e portanto do dominio exclusivo do juiz.»

No artigo 222.º estatue-se sómente a taxa minima do valor da fiança, confiando ao arbitrio do juiz a determinação do maximo d'ella, segundo as circumstancias occorrentes. É ainda o systema do arbitrio do juiz que predomina na disposição d'este artigo e que está adoptado no artigo 925.º da novissima reforma judicial.

No artigo 225.º admittem-se as mães a serem fiadoras dos filhos. Entendemos que, se ellas o não podem ser em materia civil, como é expresso no artigo 819.º do codigo civil, não devem ser inhibidas de caucionar seus filhos, que nem sempre encontrarão quem lhes resgate a liberdade provisoria.

No artigo 231.º estabelece-se a fórma de processo summarissimo para a concessão ou denegação da fiança, sem o menor gravame e com o minimo dispendio para o delinquente.

A leitura da legislação moderna do Brazil suggeriu-nos a idéa da fiança provisoria admittida no artigo 233.º, ainda antes de instaurado o processo preparatorio.

É mais uma garantia concedida ao presumido delinquente para evitar os vexames que podem resultar da privação da liberdade provisoria durante o processo preparatorio.

No artigo 236.º determina-se que a importancia da fiança quebrada será applicada para a fazenda nacional, deduzidas as custas do processo e o valor das perdas e damnos, quando o offendido tenha intentado a acção civil. O artigo 932.º da novissima reforma judicial concedia metade da importancia da fiança quebrada á parte accusadora, havendo-a, e a outra metade á fazenda nacional. Parece-nos, porém mais racional que o offendido seja resarcido, até onde o possa ser, com o valor da fiança.

O interrogatorio do réu é um dos meios de chegar ao descobrimento da verdade. D'este assumpto trata o *Projecto* nos artigos 239.º a 253.º, estabelecendo-se os preceitos e regras necessarias para obter este resultado.

Termina o processo preparatorio com a fórma do processo das excepções peremptorias e dilatorias offerecidas no decurso d'elle. Trata-se d'esta materia nos artigos 254.º a 260.º, que não carecem de explicação ou de justificação.

Não remataremos a justificação das disposições relativas a esta importante parte do processo sem repetir o que escrevemos na *Breve exposição de motivos do* nosso primeiro *Projecto do codigo do processo criminal*. Dissemos ahi: «Occorreu-nos a idéa de crear juizes preparadores nas comarcas de Lisboa e Porto. Afigura-se-nos que da creação d'estes logares advirá reconhecida vantagem ao serviço publico n'estas comarcas, em que o movimento criminal é assás crescido, e far-se-hia simultaneamente um ensaio proficuo, separando as funcções da instrucção do processo das do julgamento final.»

Não damos maior desenvolvimento a esta idéa, por ser este assumpto proprio de reforma da organisação judicial.

Encerrado o processo preparatorio com despacho de pronuncia obrigatoria, existe, não um réu convicto do crime que lhe é imputado, mas um individuo suspeito de culpabilidade de um facto criminoso determinado.

Ao magistrado, representante da sociedade, incumbe o dever de formular a acusação para se tornar effectiva a responsabilidade criminal que pesa sobre o agente do crime. A este assiste o inauferivel direito de defeza para invalidar ou, pelo menos, para attenuar a accusação.

Tal é o assumpto do processo accusatorio, de que trata o *Projecto* nos artigos 261.º a 289.º

No artigo 262.º estatue-se que, se o réu estiver pronunciado por differentes crimes, o magistrado do ministerio publico promoverá que os respectivos processos sejam appensos ao que tiver sido instaurado pelo crime mais grave, requisitando-se por deprecada os que estiverem pendentes em outro juizo.

N'esta hypothese verifica-se a prorogação da competencia, nos termos do § 1.º do artigo 35.º, para o fim de ser comminada ao réu a pena mais grave pela accumulação de crimes, conforme o disposto no artigo 102.º, §§ 1.º e 2.º, do codigo penal e no artigo 1173.º da novissima reforma judicial.

Posto que seja da maior conveniencia, que todos os co-réus que figuram no mesmo processo sejam simultaneamente julgados, porque as respostas aos interrogatorios e as acareações d'elles entre si e com as testemunhas podem concorrer efficazmente para o descobrimento da verdade, comtudo nem sempre é possivel submetter ao mesmo julgamento todos os co-réus, não devendo a ausencia de uns e os meios dilatorios e impeditivos a que alguns recorrem, fazer protrahir o julgamento dos que estão em juizo, incumbindo n'este caso ao magistrado do ministerio publico promover a extracção do respectivo traslado do processo para se instaurar a accusação contra os que estiverem presos ou afiançados.

É esta a justificação da disposição do artigo 263.º

Sendo possivel que entre os co-réus, que figuram no mesmo processo, haja algum que por virtude de fôro especial tenha de ser julgado por algum alto tribunal de justiça ou tribunal militar, nos termos do § 2.º do artigo 43.º, determina-se no artigo 264.º, que seja enviado o respectivo traslado do processo ao presidente do tribunal competente.

Segundo o preceito do artigo 1097.º da novissima reforma judicial, a accusação deve ser deduzida articuladamente por meio de um libello. Esta disposição acha-se reproduzida no artigo 267.º do *Projecto,* acrescentando-se o preceito de que deve declarar-se a natureza da responsabilidade criminal quanto ao facto, e o grau de participação que compete ao agente, isto é, se o facto imputado constitue acto preparatorio, tentativa, crime frustrado ou consummado, e se o agente é responsavel como auctor, cumplice ou encobridor.

Sendo diversa a responsabilidade criminal em cada uma d'estas hypotheses, é indispensavel articular os factos demonstrativos d'ella, a fim de serem propostos ao jury os respectivos quesitos e de obter as competentes respostas para determinar a criminalidade do delinquente.

Conforme o preceito do artigo 273.º, é concedida vista do processo ao advogado da parte accusadora para deduzir o libello. Não existindo para nós a ficção do denominado *segredo de justiça*, é consequente que não seja defezo ao advogado da parte accusadora examinar o processo para em face d'elle poder redigir o libello accusatorio.

No artigo 277.º estabelecemos o preceito de que, no caso de collidirem as defezas dos co-réus, será nomeado outro advogado. Posto que era esta a praxe geralmente seguida, comtudo julgámos dever convertel-a em disposição preceptiva, porque nem o mesmo advogado póde defender conscienciosamente um réu, cuja defeza importa a accusação de outro co-réu, nem este julgaria bem confiada a sua causa a tal defensor.

Ácerca da materia da defeza, que faz objecto das disposições do artigo 282.º a 286.º, sómente ha a notar a faculdade concedida ao réu no artigo 285.º, de poder impugnar as conclusões dos peritos que intervieram no exame para a verificação do corpo de delicto, cumprindo n'este caso ao magistrado do ministerio publico nomear dois ou tres peritos para em conferencia discutirem os pontos controvertidos.

Pareceu-nos que deviamos conceder ao réu esta garantia, porque, não sendo infalliveis as conclusões dos peritos, não deve ser defezo áquelle aquilatar a verdade e exactidão d'estas.

Em França estão admittidos os exames por peritos durante a discussão da causa perante os tribunaes de assentadas, e a jurisprudencia tem admittido que sejam ordenados, tanto pelo presidente, com fundamento nas faculdades extraordinarias consignadas no artigo 269.º do codigo de instrucção criminal, como por estes tribunaes, devendo n'este ultimo caso prestar juramento[42].

A intervenção dos peritos na audiencia de julgamento está tambem admittida nos artigos 611.º, 634.º a 636.º da *ley de juiciamiento criminal de España* de 22 de dezembro de 1872.

Depois do processo preparatorio ou de instrucção escripta, depois do processo accusatorio em que se deduz a accusação e a defeza do réu, segue-se o julgamento deste em debate controvertido.

Nos artigos 290.º a 307.º comprehendem-se differentes disposições preliminares ao julgamento e outras relativas ao serviço das audiencias geraes e á discussão da causa, as quaes não podem suscitar duvidas.

Há muito que opinámos pela necessidade de unificar a competencia quanto ao julgamento dos réus com intervenção de jurados, não admittindo excepções que não assentem em rasões de ordem publica. Determinado por esta convicção, entendemos que devem ser submettidos ao *veredictum* do jury todos os crimes, qualquer que seja a sua natureza e gravidade, a que correspondam penas superiores ás mencionadas no artigo 435.º

Não encontrando fundamento plausivel para excluir a intervenção de jurados no julgamento dos crimes de contrabando e descaminho, como estatuiu o § 3.º do artigo 353.º da novissima reforma judicial, nem para organisar um jury especial para julgar os crimes de fabricação e falsificação de moeda, papeis de credito publico e notas de qualquer banco ou estabelecimento legalmente auctorisado, como determinou a lei de 4 de junho de 1859 e o regulamento de 4 de agosto do mesmo anno, entendemos que estes crimes deviam ser sujeitos ao julgamento do *jury ordinario*. Se os primeiros crimes affectam os redditos do thesouro publico, e o ultimo causa grande perturbação na ordem social, ninguem sustentará que a sua

---

[42] Srs. *Faustint Hélie* cit., tom. VIII, pag. 778; *Cubain*, Traité de 1a procéd. crim. devant la cours d'assises, pag. 344 e 345.

importancia e gravidade excede a dos que atacam o direito de existencia e outros direitos originarios do homem[43].

Ácerca da constituição do jury mantivemos no artigo 310.º e seus paragraphos o numero de tres recusas estabelecidas no § 2.º do artigo 1.º da lei de 1 de julho de 1867, estatuindo as regras necessarias para regular o modo de as effectuar, quando houver uma ou mais partes accusadoras e um ou mais réus no mesmo processo.

A abusiva pratica das recusações officiosas ou de mera complacencia provocou o nimio rigor da lei na limitação do numero d'ellas, que se elevava a nove, quando a pauta era formada de trinta e seis jurados, e a doze, quando constava de quarenta e oito, segundo o disposto nos artigos 519.º e 1127.º da novissima reforma judicial.

Talvez fosse conveniente augmentar o numero das recusações, quando houvesse mais de uma parte accusadora ou mais de um réu, elevando o numero d'ellas a cinco; demoveu-nos, porém, d'esta idéa o receio da continuação dos abusos a que nos referimos e que eram sobremodo nocivos á regular administração da justiça.

Determina-se no artigo 311.º, que o jurado substituto ou supplente permaneça dentro da teia até á publicação da decisão do jury. Sendo este jurado destinado a substituir qualquer outro no seu impedimento eventual, parece-nos indispensavel que assista á discussão da causa, producção das provas e debates, para estar habilitado a funccionar como juiz de facto, verificado o alludido impedimento.

Enumeram-se no artigo 315.º as incompatibilidades legaes dos jurados, que são fundadas em rasões obvias de moralidade e justiça, que não se torna mister expor. Apenas notaremos, que entre ellas se comprehende a de não poderem ser jurados os que, tendo sido nomeados testemunhas por parte da accusação ou da defeza, declararem no acto do sorteio que foram testemunhas presenciaes de algum facto.

Já tivemos ensejo de escrever a este respeito: «Este expediente malicioso, esta artimanha astuciosa tem-se repetido nos ultimos tempos nos juizos criminaes, e, desde que os réus a ella se soccorrem, no intuito propositado de afastar do jury os cidadãos menos complacentes e menos accessiveis a suggestões e a outros meios de pressão, corre á sociedade o inauferivel direito e o indeclinavel dever de se precaver contra os seus funestos resultados[44].

Produzida a prova da accusação e da defeza, de que o *Projecto* se occupa nos artigos 319.º a 335.º, seguem-se os debates da causa, de que tratam os artigos 336.º a 341.º

No artigo 336.º regula-se o modo e a ordem em que devem fallar os advogados da accusação e defeza.

Ácerca da allegação oral do magistrado do ministerio publico pareceu-nos conveniente consignar no artigo 337.º alguns preceitos consentaneos á elevada missão e indole d'esta magistratura, que representa os interesses da sociedade.

Mantemos no artigo 341.º o relatorio do juiz, que é considerado por alguns como uma necessidade impreterivel de fazer ouvir no recinto da justiça uma voz grave e placida em seguida ao ardor dos debates, á voz apaixonada da accusação e ao zêlo exagerado da defeza, e por outros como extremamente nocivo aos legitimos interesses da sociedade e da justiça, pela

---

[43] Vid. a *Exposição de motivos* do nosso *Projecto definitivo*, pag. 47.

[44] *Resposta nos estudos ácerca do Projecto definitivo de codigo do processo criminal, na Revista dos tribunaes,* tom. I, pag. 353.

natural tendencia de muitos juizes para a repressão. Considerámos sempre o relatorio do juiz como um acto essencial e complementar da accusação e da defeza, o qual póde concorrer efficazmente para o descobrimento da verdade, restabelecendo a verdade dos factos, muitas vezes desfigurados, obscurecidos ou exagerados pelos partes. O abuso que porventura se faça d'este importante dever dos juizes, só póde nascer de uma errada comprehensão do fim da justiça social, que tanto exige a punição do culpado, como a absolvição do innocente[45].

Os quesitos são a synthese da accusação e da defeza, e a sua proposição um dos deveres mais difficeis do juiz.

Trata-se d'este assumpto nos artigos 342.º a 354.º, estabelecendo os preceitos e formulas que devem observar-se, tanto com relação á criminalidade do facto, como ao grau de participação do agente responsavel.

Nos artigos 355.º a 372.º occupa-se o *Projecto* das decisões e respostas do jury, estabelecendo-se a mais rigorosa incommunicabilidade dos jurados, que sómente poderá ser interrompida nos casos de necessidade de alimento e repouso, e de ser mister esclarecer algum quesito ou a fórma da resposta.

No artigo 357.º determina-se que seja affixada na sala das deliberações do jury uma formula synthetica da indole do jury, e dos elementos da convicção dos jurados, a qual convem que tenham sempre presente, sem que devam preoccupar-se com as consequencias das suas decisões sob as relações da lei penal.

No artigo 342.º do codigo de instrucção criminal francez encontra-se uma formula similhante, mas de desmesurada extensão, a qual resumimos no artigo 357.º

Podendo acontecer que algum jurado se não julgue habilitado para votar e careça de ser esclarecido, permitte-se no artigo 359.º que possa promover discussão e expor as duvidas que se lhe offerecerem.

Discutindo-se na camara dos deputados de França a proposta que foi convertida na lei de 9 de setembro de 1835, disse o relator o sr. *Parant*, que a discussão anterior ao voto algumas vezes era util, mas em muitos casos é indispensavel, porque faz apparecer provas, tanto a favor como contra o réu, resolve duvidas e tranquillisa a consciencia dos jurados, concluindo por affirmar que está em vigor o artigo 344.º do codigo de instrucção criminal, que determina que os jurados deliberarão sobre o facto principal e em seguida sobre cada uma das circumstancias.

Declaração similhante fez na sessão de 29 de abril do 1836 o deputado o sr. Hébert, relator do projecto, que se converteu na lei de 13 de maio do mesmo anno, que estabeleceu o voto do jury por escrutino secreto. O governo provisorio da republica franceza estatuiu no artigo 5.º do decreto de 6 de março de 1848, que a discussão no seio da assembléa do jury, antes do voto, é de direito.

No artigo 362.º prohibe-se que o jurado possa recusar-se a votar, equiparando-se a recusa ao abandono de emprego.

A *ley de enjuiciamiento criminal de España* de 22 de dezembro de 1872 pune com a pena de inhabilitação temporaria especial o jurado, que, sendo instado tres vezes pelo juiz, se abstiver de votar.

---

[45] Vid. a *Exposição de motivos* do nosso *Projecto definitivo*, pag. 50.

A abstenção de votar equivale ao abandono de funcções officiaes e á ausencia do jurado; mas para não inutilisar o julgamento, julgámos conveniente considerar a recusa como voto a favor do réu.

No artigo 366.º declaram-se os casos em que o jury deverá considerar prejudicadas as suas respostas. Assim, se tiver declarado que está provado que o réu commetteu o crime, de que é accusado, deve julgar prejudicada a coarctada do *alibi*, como incompativel com a sua resposta. Se tiver decidido que o réu é responsavel por um crime *consummado*, está prejudicada a resposta que tem de dar ao quesito subsidiario sobre a *tentativa*, ou crime *frustrado*. Se tiver respondido que o réu é responsavel como *auctor* do crime, está prejudicada a resposta ácerca da *cumplicidade*.

O artigo 367.º é a reproducção do artigo 1147.º da novissima reforma judicial e do § unico artigo 13.º da lei de 18 de julho de 1855.

Se o jury está adstricto a responder aos quesitos que lhe são propostos, e não póde declarar responsavel o réu por um facto diverso d'aquelle por que é accusado, rasões de bem entendida equidade persuadem que elle possa pronunciar-se, espontaneamente e independentemente de previa interrogação, ácerca da existencia de qualquer circumstancia que por sua natureza produza o effeito de modificar a pena.

O segundo julgamento do réu, por terem sido annulladas por iniquas as respostas do jury, tem provocado alguns reparos e criticas, mais ou menos fundadas.

Não admittindo a omnipotencia do jury nem a infallibilidade das suas decisões, julgâmos absolutamente indispensavel estabelecer um criterio da sua primeira decisão para satisfação da sociedade e da justiça.

A faculdade de annullar as decisões do jury não póde competir senão ao juiz de direito, que pela sua independencia e impassibilidade offerece todas as garantias de que sómente usará d'esta faculdade discricionaria, quando a decisão for manifestamente iniqua e possa revoltar a consciencia publica.

N'esta parte conservámos a disposição do artigo 1162.º da novissima reforma judicial, alterando-a quanto ao jury que deve intervir no segundo julgamento.

No artigo 373.º e seu § unico não só se declara, que a annulação póde comprehender sómente alguma das decisões, que o juiz considerar manifestamente iniquas e injustas, subsistindo aquellas com que se conformar, mas tambem que elle póde annullar as respostas, quer sejam affirmativas quer negativas.

Para não conservar, porém, em uma situação vexatoria e oppressiva o réu absolvido, a favor do qual milita a presumpção de innocente, determina-se no § unico do citado artigo, que o julgamento se verifique dentro do praso de trinta dias, findos os quaes será solto, se prestar fiança ainda que o crime a não admitta.

No artigo 374.º estatue-se, que o jury que deve intervir no segundo julgamento seja composto de doze jurados, cuja pauta deverá ser formada dos da respectiva comarca em que pendeu o processo e dos jurados da comarca mais proxima.

Justificando esta provisão escrevemos o seguinte na *Resposta aos estudos ácerca do* nosso *Projecto definitivo:*

«A pratica diuturna dos tribunaes convenceu-me da inanidade e inefficacia do segundo julgamento do réu por outro jury da mesma comarca, embora não fizesse parte d'elle nenhum dos jurados que intervieram no primeiro julgamento.

«Ha em geral em todas as corporações um principio de solidariedade, que predomina sobre os interesses sociaes, e em virtude do qual os membros d'ellas desejam a todo o transe manter illesas as suas resoluções.

«Determinados por estes motivos, os jurados quasi sempre confirmam no segundo julgamento o *veredictum* proferido pelo primeiro jury.

«D'aqui resulta um certo desfavor, um certo desaire para os juizes de direito, que ficam em uma situação pouco satisfactoria, que, se não enfraquece, tambem não fortalece a sua auctoridade moral.»

Proferido o *veredictum* do jury, segue-se a sentença, que é condemnatoria ou absolutoria. Da primeira trata o *Projecto* nos artigos 377.º a 383.º, e da segunda no artigo 384.º

No artigo 378.º declara-se o que deve conter a sentença condemnatoria, exigindo-se no n.º 5.º que seja fundamentada.

A este proposito dissemos na *Breve exposição de motivos* do nosso primeiro *Projecto*:

«Não basta que as decisões dos tribunaes sejam executadas; é mister que sejam apoiadas em considerações que possam convencer o publico da sua procedencia e justiça. D'este modo elevar-se-ha o credito dos magistrados e subirá de ponto o prestigio da magistratura.»

No § unico do citado artigo 378.º decreta-se que a sentença deverá declarar perdidos a favor do estado as armas ou instrumentos, que serviram ou estavam destinados para commetter o crime.

Enumerando-se no artigo 75.º do actual codigo penal os effeitos das penas, declara-se no n.º 1.º que o réu definitivamente condemnado incorre na perda, a favor do estado, dos instrumentos do crime, não tendo o offendido, ou terceira pessoa direito á sua restituição. Entretanto achâmos conveniente a disposição do § unico do artigo 378.º do *Projecto*, attento o disposto no § 2.º do artigo 232.º do citado codigo penal.

O artigo 379.º contém uma provisão salutar reclamada pelas justas exigencias da justiça social. Posto que seja edificante e instructivo, que a sentença seja proferida em seguida á decisão do jury, comtudo nem sempre é possivel aos juizes cumprir satisfactoriamente este dever.

Se na discussão e julgamento de uma causa simples é facil elaborar uma sentença condemnatoria, não succede outro tanto, quando a discussão é complicada e recheiada de episodios e scenas commoventes, que podem conturbar o animo do julgador, que deve ser sempre calmo e sereno, e por isso faculta-se n'este artigo que o juiz possa proferir a sentença em outra audiencia, uma vez que não decorram mais de cinco dias.

No artigo 342.º do nosso *Projecto definitivo* tinhamos marcado o praso de tres dias; mas este espaço poderá ser insufficiente para as comarcas de grande movimento. Com a elevação do praso de tres a cinco dias nada perderá a administração da justiça, pois que se evitarão decisões precipitadas, que terão de ser corrigidas pelos tribunaes superiores, protelando-se d'este modo a execução da sentença.

No artigo 383.º reproduz-se a disposição do artigo 1172.º da novissima reforma judicial, empregando-se uma redacção mais clara.

No intento de definir sem delongas a situação do réu condemnado, que commette durante a audiencia de julgamento um novo crime ou a quem se descobre um outro crime que não esteja prescripto, e a que corresponda pena mais grave do que a que compete áquelle de que é accusado, determina-se no artigo 388.º que o réu seja julgado em acto seguido á perpetração do crime, procedendo-se similhantemente a respeito de quaesquer co-réus participantes no mesmo crime, ainda que a pena correspondente seja inferior á que compete ao réu que estiver sendo julgado.

Parece-nos racional esta disposição, implantada do codigo de instrucção criminal da Austria, reprimindo-se por esta fórma com celeridade o crime presenceado pelos juizes pares do delinquente.

Com referencia ao julgamento do crime descoberto no decurso da audiencia geral, determina-se no artigo 389.º qual a fórma do processo que deve seguir-se, em conformidade com o que se acha disposto nos artigos 1177.º e 1178.º da novissima reforma judicial, artigo 361.º do codigo de justiça militar e artigo 379.º do codigo de instrucção criminal francez.

Quanto ao modo como deve proceder-se no crime de juramento falso commettido em audiencia, estatuem-se no artigo 390.º as provisões que parecerem adequadas, em harmonia, com o disposto nos artigos 535.º, 1064.º e 1127.º da novissima reforma judicial. Apenas se accrescenta nos §§ 3.º e 4.º do citado artigo 389.º do *Projecto*, que o julgamento da testemunha perjura se verifique na audiencia geral do mesmo semestre, com o intervallo de trinta dias pelo menos, ou, não sendo possivel, no semestre seguinte, com intervenção de cinco jurados que assistissem ao julgamento, em que se commetteu o crime de perjurio, quando existam ou não estejam impossibilitados de comparecer.

É obvio o fim d'esta disposição. Por um lado tende a imprimir no julgamento da testemunha pronunciada pelo crime de falso juramento o cunho da madureza e serenidade, evitando decisões influidas por sentimentos de animadversão e de ira. Por outro lado a intervenção de cinco jurados, que presencearam o julgamento e ouviram as palavras da testemunha, é uma garantia valiosa do que o réu será julgado com inteiro conhecimento de causa.

O *Projecto* occupa-se nos artigos 391.º a 404.º da execução da sentença, estabelecendo, os preceitos indispensaveis para que ella seja a exacta expressão do que o juiz determinou, e prescrevendo-se differentes regras para que praticamente se torne effectiva a condemnação.

Entre as causas suspensivas da execução da sentença condemnatoria, de que trata o artigo 405.º, figura a revisão da sentença e rehabilitação do réu, de que o *Projecto* se occupa nos artigos 416.º a 424.º

D'este assumpto tratou o nosso primeiro *Projecto* nos artigos 666.º a 669.º

Justificando estas disposições, dissemos na *Breve exposição de motivos*:

«É esta uma das mais notaveis innovações que avultam no *Projecto*, e que considerâmos uma verdadeira homenagem aos mais generosos principios, em que se baseia a justiça criminal. A fallibilidade dos juizos humanos, a limitação dos meios de prova e de averiguação podem occasionar a condemnação de um innocente, e mais tarde apparecer o verdadeiro culpado.»

Consoante estes principios, que considerâmos inconcussos e foram adoptados em um projecto de lei apresentado pelo ilustre deputado o sr. conselheiro *Julio de Vilhena*, na sessão da camara dos senhores deputados de 29 de dezembro de 1883, dando-nos a honra de reproduzir com ligeiras alterações os artigo 666.º a 669.º do nosso primeiro *Projecto*, estabelecemos nos artigos 416.º a 424.º os preceitos que regulam a fórma do processo da revisão da sentença condemnatoria.

Na *Breve resposta aos estudos juridicos* ácerca do nosso primeiro *Projecto*, dissemos:

«Se restringimos as beneficas e salutares disposições sobre a revisão da sentença condemnatoria aos crimes a que correspondem penas maiores, foi nosso intuito obviar a abusos, porventura tão nocivos como o mal que se pretende evitar.

«Receiosos de que aquelles que não encontrassem refugio na clemencia do poder moderador, appellassem para a influencia dos amigos, para a protecção dos poderosos e para os sentimentos compassivos dos seus concidadãos, preferimos não tornar extensiva esta salutar garantia aos condemnados por crimes a que correspondem penas correccionaes. Sem desconhecer que a pena, qualquer que seja a sua intensidade e duração, é sempre um mal, julgámos que eram reparaveis os effeitos de uma condemnação correccional. Fortalecidos com a auctoridade de *Ortolan,* entendemos que é mister que os erros sejam de tal importancia que affectem o interesse geral, aliás desapparece a auctoridade do caso julgado.»

Receiando que possa abusar-se do direito da revisão da sentença condemnatoria, exige-se no artigo 417.º uma justificação previa de testemunhas, julgada procedente e provada com citação e audiencia do magistrado do ministerio publico, podendo o interessado juntar quaesquer documentos comprovativos da improcedencia da accusação.

Não julgando sufficiente esta presumpção da innocencia do condemnado, determina o artigo 418.º que a revisão da sentença seja precedida da decisão do supremo tribunal de justiça proferida em secções reunidas. Com a intervenção do primeiro tribunal do paiz, cujas luzes e independencia são seguro penhor de uma acertada decisão, não ha fundamento para repellir como temerario o requerimento do réu que solicitar a revisão da sentença condemnatoria.

Posto que reconheçamos toda a plausibilidade no direito que assiste aos herdeiros do delinquente de illibar a memoria d'este, fortalecendo d'esta arte os laços da familia, como sustenta o sr. *Julio de Vilhena* e propõe nos artigos 12.º, 13.º e 14.º do seu projecto de lei, entendemos que devia limitar-se a concessão d'este direito ao condemnado, tanto mais quanto é certo que actualmente não existem penas perpetuas e irreparaveis, podendo a familia auxilial-o no processo da revisão.

Exigindo-se no artigo 419.º a intervenção de um jury especial, composto de jurados de tres comarcas, para julgar o processo da revisão da sentença, fomos a isso impellido pela convicção de que é mister dar á sociedade e ao condemnado, que affirma a sua innocencia, todas as garantias de uma decisão justa e acertada.

A rehabilitação do condemnado é um dos consectarios da sentença de revisão, como é expresso no § 5.º do artigo 126.º do actual codigo penal, consignando-se no artigo 421.º do *Projecto* doutrina identica á do § 6.º do ci-tado artigo 126.º d'aquelle codigo.

O processo contra os réus ausentes e contumazes foi estabelecido pelo decreto de 18 de fevereiro do 1847.

Esta fórma excepcional de processo não tem a acceitação geral sendo considerada por alguns jurisconsultos como obnoxia aos interesses da sociedade e protectora da impunidade dos criminosos.

Sem nos sentirmos tomado de grande enthusiasmo por ella, diremos que a temos sempre adoptado nos dois *Projecto*s anteriores, e que se acha decretada nos codigos das nações civilisadas, e ainda ha poucos annos no codigo de instrucção penal dos estados da Allemanha de 1 de fevereiro de 1877.

O *Projecto* trata d'este assumpto nos artigos 425.º a 434.º

Para dar ao réu ausente as garantias possiveis de defeza, determina-se no artigo 429.º e seus paragraphos, que sejam citados alguns dos seus descendentes e o conjuge, se for casado; na falta d'estes algum dos ascendentes, e, na falta d'estes, algum dos transversaes até ao quarto grau, por direito civil, aos quaes competem todos os meios de defeza e recursos que competiriam ao réu, se estivesse em juizo, á excepção dos recursos de appellação e revista, quanto á sentença condemnatoria.

Esta excepção facilmente se justifica, se attendermos a que a sentença não passa em julgado, emquanto não for intimada ao réu, e que só o póde ser, quando se apresente em juizo, como se dispõe no § unico do artigo 433.º

Conceder aos parentes do réu ausente a faculdade de interpor o recurso de aggravo e appellação nos casos de injusta pronuncia, de errada classificação do crime e sobre denegação de fiança, é muito; conceder-lhes os recursos de appellação e de revista, nos casos de se proferir sentença condemnatoria, seria equiparal-o ao réu que está em juizo e que muitas vezes tem soffrido uma prolongada detenção preventiva. Não se podem equiparar condições desiguaes.

A principal innovação que avulta na fórma do processo dos réus ausentes é a da intervenção do jury nos crimes a elle sujeitos. Equiparando, n'esta parte, os réus ausentes aos que estão em juizo, presos ou afiançados, visámos a dar-lhes as mesmas garantias e a assegurar mais efficazmente a repressão do crime, porque se nos afigura que, não estando o jury adstricto ao rigor da prova legal, mas tão sómente á prova moral do facto submettido á sua apreciação, a decisão sobre a materia de facto ha de, por sem duvida, ser mais acertada.

Tal é o motivo da disposição do artigo 426.º

Era universalmente reconhecida a necessidade de adoptar uma fórma de processo summaria e rapida para o processo dos réus a quem são imputados crimes de somenos importancia e gravidade.

A carta constitucional estatuiu no artigo 118.º, que o poder judicial é independente e composto de juizes e jurados, os quaes terão logar, assim no civil como no crime, nos casos e pelo modo que os codigos determinarem.

O codigo penal de 16 de setembro ultimo, modificando sensivelmente o rigor das penas estabelecidas no codigo de 10 de dezembro 1852, dá aso a que se alargue consideravelmente a arca da jurisdicção correccional.

Tal é o pensamento que predomina no nosso *Projecto de codigo do processo penal*, que trata d'este assumpto nos artigos 435.º a 450.º

Posto que seja alheio do nosso proposito aventar alvitres ácerca da organisação judicial, diremos tão só que, embora sejamos, como *Bentam*, partidario do juiz *unico*, talvez conviesse fazer um ensaio de organização de tribunaes correccionaes nas comarcas de Lisboa e Porto, onde é avultadissimo o numero de crimes, julgados no juizo de policia correccional.

Nos citados artigos 435.º a 450.º do *Projecto* não apparecem innovações, que careçam de ser justificadas. Simplifica-se e abrevia-se o processo nos crimes da competencia dos juizes de policia correccional, especificados no artigo 435.º, sem prejuizo das formulas, que são verdadeiras garantias da liberdade individual e da segurança da sociedade.

O artigo 443.º é a reproducção do artigo 2.º da lei de 15 de abril ultimo, com o accrescimo da sancção penal, imposta no § 4.º ao individuo que não tornar effectivo o comparecimento do réu em juizo, dentro do prazo n'elle fixado. Pareceu-nos que um simples preceito sem sancção penal seria inefficaz e inutil.

Entendemos que nos crimes a que corresponda pena de multa, logo que o infractor se promptifique a satisfazel-a, bem como as custas, devia cessar o procedimento criminal. Esta idéa está consignada, entre outros, nos decretos de 3 de outubro de 1860, artigo 20.º, e 21 de outubro de 1863, artigo 37.º

A fórma de processo do julgamento das coimas e transgressões de posturas e regulamentos municipaes é regulada nos artigos 451.º a 463.º com a maior simplicidade, sem preterir os meios de defeza do transgressor.

A natureza d'estas infracções, que não revelam intencionalidade da parte do agente, pois que apenas são meras contravenções materiaes provenientes da negligencia ou incuria do transgressor, determinou-nos a permittir no § 1.º do artigo 454.º, que elle possa apresentar as testemunhas no dia do julgamento, se as não tiver indicado ao respectivo official de diligencias no acto da citação. É uma excepção ao disposto no n.º 4.º do artigo 150.º

N'esta fórma de processo admittem-se no artigo 462.º unicamente dois recursos: o de aggravo no auto do processo e o de appellação.

Não podendo conformar-nos com a idéa de uma condemnação injusta, qualquer que seja a natureza e gravidade da infracção, julgámos que ao opprimido jamais devia ser defeso o accesso aos tribunaes. O templo da justiça deve estar aberto para todos.

A jurisdicção disciplinar, que tem por fim advertir e corrigir as faltas e omissões commettidas nos processos pendentes pelos juizes singulares e empregados judiciaes, e a que não corresponde expressamente pena especial estabelecida no codigo do processo penal, constitue o objecto dos artigos 464.º a 474.º d'este *Projecto*.

Em diversos artigos d'elle são comminadas penas aos contraventores de seus preceitos, e marcada a fórma de processo, que deve observar-se na sua imposição, sendo algumas applicadas, independentemente de audiencia d'aquelles, *sem fórma, nem figura de juizo*.

Quando, pois, a falta ou omissão se verificar em processo pendente, e não seja punida com pena especial designada n'este codigo, deve observar-se a fórma de processo estabelecida no artigo 470.º, que admitte a previa audiencia dos juizes, advogados e empregados incursos na falta arguida.

Ha omissões, que importam uma simples contravenção material do preceito, e que convem punir immediatamente para manter a disciplina dos tribunaes e para os tornar mais solicitos no cumprimento dos seus deveres. Ha, porém, outras faltas que têem outro alcance, militando a pró do omisso alguma ou algumas circumstancias, que o possam relevar da imposição da pena disciplinar. Justo é, pois, que, n'estes casos, sejam previamente ouvidos, antes de se lhes infligir a respectiva pena, que, se não macúla a reputação do arguido, affecta a sua dignidade.

IV

Livro III. – **Dos processos especiaes**.

O *Projecto* occupa-se nos artigos 475.º a 512.º dos processos *especiaes* contra os delinquentes, que gosam de fôro especial e que se acham mencionados no § 2.º do artigo 43.º

A fórma de processo especial para conhecer e julgar os crimes imputados aos réus a que alludimos não é um privilegio concedido á elevada posição em que uns se acham constituidos e á natureza das funcções que outros exercem, porque, em face do preceito do artigo 145.º, § 15.º, da carta constitucional, os privilégios foram abolidos por incompativeis com o regimen igualitario n'ella estabelecido; mas uma garantia outorgada e estabelecida no interesse da sociedade e dos delinquentes, submettendo-os a tribunaes inaccessiveis ao imperio das paixões e ao influxo da rivalidade das classes.

D'entre os delinquentes, a que nos referimos, uns gosam da garantia politica, que cobre a pessoa: taes são os membros da familia real, os ministros e secretarios d'estado, os conselheiros d'estado, os membros dos corpos legislativos; outros gosam da prerogativa de serem julgados pelos tribunaes judiciaes ou pelos juizes de direito: como são os membros do corpo diplomatico, magistrados judiciaes e o ministerio publico, conselheiros do supremo tribunal administrativo, do tribunal de contas, do tribunal superior de guerra e marinha e os bispos das dioceses do ultramar.

Adversario da garantia politica[46], porque considerâmos um corpo politico deliberante improprio para exercer as funcções de julgar, que exigem a maior serenidade e impassibilidade, temos de acceitar fórma do processo consignado no artigo 41.º da carta constitucional e no artigo 4.º do 2.º acto addicional do 24 de julho de 1885.

A fórma do processo para a investigação dos crimes e julgamento dos réus que gosam da garantia politica está estabelecida nos artigos 475.º a 490.º, em harmonia com o regulamento da camara dos dignos pares do reino de 2 de maio de 1843 e com a lei de 15 de fevereiro de 1849.

Nos artigos 491.º a 493.º estabelece-se a competencia do supremo tribunal de justiça e a fórma do processo respectivo para serem julgados os membros do corpo diplomatico, os vogaes dos tribunaes administrativos, de fazenda, guerra e marinha, e os bispos das dioceses ultramarinas.

Na novissima reforma judicial e nos nossos dois *Projecto*s anteriores não se mencionam senão os membros do corpo diplomatico como sujeitos á competencia especial do supremo tribunal de justiça; mas entendemos que esta competencia deve igualmente abranger os membros d'aquelles tribunaes, que, na sua respectiva esphera e nos limites das suas attribuições, exercem importantes funcções judiciaes.

Quanto aos bispos das dioceses do ultramar, pareceu-nos que, não podendo gosar da garantia politica de serem julgados pela camara dos dignos pares, da qual não fazem parte, deviam, em attenção á sua alta dignidade e caracter augusto de suas funcções, ser julgados pelo primeiro tribunal judicial do paiz.

Na fórma do processo penal, que deve instaurar-se contra os magistrados judiciaes e do ministerio publico, pelos crimes commettidos tanto no exercicio, como fóra do exercicio de suas funcções, estabelecem-se as disposições indispensaveis para averiguar a existencia d'esses crimes, proporcionando aos magistrados querelados todos os meios de defeza previos que podem invalidar a accusação.

Sendo da maior conveniencia cercar estes magistrados de todas as garantias que assegurem o exacto e rigoroso cumprimento dos seus deveres, e tendo reiteradas occasiões de incorrerem na animadversão e desagrado das partes, mister é que possam antecipadamente repellir e destruir a accusação, muitas vezes originada n'aquelles sentimentos.

No n.º 1.º do artigo 494.º ampliámos a competencia especial dos tribunaes judiciaes para conhecer dos crimes imputados aos magistrados judiciaes e do ministerio publico, posto que ao tempo em que seja instaurado o processo já não pertençam á magistratura.

---

[46] Vid. a *Breve exposição de motivos* do primeiro *Projecto*, pag. XXXVII, e a *Exposição de motivos do Projecto definitivo*, pag. 57.

Sendo esta fórma especial de processo uma garantia d'interesse e ordem publica, que cobre o acto e não a pessoa do magistrado, não póde rasoavelmente contestar-se a sua prorogação, para o effeito de gosarem d'ella os que já não fazem parte de nenhuma das magistraturas indicadas.

No artigo 496.º estabelece-se uma excepção ao principio da competencia especial para conhecer dos crimes imputados aos magistrados judiciaes e do ministerio publico, commettidos no exercicio das suas funcções. Essa excepção diz respeito aos actos de policia judicial indispensaveis para apprehender as provas, indicios e vestigios, que existam ou restam do crime, e cuja desapparição seria inevitavel, se tivesse de aguardar-se que o juiz ou tribunal competente expedisse ordem para se proceder á sua verificação. Os elementos que constituem o corpo de delicto tendem a desapparecer em seguida á perpetração d'este, e muitas vezes têem uma duração ephemera. Torna-se, pois, indispensavel estabelecer a competencia da auctoridade local para proceder a diligencias, que não admittem a menor delonga e cuja procrastinação importaria a impunidade do delinquente.

Na fórma especial do processo contra os magistrados judiciaes e do ministerio publico tivemos presentes as disposições dos artigos 763.º a 786.º da novissima reforma judicial, completando-as, ampliando-as e preenchendo as grandes lacunas, que n'ellas se notam.

V

Livro IV. – **Dos recursos**.

O systema que adoptámos no *Projecto de codigo do processo penal* ácerca dos recursos é inteiramente differente do que tinhamos seguido nos dois *Projecto*s anteriores. São profundas e radicaes as alterações que fizemos na legislação vigente e nas disposições dos referidos *Projecto*s.

Sectario do principio de que devem ampliar-se e não restringir-se os recursos, não admittimos no artigo 513.º a alçada para a sua interposição, que fica aberta e franca de todas as decisões proferidas pelo juiz de direito até ao supremo tribunal de justiça. As decisões dos tribunaes judiciaes devem ser e parecer a exacta expressão da justiça; e, desde que as partes se não conformam com ellas, desde que haja suspeita de que possam ser o resultado de uma falsa apreciação ou de uma errada interpretação da lei, não lhes deve ser defezo submetter ao exame e apreciação do tribunal superior a decisão do juiz ou tribunal inferior.

Se o principio da abolição das alçadas tem encontrado adeptos fervorosos e defensores convictos em materia civil, sóbe de ponto a sua importancia em materia criminal, em que as decisões dos juizes e tribunaes affectam o precioso direito originario da liberdade e o inestimavel bem da honra do homem.

Não dissimularemos, todavia, que esta opinião tem encontrado contradictores, que entendem que não convem animar o espirito rixoso e o capricho obstinado das partes, que d'esta arte protrahem os effeitos das decisões dos tribunaes. Mas, se da ampliação dos recursos póde acaso resultar este inconveniente, em compensação offerece a apreciavel vantagem de dar ao julgado a auctoridade e força, que lhe provém de ter sido submettido a todos os graus da hierarchia judicial.

Reflectindo madura e detidamente sobre este objecto, e tendo em consideração as tendencias da legislação penal moderna, manifestadas na suavidade das penas impostas no actual codigo penal, pareceu-nos que a ampliação dos recursos era consoante áquellas tendencias e não affectava o principio de uma bem entendida repressão.

No artigo 514.º consignámos o principio de que ao magistrado do ministerio publico não é licito desistir do recurso, uma vez interposto. Sendo o recurso a continuação da acção, submettida ao exame e apreciação do tribunal superior, e, provindo aquella da lei, entendemos com todos os tratadistas do ministerio publico, que os magistrados que o constituem não tinham a faculdade de desempossar os tribunaes de conhecer do recurso para elles interposto, devendo aguardar a sua decisão[47].

Estatue-se no artigo 515.º o preceito de se poder interpor qualquer recurso, independentemente de prévia intimação do despacho ou sentença recorrida. O fim d'esta disposição é accelerar a marcha dos recursos e obviar os estorvos que muitas vezes se têem opposto ao seu proseguimento, menos por proposito intencional do que por negligencia e incuria de quem deve ser solicito na sua expedição.

Não é nova esta disposição, pois que já se achava estabelecida nos artigos 673.º, § 1.º, e 674.º, § 1.º, da novissima reforma judicial.

No artigo 518.º e seus paragraphos faculta-se ás partes minutar e contraminutar os recursos no juizo ou tribunal em que são interpostos ou no que tem de conhecer d'elles. Disposição similhante encontra-se no artigo 1004.º do codigo do processo civil, não carecendo de justificação.

No § 3.º determina-se que as minutas e contraminutas sejam dirigidas ao chefe do estado. É esta a praxe constante dos tribunaes, fundada no preceito do pouco conhecido alvará de 26 de maio de 1769, que determinou que «as causas e negocios pertencentes á jurisdicção temporal devem ser expedidos no real nome do soberano».

No artigo 521.º declara-se que o effeito do recurso de qualquer natureza é sempre suspensivo, á excepção do caso de versar o recurso sobre algum conflicto negativo de jurisdicção ou de competencia.

Esta excepção justifica-se pela necessidade de não desapparecerem os vestigios que existem ou restem do crime; o que por certo succederia, se os juizes permanecessem inactivos até que os tribunaes superiores decidissem a qual dos juizes em conflicto pertence a jurisdicção controvertida.

Com relação aos efeitos dos recursos, estabelece-se no artigo 522.º que o recurso interposto pelo ministerio publico aproveita ao réu, posto que não tenha recorrido.

De rasão nos parece esta disposição, pois que, sendo aquelle magistrado o representante da sociedade, o provimento do recurso por elle interposto não póde deixar de aproveitar ao réu, que, por sua indigencia, ignorancia, ou incuria do seu defensor, deixou de recorrer.

Posto que, no caso de figurarem differentes co-réus no mesmo processo, o recurso interposto por um não póde ser extensivo aos que se abstiveram de recorrer, comtudo esta regra admitte por sua natureza a excepção de aproveitarem aos demais co-réus os effeitos do

---

[47] Vid. as nossas «Observações à nova reforma penal», publicadas na *Revista dos tribunaes*, tom. III, pag. 51.

recurso interposto só por um d'elles, quando versar sobre a classificação do facto criminoso, no caso de não terem ainda sido julgados. Assim, se differentes réus estiverem pronunciados por crime de homicidio consummado e um d'elles recorrer com fundamento de que só é responsavel por homicidio frustrado e obtiver provimento, a decisão do recurso deve ser extensiva a todos os co-réus que ainda não tiverem sido julgados.

No julgamento da deserção dos recursos preceituam-se no artigo 527.º regras tendentes a accelerar o seu andamento, que frequentemente fica paralysado pelas delongas empregadas pelo réu ou pela parte accusadora a quem não agradou a decisão recorrida.

Sendo, porém, conveniente não restringir o direito de recorrer da sentença condemnatoria, determina-se no artigo 528.º que seja intimado o procurador do recorrente, se o tiver constituido; e, no caso negativo, o proprio recorrente, sendo intimado pessoalmente para fazer o preparo. Adoptada esta providencia, fica o recorrente a coberto da negligencia de um procurador menos solicito, e evitam-se as dilações e despezas da publicação de citações na folha official ou nos periodicos das localidades, a qual difficilmente chega ao conhecimento dos interessados.

Admitte-se no artigo 530.º o aggravo no auto do processo, tanto com referencia ao preparatorio, como ao accusatorio ou de julgamento, porque em qualquer das phases do processo póde haver preterição de acto ou termo, que importe nullidade.

Do aggravo de petição, casos em que compete, praso e fórma da sua interposição e seguimento, trata-se nos artigos 532.º a 541.º

No n.º 4.º do artigo 533.º admitte-se o aggravo de petição do despacho, que mandar intimar o presumido delinquente para ser julgado no juizo de policia correccional. Sendo este despacho equivalente ao de pronuncia no processo ordinario de querela, pareceu-nos de reconhecida justiça não compellir um individuo a assentar-se no banco dos réus, sem lhe conceder a garantia de poder recorrer do despacho, que lhe pareça menos justo ou fundado. Assim está estabelecido no artigo 9.º da lei de 15 do abril do corrente anno.

O artigo 534.º é a reproducção do artigo 4.º de um projecto de lei, apresentado por um illustre deputado e notavel jurisconsulto e estadista, na sessão da camara dos senhores deputados de 18 de abril de 1884[48].

Segundo a jurisprudencia fixada pelo supremo tribunal de justiça, o réu podia interpor o recurso de aggravo do despacho que lhe denegava fiança independentemente de se achar preso, porque considerou sempre a questão da fiança como uma questão preliminar, que podia ser discutida e apreciada em separado da pronuncia.

A nossa opinião foi sempre contraria, porque a questão da fiança está intimamente connexa com a pronuncia, e portanto com a incriminação do facto imputado ao réu. Nenhum juiz ou tribunal póde decidir se o presumido infractor da lei penal deve livrar-se solto, ou sob caução, sem previamente apreciar a natureza do facto criminoso que lhe é attribuido e a classificação que lhe compete. Convencido d'estes principios, concedemos no artigo 534.º ao réu, pronunciado por crime que não admitta fiança, a faculdade de recorrer do despacho de injusta pronuncia, por intermedio de seu procurador, sem que seja compellido a apresentar-se na cadeia, não obstando todavia o recurso a que a policia judiciaria cumpra o seu dever,

---

[48] *Diario da camara dos senhores deputados*, pag. 1128

effectuando a prisão do réu. Se este está convencido da injustiça da pronuncia, ou porque o facto imputado não é criminoso, ou porque contra elle não ha provas ou indicios de ser d'elle participante, porque rasão lhe não ha de ser permittido recorrer aos tribunaes e demonstrar perante elles a sua innocencia, subtrahindo-se aos vexames, ao desaire, ao stygma de um julgamento?

Já em tempo seguimos opinião diversa[49]; mas a reflexão e o proprio conselho nos convenceram de que era menos fundada.

No artigo 536.º contém-se uma disposição similhante á que foi estabelecida no artigo 7.º da lei de 15 de abril ultimo, ampliando-a aos pontos que julgámos intimamente connexos com o aggravo do despacho de pronuncia, quer n'ella seja admittida fiança, quer não.

Posto que no nosso *Projecto definitivo* eliminassemos o aggravo de instrumento, no intuito de harmonisarmos as suas disposições com as do codigo do processo civil, comtudo entendemos que da suppressão d'esta especie de aggravo nenhuma vantagem resulta á regularidade ou celeridade do processo penal. A experiencia tem-nos mostrado que as certidões com que são instruidos os aggravos de petição, longe de facilitarem, difficultam por extremo o exame e estudo d'elles. Restabelecendo, pois, o aggravo de instrumento, como estava estabelecido na novissima reforma judicial, cremos que prestâmos um serviço ás partes e aos juizes e tribunaes.

O *Projecto* occupa-se d'este aggravo nos artigos 542.º a 545.º

No artigo 544.º estabelece-se que o processo original suba ao tribunal superior. Esta disposição é justificada pela facilidade com que são lidos pelos juizes os differentes actos e peças do processo, o que não acontece, tendo de compulsar o instrumento, apesar de ser escripto com as indicações exigidas no artigo 62.º Só os que têm lidado no fôro comprehendem o alcance d'esta disposição.

Na carta testemunhavel, de que se trata nos artigos 546.º e 547.º, não se encontra disposição nova que careça de justificação.

O recurso de appellação, casos em que compete e praso em que deve ser interposto, acham-se comprehendidos nos artigos 548.º a 551.º

N'aquelle artigo enumeram-se os casos em que cabe aquelle recurso, entre os quaes se comprehende o do n.º 4.º, que versa sobre o despacho que não pronunciar o querelado ou qualquer outro delinquente.

Segundo o artigo 996.º da novissima reforma judicial, n'esta hypothese cabia o recurso de aggravo. Determinado, porém, pela maior facilidade com que se lê o processo original, e porque da interposição do recurso de appellação não advem prejuizo ás partes, optámos por este recurso, que é mais amplo e devolve ao tribunal superior o conhecimento de toda a causa e suas dependencias.

Em todos os outros casos previstos no citado artigo 548.º a competencia do recurso de apellação é incontestavel, porque o despacho ou sentença termina o feito de modo que não póde proferir-se decisão definitiva.

Com referencia aos magistrados do ministerio publico, estabelece o artigo 549.º que a interposição do recurso de appellação é obrigatoria ou facultativa.

---

[49] Vid. a nossa *Breve resposta aos estudos juridicos do sr. Medeiros,* ácerca do nosso primeiro *Projecto,* pag. 34.

Incumbe-lhes o dever de interpor este recurso, sempre que a sentença condemnatoria impozer qualquer pena maior excedente a cinco annos. Entendemos que deviamos adoptar o limite maximo fixado no § unico do artigo 1185.º e no artigo 1197.º da novissima reforma judicial.

Quanto à faculdade de interporem este recurso, é obvio que ella se deriva da natureza e indole da magistratura do ministerio publico.

No artigo 551.º abrevia-se a extracção do traslado do processo, reduzindo-o ás peças essenciaes, sem detrimento dos interesse da justiça e sem gravame do réu.

As disposições relativas aos casos em que cabe o recurso de revista, sua natureza e effeitos, interposição e seguimento, estão comprehendidas nos artigos 552.º a 555.º

Apenas temos a notar que no § 1.º do artigo 552.º se concede ao réu absolvido em virtude de *veredictum* negativo do jury, de cuja decisão se interpoz recurso de revista, a faculdade de prestar fiança, embora o crime a não admitta.

Não é sem grande reluctancia que acquiescemos a esta disposição, que está em diametral opposição não só com as idéas que temos constantemente sustentado[50], mas tambem com o preceito do artigo 4.º da moderna lei de 15 de abril ultimo. Julgâmos esta disposição mais consentanea aos legitimos interesses da sociedade, cuja segurança fica mais efficazmente garantida com a sua manutenção. Confiâmos que esta doutrina prevalecerá na discussão do presente *Projecto*.

Synthetisámos nos artigos 556.º a 580.º as disposições geraes, que são appplicaveis ao julgamento dos recursos nos tribunaes de segunda instancia, e que pelo artigo 599.º são igualmente applicaveis ao julgamento dos recursos de revista pelo supremo tribunal de justiça.

Poderá talvez alguem estranhar a disposição do artigo 560.º, que impõe aos escrivães das relações a obrigação de continuarem com vista o recurso ás partes, independentemente de despacho do juiz relator.

Uma diuturna observação convenceu-nos da impreterivel necessidade d'este preceito, que não deprime absolutamente nada a dignidade do poder judicial, e obvia os gravissimos inconvenientes da morosidade do andamento dos processos, que por vezes têm permanecido accumulados e paralysados. A continuação do recurso com vista ás partes é um acto meramente material, e não uma usurpação da jurisdicção dos juizes, e tem precedentes similhantes nos artigos 673.º, § 1.º, e 674.º, § 1.º, da novissima reforma judicial.

No artigo 563.º determina-se que qualquer recurso, antes de ser julgado, seja visto por tres juizes, não podendo verificar-se o julgamento sem que estejam presentes cinco, dos quaes dois o tenham visto.

Adoptada esta provisão, evitam-se as surprezas, e as partes e a sociedade têm a garantia de que as decisões proferidas pelos tribunaes são o resultado de maduro exame e estudo reflectido de mais do que um juiz. Se força é confessar que essa garantia subiria de ponto, exigindo que concorressem sempre ao julgamento tres juizes, que tivessem visto o recurso, comtudo nem sempre é possivel reunir este numero, e por isso nos contentâmos com o comparecimento de dois juizes que hajam visto o feito, a fim de não retardar a sua decisão.

---

[50] Vid. a nossa *Resposta aos estudos ácerca* do nosso *Projecto definitivo*, na *Revista dos tribunaes*, pag. 325.

O systema adoptado no artigo 16.º da lei de 18 de julho de 1855 era conforme ao artigo 563.º do *Projecto;* mas aquella lei exige no artigo 17.º que as revistas nos processos criminaes, em que intervem jury, sejam julgadas por cinco votos conformes, dando-se todavia o absurdo de serem sómente vistas pelo juiz relator, nos termos do artigo 21.º do decreto de 18 de fevereiro de 1847, que tem sido considerado em pleno vigor. Esta anomalia acaba, adoptando se a disposição do precitado artigo 563.º do *Projecto.*

Nos artigos 568.º e 571.º adoptam-se as provisões que pareceram adequadas e tendentes a evitar a protelação do julgamento dos recursos, em detrimento das partes e da sociedade, prevenindo-se as hypotheses de impedimento superveniente do juiz relator e do presidente. Julgâmos tão obvias e racionaes as disposições n'elles consignadas, que nos abstemos de expor os seus fundamentos.

O estado lamentavel das cadeias de quasi todas as comarcas tem actuado no animo de muitos jurisconsultos, e de certo foi a causa determinante do preceito do § unico do artigo 3.º da lei de 15 de abril ultimo, que determina que os tribunaes superiores considerem como circunstancia attenuante, para o effeito da redução da pena, a prisão posterior á sentença que condemnar algum réu em penas de prisão maior ou degredo.

Esta disposição foi reproduzida no artigo 572.º do *Projecto.*

Tratando do desconto da detenção preventiva no calculo da pena, dissemos o seguinte na *Resposta aos estudos ácerca do* nosso *projecto definitivo*: «Alguns codigos das nações estrangeiras[51] tratam d'este assumpto, parecendo-nos rasoavel a disposição do artigo 46.º, n.º 10.º, do codigo da Austria, que considera circumstancia attenuante a prolongação da instrucção do processo, sem culpa da parte do delinquente. D'este modo a detenção preventiva, que é um mal necessario, é computado no calculo da pena de prisão temporaria, uma vez que o delinquente não tenha concorrido para a protracção do processo, reparando a sociedade por esta fórma o damno causado ao réu[52].»

A redacção dos accordãos, que concederem provimento nos recursos, deve ser desenvolvida em ordem a dar uma idéa clara e precisa do seu objecto e das rasões em que se baseia. Pareceu-nos, porém, justo não compellir os juizes a fundamentar extensamente as suas decisões, no caso de denegação de provimento, sendo sufficiente fazer uma succinta, exposição dos fundamentos da decisão.

O artigo 577.º contém um preceito tendente a abreviar a interposição dos recursos dos réus que não se acham detidos na cadeia da comarca, que for séde de relação, facultando-lhes o recurso, que será reduzido a termo pelo escrivão que intimar o accordão, sem dependencia de despacho do juiz relator. É facil comprehender a vantagem que resulta ao recorrente d'esta providencia, que evita delongas e despezas, a que ficaria sujeito, se tivesse de requerer a interposição do recurso e aguardar o respectivo despacho.

Na fórma do processo de julgamento dos aggravos e cartas testemunhaveis, comprehendida nos artigos 581.º a 586.º, observa-se a fórma de processo estabelecida nos artigos

---

[51] Vid. codigo da Baviera, artigos 104.º e 105.º; codigo de Saxe, artigo 30.º; codigo do Wertemberg, artigo 114.º; codigo da Austria de 27 de maio de 1852, artigo 46.º, n.º 10.º; codigo penal da confederação da Allemanha do Norte de 31 de maio de 1870, artigo 60.º

[52] Vid. a nossa *Resposta aos estudos ácerca do* nosso *Projecto definitivo,* na *Revista dos tribunaes,* tom. I, pag. 357

1:070.º a 1:075.º do codigo do processo civil, com as alterações exigidas pela natureza do processo penal, sendo as disposições relativas ao julgamento dos conflictos de jurisdicção conformes ás do artigo 743.º da novissima reforma judicial.

O julgamento da appellação constitue o objecto dos artigos 587.º a 597.º

No intuito de dar a maior amplitude ao julgamento d'este recurso, concede-se no artigo 587.º ás partes a faculdade de requererem vista do processo para deduzirem por escripto nullidades e exporem o que se lhes offerecer ácerca da natureza e duração da pena, posto que o recurso tenha sido minutado no juizo de direito de primeira instancia.

Poderá esta disposição parecer uma redundancia; mas entendemos que não é superflua e inutil, porque tanto o ministerio publico, como a parte accusadora ou o réu podem ter interesse em fundamentar mais solidamente os seus direitos, que podem ter sido descurados ou mal apreciado nas minutas.

Das disposições combinadas dos artigos 587.º, 589.º e 591.º resulta, que o julgamento do recurso de appellação se verifica com a possivel celeridade, pois que, não excedendo os *vistos* das partes e dos juizes o praso de quarenta dias, póde concluir-se dentro de quarenta e oito dias, se os escrivães forem solicitos em cobrar os recursos, findos os prasos fixados na lei.

No julgamento da appellação, no caso de sentenças contradictorias sujeitas á revisão dos tribunaes de segunda instancia, adoptam-se no artigo 597.º provisões identicas ás que se acham estabelecidas no artigo 1264.º da novis-sinia reforma judicial.

A fórma do processo do julgamento dos processos no supremo tribunal de justiça está regulada nos artigos 598.º a 616.º do *Projecto*, devendo observar-se, na parte applicavel, as disposições relativas ao julgamento dos recursos nos tribunaes de segunda instancia.

O artigo 604.º previne a hypothese de não haver no supremo tribunal de justiça numero de juizes conselheiros necessarios para o julgamento dos processos criminaes, adoptando a mesma providencia que se acha estabelecida nos artigos 16.º, 19.º e 40.º da novissima reforma judicial.

Os artigos 608.º e 609.º estão em inteira conformidade com os artigos 2.º e 3.º da primeira lei de 19 de dezembro de 1843 e com os artigos 1160.º e 1161.º do codigo do processo civil.

Com referencia ao julgamento do recurso de revista nos casos de sentenças contradictorias, falso testemunho, corrupção ou peita de jurados, e de existir a supposta victima do crime, adoptam-se nos artigos 611.º, a 615.º provisões em harmonia com as dos artigos 1263.º, 1265.º a 1268.º da novissima reforma judicial.

Finalmente, o recurso de embargos facultado, no artigo 617.º e cuja fórma de processo é regulada no artigo 618.º, não é um recurso novo, pois que já se achava estabelecido no artigo 13.º da primeira lei de 19 de dezembro de 1843.

Escrevendo esta *Exposição justificativa* de par com o exercicio das laboriosas funcções do cargo que exercemos, não podémos dar a todos os assumptos o desenvolvimento que desejavamos, «nem tivemos tempo de ser breve».

Porto, 22 de outubro de 1886.

José da Cunha Navarro de Paiva.

PROJECTO DE CODIGO
DO
PROCESSO PENAL

LIVRO I
Disposições geraes

TITULO I
Das acções provenientes da infracção da lei penal

Artigo 1.º Da infracção da lei penal provém a acção criminal para tornar effectiva a punição do delinquente ou contraventor, e a acção civil para a reparação do damno resultante da mesma infracção.

Art. 2.º O exercicio da acção criminal não depende de previa decisão da acção civil, salvos os casos em que a lei assim o determinar.

Art. 3.º A acção criminal é publica ou particular: aquella é exercida pelo ministerio publico, como representante da sociedade, e esta pela parte offendida.

Art. 4.º Incumbe aos magistrados do ministerio publico propor officiosamente a acção criminal competente para a verificação do crime e punição do delinquente.

§ unico. Exceptua-se da disposição d'este artigo a acção criminal, cujo exercicio por disposição da lei penal ou de lei especial dependa de previa queixa, denuncia, querela e accusação da pessoa offendida ou de quem legitimamente a representar.

Art. 5.º Poderão exercer a acção criminal particular:

1.º A parte particularmente offendida;

2.º Nos crimes de que resultar a morte:

a) O conjuge sobrevivo, não estando separado judicialmente, os descendentes e os ascendentes, que a poderão exercer simultaneamente;

b) Na falta de qualquer d'estes, ou no caso de se absterem ou desistirem da acção criminal, os transversaes até o quarto grau por direito civil, preferindo os mais proximos aos mais remotos; e, concorrendo mais de um no mesmo grau, poderão todos usar d'ella;

c) Admittida, porém, a acção criminal de qualquer das pessoas mencionadas n'este numero, não poderá ser recebida a de nenhum outro, salvo se alguma d'ellas desistir da mesma acção;

3.º Nos crimes de adulterio, o conjuge offendido;

4.º Nos crimes ou delictos offensivos do direito eleitoral, qualquer cidadão legalmente recenseado.

Art. 6.º Se o offendido for menor de quatorze annos ou interdicto, será representado no juizo criminal por seu pae, tutor ou curador.

§ 1.º Os maiores de quatorze annos e os interdictos por prodigalidade serão citados e intimados conjunctamente com seus paes, tutores ou curadores para os actos e termos do processo para que o deverem ser.

§ 2.º Sendo o delinquente algum dos representantes das pessoas a que se refere este artigo, a auctorisação para estar em juizo será concedida por um ascendente d'estas, ou, não existindo ou não querendo este, por um parente até ao segundo grau por direito civil, e, na falta d'elles, por supprimento judicial.

Art. 7.º As mulheres casadas não poderão estar em juizo criminal sem auctorisação de seus maridos, salvo se a acção criminal for intentada contra elles.

Art. 8.º Os corpos collectivos são representados no juizo criminal pelos seus presidentes, chefes, syndicos ou fiscaes, ou por quem fizer as suas vezes.

§ unico. As succursaes, agencias ou estabelecimentos filiaes dos bancos, sociedades ou companhias serão representadas pelos seus chefes na séde da respectiva administração, e fóra d'ella por procurador legitimamente constituido.

Art. 9.º A parte offendida póde renunciar ou desistir da acção criminal.

§ unico. Esta desistencia ou renuncia faz cessar a acção officiosa do magistrado do ministerio publico, qualquer que seja o estado e termos do processo, nos casos previstos no §unico do artigo 4.º

Art. 10.º A acção criminal sómente póde ser intentada contra o delinquente ou contraventor e não contra os seus herdeiros, posto que tivesse já sido proposta contra aquelle.

Art. 11.º A parte offendida poderá intentar a acção civil cumulativamente com a acção criminal, ou em processo separado perante o juizo civil, posto que o delinquente tenha sido absolvido na acção criminal, salvo se tiver sido parte n'esta.

§ unico. Se o réu fallecer durante a accusação ou antes de se proferir sentença no juizo de primeira instancia, a acção civil, accumulada com a acção criminal, poderá prosseguir no juizo civil contra os herdeiros d'elle, nos termos do codigo do processo civil.

Art. 12.º Se o offendido tiver proposto sómente a acção criminal, não poderá desistir d'ella para intentar a acção civil; e, se tiver proposto esta acção separadamente, tambem não poderá desistir d'ella para intentar aquella.

Art. 13.º Nos crimes em que o magistrado do ministerio publico é obrigado a intervir, não poderá proferir-se decisão na acção civil, emquanto o facto criminoso não estiver verificado por sentença passada em julgado.

§ unico. Exceptua-se o caso de ter sido o réu processado como ausente, em que o lesado póderá intentar a acção civil, logo que tenha sido proferida sentença condemnatoria ou absolutoria, posto que a mesma sentença não tenha passado em julgado.

Art. 14.º A acção civil resultante da infracção da lei penal é publica ou particular, segundo for exercida em nome e no interesse do estado ou da parte offendida.

Art. 15.º Os magistrados do ministerio publico são competentes para proporem a acção de que trata o artigo antecedente:

1.º Quando o damno disser respeito ao estado;

2.º Quando for causado a magistrados, funccionarios, agentes da justiça ou da administração, no exercicio de suas funcções, ou por factos a ellas relativos.

Art. 16.º Esta acção compete igualmente á parte offendida e seus herdeiros, e póde ser intentada e continuada contra o delinquente ou contraventor, e contra os herdeiros d'elles.

TITULO II

Das causas suspensivas e extinctivas das acções provenientes da infracção da lei penal

CAPITULO I
Disposições geraes

Art. 17.º A acção criminal fica suspensa:
1.º Nos casos em que a lei tornar dependente a sua proposição ou continuação da previa decisão de outro juizo ou tribunal, ou de auctorisação do governo;
2.º Quando tiver de decidir-se alguma questão prejudicial;
3.º Quando for offerecida alguma excepção dilatoria;
4.º Quando o delinquente, accusado do crime de diffamação, pretender provar os factos imputados a empregados publicos ou a outra pessoa, nos termos do artigo 408.º do codigo penal;
5.º Quando tiver de proceder-se á extradicção do delinquente;
6.º Quando subrevier ao delinquente affecção mental, verificada por exame de peritos.
§ unico. A superveniencia da affecção mental não obsta á instauração do processo preparatorio.
Art. 18.º As questões prejudiciaes suspendem o andamento da acção criminal até que sejam decididas pelos juizes ou tribunaes competentes por sentença passada em julgado.
§ 1.º Estas questões sómente podem versar:
1.º Sobre o direito de propriedade ou sobre a posse de bens immobiliarios, fundada em titulo legitimo ou factos possessorios equivalentes;
2.º Sobre a prova de factos da competencia de outro juizo ou tribunal.
§ 2.º Havendo mais de um delinquente, as questões prejudiciaes sómente suspendem o andamento da acção criminal com relação ao excipiente.
Art. 19.º A acção criminal extingue-se:
1.º Por alguma excepção peremptoria, legalmente provada;
2.º Pela morte do delinquente ou contraventor;
3.º Pela execução da sentença condemnatoria;
4.º Pela sentença absolutoria passada em julgado;
5.º Pela desistencia da parte offendida, quando o exercicio da acção criminal depender da queixa da mesma;
6.º Pela amnistia.
Art. 20.º A acção civil, resultante da infracção da lei penal, fica suspensa no caso previsto no artigo 13.º
Art. 21.º A mesma acção extingue-se nos casos de desistencia ou transacção.
§ unico. Esta acção, porém, não fica extincta no caso de fallecimento do delinquente ou contraventor.

CAPITULO II
Das excepções

Art. 22.º As excepções são dilatorias ou peremptorias.

§ 1.º São excepções dilatorias:
1.º A incompetencia do juizo ou tribunal criminal;
2.º A suspeição;
3.º Os conflictos de jurisdicção ou de competencia.

§ 2.º São excepções peremptorias:
1.º A prescripção;
2.º O caso julgado.

Art. 23.º A excepção de incompetencia póde dar-se em rasão da materia e do juizo ou tribunal criminal.

§ 1.º A excepção de incompetencia, em rasão da materia, póde ser deduzida em qualquer estado do processo, devendo os juizes ou tribunaes criminaes declarar-se incompetentes, se para isso houver fundamento, posto que não tenha sido deduzida a excepção.

§ 2.º A excepção de incompetencia, em rasão do juizo ou tribunal criminal, sómente poderá ser deduzida dentro do praso de cinco dias, contados d'aquelle em que ao delinquente for intimado o despacho de pronuncia, e nos processos de policia correccional e de trangressões de posturas, desde o dia em que for citado para ser julgado.

Art. 24.º O juiz não póde funccionar no processo criminal

1.º Quando for parte offendida ou o seu conjuge, posto que tenha havido separação judicial, ou quando o for algum seu descendente, ascendente, irmão ou affim no mesmo grau;

2.º Quando tiver de representar em juizo ou tribunal criminal alguma das pessoas mencionadas no numero antecedente;

3.º Quando tiver funccionado como juiz no juizo ou tribunal inferior;

4.º Quando tiver intervindo no processo como magistrado do ministerio publico ou como advogado;

5.º Quando tiver intervindo como perito ou interprete, houver deposto ou estiver para depor como testemunha presencial de algum facto.

§ unico. O juiz que tiver qualquer d'estes impedimentos deverá declaral-o por despacho nos autos, passando-os logo ao seu substituto, e, se o não fizer, poderá qualquer das partes requerer que elle se declare impedido.

Art. 25.º O magistrado do ministerio publico não póde funccionar no processo criminal nos casos previstos no artigo antecedente, excepto se tiver já intervindo na mesma qualidade, posto que seja em juízo ou tribunal inferior, não se verificando nenhum dos impedimentos mencionados nos n.ᵒˢ 1.º, 2.º, 3.º e 5.º do mesmo artigo.

§ unico. É applicavel a estes magistrados o disposto no § unico do artigo antecedente.

Art. 26.º O juiz sómente poderá declarar-se suspeito ou as partes recusal-o como tal:

1.º Se existir parentesco por consanguinidade ou affinidade até o quarto grau por direito civil entre elle ou sua mulher e alguma das partes, ou entre o conjuge de alguma das partes e o juiz, ou sua mulher;

2.º Se houver ou tiver havido durante os ultimos cinco annos algum processo criminal entre alguma das partes, ou o seu conjuge, e o juiz, sua mulher ou algum parente de qualquer d'estes por consanguinidade ou affinidade em linha recta; ou entre algum parente, na mesma linha, de qualquer das partes, ou do seu conjuge, e o juiz e sua mulher;

3.º Se houver causa civil em que seja parte o juiz, ou sua mulher, ou algum parente de qualquer d'elles por consanguinidade ou afinidade em linha recta, e alguma das partes for juiz n'essa causa;

4.º Se houver ou tiver havido nos ultimos seis mezes causa civil entre alguma das partes e o juiz ou sua mulher, ou entre algum parente de qualquer d'estes por consanguinidade ou affinidade em linha recta, comtanto que essa causa, sendo proposta por alguma das partes, o haja sido antes d'aquellas em que for deduzida a recusa;

5.º Se o juiz, sua mulher, ou algum parente de qualquer d'elles por consanguinidade ou affinidade em linha recta for credor ou devedor de alguma das partes;

6.º Se o juiz for herdeiro presumido de alguma das partes, ou estas d'elle; se for tutor, protutor, patrão, commensal das mesmas; ou se fizer parte da direcção de qualquer corpo collectivo, que seja parte no processo;

7.º Se o juiz tiver aconselhado alguma das partes ácerca do facto sobre que versa o processo; se tiver fornecido meios para as despezas d'este, ou se, depois d'elle começado, tiver recebido dadiva de alguma das partes;

8.º Se houver inimisade conhecida entre o juiz e alguma das partes.

§ unico. A declaração voluntaria da suspeição não depende de juramento do juiz.

Art. 27.º Dá-se o conflicto de jurisdicção ou de competencia, quando differentes juizes ou tribunaes conhecem ou se abstêem de conhecer da mesma acção criminal. No primeiro caso dá-se o conflicto positivo; no segundo, o negativo.

§ unico. O conflicto póde dar-se entre juizes criminaes pertencentes ao mesmo ou a differente districto judicial, e entre juizes ou tribunaes ordinarios e juizes ou tribunaes especiaes.

Art. 28.º Levantado o conflicto, sobreestar-se-ha até á sua decisão no ulterior andamento do processo.

§ unico. Se, porém, o conflicto for negativo, deverão os juizes ou tribunaes criminaes proceder a todos os actos e meios de prova necessarios para a verificação do crime ou delicto.

Art. 29.º A acção criminal prescreve no praso e termos estabelecidos na lei penal.

Art. 30.º A prescripção da acção criminal e da pena póde ser allegada em todo o estado da causa pelas partes, e será officiosamente julgada pelos juizes e tribunaes criminaes, posto que não tenha sido allegada.

Art. 31.º A acção civil resultante da infracção da lei penal prescreve no praso e termos estabelecidos na mesma lei, se tiver sido cumulada com a acção criminal. Se, porém, tiver sido proposta em processo separado, o praso e termos da prescripção serão regulados pelo codigo civil.

Art. 32.º O caso julgado extingue a acção criminal contra o mesmo delinquente a quem for imputado um facto criminoso, a respeito do qual tiver sido proferido despacho ou sentença definitiva passada em julgado.

§ 1.º Para que possa ter logar o caso julgado é necessario que se verifique a identidade do facto criminoso e do delinquente.

§ 2.º Exceptuam-se da disposição d'este artigo os casos previstos nos artigos 41.º e 116.º

§ 3.º O caso julgado póde ser allegado em todo o estado da causa.

TITULO III
Da competencia

CAPITULO I
Disposições geraes

Art. 33.º A competencia dos juizes e tribunaes criminaes é determinada em rasão da materia, pelo logar em que a infracção é commettida, e pela qualidade do delinquente.

Art. 34.º No caso de accummulação de crimes imputados ao mesmo delinquente, dos quaes uns tenham de ser julgados pelo jury e outros no juizo de policia correccional, serão todos julgados com intervenção de jurados.

Art. 35.º O juiz de direito da comarca é competente para conhecer e julgar todos os crimes commettidos dentro dos limites d'ella.

1.º Exceptua-se o caso de haver accumulação de crimes processados em diversas comarcas, os quaes serão julgados no juizo em que pender o processo pelo crime ou delicto, a que corresponder a pena mais grave.

§ 2.º Se as penas forem da mesma gravidade, a competencia será determinada a favor do juiz da comarca da naturalidade do delinquente, ou, se o crime não for ali commettido, pela prioridade do procedimento criminal.

Art. 36.º Não estando o delinquente preso ou afiançado no juizo em que o crime ou delicto for commettido, o juiz do logar em que elle for capturado é tambem competente para proceder *ex officio* a todos os actos e diligencias, verificar a existencia do crime, devendo remetter logo o resultado d'ellas áquelle juizo.

Art. 37.º Se o crime for commettido em navio portuguez no mar alto, é competente para conhecer d'elle e julgal-o o juiz do primeiro logar do territorio portuguez a que o navio aportar.

Art. 38.º Os juizes criminaes portuguezes são competentes, não havendo tratado em contrario, para conhecerem e julgarem:

1.º Todas as infracções commettidas em territorio ou dominio portuguez, qualquer que seja a nacionalidade do infractor;

2.º Os crimes commettidos a bordo de navio portuguez no mar alto, de navio de guerra portuguez surto em porto estrangeiro, ou de navio mercante portuguez surto no mesmo porto, quando os delictos respeitarem a gente da tripulação sómente, e não houverem perturbado a tranquillidade d'esse porto;

3.º Os crimes commettidos pelos portuguezes em paiz estrangeiro contra a segurança interior ou exterior do estado, de falsificação de sellos publicos, de moedas potuguezas, de papeis de credito publico, ou de notas de banco nacional, de companhias ou de estabelecimentos legalmente auctorisados para a emissão das mesmas notas, não tendo os criminosos sido julgados no paiz em que delinquiram;

4.º Qualquer outro crime, commettido por algum portuguez em paiz estrangeiro, verificando-se os requisitos seguintes:

a) Sendo o delinquente encontrado em Portugal;

b) Sendo o facto igualmente qualificado de crime ou delicto pela legislação do paiz onde foi praticado;
c) Não tendo o delinquente sido julgado no paiz em que commetteu o crime ou delicto.
§ unico. Exceptuam-se da disposição do n.º 1.º d'este artigo as infracções praticadas a bordo de navio de guerra estrangeiro em porto ou mar territorial portuguez, ou a bordo de navio mercante estrangeiro, quando occorrerem entre gente da tripulação sómente e não perturbarem a tranquillidade do porto.
Art. 39.º Se a competencia para conhecer e julgar os crimes, de que trata o n.º 3.º do artigo antecedente, se não podér determinar pelo logar em que o criminoso for achado, por estar fóra do territorio portuguez, determinar-se-ha pelo domicilio d'elle ao tempo em que se ausentou do reino.
§ unico. Na falta de qualquer d'estes elementos, serão competentes os juizes criminaes da comarca de Lisboa, que julgarão por turno.
Art. 40.º Quando aos delictos de que trata o n.º 4.º do artigo 38.º só forem applicaveis penas correccionaes, o magistrado do ministerio publico não promoverá a formação e julgamento do respectivo processo, sem que haja queixa da parte offendida ou participação official da auctoridade do paiz onde se commetteram os mencionados delictos.
§ unico. O processo que houver de intentar-se pelos crimes, de que trata este artigo, poderá, para mais facil indagação da verdade, correr e ser julgado no juizo de direito da comarca mais proxima do logar em que o crime tiver sido commettido, precedendo requisição do magistrado do ministerio publico, audiencia do juiz respectivo e decisão affirmativa do supremo tribunal de justiça.
Art. 41.º Se os delinquentes de que tratam os n.ᵒˢ 3.º e 4.º do artigo 38.º tiverem sido condemnados no logar do crime ou delicto e se houverem subtrahido ao cumprimento de toda ou de parte da pena imposta, formar-se-ha novo processo perante o respectivo juizo portuguez, que, se julgar provado o crime, lhes applicará a pena correspondente na lei penal portugueza, levando-lhes em conta a parte que já tiverem cumprido.
Art. 42.º Para os effeitos da competencia considerar-se-ha mais proxima a comarca, cuja séde estiver menos distante da séde da outra comarca.
§ unico. Sendo igual a proximidade, será a competencia determinada por meio de sorteio, a que procederá o presidente da respectiva relação com assistencia do competente magistrado do ministerio publico.
Art. 43.º A competencia em rasão da qualidade do delinquente divide-se em competencia geral e especial.
§ 1.º Estão sujeitos á competencia geral todos os delinquentes não especificados no § 2.º d'este artigo.
§ 2.º Estão sujeitos á competencia especial:
1.º Os membros da família real;
2.º Os ministros e secretarios d'estado;
3.º Os conselheiros d'estado;
4.º Os dignos pares do reino, e os deputados durante o periodo da legislatura;
5.º Os embaixadores, ministros plenipotenciarios, ministros residentes e agentes diplomaticos das nações estrangeiras;
6.º Os bispos das dioceses do reino e do ultramar;

7.º Os conselheiros do supremo tribunal administrativo, do tribunal de contas, e do tribunal superior de guerra e marinha e seu ajudante;
8.º Os magistrados judiciaes;
9.º Os magistrados do ministerio publico;
10.º Os officiaes e praças de pret do exercito e da armada.
Art. 44.º Os juizes e tribunaes criminaes são competentes:
1.º Para conhecerem das questões de direito civil, connexas com os factos criminosos, unicamente com relação á criminalidade dos mesmos factos e sem prejuizo da competencia dos tribunaes civis nas relações de direito civil;
2.º Para mandarem restituir a quem pertencer os objectos apprehendidos aos delinquentes, e os que houverem sido apresentados em juizo para prova do crime, comtanto que por disposição de lei não sejam perdidos a favor do estado.
§ unico. Se houver duvida fundada ácerca do dono dos objectos a que se refere o n.º 2.º, o juiz remetterá as partes para a acção civil competente.
Art. 45.º Os juizes dos districtos criminaes de Lisboa e Porto são competentes para a execução dos sellos, custas e multas, que forem contadas, competindo-lhes a mesma jurisdicção que o codigo do processo civil concede aos juizes civeis.
Art. 46.º É competente para julgar as coimas o transgressões de posturas municipaes o juiz ordinario do julgado em que forem commettidas.

CAPITULO II
Dos juizes e tribunaes criminaes

Art. 47.º Exercem jurisdicção criminal:
1.º O supremo tribunal de justiça em todo o territorio da monarchia portugueza;
2.º Os tribunaes das relações no seu respectivo districto judicial;
3.º Os juizes de direito de primeira instancia na sua respectiva comarca ou districto criminal;
4.º Os juizes ordinarios no seu respectivo julgado;
5.º O jury, decidindo sobre o facto.
§ unico. A camara dos pares exerce tambem jurisdicção criminal, quando se constituir em tribunal de justiça criminal.
Art. 48.º Compete ao supremo tribunal de justiça:
1.º Conhecer da nullidade do processo e da nullidade da sentença, ainda que não tenham sido allegadas, decidindo, se na criminalidade do facto e sua classificação, e na prova do mesmo houve applicação da lei manifestamente errada;
2.º Conhecer e verificar se a decisão está conforme ás provas, excepto nos processos em que intervieram jurados;
3.º Conceder ou negar revista nos processos criminaes, designando no primeiro caso o juizo ou tribunal em que o processo ha de ser novamente julgado;
4.º Conhecer e julgar os conflictos de jurisdicção ou de competencia, que se levantarem entre as relações, entre os juizes de direito de differentes districtos judiciaes e entre os tribunaes militares do exercito de terra ou da marinha e as justiças ordinarias;

5.º Mandar suspender a execução de sentenças contradictorias, em que dois ou mais réus forem condemnados como auctores do mesmo crime;

6.º Mandar suspender a execução da sentença em que for condemnado algum réu, quando este tiver requerido o processo competente contra algum jurado pelos crimes de corrupção ou peita, ou contra alguma testemunha pelo crime do falso juramento prestado em audiencia de julgamento;

7.º Auctorisar a formação do processo na comarca mais proxima do logar em que tiver sido commettido o crime, no caso previsto no § unico do artigo 40.º;

8.º Auctorisar a revisão da sentença condemnatoria, no caso previsto no artigo 416.º;

9.º Censurar os juizes inferiores e mais empregados judiciaes, por advertencia nos accordãos, pelas faltas ou irregularidades commettidas no exercicio de suas funções;

10.º Condemnar em custas os juizes inferiores e mais empregados judiciaes, e impor-lhes multas, nos termos da lei;

11.º Multar e suspender os advogados nos termos da lei;

12.º Condemnar em custas a parte vencida, que não for isenta de as pagar, nos termos do artigo 616;

13.º Conhecer e julgar em primeira e ultima instancia os crimes commettidos pelos membros do corpo diplomatico, juizes conselheiros do supremo tribunal de justiça, e magistrados do ministerio publico junto d'elle, juiz relator do tribunal superior de guerra e marinha e seu ajudante, vogaes do supremo tribunal administrativo e do tribunal de contas, juizes dos tribunaes de segunda instancia e magistrados do ministerio publico junto d'elles, e bispos das dioceses do ultramar.

Art. 49.º Compete aos tribunaes das relações:

1.º Julgar os recursos de qualquer natureza, interpostos das sentenças e despachos dos juizes de direito de primeira instancia, conhecendo e apreciando o facto e o direito, e annullar os processos em que houver nullidade insupprivel, qualquer que seja a natureza do recurso;

2.º Conhecer e julgar os conflictos de jurisdicção ou de competencia, levantados entre juizes de direito de primeira instancia do mesmo districto judicial;

3.º Mandar suspender a execução de sentenças contradictorias, em que dois ou mais réus forem condemnados como auctores do mesmo crime;

4.º Censurar os juizes inferiores e mais empregados judiciaes, por advertencia nos accordãos, pelas faltas ou irregularidades commettidas no exercicio de suas funcções;

5.º Condemnar em custas os juizes inferiores e mais empregados judiciaes, e impor-lhes multas, nos termos da lei;

6.º Multar e suspender os advogados, nos termos da lei;

7.º Conhecer e julgar em primeira e ultima instancia os crimes commettidos pelos juizes de direito de primeira instancia, e pelos magistrados do ministerio publico junto d'elles;

8.º Condemnar em custas a parte que não for isenta de as pagar.

Art. 50.º Compete aos juizes de direito de primeira instancia:

1.º Proceder á formação dos autos de verificação do corpo de delicto para averiguar a existencia dos crimes commettidos na respectiva comarca;

2.º Conhecer e julgar os crimes não exceptuados da sua competencia;

3.º Conhecer e julgar os crimes commettidos pelos juizes ordinarios e juizes de paz no exercicio e fóra do exercicio de suas funções;

4.º Censurar os juizes ordinarios, os juizes de paz e leais empregados judiciaes, por advertencia nas sentenças, pelas faltas ou irregularidades commettidas no exercicio de suas funcções;

5.º Condemnar em custas os mesmos juizes e mais empregados judiciaes, e impor-lhes multas, nos termos da lei;

6.º Multar e suspender os advogados, nos termos da lei;

7.º Condemnar em custas a parte que não for isenta de as pagar.

Art. 51.º Compete aos juizes ordinarios:

1.º Proceder aos exames para a verificacão do corpo de delicto nos crimes commettidos no seu respectivo julgado, nos casos em que é admittida a fiança;

2.º Prender e fazer prender os delinquentes, nos termos d'este codigo;

3.º Julgar as coimas e transgressões de posturas municipaes;

4.º Multar os escrivães, nos termos da lei;

5.º Condemnar em custas a parte que não for isenta de as pagar.

Art. 52.º Concorrendo no exame para a verificação do corpo de delicto o juiz ordinario e o juiz de direito, prevalece a competencia d'este.

Art. 53.º Compete aos jurados pronunciar sobre o facto e sobre as circumstancias aggravantes e attenuantes que o revestirem.

Art. 54.º A competencia do jury termina no fim do respectivo semestre, salvo se o julgamento, tendo começado em um semestre, não podér concluir-se dentro d'elle.

CAPITULO III

Dos magistrados que exercem a acção criminal

Art. 55.º Aos magistrados do ministerio publico incumbe:

1.º Propor a acção criminal e intervir nos seus incidentes;

2.º Promover o cumprimento de deprecadas, cartas de ordem, rogatorias, mandados de captura e de intimação de testemunhas, e todas as diligencias necessarias para o andamento do processo criminal;

3.º Promover o que for conforme á lei até á inteira execução da sentença.

Art. 56.º Compete ao procurador geral da corôa e seus ajudantes:

1.º Promover o que for conforme á lei nos processos que subirem em recurso de revista ao supremo tribunal de justiça;

2.º Promover a formação do processo e a accusação contra os delinquentes de que trata o n.º 12.º do artigo 48.º;

3.º Promover a imposição de penas disciplinares aos secretarios e escrivães, nos termos da lei;

4.º Transmittir aos procuradores regios as instrucções necessarias para o andamento regular da acção criminal.

Art. 57.º Compete aos procuradores régios:

1.º Promover o que for conforme á lei nos processos que subirem em recurso aos tribunaes das relações;

2.º Promover a formação do processo contra os delinquentes, de que trata o n.º 7.º do artigo 49.º;

3.º Promover a imposição de penas disciplinares aos secretarios, escrivães e mais empregados judiciaes, em conformidade com a lei;
4.º Promover a prompta execução das sentenças, quer condemnatorias quer absolutorias;
5.º Promover a suspensão das sentenças contradictorias, em que dois ou mais réus forem condemnados como auctores do mesmo crime;
6.º Interpor os recursos competentes das sentenças e despachos que não forem conformes á lei;
7.º Transmittir aos delegados as instrucções necessarias para o andamento regular da acção criminal.

Art. 58.º Compete aos delegados dos procuradores regios:
1.º Promover a formação dos autos de verificação do corpo de delicto;
2.º Promover a formação dos processos competentes contra os delinquentes;
3.º Promover a prompta execução das sentenças, quer condemnatorias, quer absolutorias;
4.º Interpor os recursos competentes das sentenças e dos despachos que não forem conformes á lei;
5.º Assistir a todas as audiencias para fiscalisar e promover a exacta observancia da lei.

CAPITULO IV
Dos escrivães e secretarios

Art. 59.º Aos escrivães e secretarios incumbe:
1.º Escrever todos os actos e termos do processo;
2.º Apresentar ao magistrado do ministerio publico os processos criminaes e entregar-lhe as certidões que lhes exigirem para o exercicio da acção criminal;
3.º Ter os cartorios abertos por espaço do seis horas, pelo menos, das nove da manhã até ás tres da tarde nos mezes de abril a setembro e das dez até ás quatro nos mezes de outubro até ao fim de março.

TITULO IV
Dos actos e termos do processo criminal

Art. 60.º Os actos e termos do processo criminal preparatorio não admittem publicidade emquanto o delinquente não estiver em juizo.
§ 1.º Os actos do processo criminal preparatorio serão praticados pelos juizes sem assistencia das partes, as quaes podem comtudo fornecer-lhes documentos ou exposições escriptas ou impressas, tendentes ao descobrimento da verdade, e assistir ao auto de verificação do corpo de delicto, do qual poderão requerer certidão.
§ 2.º O acto do julgamento será sempre publico, salvo se a decencia e a moralidade exigirem que seja secreto.

Art. 61.º Todos os actos e termos do processo criminal, traslados, instrumentos, cartas de sentença e de inquirição, certidões e copias deverão ser:
1.º Escriptos em letra boa e intelligivel e em papel do formato decretado pelo governo, ainda que não seja sellado;

2.º Numerados pelos secretarios ou escrivães em serie seguida e sem alteração, nem repetição de numeros na mesma pagina, devendo a paginação ser escripta na parte superior de cada folha á direita do sêllo, e no centro d'ella, quando o não tenha;

3.º Conter duas margens, uma interna e outra externa, aquella da largura de 4 centimetros, e esta de 2;

4.º Ser cosidos de modo que não se inutilise ou difficulte a escripta, nem os documentos, os quaes não serão juntos sem a devida margem; devendo a interna ser de 4 centimetros.

§ 1.º Deverão, porém, ser copiados por extenso o valor dos objectos furtados, roubados, falsificados, destruidos, damnificados ou descaminhados, devendo tambem copiar-se os algarismos entre parenthesis.

§ 2.º Poderão ser impressos o rosto do processo, os termos do mesmo e as procurações, devendo conter os espaços em branco necessarios para serem preenchidos pelos secretarios ou escrivães, comtanto que sejam subscriptos por estes.

Art. 62.º Os traslados, instrumentos, cartas de sentença, certidões e copias dos actos e termos de que trata o artigo antecedente deverão ser extrahidos fielmente, segundo a ordem em que estiverem escriptos no processo original, copiando-se os algarismos das citações dos artigos e datas, como ali estiverem, conservando-se os mesmos intervallos, paragraphos e periodos, e designando no centro de uma linha em branco, que deverá servir de separação de uma a outra peça, o titulo de cada uma d'estas.

Art. 63.º Os secretarios ou escrivães que contravierem o disposto nos artigos 61.º e 62.º, ou que praticarem qualquer outra omissão na fórma de processar, poderão, independentemente de prévia audiencia, ser advertidos pelo juiz ou pelos tribunaes superiores, ou ser condemnados na multa de 1$000 réis a 5$000 réis por cada omissão ou contravenção.

Art. 64.º Nos quesitos propostos aos peritos e ao jury, os escrivães deixarão sempre entre um e outro quesito o intervallo necessario para se escreverem as respostas.

Art. 65.º É permittido ás partes juntar ao processo criminal allegações, minutas ou documentos impressos, comtanto que observem o disposto no artigo 61.º, e paguem previamente o respectivo sêllo de verba, se não forem isentas d'elle.

§ unico. Porém os requerimentos, allegações, minutas e articulados manuscriptos deverão sel-o em lettra boa e intelligivel e ter as duas margens indicadas no n.º 3.º do artigo 61.º

Art. 66.º É prohibido aos juizes, magistrados do ministerio publico, advogados, defensores, secretarios e escrivães usar de abreviaturas nos actos e termos do processo, sob pena de 1$000 réis a 10$000 réis de multa.

Art. 67.º Os juizes de direito dos districtos criminaes de Lisboa e Porto, e os das comarcas em que houver mais de um juiz, farão por turno duas audiencias por semana para n'ellas se verificarem os actos e termos do processo, que deverem ser accusados em audiencia, observando o que sobre este assumpto estiver legislado no codigo do processo civil.

Art. 68.º Os ajudantes ou amanuenses dos secretarios e escrivães poderão escrever os traslados do processo ou passar certidões dos actos e termos d'este, contanto que sejam subscriptos pelos escrivães.

Art. 69.º Para se effectuarem as diligencias relativas á acção criminal expedir-se-hão:

1.º Mandados, quando os actos houverem de ser praticados dentro dos limites da jurisdicção do juiz ordinario ou dentro da comarca que for séde do supremo tribunal de justiça ou da relação, que os ordenar;

2.º Cartas de ordem, quando os actos que houverem de praticar-se forem ordenados pelo supremo tribunal de justiça ou por alguma das relações e tiverem de ser cumpridos por juiz ou tribunal inferior, posto que este seja dependente de outro districto judicial;

3.º Cartas precatorias, quando os actos houverem de ser cumpridos por outro juiz ou tribunal, ou quando forem dirigidas por alguma das relações a outro tribunal de igual ou superior categoria;

4.º Cartas rogatorias, quando os actos tiverem de ser cumpridos por juiz ou tribunal estrangeiro.

Art. 70.º Os mandados de captura serão cumpridos por quaesquer juizes de direito, em cuja jurisdicção for encontrado o réu, precedendo despacho que ordene o cumprimento d'elles.

Art. 71.º As cartas de ordem, deprecadas e rogatorias deverão conter:

1.º Na parte superior da primeira folha, em fórma de titulo, a designação do juiz ou tribunal que as expede e a d'aquelle a quem são dirigidas, com a declaração de poderem ser cumpridas por qualquer outro juiz ou tribunal, em que o devam ser;

2.º A transcripção das peças do processo necessarias para que devam effectuar-se as diligencias com proveito da administração da justiça e as que forem requeridas pelas partes.

Art. 72.º As cartas rogatorias dirigidas a juizes ou tribunaes de nações estrangeiras com as quaes houver tratados ou convenções especiaes, ou em que pelos principios de reciprocidade costumam ser cumpridas, serão sempre concebidas em termos de civilidade e deferencia, pedindo o cumprimento das diligencias com a brevidade possivel.

§ unico. O cumprimento das rogatorias será solicitado pela via diplomatica por intervenção do ministerio dos negocios estrangeiros.

Art. 73.º As diligencias ou requisições que houverem de ser cumpridas por quaesquer juizes, tribunaes, auctoridades, repartições ou estações publicas, serão acompanhadas de officios deprecatorios concebidos em termos civis e urbanos, sem conterem expressão ou ordem imperativa, devendo ser satisfeitas com a maior presteza.

Art. 74.º São applicaveis ao processo criminal, na parte em que o podérem ser, as disposições dos artigos 59.º a 103.º e 178.º a 200.º do codigo do processo civil, com as modificações seguintes.

Art. 75.º O praso para o cumprimento das cartas de ordem e deprecadas não excederá a trinta dias, se as diligencias houverem de effectuar-se nas comarcas do continente do reino; a sessenta, se tiverem de o ser nas das ilhas adjacentes, e a um anno, se tiverem de verificar-se nas comarcas das provincias ultramarinas.

§ unico. No caso de força maior ou de impossibilidade devidamente provada do cumprimento das diligencias dentro dos prasos marcados n'este artigo, serão satisfeitas com a maxima brevidade, sob responsabilidade dos magistrados ou empregados que derem causa ao retardamento, devendo constar nas mesmas cartas de ordem ou deprecadas os motivos da demora.

Art. 76.º Nas deprecadas para inquirição de testemunhas, depois de exarado o «cumpra-se», será autuada em separado a inquirição, que será devolvida ao juizo deprecante, ficando a deprecada no juizo deprecado.

Art. 77.º Os secretarios e escrivães não poderão passar certidões ou copias de actos e termos do processo criminal, sem preceder despacho do respectivo juiz, emquanto o mesmo processo não tiver publicidade, salvo sendo exigidas pelo magistrado do ministerio publico.

Art. 78.º Os actos e termos do processo criminal não podem ser praticados em dias santificados, ou durante as ferias.

§ 1.º Deverão, porém, ser praticados durante as ferias:
1.º Os actos e termos do processo preparatorio, ainda que tenham de effectuar-se em jurisdicção alheia;
2.º Os interrogatorios dos réus.

§ 2.º A captura dos réus póde effectuar-se nos dias santificados e durante as férias.

Art. 79.º São feriados os dias estabelecidos no codigo do processo civil, e os que o forem por lei ou decreto do governo.

TITULO V
Das custas

Art. 80.º Sómente são obrigados ao pagamento das custas os réus que forem condemnados por sentença passada em julgado. Se forem absolvidos, será condemnada nas custas a parte querelante, havendo-a.

§ unico. Exceptuam-se da disposição d'este artigo as custas dos traslados, dos recursos de aggravo e da fiança, que serão pagas pelos respectivos réus que os requererem.

Art. 81.º Sendo implicados differentes co-réus no mesmo processo, serão todos solidariameute responsaveis pelo pagamento das custas, ficando salvo áquelle que as pagar o direito de haver dos outros a quota correspondente.

Art. 82.º Não serão condemnados em custas os réus, cujo estado de pobreza for comprovado por attestado jurado do respectivo administrador do concelho ou do parocho da sua freguezia.

Art. 83.º As custas comprehendem o sêllo do processo, os emolumentos dos juizes e os salarios dos empregados judiciaes, as despezas dos exames e operações medico-le-gaes, os honorarios dos peritos, advogados ou defensores, intrepretes e traductores e o salario das testemunhas.

Art. 84.º A responsabilidade pelo pagamento das custas é meramente civil, não podendo soffrer pena corporal o réu que for condemnado e não possua bens para as satisfazer.

Art. 85.º São applicaveis ao processo criminal, na parte em que o podérem ser, as disposições dos artigos 114.º a 120.º inclusive do codigo do processo civil.

TITULO VI
Das nullidades

Art. 86.º A nullidade póde dar-se no processo criminal, ou na sentença.

§ 1.º Dá-se a nullidade no processo criminal, quando se praticar algum acto que a lei não admite ou sem as formalidades legaes, ou quando se omittir alguns acto prescripto na lei.

§ 2.º Dá-se a nullidade de sentença, quando ella julgar directamente o contrario do que dispõe a lei, ou d'ella fizer applicação manifestamente errada.

Art. 87.º As nullidades são suppriveis ou insuppriveis.

§ 1.º As nullidades insuppriveis tornam nullo tudo o que se tiver processado desde que ellas se verificaram.

§ 2.º As nullidades suppriveis só annullam o acto a que se referem e os termos subsequentes que d'elle dependerem absolutamente.

Estas nullidades haver-se-hão por suppridas, se não forem reclamadas pelas partes no praso de cinco dias depois de terem conhecimento d'ellas por qualquer acto do processo.

Art. 88.º São nullidades insuppriveis:

1.º A falta de corpo de delicto, isto é, a falta de exame para verificar a existencia do crime, delicto ou contravenções, ou do auto que a lei considere equivalente a corpo de delicto, o qual não poderá ser supprido de modo algum pela simples confissão do delinquente.

2.º A incompetencia do juiz ou do jurado;

3.º A falta de assignatura da parte accusadora, ou de quem a representar no requerimento para o começo da acção criminal;

4.º A falta de juramento aos peritos e testemunhas;

5.º A falta de interprete ajuramentado, ou a nomeação de pessoa que o não póde ser;

6.º A falta de intimação do despacho de pronuncia ao réu, se não tiver aggravado dentro do praso legal;

7.º A falta de nomeação de advogado ou defensor do réu, quando estiver preso, se este o não tiver constituido no processo antes de exarado o despacho de pronuncia;

8.º A falta de entrega da copia do libello accusatorio ao réu ou ao seu advogado, quando por parte d'este tenha deixado de apresentar-se contestação por escripto, ou defeza verbal na audiencia de julgamento;

9.º A falta de entrega da copia da contestação á parte accusadora ou ao seu advogado, se esta allegar esta nullidade antes da audiencia do julgamento;

10.º A falta de entrega da copia do rol das testemunhas á parte accusadora ou ao réu, se não tiverem sido nomeadas no libello accusatorio;

11.º A falta de entrega da copia da pauta dos jurados ao réu, se este allegar esta nullidade antes da audiencia do julgamento;

12.º A falta de juramento aos jurados ou da assignatura d'estes nas respostas aos quesitos.

A omissão, inversão ou diversidade de appellidos não importa nullidade, se da discussão se podér conhecer a identidade do jurado.

13.º A deficiencia dos quesitos, a contradicção ou repugnancia d'estes entre si, ou com a resposta do jury, ou entre estas;

14.º A omissão da resalva das emendas, borrões ou entrelinhas, que se encontrarem nas respostas do jury;

15.º A omissão da leitura, feita pelo juiz em voz intelligivel, dos quesitos propostos ao jury, quando esta formalidade não seja supprida pelo juiz, a requerimento das partes antes do encerramento do jury na sala das suas deliberações;

16.º A sentença que julgar directamente o contrario do que dispõe a lei ou d'ella fizer applicação manifestamente errada;

17.º A falta de intimação da sentença condemnatoria, se d'ella se não tiver interposto o recurso competente dentro do praso legal.

§ 1.º Fóra d'estes casos só haverá nullidade insupprivel, quando os tribunaes superiores decidirem por cinco votos conformes, que a preterição dos actos ou termos do processo é essencial ao descobrimento da verdade e póde influir directamente na decisão da causa.

§ 2.º Se a nullidade consistir na omissão de actos que não possam já praticar-se ou que, praticados fóra da occasião, já não podem esclarecer o facto, nem contribuir para satisfação da justiça, deverão, os tribunaes superiores revalidar o processo, se d'elle constar a verdade de modo irrecusavel.

Art. 89.º O escrivão que der causa ás nullidades previstas nos n.ᵒˢ 6.º, 8.º, 9.º, 10.º, 11.º e 17.º d'este artigo incorre na multa de 5$000 a 50$000 réis, ou na suspensão do officio até tres mezes, que lhe serão impostas sem previa audiencia.

TITULO VII
Das provas

Art. 90.º São admittidos no processo criminal todos os meios de prova estabelecidos na lei civil e do processo civil com as modificações decretadas n'este codigo.

Art. 91.º Os juizes apreciarão as provas do crime e das contravenções, da culpabilidade do delinquente e da responsabilidade do contraventor, segundo as regras de direito.

LIVRO II
Do processo criminal

TITULO PRELIMINAR
Da fórma do processo criminal

Art. 92.º Os meios pelos quaes se verifica a existencia dos crimes ou delictos e das contravenções, a culpabilidade do delinquente e a responsabilidade do contraventor constituem o processo, cuja fórma varia em rasão da materia e da qualidade do delinquente ou contraventor.

§ unico. A fórma do processo não póde ser alterada ou substituida por accordo das partes ou por arbitrio dos juizes.

Art. 93.º A lei que altera ou modifica a organisação das jurisdicções, a competencia e a fórma do processo é applicavel ás infracções commettidas antes da sua promulgação, se ácerca d'estas não tiver havido começo de processo.

§ unico. É igualmente applicavel o disposto n'este artigo a todos os processos pendentes em qualquer estado, juizo ou tribunal em que se achem.

Art. 94.º Nos casos omissos n'este codigo, serão applicaveis, na parte em que o podérem ser, as disposições do codigo do processo civil.

Art. 95.º O processo criminal divide-se em:
1.º Processo preparatorio;
2.º Processo accusatorio;
3.º Processo de julgamento.

PARTE I

DO PROCESSO PREPARATORIO

TITULO I
Disposições geraes

Art. 96.º O conhecimento judicial dos crimes ou delictos tem logar:
1.º Por queixa do offendido;
2.º Por participação ou denuncia de qualquer pessoa;
3.º Por participação da auctoridade administrativa ou de qualquer agente de administração ou de policia;
4.º Por communicação dos juizes ou tribunaes;
5.º Por notoriedade publica;
6.º Nos casos de crime ou delicto flagrante.

Art. 97.º O conhecimento judicial das contravenções, coimas ou transgressões de posturas municipaes tem logar pela remessa do respectivo auto ao magistrado do ministerio publico ou agente encarregado de promover a sua punição.

Art. 98.º Toda a pessoa offendida por qualquer crime, posto que não queira ser parte accusadora, poderá queixar-se verbalmente ou por escripto ao respectivo juiz, magistrado do ministerio publico ou administrativo, agente da administração ou de policia mais proximo do logar em que o mesmo crime for commettido.

§ 1.º Se a queixa for verbal, será reduzida a auto assignado pelo magistrado ou agente que a receber, pelo escrivão e pelo queixoso, se souber ou podér escrever, devendo declarar-se no auto o facto criminoso, as circumstancias que o revestirem e os nomes das testemunhas que o possam provar, e juntar-se os documentos que se apresentarem.

§ 2.º Sendo a queixa feita por escripto, será assignada pelo queixoso, por seu procurador, ou pela pessoa que a rogo d'elle a fizer, e a assignatura reconhecida por tabellião, juntando-se os documentos que se offerecerem.

Art. 99.º Se a queixa for feita por menores de quatorze annos, ou por interdictos por prodigalidade, observar-se-ha o disposto no artigo 6.º

Art. 100.º Toda a pessoa que presencear algum crime ou d'elle tiver conhecimento por qualquer outro meio poderá participal-o aos magistrados ou agentes a que se refere o artigo 98.º

§ 1.º Se a pessoa que fizer a participação ou denuncia não for conhecida em juizo, irá acompanhada pelo menos de uma testemunha conhecida que atteste a identidade do participante, observando-se o disposto nos §§ 1.º e 2.º do citado artigo 98.º

§ 2.º Se a participação ou denuncia for anonyma e noticiar factos circumstanciados, que tornem verosimil a perpetração de algum crime, deverá proceder-se com toda a circumspecção aos actos e diligencias necessarias para a sua verificação.

Art. 101.º Os magistrados administrativos e os agentes de administração e de policia deverão participar os crimes de que tiverem noticia ao respectivo juiz e ao magistrado do ministerio publico, enviando a este todas as informações, autos de investigação a que procederem e quaesquer documentos que possam servir de prova do crime.

§ unico. Se o delinquente tiver sido preso em flagrante delicto, acompanhará a participação, sendo possivel.

Art. 102.º Qualquer auctoridade, tribunal ou funccionario publico de qualquer categoria, que no exercicio de suas funcções descobrir algum crime, deverá participal-o ao respectivo magistrado do ministerio publico, enviando-lhe as informações e documentos de que trata o artigo antecedente.

§ unico. Se o crime for descoberto em processo pendente, o juiz por seu despacho, e o tribunal por accordão em conferencia mandará, depois de proferida a sua decisão, continuar o processo com vista ao respectivo magistrado do ministerio publico.

Art. 103.º Tem logar o conhecimento do crime por notoriedade publica, quando tenha sido divulgado pela imprensa periodica ou por outra especie de publicação que o haja tornado do dominio publico.

Art. 104.º Considera-se flagrante delicto não só aquelle que se está commettendo ou acabou de commetter-se, não mediando intervallo algum, mas também aquelle em que o delinquente, acabando de o praticar, foge do logar d'elle e é logo continua e successivamente perseguido por qualquer empregado ou agente da justiça, administração ou policia, ou por qualquer pessoa.

§ unico. São equiparados ao flagrante delicto, comtanto que seja proximo do tempo da sua perpetração:

1.º O caso de serem encontrados ao delinquente effeitos, armas ou instrumentos que façam presumir que elle é auctor, cumplice ou encobridor do crime.

2.º O caso de reclamar o dono da casa, em que se commetteu o crime, a assistencia da justiça para o verificar.

Art. 105.º O processo criminal preparatorio nos crimes ou delictos começará pela querela e poderá prolongar-se por espaço de quarenta dias a contar da data da mesma, se antes d'este praso não estiver verificada a existencia do crime e a culpabilidade do delinquente.

§ 1.º Findo o praso fixado n'este artigo, o processo preparatorio será encerrado.

§ 2.º Este praso poderá prorogar-se, quando tiverem de ser inquiridas testemunhas referidas ou residentes em paiz estrangeiro, em provincia ultramarina ou em outra comarca, que o não possam ser dentro d'elle, ou quando tenha de proceder-se a alguma diligencia necessaria para o descobrimento da verdade.

Art. 106.º No processo criminal preparatorio, o magistrado publico e a parte offendida, posto que não queira accusar, poderão fornecer aos juizes todas as provas que tiverem ácerca da existencia do crime e da culpabilidade do delinquente, e requerer que estes procedam ás diligencias e averiguações necessarias.

§ 1.º Os juizes procederão a estas diligencias e averiguações, podendo tambem recorrer officiosamente a todos os meios de prova que julgarem necessarios para o descobrimento da verdade.

§ 2.º É permittido ao presumido delinquente, ainda que não esteja preso, offerecer ao juiz, durante o processo preparatorio, as provas que tiver da sua innocencia, e requerer as diligencias e averiguações que verosimilmente a possam comprovar e a que o juiz deverá proceder, comtanto que não tendam manifestamente a protrahir o processo preparatorio.

Art. 107.º Se durante o processo preparatorio o facto criminoso tiver uma qualificação diversa da que lhe foi dada pelas partes, o juiz lhe dará a que for conforme á lei penal, independentemente de nova querela.

Art. 108.º Se o delinquente estiver condemnado em pena que não possa ser aggravada, e commetter um novo crime, ou se descobrir algum outro ainda não prescripto, formar-se-ha o processo preparatorio para verificar se ha outros co-réus responsaveis pelo mesmo facto criminoso.

§ unico. Na hypothese prevista n'este artigo, o réu condemnado sómente será julgado pelo novo crime que commetter, ou pelo que se lhe descobrir, se for annullado o processo instaurado pelo crime mais grave.

Art. 109.º Desencaminhando-se ou inutilisando-se algum processo criminal, poderá qualquer das partes requerer a reforma d'elle por meio de certidões do livro de registo dos exames de que trata o artigo 143.º

§ unico. Tendo havido producção de provas, observar-se-ha o disposto no artigo 578.º do codigo do processo civil.

TITULO II
Da querela

Art. 110.º A parte offendida que pretender querelar dirigirá ao respectivo juiz uma petição, que deverá conter a exposição do facto criminoso e das circumstancias aggravantes ou attenuantes que o revestirem, com declaração do nome, appellidos ou alcunhas do delinquente, da sua qualidade de auctor, cumplice ou encobridor, logar e tempo em que o crime foi commettido, sendo conhecidos, e citação da lei penal applicavel, nomeando logo as testemunhas ou protestando nomeal-as no decurso do processo preparatorio, e juntando os documentos que tiver.

§ 1.º Se o querelante não for o magistrado do ministerio publico, deverá declarar na petição o seu nome, profissão ou occupação, domicilio ou residencia, onde lhe devem ser feitas as intimações necessarias para o andamento do processo, devendo a assignatura ser reconhecida por tabellião, se não for conhecido em juizo, ou attestada a sua identidade por uma testemunha conhecida.

§ 2.º Não sendo conhecidos o delinquente ou o tempo em que o crime ou delicto foi commettido, poderá a querela ser dada contra as pessoas incertas, que pelo processo preparatorio se mostrarem culpadas, ou indicarem-se na petição os signaes que o possam identificar, e deverá declarar-se que o crime não está prescripto.

§ 3.º Sendo a querela prestada por procurador, deverá a procuração conter poderes especiaes e mencionar o facto criminoso e as circumstancias referidas n'este artigo.

Art. 111.º O magistrado do ministerio publico dará a sua querela dentro do praso de quarenta e oito horas, contadas d'aquella em que o delinquente foi preso, ou, se o não tiver sido, dentro de oito dias a contar d'aquelle em que tiver conhecimento official do crime ou delicto.

Art. 112.º As partes particularmente offendidas poderão querelar emquanto não estiver encerrado o processo preparatorio, devendo a sua querela e a do ministerio formar um só processo.

Art. 113.º A querela deverá comprehender todos os factos criminosos commettidos pelo delinquente e por outros co-réus, quando os houver.

Art. 114.º Salvo o disposto nos artigos 37.º, e § unico do artigo 39.º, a querela sómente poderá ser dada no juizo em que o crime for commettido.

Art. 115.º A parte offendida que desistir da querela não poderá accusar o delinquente.

Art. 116.º Poderá ser admittida segunda querela a respeito do mesmo crime, e contra os mesmos querelados:
1.º Se a primeira tiver sido julgada nulla por despacho passado em julgado;
2.º Se tiver sido dada contra pessoas incertas e o crime não estiver prescripto.

Art. 117.º Logo que o magistrado do ministerio publico ou a parte offendida tenha dado a querela, o juiz a receberá por seu despacho, independentemente de ser reduzida a auto, e a distribuirá ao respectivo escrivão, se não tiver fundamento legal para a rejeitar, e procederá a todos os actos e termos do processo preparatorio para verificar a existencia do crime e a culpabilidade do delinquente.

Art. 118.º A querela póde ser rejeitada pelo juiz, quando julgar que não é criminoso o facto que se querelou, ou quando lhe não competir esta fórma de processo.

§ unico. Rejeitada a querela, o juiz mandará immediatamente soltar o presumido delinquente, se estiver preso, e não dever ser conservado na cadeia por outro motivo.

Art. 119.º Para os effeitos do artigo antecedente, haverá em cada juizo um livro numerado o rubricado pelo respectivo juiz com as divisões seguintes:
1.ª Numeração de ordem, que se renovará annualmente no mez de janeiro;
2.ª Natureza do crime;
3.ª Nome do querelante, quando não for o magistrado do ministerio publico;
4.ª Nome do delinquente ou a declaração de que é incerto;
5.ª Appellidos dos escrivães;
6.ª Data da distribuição;
7.ª Observações.

TITULO III
Da prova no processo criminal preparatorio

Art. 120.º No processo criminal preparatorio são admittidos os meios de prova seguintes:
1.º Confissão das partes;
2.º Exames;
3.º Vistorias;
4.º Prova documental;
5.º Prova testemunhal;
6.º Juramento da parte offendida;
7.º Indicios ou presumpções.

CAPITULO I
Da confissão das partes

Art. 121.º A confissão da parte offendida ou do delinquente será feita perante o juiz de direito e reduzida a termo, assignado pelo juiz, pelo confitente e escrivão.

§ unico. A confissão do delinquente não suppre os meios de prova estabelecidos no artigo antecedente.

CAPITULO II
Dos exames

Art. 122.º Se existir ou for encontrado o paciente ou o objecto do crime, e existirem vestigios materiaes d'elle, proceder-se-ha aos exames necessarios para constituir o corpo de delicto.

§ unico. Os magistrados do ministerio publico deverão promover, e as partes particularmente offendidas poderão requerer que se proceda a estes exames, embora não queiram querelar, devendo os juizes, na falta de promoção ou requerimento, proceder officiosamente a elles com a maior brevidade.

Art. 123.º Se para constituir o corpo de delicto for necessario fazer algum exame que exija conhecimentos technicos de alguma sciencia, arte, industria ou officio, deverá ser feito com intervenção de peritos nomeados pelo respectivo juiz, devendo declarar-se resumidamente no mandado de intimação o objecto sobre que tem de versar o exame.

Art. 124.º Não podem ser nomeados peritos:
1.º Os membros da familia real;
2.º Os ministros d'estado effectivos;
3.º Os arcebispos, bispos e vigarios geraes;
4.º Os que não podem funccionar como juizes, nos termos do artigo 24.º

Art. 125.º Podem sómente escusar-se de servir como peritos:
1.º Os pares do reino, e os deputados da nação durante o periodo das sessões legislativas, se n'ellas tomarem assento;
2.º Os conselheiros d'estado, vogaes do supremo tribunal administrativo, do tribunal de contas, juizes e magistrados do ministerio publico em effectivo serviço, juiz relator do tribunal superior de guerra e marinha e seu ajudante.
3.º Os ecclesiasticos que tiverem cura de almas;
4.º Os militares em effectivo serviço, ainda que não sejam de patente.

Art. 126.º Nenhum facultativo que exerça clinica poderá ser isento de intervir nos exames para que for intimado, salvo se houver incompatibilidade absoluta entre este serviço e o exercicio de funcções officiaes.

Art.º 127.º Nos exames deverão intervir pelos menos dois peritos.

§ 1.º No caso de não haver mais de um perito no logar em que houver de fazer-se o exame e na distancia de 5 kilometros, será válido com a intervenção de um só, devendo fazer-se esta declaração no respectivo auto.

§ 2.º Se não houver nenhum perito no logar em que houver do fazer-se o exame, nem na distancia de 15 kilometros, o juiz ordenará que o objecto que tem de ser submettido ao exame seja transportado para a séde da comarca, uma vez que o transporte possa effectuar-se sem prejuizo da averiguação da verdade e da saude publica. Não podendo fazer-se o transporte, o exame será feito pelas pessoas que o juiz julgar mais habilitadas.

Art. 128.º Se as declarações e conclusões dos peritos forem obscuras ou contradictorias entre si ou com os factos averiguados, ou se estas não parecerem logicamente deduzidas dos principios expostos, as partes poderão requerer e o juiz ordenar que sejam convocados os peritos a uma conferencia para, as esclarecerem, harmonisarem ou rectificarem.

§ unico. Não podendo obter-se este resultado, ou, havendo rasões fundadas para duvidar da verdade e exactidão das mesmas declarações e conclusões, poderá ser requerido pelas partes ou ordenado pelo juiz um exame com peritos differentes, os quaes serão requisitados das comarcas mais proximas, se os não houver n'aquella em que tiver de verificar-se, sendo-lhes abonada pelo ministerio da justiça a importancia dos honorarios e a despeza do transporte, se a requisição for feita pelo magistrado do ministerio publico ou pelo juiz.

Art. 129.º O exame será feito em presença do juiz e do magistrado do ministerio publico, deferindo o juiz aos peritos o juramento, segundo o rito da sua religião, para examinarem o objecto submettido a exame e declararem com verdade e exactidão tudo o que encontrarem digno de notar-se.

§ unico. Do exame deverá lavrar-se um auto assignado e rubricado pelo juiz, magistrado do ministerio publico, partes, peritos e escrivão, devendo tambem lavrar-se, este auto, quando por qualquer motivo o exame não possa effectuar-se.

Art. 130.º A parte querelante e o delinquente, se estiver preso ou afiançado, poderão assistir ao exame com os seus advogados, devendo o mesmo delinquente ser presente, quando o juiz ou as partes o julgarem necessario para o descobrimento da verdade.

§ 1.º Tanto as partes como o juiz poderão propor aos peritos os quesitos que lhes parecerem necessarios para a verificação do crime, aos quaes elles deverão responder.

§ 2.º Se os peritos carecerem de algumas informações ou esclarecimentos relativos ao objecto do exame, poderão requerer ao juiz que lhes sejam prestados.

§ 3.º Se o juizo dos peritos estiver dependente das informações ou esclarecimentos a que se refere o paragrapho antecedente, ou se por outro motivo attendivel o exame não podér concluir-se no mesmo dia, poderá ficar adiado para o dia seguinte, tomando-se as precauções necessarias para evitar a alteração ou substituição do objecto sujeito ao mesmo exame.

§ 4.º Se o objecto sujeito ao exame exigir uma descripção minuciosa e technica, que não possa ser desde logo redigida, poderão os peritos fazer o respectivo relatorio, que será por elles assignado e rubricado, e que o juiz mandará juntar ao auto de exame como parte integrante d'elle, depois de o haver rubricado, bem como o magistrado do ministerio publico.

Art. 131.º Se houver de proceder-se a exame em algum cadaver, deverá a identidade d'este ser reconhecida pelo escrivão ou por uma testemunha, pelo menos, que a possa attestar.

§ unico. Não sendo reconhecida a identidade do cadaver, deverá fazer-se uma descripção d'elle, declarando o sexo, comprimento, côr do rosto, olhos, cabellos, signaes physionomicos ou do corpo, vestuario que trazia, e tirar-se a photographia d'elle, sendo possivel, ordenando o juiz que seja exposto ao publico por vinte e quatro horas, se o estado do cadaver o permittir, para poder ser reconhecido.

Art. 132.º Nos exames feitos em cadaveres os peritos procederão a requerimento das partes ou ex-officio á autopsia cadaverica, se podér fazer-se sem prejuizo da saude publica, e examinarão sempre as cavidades craneana, thoraxica e abdominal.

§ 1.º Estes exames serão feitos nos theatros anatomicos, ou, não os havendo, nos hospitaes, casas ou locaes fornecidos pelas camaras municipaes ou juntas de parochia, ou na casa do defunto, se a familia assim o requerer.

§ 2.º Findo o exame, os peritos farão a sua declaração, descrevendo tudo o que julgarem digno de menção, concluindo por emittirem o seu juizo ácerca da causa efficiente da morte.

Art. 133.º Se os peritos não podérem, pelos meios ao seu alcance, proferir uma conclusão positiva ácerca da causa da morte, mas tiverem suspeitas de que ella proveiu de substancias toxicas, o magistrado do ministerio promoverá e a parte offendida poderá requerer, que se extráhiam do cadaver as visceras, substancias e liquidos necessarios para serem submettidos á analyse chimica, devendo ser encerrados em vasos apropriados, cintados e rubricados pelo juiz, magistrado do ministerio publico e peritos. Quando algum d'estes objectos tenha de ser destruido ou modificado, deverá, sempre que seja possivel, ser guardada uma parte d'elles até á terminação do processo, observando-se as precauções indicadas.

Art. 134.º Quando o exame versar sobre ferimentos ou offensas corporaes, os peritos deverão declarar o numero e a natureza d'elles, a sua extensão e profundidade, a qualidade do instrumento com que indicam ter sido feitos, o prognostico provavel da doença e os effeitos que d'elles podem resultar no estado physico e intellectual, actual e futuro, do examinado, a duração da impossibilidade do trabalho profissional ou de qualquer outro.

§ 1.º Se os peritos entenderem que póde haver grave inconveniente em proceder desde logo ao exame, o juiz deverá adial-o para o dia que elles indicarem.

§ 2.º Não se achando os peritos habilitados para proferirem uma conclusão positiva ácerca do prognostico ou da duração da impossibilidade do trabalho, poderão reserval-a para o exame de sanidade, declarando, sempre que seja possivel, o dia em que este deve verificar-se.

§ 3.º Se o offendido vier a morrer em seguida aos ferimentos ou offensas corporaes que soffrer, deverão os peritos declarar sempre se a morte resultou d'elles directa e necessariamente, ou de alguma causa accidental.

Art. 135.º Nos exames para reconhecimento de letra ou assignaturas que se suspeite serem falsificadas observar-se-hão, na parte applicavel, as disposições dos artigos 248.º, 249.º e 250.º do codigo do processo civil.

Art.º 136.º Sendo necessario proceder a exame em algum livro, que não esteja findo, pertencente a alguma repartição publica ou cartorio, deverá ali ser feito este exame.

Art. 137.º Nos crimes de attentado ao pudor, estupro e violação, intervirá, pelo menos, uma parteira, que tenha as devidas habilitações, se a houver, e proceder-se-ha ao exame com toda a decencia e recato.

Art. 138.º Sendo necessário para a qualificação do crime determinar o valor da cousa que tiver sido objecto d'elle, ou a importancia do damno que d'elle rosultou ou podia resultar, o juiz instructor tomará declarações juradas ao lesado e procederá em seguida a exame por peritos para fazerem a devida avaliação.

Art. 139.º Havendo duvida ácerca do grau de discernimento do delinquente ou se está affectado de doença mental, que o prive da responsabilidade dos seus actos, proceder-se-ha ao respectivo exame por peritos facultativos alienistas ou na falta d'elles por outros competentes.

Art. 140.º Nos exames para constituir o corpo de delicto deverão os juizes, com assistencia do magistrado do ministerio publico e da parte querelante, fazer verificar pelos peritos:

1.º Todos os vestigios do crime;

2.º O estado do logar em que tiver, sido commettido, descrevendo-o com a possivel exactidão e fazendo levantar a planta d'elle, sendo possivel;

3.º As armas e instrumentos que denotarem ter servido para commetter o crime, ou estarem destinados para elle, e os objectos deixados pelo delinquente no logar do delicto, descrevendo a relação que possam ter com elle.

§ 1.º Os juizes mandarão apprehender as armas, instrumentos e objectos a que se refere o numero antecedente, fazendo-os sellar e appensar ao processo, ou depositar em poder de depositario idoneo os que pelo seu peso e volume não podérem ser appensos.

§ 2.º Em seguida ás declarações dos peritos deverão os juizes consignar no auto todas as circumstancias relativas ao modo e tempo em que o crime ou delicto foi commettido, colligindo escrupulosamente todas as provas, tanto contra como a favor do presumido delinquente, tomando logo declarações sem juramento aos descendentes, ascendentes ou parentes do offendido, e com juramento aos creados, domesticos, vizinhos e outras quaesquer pessoas que verosimilmente pareça que podem esclarecer a justiça.

Artigo 141.º Antes de concluido o exame para se constituir o corpo de delicto, não se poderá fazer alguma alteração no objecto do crime, logar e vestigios d'elle, incorrendo o transgressor d'este preceito na multa de 10$000 a 200$000 réis, segundo a gravidade do caso e o grau de malicia.

§ unico. O juiz, e na sua falta, a auctoridade administrativa, e os agentes de administração ou de policia adoptarão todas as providencias para que se não alterem os vestigios do crime, antes de findo o exame, nem se afastem do logar d'elle as pessoas que possam informar ácerca do mesmo, fazendo o juiz constar no respectivo auto, sendo possivel, se a desapparição dos vestigios foi casual ou intencional, bem como as causas e os meios para esse fim empregados.

Art. 142.º Os juizes julgarão constituido o corpo de delicto, quando entenderem que está verificada a existencia do crime.

Art. 143.º Haverá em cada cartorio um livro de registo, numerado e rubricado pelo juiz de direito, ou pelo escrivão a quem der commissão, com termos de abertura e encerramento, e que será destinado para n'elle se registarem por extracto, no praso de quarenta e oito horas, os autos de exame, e por extenso as declarações dos peritos os despacho de pronuncia e as sentenças.

CAPITULO III

Das vistorias

Art. 144.º Se durante o processo preparatorio o juiz julgar necessario proceder, ou as partes offendidas ou o delinquente requererem que se proceda a vistoria no logar em que foi commettido o crime, efectuará essa diligencia com tres peritos que julgar mais idoneos, mandando lavrar o respectivo auto, que será por elle assignado, pelos peritos que souberem assignar e pelo escrivão.

§ unico. As partes offendidas e o delinquente podem apresentar ao juiz os quesitos que entenderem necessarios para a averiguação da verdade, podendo ser assistidas dos seus advogados.

Art. 145.º É applicavel aos peritos que forem nomeados para as vistorias o disposto nos artigos 124.º e 125.º

CAPITULO IV
Da prova documental

Art. 146.º Se forem offerecidos documentos para prova do crime ou delicto, ou da contravenção, da culpabilidade do delinquente, e da responsabilidade do contraventor, o juiz os apreciará segundo as regras do direito civil.

Art. 147.º Aos documentos a que se refere o artigo antecedente são applicaveis as disposições dos artigos 213.º e 214.º do codigo do processo civil.

CAPITULO V
Da prova testemunhal

Art. 148.º Podem ser testemunhas no processo criminal todas as pessoas de ambos os sexos que não sejam inhabeis por incapacidade natural ou por disposição da lei.

§ unico. Quando o juiz, pelas respostas da testemunha, conhecer que ella é inhabil, não a admittirá a depor, fazendo declarar em seguida ás respostas o motivo por que a não inquire e assignando com ella, se souber assignar.

Art. 149.º São inhabeis para ser testemunhas por incapacidade natural:

1.º Os desassisados;
2.º Os cegos e surdos, nas causas cujo conhecimento depender d'estes sentidos;
3.º Os menores de doze annos.

§ 1.º Os desassisados poderão ser inquiridos como testemunhas nos intervallos lucidos, certificando-se o juiz da lucidez das faculdades d'elles por exame de peritos facultativos.

§ 2.º Os menores de doze annos poderão dar informações sem juramento.

Art. 150.º São inhabeis para ser testemunhas por disposição da lei:

1.º As partes offendidas;
2.º Os ascendentes e descendentes legitimos e naturaes, conjuges, posto que separados judicialmente, irmãos e cunhados das partes offendidas e do delinquente ou contraventor;
3.º Os que participarem o crime em juizo;
4.º Os que vierem depor voluntariamente a juizo sem previa intimação;
5.º Os empregados publicos, ecclesiasticos, advogados, medicos, cirurgiões e parteiras ácerca, dos segredos, que em virtude de suas funcções, estado ou profissão lhes forem confiados.

§ unico. As pessoas a que se refere o n.º 2.º não ficam inhibidas de depor ácerca dos factos criminosos imputados a outros co-réus, havendo-os, com os quaes não tenham o parentesco de que trata o mesmo numero.

Art. 151.º São obrigados a comparecer no local, dia e hora marcados pelo juiz as testemunhas que não estejam isentas ou impossibilitadas de comparecer perante o juiz instructor do processo.

§ 1.º Estão isentas de comparecer perante elle:

1.º Os membros da familia real;
2.º Os ministros d'estado effectivos e os conselheiros d'estado effectivos;
3.º Os arcebispos e bispos;

4.º Os embaixadores, ministros plenipotenciarios, ministros residentes, encarregados de negocios de nações estrangeiras, consules e agentes consulares, que em virtude de tratados ou do principio de reciprocidade gosem d'esta immunidade;

5.º Os vogaes effectivos e os supplentes em exercicio do supremo tribunal administrativo e do tribunal de contas;

6.º Os conselheiros do supremo tribunal de justiça e o juiz relator do tribunal superior de guerra e marinha;

7.º O procurador geral da corôa e fazenda e seus ajudantes;

8.º Os juizes de direito de segunda instancia;

9.º Os procuradores regios;

10.º Os que forem domiciliados em comarca differente;

11.º Os que estiverem impossibilitados de comparecer.

§ 2.º As testemunhas mencionadas nos n.ᵒˢ 1.º a 9.º do § 1.º serão inquiridas na sua residencia, sendo previamente avisadas do dia e hora em que devem depor; e, se alguma d'ellas for membro da familia real, deverá preceder decreto que auctorise o seu depoimento e regule as formalidades que hão de observar-se no acto d'elle.

§ 3.º São causas de impossibilidade de comparecer perante o juiz do processo:

1.º A molestia comprovada por certidão jurada de facultativo, ou, na falta d'este, do respectivo parocho confirmada pelo administrador do concelho, se a testemunha residir na cabeça do concelho, ou, não residindo, pelo regedor de parochia;

2.º A consternação de familia por motivo de fallecimento de descendentes, ascendentes, conjuge ou irmão, durante o praso de oito dias;

3.º Algum caso de força maior;

4.º A prestação de outro serviço publico que obste a que a testemunha compareça no dia e hora designados.

§ 4.º Se a impossibilidade prevista no n.º 1.º do paragrapho antecedente não cessar antes de encerrado o processo preparatorio, a testemunha será inquirida na sua residencia. Convencendo-se, porém, o juiz de que ella não estava impossibilitada de comparecer, mandará proceder a exame por outro facultativo, e, se d'elle resultar que ella podia comparecer, será logo condemnada na multa de 10$000 réis a 100$000 réis, segundo a gravidade do caso e o grau de dolo, sem prejuizo do procedimento criminal contra o facultativo que passou o attestado.

Art. 152.º Os membros dos corpos legislativos não poderão, durante o periodo das sessões, ser intimados para depor como testemunhas, sem licença da respectiva camara, salvo se renunciarem esta immunidade.

Art. 153.º Sendo nomeado para testemunha o juiz do processo, declarará sob juramento se tem conhecimento do facto criminoso. No caso afirmativo, deixará de ser juiz do processo.

Art. 154.º O escrivão do processo, que for nomeado para testemunha, será inquirido em primeiro logar e o seu depoimento escripto por outro escrivão.

Art. 155.º Sendo nomeados para testemunhas empregados de algum tribunal ou repartição publica, ou das estações do caminho de ferro, ou algum official ou praça do exercito ou da armada, o juiz os requisitará por officio ao respectivo chefe ou commandante, conciliando, quanto possivel, as conveniencias da instrucção, do processo com as do serviço publico.

Art. 156.º Poderá ser inquirida, a requerimento das partes, offendidas ou officiosamente pelo juiz antes de começar o processo preparatorio, a testemunha que estiver em idade avançada, soffrer doença grave, ou tiver de ausentar-se.

§ unico. O depoimento será fechado e lacrado e sómente será aberto pelo juiz depois de começado o processo preparatorio.

Art. 157.º As testemunhas serão nomeadas no requerimento de querela ou no decurso do processo preparatorio pelo magistrado do ministerio publico. A parte offendida poderá tambem indicar testemunhas a este magistrado, posto que não tenha querelado.

§ 1.º O numero das testemunhas não será inferior a oito, nem excederá a vinte, afóra as referidas. Se os factos forem differentes, poderão ser nomeados tres a cada um, posto que excedam este numero.

§ 2.º Se tiverem sido inquiridas algumas testemunhas, quando a parte offendida der a sua querela, deverá a nomeação d'ellas ser feita de accordo com o magistrado do ministerio publico, e, se não podérem accordar-se, serão sempre inquiridas, posto que excedam a vinte, até dez das testemunhas nomeadas pelo querelante, guardada a ordem de precedencia da nomeação, ou até cinco das nomeadas por cada um dos querelantes, se houver mais de um, afóra as referidas.

Art. 158.º O juiz instructor do processo, sempre que o julgar necessario para o descobrimento da verdade, poderá ordenar que a testemunha o acompanhe ao logar do delicto.

Art. 159.º As testemunhas serão inquiridas pelo juiz em assentadas, sem publicidade e separadamente umas das outras, tomando-se as precauções necessarias para não conversarem ácerca do crime e para que umas não ouçam os depoimentos das outras, devendo ser advertidas antes de começarem a depor das penas em que incorrem pelo crime de juramento falso.

§ 1.º Na assentada deverá declarar-se o dia, mez e anno em que é feita.

§ 2.º O juiz mandará intimar só as testemunhas que provavelmente poderem ser inquiridas em cada uma assentada.

Art. 160.º Antes de começar a inquirição, as testemunhas serão recolhidas em uma sala, onde serão vigiadas por um official de diligencias, e d'onde sairão pela ordem em que estiverem mencionadas no rol, sempre que seja possivel.

Art. 161.º As testemunhas, antes de serem inquiridas, prestarão juramento segundo o rito da religião que professarem, incorrendo, no caso de recusarern prestal-o, na pena correspondente ao crime de desobediencia.

§ unico. Em seguida o juiz lhes perguntará os seus nomes, appellidos, alcunhas, estado, idade, profissão ou occupação, naturalidade e residencia, e bem assim se são parentes, amigos ou inimigos do offendido ou do delinquente, seus domesticos, e se têem algum interesse directo ou indirecto no processo.

Art. 162.º Se a testemunha não fallar a lingua portugueza, o juiz nomeará um interprete, que, debaixo de juramento, lhe transmitta as perguntas e ao juiz as respostas que ella der, devendo o depoimento ser assignado por todos, se souberem assignar.

Art. 163.º Se a testemunha for surda-muda e souber ler e escrever, as perguntas serão feitas por escripto e as respostas dadas pela mesma fórma. Se, porém, não souber ler e escrever, o juiz nomeará para interprete um mestre de surdos-mudos, ou, na falta d'este, a pessoa que melhor possa entender-se com ella, deferindo-lhe juramento nos termos do artigo antecedente.

§ unico. Sendo a testemunha unicamente surda, e sabendo, ler, as perguntas serão feitas por escripto e as respostas dadas oralmente.

Art. 164.º As perguntas deverão ser feitas com a maior clareza, de modo que a testemunha possa comprehender bem o objecto sobre que tem de depor, devendo o juiz abster-se de empregar insinuações, suggestões, promessas, injurias ou ameaças.

§ unico. A testemunha que recusar responder ás perguntas que lhe forem feitas incorrerá na pena correspondente ao crime de desobediencia.

Art. 165.º A testemunha deverá narrar os factos e circumstancias respectivas sem ser interrompida e dar a rasão do seu dito. Se o juiz julgar necessario esclarecer algum facto ou circumstancia, ou obter explicações para fazer desapparecer alguma obscuridade ou contradicção, dirigirá á testemunha as perguntas necessarias, as quaes serão consignadas no depoimento.

Art. 166.º A testemunha deve ser interrogada ácerca do crime, ou delicto, das circumstancias que o revestirem, quer sejam contra, quer a favor do delinquente, do tempo, logar e modo como foi commettido, da parte que n'elle teve o delinquente ou delinquentes e dos antecedentes d'estes.

§ 1.º Declarando alguma testemunha que foi presencial, será interrogada em que tempo e logar viu o que affirma, se estavam ali outras pessoas que tambem o vissem e quaes eram, declarando, no caso de as não conhecer, o maior numero de signaes que as possam identificar.

§ 2.º Proceder-se-ha pela mesma fórma, quando a testemunha declarar que sabe de ouvida o que depoz.

Art. 167.º Se a testemunha no acto do depoimento apresentar algum documento ou objecto que possa servir para fazer culpa ao querelado ou a qualquer outro delinquente, ou a favor d'elle, no depoimento se fará expressa menção da apresentação e se juntará ao processo o documento, depois de rubricado por ella e pelo juiz de direito, bem como o objecto, sendo possivel, devendo, no caso contrario, observar-se o disposto no § 1.º do artigo 140.º

§ unico. A testemunha póde exigir que lhe seja mostrado o documento ou objecto que estiver no processo ou existir em juizo.

Art. 168.º Havendo duvida ácerca da preexistencia da cousa furtada ou roubada, as testemunhas deverão ser inquiridas a respeito dos antecedentes do individuo que se diz dono d'ella, ou, se o furto ou roubo consistir em dinheiro, ácerca dos seus haveres, e de todas as circumstancias que possam fornecer indicios de os possuir ao tempo em que se diz commettido o crime ou delicto.

Art. 169.º As respostas da testemunha, que não forem impertinentes, serão escriptas, conservando-se na redacção, quanto seja possivel, as expressões de que usar, de modo que ella as possa comprehender.

§ 1.º O depoimento poderá ser redigido pela testemunha, ou, se ella não usar d'esta faculdade, pelo juiz, podendo fazer as reclamações que julgar necessarias para que o depoimento seja consignado com a possivel exactidão.

§ 2.º O depoimento será lido á testemunha pelo escrivão, se ella não preferir lel-o, podendo confirmal-o, ou fazer-lhe qualquer additamento, alteração ou rectificação; do que tudo se fará menção no seguimento do depoimento, sem todavia se emendar o que estiver escripto.

§ 3.º O depoimento depois de lido será assignado pela testemunha, que souber, podér ou quizer assignar, pelo interprete, quando intervier, pelo juiz com o nome inteiro, quando a testemunha não assignar, e pelo escrivão, sendo cada folha rubricada por todos, excepto por este, mencionando-se a leitura e a assignatura da testemunha ou a falta ou recusa d'ella.

§ 4.º No depoimento não haverá entrelinhas, devendo as rasuras e emendas ser resalvadas á margem pelo escrivão, e a resalva assignada pelo juiz, escrivão, testemunha que tiver assignado, e interprete.

Art. 170.º Não concordando as testemunhas sobre algum facto essencial ou circumstancia importante do crime, o juiz procederá á confrontação e acareação de umas com outras.

Art. 171.º Salvos os casos em que o juiz o julgar conveniente, a confrontação sómente se verificará simultaneamente entre duas testemunhas, devendo precisar com toda a clareza o facto ou circumstancias em que houver contradicção ou divergencia, fazendo consignar em um auto por elle assignado, pelo escrivão e testemunhas, que souberem, podérem ou quizerem assignar, as ponderações, feitas e as respostas obtidas.

Art. 172.º A testemunha, que não for empregado publico do estado, districto ou municipio, tem direito a uma indemnisação de 500 a 2$000 réis diarios, que o juiz de direito fixará, conforme as circumstancias, e entrará em regra de custas.

CAPITULO VI
Dos indicios ou presumpções

Art. 173.º O juiz instructor do processo appreciará o valor dos indicios ou presumpções, attendendo á connexão e concordancia dos factos entre si e á relação que possam ter com o facto criminoso imputado ao delinquente.

TITULO IV
Do reconhecimento da identidade do delinquente, armas, instrumentos e objectos do crime

Art. 174.º Havendo duvida ácerca da identidade da pessoa do delinquente, o juiz procederá ao reconhecimento d'ella, fazendo-o apresentar a uma ou mais testemunhas conjunctamente com outros individuos, de entre os quaes ellas o reconhecerão.

§ 1.º Sendo necessario fazer-se o reconhecimento por mais de uma testemunha, cada um d'elles se fará separadamente sem que as testemunhas possam communicar entre si até que se haja effectuado o ultimo reconhecimento.

§ 2.º Sendo differentes os delinquentes que tenham de ser reconhecidos por uma só testemunha, poderá fazer-se o reconhecimento em um só acto.

§ 3.º Do reconhecimento se lavrará o respectivo auto assignado pelo juiz, escrivão e pelas pessoas que n'elle intervierem, quando souberem, podérem ou quizerem assignar, devendo declarar-se n'elle todas as circumstancias que occorrerem, os signaes pessoaes do delinquente e os nomes dos que n'elle intervierem.

Art. 175.º Se para auxiliar o reconhecimento for necessario juntar certificado do registo criminal, certidão do registo civil ou parochial ou qualquer outro documento, o magistrado do ministerio publico o requisitará de quem competir para ser junto ao processo.

Art. 176.º Quando for preciso proceder ao reconhecimento de armas ou instrumentos, que serviram ou estavam destinados para commetter o crime ou delicto, ou de cousas que se suspeite terem sido objecto d'elle, serão apresentados ás testemunhas só ou conjunctamente com outras similhantes, adoptando o juiz todas as providencias que julgar necessarias para que o reconhecimento possa verificar-se.

TITULO V
Da pronuncia

Art. 177.º Logo que pelo exame e apreciação dos meios de prova de que trata o artigo 120.º, o juiz instructor do processo julgar verificada a existencia do crime ou delicto e a culpabilidade do querelado, ou de qualquer outro delinquente, proferirá, independentemente de termo de conclusão, despacho de pronuncia fundamentado contra elle, que desde então será considerado réu no processo, exarando novas pronuncias, á proporção que se forem descobrindo outros culpados.

§ unico. O despacho de pronuncia deverá declarar:

1.º O nome, appellido e alcunhas do réu, que constarem do processo, ou quaesquer signaes ou indicações, que possam auxiliar o seu reconhecimento;

2.º Se é responsavel como auctor, cumplice ou encobridor do crime;

3.º A natureza d'este e as circumstancias que o revestirem, quer sejam contra, quer a favor do réu;

4.º O logar e tempo em que foi commettido, sempre que sejam conhecidos;

5.º A citação da lei penal que pune o facto criminoso;

6.º Se é ou não admissivel a fiança;

7.º Que se organise o respectivo boletim para ser enviado ao registo criminal;

8.º Que se passem mandados de captura para o réu ser conduzido á custodia, se n'ella não estiver detido.

Art. 178.º O despacho de pronuncia será intimado dentro de vinte e quatro horas ao magistrado do ministerio publico e á parte querelante, dentro de igual praso ao réu, se estiver detido em custodia, e dentro de oito dias se estiver afiançado, devendo o escrivão entregar um extracto do despacho ao director da cadeia ou carcereiro, quando o réu estiver preso, para fazer o respectivo registo.

Art. 179.º Se algum dos querelados estiver detido em custodia, o despacho de pronuncia será proferido dentro do praso de quinze dias contados d'aquelle em que estiver á disposição do juiz de direito, o qual, findo aquelle praso, o mandará soltar a requerimento do preso, do magistrado do ministerio publico ou officiosamente, se julgar que não ha fundamento para a pronuncia.

Art. 180.º O juiz instructor do processo preparatorio proseguirá n'elle até que tenham sido inquiridas as testemunhas nomeadas pelas partes e as referidas.

§ unico. Terminada a inquirição das testemunhas, se o juiz julgar que não ha prova da existencia do facto criminoso ou da culpabilidade de pessoa alguma, assim o declarará por despacho fundamentado, que será intimado dentro de vinte e quatro horas ao magistrado do ministerio publico, á parte querelante e ao querelado, se estiver preso.

Art. 181.º São effeitos da pronuncia transitada em julgado:

1.º A suspensão dos direitos politicos;

2.º A suspensão do exercicio de emprego ou officio;

3.º Compellir o réu ao julgamento pelo crime que lhe é imputado;

4.º Sujeitar o réu á observancia dos regulamentos da cadeia, se n'ella estiver detido.

TITULO VI
Da prisão

Art. 182.º Ninguem poderá ser preso antes da culpa formada excepto:

1.º Nos crimes ou delictos que não admittem fiança;

2.º No caso de se evadir o delinquente da cadeia, logar de custodia ou da guarda dos empregados ou agentes de justiça, administração ou policia;

3.º Nos casos de flagrante delicto; mas ainda n'estes casos a prisão nunca terá logar nos crimes que tiverem de ser julgados no juizo de policia correccional, nas contravenções, coimas e transgressões de posturas municipaes.

§ unico. Nenhum par vitalicio ou temporario, desde a sua eleição até que termine o seu mandato, e nenhum deputado, desde que for proclamado na respectiva assembléa de apuramento, póde ser preso, salvo por ordem da sua respectiva camara, menos em flagrante delicto a que corresponda a pena mais elevada da escala penal.

Art. 183.º Nos casos previstos nos n.ºˢ 2.º e 3.º do artigo antecedente a prisão póde ser feita por qualquer auctoridade, empregado, agente de justiça, administração ou policia, e por qualquer pessoa particular, posto que o delinquente seja encontrado em comarca differente, comtanto que o tenham seguido, devendo o preso ser immediatamente apresentado ao juiz competente ou á auctoridade judicial mais proxima do logar em que a prisão se effectuar.

§ unico. Se a prisão for feita de noite, o preso será recolhido na casa da guarda ou na estação de policia, e logo de manhã conduzido á presença do juiz de direito da comarca.

Art. 184.º Nos crimes que não admittem fiança poderá o magistrado do ministerio publico ou a parte offendida requerer e o juiz de direito ordenar a prisão preventiva do delinquente, a qual sómente poderá effectuar-se por mandado ou requisição escripta assignada pelo juiz, incluindo a via telegraphica, comtanto que preceda prova documental ou inquirição summaria de duas ou mais testemunhas, de que resulte prova ou indicios de culpabilidade.

§ 1.º Poderá verificar-se a prisão preventiva, independente da prova exigida n'este artigo, nos crimes seguintes:

1.º O Homicidio;

2.º Envenenamento;

3.º Infanticidio;

4.º Contra a segurança interior e exterior do estado;

5.º Falsificação de moeda ou papeis de credito nacionaes ou estrangeiros;

6.º Passagem dos mesmos titulos falsificados;

7.º Roubo;

8.º Nos casos previstos nos tratados ou convenções.

§ 2.º Não poderá ter logar a prisão preventiva do delinquente se tiverem decorrido seis mezes depois da perpetração do crime.

Art. 185.º Observar-se-hão as disposições dos tratados ou convenções ácerca das immunidades de que gosam os consules geraes, consules o vice-consules, chancelleres e agentes consulares.

Art. 186.º Proferido o despacho de pronuncia, o escrivão passará tantos mandados de captura quantos forem exigidos pelo juiz, magistrado do ministerio publico e pela parte offendida, posto que não tenha intentado a acção criminal.

§ 1.º Os mandados serão exequiveis em qualquer comarca do continente do reino, ilhas adjacentes e provincias ultramarinas, precedendo o *«cumpra-se»* do respectivo juiz, e deverão conter:
1.º O nome do juiz que os expedir;
2.º O nome, appellido, alcunhas, estado, naturalidade, residencia do delinquente, quando conhecidos, ou pelo menos o maior numero de signaes que o possam identificar;
3.º A natureza do crime;
4.º A declaração de que a prisão póde, ou não, ser substituida, por fiança;
5.º A rubrica do juiz.
§ 2.º Nenhum juiz poderá eximir-se de fazer cumprir qualquer mandato de captura, salvo se n'elle faltar algum dos requisitos mencionados no paragrapho antecedente.
Art. 187.º Os agentes de justiça, administração ou policia poderão, para effectuar a prisão dos delinquentes:
1.º Requisitar a força militar necessaria por intervenção do respectivo magistrado do ministerio publico, pela fórma prescripta nas ordens do governo;
2.º Empregar a força necessaria, usar de armas e dos meios de legitima defeza para repellir a aggressão ou resistencia.
Art. 188.º Salvo o caso de flagrante delicto, se para se effectuar a prisão for necessario entrar em casa do delinquente ou em qualquer outra, ou em edificio ou logar publico ou religioso, em que se suspeite achar-se acolhido, deverá passar-se ordem em duplicado, na qual se deverão declarar os motivos da suspeita, que o magistrado do ministerio publico ou a parte querelante tiverem feito constar por escripto, passando-se em seguida mandado de captura com a expressa determinação da entrada, sem o que o executor d'elle a não poderá verificar.
§ 1.º A entrada nas casas, edificios e logares a que se refere este artigo, sómente poderá effectuar-se de dia, desde o nascimento até ao occaso do sol, em presença de duas testemunhas, devendo o executor do mandado de captura entregar um exemplar d'elle ao dono da casa, chefe, administrador ou guarda dos edificios ou logares mencionados.
§ 2.º De noite sómente poderá verificar-se a entrada, havendo reclamação ou vozes de soccorro dos donos ou habitantes da casa, edificio ou logares de que trata o mesmo artigo.
§ 3.º O disposto no § 1.º não obsta a que se empreguem exteriormente as medidas de policia necessarias para evitar a evasão do delinquente ou a saída de instrumentos, livros, papeis e quaesquer objectos que possam ter relação com o crime.
§ 4.º O juiz que ordenar e o official ou agente de justiça, administração ou de policia que effectuar a entrada em contravenção do disposto no § 1.º, incorrem na pena correspondente ao crime de abuso de auctoridade.
§ 5.º Do resultado da diligencia a que se refere este artigo passará o executor da ordem certidão assignada por elle e pelas testemunhas, se souberem, podérem ou quizerem assignar.
Art. 189.º O executor da prisão apprehenderá ao preso qualquer arma ou instrumento que lhe encontrar, e o entregará ao juiz de direito, tomando as precauções necessarias para que não haja alteração alguma na pessoa ou trajo d'elle, que possa difficultar o reconhecimento da sua identidade.
Art. 190.º O executor do mandado de captura entregará ao preso um dos duplicados d'elle, com declaração do dia, hora e logar em que se effectuou a prisão, fazendo identica

declaração no outro exemplar, em que o director da cadeia ou carcereiro passará recibo da entrega do preso, com declaração do dia e hora, para ser junto ao processo.

Art. 191.º Logo que se effectue a prisão do delinquente, será immediatamente conduzido á cadeia do juizo, por onde se passou o mandado, e, se tiver sido preso em comarca differente da do juiz instructor do processo, será intimado para se apresentar no juizo da culpa dentro de um prazo rasoavel, que lhe será assignado segundo a distancia e facilidade de communicações.

Art. 192.º Não se empregarão maus tratos, insultos ou ameaças para com o preso, incorrendo o executor da prisão nas penas impostas na lei penal ao infractor d'este preceito.

Art. 193.º O preso não será conduzido com ferros ou algemas, nem se usará para com elle de qualquer coacção physica, salvo o caso de receio fundado de que possa evadir-se, em virtude do seus maus antecedentes ou de outras circumstancias, que justifiquem estes meios preventivos de segurança.

Art. 194.º Nenhum director da cadeia ou carcereiro receberá preso algum sem ordem por escripto da auctoridade judicial, administrativa ou militar, salvo nos casos de flagrante delicto, em que haja impossibilidade de ser o preso apresentado ao juiz de direito.

§ 1.º O director da cadeia ou carcereiro, logo que receber algum preso, fará os assentos no livro de registo, e infomará por escripto o respectivo juiz de direito, quando o preso não estiver detido á ordem d'elle, do dia, hora, motivo da prisão, auctoridade, empregado, agente ou pessoa que a effectuou.

§ 2.º Igual informação enviará ao mesmo juiz, logo que tenham decorrido quinze dias contados da entrada do preso na cadeia, sem que lho tenha sido intimado o despacho de pronuncia.

Art. 195.º Se o presumido delinquente tiver sido preso antes da culpa formada, passadas vinte e quatro horas contadas da entrada d'elle na cadeia, o juiz de direito, officiosamente ou a requerimento do preso, mandará passar mandado de prisão preventiva ou de soltura, segundo achar ou não criminalidade no facto imputado, ou motivo legal para a detenção ou soltura. No primeiro caso, mandará entregar ao preso uma nota por elle assignada, com declaração dos motivos da prisão, dos nomes da parte querelante, havendo-a, e das testemunhas.

Art. 196.º Os presumidos delinquentes, que estiverem presos preventivamente, deverão, se os logares da detenção o permittirem, conservar-se isolados uns dos outros.

Art. 197.º O detido em prisão preventiva não póde receber nem dirigir telegrammas, cartas ou outros escriptos similhantes sem previo conhecimento e auctorisação do juiz instructor do processo, podendo comtudo escrever a este, e ao seu advogado, salvo durante o periodo da incommunicabilidade.

Art. 198.º O juiz instructor do processo poderá permittir que o detido em prisão preventiva seja visitado pelo seu confessor, medico, pessoas de familia ou outras, com quem tenha negocios, em presença de um empregado, observando-se os regulamentos da cadeia.

Art. 199.º Quando o juiz instructor do processo o julgar necessario, poderá ordenar a incommunicabilidade do preso, a qual nunca excederá o praso de oito dias, expedindo para esse fim mandado ao director ou carcereiro, que o averbará no competente registo.

§ unico. O juiz instructor poderá permittir ao detido incommunicavel o uso de livros ou de instrumentos de trabalho profissional, comtanto que não sejam de tal natureza que possa attentar contra a vida, ou não tendam a tornar illusoria a incommunicabilidade.

Art. 200.º Se, findo o praso de quinze dias contados da entrada do preso na cadeia, o juiz instructor do processo não achar prova de culpabilidade do querelado, mandará immediatamente passar mandado de soltura, se não dever ser conservado na cadeia por outro motivo, podendo novamente ser preso, logo que haja provas da sua culpabilidade.

TITULO VII
Da busca

Art. 201.º Se para effectuar a prisão do delinquente ou para apprehender os instrumentos, livros, papeis ou objectos que tenham relação com o crime ou delicto for necessario proceder a busca em casa de alguma pessoa, ou em algum edificio ou logar publico ou religioso, o magistrado do ministerio publico ou a parte querelante exporá no seu requerimento, e o juiz declarará no seu despacho, quando officiosamente a determinar, os motivos de suspeita que existem para se proceder a este acto.

Art. 202.º 1.º Para os effeitos do artigo antecedente, considera-se casa:

1.º Os paços e sitios reaes, posto que não estejam habitados pelo chefe do estado;

2.º Os edificios ou logares fechados ou a parte destinada á habitação de alguma pessoa e suas dependencias, se estiverem fechados;

3.º Os navios mercantes.

§ unico. As hospedarias, casas de pasto, botequins e tabernas sómente são considerados como residencia dos respectivos donos que n'ellas habitarem, e de nenhum modo das pessoas que n'ellas se encontrarem ou residirem accidental ou temporariamente.

Art. 203.º Consideram-se edificios ou logares publicos para os effeitos do artigo 201.º:

1.º Os destinados ao serviço official, civil, ecclesiastico ou militar, quer seja do estado, quer do districto, municipio ou parochia, posto que sejam habitados pelo respectivo chefe ou pelo encarregado da sua guarda;

2.º Os destinados a qualquer estabelecimento de beneficencia, caridade, instrucção ou recreio, legalmente auctorisados;

3.º Os navios de guerra nacionaes ou estrangeiros.

§ 1.º Não poderá effectuar-se busca em navio de guerra estrangeiro sem preceder auctorisação do respectivo commandante, ou, no caso de recusa, do ministro ou representante diplomatico da respectiva nação.

§ 2.º Se a busca tiver de verificar-se em navio de guerra nacional, deverá ser previamente avisado o respectivo commandante.

Art. 204.º Consideram-se edificios ou logares religiosos, para os effeitos do citado artigo 201.º, os templos, sacristias, cemiterios e a clausura.

§ unico. Para que possa verificar-se a entrada na clausura é necessario que preceda auctorisação do respectivo prelado diocesano.

Art. 205.º Não poderá dar-se busca na residencia do chefe do estado, dos ministros d'estado, membros das camaras legislativas, representantes diplomaticos, consules das nações estrangeiras, edificios da representação nacional ou nos templos, sem que preceda um aviso attencioso por meio de officio do juiz que a determinar, dirigido ao respectivo mordomo, dono da casa, presidente ou parocho.

Art. 206.º Observar-se-hão as disposições dos tratados que garantem a inviliolabilidade dos archivos das legações, consulados e papeis de chancellaria das nações estrangeiras.

Art. 207.º Nos casos de flagrante delicto a busca póde ser dada por qualquer auctoridade judicial, preferindo a mais graduada, e por qualquer empregado, agente de justiça, administração ou policia.

§ unico. Nos outros casos a busca sómente será dada pelo respectivo juiz instructor do processo, quando tiver por fim a apprehensão das provas do crime ou delicto, e por qualquer empregado, agente de justiça, administração ou policia, quando tiver por fim a prisão do delinquente.

Art. 208.º Salvos os casos de flagrante delicto, e de reclamação do dono da casa, a busca para effectuar a prisão do delinquente só poderá verificar-se de dia e com as formalidades prescriptas no artigo 188.º, as quaes deverão igualmente observar-se, quando a busca tiver por fim apprehender os instrumentos, livros, papeis ou objectos que tenham relação com o crime, incorrendo o infractor d'esta disposição na pena imposta aos que se introduzem em casa alheia fóra dos casos em que a lei o permitte.

Art. 209.º Fóra dos casos de flagrante delicto, assistirão ao acto da busca o magistrado do ministerio publico e duas testemunhas, e deverá ser intimado o presumido delinquente, mordomo, chefe, dono ou habitante da casa, edificio ou logar, em que tiver de dar-se para assistirem a ella ou fazerem representar-se legitimamente, procedendo-se á revelia, se não comparecerem ou se não se fizerem representar.

Art. 210.º A busca deve ser continua e successiva, e, se não podér concluir-se de dia, poderá continuar de noite, se o dono da casa ou o seu representante convier, adoptando-se, no caso de opposição, as medidas de precaução estabelecidas no § 3.º do artigo 188.º e collocando-se sellos nas portas das casas ou edificios.

Art. 211.º Havendo suspeitas de que o delinquente occulta em si instrumentos, livros, papeis ou objectos que tenham relação com o crime, deverá proceder-se á busca com todo o recato e urbanidade, e sómente depois de se ter recusado a entregal-os, evitando-se todavia as inspecções inuteis.

Art. 212.º Se a busca tiver de verificar-se em casa de alguma pessoa ou em edificio ou logar publico ou religioso, deverá proceder-se com toda a decencia, circumspecção e urbanidade, evitando-se, quanto possivel, damnos e deteriorações nos edificios ou construcções, inspecções inuteis, exame de livros de contabilidade, e a revelação de segredos que não tenham relação com o crime.

Art. 213.º Havendo opposição da parte dos donos da casa a que se verifique a busca, poderá o juiz de direito mandar proceder aos arrombamentos que forem indispensaveis para a inspecção da casa ou das construcções em que se suspeite estarem occultos o delinquente ou os objectos que se procuram, devendo os empregados de justiça ou agentes de administração ou de policia, que tiverem de a effectuar, recorrer á auctoridade judicial mais graduada da freguezia, e, na falta d'esta, ao regedor de parochia, para mandar proceder aos arrombamentos necessarios, sem prejuizo da responsabilidade criminal do dono da casa pelo crime de desobediencia.

Art. 214.º Se na busca se encontrarem instrumentos, livros, papeis ou objectos que tenham relação com o crime, o juiz de direito, officiosamente ou a requerimento do magistrado do ministerio publico, ordenará que sejam apprehendidos, fazendo rubricar os livros e papeis pelo presumido delinquente ou por quem o representar, ou pela pessoa em cuja residencia forem encontrados, ou, no caso de não saberem, não poderem ou não quererem rubricar, por uma das testemunhas da busca, fazendo sellar os instrumentos e objectos, appensal-os ao processo ou deposital-os, nos termos do § 1.º do artigo 140.º

Art. 215.º Sendo dada a busca nos casos de flagrante delicto por algum empregado ou agente da administração ou de policia, deverá limitar-se a fazer apprehensão nos livros e papeis sem os ler, fechando-os, sellando-os e rubricando o fecho ou sobrescripto, sendo tambem este rubricado pela pessoa em cuja residencia foram apprehendidos, devendo ser immediatamente entregues ao juiz instructor do processo.

Art. 216.º O juiz instructor do processo poderá fazer prevenir as estações telegrapho-postaes para não entregarem ao delinquente, preso ou afiançado, a correspondencia que lhe for endereçada, nem expedirem a que elle enviar, e fazer apprehensão em uma e outra, conservando intactos os sobrescriptos, rubricando estes e aquella, e procedendo pala fórma prescripta, no artigo 214.º

§ unico. Se a correspondencia não tiver relação com o crime, não poderá ser apprehendida e será entregue ao destinatario. Tendo, porém, alguma relação com elle, o juiz mandará dar copia ao interessado ou seu representante na parte que disser respeito aos seus negocios particulares.

Art. 217.º Lavrar-se-ha um auto da busca, que se juntará ao processo, assignado pelo juiz de direito, magistrado do ministerio publico, pessoas em cuja residencia ella se effectuar ou seu representante, testemunhas e escrivão, devendo n'elle mencionar-se a natureza dos instrumentos, livros, papeis ou objectos apprehendidos, o reconhecimento que d'elles fizer o delinquente, a rubrica ou imposição de sellos, e as demais circumstancias que occorrerem.

Art. 218.º Se alguma pessoa reclamar a propriedade das cousas apprehendidas na busca, o juiz, com annuencia do magistrado do ministerio publico e da parte querelante, que serão ouvidos por escripto, as mandará entregar. Havendo opposição, não serão entregues sem que o reclamante justifique a propriedade d'ellas, conforme o disposto no codigo do processo civil.

§ unico. Sendo as cousas apprehendidas susceptiveis de deterioração, poderão ser entregues mediante fiança idonea ou deposito do valor d'ellas, precedendo avaliação por peritos, nomeados pelas partes e pelo reclamante, nos termos do artigo 237.º do codigo do processo civil.

Art. 219.º Se, passados seis mezes depois de terminado o julgamento no juizo de primeira instancia, as cousas ou valores apprehendidos não forem reclamados, e alguns consistirem em dinheiro ou objectos preciosos, o magistrado do ministerio publico promoverá a remoção d'estes para a caixa geral de depositos ou para alguma das suas delegações.

TITULO VIII
Da fiança

Art. 220.º Nos crimes em que for admittida fiança, poderá o presumido delinquente prestal-a em qualquer estado do processo. Se, porém, o processo já tiver subido em recurso, poderá prestal-a ou no juizo da culpa, ou no tribunal da relação ou no supremo tribunal de justiça, deferindo aos termos d'ella o respectivo juiz de direito ou o juiz relator.

§ 1.º É admittida fiança em todos os crimes a que não for applicavel qualquer das penas estabelecidas nos artigos 49.º e 50.º da lei de 1 de julho de 1867, ou qualquer das que, segundo o systema penitenciario, forem a elles correspondentes.

§ 2.º Nos crimes, porém, excluidos de fiança, a que se refere o § 1.º, poderá esta ser admittida, se concorrerem taes circumstancias attenuantes que façam descer a pena abaixo do termo medio da sua duração.

Art. 221.º É dispensada a fiança nos crimes a que corresponder alguma das penas seguintes:

1.º Penas correccionaes ou que tenham de ser julgados no juizo de policia correccional.
2.º Multa no caso previsto no n.º 4.º do artigo 435.º
3.º Penas especiaes para os empregados publicos.

Art. 222.º O valor da fiança, será taxado na quantia minima de 50$000 réis, podendo elevar-se, segundo a natureza e o numero das circumstancias que revestirem o crime, os antecedentes e os haveres do delinquente.

Art. 223.º A fiança garante a apresentação do afiançado aos actos do processo a que pessoalmente é obrigado a assistir. Estes actos são: os interrogatorios, as acareações, a audiencia de discussão e julgamento, a publicação e execução da sentença.

Art. 224.º A fiança póde consistir em dinheiro, penhor, titulos de divida publica fundada, pertencentes ao afiançado ou em abonação pessoal.

§ unico. O valor dos titulos de divida publica será determinado pela ultima cotação publicada na folha official.

Art. 225.º Só podem ser fiadores os que podem contratar, excepto as mulheres. As mães poderão, comtudo, ser fiadoras de seus filhos.

Art. 226.º O fiador do delinquente é sempre principal pagador, e, sendo offerecido mais de um, são todos responsaveis solidariamente pelo valor da fiança.

Art. 227.º Se o fiador pretender exonerar-se da responsabilidade da fiança, poderá requerer, em qualquer estado do processo, que o afiançado seja intimado para apresentar dentro do praso de quinze dias outro fiador, com a comminação de ser preso o afiançado, se o não fizer; mas a responsabilidade do fiador sómente cessará, verificada a prisão do afiançado ou prestando este nova fiança.

Art. 228.º Sobrevindo mudança de estado da fortuna do fiador e não garantindo as testemunhas, a que se refere o § 2.º do artigo 231.º, a responsabilidade do mesmo, o magistrado do ministerio publico deverá promover e a parte querelante poderá requerer que o afiançado seja citado para prestar nova fiança, dentro do praso de quinze dias, com a comminação de ser preso, se assim o não fizer dentro d'este praso.

Art. 229.º Se o delinquente for preso por crime que admitta fiança e se promptificar a prestal-a, não será conduzido á cadeia, mas á presença do respectivo juiz, procedendo-se n'esta diligencia continua e successivamente, salvos os intervallos necessarios para satisfazer as necessidades do alimento e repouso.

Art. 230.º Effectuando-se a prisão do delinquente em juizo differente d'aquelle em que estiver pronunciado, se o mandado de prisão declarar que é admissivel a fiança, poderá prestal-a perante o juizo de direito da comarca em que for preso, o qual o fará intimar para se apresentar no juizo da culpa dentro de um praso, que lhe assignará em conformidade com o disposto no artigo 191.º, devendo o respectivo magistrado do ministerio publico enviar ao mesmo juizo copia da guia de deposito, se a fiança consistir em dinheiro ou titulos de divida publica, ou do termo de fiança, declaração de residencia e certidão da intimação.

Art. 231.º O presumido delinquente, posto que não esteja preso, poderá requerer ao respectivo juiz que lhe conceda fiança, declarando no requerimento o crime que lhe é imputado, e offerecendo-se a depositar o valor da fiança em dinheiro, penhor ou titulos de divida publica, ou a dar fiador idoneo e abonado.

§ 1.º Consistindo a fiança em dinheiro ou titulos de divida publica, o juiz mandará fazer o respectivo deposito na caixa geral dos depositos ou na respectiva delegação, por meio de uma guia em duplicado, um dos quaes se juntará ao processo.

§ 2.º Se o delinquente offerecer fiador, indicará no requerimento duas testemunhas abonatorias da idoneidade d'este, e o juiz, independentemente de processo algum, informar-se-ha ácerca do estado de fortuna do fiador offerecido e das testemunhas, salvo se esta for tão notoria que dispense tal informação; e, depois de ouvido o magistrado do ministerio publico ácerca da idoneidade e sufficiencia do fiador e das testemunhas, concederá ou denegará a fiança por despacho fundamentado no requerimento.

Art. 232.º Concedida a fiança, lavrar-se-ha no processo o respectivo termo, assignado pelo juiz, fiador, testemunhas abonatorias, que souberem ou podérem assignar, e pelo escrivão, devendo declarar-se no termo a residencia do fiador e das testemunhas, que deverá ser na comarca, e que estas ficam solidariamente responsaveis.

§ unico. Deverá igualmente declarar-se no termo a residencia do afiançado, a qual tambem deverá ser na comarca, e a quem o juiz mandará immediatamente soltar, se estiver preso, e passar alvará de fiança.

Art. 233.º Não tendo ainda sido instaurado o processo preparatorio, poderá o presumido delinquente requerer ao respectivo juiz de direito que lhe conceda fiança provisoria, procedendo-se em tudo nos termos dos artigos 231.º e 232.º

Art. 234.º No caso previsto no artigo antecedente, o juiz poderá officiosamente ou a requerimento do magistrado do ministerio publico ou da parte querelante:

1.º Cassar a fiança provisoria, se ao crime competir uma classificação que a exclua;

2.º Elevar a taxa da mesma fiança até ao valor maximo fixado no artigo 222.º, conforme as circumstancias a que o mesmo allude;

3.º Ordenar a substituição do fiador provisorio, verificado o caso previsto no artigo 228.º

§ unico. Não se verificando nenhum dos casos previstos n'este artigo, a fiança provisoria converte-se em definitiva para todos os effeitos.

Art. 235.º Se o afiançado deixar de comparecer a algum dos actos, a que se refere o artigo 223.º, e se a fiança consistir em dinheiro ou em titulos de divida publica, será citado a requerimento do magistrado do ministerio publico ou da parte querelante, na residencia que tiver escolhido, para se apresentar em juizo dentro do praso do quinze dias, e, se tiver dado fiador, será este citado para o apresentar dentro do mesmo praso, com a comminação de que, se não comparecer, será julgada quebrada a fiança.

§ unico. A fiança não se julgará quebrada, justificando o fiador que o afiançado deixou de comparecer por alguma das causas previstas no § 3.º do artigo 151.º

Art. 236.º A importancia da fiança quebrada será applicada para a fazenda nacional, deduzidas as custas do processo e o valor das perdas e damnos, quando o offendido tenha intentado a acção civil.

Art. 237.º A sentença que julgar quebrada a fiança será executada pelo magistrado do ministerio publico, nos termos dos artigos 615.º e 616.º do codigo do processo civil.

§ unico. O afiançado ou o fiador sómente poderão allegar por meio de embargos como materia de defeza alguma das causas justificativas da falta de comparecimento mencionadas no § 3.º do artigo 151.º

Art. 238.º A fiança extingue-se:
1.º Pela morte do afiançado;
2.º Pela prisão d'este, no caso previsto no artigo 228.º;
3.º Pela sentença absolutoria transitada em julgado.

§ unico. No caso previsto no n.º 1.º d'este artigo, a quantia ou os titulos de divida publica depositados serão immediatamente entregues a quem pertencerem, passando-se o competente precatorio de levantamento.

TITULO IX
Dos interrogatorios

Art. 239.º Dentro de quarenta e oito horas contadas da entrada do delinquente na cadeia ou da prestação da fiança, o juiz de direito procederá ao interrogatorio d'elle, fazendo-lhe as perguntas necessarias para o descobrimento da verdade, as quaes poderão ser repetidas, officiosamente, a requerimento do magistrado do ministerio publico, da parte querelante ou do interrogado, até á terminação do processo preparatorio.

§ unico. Se o interrogado for subdito estrangeiro, proceder-se-ha ao interrogatorio d'elle dentro do praso fixado no respectivo tratado.

Art. 240.º As perguntas serão feitas em presença de um advogado ou, na falta d'elle, de um solicitador do juizo, constituido pelo interrogado ou nomeado pelo juiz ou, na falta d'elles, de um escrivão ou de uma testemunha, podendo assistir a ellas o magistrado do ministerio publico e a parte querelante, só ou com o seu advogado, os quaes poderão requerer que se façam ao interrogado as perguntas que julgarem necessarias para o descobrimento da verdade.

§ unico. Os interrogatorios dos presos deverão ser feitos nos edificios das cadeias, ou nos gabinetes dos tribunaes, quando tenham as condições necessarias para esse fim.

Art. 241.º O juiz verificará a identidade do interrogado, perguntando-lhe o seu nome, sobrenome, idade, estado, profissão, officio ou occupação, naturalidade e ultima residencia, se sabe ler e escrever, se já esteve alguma vez preso, qual foi o resultado do processo, e se cumpriu a pena em que foi condemnado.

Art. 242.º Havendo mais de um delinquente implicado no mesmo crime, a cada um d'elles se farão separadamente os interrogatorios, segundo a ordem de precedencia que o juiz julgar conveniente para o descobrimento da verdade.

Art. 243.º Se o interrogado não fallar a lingua portugueza, for surdo-mudo ou simplesmente surdo, observar-se-ha o disposto nos artigos 162.º e 163.º

Art. 244.º As perguntas deverão ser feitas com a maior clareza, seguindo, quanto possível, a ordem das datas e dos factos, de modo que o interrogado os comprehenda bem e possa destruil-os ou confirmal-os, devendo repetir-se quando pareça que as não comprehendeu, ou quando as respostas não concordarem com ellas.

§ 1.º O juiz deverá abster-se de empregar insinuações, suggestões, promessas, injurias ou ameaças para obter a confissão do interrogado ou qualquer outra declaração.

§ 2.º O interrogado deverá estar sempre livre de ferros e algemas ou de qualquer outro meio de coacção physica, adoptando-se comtudo as medidas de precaução necessarias para não se evadir.

Art. 245.º O interrogado nunca será obrigado a responder precipitadamente, devendo o juiz conceder-lhe o tempo que lhe parecer rasoavel para recuperar a serenidade que tenha perdido, ou para se recordar de factos ou circumstancias particulares, ou de tempos mais remotos, a que as perguntas se refiram.

Art. 246.º Recusando o interrogado responder a todas ou a certas e determinadas perguntas, ou simulando surdez, demencia ou imbecilidade, se o juiz se convencer d'esta simulação, ou seja pelas suas observações pessoaes, por exame de peritos ou por inquirição de duas ou mais testemunhas, observará ao interrogado que esta attitude não lhe aproveita nem obsta ao curso regular do processo.

Art. 247.º Existindo no processo, ou achando-se depositados em juizo alguma arma, instrumento, objecto ou documento relativos ao crime ou delicto, deverão ser apresentados ao interrogado para declarar se os reconhece, podendo o juiz, quando se tratar de crime de falsificação de escripto ou de assignatura, convidal-o a escrever algumas palavras ou phrases.

§ unico. Se os objectos a que se refere este artigo forem apresentados pelo interrogado para fazerem culpa a outro delinquente ou a favor d'elle, proceder-se-ha pela fórma determinada no artigo 167.º

Art. 248.º Se o interrogado invocar factos ou provas que excluam a culpabilidade, o juiz procederá immediatamente á sua verificação, e fará juntar ao processo os documentos que elle apresentar, salvo se as allegações tenderem manifestamente a retardar o andamento regular do processo.

Art. 249.º Confessando o interrogado o crime ou delicto, o juiz lhe perguntará:

1.º A causa ou motivo que teve para o commetter;

2.º O tempo, logar, modo e meios empregados para o praticar;

3.º Se é reincidente ou se commetteu outros crimes;

4.º Se n'elle tomaram parte outros delinquentes, indicando-os pelos seus nomes, appellidos, alcunhas, ou, não os conhecendo, pelo maior numero de signaes que os possam identificar.

Art. 250.º Negando o interrogado os factos ou circumstancias, que constarem dos depoimentos de testemunhas inquiridas no processo preparatorio, o juiz lhe dará conhecimento d'elles, e lhe fará as instancias que julgar necessarias ao descobrimento da verdade.

Art. 251.º Repetindo-se os interrogatorios, se as respostas estiverem em contradicção ou desharmonia, ou se o interrogado retractar as anteriores, o juiz deverá interrogal-o ácerca da causa determinante da contradicção, desharmonia ou retractação.

Art. 252.º Havendo divergencia ou contradicção entre as respostas do interrogado e as declarações das testemunhas sobre algum facto essencial ou circumstancia importante do crime, ou entre as respostas dos co-delinquentes, proceder-se-ha á confrontação, pela fórma determinada nos artigos 170.º e 171.º

Art. 253.º As respostas do interrogado não poderão ser suggeridas pelo seu advogado ou pelas pessoas que assistirem ao interrogatorio, e, se aquelle as não quizer dictar, serão redigidas pelo juiz, conservando, quanto seja possivel, as expressões de que o interrogado usar.

§ 1.º Depois de escriptas as respostas, serão lidas ao interrogado, se não preferir lel-as, podendo confirmal-as, ou fazer-lhe qualquer additamento, alteração ou rectificação; do que tudo se fará menção no auto do interrogatorio, sem contudo se emendar o que estiver escripto.

§ 2.º Do interrogatorio se lavrará auto, que será assignado pelo juiz, pelo interrogado, quando souber, podér ou quizer assignar, pelo interprete, quando intervier, pelas pessoas que assistirem a elle, e pelo escrivão, sendo cada folha rubricada por todos.

3.º Nas respostas não haverá entrelinhas, devendo observar-se o disposto no § 4.º do artigo 169.º quanto ás rasuras e emendas.

TITULO X
Da fórma do processo das excepções no processo preparatorio

Art. 254.º As excepções de prescripção e caso julgado, offerecidas durante o processo preparatorio, serão deduzidas por um requerimento assignado por advogado.

§ 1.º Se a excepção for offerecida pelo delinquente, poderá deduzil-a, independentemente de se achar detido em custodia.

§ 2.º O juiz de direito, mandando juntar a excepção ao processo e responder a parte contraria dentro do praso de tres dias, decidirá a excepção em conformidade com a lei.

Art. 255.º A excepção de incompetencia em rasão da materia ou do juizo ou tribunal será deduzida no praso e termos prescriptos no artigo 23.º, sendo-lhe applicavel o disposto no artigo 254.º

Art. 256.º A suspeição offerecida ao juiz de direito no processo preparatorio será deduzida, no praso de oito dias, depois de dada a querela, por meio de um requerimento, que deverá ser articulado, se contiver mais de um facto, e instruido com os documentos ou com o rol de testemunhas que lhe servirem de prova, autuando-se por appenso.

§ 1.º Se o juiz confessar o facto que constitue motivo legal de suspeição, deverá declaral-o dentro de igual praso, e, se o negar, ou se entender que não é motivo legal de suspeição, nomeará logo um arbitro e poderá juntar documentos e rol de testemunhas.

§ 2.º A falta de resposta do juiz, findo o praso estabelecido no § 1.º, importa a confissão da suspeição.

§ 3.º O escrivão, logo que receber o processo com resposta do juiz recusado ou sem ella, deverá fazel-o concluso ao juiz que deva substituil-o, a fim de que este dê andamento ao processo, se a suspeição estiver expressa ou tacitamente confessada, ou para deferir aos termos do incidente da suspeição, na falta de confissão.

§ 4.º O substituto do juiz de direito mandará intimar a parte recusante para que nomeie um arbitro no praso de vinte e quatro horas; e, feita esta nomeação, nomeará elle, dentro de igual praso, um terceiro para desempatar. O mesmo juiz nomeará outro arbitro, á revelia do juiz recusado, quando este tiver deixado de o nomear.

§ 5.º A falta de nomeação de arbitro por parte do recusante no praso designado no § 3.º importa a desistencia da suspeição, e n'este caso proseguirá o processo com o juiz recusado.

Art. 257.º As disposições do artigo antecedente e seus paragraphos são applicaveis aos magistrados do ministerio publico.

Art. 258.º São applicaveis á nomeação, escusa e decisão dos arbitros, que intervierem no processo criminal, as disposições dos artigos 295.º, 296.º, 297.º e 298.º do codigo do processo civil.

Art. 259.º São applicaveis aos escrivães as disposições dos n.ᵒˢ 1.º, 2.º e 5.º do artigo 24.º e as dos n.ᵒˢ 1.º, 2.º, 5 .º, 6.º e 8.º do artigo 26.º, devendo observar-se no incidente da suspeição o disposto no artigo 305.º do codigo do processo civil.

Art. 260.º O incidente da suspeição não suspende quaesquer exames e operações medico-legaes necessarias para se constituir o corpo de delicto, ou verificar a contravenção, coima ou transgressão de postura municipal.

PARTE II
DO PROCESSO ACCUSATORIO

TITULO I
Da accusação e da defeza

CAPITULO I
Disposições geraes

Art. 261.º Logo que esteja encerrado o processo preparatorio e que os réus estejam detidos na cadeia ou afiançados, o escrivão juntará ao respectivo processo certificado do registo criminal, que requisitará do encarregado do mesmo registo, e continuará os autos com vista ao magistrado do ministerio publico para deduzir o libello accusatorio.

Art. 262.º Se o réu estiver pronunciado por differentes crimes ou delictos, o magistrado do ministerio publico promoverá dentro do praso de vinte e quatro horas, para os efeitos do § 1.º do artigo 35.º, que os respectivos processos sejam appensos ao que tiver sido instaurado pelo crime mais grave, sendo requisitados por deprecada os que estiverem pendentes em outro juizo.

Art. 263.º Se não estiverem presos ou afiançados todos os co-réus pronunciados no mesmo processo, ou se algum d'elles empregar meios dilatorios que tendam manifestamente a protelar o julgamento, o magistrado do ministerio publico promoverá a extracção do respectivo traslado para se instaurar a accusação contra os que estiverem presos ou afiançados.

Art. 264.º Se algum dos co-réus tiver de ser julgado em algum tribunal especial, o magistrado do ministerio publico promoverá que se extrabia o respectivo traslado do processo, que enviará ao presidente do tribunal competente.

Art. 265.º Havendo differentes co-réus no mesmo processo, poderá cada um d'elles requerer a extracção do traslado, logo que esteja encerrado o processo preparatorio.

§ unico. Se já tiver sido extrahido algum traslado para algum recurso que tenha subido aos tribunaes superiores, correrá n'elle o processo accusatorio, sem que o réu seja obrigado a pagar novo traslado.

Art. 266.º O processo accusatorio correrá em separado para cada um dos co-réus que requerer a extracção do traslado, devendo contudo ser julgados simultaneamente todos os que estiverem presos ou afiançados.

CAPITULO II
Da accusação

Art. 267.º A accusação dos réus será feita por meio de um libello accusatorio deduzido por artigos, em conformidade com o despacho de pronuncia, e deverá conter:

1.º O nome, appellidos, alcunhas, estado, profissão, officio ou occupação, naturalidade e ultima residencia de cada réu, ou o maior numero de indicações que o possam identificar;

2.º O facto imputado a cada um d'elles, com declaração do logar e tempo em que o crime foi commettido, sendo conhecidos, e se constitue acto preparatorio, tentativa, crime frustrado ou consummado, especificando sempre se o réu é responsavel como auctor, cumplice ou encobridor;

3.º As circumstancias aggravantes ou attenuantes, que precederam acompanharam ou seguiram o facto criminoso;

4.º A citação da lei penal applicavel, tendo em consideração o facto criminoso e as circumstancias a que se refere o numero antecedente.

Art. 268.º Os artigos de libello terão uma numeração seguida, devendo cada artigo comprehender um só facto.

§ unico. As circumstancias aggravantes e attenuantes serão articuladas em seguida, ao facto criminoso a que disserem respeito.

Art. 269.º No caso previsto no § 1.º do artigo 35.º, serão comprehendidos no mesmo libello accusatorio todos os crimes imputados ao mesmo réu.

Art. 270.º Se a prova do libello accusatorio for documental deverá este ser instruido com os documentos em que se fundar, ou fazer referencia a elles, se existirem no processo.

Art. 271.º Se para prova da accusação tiverem de ser produzidas testemunhas, deverão ser nomeadas no fim do libello, com declaração de seus nomes, appellidos, alcunhas, profissão, officio ou occupação e moradas, ou do maior numero de indicações que as possam identificar.

§ 1.º Estas testemunhas podem ser, não só as inquiridas no processo preparatorio, mas quaesquer outras de que o magistrado do ministerio publico ou a parte accusadora tiverem noticia, comtanto que não excedam o numero de vinte, salvo se tiverem de depor a factos differentes, porque n'este caso poderão ser inquiridas tres a cada facto, ainda que, excedam aquelle numero.

§ 2.º As testemunhas nomeadas no libello podem ser addicionadas ou substituidas, comtanto que os nomes, occupações e moradas sejam intimados ao réu pelo menos oito dias antes do julgamento, devendo a intimação ser feita pessoalmente ao réu, que estiver detido na cadeia, e na residencia dos que se livrarem soltos ou afiançados.

Art. 272.º O magistrado do ministerio publico deverá formar o libello accusatorio dentro do praso de oito dias, contados d'aquelle em que o processo ou o respectivo traslado lhe tiver sido continuado com vista, findos os quaes o escrivão o cobrará officiosamente.

§ unico. Este praso poderá ser prorogado por igual espaço de tempo pelo juiz, se o processo for complicado ou se o magistrado do ministerio publico allegar motivo plausivel para esta prorogação.

Art. 273.º Havendo parte accusadora, que não tenha desistido da querela, será tambem intimada para offerecer o libello accusatorio dentro do praso fixado no artigo antecedente, dando para esse fim o escrivão vista dos autos ao respectivo advogado que tiver constituido, do qual os cobrará, findo o referido praso.

§ unico. Se houver mais de uma parte accusadora, formarão todas um só libello accusatorio dentro do praso estabelecido n'este artigo.

Art. 274.º Se o réu se livrar solto, ou, havendo co-réus, se algum d'elles estiver afiançado, o libello accusatorio do magistrado do ministerio publico e o da parte eccusadora serão offerecidos na primeira audiencia immediata á entrega ou cobrança do processo.

§ unico. Se os réus afiançados, depois de apregoados, não comparecerem na audiencia, ou advogado ou defensor, constituido ou nomeado, ficarão esperados até á audiencia seguinte, na qual serão novamente apregoados, e lhes será assignado, quer compareçam quer não, o praso de quinze dias para contestarem o libello accusatorio, e findo este praso serão lançados da contestação escripta.

Art. 275.º Logo que seja offerecido o libello accusatorio, o escrivão extrahirá copia d'elle, dos documentos offerecidos e do rol das testemunhas, a qual entregará a cada um dos réus. Sendo extensos os documentos, o escrivão intimará o réu no acto da entrega da copia do libello para os mandar examinar no cartorio pelo seu advogado ou defensor.

§ 1.º Se o réu estiver detido na cadeia, a entrega da copia do libello accusatorio deverá ser feita dentro de quarenta e oito horas, contadas da entrega ou da cobrança do processo, devendo o escrivão n'esse acto intimar o réu para dentro do praso de quinze dias apresentar no cartorio a contestação, passando certidão d'essa intimação e da entrega da copia do libello, que será assignada pelo réu, se souber, podér ou quizer assignar, e por duas testemunhas, se souberem escrever.

§ 2.º Livrando-se os réus soltos ou afiançados, a copia do libello ser-lhes-ha entregue na audiencia em que for offerecido ou n'aquella para que ficaram esperados. Se, porém, não comparecerem, a entrega da copia será feita na residencia do afiançado, o qual será intimado, ou, não sendo encontrado, a pessoa em quem se verificar a intimação, para examinar no cartorio os documentos, se forem extensos.

Art. 276.º Se o réu, ao tempo em que for offerecido o libello accusatorio, não tiver constituido advogado, o juiz lhe nomeará officiosamente no praso de vinte e quatro horas um dos advogados do juizo a quem competir por escala, ficando sem effeito esta nomeação, se o réu constituir outro advogado até ao dia do julgamento.

§ 1.º Na falta ou impedimento de advogado, será nomeado para defensor do réu um dos solicitadores do juizo e, na falta d'este, um dos escrivães, excepto o do processo.

§ 2.º No acto da entrega da copia do libello accusatorio, o escrivão communicará ao réu, ou, não sendo encontrado, á pessoa em quem se verificar a intimação, o nome e residencia do advogado ou defensor nomeado, com declaração do nome da rua e do numero da casa, o que deverá certificar na intimação.

Art. 277.º Se no mesmo processo se livrarem differentes co-réus, o advogado ou defensor constituido ou nomeado será encarregado da defeza de todos, salvo se alguma d'estas estiver em opposição com a de algum dos co-réus, ou se algum d'elles quizer constituir outro advogado ou defensor.

Art. 278.º O advogado ou defensor nomeado sómente poderá escusar-se do patrocinio officioso por alguma das causas previstas no § 3.º do artigo 151.º

§ 1.º Posto que o advogado ou defensor nomeado não allegue causa legitima de escusa, poderá, com licença do juiz, ser substituido por outro da sua propria escolha que voluntariamente se preste a defender o réu.

§ 2.º O advogado ou defensor nomeado ao réu, que não acceitar a defeza d'este ou faltar aos termos da mesma, sem allegar e provar alguma das causas mencionadas no § 3.º do artigo 151.º, será condemnado disciplinarmente na multa de 5$000 réis a 50$000 réis, ou em suspensão do exercicio da advocacia por um a tres mezes no juizo em que commetter a falta.

Art. 279.º Se as testemunhas nomeadas para prova do libello accusatorio residirem em comarca differente, a parte que as tiver offerecido deverá logo requerer carta precatoria dirigida ao juiz de direito do domicilio d'ellas para serem inquiridas.

§ 1.º As testemunhas serão inquiridas em audiencia dentro de dez dias contados do recebimento da carta precatoria, precedendo intimação do magistrado do ministerio publico junto do juiz deprecado e do advogado da parte accusadora ou do réu, se o tiverem constituido.

§ 2.º Exceptuam-se as testemunhas mencionadas nos n.ºs 1.º a 9.º do § 1.º do artigo 151.º, que serão inquiridas nos termos e com as formalidades prescriptas no artigo 323.º

Art. 280.º Residindo as testemunhas em paiz estrangeiro, dirigir-se-ha rogatoria ao respectivo juiz criminal, se houver tratado ou principio de reciprocidade que auctorise a inquirição por este meio.

Art. 281.º São applicaveis ás testemunhas que tiverem de depor sobre os artigos do libello accusatorio as disposições dos artigos 159.º a 173.º, devendo as perguntas a que se refere o § unico do artigo 161.º ser feitas pelo juiz e as demais pelo magistrado do ministerio publico e pelo advogado da parte accusadora, podendo o advogado do réu ou o juiz fazer as que julgarem necessarias para o descobrimento da verdade.

CAPITULO III
Da defeza

Art. 282.º Se o réu quizer contestar por escripto o libello accusatorio, deverá offerecer a contestação deduzida por artigos dentro do praso de quinze dias contados d'aquelle em que lhe tiver sido entregue a copia do libello, estando preso ou d'aquelle em que lhe for assignado em audiencia, se estiver afiançado ou solto, e, se não a offerecer dentro d'este praso, não lhe será mais recebida.

Art. 283.º Havendo co-réus que se livrem no mesmo processo, não haverá mais do que uma contestação para todos, salvo se a defeza de uns estiver em opposição com a dos outros.

§ unico. Se, porem, algum d'elles se livrar em processo separado, em cada um d'elles se formará uma contestação.

Art. 284.º O escrivão extrahirá logo uma copia da contestação, do rol das testemunhas e dos documentos a ella juntos, que será entregue ao magistrado do ministerio publico e á parte accusadora, ou, a cada uma d'ellas, se houver mais de uma, devendo passar certidão da entrega, nos termos do § 1.º do artigo 275.º

§ unico. Se forem extensos os documentos juntos com a contestação, será o processo continuado com vista por oito dias ao magistrado do ministerio publico e por igual praso á parte accusadora, dividindo entre si este praso, se houver mais de uma.

Art. 285.º Se o réu quizer impugnar as conclusões dos peritos que intervieram no exame para a verificação do corpo de delicto, requererá na sua contestação que sejam intimados para serem presentes na discussão da causa, devendo n'este caso o magistrado do ministerio publico promover que o juiz nomeie dois ou tres peritos para em conferencia discutirem os pontos controvertidos.

Art. 286.º Na inquirição das testemunhas produzidas para prova da defeza observar-se-ha o disposto nos artigos 279.º, 280.º e 281.º, devendo as perguntas ácerca dos artigos da contestação ser feitas pelo advogado ou defensor constituido ou nomeado, ou, na falta destes, pelo juiz.

TITULO II

Da fórma do processo das excepções no processo accusatorio

Art. 287.º São applicaveis ás excepções deduzidas no processo accusatorio as disposições dos artigos 254.º e 260.º com as especialidades seguintes.

Art. 288.º Se o réu offerecer a excepção de incompetencia, será deduzida na contestação em artigos separados, começando por ella a defeza.

Art. 289.º A execpção de suspeição será offerecida dentro do praso de cinco dias contados da entrega da copia do libello accusatorio.

PARTE III

Do processo do julgamento

TITULO I

Disposições geraes

Art. 290.º São julgados pelo juiz de direito com intervenção de jurados os réus a que se refere o § 1.º do artigo 43.º, pronunciados por crimes ou delictos, a que não corresponde nenhuma das penas estabelecidas no artigo 435.º

Art. 291.º Findo o praso em que o réu deve offerecer a contestação, o juiz mandará continuar o processo com vista por quarenta e oito horas ao magistrado do ministerio publico para o examinar, devendo n'esse acto promover que se proceda aos exames necessarios para a exacta classificação do crime, ou a quaesquer outras diligencias necessarias para o descobrimento da verdade, e que sejam suppridas as nullidades que admittirem supprimento, ou que se reformem as insuppriveis.

§ unico. O praso estabelecido n'este artigo poderá ser prorogado por igual espaço de tempo, se o processo for volumoso ou se o magistrado do ministerio publico allegar motivo plausivel para esta prorogação.

Art. 292.º Se o magistrado do ministerio publico não promover nenhum acto ou diligencia, poderá o juiz ordenar que se effectuem os que julgar necessarios para o descobrimento da verdade, supprir as nullidades suppriveis e proceder á reforma dos actos e termos affectados de nullidade insupprivel, sendo possivel.

Art. 293.º Estando o processo nos termos regulares, o juiz o declarará por seu despacho preparado para ser julgado na audiencia geral do respectivo semestre.

Art. 294.º Quinze dias antes da abertura da audiencia geral os escrivães farão conclusos ao juiz os processos que estiverem preparados para serem julgados, assignando este o dia em que deve verificar-se o julgamento.

§ unico. Na designação do dia do julgamento deverá o juiz guardar a ordem de precedencia seguinte:

1.º Os processos dos réus que estiverem detidos na cadeia ha mais tempo;
2.º Os processos por crimes mais graves ;
3.º Os processos mais antigos.

Art. 295.º Assignado o dia de julgamento dos processos, o escrivão mais antigo formará uma tabella d'elles, assignada pelo juiz, a qual será affixada na porta da sala do tribunal, devendo affixar-se tabellas addicionaes dos processos que se prepararem para ser julgados no respectivo semestre.

Art. 296.º O escrivão do processo entregará a cada um dos réus, pelo menos oito dias antes do que tiver sido assignado para o julgamento, uma copia da pauta dos jurados que hão de funccionar no respectivo semestre.

§ unico. A entrega da copia, da pauta deverá ser feita, pessoalmente ao réu detido na cadeia, e na residencia do réu afiançado, passando o escrivão respectivo certidão d'esta entrega assignada pelo réu, se souber, podér ou quizer assignar, e por duas testemunhas, se souberem assignar.

Art. 297.º Deverão ser intimados com a posssivel antecipação do dia designado para o julgamento:

1.º O magistrado do ministerio publico,
2.º A parte accusadora e seu advogado;
3.º O offendido, posto que não querelasse ou desistisse da accusação;
4.º O réu e seu advogado ou defensor;
5.º As testemunhas produzidas por parte da accusação e da defeza.

TITULO II
Da audiencia geral

Art. 298.º A audiencia geral para o julgamento dos crimes, ou delictos com intervenção de jurados abrir-se-ha nas epochas designadas pelo governo.

§ 1.º A audiencia geral começará ás dez horas da manhã, e deverá fazer-se em dias continuos; mas, se durante a semana não houver algum dia santificado ou feriado, a quinta feira será dia de descanso.

§ 2.º A audiencia geral será sempre publica, salvo se o processo disser respeito a crime ou delicto, cuja discussão possa offender a decencia e a moral publica, devendo n'este caso, o juiz de direito, por despacho fundamentado, ordenar que a sessão seja secreta e que os espectadores se retirem da sala do tribunal, na qual sómente poderão conservar-se as partes, seus procuradores, e os advogados, posto que não sejam da causa, sendo novamente admittido o auditorio para assistir á leitura da decisão do jury.

§ 3.º Ainda que a sessão seja secreta, a extracção do jury e as recusações dos jurados serão sempre feitas em publico.

Art. 299.º A abertura da audiencia geral será annunciada pelo official de diligencias do turno semanal, e o juiz ordenará que este apregoe a parte accusadora e o réu, que deverá estar livre de ferros ou algemas, e proceda á chamada das testemunhas, que serão recolhidas á sala respectiva, nos termos e para os effeitos do artigo 160.º

§ unico. As pessoas que constituirem o tribunal deverão comparecer com alguma antecipação.

Art. 300.º Cada audiencia geral poderá comprehender mais de uma sessão.

§ 1.º As sessões serão contínuas, podendo prolongar-se durante a noite e para dia feriado, se o jury estiver encerrado na sala das suas deliberações.

§ 2.º Poderão comtudo ser interrompidas:

1.º Se assim for preciso para satisfazer as necessidades do alimento e repouso, devendo o juiz declarar em voz alta o espaço de tempo da interrupção e a hora em que deve continuar a sessão;

2.º Nos casos previstos no artigo 305.º

Art. 301.º O escrivão do processo lavrará uma acta de cada sessão, rubricada em cada folha pelo juiz, e por elle assignada e pelo magistrado do ministerio publico, devendo conter a descripção resumida da constituição do tribunal, das formalidades observadas na discussão e julgamento, dos incidentes que occorrerem, e ser junta ao processo em seguida á sentença, depois de publicada.

§ unico. Se o julgamento comprehender mais de uma sessão, lavrar-se-ha em cada uma a respectiva acta, fazendo-se resumida referencia á constituição do tribunal.

Art. 302.º Conservar-se-hão de pé na audiencia:

1.º Os advogados e defensores durante as allegações oraes;

2.º Os escrivães emquanto lerem quaesquer peças do processo, ou quando se dirigirem ao juiz ou magistrado do ministerio poblico;

3.º Os officiaes de diligencias, salvo quando o juiz lhes conceder licença para estarem assentados;

4.º Os réus durante o interrogatorio, ou quando se dirigirem ao juiz de direito ou ao magistrado, do ministerio publico.

Art. 303.º É permittido a qualquer pessoa tomar apontamentos da discussão da causa, e serão admittidos tachygraphos, aos quaes o juiz destinará logar d'onde possam ouvir bem.

Art. 304.º Ao juiz de direito incumbe a policia da audiencia geral, podendo requisitar a força publica necessaria para evitar a evasão do réu e para manter a ordem do tribunal.

§ unico. No exercicio da policia da audiencia poderá:

1.º Advertir os espectadores que derem signaes de approvação ou de desapprovação fazendo-os saír da sala do tribunal, se reincidirem;

2.º Mandar expulsar os que excitarem tumulto;

3.º Mandar prender por espaço de um até tres dias os que, sendo expulsos, tornarem a entrar, e os que recusarem saír;

4.º Proceder á formação do auto competente, se o tumulto for acompanhado de algum crime, fazendo prender o delinquente em flagrante delicto, e mandando logo dar vista do mesmo auto ao magistrado do ministerio publico.

TITULO III
Da discussão da causa

CAPITULO I
Disposições geraes

Art. 305.º A discussão da causa será contínua e sómente poderá ser suspensa:

1.º Se o juiz de direito ou o magistrado do ministerio publico se impossibilitarem por doença de assistir a este acto;

2.º Se algum dos jurados se impossibilitar pelo mesmo motivo de funccionar, de modo que com o supplente não haja o numero legal para poderem deliberar, precedendo exame por peritos para verificarem a impossibilidade;

3.º Se o réu se impossibilitar por doença, alienação mental ou forte perturbação dos sentidos de assistir á discussão, precedendo o mesmo exame;

4.º Se for necessario proceder a algum exame, nos termos do artigo 285.º;

5.º Se sobrevier ao réu conhecimento de alguma testemunha, cujo depoimento seja essencial á sua defeza, e cujo nome, morada e mister não tenha sido intimado á parte accusadora;

6.º Se faltar alguma testemunha da accusação ou da defeza, que tenha sido intimada com sufficiente antecipação e de que a parte respectiva não prescinda.

§ 1.º No caso do n.º 5.º d'este artigo, o réu exporá verbalmente ao juiz a rasão do tardio conhecimento da testemunha e o artigo da contestação sobre que ha de depor, e, concedendo o espaço de vinte e quatro horas para ser intimada e dar-se conhecimento do nome d'ella ás partes accusadoras, o mesmo juiz sobreestará na discussão da causa por igual espaço de tempo.

§ 2.º Verificado o caso previsto no n.º 6.º d'este artigo, começará a discussão da causa e, depois de inquiridas as testemunhas da accusação e da defeza, será lido o depoimento da testemunha, que não comparecer, se existir no processo preparatorio, e, não o havendo, a parte allegará verbalmente as rasões por que o julga necessario. Em seguida o juiz proporá ao jury o quesito seguinte: «O depoimento oral da testemunha N ... é absolutamente necessario para uma decisão justa n'esta causa?»

§ 3.º O jury encerrar-se-ha para deliberar, vencendo-se a sua decisão por maioria absoluta. Se a decisão for negativa, proseguirá a discussão da causa; se for affirmativa, será adiada para depois do julgamento da ultima causa que houver de ser julgada nas audiencias geraes do respectivo semestre, ou para as do semestre seguinte, se a testemunha não podér ser intimada, não podendo o julgamento ser mais espaçado, ainda que a testemunha não compareça.

Art. 306.º Durante a discussão da causa, e ainda depois dos debates, o réu poderá conferenciar com o seu advogado ou defensor, salvo no acto dos interrogatorios.

Art. 307.º Em todos os incidentes da discussão da causa em que fallar o magistrado do ministerio publico ou o advogado da parte accusadora, será ouvido o advogado ou defensor do réu, e, se este for o primeiro a faltar, serão aquelles tambem ouvidos.

CAPITULO II
Da constituição do jury

Art. 308.º Comparecendo o magistrado do ministerio publico, a parte accusadora ou o seu advogado, o réu assistido do seu advogado ou defensor e as testemunhas, ou prescindido as partes das que faltarem, proceder-se-ha á constituição do jury, devendo o escrivão, a quem competir por turno, fazer em voz alta uma chamada dos jurados que compõem a pauta tomando nota dos nomes dos que faltarem e passando certidão das faltas que occorrerem, a qual entregará ao magistrado do ministerio publico.

§ único. São causas legitimas de falta de comparecimento dos jurados as declaradas no § 3.º do artigo 151.º

Art. 309.º Feita a chamada dos jurados, o juiz de direito mandará contar publicamente pelo escrivão do turno os bilhetes, que devem conter os nomes dos jurados da pauta e os mandará lançar em uma urna, d'onde serão extrahidos por um menor de dez annos, o qual tirará de cada vez um só bilhete, e entregando-o ao mesmo juiz, este lerá em voz alta o nome do jurado, repetindo-se este acto até que o jury esteja constituido.

Art. 310.º Á proporção que se forem extrahindo e lendo os bilhetes, poderá o magistrado do ministerio publico, a parte accusadora e o réu recusar sem causa tres jurados, devendo os que não forem recusados tomar assento no logar que lhes é destinado, segundo a ordem de precedencia do sorteio.

§ 1.º Havendo parte accusadora, ou mais de uma, as recusações serão feitas de accordo com o magistrado do ministerio publico, de modo que não excedam o numero fixado n'este artigo, e que a este magistrado fique sempre salvo o numero de duas recusações, e, na falta de accordo, a sorte decidirá qual d'ellas deverá exercer o direito de recusa.

§ 2.º Sendo julgados pelo mesmo jury differentes co-réus, combinarão entre si as recusações, e, se não podérem accordar-se, a sorte decidirá a ordem em que devem ser feitas, devendo cada um d'elles recusar successivamente um jurado até se completar o numero de tres.

Art. 311.º O jury fica constituido com nove jurados e um substituto, que só intervirá quando algum d'aquelles se impossibilitar durante o julgamento, devendo conservar-se dentro da teia até á publicação da decisão do jury.

§ unico. O jurado que for sorteado em primeiro logar será o presidente do jury, salvo o disposto no artigo 356.º

Art. 312.º Se o jury não podér constituir-se com os jurados da respectiva pauta, será preenchido pelos espectadores que tiverem os requisitos legaes para serem jurados, ficando salvo o direito de recusa, se ainda podér ser exercido. Se, porém, não podér perfazer-se po esta fórma, o magistrado do ministerio publico requisitará do presidente da commissão de recenseamento dos jurados o numero igual ao dos que deixarem de comparecer, adiando o juiz a audiencia do julgamento até que sejam intimados os novos jurados, cujos nomes serão communicados ao réu tres dias antes do que for designado para o julgamento.

Art. 313.º Se tiver de ser julgado algum réu estrangeiro, em cujo julgamento tenha de intervir jury mixto, observar-se-hão as disposições da lei de 12 de março de 1845 ácerca da constituição do jury.

Art. 314.º Sendo accusados na mesma audiencia geral diferentes co-réus, serão todos julgados conjunctamente com intervenção do mesmo jury, posto que algum d'elles se livre em processo separado.

Art. 315.º Não podem funccionar como jurados por incompatibilidade legal:

1.º Os descendentes, ascendentes, irmãos, cunhados e conjuges da parte offendida ou do réu, posto que tenha havido separação;

2.º Os jurados que tiverem parentesco na linha recta descendente ou ascendente, ou até ao segundo grau na collateral com o juiz de direito, com o magistrado do ministerio publico ou com outro jurado sorteado;

3.º Os jurados que, tendo sido nomeados testemunhas por parte da accusação ou da defeza, declararem no acto do sorteio que foram testemunhas presenciaes de algum facto;

4.º Os advogados da parte accusadora ou do réu;

5.º Os peritos que intervierem no exame;

6.º Os interpretes;

7.º As testemunhas inquiridas no processo preparatorio, salvo se nada depozeram.

§ unico. Cessa a incompatibilidade estabelecida no n.º 3.º d'este artigo, se a parte que tiver nomeado a testemunha desistir do seu depoimento.

Art. 316.º A parte que allegar alguma das incompatibilidades a que se refere o artigo antecedente, deverá, se não for confessada pelo jurado sorteado, proval-a por documentos ou por duas testemunhas, conhecendo o juiz summariamente n'esse acto da incompatibilidade.

Art. 317.º Constituido o jury, o juiz de direito lhe defirirá o juramento, recitando a formula seguinte: «Vós juraes perante Deus Todo Poderoso e os homens examinar com a mais escrupulosa attenção as provas da accusação e da defeza; não trahir os direitos da sociedade, da innocencia e da humanidade; não communicar, sem rigorosa necessidade, com pessoa alguma até proferirdes a vossa decisão; não escutar os sentimentos de odio ou affeição, mas unicamente os dictames da vossa consciencia e intima convicção, com a imparcialidade e firmeza de caracter proprias do homem livre e honrado.»

§ 1.º Cada um dos jurados irá successivamente do seu logar, e segundo a ordem em que forem sorteados, prestar juramento, pondo a mão nos santos Evangelhos e dizendo: «Assim o juro». Durante este acto as pessoas que constituirem o tribunal e os espectadores estarão de pé.

§ 2.º Se algum dos jurados declarar que não professa a religião catholica, prestará o juramento segundo o rito da sua religião.

Art. 318.º Logo que o jury esteja constituido, o escrivão lerá em voz intelligivel as peças do processo seguintes:

1.º Participação do crime ou delicto;

2.º Auto de verificação do corpo de delicto;

3.º Requerimento de querela;

4.º Despacho de pronuncia;

5.º Libello accusatorio e documentos em que se fundar;
6.º Contestação e documentos em que se fundar;
7.º As demais peças que as partes requererem.

CAPITULO III
Da prova da accusação e da defeza

Art. 319.º Se o réu não offerecer contestação por escripto dentro do praso fixado no artigo 282.º, poderá na discussão da causa allegar e provar defeza verbal, que será por elle dictada ou pelo seu advogado ou defensor e escripta pelo escrivão na acta de audiencia de julgamento.

§ 1.º O réu poderá juntar documentos para prova da sua defeza antes de constituido o jury, observando-se, na parte applicavel, o disposto nos §§ 1.º e 2.º do artigo 212.º e artigo 341.º do codigo do processo civil.

§ 2.º É applicavel á defeza verbal o disposto no artigo 286.º, devendo o réu indicar os pontos de facto sobre que devem ser inquiridas as testemunhas.

Art. 320.º Sendo produzidas testemunhas para prova da accusação e da defeza, observar-se-hão, as disposições dos artigos 148 a 172.º, com as alterações seguintes.

Art. 321.º As testemunhas serão introduzidas na audiencia, segundo a ordem em que tiverem sido nomeadas, salvo se a parte que as produziu requerer a inversão d'essa ordem.

Art. 322.º Prestado o juramento, nos termos do artigo 161.º, as testemunhas tomarão assento no logar que lhes for destinado, d'onde responderão ás perguntas que se lhes fizerem, salvo se forem surdas, porque n'este caso o juiz de direito lhes destinará o logar que lhe parecer mais conveniente.

Art. 323.º Se tiver de ser inquirida alguma das pessoas a que se refere o § 1.º do artigo 151.º, a parte que a nomear promoverá com antecipação, que se passe o decreto a que se refere o § 2.º do mesmo artigo, se a testemunha nomeada for membro da familia real, e, se for alguma das mencionadas nos n.ºˢ 1.º a 9.º do dito artigo, que o respectivo juiz de direito lhe dirija um officio deprecatorio para comparecer na audiencia de julgamento, devendo accusar a recepção, que equivale a intimação.

Art. 324.º A inquirição e confrontação das testemunhas é simplesmente oral, devendo as perguntas ser feitas nos termos dos artigos 161.º a 171.º, e ser inquiridas em primeiro logar as testemunhas da accusação.

Art. 325.º O juiz procederá á acareação entre as testemunhas, quando o julgar necessario para o descobrimento da verdade, ou quando assim o requererem o magistrado do ministerio publico ou os advogados da parte accusadora e do réu.

Art. 326.º Os jurados, precedendo licença do juiz, poderão fazer as perguntas que julgarem necessarias para o descobrimento da verdade, sem comtudo manifestarem a sua opinião ácerca da culpabilidade dos réus.

Art. 327.º As testemunhas arguidas de suspeitas serão inquiridas, salvo se a parte que as tiver produzido prescindir do seu depoimento.

§ 1.º As testemunhas podem ser suspeitas á parte offendida ou ao réu por alguma das causas seguintes:

1.º Parentesco até o quarto grau e affinidade até o segundo grau;

2.º Intimidade ou dependencia;
3.º Inimisade conhecida;
4.º Condemnação, por crime de falso testemunho;
5.º Acceitação de dinheiro ou dadivas para jurar conforme a intenção do offendido ou do réu;
6.º Ser domestico do offendido ou do réu;
7.º Os maus precedentes.

§ 2.º As causas de suspeição serão allegadas oralmente depois de acabar de depôr a testemunha, e podem provar-se por documentos ou por testemunhas, que deverão ser nomeadas e intimadas com antecipação, se não tiverem de depôr sobre a materia da accusação ou da defeza.

§ 3.º É expressamente prohibido dirigir ás testemunhas palavras ou allusões injuriosas, devendo precisar-se sempre as causas de suspeição.

Art. 328.º Serão mostrados ás testemunhas e ao réu, quando as partes o requererem, o juiz o determinar, ou ellas o reclamarem, os documentos, objectos ou instrumentos do crime, devendo o magistrado do ministerio publico promover que sejam apresentados na audiencia de julgamento.

Art. 329.º Se a testemunha recusar responder, não se recordar do depoimento que haja prestado, omittir, ou alterar algum facto ou circumstancia essencial, sobre que depozesse no processo preparatorio, ser-lhe-ha lido o depoimento escripto para se lhe notarem as omissões ou contradicções em que incorrer e as alterações essenciaes que fizer, sem prejuiso do procedimento criminal competente.

Art. 330.º Estando escripto no processo preparatorio o depoimento de alguma testemunha, que tenha fallecido ou que não podesse ser intimada, será lido em voz alta e intelligivel pelo escrivão, segundo a ordem em que tiver sido nomeada.

Art. 331.º As testemunhas, ainda depois de terem sido inquiridas, permanecerão na audiencia até que o jury se tenha encerrado na sala das suas deliberações, salvo se o juiz lhes conceder licença para se retirarem antes.

Art. 332.º Terminada a inquirição das testemunhas produzidas por parte da accusação e da defeza, o juiz procederá ao interrogatorio oral do réu, observando o disposto nos artigos 240.º a 254.º

Art. 333.º Sendo julgados ao mesmo tempo differentes co-réus, as perguntas serão feitas pela, fórma prescripta no artigo 243.º, sendo interrogado em primeiro logar o réu que tiver a parte principal no crime, fazendo o juiz recolher os demais réus á sala respectiva, nos termos do artigo 160.º

Art. 334.º Concluido o interrogatorio, poderá o magistrado do ministerio publico dirigir ao réu as perguntas que julgar convenientes para o descobrimento da verdade, podendo os jurados usar da mesma faculdade, precedendo licença do juiz.

Art. 335.º A acareação do réu poderá verificar-se, não só com os demais co-réus, com as testemunhas e com a parte accusadora, mas tambem com a parte offendida, posto que não accuse.

CAPITULO IV
Dos debates

Art. 336.º Findo o interrogatorio do réu, o juiz de direito concederá a palavra ao magistrado do ministerio publico para fazer a sua allegação oral, e em seguida aos advogados da parte accusadora, havendo-a, e do réu, advertindo os mesmos advogados de que podem exprimir-se com toda a liberdade, mas com moderação e decencia sem se afastarem do respeito e obediencia devida á lei, não podendo fallar contra os dictames da sua consciencia.

§ 1.º Havendo mais de um advogado por parte da accusação, será concedida a palavra segundo a prioridade das procurações, e, se forem de igual data, fallará em primeiro logar o advogado que tiver mais tempo de exercicio no tribunal.

§ 2.º O mesmo se observará com relação aos advogados da defeza, com a declaração de que usará primeiramente da palavra o advogado do réu que tiver a parte principal no crime ou delicto.

Art. 337.º Na allegação oral deverá o magistrado do ministerio publico:

1.º Fazer uma exposição clara o precisa dos factos criminosos e das circumstancias aggravantes ou attenuantes, que os precederam, acompanharam ou seguiram, dando-lhe a classificação legal que lhes competir, em conformidade com o libello accusatorio ou com a discussão da causa;

2.º Analysar a prova produzida por parte da accusação e da defeza;

3.º Proferir as conclusões que a sua consciencia lhe dictar, conforme as provas resultantes da discussão, a verdade, a justiça e os legitimos interesses da sociedade.

§ unico. O advogado da parte accusadora deverá conformar-se com as prescripções do paragrapho antecedente.

Art. 338.º O magistrado do ministerio publico e o advogado da parte accusadora poderão, precedendo licença do juiz, replicar por uma só vez ás allegações oraes dos advogados da defeza, que poderão tambem responder e serão os ultimos a fallar.

Art. 339.º Se os advogados nas suas allegações se afastarem do respeito devido á lei ou excederem os limites da decencia, o juiz os advertirá com urbanidade, e se, não obstante a advertencia, continuarem, lhes retirará a palavra e incumbirá da defeza outro advogado que esteja presente, ou, na falta d'elle, um dos solicitadores ou escrivães do juizo, sem prejuizo do procedimento criminal que possa competir, se o excesso committido constituir crime ou delicto.

Art. 340.º Em seguida ás allegações, o juiz perguntará ao réu se tem mais algum facto ou circumstancia que allegar em sua defeza, concedendo-lhe a palavra para esse fim, e retirando-lh'a quando tratar do assumpto impertinente e alheio da causa, offender a moral, ou faltar ao respeito devido á lei e ao tribunal.

§ unico. Depois da allegação do réu o juiz declarará terminados os debates, sem que seja permittido ao magistrado do ministerio publico ou aos advogados da parte accusadora e do réu usarem mais da palavra.

Art. 341.º Seguidamente o juiz fará um relatorio claro, preciso e imparcial, abstendo-se quanto possivel de emittir a sua opinião. Este relatorio deverá conter:

1.º Uma exposição resumida do facto ou factos criminosos com a qualificação legal que lhe foi dada no libello accusatorio ou que resultar da discussão da causa, e bem assim das circumstancias aggravantes ou attenuantes, que os precederam, acompanharam ou seguiram;

2.º Um resumo das provas, tanto a favor como contra o réu;
3.º O restabelecimento dos factos e da doutrina legal, quando por parte da accusação ou da defeza for alterada a verdade d'aquelles, ou esta for enunciada de modo menos conforme á lei.

§ unico. O juiz não poderá ser interronpido durante o relatorio por nenhuma observação ou reclamação feita pelo magistrado do ministerio publico ou pelos advogados da parte accusadora ou dos réus.

TITULO IV
Dos quesitos

CAPITULO I
Da proposição dos quesitos

Art. 342.º Concluido o relatorio, o juiz de direito proporá ao jury os quesitos sobre a materia de facto, que poderão ser por elle dictados em voz intelligivel e escriptos pelo escrivão, ou pelo proprio juiz, sendo em ambos os casos lidos em voz alta na audiencia.

Art. 343.º Sendo julgados conjunctamente differente co-réus, se algum d'elles se livrar em processo separado, os quesitos deverão ser feitos em cada um dos processos.

Art. 344.º Se no libello accusatorio se accumularem diversos crimes, para cada um d'elles se fará um quesito separado; e, havendo co-réus accusados do mesmo crime, deverá formar-se a respeito de cada um d'elles um quesito distincto.

Art. 345.º Os quesitos deverão ser redigidos com precisão e clareza, de modo que não comprehendam perguntas complexas ou alternativas, nem sejam deficientes, contradictorios ou repugnantes entre si.

Art.º 346.º Não poderá fazer-se quesito ácerca de facto criminoso que não esteja expressamente comprehendido na accusação.

Art. 347.º Se no libello accusatorio forem allegadas circumstancias aggravantes, deverão ser comprehendidas em quesitos separados em seguida ao facto criminoso a que disserem respeito.

Artt. 348.º Allegando o réu na contestação escripta ou na defeza verbal alguma causa justificativa, que o exima de responsabilidade criminal, ou alguma circumstancia attenuante, deverá fazer-se um quesito especial a respeito de cada uma.

Art. 349.º Se o réu for maior de dez e menor de quatorze annos, far-se-ha um quesito especial, perguntando se praticou o facto com o necessario discernimento.

Art. 350.º Os quesitos deverão ser feitos em conformidade com a accusação e com a defeza, e especificar se o réu é responsavel como *auctor*, *cumplice* ou *encobridor*.

§ 1.º A formula dos quesitos ácerca do facto criminoso será a seguinte:

Está, ou não provado que o réu N... é responsavel como *auctor ou como cumplice ou encobridor, conforme for accusado*) do... (*Deve declarar-se o facto criminoso, especificando se são actos preparatorios, tentativa, crime frustrado ou crime consumado*)?

§ 2.º A formula dos quesitos a respeito das circumstancias aggravantes ou attenuantes, ou da causa justificativa será a seguinte:

Está, ou não, provada a circumstancia aggravante (ou *attenuante*, ou a *causa justificativa*) de... (*Deve indicar-se qual seja*)?

Art 351.º Se pela discusão se mostrar que o facto criminoso imputado ao réu tem diversa qualificação, ou que este teve n'elle um grau de participação differente da que lhe foi attribuida no libello accusatorio, o juiz, a requerimento do magistrado do ministerio publico, dos advogados da parte accusadora ou do réu, ou officiosamente, proporá quesitos subsidiarios em conformidade com o que resultar da discussão da causa.

§ 1.º A formula do quesito ácerca da qualificação diversa do facto criminoso será a seguinte: «Se o réu N... não é responsavel como auctor (*ou como cumplice* ou *encobridor, conforme for accusado*) do crime consummado de... (*Deve declarar-se qual seja*), está, ou não, provado que seja responsavel como auctor (*ou como cumplice ou encobridor, conforme for accusado*) da tentativa do mesmo crime, por ter... (*Deve especificar-se o facto criminoso que a constitue; e do mesmo modo se procederá, se da discussão se mostrar que o réu é responsavel por crime frustrado, ou por actos preparatorios*)?

§ 2.º A formula do quesito ácerca do grau differente de participação attribuida ao réu será a seguinte: «Se não estiver provado que o réu N... é responsavel como auctor do... (*Deve declarar-se o facto criminoso, especificando se são actos preparatorios, tentativa, crime frustrado ou crime consummado*), será responsavel como cumplice (ou *encobridor*) do mesmo facto, por ter... (*Deve declarar-se o facto que constitue a cumplicidade* ou *o acto de encobridor*).

Art. 352.º Tendo-se accumulado no libello accusatorio a acção civil com a acção criminal, o juiz proporá os quesitos necessarios para fixar a importancia das perdas e damnos.

§ unico. A formula do quesito será a seguinte: «O réu N... é, ou não, responsavel por perdas e damnos para com... (*Deve designar-se o estado ou a parte offendida, que as pedir*) por ter... (*Deve declarar-se o facto que lhe deu causa*)? Sendo responsavel, em quanto fixa o jury a importancia das perdas e damnos? (*Deve ser mencionada por extenso*).

Art. 353.º O juiz não poderá ser interrompido emquanto dictar os quesitos, mas, depois de lidos, poderão o magistrado do ministerio publico ou os advogados da parte accusadora ou do réu fazer as reclamações, que julgarem necessarias para que sejam propostos em conformidade com a accusação, com a defeza ou com o que resultar da discussão da causa.

§ unico. Se as reclamações não forem attendidas, poderão as partes propor quesitos addicionaes escriptos em papel separado e por elles assignados, que serão juntos aos autos, devendo fazer-se de tudo especificada menção na acta.

Art. 354.º Escriptos os quesitos nos autos, o escrivão os entregará ao presidente do jury, devendo fechar, coser e lacrar os depoimentos escriptos das testemunhas e as respostas escriptas do réu.

CAPITULO II

Das decisões e respostas do jury

Art. 355.º Entregue o processo ao presidente do jury, o juiz de direito mandará retirar o réu da sala da audiencia, e os jurados encerrar-se-hão na sala destinada para as suas deliberações, onde não poderão communicar com pessoa alguma, e da qual não poderão sair senão depois de terem proferido a sua decisão, devendo o mesmo juiz adoptar as providencias necessarias para manter a incommunicabilidado do jury.

§ unico. O encerramento do jury poderá ser interrompido:

1.º Se assim for indispensavel para satisfazer as necessidades do alimento e repouso, devendo o juiz exercer a maior vigilancia para obviar a qualquer communicação verbal ou por escripto, e mandar comparecer na sala da audiencia o presidente do jury, ao qual será entregue o alimento, depois de inspeccionado;

2.º Se o presidente do jury reclamar o comparecimento do juiz na sala das suas deliberações para o esclarecer ácerca da intelligencia de algum quesito ou sobre a fórma da resposta, devendo transportar-se ali com o magistrado do ministerio publico e com os advogados da parte accusadora e do réu.

Art. 356.º Encerrado o jury na sala das suas deliberações, se o presidente reclamar a sua substituição, proceder-se-ha á eleição do outro presidente por escrutinio secreto, ficando eleito o que reunir a maioria absoluta de votos.

Art. 357.º Na sala das deliberações do jury deverá estar affixado um cartão impresso á custa da respectiva camara municipal, que deverá conter em letras maisculas o seguinte:

«A lei não estabelece regras fixas ácerca das provas dos factos criminosos imputados aos réus; mas impõe unicamente aos jurados o dever de se interrogarem a si mesmos no silencio e recolhimento da sua consciencia para avaliarem a impressão que fizeram no seu espirito as provas, quer sejam a favor quer sejam contra o réu, sem attenderem ás disposições da lei penal.»

Art. 358.º O presidente do jury lerá os quesitos, segundo a ordem por que foram propostos, exigindo votação nominal sobre cada um d'elles, conforme a ordem de precedencia da extracção dos jurados, tomando nota do voto de cada um e votando em ultimo logar.

Art. 359.º Se algum jurado se não julgar habilitado para votar e carecer de ser esclarecido sobre a materia de algum quesito, poderá promover discussão e expor as duvidas que se lhe offerecerem.

Art. 360.º Compete ao presidente do jury dirigir a discussão e manter a ordem e decencia na sala das deliberações, podendo para esse fim dirigir aos jurados as advertencias necessarias.

Art. 361.º A decisão do jury vence-se por unanimidade ou por maioria.

§ unico. Para haver decisão por maioria é necessario que haja, pelo menos, dois terços de votos conformes.

Art. 362.º Nenhum dos jurados poderá recusar-se a votar, equivalendo a recusa ao crime de abandono de emprego.

§ 1.º A recusa será considerada como voto exclusivo da culpabilidade do réu.

§ 2.º Se algum jurado se recusar a votar, o presidente lavrará uma acta assignada por todos os jurados, mencionando-se a falta de assignatura do recusante, se não quizer assignar, e será entregue ao magistrado do ministerio publico para servir de corpo de delicto no competente processo.

Art. 363.º Se na votação nominal se não obtiverem dois terços de votos para constituirem maioria, proceder-se-ha a nova votação por escrutinio secreto.

Art. 364.º Na resposta ácerca do facto criminoso imputado ao réu o jury declarará sempre se a decisão foi por unanimidade ou por maioria, sem que possa indicar-se o numero de votos.

§ unico. A formula da resposta será a seguinte: «Está provado, *(ou não está provado, conforme se vencer),* por unanimidade (ou por *maioria).*

Art. 365.° A declaração de unanimidade ou maioria será tambem exigida nas respostas aos quesitos sobre a causa justificativa do crime, mas não nas respostas ácerca das circumstancias aggravantes ou attenuantes.

§ unico. A formula da resposta será a seguinte: Está provada *(ou não está provada)* por unanimidade *(ou por maioria, conforme se vencer).*

Art. 366.° O jury deverá declarar prejudicadas as respostas:

1.° A respeito dos quesitos que comprehenderem factos, cuja existencia seja incompatível com a resposta affirmativa ácerca da culpabilidade do réu;

2.° A respeito dos quesitos subsidiarios, se for affirmativa a resposta sobre o facto criminoso ou sobre o grau de participação attribuido ao réu no libello accusatorio;

3.° A respeito de todos os demais quesitos, se for negativa a resposta ácerca do facto criminoso imputado ao réu.

Art. 367.° O jury não poderá declarar nas suas respostas responsavel o réu por facto criminoso que não esteja comprehendido nos quesitos; mas poderá reconhecer a existencia de qualquer circumstancia attenuante, que produza o effeito de diminuir a pena, ainda que tal circumstancia não tenha sido comprehendida nos quesitos.

§ unico. No caso previsto n'este artigo, a formula da resposta será a seguinte: «O jury reconhece que o réu N... commetteu o crime de... *(Deve declarar qual é o crime)* com a circumstancia de... *(Deve declarar a circumstancia).*

Art. 368.° As respostas aos quesitos serão escriptas pelo presidente do jury na linha immediatamente inferior ao quesito a que disserem respeito.

§ 1.° No caso de impedimento ou annuencia do presidente, poderão as respostas ser escriptas por qualquer outro jurado.

§ 2.° Escriptas as respostas, serão datadas e assignadas por todos os jurados, segundo a ordem de precedencia por que tiverem sido sorteados, sem que os que ficaram em minoria possam declarar-se vencidos ou fazer qualquer outra declaração.

Art. 369.° Se nas respostas do jury houver emendas, entrelinhas ou borrões, serão resalvados por extenso pelo presidente ou pelo jurado que escrever as respostas, devendo todos os jurados assignar no fim sem declaração de voto.

Art. 370.° Escriptas e assignadas as respostas, voltarão todos os jurados á sala da audiencia, e, occupando os seus respectivos logares de pé, lerá o presidente, ou, no caso de impedimento ou annuencia d'este, qualquer outro jurado em voz intelligivel os quesitos e as respostas, dizendo antes de os ler: «A decisão conscienciosa do jury é a seguinte.»

Art. 371.° Finda a leitura, o presidente do jury entregará os quesitos e o processo ao escrivão, o qual o fará logo concluso ao juiz, que proferirá a sentença, se as respostas lhe parecerem regulares e completas.

Art. 372.° Se as respostas do jury forem incompletas, obscuras, ambiguas ou contradictorias entre si ou com os quesitos, poderá o juiz officiosamente, ou a requerimento do magistrado do ministerio publico ou dos advogados da parte accusadora ou do réu, ordenar, por despacho escripto em seguida ás assignaturas dos jurados, que o jury se encerre, novamente para completar, esclarecer ou harmonisar as suas respostas nos pontos que o mesmo juiz expressamente deverá declarar.

§ unico. Encerrado o jury, fará em seguida ao despacho do juiz as declarações que lhe forem exigidas, usando o presidente ou o jurado que as escrever da formula seguinte: O jury declara... (*Segue-se a declaração do jury e as assignaturas dos jurados.*)

TITULO V
Do segundo julgamento, no caso de serem annulladas por iniquas as respostas do jury

Art. 373.º Se alguma ou todas as respostas do jury, posto que regulares e completas, parecerem ao juiz de direito nianifestamente iniquas e injustas, poderá annullar aquellas, com que não se conformar, quer sejam affirmativas, quer negativas, devendo o mesmo juiz ordenar que a causa seja discutida e julgada perante um novo jury com relação aos factos criminosos, que deverá indicar.

§ unico. O julgamento do réu, n'este caso, deverá, verificar-se dentro do praso de trinta dias, findo o qual deverá immediatamente ser solto, se prestar fiança, ainda que o crime a não admitta.

Art. 374.º No caso previsto no artigo antecedente, o jury será composto de doze jurados, devendo a pauta ser formada de jurados da comarca em que pender o processo e dos jurados de duas das comarcas mais proximas.

§ unico. O juiz de direito da comarca em que pender, o processo requisitará dos juizes das duas comarcas mais proximas a pauta do jury, observando-se as disposições dos artigos 42.º e 296.º

Art. 375.º A extracção dos jurados será feita pela fórma prescripta no artigo 309.º, com a declaração, de que os bilhetes que contiverem os nomes d'elles serão lançados em tres urnas, das quaes serão extrahidos alternadamente, até se preencher o numero legal.

§ unico. Se o jury não podér constituir-se com, os jurados das comarcas a que se refere o artigo antecedente observar-se-ha o disposto no artigo 312.º, com a declaração de que os jurados deverão ser requisitados dos presidentes das respectivas commissões de recenseamento, quando o numero d'elles for de tres ou mais.

Art. 376.º Salvo o caso previsto no n.º 2.º do artigo 552.º as decisões do jury são irrevogaveis e não admittem recurso algum.

TITULO VI
Da sentença

Art. 377.º Se o jury declarar provado o facto imputado ao réu, o juiz de direito concederá a palavra ao magistrado do ministerio publico e ao advogado da parte accusadora sobre a applicação da pena correspondente ao crime ou delicto.

Em seguida perguntará ao réu se tem que allegar mais algum facto ou circumstancia em sua defeza, e dará a palavra ao advogado ou defensor do réu sobre a applicação da pena, segundo a ordem estabelecida no artigo 336.º

§ 1.º O magistrado do ministerio publico e o advogado da parte accusadora deverão indicar expressamente a natureza e quantidade da pena applicavel, segundo o concurso e o predominio das circumstancias aggravantes ou attenuantes.

§ 2.º O advogado ou defensor do réu poderá demonstrar:

1.º Que ao facto criminoso não compete a pena requerida por parte da accusação;

2.º Que o facto, apesar da resposta affirmativa do jury, não é criminoso, segundo a lei penal;

3.º Que, se acha prescripto ou amnistiado;

4.º Que d'elle não resulta a indemnisação de perdas e damnos.

Art. 378.º Feitos os autos conclusos, se da decisão affirmativa do jury resultar responsabilidade criminal ou civil para o réu, ou uma e outra, o juiz proferirá sentença comdemnatoria, que será por ella escripta e lida, e deverá conter:

1.º O nome, appellidos, alcunhas, profissão, occupação ou officio, naturalidade e residencia do réu;

2.º Um resumido relatorio do facto ou factos criminosos e das circumstancias, aggravantes ou attenuantes, que os precederam, acompanharam ou seguiram, em conformidade com a accusação ou a defeza e com o que resultar da discussão da causa;

3.º A declaração da culpabilidade e responsabilidade por perdas e damnos attribuida ao réu pelo jury;

4.º A citação da lei penal applicavel;

5.º Os fundamentos da condemnação em forma de «attendendo» ou «considerando».

§ unico. A sentença deverá declarar perdidos a favor do estado as armas ou instrumentos, que serviram ou estavam destinados para commetter o crime.

Art. 379.º A sentença condemnatoria será proferida na audiencia em que terminar a discussão da causa, salvo se esta se prolongar, ou se o processo for complicado, devendo n'estes casos ser proferida em outra, comtanto que não decorram mais de cinco dias.

§ 1.º Se o dia em que se completarem os cinco dias for feriado, a sentença será proferida no primeiro dia util que se seguir.

§ 2.º O réu assistirá sempre á leitura da sentença condemnatoria, salvo o caso de impedimento physico comprovado por exame de peritos facultativos.

Art. 380.º Proferida a sentença condemnatoria, o juiz dirigirá ao réu uma breve allocução, exhortando-o a conformar-se com a lei.

Art. 381.º Publicada a sentença condemnatoria, poderão as partes dentro do praso de quarenta e oito horas, requerer que se declare alguma obscuridade ou ambiguidade que porventura contenha.

Art. 382.º Se o réu tiver sido processado por crime a que corresponda pena maior e for condemnado em pena correccional, poderá prestar fiança sem que seja compellido a entrar na cadeia, ou subsistirá durante os termos dos recursos a fiança que houver prestado, se o fiador não requerer ser d'ella exonerado.

§ unico. Se, porém, tiver sido condemnado em alguma das penas temporarias de prisão maior ou degredo, não lhe será admittida fiança sem effeito a que não tiver prestado durante os termos d'aquelles recursos, devendo ser logo recolhido á cadeia.

Art. 383.º Sendo negativa a decisão do jury, ou, posto que seja affirmativa, se o juiz entender que o facto não constitue crime ou delicto, proferirá immediatamente sentença absolutoria, salvo se, tendo havido recurso para os tribunaes superiores, estes tiverem julgado o facto criminoso.

Art. 384.º A sentença absolutoria deverá conter:
1.º As declarações expressas no n.º 1.º do artigo 378.º;
2.º A declaração de que o jury decidiu não estar provado o facto criminoso imputado ao réu;
3.º A demonstração de que o mesmo facto não constitue crime ou delicto, se a decisão for affirmativa.

Art. 385.º O juiz, depois de ter proferido a sentença absolutoria, exhortará o réu a que justifique a absolvição sem o seu comportamento posterior.

Art. 386.º O réu absolvido será immediatamente posto em liberdade, se não dever ser detido na cadeia por outro motivo.

§ unico. Se, porém, for admittida fiança, nos termos do § 1.º do artigo 220.º, não será conduzido á cadeia, se a prestar, ou, tendo-a prestado, se o fiador não requerer ser d'ella exonerado.

Art. 387.º O escrivão lavrará nos autos termo de publicação da sentença, tanto condemnatoria como absolutoria, que intimará ás partes, e a registará por extenso no livro de que trata o artigo 143.º

TITULO VII

Da accusação e julgamento dos crimes ou delictos commettidos ou descobertos durante a audiencia geral

Art. 388.º Se durante a audiencia geral o réu commetter algum crime ou delicto, ou se se descobrir algum outro que não esteja prescripto, e a que corresponda pena mais grave do que a que compete áquelle de que é accusado, observar-se-hão as disposições seguintes.

§ 1.º Sendo o crime commettido em audiencia geral, verificar-se-ha a sua existencia pelos meios de prova estabelecidos no artigo 120.º, seguindo-se logo a accusação oral do réu, a defeza verbal, a proposição dos quesitos e a sentença.

§ 2.º Havendo co-réus implicados no mesmo crime, que possam ser capturados, proceder-se-hia pela forma prescripta no paragrapho antecedente, posto que a pena correspondente seja menos grave do que a que compete ao crime de que é accusado o réu que estiver sendo julgado.

Art. 389.º Se não tiver sido instaurado processo preparatorio ácerca de algum crime descoberto durante a audiencia geral, o magistrado do ministerio publico promoverá que se reduzam a auto os depoimentos das testemunhas, que fizerem culpa ao réu ou a quaesquer outros co-réus, e se extráiam copias dos documentos comprobativos d'esta, para que possa instaurar-se o processo no juizo competente, ficando o réu detido na cadeia, se o crime não admittir fiança.

§ unico. Constando, porém, em juizo que se acha instaurado processo preparatorio pelo crime a que se refere este artigo, e, não tendo ainda sido inquiridas as testemunhas da accusação e da defeza a respeito do crime de que o réu é accusado, sobreestar-se-ha na discussão e julgamento para os effeitos do artigo 262.º

Art. 390.º Se alguma testemunha commetter em audiencia geral o crime de falso juramento, o juiz de direito, officiosamente ou a requerimento do magistrado do ministerio publico ou do advogado da parte accusadora, proporá ao jury o quesito seguinte: «Está, ou não, provado que N..., affirmando... *(Devem resumir-se as palavras da testemunha)*, testemunhou falso a favor *(ou contra, conforme for o depoimento)* do réu N...?

§ 1.º A decisão do jury vence-se por maioria absoluta.

§ 2.º Sendo affirmativa a decisão do jury, o juiz mandará formar um auto, que deverá conter:

1.º O dia, mez e anno em que é feito;
2.º A causa que se discutia;
3.º As palavras de que a testemunha usou e todas as circumstancias que occorreram;
4.º As instancias que lhe foram feitas e as acareações a que se haja procedido;
5.º Os nomes, moradas e misteres de tres espectadores que assistissem á discussão, os quaes assignarão o auto com o juiz e jurados.

§ 3.º Este acto equivale ao auto de verificação do corpo de delicto, devendo logo formar-se o processo preparatorio e accusatorio para ser julgada a testemunha na audiencia geral do mesmo semestre, comtanto que medeie pelo menos o espaço de trinta dias.

§ 4.º Não sendo possivel verificar-se o julgamento dentro do praso fixado no § 3.º, deverá effectuar-se no semestre seguinte, intervindo n'elle, pelo menos, cinco jurados dos que intervieram na questão preliminar sobre a prova do falso juramento, salvo se algum tiver fallecido ou se impossibilitar de comparecer por alguma das causas declaradas no § 3.º do artigo 151.º

TITULO VIII

Da execução da sentença

CAPITULO I

Disposições geraes

Art. 391.º A execução da sentença deve corresponder exactamente á sua determinação e deverá efectuar-se logo que passe em julgado.

§ unico. A sentença passa em julgado, se d'ella se não interpozer o recurso competente dentro do praso de dez dias, contados da intimação.

Art. 392.º A lei que alterar o modo da execução da condemnação é applicavel ás sentenças passadas em julgado, se for mais favoravel ao condemnado.

Art. 393.º Incumbe ao magistrado do ministerio publico promover o que for conforme á lei e aos regulamentos:

1.º Para que a sentença, quer condemnatoria quer absolutorias, logo que tenha transitado em julgado, seja prompta e integralmente executada;

2.º Para que a condemnação se julgue extincta, quando os documentos competentes assim o comprovem.

Art. 394.º Se o réu, estiver condemnado por sentença passada em julgado e commetter ou se lhe descobrir outro crime ainda não prescripto, a que corresponda pena menos grave do que a que lhe foi imposta, a sentença será logo executada, salvo o disposto no § unico do artigo 108.º

Art. 395.º Se na execução da sentença se suscitar algum incidente contencioso, será decidido pelo respectivo juizo ou tribunal de que emanou a condemnação, ouvido o ministerio publico.

Art. 396.º A pena de prisão cellular será cumprida nas cadeias geraes penitenciarias, e a pena de prisão correccional nas cadeias districtaes ou comarcãs, nos termos da lei da reforma, penal e de prisões de 1 de julho de 1867 e dos regulamentos respectivos.

§ unico. A remoção de presos em cumprimento de pena de uma para outra cadeia por falta de segurança, por causa de epidemia ou por outro motivo igualmente attendivel, será concedida pelo governo, precedendo informação do ministerio publico, nos termos dos regulamentos.

Art. 397.º Se a sentença condemnar em pena de degredo, os réus não serão, transportados ao logar d'elle, sem que previamente sejam inspeccionados por peritos facultativos, que os declarem, aptos para o cumprimento d'esta pena.

Art. 398.º Os procuradores regios são competentes para mandar intimar os peritos facultativos para assistirem a estas inspecções, incorrendo os que se recusarem a prestar este serviço na pena correspondente ao crime de desobediencia.

§ unico. As intimações de que trata este artigo serão feitas pelos continuos das secretarias das procuradorias regias, os quaes terão a mesma fé que têem os officiaes de diligencias das relações.

Art. 399.º Sendo algum réu portuguez condemnado em pena de expulsão do reino, o magistrado do ministerio publico, de accordo com a auctoridade administrativa, adoptará as providencias convenientes para que a expulsão se torne effectiva; e, se for estrangeiro, promoverá que esta se verifique de accordo com o respectivo representante diplomatico, e, na falta d'este, com o consul da nação a que pertencer o condemnado.

§ unico. Em qualquer dos casos previstos n'este artigo, juntar-se-ha ao respectivo processo certidão ou qualquer outro documento escripto comprobativo da execução da sentença.

Art. 400.º Se a sentença condemnar em pena de perda ou suspensão temporaria de direitos politicos, ou se esta pena resultar accessoriamente da imposição de outra pena, o escrivão do processo entregará ao magistrado do ministerio publico, logo que ella passe em julgado, uma certidão narrativa, com declaração do nome do condemnado, crime ou delicto, pena e data da sentença, a fim de ser por elle enviada á auctoridade administrativa do concelho, que for séde da comarca, pondo-se a respectiva verba no processo.

Art. 401.º Observar-se-ha o disposto no artigo antecedente, quando a condemnação importar a incapacidade para tornar a servir qualquer emprego, devendo n'este caso a certidão narrativa ser enviada ao ministerio da justiça e outra identica ao governador civil do respectivo districto.

Art. 402.º Quando a pena imposta for de suspensão do exercicio do emprego, a certidão narrativa da sentença será enviada pelo escrivão ao chefe da repartição em que se processar a folha do vencimento do empregado suspenso.

Art. 403.º Logo que a sentença condemnatoria haja transitado em julgado, se a pena imposta for a de degredo, o escrivão do respectivo juizo ou tribunal passará certidão do teor d'ella, que entregará ao magistrado do ministerio publico, bem como uma guia para cada réu, a qual deverá conter:

1.º O nome, appellidos, alcunhas, idade, filiação, estado, profissão, occupação ou officio, naturalidade, ultima residencia e signaes physicos do réu;

2.º A natureza do crime ou delicto;

3.º A natureza e duração da pena;

4.º A data da sentença, e o juizo ou tribunal em que for proferida, com declaração de que transitou em julgado.

Art. 404.º Se a pena imposta for perdoada ou commutada pelo poder moderador, o magistrado do ministerio publico promoverá que se julgue por conforme á culpa do réu o respectivo decreto de indulto, a fim de que a pena seja executada conforme o julgamento de conformidade da graça com a culpa.

§ 1.º Se tiver havido appellação, a applicação do indulto será promovida pelo respectivo magistrado do ministerio publico junto do tribunal da relação.

§ 2.º A sentença ou accordão que applicar o indulto, só passa em julgado, findo o praso marcado no § unico do artigo 391.º

CAPITULO II

Das causas suspensivas da execução da sentença

SECÇÃO I

Disposições geraes

Art. 405.º A execução da sentença condemnatoria fica suspensa:

1.º Quando o réu commetter um novo crime ou delicto, ou se descobrir algum outro ainda não prescripto, aos quaes corresponda pena superior áquella em que estiver condemnado;

2.º Quando se interpozer recurso de appellação ou de revista;

3.º Quando differentes co-réus tiverem sido condemnados como auctores ou cumplices do mesmo crime, por sentenças diversas, as quaes, longe de poderem conciliar-se, constituam a prova da innocencia de alguns dos condemnados;

4.º Quando o réu condemnado tiver requerido procedimento criminal pelos crimes de corrupção ou peita contra algum jurado que interviesse no seu julgamento, ou pelo crime de falso juramento contra alguma testemunha que jurasse contra elle na discussão e julgamento, havendo pronuncia obrigatoria;

5.º Quando sobrevier ao condemnado alienação mental, emquanto ella durar, posto que haja intervallos lucidos;

6.º Quando for contestada ou duvidosa a identidade do réu, que se evadir da cadeia ou do logar do degredo;

7.º Quando se verificar que existe a pessoa, que do processo consta ter fallecido em virtude de crime de que resultou a morte supposta;

8.º No caso de revisão da sentença condemnatoria.

§ unico. A sentença condemnatoria será, porém, logo executada:

1.º No caso previsto em o n.º 4.º d'este artigo, se os jurados ou as testemunhas forem absolvidas dos crimes a que o mesmo numero se refere, ou se as testemunhas fallecerem antes de passar em julgado a sentença condemnatoria contra ellas proferida pelos mesmos crimes;
2.º No caso do n.º 5.º, se a pena imposta for a de multa.

SECÇÃO II
Do reconhecimento da identidade do condemnado

Art. 406.º Sendo contestada ou duvidosa a identidade de qualquer réu condemnado, que se evadir da cadeia ou do logar do degredo, proceder-se-ha, logo que seja preso, ao reconhecimento d'ella no juizo de direito de primeira instancia em que o réu foi julgado, com intervenção de jurados, devendo o reconhecimento ser feito no processo original ou no traslado, se aquelle não existir no juizo respectivo.

Art. 407.º O processo preparatorio do reconhecimento de identidade consistirá em um requerimento instruido com documentos, ou com um rol de testemunhas ou quaesquer objectos que a possam provar, feito pelo magistrado do ministerio publico, devendo conter:
1.º O nome, appellidos, alcunhas, filiação, idade, estado, profissão, occupação ou officio do condemnado, e o maior numero de indicações que o possam identificar;
2.º A natureza do crime ou delicto pelo qual foi condemnado;
3.º Pena que lhe foi imposta;
4.º O motivo por que a sentença não pôde ser executada.
§ unico. Havendo parte querelante e accusadora, poderá tambem requerer o reconhecimento da identidade, nos termos d'este artigo.

Art. 408.º O juiz de direito procederá ao interrogatorio do condemnado, á inquirição oral das testemunhas e ás acareações que julgar necessarias, observando o disposto nos artigos 159.º a 171.º, e 240.º a 253.º

Art. 409.º Findo o processo preparatorio, o magistrado do ministerio publico formará artigos de identidade, juntando-lhe quaesquer documentos e rol de testemunhas com que pretender proval-os, observando-se os prasos e termos prescriptos nos artigos 267.º a 286.º
§ unico. Havendo parte querelante e accusadora, poderá tambem formar artigos de identidade, observando-se o disposto no artigo 273.º

Art. 410.º O réu poderá apresentar a sua contestação por escripto dentro do praso de oito dias, contados da entrega da copia dos artigos de identidade, juntando-lhe quaesquer documentos ou rol de testemunhas que pretender produzir, devendo observar-se o que se acha disposto nos artigos 282.º a 286.º

Art. 411.º Assignado o dia de julgamento da identidade, será entregue ao réu a copia da pauta dos jurados, nos termos, do artigo 296.º, e, feitas as intimações de que trata o artigo 297.º, deverá a do réu verificar-se pelo menos tres dias antes, observando-se na audiencia, constituição do jury, discussão da causa e debates as disposições dos artigos 298.º a 341.º

Art. 412.º O juiz proporá ao jury o quesito sobre a identidade pela forma seguinte: «Está ou não provado que N..., que está presente, é o mesmo réu que foi accusado n'este processo pelo crime... *(Deve declarar-se a natureza do crime ou se é auctor, cumplice ou encobridor)* e condemnado na pena de... *(Deve declarar-se qual a pena)* por sentença de... *(Data da sentença)?»*

§ unico. A resposta do jury será dada pela forma seguinte: «Está provado *(ou não está provado, segundo se vence)* por... *maioria ou unanimidade)* que N..., que está presente, é o mesmo réu *(ou não é o mesmo réu; segundo se vencer)* accusado n'este processo pelo crime de..., e condemnado na pena de... por sentença de...»

Art. 413.º Nas decisões e respostas do jury observar-se-ha o disposto nos artigos 355.º a 372.º

Art. 414.º O juiz proferirá sentença, segundo a resposta do jury.

Art. 415.º Se, passados dez dias depois de proferida a sentença que julgar provada a identidade do réu, não se interpozer recurso, será a mesma sentença logo executada.

SECÇÃO III
Da revisão de sentença condemnatoria e rehabilitação do réu

Art. 416.º É permittido ao réu condemnado, por sentença passada em julgado, por algum crime a que corresponda pena maior, requerer a revisão do processo e da sentença, se podér provar a improcedencia da accusação.

Art. 417.º O condemnado que estiver na situação do artigo antecedente deverá requerer ao juiz de direito da comarca em que foi condemnado, que o admitta a instaurar o processo da revisão do processo e da sentença, devendo instruir o seu requerimento com uma justificação de testemunhas julgada provada e procedente pelo mesmo juiz, com citação e audiencia do magistrado do ministerio publico, juntando-lhe quaesquer documentos comprobativos da improcedencia da accusação.

Art. 418.º O juiz mandará continuar com vista o requerimento ao magistrado do ministerio publico, o qual o enviará directamente ao procurador geral da corôa e fazenda, que o fará apresentar na primeira sessão do supremo tribunal de justiça a fim de decidir, em secções reunidas, se deve, ou não, instaurar-se o processo da revisão da sentença.

§ unico. O accordão, quer conceda, quer negue a revisão, será sempre fundamentado.

Art. 419.º Sendo concedida a revisão da sentença, o processo será remettido ao juiz de direito da comarca em que o réu foi condemnado a fim de ser novamente julgado com intervenção de jury especial, nos termos dos artigos 374.º e 375.º

Art 420.º Se, em virtude da decisão negativa do jury, o juiz julgar improcedente a accusação, deverá na sentença declarar rehabilitado o réu para com a sociedade.

Art. 421.º O réu rehabilitado por sentença passada em julgado poderá intentar acção de perdas e damnos contra a parte accusadora, se a tiver havido, e contra seus herdeiros, ou contra o estado, se a accusação foi sómente promovida pelo magistrado do ministerio publico.

Art. 422.º Concedida a revisão da sentença e tendo sido o réu condemnado em resultado da nova accusação, não poderá requerer outra revisão, sem terem decorrido cinco annos depois de ter transitado em julgado a ultima sentença.

Art 423.º O réu que for condemnado no processo de revisão da sentença não o poderá ser em pena superior á que lhe tiver sido imposta na sentença anterior.

Art. 424.º Se for negada a revisão da sentença, o réu que a tiver requerido só poderá pedil-a novamente, passados cinco annos a contar da publicação, do respectivo accordão.

TITULO IX
Da accusação e julgamento dos réus ausentes e contumazes

Art. 425.º Consideram-se ausentes e contumazes os réus pronunciados ha mais de seis mezes contados desde que a pronuncia passou em julgado, que não se acham presos ou afiançados, ou se evadiram da cadeia, logar de custodia ou da guarda dos empregados ou agentes de justiça, administração ou policia.

§ unico. A disposição d'este artigo é applicavel aos réus que tiverem de ser julgados no juizo de policia correccional, devendo o praso n'elle marcado contar-se do despacho que os mandar citar.

Art. 426.º Na accusação e julgamento dos réus ausentes e contumazes observa-se-ha o disposto nos artigos 261.º a 287.º e 435.º a 450.º inclusive, conforme a pena correspondente, e com as especialidades seguintes.

Art. 427.º Decorrido o praso fixado no artigo 425.º, o magistrado do ministerio publico promoverá que se juntem ao processo mandados de prisão com certidão; exarada pelos officiaes do juizo e agentes de administração ou de policia, que attestem a impossibilidade de se effectuar a prisão do réu, com declaração dos motivos justificativos d'essa impossibilidade, juntando-se igualmente um auto de busca no caso previsto no artigo 208.º

Art. 428.º Em seguida o referido magistrado dará uma justificação de tres testemunhas, pelo menos, que attestem que o réu está ausente em logar incerto, ou onde não póde ser preso, podendo tambem offerecer os documentos que tiver, e, sendo julgada procedente e provada, promoverá que o réu seja citado por editos para comparecer em juizo a fim de ser julgado.

§ 1.º Os editos deverão declarar:

1.º O nome, appellidos, alcunhas e indicações que possam identificar o réu;

2.º A natureza do crime por que se acha pronunciado;

3.º Que, não comparecendo dentro do praso fixado nos editos, se procederá á revelia em todos os actos e termos do processo sem nenhuma outra citação.

Este praso será de trinta a sessenta dias.

4.º Que, findo o mesmo praso, deverá ser preso por qualquer empregado de justiça, agente de administração ou de policia, podendo sel-o por qualquer individuo.

§ 2.º Os editos, serão affixados por um official de diligencias na porta do edificio do tribunal da comarca, em que pender o processo e no ultimo domicilio do réu, e serão publicados gratuitamente na folha official do governo, se o processo correr na comarca de Lisboa, e em qualquer outro periodico, se correr em outra comarca, certificando o escrivão a effectiva publicação, com declaração do numero do periodico em que for feita, independentemente da juncção d'este.

§ 3.º Findo o praso marcado nos editos, será a citação accusada na primeira audiencia seguinte, desde a qual se contará o praso fixado nos artigos 272.º, 273.º e 444.º para o offerecimento do libello accusatorio ou deducção da accusação.

Art. 429.º Deverá ser citado pessoalmente algum dos descendentes do réu ausente, preferindo o mais velho, se estiver presente, e o conjuge, se for casado e não tiver havido separação judicial; na falta d'elles, algum dos ascendentes indicados pelo juiz, e, na falta d'estes, algum transversal até ao 4.º grau por direito civil, para poderem allegar a favor do ausente a defeza que tiverem.

§ 1.º As pessoas a que se refere este artigo poderão usar dos meios de defeza e dos recursos, que competiriam ao réu, se estivesse em juizo, á excepção dos recursos de appellação e de revista quanto á sentença condemnatoria.

§ 2.º Se alguma das pessoas mencionadas n'este artigo allegar e provar, que o réu ausente por motivo de força maior não pôde comparecer em juizo dentro do praso indicado nos editos, o juiz prorogará o praso da citação edital por igual espaço de tempo, findo o qual, não comparecendo o réu, se proseguirá nos termos do julgamento.

Art. 430.º Se as pessoas mencionadas no artigo antecedente não constituirem advogado ou defensor do réu ausente, o juiz de direito lhe nomeará um, nos termos dos artigos 276.º e 277.º

Art. 431.º Havendo no mesmo processo differentes réus, alguns dos quaes estejam julgados como ausentes e outros que ainda possam ser capturados, extrahir-se-ha um traslado, no qual correrá o processo da accusação e julgamento do ausente.

Art. 432.º As citações e intimações que deveriam ser feitas ao réu ausente deverão verificar-se na pessoa do seu advogado ou defensor.

Art. 433.º Proferida sentença condemnatoria contra o réu ausente, será affixada uma copia d'ella nos locaes indicados no § 2.º do artigo 428.º e publicada nos termos n'elle prescriptos.

§ unico. Esta sentença não passa em julgado, emquanto não for intimada ao réu, o qual, quando apparecer em juizo, poderá interpor os recursos competentes.

Art. 434.º Se o réu ausente foi capturado ou se apresentar voluntariamente antes do julgamento, suspender-se-ha este e observar-se-hão os termos ordinarios prescriptos n'este codigo.

TITULO X

Da fórma do processo nos crimes julgados no juizo de policia correccional

Art. 435.º São processados e julgados pelo juiz de direito no juizo de policia correccional, sem intervenção de jurados, os crimes ou delictos a que corresponder, separada ou cumulativamente, alguma das penas seguintes:

1.º Prisão correccional;
2.º Desterro;
3.º Suspensão de direitos politicos até dois annos;
4.º Multa até dois annos, ou até 500$000 réis, quando a lei fixar a quantia;
5.º Reprehensão;
6.º Suspensão do exercicio do emprego.

§ unico. São igualmente julgadas no juizo de policia correccional as contravenções das leis administrativas, fiscaes ou de policia, que por lei especial forem mandadas julgar no mesmo juizo.

Art. 436.º São applicaveis ao julgamento dos réus no juizo de policia correccional, na parte em que o podérem ser, as disposições dos artigos 261.º a 271.º, e 287.º a 289.º, com as especialidades seguintes:

Art. 437.º Constituido o corpo de delicto, nos termos do artigo 142.º, o magistrado do ministerio publico deverá e a parte offendida poderá deduzir, dentro do praso de quarenta e oito horas, a sua queixa, que deverá conter as indicações declaradas no artigo 110.º, devendo ambas formar um só processo.

Art. 438.º Se o juiz receber a queixa, procederá a todos os actos e termos do processo preparatorio, conforme o disposto no artigo 117.º, devendo este processo concluir-se dentro de quinze dias, salvo o disposto no § 2.º do artigo 105.º

Art. 439.º No processo preparatorio dos crimes e contravenções julgados no juizo de policia correccional são admittidos os meios de prova mencionados no artigo 120.º

Art. 440.º Sendo offerecidas testemunhas para prova da queixa, o numero d'ellas não poderá exceder a oito, afóra as referidas.

Art. 441.º O processo, preparatorio nas contravenções das leis administrativas, de fazenda ou de policia, que tiverem de ser julgadas no juizo de policia correccional, consistirá unicamente no respectivo auto, lavrado pela auctoridade, empregado, agente da administração ou de policia encarregado pela lei de o organisar, equivalendo este auto a corpo de delicto.

Art. 442.º Se o auto de que trata o artigo antecedente for deficiente ou irregular, o magistrado do ministerio publico promoverá, e a parte queixosa poderá requerer, que se proceda aos exames e mais actos necessarios para averiguar a existencia das contravenções e a responsabilidade dos contraventores.

Art. 443.º O delinquente a quem for imputado crime ou contravenção, que deva ser julgado no juizo de policia correccional, será immediatamente posto em liberdade sem prestar fiança, salvo se for ratoneiro ou notoriamente considerado como vadio, que todavia poderá prestal-a.

§ 1.º Se a identidade do delinquente não for conhecida do juiz, de qualquer dos escrivães ou dos officiaes de justiça, deverá ser provada por duas testemunhas, lavrando-se termo, que será assignado pelos que n'elle intervierem, podendo as assignaturas ser feitas de cruz ou a rogo, no caso de não saberem ou a não poderem assignar. N'este termo, que deverá ser feito logo que o delinquente seja entregue ao respectivo juiz e com preferencia a qualquer outro serviço, deverá declarar-se a residencia do réu e que este se obriga a comparecer em juizo e a participar qualquer mudança da mesma.

§ 2.º Se o delinquente for residente fóra da comarca em que tem de correr o processo, deverá apresentar em juizo um individuo que, residindo dentro da mesma comarca, se obrigue expressamente por termo a receber as citações e intimações necessarias ao andamento regular do processo, e em que se declare que o mesmo delinquente fica obrigado a comparecer em juizo, a fim de dar parte de qualquer mudança de residencia d'este.

O juiz verificará se a pessoa apresentada satisfaz ás condições que lhe são exígidas, e, no caso affirmativo, mandará em seguida tomar o respectivo termo.

§ 3.º Se o individuo a que se refere o § 2.º fallecer, mudar de residencia para fóra da respectiva comarca, ou, por qualquer motivo se tornar incapaz de receber as citações e intimações, o réu deverá, immediatamente substituil-o por outro, em quem estas possam validamente effectuar-se.

§ 4.º Não comparecendo o réu em juizo aos actos mencionados no artigo 223.º e não justificando a falta por algum dos motivos previstos no § 3.º do artigo 151.º, será preso e só poderá livrar-se solto, prestando fiança, nos termos do artigo 224.º, e o individuo a que se refere o § 2.º incorrerá na multa de 10$500 réis a 50$000 réis, se não apresentar o reu dentro do praso de oito dias.

§ 5.º Qualquer requerimento para a execução d'este artigo e seus paragraphos poderá ser feito verbalmente, ou por escripto.

Art. 444.º Concluido o processo preparatorio, e junto ao processo o certificado do registo criminal, o juiz mandará dar vista d'elle por cinco dias ao magistrado do ministerio publico e por igual praso ao advogado da parte accusadora, havendo-a, para deduzirem a accusação por meio de um requerimento, que poderá ser articulado, se comprehender differentes factos, observando-se o disposto no artigo 262.º, quando haja logar.

§ 1.º Juntar-se-hão á petição da accusação os documentos que lhe servirem de prova, ou far-se-ha referencia a elles, se estiverem no processo.

§ 2.º As testemunhas para prova da accusação serão nomeadas no fim da petição, não podendo exceder o numero de oito, afóra as referidas, salvo o caso de accumulação de crimes, em que poderão ser inquiridas tres a cada facto.

Art. 445.º Findo o praso estabelecido no artigo antecedente, o escrivão cobrará o processo e o fará concluso ao juiz, que mandará citar o réu para dentro do praso de oito dias, contados da citação, offerecer a sua defeza, a qual lhe não será admittida passado este praso, podendo comtudo offerecer defeza verbal na audiencia, nos termos do artigo 319.º

Art. 446.º Logo que tenha voltado cumprida alguma deprecada dirigida a outro juizo, o juiz designará dia para julgamento, e, comparecendo o magistrado do ministerio publico, a parte accusadora, que poderá ser representada por si ou pelo seu advogado, o réu assistido do seu advogado ou defensor, e as testemunhas de que as partes não prescindam, o escrivão, fará a leitura do auto de exame de verificação do corpo de delicto, petição da accusação e defeza.

Art. 447.º Os depoimentos das testemunhas produzidas para prova da accusação e da defeza serão escriptos de teor, devendo ser redigidos com toda a concisão possivel pela parte que as produzir, e fazer-se apenas referencia ao anterior depoimento, se estiver escripto no processo preparatorio, e mencionar-se os additamentos ou alterações que fizerem ou as contradicções que se notarem.

Art. 448.º Terminada a inquirição das testemunhas, seguir-se-hão os interrogatorios do réu e os debates, nos termos dos artigos 332.º a 340.º, e o juiz proferirá a sentença, em conformidade com o disposto nos artigos 378.º a 381.º, 384.º a 387.º

Art. 449.º Na imposição da pena de prisão correccional o juiz levará sempre em conta na sentença ao réu o tempo de prisão preventiva, que houver soffrido.

§ único. Se ao crime for sómente applicavel a pena de multa, e o delinquente se promptificar logo a satisfazel-a, no maximo d'ella, bem como as custas feitas, cessará todo o procedimento criminal, assim que do processo conste estar tudo pago.

Art. 450.º N'este processo são admittidas todas as excepções estabelecidas no processo ordinario de querela.

TITULO XI

Da fórma do processo do julgamento das coimas e transgressões de posturas e regulamentos municipaes

Art. 451.º São competentes para julgar as coimas e transgressões de posturas e regulamentos municipaes os juizes ordinarios do respectivo julgado em que forem commettidas.

Art. 452.º As coimas e transgressões de posturas e regulamentos municipaes serão accusadas pelos zeladores municipaes, guardas campestres ou pela pessoa que tiver parte na imposição da multa.

§ unico. A pessoa offendida poderá tambem ser parte accusadora.

Art. 453.º O que pretender accusar uma coima ou transgressão de postura municipal fará um requerimento ao respectivo juiz, em que exporá resumidamente o facto, declarará o nome ou indicações que possam identificar o transgressor e citará o artigo do regulamento ou postura applicavel, concluindo por pedir que seja citado para ser julgado.

§ 1.º É applicavel á prova das coimas ou transgressões de posturas o disposto no artigo 120.º, com as alterações seguintes.

§ 2.º O numero das testemunhas não poderá exceder a tres, salvo se a accusação comprehender mais de um facto, porque n'este caso serão admittidas duas testemunhas para prova de cada um.

§ 3. Se tiverem de ser addicionadas ou substituidas algumas testemunhas, serão os seus nomes, occupações e moradas intimados ao transgressor quarenta e oito horas antes do julgamento.

Art. 454.º Autuando o requerimento, o transgressor será citado com antecedencia de cinco dias pelo menos para comparecer em audiencia de julgamento, entregando-lhe o official, ou, não o encontrando no seu domicilio, a uma pessoa de sua familia, copia do requerimento e do rol das testemunhas, e declarando-lhe que póde examinar no cartorio do escrivão os documentos em que o requerimento se fundar.

§ 1.º No acto da citação poderá o citado indicar ao official os nomes, occupações e moradas das testemunhas que quizer produzir em sua defeza, as quaes serão por este logo citadas, se residirem na freguezia do transgressor, não podendo exceder o numero fixado no § 2.º do artigo 453.º Se as não indicar, poderá apresental-as no dia do julgamento.

§ 2.º O transgressor póde offerecer defeza por escripto, á qual serão applicaveis as disposições dos §§ 2.º e 3.º do artigo 453.º

§ 3.º O official de diligencias ou o transgressor entregará ás pessoas indicadas no artigo 452.º uma copia do rol das testemunhas da defeza, quarenta e oito horas antes do julgamento.

Art. 455.º O julgamento deverá verificar-se em audiencia publica.

Art. 456.º Se o transgressor não podér comparecer no acto do julgamento, por alguma das causas prescriptas no § 3.º do artigo 151.º, será este adiado pelo tempo indispensavel para que possa verificar-se.

§ unico. Não allegando e provando o transgressor nenhuma das causas a que se refere este artigo, ou não comparecendo no dia novamente designado para o julgamento, deverá este effectuar-se á revelia, se não constituir advogado ou solicitador que o represente e defenda.

Art. 457.º O julgamento começará pela leitura do requerimento da parte que accusar a coima ou trangressão de postura, lendo-se as peças do processo que as partes requerem e procedendo em seguida o juiz ao interrogatorio do transgressor, nos termos dos artigos 240.º a 252.º

Art. 458.º Se o accusado confessar a transgressão, não será julgado, devendo declarar-se na acta a confissão espontanea, e especificar-se o artigo do respectivo regulamento ou postura municipal applicavel.

§ 1.º Se a pena applicavel for a de prisão, o transgressor poderá remil-a na rasão de 1$000 réis por dia, comtanto que pague logo a importancia d'ella ou dê fiador idoneo.

§ 2.º Sendo applicavel a pena de multa, satisfará o maximo d'esta.

Art. 459.º Se no acto da transgressão o arguido se promptificar ao pagamento da multa respectiva, ser-lhe-ha recebida, sem mais fórma de processo, passando-se logo a competente guia, para o effectuar, e contando-se as custas, que serão logo pagas ou caucionadas com penhor ou fiador idoneo, que assignará termo de responsabilidade.

Art. 460.º Negando o aggressor o facto ou omissão accusada, proceder-se-ha á inquirição das testemunhas, nos termos dos artigos 322.º a 335.º; e, se as partes não renunciarem o recurso, deverá escrever-se na acta um extracto succinto dos depoimentos ou fazer-se referencia aos anteriores nos termos do artigo 447.º

Art. 461.º Finda a inquirição das testemunhas e fallando em seguida uma só vez o advogado ou defensor das partes que o tiverem constituido, o juiz proferirá a sentença na mesma audiencia, e será logo intimada ao transgressor ou a quem o representar e defender.

Art. 462.º N'esta fórma de processo sómente poderão interpor-se os recursos seguintes:

1.º Aggravo no auto do processo.

2.º Appellação para o juiz de direito da comarca, que julgará definitivamente sem outro recurso, subindo o processo original sem ficar traslado.

Art. 463.º N'este processo são admittidas todas as excepções estabelecidas no processo ordinario de querela e com os mesmos recursos para o juiz de direito sómente, sem ficar traslado.

TITULO XII
Da jurisdicção disciplinar

Art. 464.º A jurisdicção disciplinar tem por fim advertir e corrigir por meio de penas disciplinares as faltas e omissões, a que por este codigo não corresponder expressamente pena especial, commettidas nos processos de qualquer natureza, pelos juizes de direito e juizes ordinarios, secretarios, escrivães, revedores, contadores, distribuidores, officiaes de diligencias e advogados.

§ 1.º As penas disciplinares contra os juizes são:

1.º A advertencia;

2.º A censura, simples ou severa.

§ 2.º As penas disciplinares contra os empregados judiciaes, mencionadas n'este artigo, são:

1.º A censura, simples ou severa;

2.º A multa, que nunca será inferior a 5$000 réis, nem superior a 50$000 réis;
3.º A suspensão do officio, que nunca será imposta por espaço inferior a oito dias, nem superior a seis mezes.

§ 3.º As penas disciplinares contra os advogados são:
1.º A multa, que nunca será inferior a 5$000 réis, nem superior a 50$000 réis ;
2.º A suspensão do exercicio da advocacia, que nunca será imposta por espaço inferior a oito dias, nem superior a seis mezes;
3.º A eliminação de expressões diffamatorias ou injuriosas, que os juizes e tribunaes mandarem riscar dos escriptos forenses.

§ 4.º Sendo applicada a censura severa, será publicado na folha official do governo o accordão ou sentença, em que for imposta.

Art. 465.º A gravidade das penas disciplinares considera-se segundo a ordem de precedencia em que se acham enumeradas no artigo antecedente.

§ unico. Na applicação d'estas penas deverão os juizes e tribunaes criminaes attender á gravidade da falta ou omissão commettida, à possibilidade, ou impossibilidade de repetir-se o acto ou termo do processo, que deixou de praticar-se e ao merito ou demerito do juiz, empregado ou advogado omisso.

Art. 466.º O juiz de direito ou juiz ordinario que, sem legitimo impedimento, devidamente provado, deixar de praticar dentro do praso legal algum acto ou termo do processo da sua competencia, será condemnado disciplinarmente na pena de advertencia ou censura, nos termos do § 1.º artigo 464.º, sem prejuizo da acção civel por perdas e damnos.

§ unico. O acto ou termo do processo, que deixar de effectuar-se dentro do praso marcado na lei, não é nullo, salva a disposição, da lei em contrario.

Art. 467.º A disposição do artigo antecedente é applicavel aos secretarios, escrivães e mais empregados mencionados no § 2.º do artigo 464.º

Art. 468.º O escrivão será condemnado disciplinarmente nos termos do artigo 465.º
1.º Se deixar de cumprir o disposto no n.º 2.º do artigo 59.º, dentro do praso que lhe for marcado pelo juiz;
2º Se deixar de cumprir o disposto no artigo 77.º

Art. 469.º O advogado ou defensor que commetter quaesquer outras faltas que não sejam especialmente punidas por este codigo, incorre nas penas disciplinares correspondentes á falta ou omissão commettida, nos termos do artigo 465.º

Art. 470.º Nenhuma das penas disciplinares especificadas nos §§ 1.º, 2.º, 3.º e 4.º do artigo 464.º poderá ser imposta aos juizes; empregados judiciaes e advogados pelas faltas commettidas nos processos, sem que previamente sejam ouvidos, devendo os tribunaes superiores por accordão em conferencia e os juizes por despacho ordenar, que dentro do praso de quarenta e oito horas respondam por escripto o que se lhes offerecer, expedindo-se carta de ordem, se não residirem na comarca que for séde do tribunal.

§ 1.º Se a falta ou omissão, que motivar o exercicio da jurisdicção disciplinar for commettida por advogado, os tribunaes ou juizes mandarão extrahir copias das peças do processo que lhes parecerem necessarias e autual-as em separado.

§ 2.º Logo que finde o praso marcado no artigo antecedente ou tenha voltado cumprida a carta de ordem, o respectivo juiz ou tribunal, em presença da resposta do arguido ou sem ella, proferirá a sua decisão.

Art. 471.º O disposto no artigo antecedente não prejudica a imposição das penas estabelecidas no artigo 63.º, nem a correição, a que os juizes de direito criminaes das comarcas de Lisboa e Porto, os das varas civeis d'estas cidades e os das demais comarcas deverão proceder em seguida ás audiencias geraes do segundo semestre de cada anno para conhecerem e reprimirem as faltas commettidas nos processos pendentes ou findos pelos empregados judiciaes mencionados no § 2.º do artigo 464.º e pelos tabelliães e escrivães dos juizes de paz.

§ unico. O magistrado do ministerio publico poderá assistir á correição, que será annunciada por editaes affixados nos logares mais publicos de cada freguezia da comarca, convidando todos os cidadãos a participarem as faltas a que se refere este artigo.

Art. 472.º O referido magistrado é competente para promover a applicação das penas disciplinares estabelecidas nas leis ou regulamentos contra os escrivães e secretarios, que deixarem de cumprir as suas respectivas obrigações, dentro dos prasos legaes, e de satisfazer ao disposto no n.º 2.º do artigo 59.º, podendo comtudo os juizes ou tribunaes applical-as, independentemente de promoção.

Art. 473.º Haverá no supremo tribunal de justiça e nos tribunaes de segunda instancia tres livros, em cada um dos quaes serão lançadas por extracto as penas disciplinares impostas aos juizes, aos empregados mencionados no § 2.º do artigo 465.º e aos advogados.

§ unico. Em cada juizo de direito de primeira instancia haverá dois livros para o mesmo fim; um com relação aos juizes ordinarios, e outro para os empregados judiciaes e advogados.

Art. 474.º A importancia das multas impostas entrará em um cofre especial a cargo do secretario no supremo tribunal de justiça, do guarda mór na respectiva relação e do contador nos juizes, de direito de primeira instancia, e será applicada para as despezas da administração da justiça, sendo a applicação d'ellas fiscalisada pelo magistrado do ministerio publico.

LIVRO III

Dos processos especiaes

TITULO I

Do processo criminal contra os membros da familia real, ministros e secretarios d'estado, conselheiros d'estado, pares do reino e deputados da nação

CAPITULO I

Do processo preparatorio

Art. 475.º As disposições dos artigos 110.º a 260.º são applicaveis aos crimes ou delictos commettidos pelos membros da familia real, ministros e secretarios d'estado, conselheiros d'estado, dignos pares do reino e deputados eleitos durante o periodo da legislatura, posto que não tenham ainda tomado assento, com as alterações seguintes:

Art. 476.º Se algum par ou deputado for pronunciado ou accusado, o juiz de direito, depois de encerrado o processo preparatorio, o enviará, ou o respectivo traslado, se houver co-réus que devam ser julgados por outro juiz ou tribunal, ao presidente da respectiva camara, devendo sobreestar-se no procedimento ulterior até á decisão d'esta.

Art. 477.º O processo será apresentado na primeira sessão á respectiva commissão de legislação, a qual dará, dentro do praso de quinze dias, o seu parecer fundamentado sobre se o processo deve continuar no intervallo das sessões, ou depois de findas as funcções do indiciado ou accusado.

Art. 478.º Decidindo a camara que o processo deve desde logo continuar, o digno par ou deputado ficará suspenso do exercicio das funcções legislativas, e, se não tiver sido preso em flagrante delicto, auctorisará a captura d'elle, se não prestar fiança, nos casos em que o crime ou delicto a admittir, devendo o presidente enviar copia da decisão ao magistrado do ministerio publico junto do juizo em que se instaurou o processo preparatorio.

§ unico. A discussão do parecer da commissão de legislação será em sessão secreta e a votação por escrutinio secreto.

CAPITULO II
Do processo accusatorio e de julgamento

Art. 479.º São applicaveis á accusação e julgamento dos delinquentes mencionados no artigo 475.º as disposições dos artigos 261.º a 387.º, á excepção das relativas á constituição do jury, devendo comtudo observar-se as dos artigos 315.º e 316.º, verificadas as incompatibilidades n'elles previstas.

Art. 480.º A camara dos dignos pares do reino é competente para conhecer da accusação e julgar em primeira e ultima instancia, como tribunal de justiça criminal, os crimes ou delictos commettidos pelos delinquentes mencionados no artigo 475.º

Art. 481.º A camara dos dignos pares do reino póde constituir-se em tribunal de justiça criminal, não só durante as sessões da camara dos senhores deputados, mas tambem depois de encerradas as côrtes geraes, e ainda mesmo no caso de ter sido dissolvida esta ultima camara.

§ 1.º A reunião da camara dos dignos pares, nos dois ultimos casos previstos n'este artigo, não poderá verificar-se, sem preceder decreto do poder executivo, ouvido o conselho d'estado, devendo o decreto designar o objecto que tem de ser submettido á decisão da camara.

§ 2.º O presidente da camara dos dignos pares expedirá carta convocatoria a todos os dignos pares que residem no continente do reino, convidando-os a comparecerem na sessão que lhes designar, para se constituirem em tribunal de justiça criminal.

Art. 482.º Para que a camara dos dignos pares possa constituir-se em tribunal de justiça criminal e devidamente funccionar, é necessario que estejam presentes pelo menos dezesete pares, que não estejam inhibidos por alguma das causas declaradas no artigo 24.º de ser juizes no processo que tiver de ser julgado.

§ unico. Não serão admittidos a tomar parte nas decisões da camara constituida em tribunal de justiça criminal senão os pares que comparecerem na primeira sessão.

Art. 483.º Ao presidente da camara dos dignos pares compete presidir ao tribunal de justiça criminal e exercer as mesmas attribuições criminaes que competem ao presidente do supremo tribunal de justiça.

Art. 484.º O director geral da secretaria da camara dos dignos pares ou o empregado que o substituir exercerá as funcções de escrivão nos processos que ella julgar, servindo de officiaes de diligencias os continuos da secretaria.

Art. 485.º A accusação será sustentada pelo procurador geral da corôa ou por um dos seus ajudantes, podendo a camara dos senhores deputados fazer-se representar por uma commissão de tres membros, eleita por escrutinio secreto, se o delinquente for algum ministro d'estado ou conselheiro d'estado, cuja accusação tenha sido por ella decretada, nos termos do artigo 37.º da carta constitucional.

Art. 486.º Constituida a camara dos pares em tribunal de justiça criminal, procederá á eleição por escrutinio secreto de um de seus membros para juiz relator, ao qual competem as mesmas attribuições criminaes que pertencem aos juizes relatores dos processos julgados pelo supremo tribunal de justiça.

Art. 487.º Terminado o relatorio, o digno par juiz relator proporá ao tribunal criminal os quesitos, nos termos dos artigos 342.º a 353.º

Art. 488.º Escriptos os quesitos, o escrivão, observando o disposto no artigo 354.º, entregará o processo ao digno par presidente do tribunal criminal, passando em seguida este a votar os quesitos propostos, nos termos dos artigos 358.º a 371.º, com a declaração de que o resultado da votação será verificado pelo presidente, e escripto pelo digno par juiz relator em seguida ao respectivo quesito.

Art. 489.º Julgando-se procedente a accusação, proceder-se-ha á votação sobre a applicação da pena, bastando a maioria absoluta para haver vencimento.

Art. 490.º Concorrendo na pessoa do condemnado circumstancias relevantes que o tornem recommendavel ao poder moderador, em rasão de serviços valiosos prestados á nação ou de suas qualidades distinctas, o tribunal criminal poderá na mesma sessão ou em qualquer outra dirigir ao chefe do estado uma mensagem, pedindo o perdão ou commutação da pena imposta.

TITULO II

Do processo criminal contra os membros do corpo diplomatico e outros funccionarios julgados pelo supremo tribunal de justiça

Art. 491.º São applicaveis aos crimes ou delictos commettidos pelos embaixadores, ministros plenipotenciarios, ministros residentes, agentes diplomaticos das nações estrangeiras, conselheiros do supremo tribunal administrativo, do tribunal superior de guerra e marinha e seu ajudante, do tribunal de contas, e bispos das dioceses do ultramar, as disposições dos artigos 110.º a 260 º, 498.º a 505.º com as alterações seguintes.

Art. 492.º O supremo tribunal de justiça é competente para proceder a todos os actos e termos do processo preparatorio nos crimes a que se refere o artigo antecedente.

§ unico. Se o delinquente for capturado em comarca, que não for séde de tribunal, é tambem competente o juiz d'aquella comarca para proceder aos actos a que se refere o artigo 36.º

Art. 493.º O supremo tribunal de justiça é competente para julgar em primeira e ultima instancia os delinquentes mencionados no artigo 491.º, devendo observar-se no julgamento o disposto nos artigos 506.º a 508.º

TITULO III
Do processo criminal contra os magistrados judiciaes e do ministerio publico nos crimes commettidos no exercicio de suas funcções

Art. 494.º As disposições d'este titulo são applicaveis:

1.º Aos magistrados judiciaes e do ministerio publico, que forem processados por crimes ou delictos commettidos no exercicio de suas funcções, posto que ao tempo em que seja instaurado o processo já não pertençam á magistratura;

2.º Aos magistrados substitutos e interinos, que forem processados por crimes ou delictos commettidos no exercicio de suas funcções.

§ unico. Concorrendo crimes commettidos no exercicio e fóra do exercicio das funcções dos magistrados a que se refere este artigo, é competente para conhecer de todos elles o respectivo tribunal ou juiz que conhecer d'aquelles.

Art. 495.º São applicaveis ao processo preparatorio dos crimes ou delictos commettidos pelos magistrados judiciaes e do ministerio publico no exercicio de suas funcções as disposições dos artigo 96.º a 219.º, com as alterações seguintes.

Art. 496.º Salvo o caso previsto no artigo 36.º, são competentes para proceder a todos os actos e termos do processo preparatorio pelos crimes ou delictos no exercicio de suas funcções:

1.º Os conselheiros do supremo tribunal de justiça a respeito dos crimes commettidos pelos conselheiros do mesmo tribunal e pelos magistrados do ministerio publico junto d'elle, pelos juizes de direito de segunda instancia e pelos magistrados do ministerio publico junto d'elles;

2.º As relações a respeito dos crimes commettidos pelos juizes de direito de primeira instancia e magistrados do ministerio publico junto d'elles;

3.º Os juizes de direito de primeira instancia a respeito dos crimes commettidos pelos juizes ordinarios e juizes de paz e pelas pessoas que exercerem junto d'aquelles funcções do ministerio publico.

§ unico. O juiz relator a quem for distribuido o processo é competente para proceder a todos os actos e termos do processo preparatorio. Se, porém, julgar que deve ser indeferida alguma diligencia ou averiguação requeridas, a decisão será tomada em conferencia.

Art. 497.º Nos crimes de peita, suborno, peculato e concussão, qualquer cidadão poderá requerer querela contra os magistrados judiciaes e do ministerio publico.

Art. 498.º Se o delinquente for conselheiro do supremo tribunal de justiça ou juiz de direito de segunda ou de primeira instancia, o requerimento da querela será dirigido ao presidente do respectivo tribunal, o qual o apresentará na primeira sessão para ser distribuido, nos termos dos artigos 1029.º e 1156.º do codigo do processo civil.

Art. 499.º Se tiverem de ser inquiridas testemunhas residentes fóra da comarca em que estiver a séde do tribunal, ou de proceder-se a alguma outra diligencia no processo preparatorio fóra da mesma comarca, o juiz relator dará commissão para se effectuar ao juiz de direito da respectiva comarca, não sendo o querelado, ou, se o for, ao juiz da comarca mais proxima.

§ unico. Na ultima hypothese prevista n'este artigo, o juiz a quem for dada a commissão deverá transportar-se á comarca em que tiverem de inquirir-se as testemunhas ou de effectuar-se as diligencias, acompanhado do escrivão e official de diligencias que escolher, enviando ao juiz relator a inquirição ou resultado da diligencia committida dentro do praso fixado, o qual poderá ser prorogado, nos termos do § unico do artigo 75.º

Art. 500.º Findo o processo preparatorio, o juiz relator mandará extrahir copia d'elle, que enviará ao querelado, marcando-lhe um praso não excedente a trinta dias para responder por escripto o que se lhe offerecer, podendo este praso ser prorogado por igual espaço de tempo, se o dito querelado allegar motivo justo.

Art. 501.º Recebida a resposta do magistrado querelado ou findo o praso marcado para a apresentar, o juiz relator mandará continuar o processo com vista pelo praso de quinze dias ao magistrado do ministerio publico e por igual praso á parte querelante, havendo-a, para responderem por escripto o que se lhes offerecer ácerca do processo e da resposta do querelado, e informará o presidente do respectivo tribunal dos termos do processo, a fim de se reunir em sessão plena para decidir sobre a prova que offerecer o processo preparatorio.

Art. 502.º Na sessão que for designada e em conferencia, a que assistirão o magistrado do ministerio publico e o advogado da parte querelante, havendo-a, serão lidos pelo escrivão o requerimento de querela, auto de verificação do corpo de delicto, depoimentos das testemunhas inquiridas no processo preparatorio, resposta do querelado e dos querelantes e as demais peças do processo que os juizes ou as partes julgarem necessarias, fazendo o juiz relator em seguida um relatorio circumstanciado do processo.

§ 1.º Findo o relatorio, o magistrado do ministerio publico e o advogado da parte querelante, havendo-a, sairão da sala das conferencias, e o tribunal decidirá se ha, ou não, fundamento para pronuncia.

§ 2.º A decisão será verificada pelo presidente.

Art. 503.º Se o magistrado querelado for pronunciado, ficará desde logo suspenso do exercicio de suas funcções, e, se o crime não admittir fiança, proceder-se-ha á prisão, nos termos dos artigos 183.º e seguintes, podendo encarregar-se d'esta diligencia qualquer juiz de direito das comarcas comprehendidas no respectivo districto administrativo.

§ único. Nos crimes que admittirem fiança, o magistrado pronunciado não será obrigado a prestal-a, devendo considerar-se presente no seu domicilio necessario para a instauração do processo accusatorio e de julgamento, procedendo-se a prisão sem admissão de fiança, se não comparecer no dia assignado para o julgamento, salvo impedimento justificado.

Art. 504.º Nos processos instaurados contra juizes de direito e juizes ordinarios observar-se-hão, na parte applicavel, as disposições do artigo 498.º a 502.º

Art. 505.º Se algum juiz tiver sido suspenso por decreto real, em conformidade com o disposto no artigo 121.º da carta constitucional, logo que os papeis respectivos sejam distribuidos, o juiz relator mandará responder o juiz suspenso e o magistrado do ministerio publico, nos termos dos artigos 500.º e 501.º, e decidirá em sessão plena e em conferencia se na suspensão se observou a fórma do processo estabelecida na lei.

1.º Se a decisão for affirmativa, a tribunal ratificará a suspensão, pronunciará o juiz e mandará instaurar o processo accusatorio.

§ 2.º Sendo negativa a decisão, restituirá o juiz suspenso ao exercicio de suas funcções, não progredindo mais o processo.

Art. 506.º No processo accusatorio contra os magistrados judiciaes e do ministerio publico, pelos crimes ou delictos committidos no exercicio das suas funcções, deverão observar se as disposições dos artigos 261.º a 286.º

Art. 507.º São competentes para julgar, sem intervenção de jurados:

1.º O supremo tribunal de justiça, em primeira e ultima instancia, os crimes committidos no exercicio de suas funcções pelos conselheiros do mesmo tribunal e pelos magistrados do ministerio publico junto d'elle, pelos juizes de direito dos tribunaes de segunda instancia, e pelos magistrados do ministerio publico junto d'elles;

2.º Os tribunaes das relações, em primeira e ultima instancia, os crimes committidos no exercicio de suas funcções pelos juizes de direito de primeira instancia e pelos magistrados do ministerio publico junto d'elles;

3.º Os juizes de direito de primeira instancia, os crimes committidos no exercicio de suas funcções pelos juizes ordinarios e juizes de paz, e pelas pessoas que exercerem junto d'aquellas funcções do ministerio publico.

Art. 508.º São applicaveis ao julgamento dos magistrados judiciaes e do ministerio publico, pelos crimes committidos no exercicio de suas funcções, as disposições dos artigos 305.º a 387.º, á excepção das que se contêem nos artigos 308.º a 317.º, 342.º a 372.º, competindo ao juiz, relator as attribuições dos juizes de direito de primeira instancia.

§ 1.º Se o processo estiver nos termos regulares de ser julgado, o juiz relator prevenirá o presidente do respectivo tribunal para assignar o dia do julgamento, o qual nunca poderá ter logar sem que medeie, pelo menos, o espaço de vinte dias, contados desde a contestação escripta ou do praso designado para este julgamento.

§ 2.º O julgamento dos magistrados mencionados nos n.º 1.º e 2.º do artigo 507.º deverá verificar-se em sessão plena do respectivo tribunal, vencendo-se a decisão por maioria, nos termos do § 2.º do artigo 502.º

TITULO IV

Do processo criminal contra os magistrados judiciaes e do ministerio publico nos crimes committidos fóra do exercicio de suas funcções

Art. 509.º Nos crimes ou delictos committidos fóra do exercicio de suas funcções pelos conselheiros do supremo tribunal de justiça, juizes de direito de segunda e de primeira instancia, magistrados do ministerio publico junto d'elles, juizes ordinarios e juizes de paz, é competente para proceder aos actos e termos do processo preparatorio o juiz de direito da comarca em que o crime for committido, devendo observar-se as disposições dos artigos 110.º a 253.º com as alterações seguintes.

Art. 510.º Se houver prova sufficiente para a pronuncia, e se o pronunciado for conselheiro do supremo tribunal de justiça, juiz de direito de segunda ou de primeira instancia, ou magistrado do ministerio publico junto d'elles, o juiz de direito instructor do processo sobreestará no proseguimento d'elle e o remetterá ao presidente do tribunal que for competente para o julgar, o qual, depois de distribuida a querela, cumprido o disposto nos artigos 498.º a 505.º, e satisfeita alguma diligencia requerida pelo magistrado do ministerio publico ou pela parte querelante, ratificará a pronuncia e mandará suspender o magistrado pronunciado, se para isso houver fundamento.

Art. 511.º O disposto no § unico do artigo 503.º é applicavel ao processo preparatorio dos crimes a que se refere o artigo 509.º

Art. 512.º Na accusação e julgamento d'estes crimes observar-se-hão as disposições dos artigos 506.º a 508.º

LIVRO IV

Dos recursos

TITULO I

Disposições geraes

Art. 513.º No processo criminal, tanto de querela como de policia correccional, não ha alçada para a interposição dos recursos de qualquer natureza até ao supremo tribunal de justiça.

§ unico. Neste processo são admittidos os recursos seguintes:
1.º Aggravo no auto do processo;
2.º Aggravo de petição;
3.º Aggravo de instrumento;
4.º Carta testemunhavel;
5.º Appellação;
6.º Revista;
7.º Embargos.

Art. 514.º O magistrado do ministerio publico não póde desistir do recurso, depois de interposto; mas a parte offendida poderá requerer a desistencia em qualquer estado e termos do processo.

Art. 515.º Todo o recurso póde ser interposto dentro do praso legal, independentemente de previa intimação do despacho ou sentença recorrida, em audiencia no protocollo do escrivão, ou no cartorio d'este por termo no processo, assignado pelo recorrente ou seu procurador, por duas testemunhas e pelo mesmo escrivão.

Art. 516.º Nenhum juiz ou tribunal poderá, sob qualquer pretexto, impedir directa ou indirectamente, que se escrevam os recursos competentes e que, depois de interpostos, sigam os termos ulteriores, sob pena de 10$000 réis a 100$000 réis de multa.

Art. 517.º O escrivão que se recusar a lavrar no processo o termo de qualquer recurso, que lhe for solicitado no seu cartorio pelo recorrente, no praso legal, ou se o lavrar fóra do mesmo praso, incorre em metade da multa estabelecida no artigo antecedente.

Art. 518.º Os recursos interpostos dos despachos ou sentenças dos juizes de direito de primeira instancia para os tribunais das relações e das decisões d'estes para o supremo tribunal de justiça poderão ser minutados e contraminutados no juizo ou tribunal em que são interpostos ou no que tem de conhecer d'elles.

§ 1.º A parte que tiver offerecido a minuta em um juizo ou tribunal não poderá minutar no outro, salvo o caso previsto no artigo 587.º

§ 2.º Se, porém, o recorrente for o magistrado do ministerio publico, deverá sempre minutar o recurso no juizo ou tribunal em que for interposto, e contraminutal-o, se for recorrido, e a outra parte o tiver minutado; mas, se esta o não tiver feito, deverá aquelle magistrado enviar ao seu superior uma exposição em fórma de contraminuta.

§ 3.º As minutas e contraminutas serão sempre dirigidas ao chefe do estado e assignadas por advogado com o nome por inteiro, e deverão terminar expondo, em resumo e em conclusões distinctas e numeradas, os fundamentos por que pedirem o provimento ou não provimento.

Art. 519.º Os prasos para a interposição dos recursos e para a sua apresentação nos tribunaes superiores são continuos e improrogaveis.

§ unico. Havendo, porém, justo impedimento que obste á interposição e apresentação do recurso no praso legal, poderá este ser interposto e apresentado fóra do mesmo praso, allegando-se e provando-se a existencia d'esse impedimento, ouvida a parte contraria.

Art. 520.º O praso para a interposição de qualquer recurso conta-se do dia em que for intimado o despacho ou sentença.

§ 1.º Não se conta no praso o dia em que elle começar, mas conta-se aquelle em que findar.

§ 2.º O praso corre durante as ferias e em dias feriados ou santificados; mas, sendo feriado ou santificado ou estando comprehendido nas ferias o ultimo dia. o praso só terminará no primeiro dia util que se seguir.

§ 3.º Os effeitos da terminação do praso não dependem de lançamento ou de qualquer outra formalidade.

Art. 521.º O recurso de qualquer natureza é sempre suspensivo do andamento do processo, salvo o caso previsto no § unico do artigo 28.º

§ unico. O recurso subirá sempre ao tribunal superior nos proprios autos, excepto no caso do § 2.º do artigo 555.º, devendo ficar traslado na instancia inferior.

Art. 522.º O recurso interposto pelo magistrado do ministerio publico aproveita sempre ao réu, posto que não tenha recorrido.

§ 1.º Havendo differentes co-réus no mesmo processo, os effeitos do recurso sómente aproveitam áquelle que o interpozer.

§ 2.º Exceptua-se da disposição do paragrapho antecedente o recurso ácerca da criminalidade e classificação do facto criminoso, cujos effeitos aproveitam a todos os co-réus que não tiverem sido julgados.

Art. 523.º Nenhum recurso poderá ter seguimento nem ser expedido, sem que tenha sido feito o preparo das peças do traslado do processo e do porte da estação postal, salvo se o recorrente for o magistrado do ministerio publico, ou algum réu devidamente classificado como pobre por attestados do respectivo administrador do concelho ou parocho da freguezia.

Art. 524.º O praso para a extracção do traslado será de dez até trinta dias, podendo ser prorogado por vinte dias, se o escrivão allegar motivo plausivel para a prorogação.

Art. 525.º O praso para a apresentação do recurso no tribunal superior não excederá a quarenta e oito horas, se o recurso tiver sido interposto de alguma comarca em que estiver a séde da relação; a dez dias, se o for de outra comarca do continente do reino ou das ilhas adjacentes, que não esteja separada por mar da séde da respectiva relação; a quarenta dias, se tiver de subir de comarca separada por mar da sede do mesmo tribunal; e a um anno, se provier de alguma comarca do ultramar.

§ unico. Este praso começa a contar-se: nos dois primeiros casos previstos n'este artigo, depois de findo o praso marcado ao escrivão para extrahir o traslado, e, nos dois ultimos, desde o dia da saída da segunda embarcação procedente do porto a que pertencer a comarca d'onde subir o recurso com destino ao da cidade em que estiver a séde da relação e tambem depois de extrahido o traslado.

Art. 526.º Nas comarcas que forem sédes do supremo tribunal de justiça ou dos tribunaes das relações o escrivão deverá apresentar o processo no secretario ou guarda mór, no praso designado no artigo antecedente, sob pena de 5$000 réis de multa, cobrando o competente recibo da entrega.

§ unico. A expedição dos recursos nas outras comarcas será feita pelos respectivo escrivão, por via da estação postal, devendo ser remettidos devidamente fechados e lacrados com direcção externa ao guarda mór da respectiva relação ou secretario do supremo tribunal de justiça, conter no involucro a declaração de «serviço publico» ou «interesse particular» e archivar-se o documento da entrega, que será averbado no registo.

Art. 527.º O recurso será julgado deserto:

1.º No juizo de direito de primeira instancia, se o recorrente, que não for isento de preparo do traslado, o não fizer, bem como a importancia do porte da estação postal, dentro do praso de dez dias contados da sua interposição;

2.º No tribunal da relação ou no supremo tribunal de justiça, por tres votos em conferencia, se não fizer o mesmo preparo dentro de igual praso contado da distribuição.

Art. 528.º O recurso da sentença ou accordão condemnatorio não poderá ser julgado deserto, sem que previamente seja intimado para fazer o preparo o procurador do recorrente, se o tiver constituido. Não tendo juntado procuração, será intimado pessoalmente, expedindo-se para este fim carta de ordem, se estiver no juizo de primeira instancia, salvo se for classificado pobre.

Art. 529.º Findos os prasos declarados nos artigos 526.º e 527.º, sem ter sido feito o preparo pelo recorrente, será o recurso julgado deserto, a requerimento do magistrado do ministerio publico, ou do recorrido, quando aquelle não intervier no processo, preparando para esse fim, e o recurso baixará logo ao respectivo juizo ou tribunal, pagas as custas feitas.

TITULO II
Do aggravo no auto do processo

Art. 530.º O aggravo no auto do processo compete do despacho que preterir algum acto ou termo do processo que importe nullidade, quer seja no processo preparatorio, quer no accusatorio ou de julgamento.

Art. 531.º Este aggravo deve ser interposto dentro do praso de cinco dias contados da intimação do despacho, podendo comtudo ser interposto antes d'ellla.

TITULO III
Do aggravo de petição

Art. 532.º O aggravo de petição interpõe-se para a relação do districto do despacho proferido pelo juiz de direito da comarca em que estiver a séde da mesma relação.

Art. 533.º Este aggravo compete:

1.º Do despacho do juiz de direito da comarca que for séde de relação, em que alguma lei for offendida e não versar sobre termos o formalidades do processo;

2.º Do que pronunciar o querelado ou qualquer outro delinquente;

3.º Do que conceder ou denegar fiança;

4.º Do que mandar intimar o presumido delinquente para ser julgado no juizo de policia correccional,

5.º Do que julgar improcedente as excepções de prescripção ou caso julgado;

6.º Do que julgar procedentes ou improcedentes as excepções de suspeição e de incompetencia;

7.º Do que julgar deserto o recurso;

8.º Do que condemnar em custas o juiz ordinario ou qualquer empregado de justiça.

§ unico. No caso previsto no n.º 2.º d'este artigo, o aggravo sómente póderá ser interposto depois de encerrado o processo preparatorio.

Art. 534.º O réu pronunciado por crime, que não admitta fiança, póde interpor por intermedio de seu procurador, o recurso de aggravo de injusta pronuncia, sem necessidade de se apresentar na cadeia; mas o recurso não obsta a que se effectue a prisão do mesmo réu.

Art. 535.º Póde igualmente interpor o recurso de aggravo de injusta pronuncia o réu pronunciado por crime que admitta fiança, logo que a tenha prestado.

Art. 536.º O recurso de aggravo do despacho de pronuncia, com fiança ou sem ella, assim como o de aggravo no caso do n.º 4.º do artigo 533.º, devolve ao tribunal da relação e ao supremo tribunal de justiça o conhecimento de todo o processo, competindo-lhe conhecer:

1.º Da existencia de corpo de delicto, que comprove a criminalidade do facto e a sua qualificação;

2.º Das circumstancias attenuantes ou dirimentes da responsabilidade criminal;

3.º Da sufficiencia ou insufficiencia da prova e indicios para a pronuncia;

4.º Da admissão ou exclusão da fiança;

5.º De quaesquer nullidades que possam affectar o processo, posto que não tenham sido allegadas pelo aggravante.

Art. 537.º O escrivão não poderá tomar termo de aggravo sem que n'elle se declare a lei offendida.

Art. 538.º O praso para a interposição do aggravo é de cinco dias contados da intimação do despacho ou sentença, podendo comtudo ser interposto antes da intimação.

Art. 539.º Tomado o termo de aggravo de petição, o escrivão o intimará dentro do praso de vinte e quatro horas ao aggravado.

§ 1.º Em seguida continuará o processo com vista no magistrado do ministerio publico, se for aggravante, ou ao advogado do aggravante por cinco dias para escrever nos proprios autos a minuta do aggravo, em que exporá os fundamentos d'elle, nos termos do § 3.º do artigo 518.º, podendo juntar-lhe os documentos que tiver.

§ 2.º Findo este praso, o escrivão cobrará o processo e o continuará com vista por igual praso ao magistrado do ministerio publico, se for aggravado, ou ao advogado do aggravado, se o tiver constituido, para contraminutar, podendo tambem instruir a contraminuta com os documentos que tiver.

§ 3.º Logo que termine o praso marcado no § 2.º, o escrivão cobrará o processo e o fará concluso ao juiz, que deverá dentro de outros cinco dias sustentar o seu despacho ou reparar o aggravo.

Art. 540.º Decorrido o praso fixado no § 3.º do artigo antecedente, o escrivão cobrará o processo, e, independentemente de accordão compulsorio, e sob pena de multa de 5$000 réis a 20$000 réis, o apresentará dentro de vinte e quatro horas ao guarda mór da relação, nos termos do artigo 526.º

Art. 541.º Se o juiz reparar o aggravo, cabe novo aggravo d'este despacho, que não poderá ser alterado, devendo observar-se n'elle o disposto nos artigos 535.º e 539.º

TITULO IV
Do aggravo de instrumento

Art. 542.º O aggravo de instrumento para a relação do districto compete dos despachos proferidos pelos juizes de direito das comarcas em que não estiver a séde da relação, nos casos declarados no artigo 533.º

Art. 543.º São applicaveis á interposição e seguimento do aggravo de instrumento as disposições dos artigos 534.º a 541.º

Art. 544.º O traslado deverá conter as peças do processo, que forem indicadas pelo juiz e pelas partes, quando minutarem ou protestarem minutar no tribunal superior, devendo o mesmo juiz, quando sustentar o despacho aggravado, designar o praso para a extracção do traslado e para a apresentação do processo original no tribunal superior.

Art. 545.º Havendo differentes co-réus pronunciados no mesmo processo, com fiança ou sem ella, se algum d'elles estiver preso e prescindir de recurso, poderá desde logo requerer o seu julgamento, o qual correrá no traslado do processo, que será pago á custa do recorrente, se não estiver classificado como pobre, nos termos do artigo 523.º

TITULO V
Da carta testemunhavel

Art. 546.º Se o escrivão do juizo de primeira ou segunda instancia se recusar a escrever o termo de recurso que lhe for solicitado pelo recorrente, ou se o juiz obsta a que se escreva, poderá o mesmo recorrente protestar no respectivo cartorio perante duas testemunhas, e o mesmo escrivão, ou, no caso de falta ou nova recusa sua, outro qualquer lhe passará carta testemunhavel, na qual copiará as peças do processo que lhe forem apontadas verbalmente no acto do protesto, ou nas vinte e quatro horas seguintes.

§ 1.º Poderá tambem a parte, em logar da carta testemunhavel, requerer dentro do praso de dez dias ao presidente do tribunal superior, que mande escrever o recurso pelo escrivão do processo, devendo o requerimento ser instruido com os documentos necessarios.

§ 2.º O escrivão que recusar passar a carta testemunhavel ou cumprir a ordem superior, incorre na pena de demissão do officio.

Art. 547.º A relação ou o juiz de direito que originou a carta testemunhavel deverá immediatamente cumprir a decisão superior, mandando escrever o aggravo, e o escrivão que se recusar a lavrar o respectivo termo será demittido.

TITULO VI
Da appellação

Art. 548.º O recurso de appellação para a relação do districto compete:

1.º Da sentença condemnatoria proferida pelo juiz de direito, com intervenção de jurados;

2.º Da sentença condemnatoria ou absolutoria, proferida no juizo de policia correccional;

3.º Do despacho do juiz de direito que não julgar constituido o corpo de delicto, tanto nos crimes que devam ser julgados com intervenção de jurados, como no juizo de policia correccional;

4.º Do que não receber a querela ou queixa de que tratam os artigos 110.º e 437.º

5.º Do que não pronunciar o querelado ou qualquer outro delinquente;

6.º Do que ordenar ao magistrado do ministerio publico que instaure procedimento criminal, quando se tenha abstido de o promover;

7.º Do que julgar procedentes as excepções de prescripção ou caso julgado;

8.º E em geral, de qualquer despacho ou sentença que annullar ou pozer termo ao processo, de modo que possa proferir-se despacho ou sentença definitiva.

§ unico. Este recurso devolve ao tribunal superior o conhecimento de todo o processo e de quaesquer nullidades, posto que não sejam allegadas.

Art. 549.º Os magistrados do ministerio publico deverão interpor sempre o recurso de appellação das sentenças proferidas pelos juizes de direito, que condemnarem em qualquer pena maior temporaria excedente a cinco annos.

§ unico. Poderão igualmente interpor este recurso, quando julgarem que as sentenças não foram proferidas em conformidade com a lei penal.

Art. 550.º O praso para a interposição do recurso de appellação é de dez dias contados da intimação do despacho ou sentença, podendo contudo ser interposto antes da intimação.

Art. 551.º Tomado o termo de appellação, o escrivão fará logo o processo concluso ao juiz de direito, o qual designará as peças que deverá conter o traslado, marcará o praso para a extracção d'este e para a apresentação do processo original no tribunal da relação.

§ 1.º O traslado conterá sómente:
1.º O rosto dos autos;
2.º Requerimento de querela ou queixa;
3.º Os depoimentos das testemunhas inquiridas no processo preparatorio, que forem indicadas pelo juiz;
4.º O despacho de pronuncia;
5.º O libello accusatorio e a contestação escripta;
6.º Os quesitos e respostas do jury.

§ 2.º Havendo differentes co-réus no processo, e tendo-se extrahido traslado relativo a algum d'elles, deverão sómente ser copiadas as peças ainda não transcriptas, que disserem respeito ao co-réu de que se trata.

TITULO VII
Do recurso de revista

Art. 552.º O recurso de revista para o supremo tribunal de justiça compete:
1.º De todos os accordãos proferidos pelos tribunaes das relações, havendo nullidade do processo ou nullidade de sentença;
2.º Das sentenças absolutorias proferidas pelos juizes de direito nos processos julgados com intervenção de jurados, tendo-se protestado por certa e determinada nullidade antes da decisão do jury, não se podendo conhecer do recurso, se a nullidade não for especificada;
3.º Dos accordãos de qualquer natureza proferidos pelos tribunaes de segunda instancia nos processos julgados no juizo de policia correccional.

§ 1.º O recurso de revista interposto no caso previsto no n.º 2.º d'este artigo não suspende a soltura do réu, o qual será immediatammente posto em liberdade, se prestar fiança, posto que o crime a não admitta.

§ 2.º Este recurso devolve ao supremo tribunal de justiça o conhecimento de quaesquer nullidades, posto que não sejam allegadas.

Art. 553.º Dos accordãos proferidos pelos tribunaes das relações, em conformidade com a decisão do supremo tribunal de justiça, não compete outro recurso de revista.

§ unico. Dos accordãos, porém, que não se conformarem com a opinião do supremo tribunal de justiça compete novo recurso de revista para este, quaesquer que sejam os seus fundamemtos.

Art. 554.º São applicaveis á interposição, seguimento e apresentação do recurso de revista as disposições do § unico dos artigos 549.º, e 550.º com as alterações seguintes:

Art. 555.º O traslado do processo deverá sómente conter:
1.º As peças declaradas no § 1.º do artigo 551.º, se o recurso for interposto de accordão proferido pela relação em aggravo de petição, ou de sentença absolutoria do juiz de direito em processo julgado com intervenção de jurados;

2.º As peças que forem apontadas pelo recorrente, quando este for algum juiz ou empregado judicial condemnado em custas ou multa.

§ 1.º No caso previsto no numero antecedente, subirá ao supremo tribunal de justiça o traslado do processo, salvo se alguma das partes tiver interposto recurso de revista.

§ 2.º Havendo differentes co-réus e interpondo-se simultaneamente o recurso de revista e o de appellação nos processos julgados com intervenção de jury, subirá o processo original ao supremo tribunal de justiça e o traslado ao tribunal da relação.

TITULO VIII
Do julgamento dos recursos nos tribunaes de segunda instancia

CAPITULO I
Disposições geraes

Art. 556.º Na ordem do serviço e distribuição dos processos que subirem aos tribunaes das relações observar-se-ha o disposto nos artigos 1024.º a 1045.º inclusive do codigo do processo civil e artigos 513.º a 529.º d'este codigo, com as alterações seguintes.

Art. 557.º As disposições dos artigos 254.º a 260.º são applicaveis ás excepções peremptorias e de incompetencia perante os tribunaes das relações.

Art. 558.º Sendo offerecida alguma excepção de suspeição a algum juiz dos tribunaes das relações, ou a algum magistrado do ministerio publico junto d'elles, observar-se-ha, na parte applicavel, o disposto nos artigos 1107.º a 1115.º e 1117.º do codigo do processo civil.

Art. 559.º É applicavel aos escrivães dos tribunaes das relações o disposto no artigo 259.º

Art. 560.º Todo o recurso, que não subir minutado e contraminutado, logo que tenha sido examinado pelo revedor e pelo escrivão e feito o preparo, quando for devido, será continuado com vista pelo mesmo escrivão, independentemente de despacho, ao magistrado do ministerio publico e aos advogados do réu, tendo primeiro vista o recorrente.

Art. 561.º Se o réu, tendo sido condemnado, não tiver constituido advogado, será encarregado da sua defeza aquelle a quem pertencer por escala, devendo o escrivão cumprir o disposto no § 2.º do artigo 276.º

§ unico. Haverá para este fim nas secretarias das presidencias das relações uma tabella organisada pelo respectivo guarda mór, segundo a prioridade da inscripção dos advogados.

Art. 562.º O praso da vista é de oito dias, tanto para o magistrado do ministerio publico, como para o advogado dos réus, devendo o escrivão cobrar o processo, findo este praso.

§ unico. Se houver mais de um recorrente ou recorrido, e tiverem sido constituidos ou nomeados differentes advogados, cada um d'elles terá vista pelo praso de oito dias.

Art. 563.º Todo o recurso, antes de ser julgado, deverá ser visto por tres juizes, incluindo o relator, não podendo ter logar o julgamento sem que estejam presentes cinco juizes, dois dos quaes tenham visto o mesmo recurso.

§ 1.º Só haverá vencimento quando haja tres votos conformes.

§ 2.º Quando na respectiva secção não houver cinco juizes, serão chamados da outra secção os que faltarem para completar esse numero.

Art. 564.º Se o julgamento do recurso recaír em processo, em que tenha sido concedida a revista em virtude de nullidade de sentença, a decisão do tribunal da relação vencer-se-ha por tres votos conformes, no caso de seguir a mesma opinião do supremo tribunal de justiça, e por cinco votos conformes no caso de seguir opinião differente.

Art. 565.º Os recursos relativos a réus que estejam presos serão vistos pelos juizes e julgados com preferencia a quaesquer outros.

Art. 566.º Os réus presos nunca serão compellidos a acompanhar o processo á segunda instancia, salvo se o requererem, sujeitando-se a ser removidos com a necessaria segurança, e a satisfazer á sua custa as despezas da remoção.

Art. 567.º Logo que o recurso tenha sido visto pelas partes e pelos juizes, o escrivão dará ao guarda mór uma nota de que está prompto para julgamento, devendo ser lançada em um livro para este fim destinado, e fará logo o processo concluso ao juiz relator.

§ 1.º Por esta nota e pelas informações que o presidente obtiver dos juizes relatores se formará uma tabella dos recursos que têem de ser julgados, com declaração do dia da sessão em que o deverem ser, devendo um exemplar d'ella ser affixado na porta da sala do tribunal e distribuindo-se a cada um dos juizes da respectiva secção outro exemplar, que poderá ser impresso.

§ 2.º O escrivão enviará logo a cada um dos juizes relatores o respectivo processo concluso para julgamento e fará os competentes avisos ao magistrado do ministerio publico e aos advogados das partes.

Art. 568.º Posto qualquer recurso em tabella, se o juiz relator estiver impedido de comparecer na sessão, enviará o processo ao tribunal com a devida antecipação, e prevenirá o presidente por escripto do impedimento superveniente, a fim de se verificar o julgamento no dia marcado, servindo de relator o juiz immediato.

§ unico. Se estiver presente só um dos juizes que tenha visto o processo, ficará a decisão adiada para a sessão seguinte, devendo n'este intervallo ser visto o processo por outros dois juizes.

Art. 569.º Os juizes discutirão em conferencia a materia dos recursos, fallando e votando em primeiro logar o juiz relator, seguindo-se os juizes adjuntos, pela ordem em que tiverem visto o feito, e, se estes não fizerem vencimento, votarão os seguintes, segundo a ordem de precedencia.

§ unico. Nenhum juiz poderá ser interrompido, nem fallar mais de duas vezes, salvo para modificar ou revogar a opinião que tiver expendido, devendo para este fim pedir licença ao presidente e expor as rasões que o determinaram a mudar de voto.

Art. 570.º O presidente verificará o vencimento, do qual tomará nota o juiz relator com os principaes fundamentos dos juizes vencedores, devendo n'aquelle acto communical-a aos mesmos juizes para poderem fazer as alterações ou modificações que julgarem necessárias, lavrando-se na sala das conferencias o respectivo accordão.

Art. 571.º Se o presidente faltar á sessão, o juiz que o substituir votará no recurso que haja de ser julgado n'essa sessão, se for necessário para haver vencimento e julgamento, quer tenha visto o recurso, quer não.

§ 1.º Quando por impedimento ou falta do presidente fizer as suas vezes o vice-presidente, ou o juiz mais antigo da respectiva secção, não ficarão estes impedidos de votar nos processos em que devem ser juizes; e, n'aquelles em que forem relatores, passará a presidencia, durante o julgamento, para o juiz immediato.

§ 2.º Se houver empate no feito em que tiver voto o vice-presidente, ou o juiz que presidir, nos termos do paragrapho antecedente, terá voto de desempate o juiz presente mais antigo, que estiver desimpedido.

Art. 572.º Os tribunaes superiores levarão sempre em conta aos réus como circumstancia attenuante, para o effeito da reducção da pena, a prisão que tenham soffrido anterior ou posteriormente á sentença condemnatoria.

Art. 573.º Todo o accordão que conceder provimento no recurso, deverá conter:
1.º Um resumido relatorio do objecto do recurso;
2.º Os fundamentos da decisão, que poderão ser em forma de *attendendo* ou *considerando*;
3.º A data e assignatura dos juizes.

§ unico. Se, porém, negar provimento, deverá conter o que se acha determinado n'este artigo, podendo os fundamentos ser expostos mais resumidamente.

Art. 574.º O accordão será lavrado pelo juiz relator, salvo se ficar vencido, devendo n'este caso sel-o pelo primeiro juiz que fizer vencimento.

§ 1.º Os juizes vencidos deverão fazer, em seguida á sua assignatura, a declaração de *vencidos,* podendo expor concisamente os fundamentos do seu voto.

§ 2.º A falta de assignatura de qualquer juiz ou da declaração do seu voto não é nullidade, estando o accordão lavrado conforme o vencido; mas qualquer das partes poderá, dentro do praso de vinte e quatro horas, requerer o supprimento d'esta falta.

§ 3.º O accordão será publicado pelo juiz que o tiver lavrado na mesma sessão em que for decidido, e será registado no praso de dez dias no livro de que trata o artigo 143.º

§ 4.º Quando, porém, pela natureza do recurso ou pela duração da sessão não podér lavrar-se o accordão na sessão em que se vencer a decisão, o juiz relator poderá levar o feito para casa a fim de lavrar o accordão, conforme o vencido, escrevendo logo o mesmo juiz relator por lembrança a decisão, que será assignada pelos juizes no livro respectivo rubricado pelo presidente.

§ 5.º N'este caso, o juiz relator levará o feito á primeira sessão com o respectivo accordão para ahi ser assignado e publicado. D'esta publicação correrá o decendio.

§ 6.º Se não estiverem presentes na sessão seguinte algum ou alguns dos juizes que votaram, assignarão os presentes, e o relator no final do accordão fará a declaração seguinte: «Tem voto do juiz N.»

§ 7.º O escrivão redigirá em cada processo que se julgar uma acta da sessão, na qual referirá as circumstancias que houverem occorrido até á publicação de accordão.

Art. 575.º O accordão do tribunal superior que conceder provimento no recurso será cumprido pelo juiz de direito de primeira instancia, logo que se lhe apresente certidão d'elle, na qual se declare que passou em julgado.

Art. 576.º Publicado o accordão, poderão as partes, dentro do praso de quarenta e oito horas, contadas da intimação, requerer que se declare alguma obscuridade ou ambiguidade que porventura contenha.

§ unico. Esta petição será resolvida em conferencia na sessão seguinte, sem que o accordão seja offendido na sua essencia.

D'esta ultima decisão correrá o decendio para a interposição do recurso de revista.

Art. 577.º Os accordãos das relações serão intimados aos réus pelo escrivão do processo. Se, porém, estes não estiverem na séde da relação, deverá expedir-se carta de ordem, em que será transcripto o accordão, declarando-se n'ella que o escrivão do juizo de primeira instancia, que fizer a intimação, lavrará o termo de recurso que for solicitado pelo réu, independentemente de despacho do juiz relator.

Art. 578.º Compete aos presidentes dos tribunaes das relações:
1.º Mandar formar a tabella dos recursos que hão de ser julgados em cada sessão;
2.º Dirigir os trabalhos das sessões;
3.º Manter a ordem e a decencia nas discussões;
4.º Apurar a final o vencimento;
5.º Decidir com o seu voto, no caso de empate;
6.º Manter a policia do tribunal, competindo-lhe as attribuições estabelecidas no artigo 304.º

Art. 579.º Um dos magistrados do ministerio publico que funccionar junto dos tribunaes das relações assistirá sempre ás sessões para fiscalisar e promover a exacta observancia da lei.

Art. 580.º Incumbe aos magistrados do ministerio publico junto dos tribunaes de segunda instancia promover a execução dos accordãos por elles proferidos, em conformidado com o disposto nos artigos 391.º a 404.º

CAPITULO II
Do julgamento dos aggravos e cartas testemunhaveis

Art. 581.º Os aggravos de petição e de instrumento e as cartas testemuhaveis serão julgados em conferencia por tres votos conformes.

Art. 582.º Distribuido algum d'estes recursos, o escrivão, depois de cumprir o disposto no artigo 560.º, quando haja logar, o fará concluso ao juiz relator dentro do praso de vinte e quatro horas depois da distribuição, ou depois de feito o preparo, quando for devido.

Art. 583.º O juiz relator deverá, dentro do praso de quarenta e oito horas, examinar o recurso e por-lhe o *visto,* datado e assignado.

§ unico. Findo este praso, o escrivão cobrará logo o processo e o fará concluso successivamente pelo mesmo praso a cada um dos dois juizes seguintes, que lhe porão o *visto*, datado e assignado.

Art. 584.º Se, antes dos *vistos* alguma das partes juntar algum documento no tribunal da relação, o escrivão continuará logo o processo com vista por quarenta e oito horas ao advogado da parte contraria, se o tiver constituido, e, tendo sido constituidos differentes advogados, cada um d'elles terá vista pelo mesmo praso.

§ unico. Se o documento for offerecido depois de ter sido visto o aggravo pelos juizes, o juiz relator, precedendo requerimento da parte, o apresentará na conferencia do julgamento para ser apreciado como for de justiça.

Art. 585.º Se o aggravo versar sobre algum conflicto de jurisdicção ou de competencia, e o tribunal da relação se não julgar sufficientemente informado para o decidir, poderá expedir carta de ordem aos juizes de direito em conflicto, marcando-lhes um praso rasoavel para responderem.

§ 1.º Findo este praso, o respectivo magistrado do ministerio publico junto dos juizes de direito em conflicto devolverá ao magistrado junto do tribunal da relação a carta de ordem com a resposta dos juizes e quaesquer certidões do processo que estes juntarem, ou certidão da falta d'ella.

§ 2.º O magistrado do ministerio publico que não tiver levantado o conflicto remetterá juntamente com a carta de ordem o seu parecer fundamentado sobre o objecto do conflicto.

Art. 586.º O escrivão apresentará o processo na primeira sessão depois de ter findado o praso dos *vistos*, e o aggravo, depois de incluido em tabella, será julgado em conferencia por tres votos conformes dos juizes presentes.

CAPITULO III
Do julgamento da appellação

Art. 587.º Ainda que o recurso de appellação tenha sido minutado no juizo de direito de primeira instancia, poderão o appellante e appellado, se o requererem, ter vista do processo, nos termos do artigo 562.º, deduzir por escripto nullidades e fazer as considerações que se lhes offerecerem sobre a natureza e duração da pena.

§ unico. Se preferirem fazer allegação oral perante o tribunal, escreverão sómente o *visto* no processo, com a declaração de que serão presentes na sessão do julgamento.

Art. 588.º Se alguma das partes juntar algum documento no tribunal da relação, observar-se-ha o disposto no artigo 584.º

Art. 589.º Findo o praso a que se refere o artigo antecedente, o escrivão cobrará o processo e o fará concluso ao juiz relator, o qual examinará o recurso dentro do praso de oito dias e lhe, porá o *visto,* datado e assignado.

Art. 590.º Se as partes deduzirem ou o juiz relator notar alguma nullidade, ou se houver algum aggravo no auto do processo, levará o processo á primeira sessão do tribunal para em conferencia se tomar por accordão a decisão que se vencer.

§ 1.º Se as nullidades forem julgadas suppriveis, o tribunal mandará proceder aos actos e diligencias necessarias para o descobrimento da verdade, antes de visto o processo pelos juizes.

§ 2.º Sendo as nullidades julgadas insuppriveis, o processo será julgado nullo total ou parcialmente, salvos os documentos, e a causa será de novo instaurada ou continuada no mesmo processo, segundo se vencer.

§ 3.º Decidindo o tribunal que não procedem as nullidades deduzidas pelas partes ou notadas pelos juizes, ou negando provimento ao aggravo no auto do processo, lavrar-se-ha o respectivo accordão.

Art. 591.º Não tendo sido deduzidas ou notadas nullidades, ou sendo desattendidas as que tiverem sido indicadas, o escrivão cobrará o processo e o fará concluso por oito dias successivamente a cada um dos dois juizes seguintes, que lhe porão tambem o *visto,* datado e assignado, e, depois de o cobrar do ultimo, o fará logo concluso ao relator, que o declarará prompto para ser inscripto em tabela para julgamento.

Art. 592.º Logo que o recurso tenha o numero de tres *vistos* e seja incluido na tabella para ser julgado, o escrivão a quem tiver sido distribuido dirigirá cartas de aviso aos juizes e magistrado do ministerio publico e intimará os advogados das partes do dia designado para o julgamento.

Art. 593.º Salvo o disposto no § 2.º do artigo 298.º, os recursos de appellação serão julgados em sessão publica, sendo applicavel ao julgamento o disposto nos artigos 300.º a 303.º

§ unico. Nos casos previstos no § 2.º do citado artigo 298.º, o tribunal decidirá por accordão em conferencia que a sessão seja secreta, conservando-se sómente n'ella as pessoas a que o mesmo artigo se refere.

Art. 594.º A discussão da appellação começará pelo relatorio, verbal ou escripto, que deverá conter uma exposição exacta e resumida dos factos criminosos imputados aos réus e das circumstancias aggravantes ou attenuantes que os revestirem, e da materia da defeza.

§ unico. O relatorio escripto nunca se juntará ao processo.

Art. 595.º Terminado o relatorio, o presidente concederá a palavra ao magistrado do ministerio publico e aos advogados das partes, devendo fallar em primeiro logar o do appellante e observar-se nos debates o disposto nos artigos 336.º a 339.º

Art. 596.º Finda a discussão, os juizes passarão á sala das conferencias, onde será julgada a appellação, nos termos dos artigos 569.º a 574.º inclusive, podendo ainda o tribunal conhecer de alguma nullidade, que não tenha sido deduzida pelas partes ou notada pelos juizes.

CAPITULO IV
Do julgamento da appellação no caso de sentenças contraditorias

Art. 597.º Se em algum dos tribunaes das relações penderem por appellação differentes sentenças condemnatorias proferidas contra dois ou mais réus, as quaes, longe de se poderem conciliar, constituam a prova da innocencia de um dos condemnados, e não tiver sido ainda julgado nenhum dos processos, o respectivo magistrado do ministerio publico promoverá officiosamente, ou a requerimento de algum dos condemnados, que os processos se appensem ao que primeiramente tiver sido distribuido, a fim de que o tribunal possa apreciar as sentenças.

§ 1.º Feitos os autos conclusos ao juiz a quem primeiramente tiver sido distribuido um dos processos, o qual ficará sendo relator de todos, mandará este continual-os com vista pelo praso de oito dias ao magistrado do ministerio publico e por igual praso a cada um dos advogados da parte accusadora e dos réus, para allegarem por escripto o que julgarem conveniente.

§ 2.º Findo este praso, serão cobrados os autos e conclusos ao juiz relator por oito dias, e por igual praso a cada um dos juizes do tribunal; e, findos os *vistos,* o presidente designará o dia do julgamento, que deverá verificar-se em secções reunidas do tribunal, vencendo-se as decisões por maioria absoluta de votos dos juizes presentes.

§ 3.º Decidindo o tribunal que as sentenças não podem conciliar-se, as annullará e designará um juizo de direito de primeira instancia, different dos primeiros, no qual os réus serão todos conjunctamente accusados e julgados.

TITULO IX
Do julgamento dos recursos no supremo tribunal de justiça

CAPITULO I
Disposições geraes

Art. 598.º Na ordem de serviço e distribuição dos processos que subirem em recurso de revista ao supremo tribunal de justiça observar-se-ha o disposto nos artigos 1153.º a 1167.º inclusive do codigo do processo civil, com as alterações seguintes.

Art. 599.º Nos actos e termos do processo do julgamento dos recursos de revista observar-se-ha, na parte applicavel, o disposto nos artigos 513.º a 529.º e 556.º a 577.º inclusive.

Art. 600.º Competem ao presidente do supremo tribunal de justiça as attribuições que pelo artigo 578.º pertencem aos presidentes dos tribunaes das relações.

Art. 601.º A disposição do artigo 557.º é applicavel ás excepções peremptorias e de incompetencia deduzidas perante o supremo tribunal de justiça.

Art. 602.º Na excepção de suspeição offerecida a algum juiz conselheiro do supremo tribunal de justiça ou magistrado do ministerio publico junto d'elle, observar-se-ha, na parte applicavel, o disposto no artigo 558.º

Art. 603.º É applicavel ao secretario do supremo tribunal de justiça o disposto no artigo 559.º

Art. 604.º Se no supremo tribunal de justiça não houver o numero de juizes conselheiros necessarios para o julgamento dos processos criminaes, o presidente requisitará por officio ao presidente do tribunal da relação de Lisboa, para servirem como supplentes, os juizes necessarios para esse fim, á excepção do presidente e vice-presidente.

§ 1.º Os juizes supplentes serão chamados, segundo a ordem de precedencia no tribunal, e, durante este impedimento, continuarão a ser contemplados na divisão dos emolumentos dos juizes da relação, como se n'ella estivessem servindo.

§ 2.º Os juizes supplentes, posto que tenha cessado o motivo por que foram chamados, julgarão os feitos que a esse tempo tiverem dia assignado.

Art. 605.º Ao julgamento dos recursos de revista no supremo tribunal de justiça são applicaveis as disposições dos artigos 587.º a 596.º

§ unico. Se o magistrado do ministerio publico ou os advogados das partes fizerem algum requerimento, o juiz relator levará o processo á conferencia para se tomar a competente decisão, que se vencerá por tres votos conformes.

Art. 606.º Salvo o caso previsto no § 2.º do artigo 298.º, o juiz relator fará em sessão publica uma exposição resumida dos fundamentos do recurso; e, terminada esta, o presidente concederá a palavra ao magistrado do ministerio publico e aos advogados das partes para fazerem as suas allegações oraes, se as não tiverem feito por escripto.

Art. 607.º O tribunal passará em seguida á sala das conferencias, onde serão discutidas e votadas as conclusões do recurso, vencendo-se a decisão por tres votos conformes, votando em primeiro logar os juizes que tiverem visto o processo, e depois os seguintes até haver vencimento.

Art. 608.º Se o supremo tribunal de justiça, julgando definitivamente sobre termos e formalidades do processo, o annullar, mandará proceder á sua reforma no mesmo juizo ou no mesmo tribunal da relação, ou em outro juizo ou tribunal, segundo julgar conveniente, seguindo o processo, n'este ultimo caso, com os juizes a quem competia, em virtude de primeira distribuição.

Art. 609.º Decidindo o supremo tribunal de justiça que é nullo o accordão proferido pelo tribunal da relação, por ter julgado contra direito, mandará julgar de novo a causa, ou na mesma relação, se n'ella houver o numero de juizes necessarios para que possa ser julgada por juizes diversos d'aquelles que intervieram no accordão annullado, ou por outro tribunal da relação, conforme julgar conveniente.

Art. 610.º Se o supremo tribunal de justiça, em novo recurso de revista, annullar o accordão da relação por ser proferido contra direito, mandará remetter o processo á mesma relação, a qual julgará a causa em harmonia com a decisão de direito proferida por aquelle tribunal.

§ unico. O novo recurso será decidido em sessão plena do supremo tribunal de justiça, precedendo os *«vistos»* de todos os juizes conselheiros, nos termos do artigo 591.º

CAPITULO II

Do julgamento da revista nos casos de sentenças contradictorias, falso testemunho, corrupção ou peita de jurados e de existir a supposta victima do crime

Art. 611.º Tendo algum dos magistrados do ministerio publico junto do supremo tribunal de justiça conhecimento de que dois ou mais co-réus foram condemnados como auctores ou cumplices do mesmo crime, por differentes sentenças, as quaes, longe de poderem conciliar--se, constituam a prova da innocencia de algum dos condemnados, promoverá que se suspenda a execução d'ellas, ainda que em todas se tenha negado a revista, e que se observe o que se acha determinado no artigo 597.º e seus paragraphos.

Art. 612.º Se, depois da sentença condemnatoria, o réu querelar por crime de falso testemunho contra alguma testemunha que depozesse no processo de julgamento e houver pronuncia obrigatoria passada em julgado, o supremo tribunal de justiça mandará suspender a execução da sentença, sobre promoção do respectivo magistrado do ministerio publico junto d'elle, ou a requerimento do réu.

§ 1.º Sendo as testemunhas condemnadas por sentença passada em julgado, o mesmo magistrado do ministerio publico promoverá que sejam remettidos ao supremo tribunal de justiça o processo em que o réu foi condemnado e aquelle em que o foram as testemunhas.

§ 2.º Verificando o supremo tribunal de justiça em sessão plena, que a testemunha foi condemnada por crime de falso testemunho prestado contra o réu na audiencia de julgamento, annullará a sentença condemnatoria contra elle proferida, e remetterá o processo a um juizo de direito de primeira instancia diverso d'aquelle em que os réus e a testemunha tiverem sido condemnados, a fim de se proceder a nova accusação e julgamento.

§ 3.º Na discussão da causa não poderá ser inquirida a testemunha condemnada pelo crime de falso testemunho, sob pena de nullidade.

Art. 613.º Nenhum réu condemnado poderá requerer procedimento criminal contra as testemunhas por crime de falso testemunho contra elle prestado na audiencia de julgamento, se não tiver requerido a formação do auto, de que trata o § 2.º do artigo 390.º

Art. 614.º Proceder-se-ha pela fórma determinada no artigo 611.º, quando o réu condemnado requerer procedimento criminal pelos crimes de corrupção ou peita contra algum dos jurados que interviesse no seu julgamento.

Art.º 615.º Se se verificar pelos depoimentos de tres ou mais testemunhas, com assistencia do magistrado do ministerio publico, que existe a pessoa que consta do processo ter fallecido em virtude de crime ou delicto de que resultou a morte supposta, proceder-se-ha pela fórma decretada no artigo 612.º, com a declaração de que o réu será julgado na mesma comarca.

Art. 616.º O supremo tribunal de justiça condemnará em custas a parte vencida, que não for isenta de as pagar:

1.º Quando negar provimento no recurso ou annullar todo o processo;

2.º Quando julgar a deserção ou desistencia do recurso;

3.º Nas causas de que lhe competir conhecer em primeira e ultima instancia.

TITULO X
Dos embargos

Art. 617.º Os accordãos do supremo tribunal de justiça não admittem outro recurso senão o de embargos.

Art.º 618.º Este recurso será interposto e processado, segundo o disposto no § 1.º do artigo 1176.º do codigo do processo civil, e julgado nos termos dos artigos 605.º, 606.º e 607.º do presente codigo.

ÍNDICE

Exposição justificativa do Projecto de Código do Processo Penal 453

LIVRO I
DISPOSIÇÕES GERAES

TITULO I	Das acções provenientes da infracção da lei penal	503
TITULO II	Das causas suspensivas e extinctivas das acções provenientes da infracção da lei penal	505
CAPITULO I	Disposições geraes	505
CAPITULO II	Das excepções	506
TITULO III	Da competencia	508
CAPITULO I	Disposições geraes	508
CAPITULO II	Dos juizes e tribunaes criminaes	510
CAPITULO III	Dos magistrados que exercem a acção criminal	512
CAPITULO IV	Dos escrivães e secretarios	513
TITULO IV	Dos actos e termos do processo criminal	513
TITULO V	Das custas	516
TITULO VI	Das nullidades	516
TITULO VII	Das provas	518

LIVRO II
DO PROCESSO CRIMINAL

TITULO PRELIMINAR	Da fórma do processo criminal	518
PARTE I	Do processo preparatorio	519
TITULO I	Disposições geraes	519
TITULO II	Da querela	521
TITULO III	Da prova no processo criminal preparatorio	522
CAPITULO I	Da confissão das partes	522
CAPITULO II	Dos exames	523
CAPITULO III	Das vistorias	526
CAPITULO IV	Da prova documental	527
CAPITULO V	Da prova testemunhal	527
CAPITULO VI	Dos indicios ou presumpções	531
TITULO IV	Do reconhecimento da identidade do delinquente, armas, instrumentos e objectos do crime	531
TITULO V	Da pronuncia	532

TITULO VI	*Da prisão*	533
TITULO VII	*Da busca*	536
TITULO VIII	*Da fiança*	538
TITULO IX	*Dos interrogatorios*	541
TITULO X	*Da fórma do processo das excepções no processo preparatorio*	543
PARTE II	*Do processo accusatorio*	544
TITULO I	*Da accusação e da defeza*	544
CAPITULO I	*Disposições geraes*	544
CAPITULO II	*Da accusação*	545
CAPITULO III	*Da defeza*	547
TITULO II	*Da fórma do processo das excepções no processo accusatorio*	548
PARTE III	*Do processo do julgamento*	548
TITULO I	*Disposições geraes*	548
TITULO II	*Da audiencia geral*	549
TITULO III	*Da discussão da causa*	551
CAPITULO I	*Disposições geraes*	551
CAPITULO II	*Da constituição do jury*	552
CAPITULO III	*Da prova da accusação e da defeza*	554
CAPITULO IV	*Dos debates*	556
TITULO IV	*Dos quesitos*	557
CAPITULO I	*Da proposição dos quesitos*	558
CAPITULO II	*Das decisões e respostas do jury*	561
TITULO V	*Do segundo julgamento, no caso de serem annulladas por iniquas as respostas do jury*	561
TITULO VI	*Da sentença*	561
TITULO VII	*Da accusação e julgamento dos crimes ou delictos commettidos ou descobertos durante a audiencia geral*	563
TITULO VIII	*Da execução da sentença*	564
CAPITULO I	*Disposições geraeas*	564
CAPITULO II	*Das causas suspensivas da execução da sentença*	566
SECÇÃO I	*Disposições geraes*	566
SECÇÃO II	*Do reconhecimento da identidade do condemnado*	567
SECÇÃO III	*Da revisão de sentença condemnatoria e rehabilitação do réu*	568
TITULO IX	*Da accusação e julgamento dos réus ausentes e contumazes*	569
TITULO X	*Da fórma do processo nos crimes julgados no juizo de policia correccional*	570
TITULO XI	*Da fórma do processo do julgamento das coimas e transgressões de posturas e regulamentos municipaes*	573
TITULO XII	*Da jurisdicção disciplinar*	574

LIVRO III
DOS PROCESSOS ESPECIAES

TITULO I	*Do processo criminal contra os membros da familia real, ministros e secretarios d'estado, conselheiros d'estado, pares do reino e deputados da nação*	576
CAPITULO I	*Do processo preparatorio*	576
CAPITULO II	*Do processo accusatorio e de julgamento*	577
TITULO II	*Do processo criminal contra os membros do corpo diplomatico e outros funccionarios julgados pelo supremo tribunal de justiça* ...	578
TITULO III	*Do processo criminal contra os magistrados judiciaes e do ministerio publico nos crimes commettidos no exercicio de suas funcções*	579
TITULO IV	*Do processo criminal contra os magistrados judiciaes e do ministerio publico nos crimes commettidos fóra do exercicio de suas funcções*	581

LIVRO IV
DOS RECURSOS

TITULO I	*Disposições geraes*	582
TITULO II	*Do aggravo no auto do processo*	585
TITULO III	*Do aggravo de petição*	585
TITULO IV	*Do aggravo de instrumento*	586
TITULO V	*Da carta testemunhavel*	587
TITULO VI	*Da appellação*	587
TITULO VII	*Do recurso de revista*	588
TITULO VIII	*Do julgamento dos recursos nos tribunaes de segunda instancia* ..	589
CAPITULO I	*Disposições geraes*	589
CAPITULO II	*Do julgamento dos aggravos e cartas testemunhaveis*	592
CAPITULO III	*Do julgamento da appellação*	593
CAPITULO IV	*Do julgamento da appellação no caso de sentenças contraditorias*	594
TITULO IX	*Do julgamento dos recursos no supremo tribunal de justiça*	595
CAPITULO I	*Disposições geraes*	595
CAPITULO II	*Do julgamento da revista nos casos de sentenças contradictorias, falso testemunho, corrupção ou peita de jurados e de existir a supposta victima do crime*	596
TITULO X	*Dos embargos*	597

IX - Projecto Alexandre de Seabra

CODIGO DO PROCESSO CRIMINAL

PROJECTO

APRESENTADO POR

ALEXANDRE DE SEABRA

RELATORIO

I

O projecto do codigo do processo criminal, que apresento, não é *novo*. Contém disposições tiradas pela maior parte do projecto, que me foi remettido do ministerio da justiça, e que tambem não era *novo*, porque a maior parte das suas disposições são tambem copiadas da reforma judicial. E nem em materia tão conhecida podem inventar-se formulas *inteiramente novas*. O projecto, que recebi, está primorosamente redigido; – contém muitos melhoramentos no estado anterior da nossa legislação a este respeito; mas é pouco *reformador* nos pontos mais importantes, e demasiadamente prolixo.

O melhor systema de codificação seria o que abrangesse o processo civil, commercial e criminal, contendo uma parte geral, commum a todos elles, e depois o que é peculiar a cada um. Mas, por emquanto, a aparte geral está no codigo do processo civil, e por isso no codigo do processo criminal devem só entrar as *especialidades,* que lhe respeitam. No projecto de lei, que deve approvar o codigo do processo criminal, vae bem explicada esta idéa, que é muito preferivel a repetições inuteis, de que não é isento o projecto, a que alludo; e onde, apesar da referencia geral do artigo 94.º ás disposições do codigo do processo civil, se fazem depois muitas outras referencias especiaes a bastantes artigos d'elle, e se copiam, alem d'isso, muitas das suas determinações. Eliminei tudo o que me pareceu inteiramente superfluo.

A disposição das materias ali adoptada, tambem me não parece a melhor, e por isso lhe substitui outra, que me parece mais logica, e creio recommendar-se por si.

Faltam no projecto, que tenho presente das duas idéas, que reputo *capitaes*; recurso da decisão do primeiro jury para outro jury nos crimes mais importantes, e o julgamento dos crimes de policia correcional por tribunaes collectivos.

A primeira d'estas innovações justifica-se pelas simples applicação das regras, a que estão sujeitas todas as outras decisões judiciaes. Se os juizes letrados podem errar, que duvida que os jurados não estão em melhores condições? Este recurso é portanto uma necessidade impreterivel. Os remedios indirectos com que se tem querido remover os inconvenientes resultantes d'esta falta, ném sempre são proficuos. Tem-se recorrido ás nullidades do processo, inventando muitas vezes faltas, que, ou não existem, ou nenhuma importancia têem. E o direito attribuido ao juiz de direito, de inavlidar as decisões do jury como *iniquas*, é uma anomalia, que mal póde explicar-se.

O recurso para outro jury é o unico remedio acceitavel. Deve, porém, o tribunal que conhecer d'elle ser organisado por fórma *especial* para dar garantias de boa decisão, conforme proponho n'este projecto, e ser por isso presidido por um juiz de segunda instancia e representando o ministerio publico o ajudante do procurador regio.

A segunda innovação é tambem necessaria para evitar que, no maior numero de casos, se escrevam os depoimentos na audiencia do julgamento, o que torna este excessivamente moroso com grave prejuizo publico. Vem connexa a vantagem de ficarem muito reduzidos os recursos n'estas questões; porque o julgamento por tribunal collectivo dá muito melhores garantias, que por juiz singular. E, ainda assim, lá fica tambem direito reservado a ambas as partes para pedir que se escrevam os depoimentos e interrogatorios para poderem mais amplamente recorrer os que assim desejarem.

Não devia porém alargar-se extraordinariamente, como vinha lembrado, o julgamento em policia correccional, estendendo-o a *todos* os crimes, em que fossem applicaveis as penas correcionaes, porque assim se cerceava extraordinariamente a garantia do julgamento por jurados, que a carta introduziu com bons fundamentos, e de que por isso se não deve prescindir.

Parece-me facil a organisação dos tribunaes collectivos, a que aqui alludo.

Em Lisboa e Porto os juizes criminaes constituindo-se em tribunaes collectivos, julgarão verbalmente mais causas do que funccionando separadamente, e tendo de se escrever os depoimentos e interrogatorios, como se propõe no projecto, que examinei.

Nas capitaes de districto os juizes dos tribunaes administrativos, poderão servir tambem n'estes julgamentos sem inconveniente. E para o resto do paiz, se as comarcas se agglomerassem em circulos de tres a cinco, em que sempre entrasse alguma de 3.ª classe, bem podiam os seus juizes formar o tribunal collectivo em todo o circulo. E mais facil seria ainda a organisação, se para cada um d'estes circulos se nomeasse mais um juiz para substituir qualquer dos outros do circulo, que faltasse, e bem podia servir tambem no tribunal collectivo quando não funccionasse como substituto.

Emfim emquanto se não completar esta organisação podiam nas comarcas, fóra de Lisboa e Porto, e que não fossem cabeças de disctrito, funccionar os juizes de direito com os seus substitutos.

Desejaria levar mais longe esta idéa, estendendo-a ao julgamento no processo civil das causas de valor não excedente a 50$000 reis, e, bem assim dar seguras garantias aos juizes para a sua promoção e transferencia; mas não é aqui o logar conveniente. Não são porém menos necessarias estas providencias.

II

Ha alem d'isto no trabalho, que apresento, outras muitas innovações importantes, das quaes basta destacar as seguintes:

1.ª Consignar que o ministerio publico deve intervir sempre que o juiz assim o resolver e que deve em todos os casos pedir a indemnisação do queixoso, quando este não desistir d'ella. Se deve pedir a pena, com mais rasão deve pedir a indemnisação que é ainda mais justa. É principio applicavel, tanto no processo ordinario, como no correccional (artigos 109.º e 116.º, § unico).

2.ª Declarar que a prescripção do procedimentos criminal póde ser pedida nos processos crimes julgados contra os réus ausentes emquanto não passa em julgado a sentença, e mesmo que esse pedido fosse já indeferido.

É isto necessario, porque apesar de ser essa a clara doutrina da lei, os tribunaes teimam em resolver o contrario (artigos 20.º e 21.º).

3.ª Declarar que os actos praticados pelas auctoridades administrativas na investigação dos crimes se não repetirão, senão quando for necessario para alcançar algum novo esclarecimento. Evitam-se assim repetições ociosas (artigo 117.º).

4.ª Substituir a querella pela queixa. No fim do processo preparatorio é que os autos devem ir ao ministerio publico, e parte para precisarem a accusação, indicando os termos da pronuncia, quando deva ter logar, ou requerendo o procedimento correccional, porque só então se podem bem avaliar as circumstancias do crime, e precisar por isso a queixa.

A querella dada quando os factos estão ainda mal conhecidos não tem significação alguma. Não serve senão para crear difficuldades á accusação (artigo 120.º).

5.ª Admittir que qualquer interessado no processo preparatorio, ou seja como parte, ou como réu, intervenha n'elle, fornecendo todos os esclarecimentos convenientes. O fim do processo é procurar a verdade, e os meios para lá chegar devem acceitar-se por isso, de qualquer parte que venham (artigo 50.º, § 1.º).

6.ª Substituir na audiencia do julgamento a leitura das peças do processo, por um relatorio feito pelo juiz, sendo ouvidos depois o ministerio publico, e os advogados para exporem o estado da questão. Assim comprehenderá o jury melhor quaes os pontos em discussão. A leitura, como costuma fazer-se, serve quasi sempre, para provocar o somno (artigo 246.º).

7.ª Supprimir o relatorio do juiz, finda a discussão perante o jury e tirar-lhe o direito de annullar a decisão d'este como iniqua. É mais logico o recurso para o segundo jury nos termos indicados (artigo 263.º).

O presidente deve sómente dirigir a discussão.

8.ª Propor ao jury a decisão da questão de prejurio só no fim da discussão, ouvindo a esse respeito a accusação e defeza, porque a resolução *prematura* d'este incidente póde ter os inconvenientes da precipitação (artigo 313.º) e prejudicar a discussão principal.

9.ª Tornar claro que no julgamento dos ausentes intervem jurados, e póde ser requerido, verificadas as circumstancias legaes, tanto pelo ministerio publico, como pelos parentes do réu, ou pelo seu conjuge (artigo 301.º).

10.ª Dar em regra appellação nos casos de policia correccional sómente com relação ás questões, cuja apreciação não depende dos depoimentos das testemunhas não escriptas no processo. O recurso em todos os casos, obrigando a escrever todos os depoimentos, dá logar a um processo demasiadamente complicado, e dispendioso. Basta em regra, e para os casos menos importantes, a garantia do julgamento por tribunal collectivo. Quem assim o não entender póde pedir que se escrevam os depoimentos e fica o seu direito de recorrer amplamente (artigo 387.º).

11.ª Não receberem emolumentos nas causas crimes os juizes e magistrados do ministerio publico, dando-lhe, porém a correspondente compensação por augmento nos seus ordenados. O pagamento dos emolumentos aos juizes n'estas causas concorre muito para dar occasião a suspeitas, embora infundadas, que rebaixam o caracter dos juizes. Na compensação dada a estes pouco perderá o estado, a quem serão pagos os emolumentos, que elles recebiam (artigo 102.º).

12.ª Acabar com o fôro privilegiado para os crimes dos juizes e magistrados do ministerio publico. É um *privilegio* que se não justifica por considerações politicas, como com relação á familia real, pares, deputados, ministros e conselheiros d'estado. A pratica de tantos annos serve de apoio a esta apreciação. A carta determina que a lei seja igual para todos.

13.ª Não admittir que intervenham nos julgamentos das relações os juizes que não tenham examinado o processo. A decisão sem conhecimento de causa é injustificavel; o estado da questão não póde bem apreciar-se, quando é necessario estudar provas por um simples relatorio, por mais bem feito que seja (artigo 420.º § unico.).

14.ª Dar relevo á jurisdicção disciplinar, que é sempre necessaria; mas exclui a applicação da pena *sem audiencia* do arguido. Tornar bem claro que o procedimento de todos os funccionarios é sujeito a exame. Nem tanta independencia, que possa cada um entender que póde fazer *o que quizer,* sem que ninguem lhe peça contas.

III

Do que fica exposto conclue-se que, no meu pensar, o processo criminal deve consignar os seguintes principios:

1.º Investigação provisoria por todos os meios de prova, quanto á existencia do facto criminoso e das pessoas, que por elle serão responsaveis, dando-se maior desenvolvimento a estas diligencias, quando se tratar de crimes, que tenham de ser accusados ordinariamente.

2.º Concluida essa investigação, ir o processo ao ministerio publico, e parte accusadora para promover o que entender conveniente, em vista das provas colligidas no processo, classificando o crime, e indicando a fórma do processo a seguir, e resolvendo depois a seu respeito o juiz como entender justo.

3.º Competindo a accusação por processo ordinario, o juiz deliberará sobre a pronuncia e admissão de caução de cujo despacho se póde recorrer sem effeito suspensivo.

4.º Resolvida definitivamente essa questão, se prosegue na discussão final da causa perante o jury, de cuja decisão ha recurso para novo jury, organisado com os jurados mais qualificados da comarca e das duas mais vizinhas, e presidido por um juiz da relação e representando o ministerio publico um ajudante do procurador regio.

5.º Competindo a accusação ao juizo correccional, a causa será julgada por um tribunal collectivo presidido pelo juiz de direito da comarca, e não se escreverão os depoimentos prestados pelas testemunhas inquiridas na audiencia do julgamento, e nem haverá recurso quanto aos pontos, cuja apreciação depender essencialmente do depoimento das referidas testemunhas, quando qualquer das partes não requerer que se escrevam os seus depoimentos.

Como fica exposto, ha no trabalho, que apresento, outras muitas modificações faceis de apreciar, e aqui não indico especialmente para não dar maior extensão a este relatorio.

Anadia, 26 de outubro de 1886. = *Alexandre de Seabra.*

(Approvação do projecto de codigo do processo criminal)

PROJECTO DE LEI

Artigo 1.º É approvado o codigo do processo-criminal, que faz parte da presente lei.

Art. 2.º As disposições do dito codigo começarão a ter vigor em todo o continente do reino e nas ilhas adjacentes, findos seis mezes contados do dia em que for ultimada a sua publicação no *Diario do governo*.

Art. 3.º Desde que principar a ter vigor o dito codigo ficará revogada toda a anterior legislação sobre processo criminal, quer seja geral, quer seja especial, exceptuado apenas o processo do fôro militar.

Art. 4.º Toda a modificação que de futuro se fizer sobre materia contida n'este codigo, será inserida no logar proprio do mesmo codigo.

Art. 5.º O codigo do processo criminal não revoga o codigo civil, e nem o do processo civil, senão nos pontos em que as respectivas disposições forem incompativeis.

Art. 6.º É creada uma commissão composta de tres pessoas e fica encarregada de receber todas as representações, relatorios dos tribunaes, e quaesquer observações relativamente ao melhoramento d'este codigo, e a maneira de resolver as difficuldades que possam dar-se na sua execução.

§ unico. Esta commissão proporá annualmente ao governo as modificações que entender necessarias no referido codigo.

Art. 7.º A lei que altera ou modifica a organisação das jurisdições, a competencia, e a fórma de processo, é applicavel ás infracções committidas antes da sua promulgação, ainda que a seu respeito haja processo pendente, qualquer que seja o seu estado no juizo, ou tribunal em que se achem.

Art. 8.º As disposições d'este codigo são applicaveis a todos os processos que se instaurarem depois da promulgação d'elle, ainda que respeitem a facto anterior á mesma promulgação.

Art. 9.º As disposições d'este codigo são igualmente applicaveis a todos os processos pendentes não se permittindo, depois da sua promulgação, outros termos alem dos que elle admitte, e todos os termos que se processarem serão regulados pelas disposições do mesmo codigo.

Disposições transitoriais

Art. 10.º Emquanto não forem organisados os tribunaes collectivos nas comarcas, exerceão as suas funcções os respectivos juizes de direito e os juizes criminaes.

Anadia, 6 de novembro de 1886. = *Alexandre de Seabra*.

(Creação de tribunaes collectivos criminaes)

PROJECTO DE LEI

Artigo 1.º Os tribunaes collectivos, a quem compete o julgamento dos crimes de que se conhece em policia correccional, são compostos de tres juizes, e se vence a resolução por maioria absoluta.

Art. 2.º Em Lisboa haverá dois e no Porto um, e serão compostos dos juizes criminaes, presidindo aquelle em cujo districto tiver sido preparado o processo.

Art. 3.º Nas comarcas que são cabeças de districto serão os mesmo tribunaes compostos do juiz de direito respectivo, que servirá de presidente, e servirão de adjuntos, e por turno, os juizes do respectivo tribunal administrativo.

Art. 4.º Das outras comarcas do reino se organisarão circulos de tres a cinco comarcas, e os respectivos juizes formarão o tribunal collectivo, servindo de presidente o juiz da comarca, a que pertencer o processo, e de adjuntos os outros juizes, que serão chamados na ordem inversa da sua classificação; e na falta d'elles os respectivos substitutos preferindo os da comarca onde se reune o tribunal.

§ unico. Os juizes assim chamados a funccionar fóra da respectiva comarca, receberão uma indemnisação paga pelo governo, e correspondente ás despezas a que são obrigados por este serviço.

Art. 5.º O tribunal reune-se n'este caso na comarca onde for preparado o processo. Mas emquanto se não procede a esta organisação servem para adjuntos os substitutos do respectivo juiz de direito.

Art. 6.º Fica revogada toda a legislação em contrario.

Anadia, 6 de novembro de 1886. = *Alexandre de Seabra.*

PROJECTO DO CODIGO

DO

PROCESSO CRIMINAL

LIVRO PRIMEIRO
Do processo em geral

TITULO I
Das acções provenientes da infracção da lei penal

Artigo 1.º Da infracção da lei penal provém a acção criminal para tornar effectiva a punição do delinquente, ou contraventor, e a acção civil para a reparação do damno resultante da mesma infracção.

Art. 2.º O exercicio da acção criminal não depende de previa decisão da acção civil, salvo os casos em que a lei assim o determinar.

Art. 3.º Incube aos magistrados do ministerio publico propor officiosamente a acção criminal competente para a verificação do crime, e punição do delinquente.

§ unico. Exceptua-se da disposição d'este artigo a acção criminal, cujo exercicio, por disposição da lei, dependa de previa queixa, denuncia ou accusação da pessoa offendida, ou de quem legitimamente a representar.

Art. 4.º Poderão exercer a acção criminal particular:

§ 1.º A parte particularmente offendida.

§ 2.º Nos crimes, de que resultar a morte:

1.º O conjuge sobrevivo, não estando separado judicialmente, os descendentes, e os ascendentem, que a poderão exercer simultaneamente;

2.º Na falta de qualquer d'estes, ou no caso de se absterem, ou desistirem da acção criminal, os transversaes até ao quarto grau por direito civil, preferindo os mais proximos aos mais remotos; e, concorrendo mais de um no mesmo grau, poderão todos usar d'ella;

3.º Admittida, porém, a acção criminal de qualquer das pessoas mencionada n'este numero, não poderá ser recebida a de nenhum outro, salvo se alguma d'ellas desistir da mesma acção.

§ 3.º Nos crimes de adulterio, o conjuge offendido.

§ 4.º Nos crimes, ou delictos offensivos do direito eleitoral, qualquer cidadão legalmente recenseado.

Art. 5.º Sendo o delinquente algum dos representantes menores, ou interdictos offendidos, e não houver protutor, a auctorisação para estar em juizo será concedida por um ascendente d'estes, ou, não existindo ou não querendo este, por um parente até ao segundo grau por direito civil; e na falta d'elles, por supprimento judicial.

Art. 6.º A parte offendida póde renunciar, ou desistir da acção criminal.

§ unico. Esta desistencia, ou renuncia, faz cessar a acção officiosa do magistrado do ministerio publico, qualquer que seja o estado e termos do processo, nos casos previstos no § unico do artigo 3.º

Art. 7.º A acção criminal sómente póde ser intentada contra o delinquente, ou contraventor, e não contra os seus herdeiros, e nem continuada contra estes, posto que tivesse já sido proposta contra aquelle.

Art. 8.º A parte offendida poderá intentar a acção civil cumulativamente com a acção criminal, ou em processo separado perante o juiz civil, posto que o delinquente tenha sido absolvido na acção criminal.

§ unico. Se o réu fallecer durante a accusação ou antes de se proferir sentença no juizo de primeira instancia, a acção civil, accumulada com a acção criminal, poderá proseguir no juizo civil contra os herdeiros d'elle.

Art. 9.º Se o offendido tiver prosposto sómente a acção criminal, não poderá desistir d'ella para intentar a acção civil; e, se tiver proposto esta acção separadamente, tambem não poderá desistir d'ella para intentar aquella.

Art. 10.º Os magistrados do ministerio publico são competentes para cumularem a acção civil por perdas e damnos com a accusação criminal em proveito do offendido se elle não renunciar á indemnisação.

Art. 11.º A acção civil compete tambem á parte offendida e seus herdeiros, e póde ser intentada e continuada contra o delinquente, ou contraventor, e contra os herdeiros d'elles.

TITULO II

Das causas suspensivas e extinctivas das acções provenientes da infracção da lei penal

CAPITULO I

Da suspensão da acção criminal

Art. 12.º A acção criminal fica suspensa:

1.º Nos casos, em que a lei tornar dependente a sua proposição ou continuação da previa decisão de outro juizo, ou tribunal;

2.º Quando tiver de decidir-se alguma questão prejudicial;

3.º Quando for offerecida alguma excepção dilatoria;

4.º Quando o delinquente, accusado do crime de diffamação, pretender provar os factos imputados a empregados publicos, ou a outra pessoa, nos termos do artigo 408.º da nova reforma penal;

5.º Quando tiver de proceder-se á extradicção do delinquente;

6.º Quando sobrevier ao delinquente affecção mental, verificada por exame de peritos, e confirmada por sentença com audiencia do ministerio publico.

§ unico. A superveniencia porém da affecção não obsta á instauração do processo preparatorio.

Art. 13.º As questões prejudiciaes suspendem o andamento da acção criminal até que sejam presididas pelos juizes ou tribunaes competentes por sentença passada em julgado, quando a lei assim o ordenar.

§ 1.º Estas questões sómente poderão versar:
1.º Sobre o direito de propriedade, ou sobre a posse de bens immobiliarios;
2.º Sobre a prova de factos da exclusiva competencia de outro juizo, ou tribunal.

§ 2.º Havendo mais de um delinquente, as questões prejudiciaes sómente suspendem o andamento da acção criminal com relação ao excipiente.

CAPITULO II
Da extincção da acção criminal

Art. 14.º A acção criminal extingue-se:
1.º Por alguma excepção peremptoria, legalmente provada;
2.º Pela morte do delinquente, ou contraventor;
3.º Pela execução da sentença condemnatoria;
4.º Pela sentença absolutoria passada em julgado;
5.º Pela desistencia da parte offendida, quando o exercicio da acção criminal depender da queixa da mesma;
6.º Pela amnistia.

Art. 15.º A acção civil extingue-se nos casos de desistencia, ou transacção.

Art. 16.º São excepções dilatorias:
1.º A incompetencia do juizo ou tribunal criminal;
2.º A suspeição;
3.º Os conflictos de jurisdicção, ou de competencia.

§ unico. São excepções peremptorias;
1.º A prescripção;
2.º O caso julgado.

Art. 17.º A excepção de incompetencia, respectiva ao juizo, ou tribunal, sómente poderá ser deduzida dentro do praso de cinco dias, contados d'aquelle em que ao delinquente for intimado o despacho de pronuncia, e nos processos de policia correccional e de transgressões de posturas, desde o dia em que for citado para ser julgado.

Art. 18.º O magistrado do ministerio publico não póde funccionar no processo criminal nos casos previstos no artigo 292.º do codigo do processo civil, excepto se tiver já intervindo na mesma qualidade, posto que seja em juizo ou tribunal inferior, não se verificando nenhum dos impedimentos mencionados nos n.ºˢ 1.º, 2.º e 3.º do mesmo artigo.

§ unico. Se, porém, o conflicto for negativo, deverão os juizes ou tribunaes criminaes proceder a todos os actos e meios de prova necessarios para a verificação do crime ou delicto.

Art. 19.º Levantado o conflicto sobrestar-se-ha no ulterior andamento do processo até á sua decisão.

§ unico. Se, porém, o conflicto for negativo, proverão os juizes ou tribunaes a todos os actos e meios de prova necessarios para a verificação do crime ou delicto.

Art. 20.º A acção criminal prescreve no praso e termos estabelecidos na lei penal, ainda que o réu fosse julgado como ausente e não tiver sido preso.

Art. 21.º A prescripção da acção criminal e da pena póde ser allegada em todo o estado da causa pelas partes, e será officiosamente julgada pelos juizes e tribunaes criminaes, posto que não tenha sido allegada, e mesmo quando já tivesse sido indeferido esse pedido.

Art. 22.º A acção civil resultante da infracção da lei penal prescerve no praso e termos estabelecidos na mesma lei, se tiver sido cumulada com a acção criminal. Se porém, tiver sido proposta em processo separado, o praso e termos da prescripção serão regulados pelo codigo civil.

Art. 23.º O caso julgado extingue a acção criminal contra o mesmo delinquente, a quem for imputado um facto criminoso, a respeito do qual tiver sido proferida sentença definitiva passada em julgado.

TITULO III
Da competencia

CAPITULO I
Disposições geraes

Art. 24.º O juiz de direito da comarca é competente para conhecer e julgar todos os crimes committidos dentro dos limites d'ella.

§ 1.º Exceptua-se o caso de haver accumulação de crimes processados em diversas comarcas, os quaes serão julgados no juizo em que pender o processo pelo crime ou delicto a que corresponder a pena mais grave.

§ 2.º Se as penas forem da mesma gravidade, a competencia será determinada a favor do juiz da comarca da naturalidade do delinquente, ou, se o crime não for ali commettido, pela prioridade do procedimento criminal.

Art. 25.º Não estando o delinquente preso, ou afiançado no juizo, em que o crime ou delicto for commettido o juiz do logar em que elle for capturado é competente para proceder *ex officio* a todos os actos e diligencias necessarias para verificar a existencia do crime, devendo remetter logo o resultado d'ellas áquelle juizo.

Art. 26.º Se o crime for committido em navio portuguez no mar alto, é competente para conhecer d'elle e julgal-o o juiz do primeiro logar do territorio portuguez a que o navio aportar.

Art. 27.º Os juizes criminaes portuguezes são competentes, não havendo tratado em contrario, para conhecerem e julgarem:

§ 1.º Todas as infracções commettidas em territorio ou dominio portuguez, e ainda que o infractor não seja portuguez;

§ 2.º Os crimes commettidos a bordo de navio portuguez no mar alto, de navio de guerra portuguez surto em porto estrangeiro, ou de navio mercante portuguez surto no mesmo porto, quando os delictos respeitarem a gente da tripulação sómente, e não houverem perturbado a tranquillidade d'esse porto;

§ 3.º Os crimes commettidos pelos portuguezes em paiz estrangeiro contra a segurança interior ou exterior do estado, de falsificação de sellos publicos, de moedas portuguezas, de papeis de credito publico, ou de notas de banco nacional, de companhias ou estabelecimentos legalmente auctorisados para a emissão das mesmas notas, não tendo os criminosos sido julgados no paiz em que delinquiram;

§ 4.º Qualquer outro crime, commettido por algum portuguez, em paiz estrangeiro, verificando-se os requisitos seguintes:

1.º Sendo o delinquente encontrado em Portugal;

2.º Sendo o facto igualmente qualificado de crime ou delicto pela legislação do paiz onde foi praticado;

3.º Não tendo o delinquente sido julgado no paiz em que commetteu o crime ou delicto.

§ 5.º Exceptuam-se da disposição do § 1.º d'este artigo as infracções praticadas a bordo de navio de guerra estrangeiro em porto ou mar territorial portuguez ou a bordo de navio mercante estrangeiro, quando occorrerem entre gente da tripulação sómente, e não perturbarem a tranquilidade do porto.

Art. 28.º Se a competencia para conhecer e julgar os crimes, de que trata o § 3.º do artigo antecedente se não podér determinar pelo logar em que o criminoso for achado, por estar fóra do territorio portuguez, determinar-se-ha pelo domicilio d'elle ao tempo em que se ausentou do reino.

§ unico. Na falta de qualquer d'estes elementos, serão competentes os juizes criminaes da comarca de Lisboa, que julgarão por turno.

Art. 29.º Quando aos delictos de que trata o § 4.º do artigo 27.º só forem applicaveis penas correccionaes, o magistrado do ministerio publico não promoverá a formação e julgamento do respectivo processo, sem que haja queixa da parte offendida ou participação official da auctoridade do paiz onde se commetteram os mencionados delictos.

§ unico. O processo, que houver de intentar-se pelos crimes, de que trata este artigo, poderá, para mais facil indagação da verdade, correr e ser julgado no juizo de direito da comarca mais proxima do logar, em que o crime tiver sido commettido, precedendo requisição do magistrado do ministerio publico, audiencia do juiz respectivo e decisão affirmativa do supremo tribunal de justiça.

Art. 30.º Se os delinquentes de que tratam os §§ 3.º e 4.º do artigo 27.º tiverem sido condemnados no logar do crime ou delicto e se houverem subtrahido ao cumprimento de toda, ou de parte da pena imposta, formar-se-ha novo processo perante o respectivo juiz portuguez, que, se julgar provado o crime, lhes applicará a pena correspondente na lei penal portugueza, levando-lhes em conta a parte que já tiverem cumprido.

Art. 31.º Para os effeitos da competencia considerar-se-ha mais proxima a comarca, cuja séde estiver menos distante da séde da outra comarca.

§ unico. Sendo igual a proximidade, será a competencia determinada por meio de sorteio, a que procederá o presidente da respectiva relação com assistencia do competente magistrado do ministerio publico.

Art. 32.º Estão sujeitos á competencia geral todos os delinquentes não especificados no § unico d'este artigo.

§ unico. Estão sujeitos á competencia especial:

1.º Os membros da familia real;

2.º Os ministros e secretarios d'estado e os conselheiros d'estado;
3.º Os dignos pares do reino e deputados.
4.º Os embaixadores, ministros plenipotenciarios, ministros residentes e agentes diplomaticos das nações estrangeiras;
5.º Os bispos das dioceses do ultramar;
Art. 33.º Os juizes e tribunaes criminaes são competentes:
1.º Para conhecerem das questões de direito civil, connexas com os factos criminosos, unicamente com relação á criminalidade dos mesmos factos e sem prejuizo da competencia dos tribunaes civis nas relações de direito civil;
2.º Para mandarem restituir a quem pertencer os objectivos apprehendidos aos delinquentes, e os que houverem sido apresentados em juizo para prova do crime, comtanto que por disposição da lei não sejam perdidos a favor do estado.
§ unico. Se houver duvida fundada ácerca do dono dos objectos, a que se refere o n.º 2.º, o juiz remetterá ás partes para a acção civil competente.
Art. 34.º Os juizes dos districtos criminaes de Lisboa e Porto são competentes para a execução dos sellos, custas e multas, que forem contadas nos respectivos processos, competindo-lhes a mesma jurisdicção que o codigo do processo civil concede aos juizes civeis.
Art. 35.º É competente para julgar as coimas e transgressões de posturas municipaes o juiz de paz do districto em que forem commettidas; e o juiz de direito ou municipal quanto ás que respeitam ao julgado da séde da comarca ou julgado respectivo.
Art. 36.º No caso de accumulação de crimes imputados ao mesmo delinquente, dos quaes uns tenham de ser julgados pelo jury e outros nos juizos de policia correccional, serão todos julgados com intervenção dos jurados.

CAPITULO II
Dos juizes e tribunaes criminaes

Art. 37.º Exercem jurisdicção criminal:
1.º O supremo tribunal de justiça em todo o territorio da monarchia portugueza;
2.º Os tribunaes das relações no seu respectivo districto judicial;
3.º Os juizes de direito de primeira instancia na sua respectiva comarca, ou districto criminal;
4.º Os juizes de paz e municipaes no seu respectivo julgado;
5.º O jury decidindo sobre a existencia do facto e da sua imputação criminosa.
§ unico. A camara dos pares exerce tambem jurisdicção criminal, quando se constitue em tribunal de justiça criminal.
Art. 38.º Compete ao supremo tribunal de justiça:
1.º Conhecer da nullidade do processo e da nullidade do recurso, ainda que não tenham sido allegadas, decidindo se, na criminalidade do facto, e na prova do mesmo, com relação á pronuncia houve applicação errada da lei;
2.º Conceder ou negar revista nos processos criminaes, designando no primeiro caso o juizo ou tribunal em que o processo ha de ser novamente julgado;

3.º Conhecer e julgar os conflictos de jurisdicção ou de competencia, que se levantarem entre as relações, entre os juizes de direito de differentes districtos judiciaes, e entre os tribunaes militares do exercito da terra ou da marinha e as justiças ordinarias;

4.º Mandar suspender a execução de sentenças contradictorias, em que dois ou mais réus forem exclusivamente condemnados como auctores do mesmo crime;

5.º Mandar suspender a execução da sentença, em que for condemnado algum réu, quando este tiver requerido o processo competente contra algum jurado pelos crimes de corrupção ou peita, ou contra alguma testemunha pelo crime de faltar ao juramento prestado em audiencia de julgamento;

6.º Auctorisar a revisão da sentença condemnatoria, nos casos previstos nos artigo 377.º e seguintes d'este codigo;

7.º Censurar os juizes inferiores e mais empregados judiciaes, por advertencia nos accordãos pelas faltas ou irregularidades commettidas no exercicio das suas funcções, ouvindo-os previamente;

8.º Condemnar em custas os juizes inferiores e mais empregados judiciaes e impor-lhes multas nos termos da lei;

9.º Multar e suspender os advogados nos termos da lei;

10.º Condemnar em custas a parte vencida, que não for isenta de as pagar nos termos do artigo 465.º;

11.º Conhecer e julgar em primeira e ultima instancia os crimes commettido pelos membros do corpo diplomatico e bispos das dioceses do ultramar.

Art. 39.º Compete aos tribunaes das relações, alem das atribuições a que alludem os n.ᵒˢ 7.º, 8.º, 9.º e 10.º do artigo antecedente:

1.º Julgar os recursos de qualquer natureza, interpostos das sentença e despachos dos juizes de direito de primeira instancia, conhecendo e apreciando o facto, com relação á pronuncia, e o direito, e annullar o processo em que houver nullidade insupprivel, qualquer que seja a natureza do recurso;

2.º Conhecer e julgar os conflictos de jurisdicção ou de competencia, levantados entre os juizes de direito de primeira instancia do mesmo districto judicial;

3.º Mandar suspender a execução das sentenças contradictorias em que dois ou mais réus forem condemnados como auctores do mesmo crime.

Art. 40.º Compete ao juizes de direito de primeira instancia alem das attribuições a que alludem os n.ᵒˢ 8.º, 9.º e 10.º do artigo 38.º:

1.º Proceder á formação do processo necessario para averiguar a existencia de crimes commettidos na respectiva comarca.

2.º Conhecer e julgar os crimes não exceptuados da sua competencia, e as transgressões de posturas commettidas no julgado da cabeça de comarca.

Art. 41.º Compete aos juizes de paz e municipaes:

1.º Proceder á formação do processo necessario para averiguar a existencia dos crimes commettidos no seu respectivo julgado nos casos em que é admittida a fiança; e emquanto os juizes de direito não tomam conhecimento d'elles;

2.º Prender e fazer prender os delinquentes, nos termos d'este codigo;

3.º Julgar as coimas e transgressões de posturas municipaes;

4.º Multar os escrivães nos termos da lei sendo previamente ouvidos,

5.º Condemnar em custas a parte que não for isenta de as pagar.

Art. 42.º Concorrendo a qualquer acto necessario para averiguar a existencia de algum crime, o juiz de paz ou municipal e o juiz de direito, prevalece a competencia d'este.

Art. 43.º Compete aos jurados pronunciar sobre o facto criminoso e sua imputação e as circumstancias aggravanttes e attenuantes, que o revestirem.

Art. 44.º A competencia do jury termina no fim do respectivo semestre, salvo se o julgamento tendo começado em um semestre, não podér concluir-se dentro d'elle.

CAPITULO III
Dos magistrados do ministerio publico

Art. 45.º Aos magistrados do ministerio publico incumbe:
1.º Propor a acção criminal e intervir nos seus incidentes;
2.º Promover o cumprimento de deprecadas, cartas de ordem, rogatorias, mandados de captura e de intimação de testemunhas, e todas as diligencias necessarias para o andamento do processo criminal;
3.º Promover tudo o mais que for conforme á lei, até á inteira execução da sentença.

Art. 46.º Compete ao procurador geral da corôa e seus ajudantes:
1.º Promover o que for conforme á lei nos processos que subirem em recurso de revista ao supremo tribunal de justiça;
2.º Promover a formação do processo e a accusação contra os delinquentes de que trata o n.º 11.º do artigo 38.º;
3.º Promover a imposição de penas disciplinares aos secretarios e escrivães nos termos da lei;
4.º Transmitir aos procuradores regios as instruções necessarias para o andamento regular da acção criminal.

Art. 47.º Compete aos procuradores regios:
1.º Promover o que for conforme á lei nos processos que subirem em recurso aos tribunaes das relações;
2.º Promover a imposição disciplinar aos secretarios, escrivães e mais empregados judiciaes, em conformidade com a lei;
3.º Promover a prompta execução das sentenças, quer condemnatorias, quer absolutorias;
4.º Promover a suspensão das sentenças, contradictorias em que dois ou mais réus forem condemnados como auctores do mesmo crime;
5.º Interpor os recursos competentes das sentenças e despachos que não forem conformes á lei;
6.º Transmitir aos delegados as instrucções necessarias para o andamento regular da acção criminal.

Art. 48.º Compete aos delegados do procurador regio e subdelegados:
1.º Promover a formação dos processos competentes contra os delinquentes;
2.º Promover a prompta execução das sentenças, quer condemnatorias, quer absolutorias;
3.º Interpor os recursos competentes das sentenças e dos despachos que não forem conformes á lei;
4.º Assistir a todas as audiencia para fiscalisar e promover a exacta observancia da lei.

CAPITULO IV
Dos escrivães e secretarios

Art. 49.º Aos escrivães e secretarios incumbe:
1.º Escrever todos os actos e termos do processo;
2.º Apresentar aos juizes e ao magistrado do ministerio publico os processos criminaes e entregar-lhe as certidões que exigirem para o exercicio da acção criminal;
3.º Ter os cartorios abertos por espaço de seis horas, pelo menos, das nove da manhã até ás tres da tarde, nos mezes de abril a setembro, e das dez ás quatro, nos mezes de outubro até ao fim de março.

TITULO IV
Dos actos e termos do processo criminal

Art. 50.º Os actos e termos do processo criminal preparatorio não admittem publicidade quando os juizes o julgarem conveniente.
§ 1.º Os actos do processo criminal preparatorio serão praticados pelos juizes sem citação das partes, as quaes podem comtudo fornecer-lhes documentos, ou exposições escriptas ou impressas, tendentes ao descobrimento da verdade, e assistir mesmo quando os juizes o permittirem.
§ 2.º O acto do julgamento será sempre publico, salvo se a decencia e a moralidade exigirem que seja secreto.
Art. 51.º Todos os actos e termos do processo criminal, traslados, instrumentos, cartas de sentença e de inquirição e certidões e copia deverão ser:
1.º Escriptas em letra intelligivel e em papel de formato decretado pelo governo, ainda que não seja sellado; se a letra do escrivão, ou secretario for difficil de ler, juntará á sua custa copia authentica em boa letra;
2.º Numerados pelos secretarios, ou escrivães em serie seguida e sem alteração, nem repetição de numeros na mesma pagina, devendo a paginação ser escripta na parte superior de cada folha á direita do sêllo, e no centro d'ella, quando o não tenha;
3.º Conter duas margens, uma interna e outra externa, aquella da largura de 4 centimetros e esta de 2;
4.º Ser cosidos de modo que se não inutilise ou difficulte a escripta, nem os documentos, os quaes serão juntos sem a devida margem, devendo a interna ser de 4 centimetros.
§ 1.º Deverão, porém, ser copiados por extenso o valor dos objectos furtados, roubados, falsificados, destruidos, damnificados ou descaminhados, devendo tambem copiar-se algarismos entre parenthesis.
§ 2.º Poderão ser impressos o resto do processo, os termos do mesmo e as procurações, devendo conter os espaços em branco necessarios para serem preenchidos pelos secretarios, ou escrivães, comtanto que sejam subscriptos por estes.
Art. 52.º Os traslados, instrumentos, cartas de sentença, certidões e copias dos actos e termos, de que trata o artigo antecedente, deverão ser extrahidos fielmente, segundo a ordem em que estiverem escriptos no processo original, copiando-se os algarismos das citações dos

artigos e datas, como ali estiverem, conservando se os mesmos intervallos, paragraphos e periodos, e designando no centro de uma linha em branco, que deverá servir de separação de uma e outra peça, o titulo de uma d'estas.

Art. 53.º Os secretarios, ou escrivães que contravierem o disposto nos artigos antecedentes, ou que praticarem qualquer outra omissão na fórma de processar, poderão, independentemente de previa audiencia, ser advertidos pelo juiz, ou pelos tribunaes superiores, ou ser condemnados na multa de 1$000 a 5$000 reis por cada omissão ou contravenção.

Art. 54.º Nos quesitos propostos aos peritos e ao jury, os escrivães deixarão sempre entre um e outro quesito o intervalo necessario para se escreverem as respostas.

Art. 55.º É permittido ás partes juntar ao processo criminal allegações, minutas, plantas e outros documentos impressos, comtanto que observem o disposto no artigo 51.º, § 2, e paguem previamente o respectivo sêllo de verba, se não forem isentas d'elle.

§ unico. Os requerimentos, porém, allegações, minutas e articulados manuscriptos, deverão sel-o em letra intelligivel, e ter as duas margens indicadas no n.º 3.º do artigo 51.º

Art. 56.º É prohibido ao juizes, magistrados do ministerio publico, advogados, defensores, secretarios e escrivães usar de abreviaturas nos actos e termos do processo.

Art. 57.º Os juizes de direito dos districtos criminaes de Lisboa e Porto, e os das comarcas em que houver mais de um juiz, farão por turno duas audiencias por semana para n'ellas se verificarem os actos e termos do processo, que deverem ser accusados em audiência, e ouvirem as partes.

Art. 58.º Os mandados de captura serão cumpridos em qualquer comarca, em que for encontrado o réu sem precedencia de despacho, que ordene o seu cumprimento.

Art. 59.º As cartas de ordem, deprecadas e rogatorias reduzir-se-hão a um officio, em que se ordene ou faça a diligencia, a que se refere, e será indicada circumstanciadamente, podendo ser acompanhadas de quaesquer copias que se reputem necessarias.

Art. 60.º As cartas rogatorias dirigidas a juizes ou tribunaes de nações estrangeiras com as quaes houver tratados ou convenções especiaes, ou em que pelos principios ele reciprocidade costumam sem cumpridas, serão sempre concebidas em termos de civilidade e deferencia, pedindo o cumprimento das diligencias com a brevidade possivel.

§ unico. O cumprimento das rogatorias será solicitado por via diplomatica por intervenção do ministerio dos negocios estrangeiros.

Art. 61.º Nas deprecadas para inquirição de testemunhas, depois de exarado o «cumpra-se», será autuada a inquisição, que será sómente devolvida ao juizo deprecante, ficando a deprecada no juizo deprecado.

Art. 62.º Os secretarios e escrivães não poderão passar certidões, ou copias de actos, e termos do processo criminal, sem preceder despacho do respectivo juiz, emquanto o mesmo processo não tiver publicidade, salvo sendo exigidas pelo magistrado do ministerio publico, ou pelo juiz.

Art. 63.º Os actos e termos do processo criminal preparatorio e a captura dos réus podem ser praticados em dias santificados, ou durante as ferias.

TITULO VI
Das provas

CAPITULO I
Dos exames e vistorias

Art. 64.º Se existir ou for encontrado o paciente, ou objecto do crime, e existirem vestigios materiaes d'elle, proceder-se-ha aos exames necessarios para verificar estes.

§ unico. Os magistrados do ministerio publico deverão promover, e as partes particularmente offendidas poderão requerer que se proceda a estes exames, embora não queiram ser partes, devendo os juizes, na falta de promoção ou requerimento, proceder officiosamente a elles com a maior brevidade.

Art. 65.º Se o exame exigir conhecimentos technicos de alguma sciencia, arte, industria, ou officio, deverá ser feito com intervenção de peritos nomeados pelo respectivo juiz, devendo declarar-se resumidamente no mandado de intimação o objecto sobre que tem de versar o referido exame.

§ unico. Nenhum facultativo que exerça clinica poderá ser isento de intervir nos exames para que for intimado, salvo se houver incompatibilidade absoluta entre este serviço e o exercicio de funcções officiaes.

Art. 66.º Nos exames deverão intervir tres peritos.

§ 1.º No caso de na especie do artigo 65.º não haver mais de um perito no logar em que houver de fazer-se o exame e na distancia de 5 kilometros, será valido com a intervenção de um só, devendo fazer-se esta declaração no respectivo auto.

§ 2.º Se não houver nenhum perito no logar em que houver de fazer-se o exame, nem na distancia de 15 kilometros, o juiz ordenará que o objecto que tem de ser submettido ao exame seja transportado para a séde da comarca, uma vez que o transporte possa effectuar-se sem prejuizo da averiguação da verdade e da saude publica. Não podendo fazer-se o transporte, o exame será feito pelas pessoas que o juiz julgar mais habilitadas.

Art. 67.º Se as declarações e conclusões dos peritos forem obscuras ou contradictorias entre si, ou com os factos averiguados, ou se estas não parecerem legalmente deduzidas dos principios expostos, as partes poderão requerer, e o juiz ordenar, que sejam convocados os peritos a uma conferencia para as esclarecerem, harmonisarem ou rectificarem.

§ unico. Poderá ainda depois ser inquirido pelas partes, ou ordenado pelo juiz novo exame com peritos differentes e em maior numero, os quaes serão requisitados das comarcas mais proximas, se os não houver n'aquella em que tiver de verificar-se, sendo-lhe abonada, pelo ministerio da justiça, a importancia dos honorarios e a despeza do transporte, sendo requisitado pelo magistrado do ministerio publico ou pelo juiz.

Art. 68.º O exame será feito na presença do juiz e do magistrado do ministerio publico, deferindo o juiz aos peritos o juramento segundo o rito da sua religião para examinarem o objecto submettido a exame e declararem com verdade e exactidão tudo o que encontrarem digno de notar-se.

§ unico. Do exame deverá lavrar-se um auto assignado e rubricado pelo juiz, magistrado do ministerio publico, partes, peritos e escrivães, devendo tambem lavrar-se este auto quando por qualquer motivo o exame não possa effectuar-se.

Art. 69.º A parte queixosa e o delinquente poderão assistir ao exame com os seus advogados, devendo o mesmo delinquente ser presente quando o juiz ou as partes o julgarem necessario para o descobrimento da verdade.

§ 1.º Tanto as partes como o juiz poderão propor aos peritos os quesitos que lhes parecerem necessarios para a verificação do crime, aos quaes elles deverão responder.

§ 2.º Se os peritos carecerem de algumas informações ou esclarecimentos relativos ao objecto do exame, poderão requerer ao juiz que lhes sejam prestados.

§ 3.º Se a resolução dos peritos estiver dependente das informações ou esclarecimentos a que se refere o paragrapho antecedente, ou se por outro motivo attendivel o exame não podér concluir-se no mesmo dia, poderá ficar adiado para o dia seguinte, tomando-se as precauções necessarias para evitar a alteração ou substituição do objecto sujeito ao mesmo exame.

§ 4.º Se o objecto sujeito ao exame exigir uma descripção minuciosa e technica que não possa ser desde logo reduzida, poderão os peritos fazer o respectivo relatorio, que será por elles assignado e rubricado, e que o juiz mandará juntar ao auto do exame como parte integrante d'elle, depois de o haver rubricado, bem como o magistrado do ministerio publico.

Art. 70.º Se houver ele proceder-se a exame em algum cadaver, deverá a identidade d'este ser reconhecida pelo escrivão ou por duas testemunhas que a possam attestar.

§ unico. Não sendo reconhecida a identidade do cadaver, deverá fazer-se uma descripção d'elle, declarando o sexo, comprimento, côr do rosto, olhos, cabellos, signaes physionomicos ou do corpo, idade provavel, vestuario que trazia e tirar-se a photographia d'elle, sendo possivel, ordenando o juiz que seja exposto ao publico por vinte e quatro horas, se o estado do cadaver o permittir, para poder ser reconhecido.

Art. 71.º Nos exames feitos em cadaveres os peritos procederão a requerimento das partes ou *ex officio* á autopsia cadaverica, se podér fazer-se sem prejuizo da saude publica, e examinarão sempre as cavidades craneana, thoraxica e abdominal.

§ 1.º Estes exames serão feitos nos theatros anatomicos, ou não os havendo nos hospitaes, casas ou locaes fornecidos pelas camaras municipaes ou juntas de parochia, ou na casa do deposito, se a familia assim o requerer.

§ 2.º Findo o exame, os peritos farão a sua declaração, descrevendo tudo o que julgarem digno de menção, concluindo por emittirem o seu juizo ácerca da causa efficiente da morte.

Art. 72.º Se os peritos não poderem, pelos meios ao seu alcance, proferir uma conclusão positiva ácerca da causa da morte, mas tiverem suspeitas de que ella proveiu de substancias toxicas, o magistrado do ministerio publico promoverá, e a parte offendida poderá requerer, que se estráhiam do cadaver as visceras, substancias e liquidos necessarios para serem submettidos á analyse chimica, devendo ser encerrados em vasos apropriados, cintados e rubricados pelo juiz, magistrado do ministerio publico e peritos. Quando algum d'estes objectos tenha de ser destruido ou modificado, deverá, sempre que seja possivel, ser guardada uma parte d'elles até á terminação do processo, observando-se as precauções indicadas.

Art. 73.º Quando o exame versar sobre ferimentos ou offensas corporaes, os peritos deverão declarar o numero e a naturalidade d'elles, a sua extensão e profundidade, a qualidade do instrumento com que indicam terem sido feitos, o prognostico provavel da doença, e os effeitos que d'elles podem resultar no estado physico e intellectual do examinando, a duração da impossibilidade do trabalho profissional ou de qualquer outro.

§ 1.º Se os peritos entenderem que póde haver grave inconveniente em proceder desde logo ao exame, o juiz deverá adial-o para o dia que elles indicarem.

§ 2.º Não se achando os peritos habilitados para proferirem uma conclusão positiva ácerca do prognostico ou da duração da impossibilidade do trabalho, poderão reserval-a para o exame de sanidade, declarando, sempre que seja possivel, o dia em que este deve verificar-se.

§ 3.º Se o offendido vier a morrer em seguida aos ferimentos, ou offensas corporaes que soffrer, se procederá a novo exame, no qual deverão os peritos declarar sempre se a morte resultou d'elle directa e necessariamente, ou de alguma causa accidental.

Art. 74.º Sendo necessario proceder a exame em algum livro, que não esteja findo, pertencente a alguma repartição publica, ou cartorio, deverá ali ser feito este exame.

Art. 75.º Sendo necessario para a qualificação do crime determinar o valor da cousa que tiver sido objecto d'elle, ou a importancia do damno que d'elle resultar, o juiz infractor tomará declarações juradas ao lesado e procederá em seguida a exame por peritos para fazerem a devida avaliação.

Art.76.º Havendo duvida ácerca do grau de discernimento do delinquente, ou se está affectado de doença mental, que o prive da responsabilidade dos seus actos, proceder-se-ha ao respectivo exame por peritos facultativos alienistas ou na falta d'elles por outros competentes.

Art. 77.º Nos exames deverão os juizes, com assistencia do magistrado do ministerio publico e da parte querelante, fazer verificar pelos peritos:

1.º Todos os vestigios do crime;

2.º O estado do logar em que tiver sido committido, descrevendo-o com a possivel exactidão e fazendo levantar a planta d'elle, sendo possivel;

3.º As armas e instrumentos que denotarem ter servido para commetter o crime, ou estivesse destinado para elle, e os objectos deixados pelo delinquente no logar do delicto, descrevendo a relação que possam ter com elle.

§ 1.º Os juizes mandarão apprehender as armas, instrumentos e objectos a que se refere o numero antecedente, fazendo-os sellar e appensar ao processo, ou depositar em poder de depositario idoneo os que pelo seu peso e volume não poderem ser appensos.

§ 2.º Em seguida ás declarações dos peritos, deverão os juizes consignar no auto todas as circumstancias relativas ao modo e tempo em que o crime ou delicto foi committido, colligindo escrupulosamente todas as provas, tanto contra como a favor do presumido delinquente, tomando logo declarações sem juramento aos descendentes, ascendentes ou parentes do offendido e com juramento aos creados, domesticos, vizinhos e outras quaesquer pessoas que verosimilmente pareça que podem esclarecer a justiça.

Art. 78.º Antes de concluido o exame não se poderá fazer alguma alteração no objecto do crime, logar e vestigios d'elle, incorrendo o transgressor d'este preceito na multa de 10$000 réis a 200$000 réis. segundo a gravidade do caso e o grau de malicia

§ unico. O juiz, e na sua falta de auctoridade administrativa e os agentes de administração ou de policia adoptarão todas as providencias para que se não alterem os vestigios do crime, antes de findo o exame, nem se afastem do logar d'elle as pessoas que possam informar ácerca do mesmo, fazendo o juiz constar no respectivo auto, sendo possivel, se a desapparição dos vestigios foi casual ou intencional, bem como as causas e os meios para esse fim empregados.

Art. 79.º Haverá em cada cartorio um livro do registo numerado e rubricado pelo juiz de direito, ou pelo escrivão, a quem der commissão, com termos de abertura e encerramento, e que será destinado para n'elle se registarem por extracto, no praso de quarenta e oito horas, os autos de exame, e por extenso as declarações dos peritos, os despachos de pronuncia, as sentenças e as indicações das testemunhas.

Art. 80.º Se durante o processo preparatorio o juiz julgar necessario proceder, ou as partes offendidas ou o delinquente requererem que se proceda a vistoria no logar em que foi committido o crime, effectuará essa diligencia com tres peritos que julgar mais idoneos, mandando lavrar o respectivo auto, que será por elle assignado, pelos peritos que souberem assignar e pelo escrivão.

§ unico. As partes offendidas e o delinquente podem apresentar ao juiz os quesitos que entenderem necessarios para averiguação da verdade, podendo ser assistidas dos seus advogados.

CAPITULO II
Das testemunhas

Art. 81.º Podem ser testemunhas no processo criminal todas as pessoas de ambos os sexos que não sejam inhabeis por incapacidade natural ou por disposição da lei.

§ 1.º Se o ministerio publico, a parte queixosa ou o réu insistirem no depoimento da testemunha arguida de demente, se verificará por exame o estado mental da testemunha.

§ 2.º Os desasisados poderão ser inquiridos como testemunhas nos intervallos lucidos, certificando-se o juiz da lucidez das faculdades d'elles por exame de peritos facultativos.

§ 3.º Os menores de 12 anos poderão dar informações sem juramento.

Art. 82.º São inhabeis para ser testemunhas por disposição da lei:

1.º As partes offendidas;

2.º Os ascendentes e descendentes legitimos e naturaes, conjuges, posto que separados judicialmente, irmãos e cunhados das partes offendidas e do delinquente ou contraventor;

3.º Os que participarem o crime em juizo;

4.º Os empregados publicos, ecclesiasticos, advogados, medicos, cirurgiões e parteiras, ácerca dos segredos que em virtude de suas funcções, estado ou profissão lhes forem confiados.

§ unico. As pessoas a que se refere o n.º 2.º não ficam inhibidas de depôr ácerca dos factos criminosos imputados a outros co-réus, havendo-os, com os quaes não tenham o parentesco de que trata o mesmo numero.

Art. 83.º São causas de impossibilidade de comparecer perante o juiz do processo:

1.º A molestia comprovada por certidão jurada de facultativo, ou, na falta d'este, do respectivo parocho, confirmada pelo administrador do concelho se a testemunha residir na cabeça do concelho, ou, não residindo, pelo regedor de parochia;

2.º A consternação de familia por motivo de fallecimento de descendentes, ascendentes, conjuge ou irmão, durante o praso de oito dias;

3.º Algum caso de força maior;

4.º A prestação de outro serviço publico que obste a que a testemunha compareça no dia e hora designados.

§ unico. Se a impossibilidade prevista do numero 1.º d'este artigo não cessar antes de encerrado o processo, a testemunha será inquerida na sua residencia.

Art. 84.º Sendo nomeados para testemunhas empregados de algum tribunal ou repartição publica ou das estações do caminho de ferro ou de algum official ou praça do exercito ou da armada, o juiz os requisitará por officio ao respectivo chefe ou commandante, conciliando, quanto possivel, as conveniencias da instrucção do processo com as do serviço publico.

Art. 85.º As testemunhas serão nomeadas no requerimento da queixa ou no decurso do processo preparatorio ou pelo magistrado do ministerio publico.

A parte offendida poderá tambem indicar testemunhas a este magistrado, posto que não seja parte no processo.

§ 1.º O numero de testemunhas não excederá a vinte, afóra as referidas. Se os factos forem differentes, poderão ser nomeados tres a cada um, posto que excedam este numero.

§ 2.º Se tiverem sido inquiridas algumas testemunhas, quando a parte offendida der a sua queixa, deverá a nomeação d'ellas ser feita de accordo com o magistrado do ministerio publico, e, se não poderem accordar-se, serão sempre inquiridas, posto que excedam a vinte, até dez testemunhas nomeadas pelo queixoso, guardada a ordem de precedencia da nomeação, ou até cinco das nomeadas por cada um dos querellantes, se houver mais de um, afóra as referidas.

Art. 86.º O juiz instructor do processo, sempre que o julgar necessario para o descobrimento da verdade, poderá ordenar que a testemunha o acompanhe ao logar do delicto.

Art. 87.º Se a testemunha for surda-muda e souber ler e escrever, as perguntas serão feitas por escripto e as respostas dadas pela mesma fórma. Se, porém, não souber ler e escrever, o juiz nomeará para interprete um mestre de surdos-mudos, ou, na falta d'este, a pessoa que melhor possa entender-se com ella, deferindo-lhe juramento nos termos do artigo antecedente.

§ unico. Sendo a testemunha unicamente surda, e sabendo ler, as perguntas serão feitas por escripto e as respostas dadas oralmente.

Art. 88.º As perguntas deverão ser feitas com a maior clareza, de modo que a testemunha possa comprehender bem o objecto sobre que tem de depor, devendo o juiz abster-se de empregar insinuações, suggestões, promessas, injurias ou ameaças.

§ unico. A testemunha que se recusar a responder ás perguntas que lhe forem feitas incorrerá na pena correspondente ao crime de desobediencia.

Art. 89.º A testemunha deverá narrar os factos e circumstancias respectivas sem ser interrompida e dar a rasão do seu dito. Se o juiz, magistrado publico ou advogado das partes julgarem necessario esclarecer algum facto ou circumstancia, ou obter explicações para fazer desapparecer alguma obscuridade, ou contradição, dirigirão á testemunha as perguntas necessarias, as quaes serão consignadas no depoimento.

Art. 90.º A testemunha deve ser interrogada ácerca do crime ou delicto, das circumstancias que o revestirem, quer sejam contra, quer a favor do delinquente, do tempo, logar e modo como foi commettido, da parte que n'elle teve o delinquente ou delinquentes e dos antecedentes d'estes.

§ 1.º Declarando alguma testemunha que é presencial, será interrogada em que tempo e logar viu o que affirma, se estavam ali outras pessoas que tambem o vissem e quaes eram, declarando, no caso de as não conhecer, o maior numero de signaes que as possam indentificar.

§ 2.º Proceder-se-ha pela mesma fórma quando a testemunha declarar que sabe de ouvido o que se depõe.

Art. 91.º Havendo duvida ácerca da preexistencia da cousa furtada ou roubada, as testemunhas deverão ser inquiridas a respeito dos antecedentes do individuo que se diz dono d'ella, ou se o furto ou roubo consistir em dinheiro ácerca dos seus haveres, e de todas as circumstancias que possam fornecer indicios de os possuir ao tempo que se diz commettido o crime ou delicto.

Art. 92.º As respostas das testemunhas, que não forem impertinentes, serão escriptas no processo investigatorio, conservando-se na redacção, quanto seja possivel, as expressões de que usar, de modo que ella as possa comprehender

Art. 93.º Salvos os casos em que o juiz o julgar conveniente, a confrontação sómente se verificará simultaneamente entre diversas testemunhas, devendo precisar com toda a clareza o facto ou circumstancias em que houver contradição ou divergencia, fazendo consignar em um auto por elle assignado, pelo escrivão e testemunhas, que souberem, poderem ou quizerem assignar, as ponderações feitas e as respostas obtidas.

Art. 94.º A testemunha que não for empregado publico do estado, districto ou municipio, tem direito a uma indemnisação de 500 réis a 2$000 réis diarios, que o juiz de direito fixará, conforme as circumstancias, e entrará em regra de custas quando elles a exigirem.

CAPITULO III
Do reconhecimento da identidade

Art. 95.º Havendo duvida ácerca da identidade da pessoa do delinquente, o juiz procederá ao reconhecimento d'ella, fazendo-o apresentar a uma ou mais testemunhas conjunctamente com outros individuos d'entre os quaes ellas o reconhecerão.

§ 1.º Sendo necessario fazer-se o reconhecimento por mais de uma testemunha, cada um d'elles se fará separadamente sem que as testemunhas possam communicar entre si até que se haja effectuado o ultimo reconhecimento em um só acto.

§ 2.º Do reconhecimento se lavrará o respectivo auto assignado pelo juiz, escrivão e pelas pessoas que n'elle intervierem, quando souberem, poderem ou quizerem assignar, devendo declarar-se n'elle todas as circumstancias que occorrerem, os signaes pessoaes do delinquente e os nomes dos que n'elle intervierem.

Art. 96.º Se para auxiliar o reconhecimento for necessario juntar certificado do registo criminal, certidão do registo cicil ou parochial, ou qualquer outro documento, o magistrado do ministerio publico o requisitará de quem competir para ser junto ao processo.

Art. 97.º Quando for preciso proceder ao reconhecimento de armas ou instrumentos, que serviram ou estavam destinados para commetter o crime ou delicto ou de cousas que se suspeite terem sido objecto d'elle, serão apresentados ás testemunhas só ou conjunctamente com outras similhantes, adoptando o juiz todas as providencias que julgar necessarias para que o reconhecimento possa verificar-se.

TITULO VI
Das nullidades do processo

Art. 98.º São nullidades insuppriveis;

1.º A incompetencia do juiz ou do jurado;

2.º A falta de assignatura da parte accusadora, ou de quem a representar no requerimento para o começo da acção criminal;

3.º A falta de juramento aos peritos e testemunhas;

4.º A falta de interprete ajuramentado, ou a nomeação da pessoa que o não póde ser nos casos em que a sua nomeação é necessaria;

5.º A falta de intimação do despacho de pronuncia ao réu, se não tiver recorrido dentro do praso legal.

6.º A falta de nomeação de advogado ou defensor do réu, quando estiver preso, se este o não ver constituido no processo antes de exarado o despacho de pronuncia;

7.º A falta de entrega da copia da accusação ao réu ou ao seu advogado, quando por parte d'este tenha deixado de apresentar-se contestação por escripto ou defeza verbal na audiencia do julgamento;

8.º A falta de entrega da copia da contestação á parte accusatoria ou ao seu advogado, se esta allegar esta nullidade antes da audiencia do julgamento;

9.º A falta de entrega do rol das testemunhas á parte accusatoria ou ao réu se não tiverem sido nomeadas pela accusação;

10.º A falta de entrega da copia da pauta dos jurados ao réu, se este allegar esta nullidade, antes da audiencia do julgamento;

11.º A falta de juramento aos jurados ou da assignatura d'estes nas respostas aos quesitos. A omissão inversão ou diversidade de appellidos não importa nullidade, se da discussão se podér conhecer a identidade do jurado;

12.º A deficiencia dos quesitos, a contradição ou repugnancia d'estes entre si, ou com as respostas do jury ou entre estas;

13.º A omissão da resalva das emendas, borrões ou entrelinhas, que se encontrarem nas respostas do jury;

14.º A sentença, que julgar o contrario do que dispõe a lei, ou d'ella fizer applicação manifestamente errada;

15.º A falta de intimidação da sentença condemnatoria, se d'ella se não tiver interposto o recurso competente dentro do praso legal.

§ unico. Se a nullidade consistir na omissão de actos, que não possam já praticar-se, ou que, praticados fóra da occasião, já não podem esclarecer o facto, nem contribuir para satisfação da justiça, deverão os tribunaes superiores revalidar o processo, se n'elle constar a verdade de modo irrecusavel.

Art. 99.º O escrivão, que der causa ás nullidades, incorre na multa de 5$000 réis a 50$000 réis, ou na suspensão do officio até tres mezes, que lhe serão impostas sem previa audiencia.

TITULO VII
Das custas

Art. 100.º Sómente são obrigados ao pagamento das custas os réus que forem condemnados por sentença passada em julgado. Se forem absolvidos será condemnada nas custas a parte accusatoria, havendo-a.

§ 1.º Exceptuam-se da disposição d'este artigo as custas dos traslados de recursos de aggravos e da fiança, que serão pagas pelos respectivos réus que os requererem.

§ 2.º Não são obrigados a pagar custas os réus cujo estado de pobreza for comprovado por attestado jurado do respectivo administrador do concelho ou do parocho e regedor da sua freguezia.

Art. 101.º Sendo implicados differentes co-réus no mesmo processo, serão todos solidariamente responsaveis pelo pagamento das custas, ficando salvo áquelle que as pagar o direito de haver dos outros a quota correspondente.

Art. 102.º As custas comprehendem os sêllos do processo e os emolumentos dos magistrados e salarios dos empregados judiciaes, as despezas dos exames e operações medico-legaes, os honorarios dos peritos, advogados ou defensores, interpretes e tractores e o salario das testemunhas conforme a respectiva tabella.

§ unico. Os emolumentos dos juizes serão recebidos pelo estado.

Art. 103.º A responsabilidade pelo pagamento das custas é meramente civil, não podendo soffrer pena corporal o réu que for condemnado e não possua bens para os satisfazer.

Art. 104.º Quando forem accusados differentes réus no mesmo processo e algum for absolvido, não será o que for condemnado obrigado a pagar as custas especiaes resultantes da intervenção dos co-réus absolvidos.

LIVRO II
Do processo em especial

Art. 105.º O processo criminal divide-se na primeira instancia em:
1.º Processo preparatorio;
2.º Processo do julgamento.

TITULO I
Do processo preparatorio

CAPITULO I
Da queixa e investigação

Art. 106.º O conhecimento judicial dos crimes ou delictos tem logar:
1.º Por queixa do offendido;

2.º Por participação, ou denuncia, de qualquer pessoa particular;

3.º Por participação da auctoridade administrativa ou de qualquer agente de administração ou de policia;

4.º Por communicação dos juizes ou tribunaes;

5.º Por notoriedade publica;

6.º Nos casos do crime ou delicto flagrante.

Art. 107.º O conhecimento judicial das contravenções, coimas ou transgressões de posturas municipaes, tem logar pela remessa do respectivo auto, ou participação ao magistrado do ministerio publico, ou agente encarregado de promover a sua punição.

Art. 108.º Toda a pessoa offendida por qualquer crime, posto que não queira ser parte accusadora, poderá queixar-se verbalmente, ou por escripto, ao respectivo juiz, magistrado do ministerio publico ou administrativo, agente da administracção ou de policia mais proximo do logar em que o mesmo crime for commettido, ou a qualquer outro.

§1.º Se a queixa for verbal, será reduzida a auto assignado pelo magistrado ou agente que a receber, pelo escrivão e pelo queixoso, se souber ou podér escrever, devendo declarar-se no auto o facto criminoso, as circumstancias que o revestirem e os nomes das testemunhas que o possam provar, e juntar-se os documentos que se apresentarem.

§ 2.º Sendo a queixa feita por escripto, será assignada pelo queixoso, por seu procurador, ou pela pessoa, que a rogo d'elle a fizer, e a assignatura reconhecida por tabellião, juntando se os documentos que se offerecerem.

Art. 109.º Se a queixa for feita por menores de quatorze anos ou por interdictos por prodigalidade, serão ouvidos os seus legitimos representantes para a auctorisar.

Art. 110.º Toda a pessoa, que presenciar algum crime, ou d'elle tiver conhecimento por qualquer outro meio, poderá participal-o aos magistrados ou agentes a quem se refere o artigo 108.º

§ 1.º Se a pessoa, que fizer a participação, ou denuncia, não for conhecida em juizo, irá acompanhada pelo menos de uma testemunha conhecida que atteste a identidade do participante, observando-se o disposto nos §§ 1.º e 2.º do citado artigo 108.º

§ 2.º Se a participação ou denuncia for anonyma e noticiar factos circumstanciados que tornem verosimil a participação de algum crime, deverá proceder-se com toda a circumspecção aos actos e diligencias necessarios para a sua verificação.

Art. 111.º Os magistrados administrativos e os agentes de administração e de policia deverão participar os crimes de que tiverem noticia, ao respectivo juiz e ao magistrado do ministerio publico, enviando a este todas as informações, autos de investigação a que procederem e quaesquer documentos que possam servir de prova do crime.

§ unico. Se o delinquente tiver sido preso em flagrante delicto acompanhará a participação, sendo possivel.

Art. 112.º Qualquer auctoridade, tribunal ou funccionario publico de qualquer categoria, que no exercicio de suas funcções descobrir algum crime, deverá participal-o ao respectivo magistrado do ministerio publico, enviando-lhe as informações e documentos de que trata o artigo antecedente.

§ unico. Se o crime for descoberto durante a investigação, o juiz por seu despacho, e o tribunal por accordão em conferencia, mandará, depois de proferida a sua decisão, continuar o processo com vista ao respectivo magistrado do ministerio publico.

Art. 113.º Tem logar o conhecimento do crime por notoriedade publica quando tenha sido divulgado pela imprensa periodica, ou por outra especie de publicação que o haja tornado do dominio publico.

Art. 114.º Considera-se flagrante delicto, não só aquelle que se está commettendo ou acabou de commetter-se, não mediando intervallo algum, mas tambem aquelle em que o delinquente, acabando de o praticar, foge do local d'elle, e é logo contínua e successivamente perseguido por qualquer empregado ou agente da justiça, administração ou policia, ou por qualquer outra pessoa.

§ unico. São equiparados ao flagrante delicto, comtanto que seja proximo do tempo da sua perpetração:

1.º O caso de serem encontrados ao delinquente effeitos, armas ou instrumentos que façam presumir que elle é auctor, cumplice ou encobridor do crime.

2.º O caso de reclamar o dono da casa em que se commetteu o crime, a assistencia da justiça para o verificar.

Art. 115.º O processo criminal preparatorio nos crimes ou delictos começará pela queixa, e poderá prolongar se por espaço de quarenta dias a contar da data da mesma, se antes d'esse praso não estiver verificada a existencia do crime e a culpabilidade do delinquente.

§ unico. Este praso poderá prorogar-se quando tiverem de ser inquiridas testemunhas referidas ou residentes em paiz estrangeiro, em provincia ultramarina ou em outra comarca, que o não possam ser dentro d'ella, ou quando tenha de proceder-se a alguma diligencia necessaria para o descobrimento da verdade.

Art. 116.º No processo criminal preparatorio o magistrado do ministerio publico e a parte offendida, posto que não queira accusar, poderão fornecer aos juizes todas as provas que tiverem ácerca da existencia do crime e da culpabilidade do delinquente e requerer que estes procedam ás diligencias e averiguações necessarias.

§ unico. Os juizes procederão a estas diligencias e averiguações, podendo tambem recorrer officiosamente a todos os meios de prova que julgarem necessarios para o descobrimento da verdade.

Art. 117.º Os actos do processo praticados pelos funccionarios administrativos, ou de policia, sómente se repetirão quando for necessario para obter novo esclarecimento.

Art. 118.º Se o delinquente estiver condemnado em pena que não possa ser aggravada e commetter um novo crime, ou se descobrir algum outro ainda não prescripto, formar-se-ha o processo preparatorio para verificar se ha outros co-réus responsaveis pelo mesmo facto criminoso.

§ unico. Na hypothese prevista n'este artigo, o réu condemnado sómente será julgado pelo novo crime que commetter, ou pelo que se lhe descobrir, se for annulado o processo instaurado pelo crime mais grave.

Art. 119.º Desencaminhando-se ou inutilisando-se algum processo criminal poderá qualquer das partes requerer a reforma d'elle por meio de certidões do livro de registo de que trata o artigo 79.º

Art. 120.º O juiz póde, mandar proceder ao processo preparatorio ainda que o ministerio publico o não promova e póde rejeitar a sua promoção quando considere como não criminoso o facto a que se allude.

§ unico. Rejeitada a queixa o juiz mandará immediatamente soltar o presumido delinquente se estiver preso, e não dever ser conservado na cadeia por outro motivo.

Art. 121.º A parte offendida, que desistir da queixa, não poderá accusar o delinquente.

§ unico. Póde, porém, ser admittida segunda queixa a respeito do mesmo crime e contra os mesmos réus:

1.º Se a primeira tiver sido julgada nulla por despacho passado em julgado;
2.º Se tiver sido dada contra as pessoas incertas, e o crime não estiver prescipto.

CAPITULO II
Da pronuncia

Art. 122.º Findas as diligencias necessarias para alcançar todos os elementos de prova, relativos ao crime ou findo o praso estabelecido na lei e junto o certificado do registo criminal, o juiz mandará os autos com vista ao ministerio publico e parte queixosa que tenha declarado querer accusar, para deduzirem a accusação quando houver fundamento e precisarem os seus termos declarando no praso de cinco dias:

1.º Qual o facto criminoso, logar, tempo em que foi commettido, circumstancias aggravantes ou attenuantes que o revestirem e indicando a lei penal applicavel e o nome, appellidos ou alcunhas do delinquente;
2.º Quaes os meios de prova que o processo offerece e indicando as testemunhas a inquerir pela accusação.

§ unico. Se algum, ou todos os réus tiverem commettido outros crimes, cujos processos estejam pendentes, a accusação comprehenderá todos elles.

Art. 123.º Logo que o magistrado do ministerio publico e a parte offendida, quando pretenda accusar, tiver dado a sua resposta, o juiz mandará por seu despacho distribuir o processo, o qual lhe será logo depois de feito concluso.

Art. 124.º Para os effeitos do artigo 123.º haverá em cada juizo um livro numerado e rubricado pelo respectivo juiz, com as divisões seguintes:

1.ª Numeração de ordem, que se renovará annualmente no mez de janeiro;
2.ª Natureza do crime;
3.ª Nome do queixoso quando não for o magistrado do ministerio publico;
4.ª Nome do delinquente, ou declaração de que é incerto;
5.ª Appellidos dos escrivães;
6.ª Data de distribuição;
7.ª Observações.

Art. 125.º Se o juiz entender que o conhecimento do crime pertence ao juizo de policia correccional, assim o declara marcando audiencia de julgamento. Se, porém, entender que a accusação deve seguir os termos ordinarios, assim o declarará, tambem indicando:

1.º O réu por elle respensavel e designando-o pelo seu nome, appellido, alcunha, e por quaesquer outros signaes ou indicações que possam auxiliar o seu reconhecimento;
2.º Se é responsavel como auctor, cumplice ou encobridor do crime;
3.º A natureza d'este e as circumstancias que o revestirem, quer sejam contra, quer a favor do réu;
4.º O logar e tempo em que foi commettido, sempre que sejam conhecidos;
5.º A citação da lei penal que pune o facto criminoso;

6.º Se é ou não admissivel a fiança, arbitrando-a quando deva conceder-se;

7.º Que se organise o respectivo boletim para ser enviado ao registo criminal;

8.º Que se passem mandados de captura para o réu ser conduzido a custodia, se n'ella não estiver detido.

§ unico. Ainda que o ministerio publico entenda em sua resposta não haver fundamento para a pronuncia, poderá esta ter logar se o juiz entender que ha para isso fundamento legal.

Art. 126.º Este despacho será intimado dentro de vinte e quatro horas ao magistrado do ministerio publico e á parte accusatoria, dentro de igual praso ao réu se estiver detido em custodia, e dentro de oito dias se tiver prestado caução, devendo o escrivão entregar um extracto do despacho ao director da cadeia, ou carcereiro, quando o réu estiver preso, para fazer o respectivo registo.

Art. 127.º Se algum dos réus estiver detido em custodia, o despacho de pronuncia será proferido dentro do praso de quinze dias, contados d'aquelle em que estiver á disposição do juiz de direito, o qual, findo aquelle praso, o mandará soltar a requerimento do preso, do magistrado do ministerio publico ou officiosamente, se julgar que não ha fundamento para a pronuncia.

Art. 128.º Se o juiz julgar que não ha prova da existencia do facto criminoso ou da culpabilidade de pessoa alguma, assim o declarará por despacho fundamentado, que será intimado dentro de vinte e quatro horas ao magistrado do ministerio publico, á parte e ao réu se estiver preso.

Art. 129.º São effeitos de pronuncia transitada em julgado:

1.º A suspensão dos direitos politicos;

2.º A suspensão do exercicio do emprego ou officio;

3.º Compellir o réu ao julgamento, pelo crime que lhe é imputado;

4.º Sujeitar o réu á observancia dos regulamentos da cadeia se n'ella estiver detido.

Art. 130.º Nos crimes, que admittem caução, o réu será intimado do despacho de pronuncia, quando tiver logar, e só será preso antes do julgamento, se a não prestar no praso de oito dias a contar da instrucção.

§ unico. Passado o referido praso sem que o réu preste caução, e nos mais casos logo que a prisão for auctorisada, o escrivão passará mandados de capatura, que entregará ao respectivo magistrado do ministerio publico.

CAPITULO III

Da prisão

Art. 131.º Antes da culpa formada póde ter logar a prisão:

1.º Nos crimes, ou delictos, que não admittem fiança;

2.º No caso de se evadir o delinquente da cadeia, logar de custodia, ou da guarda dos empregados ou agentes de justiça, administração ou policia;

3.º Nos casos de flagrante delicto.

§ 1.º Mas ainda n'este caso a prisão nunca terá logar nas contravenções, coimas e transgressões de posturas municipaes.

§ 2.º Nenhum par vitalicio ou temporario, desde a sua eleição até que termine o seu mandato, e nenhum deputado, desde que for proclamado na respectiva assembléa de apuramento, póde ser preso, salvo por ordem da sua respectiva camara, menos em flagrante delicto, a que corresponda a pena mais elevada da escala penal.

Art. 132.º Nos casos previstos nos n.ºˢ 2.º e 3.º do artigo antecedente a prisão póde ser feita por qualquer auctoridade, empregado, agente de justiça, administração ou policia, e por qualquer pena particular, posto que o delinquente seja encontrado em comarca differente, comtanto que o tenham seguido, devendo o preso ser immediatamente apresentado ao juiz competente, ou á auctoridade judicial mais proxima do logar em que a prisão se effectuar.

§ unico. Se a prisão for feita de noite, o preso será recolhido na cadeia, casa de guarda, ou na estação de policia, e logo de manhã conduzido á presença do juiz de direito da comarca.

Art. 133.º Nos crimes, que não admittem fiança, poderá o magistrado do ministerio publico ou a parte offendida requerer e o juiz de direito ordenar a prisão preventiva do delinquente, a qual sómente poderá effectuar-se por mandado ou requisição escripta, assignada pelo juiz, incluindo a via telegraphica, comtanto que preceda prova documental ou inquirição summaria de duas ou mais testemunhas, de que resulte prova ou indicios de culpabilidade.

§ 1.º Poderá verificar-se a prisão preventiva, independentemente de prova exigida n'este artigo, nos crimes seguintes:

1.º Homicidio;
2.º Envenenamento;
3.º Infanticidio;
4.º Contra a segurança interior ou exterior do estado;
5.º Falsificação de moeda ou papeis de credito, nacionaes ou estrangeiros;
6.º Passagem dos mesmos titulos falsificados;
7.º Roubo;
8.º Nos casos previstos nos tratados ou convenções.

§ 2.º Não poderá ter logar a prisão preventiva do delinquente se tiverem decorrido seis mezes depois da perpetração do crime.

Art. 134.º Observar-se-hão as disposições dos tratados ou convenções ácerca das immunidades de que gosam os consules geraes, consules e vice-consules, chancelleres e agentes consulares.

Art. 135.º Os mandados de captura devem conter:

1.º O nome do juiz que os expedir;
2.º O nome, appellidos, alcunhas, estado, idade, profissão, naturalidade, residencia do delinquente, quando conhecidos, ou pelo menos o maior numero de signaes que o possam identificar;
3.º A natureza do crime;
4.º A declaração de que a prisão póde, ou não, ser substituida por fiança;
5.º A rubrica do juiz.

§ 2.º Nenhum juiz poderá eximir-se de fazer cumprir qualquer mandato de captura, salvo se n'elle faltar algum dos requisitos mencionados n'este artigo.

Art. 136.º Os agentes de justiça, administração, ou policia, poderão, para effectuar a prisão dos delinquentes:

1.º Requisitar a força militar necessaria por intervenção do respectivo magistrado do ministerio publico, pela forma prescripta nas ordens do governo.

2.º Empregrar a força necessaria, usar de armas de legitima defeza para repellir a aggressão ou resistencia.

Art. 137.º Salvo o caso de flagrante delicto, se para se effectutar a prisão for necessario entrar em casa do delinquente ou em qualquer outra, ou em edificio ou logar religioso, em que se suspeite achar se acolhido, deverá passar-se ordem em duplicado, na qual se deverão declarar os motivos da suspeita que o magistrado do ministerio publico ou a parte querellante tiverem feito constar por escripto passando-se em seguida mandado de captura com a expressa determinação da entrada, sem o que o executor d'ella a não poderá verificar.

§ 1.º A entrada nas casas, edificios e logares a que se refere este artigo sómente poderá effectuar-se de dia, desde o nascimento até ao occaso do sol, em presença de duas testemunhas, devendo o executor do mandado de captura entregar um exemplar d'elle ao dono da casa, chefe, administrador ou guarda dos edificios ou logares mencionados.

§ 2.º De noite sómente poderá verificar-se a entrada, havendo reclamação ou vozes de soccorro dos donos ou habitantes da casa, edificios ou logares de que trata o mesmo artigo.

§ 3.º O disposto no § 1.º não obsta a que se empreguem exteriormente as medidas da policia necessarias para evitar a evasão do delinquente ou saída de instrumentos, livros, papeis e quaesquer objectos que possam ter relação com o crime.

§ 4.º Do resultado da diligencia a que se refere este artigo passará o executor da ordem certidão assignada por elle e pelas testemunhas, se souberem, podérem, ou quizerem assignar.

Art. 138.º O executor da prisão apprehenderá ao preso qualquer arma ou instrumento que lhe encontrar, e o entregará ao juiz de direito, tomando as precauções necessarias para que não haja alteração alguma na pessoa ou trajo d'elle, que possa difficultar o reconhecimento da sua identidade.

Art. 139.º O exactor do mandado de captura entregará ao preso um dos duplicados d'elle, com declaração do dia, hora e logar em que se effectuar a prisão, fazendo identica declaração no outro exemplar, em que o director da cadeia ou carcereiro passará recibo da entrega do preso, com declaração do dia e hora, para ser junto ao processo.

Art. 140.º Logo que se effectue a prisão do delinquente será immediatamente conduzido á cadeia do juizo, por onde se passou o mandado, e se tiver sido preso em comarca differente da do juiz instructor do processo, será intimado para se apresentar no juizo da culpa dentro de um praso rasoavel que lhe será assignado segundo a distancia e facilidade de communicações, tomadas as necessarias cautelas para que não fuja.

Art. 141.º O preso não será conduzido com ferros ou com algemas, nem se usará para com elle de qualquer coacção physica, salvo o caso de receio fundado de que possa evadir-se, em virtude de seus maus antecedentes ou de outras circumstancias, que justifiquem estes meios preventivos de segurança.

Art. 142.º Nenhum director da cadeia ou carcereiro receberá preso algum sem ordem por escripto da auctoridade judicial, administrativa ou militar, salvo nos casos de flagrante delicto, em que haja impossibilidade de ser o preso apresentado ao juiz de direito.

§ 1.º O director da cadeia, ou carcereiro, logo que receber algum preso, fará os assentos no livro de registo, e informará por escripto o respectivo juiz de direito, quando o preso não estiver detido de ordem d'elle, do dia, hora, o motivo da prisão, auctoridade, empregado, agente ou pessoa que a effectuou.

§ 2.º Igual informação enviará ao mesmo fim, logo que tenham decorrido quinze dias, contados da entrado do preso na cadeia, sem que lhe tenha sido intimado o despacho de pronuncia.

Art. 143.º Se o presumido delinquente tiver sido preso antes da culpa formada, passadas vinte e quatro horas, contadas da entrada d'elle na cadeia, o juiz de direito, offíciosamente, ou a requerimento do preso, mandará passar mandado de prisão preventiva ou de soltura, segundo achar ou não criminalidade no facto imputado ou motivo legal para a detenção ou soltura. No primeiro caso mandará entregar ao preso uma nota por elle assignada com declaração dos motivos da prisão, dos nomes da parte queixosa, havendo a, e das testemunhas.

Art. 144.º Os presumidos delinquentes que estiverem presos preventivamente, deverão, se os logares da detenção o permittirem, conservar-se isolados uns dos outros.

Art. 145.º O detido em prisão preventiva não póde receber telegrammas, cartas ou outros escriptos similhantes sem previo conhecimento e auctorisação do juiz instructor do processo, podendo comtudo escrever a este e ao seu advogado, salvo durante o periodo da incommunicabilidade.

Art. 146.º O juiz instructor do processo poderá permittir que o detido em prisão preventiva seja visitado pelo seu confessor, medico, pessoas de familia ou outras, com quem tenha negocios, em presença de um empregado, observan-do-se os regulamentos da cadeia.

Art. 147.º Quando o juiz instructor do processo o julgar necessario, poderá ordenar a incommunicabilidade do preso, a qual nunca excederá o praso de oito dias, expedindo para esse fim mandado ao director ou carcereiro, que o averbará no competente registo.

§ unico. O juiz instructor poderá permittir ao detido incommunicavel o uso de livros ou de instrumentos de trabalho profissional, comtanto que não sejam de tal natureza que possam attentar contra a vida, ou não tendam a tornar illusoria a incommunicabilidade.

Art. 148.º Se, findo o praso de quinze dias, contados da entrada do preso na cadeia, o juiz instructor do processo não achar prova de culpabilidade do accusado, mandará immediatamente passar mandado de soltura, se não dever ser conservado na cadeia por outro motivo, podendo novamente ser preso, logo que haja provas da sua culpabilidade.

CAPITULO IV
Da busca

Art. 149.º Se para effectuar a prisão do delinquente ou para apprehender os instrumentos, livros, papeis ou objectos, que tenham relação com o crime ou delicto, for necessario proceder a busca em casa de alguma pessoa, ou em algum edificio, ou logar publico ou religioso, o magistrado do ministerio publico ou a parte queixosa exporá no seu requerimento, e o juiz declarará no seu despacho, quando officiosamente o determinar, os motivos de suspeita que exigem para se proceder a este acto.

Art. 150.º Para os effeitos do artigo antecedente consideram-se casas:

1.º Os paços e sitios reaes, posto que não estejam habitados pelo chefe do estado;

2.º Os edificios ou logares fechados, ou a parte destinada á habitação de alguma pessoa e suas dependencias, se estiverem fechados;

3.º Os navios em serviço.

§ unico. As hospedarias, casas de pasto, botequins e tabernas sómente são consideradas como residencia dos respectivos donos que n'ellas habitarem, e de nenhum modo as pessoas que n'ellas se encontrarem ou residirem accidental ou temporariamente.

Art. 151.º Consideram-se edificios ou logares publicos para os effeitos do artigo 149.º:

1.º Os destinados ao serviço nacional, civil, ecclesiastico ou militar, quer seja do estado, quer do districto, municipio ou parochia, posto que sejam habitados pelo respectivo chefe, ou pelo encarregado da sua guarda;

2.º Os destinados a qualquer estabelecimento de beneficencia, caridade, instrucção ou recreio, legalmente auctorisado;

3.º Os navios de guerra nacionaes ou estrangeiros.

§ 1.º Não poderá effectuar-se busca em navio de guerra estrangeiro sem preceder auctorisação do respectivo commandante, ou, na caso de recusa, do ministro ou representante diplomatico da respectiva nação.

§ 2.º Se a busca tiver de verificar-se em navio de guerra nacional, deverá ser previamente avisado o respectivo commandante.

Art. 152.º Consideram-se edificios ou logares religiosos, para os effeitos do citado artigo 149.º, os templos, sacristias, cemiterios e a clausura.

§ unico. Para que possa verificar-se a entrada na clausura é necessario que preceda auctorisação do respectivo prelado diocesano.

Art. 153.º Não poderá dar-se busca na residencia do chefe de estado, dos ministros d'estado, membros das camaras legislativas, representantes diplomaticos, consules das nações estrangeiras, edificios da representação nacional ou nos templos, sem que preceda um aviso attencioso, por meio do officio do juiz que a determinar, dirigido ao respectivo mordomo, dono da casa, presidente ou parocho.

Art. 154.º Observar-se-hão as disposições dos tratados que garantem a inviolabilidade dos archivos das legações, consulados e papeis de chancellaria das nações estrangeiras.

Art. 155.º Nos casos de flagrante delicto, a busca póde ser dada por qualquer auctoridade judicial, preferindo a mais graduada, e por qualquer empregado, agente de justiça, administração ou policia.

§ unico. Nos outros casos a busca sómente será dada pelo respectivo juiz instructor do processo, quando tiver por fim a apprehensão das provas do crime ou delicto, e por qualquer empregado ou policia, quando tiver por fim a prisão do delinquente.

Art. 156.º Salvos os casos de flagrante delicto, o de reclamação do dono da casa, a busca para effectuar a prisão do delinquente só poderá verificar-se de dia e com as formalidade prescriptas no atigo 149.º, as quaes deverão igualmente observar-se, quando a busca tiver por fim apprehender os instrumentos, livros, papeis, ou objectos que tenham relação com o crime, incorrendo o infractor d'esta disposição na pena imposta aos que se introduzem na casa alheia fóra dos casos em que a lei o permitte.

Art. 157.º Fóra dos casos de flagrante delicto, assistirão ao acto da busca o magistrado do ministerio publico e duas testemunhas, e deverá ser intimado o presumido delinquente, mordomo, chefe, dono ou habitante da casa, edificio ou logar, em que tiver de dar-se, para assistirem a ella ou fazerem-se representar legitimamente, procedendo-se á revelia, se não comparecerem ou se não se fizerem representar.

Art. 158.º A busca deve ser contínua, e, se não podér concluir-se de dia, poderá continuar de noite, se o dono da casa ou o seu representante convier, adoptando-se, no caso de opposição, as medidas de precaução estabelecidas no § 3.º do artigo 137.º, e collocando-se sellos nas portas das casas ou edificios.

Art. 159.º Havendo suspeitas de que o delinquente occulta em si instrumentos, livros, papeis ou objectos que tenham relação com o crime, deverá proceder-se á busca com todo o recato e urbanidade, e sómente depois de se ter recusado a entregal-os, evitando se todavia a inspecções inuteis.

Art. 160.º Se a busca tiver de verificar-se em casa de alguma pessoa ou em edificio ou logar publico ou religioso, deverá proceder-se com toda a decencia, circumspecção e urbanidade, evitando-se, quanto possivel, damnos e deteriorações nos edificios ou construcções, inspecções inuteis, exames de livros de contabilidade, e a revelação de segredos que não tenham relação com o crime.

Art. 161.º Havendo opposição da parte dos donos da casa a que se verifique a busca, póde o juiz de direito mandar proceder aos arrombamentos que forem indispensaveis para a inspecção da casa ou das construcções em que se suspeite estarem occultos o delinquente ou os objectos que se procurarem, devendo os empregados de justiça ou agentes de administração ou de policia, que tiverem de a effectuar recorrer á auctoridade judicial mais graduada da freguezia, e, na falta d'esta, ao regedor da parochia, para mandar proceder aos arrombamentos necessarios, sem prejuizo da responsabilidade criminal do dono da casa pelo crime de desobediencia.

Art. 162.º Se na busca se encontrarem instrumentos, livros, papeis ou objectos que tenham relação com o crime, o juiz de direito, officiosamente ou a requerimento do magistrado do ministerio publico, ordenará que sejam apprehendidos, fazendo rubricar os livros e papeis pelo presumido delinquente ou por quem o representar, ou pela pessoa em cuja residencia forem encontrados, ou, no caso de não saberem, não poderem ou não quererem rubricar, por uma das testemunhas da busca, fazendo sellar os instrumentos e objectos, appensal-os do processo ou deposital-os nos termos do § 1.º do artigo 77.º

Art. 163.º Sendo dada a busca nos casos de flagrante delicto por algum empregado ou agente da administração ou de policia, deverá limitar-se a fazer a apprehensão nos livros e papeis sem os ler, fechando-os, sellando-os e rubricando o fecho ou o sobrescripto, sendo tambem este rubricado pela pessoa em cuja residencia foram apprehendidos, devendo ser immediatamente entregues ao juiz instructor do processo.

Art. 164.º O juiz instructor poderá fazer prevenir as estações telegrapho-postaes para não entregarem ao delinquente preso ou afiançado, a correspondencia que lhe for endereçada, nem expedirem a que elle enviar, e fazer a apprehensão em uma e outra, conservando intactos os sobrescriptos, rubricando estes e aquella, e procedendo pela fórma prescripta no artigo 163.º

§ unico. Se a correspondencia não tiver relação com o crime, não poderá ser apprehendida e será entregue ao destinatario. Tendo, porém, alguma relação com elle, o juiz mandará dar copia ao interessado ou seu representante na parte que disser respeito aos negocios particulares.

Art. 165.º Lavrar-se-ha um auto da busca, que se juntará ao processo, e no qual assignarão pessoas em cuja residencia ella se effectuar ou seu representante, testemunhas e escrivães, devendo n'elle mencionar-se a natureza dos instrumentos, livros, papeis ou objectos apprehendidos, o reconhecimento que d'elles fizer o delinquente, a rubrica, ou imposição de sellos, e as demais circumstancias que occorrerem.

Art. 166.º Se alguma pessoa reclamar a propriedade das casas apprehendidas na busca, o juiz, com annuencia do magistrado do ministerio publico, da parte queixosa e do réu, que serão ouvidos por escripto, lh'os mandará entregar. Havendo opposição irão para deposito, salvo ás partes o direito para a acção civel que for competente.

Art. 167.º Se passados seis mezes depois de terminado o julgamento no juizo de primeira instancia, as cousas ou valores apprehendidos, e alguns consistirem em dinheiro ou objectos preciosos, o magistrado do ministerio publico promoverá a remoção d'estes para a caixa geral de depositos ou para alguma das suas delegações.

CAPITULO V
Da caução

Art. 168.º Nos crimes em que for admittida caução poderá o presumido delinquente prestal-a em qualquer estado do processo. Se, porém, este já tiver subido em recurso, poderá prestal a, ou no juizo da culpa, ou no tribunal da relação ou no supremo tribunal de justiça, deferindo aos termos d'ella o respectivo juiz de direito ou o juiz relator.

§ 1.º É admittida caução em todos os crimes, a que não for applicavel qualquer das penas estabelecidas nos artigos da lei de 1 de julho de 1867, ou qualquer das penas que, segundo o systema penitenciario, forem a elles correspondentes.

§ 2.º Nos crimes, porém, excluidos de caução, a que se refere o § 1.º, poderá esta ser admittida se do processo constar a existencia de taes circumstancias attenuantes, que façam descer a pena abaixo do termo medio da sua duração.

Art. 169.º É dispensada a caução, nos crimes a que corresponder alguma das penas seguintes:

1.º Penas correccionaes, ou que tenham de ser julgadas no juizo de policia correccional, se os réus não forem presos em flagrante delicto;

2.º Multa no caso previsto no n.º 4.º do artigo;

3.º Penas especiaes para os empregados publicos.

Art. 170.º O valor da caução será taxado na quantia de 50$000 réis até 4:000$000 réis, tendo-se em consideração o numero das circumstancias que revestirem o crime e os antecedentes do delinquente.

Art. 171.º A caução garante a apresentação do afiançado aos interrogatorios, ás accusações, á audiencia de discussão e julgamento, á publicação e execução da sentença.

A caução póde tambem consistir em abonação pessoal por meio de fiador, que é sempre principal pagador, e serão solidarios quando for mais do que um.

As mães poderão ser fiadoras de seus filhos.

Art. 172.º Se o fiador pretender exonerar-se da responsabilidade da fiança, poderá requerer, em qualquer estado do processo, que o afiançado seja intimado para apresentar dentro do praso de quinze dias outro fiador, com a comminação de ser preso o afiançado, se o não fizer; mas a responsabilidade do fiador sómente cessará, verificada a prisão do afiançado, ou prestando este nova fiança.

Art. 173.º Se o delinquente for preso por crime que admitta caução e se promptificar a prestal-a, não será conduzido á cadeia, mas á presença do respectivo juiz, procedendo-se n'esta diligencia contínua e successivamente, salvos os intervallos necessarios para satisfazer ás necessidades do alimento e repouso.

Art. 174.º Effectuando-se a prisão do delinquente em juizo differente d'aquelle em que estiver pronunciado, se o mandado de prisão declarar que é admissivel a caução, poderá prestal-a perante o juizo de direito da comarca em que for preso, o qual o fará intimar para se apresentar no juizo da culpa, dentro de um praso que lhe assignará em conformidade com o disposto no artigo 171.º, devendo o respectivo magistrado do ministerio publico enviar ao mesmo juizo copia da guia do deposito, se a fiança consistir em dinheiro ou titulos de divida publica, ou do termo de fiança, declaração de residencia e certidão da intimação.

Art.175.º O presumido delinquente, posto que não esteja preso, poderá requerer ao respectivo juiz que lhe conceda fiança.

§ 1.º Consistindo a caução em dinheiro ou titulos de divida publica, o juiz mandará fazer o respectivo deposito na caixa geral de depositos ou na respectiva delegação por meio de uma guia em duplicado, um dos quaes se juntará ao processo.

§ 2.º Se o delinquente offerecer fiador, indicará no requerimento duas testemunhas abonatorias da idoneidade d'este, e o juiz, depois de ouvido o magistrado do ministerio publico ácerca da indoneidade e sufficiencia do fiador e das testemunhas, concederá ou denegará a fiança por despacho fundamento no requerimento.

Art. 176.º Concedida a caução, lavrar-se-ha no processo o respectivo, assignado pelo juiz, fiador, testemunhas abonatorias que souberem ou podérem assignar, e pelo escrivão, devendo declarar-se no termo a evidencia do fiador e das testemunhas, que deverá ser na comarca, e que estas ficam solidariamente responsaveis.

§ unico. Deverá igualmente declarar-se no termo a residencia do afiançado, a qual deverá tambem ser na comarca, e a quem o juiz mandará immediatamente soltar, se estiver preso.

Art. 177.º Não tendo ainda sido instaurado o processo preparatorio, poderá o presumido delinquente requerer ao respectivo juiz de direito que lhe conceda caução provisoria, procedendo-se em tudo nos termos dos artigos 168.º e seguintes.

Art. 178.º No caso previsto no artigo antecedente, o juiz poderá officiosamente, ou a requerimento do magistrado do ministerio publico ou da parte queixosa:

1.º Cessar a caução provisoria, se ao crime competir uma classificação, que a exclua;

2.º Elevar a taxa da mesma caução até ao valor maximo fixado no artigo 170.º, conforme as circumstancias a que o mesmo allude;

3.º Ordenar a substituição do fiador provisorio, verificado o caso previsto no artigo 178.º

§ unico. Não se verificando nenhum dos casos previstos n'este artigo, a caução provisoria converte-se em definitiva para todos os effeitos.

Art. 179.º Se o afiançado deixar de comparecer a algum dos actos, a que se refere o artigo 171.º, e se a caução consistir em dinheiro, ou em titulo de divida publica, será citada, a requerimento do magistrado do ministerio publico ou da parte queixosa, na residencia que tiver escolhido para se apresentar em juizo no praso de quinze dias e, se tiver dado fiador, será este citado para o apresentar dentro do mesmo praso, com a comminação de que será julgada quebrada a fiança.

§ unico. A caução não se julgará quebrada, justificando o fiador que o afiançado deixou de comparecer por alguma das causas previstas no artigo.

Art. 180.º A importancia da caução quebrada será applicada para a fazenda nacional, deduzidas as custas do processo e o valor das perdas e damnos, quando o offendido tenha intentado a acção civil.

Art. 181.º A sentença, que julgar quebrada a caução, será executada pelo magistrado do ministerio publico, nos termos dos artigos 808.º e seguintes do codigo do processo civil.

§ unico. O afiançado ou o fiador só poderão allegar nos embargos como materia de defeza alguma das causas justificativas da falta de comparecimento mencionado no artigo 83.º

Art. 182.º Sobrevindo mudança de estado da fortuna do fiador, e não garantindo as testemunhas, a que se refere o § 2.º do artigo 175.º a responsabilidade do mesmo, o magistrado do ministerio publico deverá e a parte queixosa poderá requerer que o afiançado seja citado para prestar nova caução dentro do praso de quinze dias, com a comminação de ser preso, se assim o não fizer dentro d'este praso.

Art. 183.º A caução extingue-se:
1.º Pela morte do caucionado;
2.º Pela prisão d'este, no caso previsto no artigo 179.º;
3.º Pela sentença absolutoria transitada em julgado;
4.º Pelo cumprimento da pena.

§ unico. No caso previsto nos n.ᵒˢ 1.º, 3.º e 4.º d'este artigo, a quantia ou titulos de divida publica depositados serão immediatamente entregues a quem pertencerem, passando-se o competente precatorio de levantamento.

CAPITULO VI
Dos interrogatorios

Art. 184.º Dentro de quarenta e oito horas contadas da entrada do delinquente na cadeia, ou da prestação da caução, o juiz de direito procederá ao interrogatorio d'elle, fazendo-lhe as perguntas necessarias para o descobrimento da verdade, as quaes poderão ser repetidas officiosamente, a requerimento do magistrado do ministerio publico, da parte queixosa ou do interrogado até a terminação do processo preparatorio.

§ unico. Se o interrogado for subdito estrangeiro, proceder-se-ha ao interrogatorio d'elle dentro do praso fixado no respectivo traslado, havendo-o.

Art. 185.º As perguntas serão feitas em presença de um advogado ou, na falta d'elle, de um solicitador do juizo, constituido pelo interrogado ou nomeado pelo juiz, ou, na falta d'elles, de duas testemunhas, podendo assistir a ellas o magistrado do ministerio publico e a parte queixosa só, ou com seu advogado, os quaes poderão requerer que se façam ao interrogado as perguntas que julgarem necessarias para descobrimento da verdade.

Art. 186.º O juiz perguntará o nome, sobrenome, idade, estado, profissão, officio ou occupação, naturalidade e ultima residencia do réu, se sabe ler e escrever, se já esteve alguma vez preso, qual foi o resultado do processo, e se cumpriu a pena em que foi condemnado.

Art. 187.º Havendo mais de um delinquente implicado no mesmo crime, a cada um d'elles se farão separadamente os interrogatorios, segundo a ordem de precedencia que o juiz julgar conveniente para o descobrimento da verdade.

Art. 188.º Se o interrogado não fallar a lingua portugueza, for mudo, ou simplesmente surdo, observar-se-ha o disposto no artigo 87.º

Art. 189.º As perguntas deverão ser feitas com a maior clareza, seguindo, quanto possivel, a ordem das datas e dos factos, de modo que o interrogado comprehenda bem e possa destruil-os, ou confirmal-os, devendo repetir-se quando pareça que as não comprehendeu, ou quando as respostas não concordarem com ellas.

§ 1.º O juiz deverá abster-se de empregar insinuações, suggestões, promessas, injurias ou ameaças para obter a confissão do interrogado ou qualquer outra declaração.

§ 2.º O interrogado deverá estar sempre livre de ferros ou algemas ou de qualquer outro meio de coacção physica, adoptando se comtudo as medidas de precaução necessarias para não se evadir.

Art. 190.º O interrogado nunca será obrigado a responder precipitadamente, devendo o juiz conceder-lhe o tempo, que lhe parecer rasoavel, para recuperar a serenidade, que tenha perdido, ou para se recordar de factos ou circumstancias particulares, ou de tempos mais remotos, a que as perguntas se refiram.

Art. 191.º Recusando se o interrogado a responder a todas, ou a certas e determinadas perguntas, o juiz fará consignar essa circumstancia, bem como se allegar a mudez, averiguando-se depois se este facto é verdadeiro.

Art. 192.º Existindo no processo, ou achando-se depositados em juizo alguma arma, instrumento, objecto ou documentos relativos ao crime, ou delicto, deverão ser apresentados ao interrogado para declarar se os reconhece, podendo o juiz quando se tratar do crime de falsificação de escripto, ou de assignatura, convidal-o a escrever alguma palavra ou palavras que lhe indicar.

§ 1.º Se os objectos a que se refere este artigo forem apresentados pelo interrogado para fazerem culpa a outro delinquente, ou a favor d'elle, proceder-se-ha pela fórma estabelecida em direito quanto ás testemunhas.

§ 2.º Se o interrogado apresentar alguns documentos, o juiz os fará juntar ao processo.

Art. 193.º Confessando o interrogado o crime, ou delicto, o juiz lhe perguntará:

1.º A causa ou motivo que teve para o commetter;

2.º O tempo, logar, modo e meios empregados para o praticar;

3.º Se é reincidente ou commetteu outros crimes;

4.º Se n'elle tomaram parte outros delinquentes, indicando-os pelos seus nomes, appellidos, alcunhas, ou, não o reconhecendo, pelo maior numero de signaes que os possam identificar.

Art. 194.º Allegando o interrogado os factos, ou circumstancias, que constarem dos depoimentos de testemunhas inquiridas no processo preparatorio, o juiz lhe dará conhecimento d'elles, e lhe fará as instancias que julgar necessarias ao descobrimento da verdade.

Art. 195.º Repetindo-se os interrogatorios, se as respostas estiverem em contradição ou desharmonia, ou se o interrogado retractar as anteriores, o juiz deverá interrogal-o ácerca da causa determinante da contradicção, desharmonia ou retractação.

Art. 196.º Havendo divergencia ou contradicção entre as respostas do interrogado e as declarações das testemunhas sobre algum facto essencial, ou circumstancia importante do crime, ou entre as respostas dos co delinquentes, proceder-se-ha á confrontação pela fórma determinada no artigo 93.º

Art. 197.º As respostas do interrogado não poderão ser suggeridas pelo seu advogado, ou pelas pessoas que assistirem ao interrogatorio, e se aquelle as não quizer dictar, serão redigidas pelo juiz, conservando, quanto possivel, as expressões de que o interrogado usar.

§ 1.º Poderão o advogado ou outra pessoa que assistiram ao interrogatorio pelo réu, reclamar n'aquelle acto contra a redacção feita pelo juiz, indicando os fundamentos da sua reclamação.

§ 2.º Depois de escriptas as respostas, serão lidas ao interrogado, se não preferir lel-as, podendo confirmal-as ou fazer-lhe qualquer additamento, alteração, ou rectificação, do que tudo se fará menção no auto do interrogatorio, sem comtudo se emendar o que estiver escripto.

§ 3.º Do interrogatorio se lavrará auto, que será assignado pelo juiz, pelo interrogado, quando souber, podér, ou quizer assignar, pelo interprete, quando intervier, pelas pessoas que assistirem a elle, e pelo escrivão, sendo cada folha rubricada por todos.

§ 4. Nas respostas não haverá entrelinhas, rasuras, ou emendas, observando-se as disposições de direito respectivas aos depoimentos das testemunhas.

CAPITULO VII
Da fórma das excepções deduzidas no processo preparatorio

Art. 198.º As excepções de prescripção e caso julgado, offerecidas durante o processo preparatorio, serão deduzidas por um requerimento assignado por advogado.

§ unico. O juiz de direito ou juiz criminal, mandando juntar a excepção ao processo, e responder a parte contraria e o ministerio publico dentro do praso de tres dias decidirá a excepção em conformidade com a lei.

Art. 199.º A excepção de incompetencia será deduzida no praso e termos prescritos no artigo 17.º, sendo-lhe applicavel o disposto no artigo 13.º

Art. 200.º A suspeição offerecida ao juiz de direito ou magistrado do ministerio publico no processo preparatorio, será deduzida até á sua conclusão por meio de um requerimento, que deverá ser articulado, se contiver mais de um facto, e instruido com os documentos, ou com o rol de testemunhas, que lhe servirem de prova, autuando-se por appenso.

Art. 201.º O incidente da suspeição não suspende quaesquer exames e operações medico-legaes ou outras, que forem necessarias para investigação provisoria do crime, contravenção, coima, ou transgressão de postura municipal.

TITULO II
Do processo de accusação, defeza e julgamento

CAPITULO I
Da accusação e defeza no processo ordinario

Art. 202.º Se a promoção do ministerio publico ou da parte queixosa para a pronuncia for modificada, ou pelo juiz de direito ou pelos tribunaes superiores, irão os autos com vista ao magistrado do ministerio publico para deduzir o libello accusatorio.

Art. 203.º Se o réu estiver pronunciado por differentes crimes ou delictos, o magistrado do ministerio publico promoverá, dentro do praso de vinte e quatro horas, para os effeitos do artigo 36.º que os respectivos processos sejam appensos ao que tiver sido instaurado pelo crime mais grave, sendo requisitados por deprecada os que estiverem pendentes em outro juizo.

Art. 204.º Se não estiverem presos ou afiançados todos os co-réus pronunciados no mesmo processo, ou se algum d'elles empregar meios dilatorios que tendam manifestamente a protelar o julgamento, o magistrado do ministerio publico promoverá a extracção do respectivo traslado para se instaurar a accusação contra os que estiverem presos ou afiançados.

Art. 205.º Se algum dos co-réus tiver de ser julgado em algum tribunal especial, o magistrado do ministerio publico promoverá que se estráhia o respectivo traslado do processo, que enviará ao presidente do tribunal competente.

Art. 206.º O libello accusatorio será deduzido por artigos em conformidade com o despacho de pronuncia, e deverá conter:

1.º O nome, appellidos, alcunhas, estado profissão, officios ou occupações, naturalidade e ultima residencia de cada réu, ou o maior numero de indicações que o possam identificar;

2.º O facto imputado a cada um d'elles, com declaração do logar e tempo em que o crime foi commettido, sendo conhecidos, e se constitue acto preparatorio, tentativa, crime frustrado ou consummado, especificando sempre se o réu é responsavel como auctor, cumplice ou encobridor;

3.º As circumstancias aggravantes ou attenuantes, que precederem, acompanharem, ou seguirem o facto criminoso;

4.º A citação da lei penal applicavel, tendo em consideração o facto criminoso e as circumstancias a que se refere o numero antecedente.

§ unico. No caso previsto no artigo 203.º serão comprehendidos no mesmo libello accusatorio todos os crimes imputados ao mesmo réu.

Art. 207.º Se para a prova da accusação tiverem de ser produzidas testemunhas deverão ser nomeadas no fim do libello com declaração de seus nomes, appellidos, alcunhas, profissão, officio ou occupação e moradas, ou do maior numero de indicações que as possam identificar.

§ 1.º Estas testemunhas não podem exceder o numero de vinte, salvo se tiverem de depor a factos differentes, porque n'este caso poderão ser inquiridas tres a cada facto, ainda que excedam aquelle numero.

§ 2.º As testemunhas nomeadas pela accusação podem ser addicionadas ou substituidas, comtanto que os nomes, occupações e moradas sejam intimadas ao réu, pelo menos oito dias antes do julgamento, devendo a intimação ser feita pessoalmente ao réu, que estiver detido na cadeia, e na residencia dos que se livrarem soltos ou afiançados.

Art. 208.º O magistrado do ministerio publico deverá formar o libello accusatorio em duplicado dentro do praso de oito dias contados d'aquelle em que o processo ou o respectivo traslado lhe tiver sido continuado com vista, findos ao quaes o escrivão o cobrará officiosamente.

§ unico. Este praso poderá ser prorogado por igual espaço de tempo pelo juiz, se o processo for complicado ou se o magistrado do ministerio publico allegar motivo plausivel para esta prorogação.

Art. 209.º Havendo parte accusadora será tambem intimada para offerecer o libello accusatorio em duplicado dentro do praso fixado no artigo antecedente, dando para esse fim o escrivão vista dos autos ao advogado, que tiver constituido depois de entregues pelo magistrado do ministerio publico.

Art. 210.º Se o réu se livrar solto, ou, havendo co-réus se algum d'elles estiver afiançado, o libello accusatorio do magistrado do ministerio publico e o da parte accusadora serão offerecidos na primeira audiencia immediata á entrega ou cobrança do processo do ministerio publico ou da parte accusadora, havendo-a.

Art. 211.º Offerecido o libello o escrivão continuará o processo com vista ao advogado do réu, e entregará a este o duplicado no praso de quarenta e oito horas a contar da entrega do processo e em presença de duas testemunhas, que assignarão a respectiva certidão, assignando tambem o réu, se souber e não se recusar a isso.

Art. 212.º Se o réu, ao tempo em que foi offerecido o libello accusatorio, não tiver constituido advogado, o juiz lhe nomeará officiosamente no praso de vinte e quatro horas um dos advogados do juizo a quem competir por escala, ficando sem effeito esta nomeação, se o réu constituir outro advogado até ao dia do julgamento.

§ 1.º Na falta ou impedimento de advogados será nomeado para defensor do réu um dos solicitadores do juizo e, na falta d'este qualquer outra pessoa idonea.

2.º No acto da entrega da copia do libello accusatorio, o escrivão communicará ao réu, ou, não sendo encontrado, á pessoa em quem se verificar a intimação, o nome e residencia do advogado ou defensor nomeado com declaração do nome da rua e do numero da casa, quando tenha logar, o que deverá certificar na intimação.

Art. 213.º Se no mesmo processo se livrarem differentes co-réus, o advogado ou defensor constituido ou nomeado será encarregado da defeza de todos, salvo se alguma d'estas estiver em opposição com a de algum dos co-réus, ou se algum d'elles quizer constituir outro advogado ou defensor.

Art. 214.º O advogado, ou defensor nomeado sómente poderá escusar-se do patrocinio officioso por alguma das causas previstas em direito quanto a testemunhas.

§ 1.º Posto que o advogado ou defensor nomeado não allegue causa legitima de escusa, poderá, com licença do juiz, ser substituido por outro da sua propria escolha que voluntariamente se preste a defender o réu.

§ 2.º O advogado ou defensor nomeado ao réu que não aceitar a defeza d'este ou faltar aos termos da mesma sem allegar e provar alguma das causas de exame legal, será condemnado disciplinarmente na multa de 5$000 réis a 50$000 réis ou em suspensão do exercicio da advocacia por um a tres mezes, no juizo em que commetter a falta.

Art. 215.º Quando nos termos do artigo 202.º não ha logar a offerecer libello accusatorio, o escrivão tirará a copia da promoção do ministerio publico e da resposta da parte accusadora a que se refere o artigo 120.º, seguindo-se os mais termos estabelecidos para a hypothese de se ter offerecido libello.

Art. 216.º Se as testemunhas nomeadas para prova da accusação forem requeridas por deprecada, será intimada para assistir ao inquerito o magistrado do ministerio publico da respectiva comarca e o advogado que for ali nomeado ao réu se o não tiver constituido. Poderá tambem assistir o advogado da parte accusadora.

Art. 217.º Se o réu quizer impugnar por escripto a accusação deverá offerecer a contrariedade em duplicado com a indicação das testemunhas conforme o artigo 81.º e seguintes, dentro do praso de quinze dias contados d'aquelle em que lhe tiver sido entregue a copia do libello, estando preso, ou d'aquelle em que lhe for assignado em audiencia se estiver afiançado ou solto.

§ unico. Se forem juntos os documentos com a contestação, será o processo continuado com vista por oito dias ao magistrado do ministerio publico e por igual praso á parte accusadora, dividindo entre si este praso, se houver mais de uma.

Art. 218.º A excepção de incompetencia será deduzida na contestação em artigos separados, começando por ella a defeza.

Art. 219.º A excepção de suspeição será offerecida dentro do praso de cinco dias contados da entrega da copia do libello accusatorio, ou promoção do ministerio publico para a pronuncia. Será processada nos termos do artigo 108.º e seguintes.

CAPITULO II

Do julgamento

SECÇÃO I

Disposições geraes

Art. 220.º Findo o praso em que o réu deve offerecer a contestação, o juiz mandará continuar o processo com vista por quarenta e oito horas ao magistrado do ministerio publico para o examinar, devendo n'esse acto promover que se proceda, se for necessario, a novo exame para a exacta classificação do crime ou a quaesquer outras diligencias para o descobrimento da verdade, e que sejam suppridas as nullidades que admittirem supprimento, ou que se reformem as insuppriveis.

§ 1.º O praso estabelecido n'este artigo poderá ser prorogado por igual espaço de tempo, se o processo for volumoso ou se o magistrado do ministerio publico allegar motivo plausivel para esta prorogação.

§ 2.º Se tiverem de ser inquiridas testemunhas por carta precatoria o dito praso corre desde que findar o praso da dilação sem prejuizo da juncção da precatoria ainda que seja entregue depois de findo o praso.

Art. 221.º Ainda que o magistrado do ministerio publico não promova nenhum acto ou diligencia, poderá o juiz ordenar que se effectuem os que julgar necessarios para o descobrimento da verdade, supprir as nullidades suppriveis e proceder á reforma dos actos e termos affectados de nullidade insupprivel quando possa ser.

Art 222.º Estando o processo nos termos regulares, o juiz o declarará por seu despacho prompto para ser julgado na audiencia geral do respectivo semestre.

Art 223.º Quinze dias antes da abertura da audiencia geral os escrivães farão conhecer ao juiz os processos que estiverem preparados para serem julgados, assignando este o dia em que deve verificar-se o julgamento.

§ unico. Na designação do dia do julgamento deverá o juiz guardar a ordem de precedencia seguinte:

1.º Os processos dos réus que estiverem detidos na cadeia ha mais tempo;
2.º Os processos por crimes mais graves;
3.º Os processos mais antigos.

Art. 224.º Assignado o dia do julgamento dos processos, o escrivão mais antigo formará uma tabella d'elles, assignada pelo juiz, a qual será affixada na porta da sala do tribunal, devendo affixar-se tabellas addicionaes dos processos que se forem preparando durante ella, para serem julgados no respectivo semestre.

Art. 225.º O escrivão do processo entregará a cada um dos réus, pelo menos oito dias antes do que tiver sido assignado para o julgamento, uma copia da pauta dos jurados que hão de funccionar no respectivo semestre.

§ unico. A entrega da copia da pauta deverá ser feita pessoalmente ao réu detido na cadeia, e na residencia do réu afiançado, passando o escrivão respectivo certidão d'esta entrega assignada pelo réu se souber, podér ou quizer assignar, e por duas testemunhas se souberem assignar.

Art. 226.º Deverão ser intimados com a possivel antecipação do dia designado para o julgamento:

1.º O magistrado do ministerio publico;
2.º A parte accusadora e seu advogado;
3.º O offendido, posto que não querellasse ou desistisse da accusação;
4.º O réu e seu advogado ou defensor;
5.º As testemunhas produzidas por parte da accusação e da defeza, que tem de depor na audiencia geral.

SECÇÃO II
Da audiencia geral

Art. 227.º A audiencia geral para o julgamento dos crimes ou delictos com intervenção de jurados, abrir-se-ha nas epochas designadas pelo governo.

§ 1.º A audiencia geral começará ás dez horas da manhã, e deverá fazer-se em dias successivos, excluindo aquelles em que têem logar as audiencias ordinarias; mas se durante a semana não houver algum dia santificado ou feriado, a quinta feira será dia de descanso.

§ 2.º Ainda que a sessão seja secreta a extracção do jury e as recusações dos jurados serão sempre feitas em publico.

Art. 228.º A abertura da audiencia geral será annunciada pelo official de diligencias do turno semanal, e o juiz ordenará que este apregoe a parte accusadora e o réu, que deverá estar livre de ferros ou algemas, e proceda á chamada das testemunhas, que serão recolhidas á sala respectiva.

§ unico. As pessoas que constituem o tribunal deverão comparecer com alguma antecipação.

Art. 229.º Cada audiencia geral comprehenderá as sessões necessarias para julgamento das causas propostas.

§ 1.º As sessões serão continuas, podendo prolongar-se durante a noite e para o dia feriado, se o jury estiver encerrado na sala das suas deliberações.

§ 2.º Poderão comtudo ser interrompidas:

1.º Se assim for preciso para satisfazer as necessidades do alimento e repouso, devendo o juiz declarar em voz alta o espaço de tempo da interrupção e a hora em que deve continuar a sessão;

2.º Se algum dos jurados se impossibilitar pelo mesmo motivo de funccionar, de modo que com o supplente não haja o numero legal para poderem deliberar, precedendo, porém, exame por peritos para verificarem a impossibilidade;

3.º Se o réu se impossibilitar por doença, alienação mental, ou forte perturbação dos sentidos de assistir á discussão, precedendo o mesmo exame;

4.º Se for necessario proceder a algum exame nos termos do artigo 311.º;

5.º Se sobrevier ao réu conhecimento de alguma testemunha cujo depoimento seja essencial á sua defeza, e cujo nome, morada e mister não tenha sido intimada á parte accusadora.

6.º Se faltar alguma testemunha da accusação ou da defeza, que tenha sido intimada com sufficiente antecipação e de que a parte respectiva não prescinda.

Art. 230.º O escrivão do processo lavrará uma acta de cada sessão, rubricada em cada folha pelo juiz e por elle assignada e pelo magistrado do ministerio publico, devendo conter a descripção resumida da constituição do tribunal, das formalidades observadas na discussão e julgamento, dos incidentes que occorrerem e ser junta ao processo em seguida á sentença, depois de publicada.

Art. 231.º Conservar-se-hão de pé na audiencia:

1.º Os escrivães emquanto lerem quaesquer peças do processo, ou quando se dirigirem ao juiz ou magistrado do ministerio publico;

2.º Os officiaes de diligencias, salvo quando o juiz lhes conceder licença para estarem assentados;

3.º Os réus durante o interrogatorio, ou quando se dirigirem ao juiz de direito ou ao magistrado do ministerio publico.

Art. 232.º É permittido a qualquer pessoa tomar apontamentos da discussão da causa e serão admittidos tachygraphos, aos quaes o juiz destinará logar d'onde possam ouvir bem.

Art. 233.º Ao juiz de direito incumbe a policia da audiencia geral, podendo requisitar a força publica necessaria para evitar a evasão do réu e para manter a ordem do tribunal.

§ unico. No exercicio da policia da audiencia poderá:

1.º Advertir os espectadores que derem signaes de approvação ou de desapprovação, fazendo-os saír da sala do tribunal, se reincidirem;

2.º Mandar expulsar os que excitarem tumulto;

3.º Mandar prender os que, sendo expulsos, tornarem a entrar e os que recusarem saír, e proceder por desobediencia;

4.º Proceder á formação do auto competente se o tumulto for acompanhado de algum crime, fazendo prender o delinquente em flagrante delicto e mandando logo dar vista do mesmo auto ao magistrado do ministerio publico.

Art. 234.º No caso do n.º 5.º do artigo 229.º, o réu exporá verbalmente ao juiz a rasão do tardio conhecimento da testemunha e o artigo da contestação sobre que ha de depôr e, concedendo o espaço de vinte e quatro horas para ser intimada e dar-se conhecimento do nome d'ella ás partes accusadoras, o mesmo juiz adiará a discussão da causa para o primeiro dia disponivel.

Art 235.º Verificado o caso previsto no n.º 6.º do artigo 229.º, começará a discussão da causa, e, depois de inquiridas as testemunhas da accusassão e da defeza, será lido o depoimento das testemunhas que não comparecerem, ao existir no processo preparatorio, e não o havendo, a parte allegará verbalmente as rasões por que o julga necessario. Em seguida o juiz proporá ao jury o quesito seguinte: «O depoimento oral da testemunha N. . . . é absolutamente necessario para uma decisão justa n'esta causa?»

§ unico. O jury encerrar-se-ha para deliberar, vencendo-se a sua decisão por maioria absoluta. Se a decisão for negativa, proseguirá a discussão da causa; se for affirmativa, será adiada para depois do julgamento da ultima causa que houver de ser julgada nas audiencias geraes do respectivo semestre, ou para as do semestre seguinte, se a testemunha não podér ser intimada, não podendo o julgamento ser mais espaçado, ainda que a testemunha não compareça.

Art. 236.º Durante a discussão da causa, e ainda depois dos debates, o réu poderá conferenciar com o seu advogado ou defensor, salvo no acto dos interrogatorios.

Art. 237.º Em todos os incidentes da discussão da causa, em que fallar o magistrado do ministerio publico ou o advogado da parte accusadora, será ouvido o advogado ou defensor do réu, e, se este for o primeiro a fallar, serão aquelles tambem ouvidos.

SECÇÃO III

Da constituição do jury

Art. 238.º Resolvidas as difficuldades que possam obstar ao julgamento da causa, se procederá á constituição do jury, devendo o escrivão a quem competir por turno, fazer em voz alta uma chamada dos jurados, que compõem a pauta, tomando nota dos nomes dos que faltarem e passando certidão das faltas que occorrerem, o qual entregará ao magistrado do ministerio publico.

§ unico. São causa legitimas de falta de comparecimento dos jurados as declaradas no § unico do artigo 83.º

Art. 239.º Feita a chamada dos jurados, o juiz de direito mandará contar publicamente pelo escrivão do turno os bilhetes que devem conter os nomes dos jurados da pauta e os mandará lançar em uma urna, d'onde serão extrahidos por um menor de dez annos, o qual tirará de cada vez um só bilhete, e entregando-o ao mesmo juiz, este lerá em voz alta o nome do jurado, repetindo-se este acto até que o jury esteja constituido.

Art. 240.º Á proporção que se forem extrahindo e lendo os bilhetes, poderá o magistrado do ministerio publico, a parte accusadora e o réu, recusar, sem declarar a causa, tres jurados, devendo os que não forem recusados tomar assento no logar que lhes é destinado, segundo a ordem de precedencia do sorteio.

§ 1.º Havendo parte accusadora, ou mais de uma, as recusações serão feitas de accordo com o magistrado do ministerio publico de modo que não excedam o numero fixado n'este artigo, e que a este magistrado fique sempre salvo o numero de duas recusações, e, na falta de accordo, a sorte decidirá qual d'ellas deverá exercer o direito de recusa.

§ 2.º Sendo julgados pelo mesmo jury differentes co-réus combinarão entre si as recusações, e, se não poderem accordar-se, a sorte decidirá a ordem em que devem ser feitas, devendo cada um d'elles recusar successivamente um jurado até se completar o numero de tres.

Art. 241.º O jury fica constituido com nove jurados e um substituto, que só intervirá quando algum d'aquelles se impossibilitar durante o julgamento, devendo conservar-se dentro da teia até á publicação da decisão do jury.

§ 1.º Se o jury não podér constituir-se com os jurados da respectiva pauta, o magistrado do ministerio publico requisitará do presidente da commissão de recenseamento dos jurados o numero igual ao dos que deixaram de comparecer, adiando o juiz a audiencia do julgamento até que sejam intimados os novos jurados, cujos nomes serão communicados ao réu tres dias antes do que for designado para o julgamento.

§ 2.º Se tiver de ser julgado algum réu estrangeiro, em cujo julgamento tenha de intervir jury mixto, observar-se-hão as disposições da lei de 12 de março de 1845 ácerca da constituição do jury.

Art. 242.º Sendo accusados na mesma audiencia geral differentes co-réus, serão todos julgados conjunctamente com intervenção do mesmo jury, posto que algum d'elles se livre em processo separado.

Art. 243.º Não podem funccionar como jurados por incompatibilidade legal:

1.º Os descendentes, ascendentes, irmãos, cunhados e conjuges da parte offendida ou do réu, posto que tenha havido separação;

2.º Os jurados, que tiverem parentesco na linha recta descendente ou ascendente ou até ao segundo grau na collateral com o juiz de direito, com o magistrado do ministerio publico ou com outro jurado sorteado;

3.º Os advogados da parte accusadora ou do réu;

4.º Os peritos que intervierem no exame;

5.º Os interpretes;

6.º As testemunhas inquiridas no processo preparatorio, salvo se nada depozerem.

§ unico. Se for nomeado testemunha algum jurado, deporá em primeiro logar.

Art. 244.º A parte, que allegar alguma das incompatibilidades, a que se refere o artigo antecedente, deverá, se não foi confessada pelo jurado sorteado, proval-a por documentos, ou por duas testemunhas, conhecendo o juiz summariamente n'esse acto da incompatibilidade.

Art. 245.º Constituido o jury, o juiz de direito lhe deferirá juramento conforme o rito da sua religião, de bem cumprirem os seus deveres.

§ 1.º Cada um dos jurados irá successivamente do seu logar, e segundo a ordem em que forem sorteados, prestar juramento, pondo a mão nos Santos Evangelhos e dizendo: «assim o juro». Durante este acto as pessoas que constituirem o tribunal e os espectadores estarão de pé.

§ 2.º Se algum dos jurados declarar que não professa a religião catholica, prestará o juramento segundo o rito da sua religião, se alguma professar.

Art. 246.º Logo que o jury esteja constituido, o juiz lerá em voz intellegivel o relatorio do estado da causa e mandará ler pelo escrivão as peças do processo que reputar necessario fazer desde logo conhecidas.

§ unico. Em seguida dará a palavra ao ministerio publico e advogados das partes, para addicionarem ou rectificarem o relatorio em qualquer ponto que reputem necessario, e pedirem a leitura de qualquer outra peça do processo que reputarem conveniente ler-se.

SECÇÃO IV
Da producção das provas

Art. 247.º Se o réu não offerecer contestação por escripto dentro do praso fixado no artigo 217.º, poderá na discussão da causa allegar e provar defeza verbal que será por elle dictada ou pelo seu advogado ou defensor e escripta pelo escrivão na acta da audiencia do julgamento.

Art. 248.º As testemunhas serão introduzidas na audiencia, segundo a ordem em que tiverem sido nomeadas, salvo se a parte que as produziu requerer a inversão d'essa ordem.

Art. 249.º A inquirição e confrontação das testemunhas é simplesmente oral, e são inquiridas em primeiro logar as da accusação.

Art. 250.º Os jurados, precedendo licença do juiz, poderão fazer as perguntas que julgarem necessarias para o descobrimento da verdade, sem comtudo manifestarem a sua opinião ácerca da culpabilidade dos réus.

Art. 251.º Serão mostrados ás testemunhas e ao réu, quando as partes o requererem, o juiz o determinar, ou ellas o reclamarem, os documentos, objectos ou instrumentos do crime, devendo o magistrado do ministerio publico promover que sejam apresentados na audiencia de julgamento.

Art. 252.º Se a testemunha recusar responder, não se recordar do depoimento que haja prestado, omittir ou alterar algum facto ou circumstancia essencial, sobre que depozesse no processo preparatorio ser-lhe-ha lido o depoimento escripto para se lhe notarem as omissões ou contradicções em que incorrer e as alterações essenciaes que fizer.

Art. 253.º Estando escripto no processo preparatorio o depoimento de alguma testemunha que tenha fallecido, ou que não podésse ser intimada, será lido, se o ministerio publico ou alguma das partes o requerer, em voz alta e intelligivel, pelo escrivão, segundo a ordem em que tiver sido nomeada.

Art. 254.º As testemunhas, ainda depois de terem sido inquiridas, permanecerão na audiencia até que o jury se tenha encerrado na sala das suas deliberações, salvo se o juiz lhes conceder licença para se retirarem antes, com assentimento do ministerio publico e partes.

Art. 255.º Terminada a inquirição das testemunhas produzidas por parte da accusação e da defeza, o juiz procederá ao interrogatorio oral do réu, observando o disposto nos artigos 179.º e seguintes.

Art. 256.º Sendo julgados ao mesmo tempo differentes co-réus, as perguntas serão feitas pela fórma prescripta nos artigos 184.º e seguintes, sendo interrogado em primeiro logar o réu que tiver a parte principal no crime, fazendo o juiz recolher os demais réus á sala respectiva nos termos do artigo 185.º

Art. 257.º Concluido o interrogatorio poderá o magistrado do ministerio publico dirigir ao réu as perguntas que julgar convenientes para o descobrimento da verdade, podendo os jurados usar da mesma faculdade, precedendo licença do juiz.

§ unico. O representante do ministerio publico e advogado do réu poderá tambem dirigir ao queixoso, com licença do juiz, as perguntas que reputar convenientes.

Art. 258.º A acareação do réu poderá verificar-se, não só com os demais co-réus, com as testemunhas e com a parte accusadora, mas tambem com a parte offendida, posto que não accuse.

SECÇÃO V
Dos debates e proposição dos quesitos ao jury

Art. 259.º Findo o interrogatorio do réu o juiz de direito concederá a palavra ao magistrado do ministerio publico para fazer a sua allegação oral e em seguida aos advogados da parte accusadora, havendo-a, e do réu.

§ 1.º Havendo mais de um advogado por parte da accusação, será concedida a palavra segundo a prioridade das procurações, e, se forem de igual data, fallará em primeiro logar o advogado que tiver mais tempo de exercicio no tribunal.

§ 2.º O mesmo se observará com relação aos advogados de defeza, mas usará, primeiramente da palavra o advogado do réu que tiver a parte principal no crime ou delicto.

Art. 260.º Na allegação oral deverá o magistrado do ministerio publico:

1.º Fazer uma exposição clara e precisa dos factos criminosos e das circumstancias aggravantes ou attenuantes que os precederem, acompanharam ou seguiram, dando-lhe a classificação legal que lhes competir, em conformidade com o libello accusatorio ou com a discussão da causa;

2.º Analysar a prova produzida por parte da accusação e da defeza;

3.º Proferir as conclusões que a sua consciencia lhe dictar, conforme as provas resultantes da discussão, a verdade, a justiça e os legitimos interesses da sociedade.

Art. 261.º O magistrado do ministerio publico e o advogado da parte accusadora poderão, precedendo licença do juiz, replicar por uma só vez ás allegações oraes dos advogados da defeza, que poderão tambem responder e serão os ultimos a fallar.

Art. 262.º Em seguida ás allegações o juiz perguntará ao réu se tem mais algum facto ou circumstancia que allegar em sua defeza, concedendo-lhe a palavra para esse fim, e retirando-lh'a quando tratar do assumpto impertinente e alheio da causa, offender a moral ou faltar ao respeito devido á lei e ao tribunal.

§ unico. Depois da allegação do réu o juiz declarará terminados os debates, sem que seja permittido ao magistrado do ministerio publico ou aos advogados da parte accusadora e do réu usarem mais da palavra.

Art. 263.º Feita esta declaração, o juiz de direito, depois de receber a proposta dos quesitos que lhe forem feitos pelo ministerio publico e advogados das partes, proporá ao jury os que entender convenientes e poderão por elles ser dictados em voz intelligivel e escriptos pelo escrivão ou pelo proprio juiz, sendo em ambos os casos lidos em voz alta na audiencia.

Art. 264.º Se na accusação se accumularem diversos crimes, para cada um d'elles se fará um quesito separado, e havendo co-réus accusados do mesmo crime deverá formar-se a respeito de cada um d'elles um quesito distincto.

Art. 265.º Os quesitos deverão ser redigidos com precisão e clareza de modo que não comprehendam perguntas complexas ou alternativas, não sejam deficientes, contradictorios ou repugnantes entre si.

Art. 266.º Os quesitos deverão ser feitos em conformidade com a accusação e com a defeza, e especificar se o réu é responsavel como auctor, *cumplice* ou *encobridor.*

Art. 267.º Se no libello accusatorio forem allegadas circumstancias aggravantes, deverão ser comprehendidas em quesitos separados em seguida ao facto criminoso a que disseram respeito.

Art. 268.º Allegando o réu na contestação escripta ou na defeza verbal alguma circumstancia attenuante, deverá fazer-se um quesito especial a respeito de cada uma d'ellas.

Art. 269. Se o réu for maior de dez annos e menor de quatorze, far-se-ha quesito especial, perguntando se praticou o facto com o necessario descernimento.

Art. 270.º A formula dos quesitos ácerca do facto criminoso será a seguinte:

Está, ou não provado, que o réu N. . . é responsavel como auctor *(ou cumplice ou encobridor, conforme for accusado)* do. . . *(Deve declarar-se o facto criminoso, especificando se são actos preparatorios, tentativa, crime frustrado ou crime consummado)?*

§ unico. A formula dos quesitos a respeito das circumstancias aggravantes ou attenuantes será a seguinte:

Está ou não provada a circumstancia aggravante *(ou attenuante)* de. . . *(Deve indicar-se qual seja.)*

Art. 271.º Se pela discussão se mostrar que o facto criminoso imputado ao réu tem diversa imputação ou que este teve n'elle um grau de participação differente da que lhe foi attribuida na accusação, o juiz, a requerimento do magistrado do ministerio publico, dos advogados da parte accusadora, ou do réu, ou officiosamente, proporá quesitos subsidiarios em conformidade com o que resultar da discussão da causa.

§ 1.º A formula do quesito ácerca da qualificação diversa do facto criminoso será a seguinte:

Se o réu N. . . não é responsavel como auctor *(ou como cumplice ou encobridor, conforme for accusado)* do crime consummado de. . . *(Deve declarar-se qual seja)* está ou não provado que seja responsavel como auctor *(ou como cumplice, conforme for accusado)* da tentativa do mesmo crime.

§ 2.º A formula do quesito ácerca da qualificação differente da participação attribuida ao réu, será a seguinte:

Se não estiver provado que o réu N. . . é responsavel como auctor do. . . *(Deve declarar-se o facto criminoso, especificando se são actos preparatorios, tentativas, crime frustrado ou crime consummado)* será responsavel como cumplice (ou encobridor) do mesmo facto.

Art. 272.º O juiz proporá os quesitos necessarios para fixar a importancia das perdas e damnos.

§ unico. A formula do quesito será a seguinte:

O réu N. . . é ou não responsavel por perdas e damnos para com. . . *(Deve designar-se o estado ou a parte offendida que as pedir)* por ter. . . *(Deve declarar-se o facto que lhe deu causa.)* Sendo responsavel em quanto fixa o jury a importancia das perdas e damnos. *(Deve ser mencionada por extenso.)*

Art. 273.º O juiz não poderá ser interrompido emquanto dictar os quesitos, mas depois de lidos, poderão o magistrado do ministerio publico ou os advogados da parte accusadora ou do réu fazer as reclamações que julgarem necessarias para que sejam propostos em conformidade com a accusação, com a defeza ou com o que resultar da discussão da causa.

§ unico. Se as reclamações não forem attendidas, poderão as partes propor quesitos addicionaes escriptos em papel separado e por elles assignados, que serão juntos aos autos, devendo fazer-se de tudo especificada menção na acta.

Art. 274.º Escriptos definitivamente os quesitos nos autos, o escrivão os entregará ao presidente do jury.

SECÇÃO VI
Da decisão do jury e sentença

Art. 275.º Entregue o processo ao presidente do jury, encerrar-se-ha este na sala destinada para as suas deliberações, onde não poderão communicar com pessoa alguma, e da qual não poderão saír senão depois de terem proferido a sua decisão, devendo o mesmo juiz adoptar as providencias necessarias para manter a incommunicabilidade do jury.

§ unico. O encerramento do jury poderá ser interrompido:

1.º Se assim for indispensavel para satisfazer as necessidades do alimento e do repouso, devendo o juiz exercer a maior vigilancia para obviar a qualquer communicação verbal ou por escripto, e mandar comparecer na sala da audiencia o presidente do jury será entregue o alimento, depois de inspeccionado;

2.º Se o presidente do jury reclamar o comparecimento do juiz na sala das suas deliberações para o esclarecer ácerca da intelligencia de algum quesito ou sobre a fórma da resposta; devendo transportar-se ali com o magistrado do ministerio publico e com os advogados da parte accusadora e do réu.

§ unico. Mencionar se-ha na acta a pergunta feita pelo presidente do jury e a resposta dada por este.

Art. 276.º Encerrado o jury na sala das suas deliberações, se o presidente reclamar a sua substituição, proceder-se-ha á eleição de outro presidente por escrutinio secreto, ficando eleito o que reunir a maioria absoluta de votos, se não for acclamado unanimemente pelos outros jurados.

Art. 277.º O presidente do jury lerá os quesitos, segundo a ordem por que foram escriptos, exigindo votação nominal sobre cada um d'elles, e conforme a ordem de precedencia da extracção dos jurados, tomando nota de cada um e votando em ultimo logar.

Art. 278.º Se algum jurado se não julgar habilitado para votar e carecer de ser esclarecido sobre a materia de algum quesito, poderá promover discussão e expor as duvidas que se lhe offerecerem.

Art. 279.º Compete ao presidente do jury dirigir a discussão e manter a ordem e decencia na sala das deliberações, podendo para esse fim dirigir aos jurados as advertencias necessarias.

Art. 280.º A decisão do jury vence-se por maioria absoluta.

Art. 281.º Nenhum dos jurados poderá recusar-se a votar. A recusa será considerada como voto exclusivo da responsabilidade do réu.

§ unico. Se algum jurado se recusar a votar ou a assignar as respostas aos quesitos o presidente lavrará uma acta assignada por todos os jurados, mencionando esse facto, e será entregue ao magistrado do ministerio publico para servir de corpo de delicto no competente processo por crime de abandono de emprego.

Art. 282.º Na resposta ácerca do facto criminoso imputado ao réu o jury declarará sempre se a decisão foi por unanimidade ou por maioria.

§ unico. A resposta será a seguinte:

Está provado *(ou não está provado, conforme se vencer)* por unanimidade *(ou maioria)*.

Art. 283.º A declaração de unanimidade ou maioria não será exigida nas respostas ácerca das circumstancias aggravantes ou attenuantes.

Art. 284.º O jury deverá declarar prejudicadas as respostas:

1.º A respeito dos quesitos que comprehenderem factos cuja existencia seja incompativel com a resposta affirmativa ácerca da culpabilidade do réu, o que se não verifica quanto ao relativo a perdas e damnos.

2.º A respeito de todos os demais quesitos, se for negativa a resposta ácerca do facto criminoso imputado ao réu.

Art. 285.º O jury não poderá declarar nas suas respostas responsavel o réu por facto criminoso que não esteja comprehendido nos quesitos; mas poderá reconhecer a existencia de qualquer circumstancia attenuante que produza o effeito de diminuir a pena, ainda que tal circumstancia não tenha sido comprehendida nos quesitos.

§ unico. No caso previsto n'este artigo, a formula da resposta será a seguinte:

O jury reconhece que o réu N... commetteu o crime de... *(Deve declarar qual é o crime)* com a circumstancia de... *(Deve declarar a circumstancia)*.

Art. 286.º As respostas aos quesitos serão escriptas pelo presidente do jury na linha immediatamente inferior ao quesito a que disserem respeito.

§ 1.º No caso de impedimento do presidente poderão as respostas ser escriptas por qualquer outro jurado.

§ 2.º Escriptas as respostas, serão datadas e assignadas por todos os jurados, segundo a ordem de precedencia por que tiverem sido sorteados, sem que os que ficaram em minoria possam declarar-se vencidos ou fazer qualquer outra declaração.

Art. 287.º Se nas respostas do jury houver emendas, entrelinhas ou borrões serão resalvadas por extenso pelo presidente ou pelo jurado que escrever as respostas, devendo todos os jurados assignar no fim sem declaração de voto.

Art. 288.º Escriptas e assignadas as respostas voltarão todos os jurados á sala da audiencia, e occupando todos os seus respectivos logares de pé, lerá o presidente, ou, no caso de impedimento ou ausencia d'este, qualquer outro jurado em voz intelligivel os quesitos e as respostas, dizendo antes de os ler: «A decisão conscienciosa do jury é a seguinte».

Art. 289.º Finda a leitura, o presidente do jury entregará os quesitos e o processo ao escrivão, o qual o fará logo concluso ao juiz, que proferirá a sentença se as respostas lhe parecerem regulares e completas.

Art. 290.º Se ao juiz parecer, ou lhe for requerido pelo ministerio publico, ou por algum advogado das partes que as respostas do jury são incompletas, obscuras, ambiguas ou contradictorias, dará a este respeito a palavra, tanto ao ministerio publico como aos advogados, e depois resolverá a esse respeito como for justo.

§ unico. Resolvendo que o jury dê nova resposta, será este novamente encerrado e cumprirá aquella resolução conforme entender conveniente:

Art. 291.º Ainda que o jury declare não provada a responsabilidade criminosa do réu, o juiz proporá novo quesito nos termos seguintes: «Ha logar a perdas e damnos para o queixoso? É por ellas responsavel o réu e qual a sua importancia?»

Art. 292.º Quando ha accusação particular e o jury declara não provado o crime póde o réu pretender perdas e damnos, e n'esse caso, ouvido o ministerio publico e advogados, o juiz proporá novos quesitos ao jury, perguntando se houve dolo na accusação, ou se mesmo não o havendo, deve a parte accusadora responder por perdas e darmnos e qual a sua importancia.

Art. 293.º Se o jury declarar provado o crime, o juiz de direito perguntará ao réu se tem que allegar mais algum facto ou circumstancia em sua defeza e dará a palavra ao magistrado do ministerio publico e aos advogados da accusação e defeza sobre a applicação da pena, segundo a ordem estabelecida no artigo 259.º

§ 1.º O magistrado do ministerio publico e o advogado da parte accusadora deverão indicar expressamente a natureza e quantidade da pena applicavel segundo o concurso e o predominio das circumstancias aggravantes ou attenuantes, e a importancia da indemnisação pedida a final.

§ 2.º O advogado ou defensor do réu poderá demonstrar:

1.º Que ao facto criminoso não compete a pena requerida por parte da accusação;

2.º Que o facto, apesar da resposta affirmativa do jury, não é prohibido, segundo a lei penal;

3.º Que se acha prescripto ou emancipado.

Art. 294.º Feitos os autos conclusos; se da decisão affirmativa do jury resultar responsabilidade criminal ou civil para o réu, ou uma e outra, o juiz proferirá sentença condemnatoria, que será por elle escripta e lida e deverá conter:

1.º O nome, appellidos, alcunhas, profissão, occupação ou officio, naturalidade e residencia do réu.

2.º Um resumido relatorio do facto ou factos criminosos e das circumstancias aggravantes ou attenuantes, que os precederam, acompanharam ou seguiram, em conformidade com a accusação e defeza e com o que resultar da discussão da causa;

3.º A declaração da culpabilidade e responsabilidade por perdas e damnos attribuida ao réu pelo jury;

4.º A citação, da lei penal applicavel.

§ unico. A sentença deverá declarar perdidos a favor do estado as armas ou instrumentos, que serviram ou estavam destinados para commetter o crime.

Art. 295.º A sentença condemnatoria será proferida na audiencia, em que terminar a discussão da causa, salvo se o processo for complicado, devendo n'este caso ser proferida em outra, comtanto que não decorram mais de cinco dias.

§ 1.º Se o dia em que se completarem os cinco dias for feriado, a sentença será proferida no primeiro dia util que se seguir.

§ 2.º O réu assistirá sempre á leitura da sentença condemnatoria, salvo o caso de impedimento physico comprovado por attestado de facultativo.

Art. 296.º Se o réu tiver sido processado por crime a que corresponda pena maior e for condemnado em pena correccional, poderá prestar fiança sem que seja compellido a entrar na cadeia, ou subsistirá durante os termos dos recursos a fiança que houver prestado, se o fiador não requerer ser d'ella exonerado.

§ unico. Se, porém, tiver sido condemnado em alguma das penas de prisão maior ou degredo, não lhe será admittida fiança e ficará sem effeito a que tiver prestado durante os termos d'aquelles recursos, devendo ser logo recolhido á cadeia.

Art. 297.º Sendo negativa a decisão do jury, ou posto que seja affirmativa, se o juiz entender que o facto não constitue crime ou delicto, proferirá immediatamente sentença absolutoria, salvo se, tendo havido recurso para os tribunaes superiores, estes tiverem julgado o facto criminoso.

Art. 298.º A sentença absolutoria deverá conter:
1.º As declarações expressas no n.º 1 do artigo 294.º;
2.º As declarações de que o jury decidiu não estar provado o facto criminoso imputado ao réu;
3.º A demonstração de que o mesmo facto não constitue crime ou delicto, se aquella decisão for affirmativa.

Art. 299.º O réu absolvido será immediatamente posto em liberdade, se não dever ser detido na cadeia por outro crime, não dispensado de caução, e não for interposto recurso que tenha effeito suspensivo.

§ unico. Se, porém, esta for admittida, nos termos do § 1.º do artigo 168.º, não será conduzido á cadeia, se a prestar, ou tendo-a prestado, se o fiador não requerer ser d'ella exonerado.

Art. 300.º O escrivão lavrará nos autos termos de publicação da sentença, tanto condemnatoria como absolutoria, que intimará ás partes e a registará por extenso no livro de que trata o artigo 124.º

CAPITULO III
Do julgamento dos réus ausentes

Art. 301.º Consideram-se ausentes e contumazes os réus pronunciados ha mais de seis mezes contados desde a pronuncia, e que não se acham presos ou afiançados, ou se evadiram da cadeia, logar de custodia ou de guarda dos empregados ou agentes da justiça, administração ou policia.

§ unico A disposição d'este artigo é applicavel aos réus que tiverem de ser julgados no juizo de policia correccional, devendo o praso n'elle marcado contar-se do despacho que os mandar citar para o julgamento.

Art. 302.º Na accusação e julgamento dos réus ausentes e contumazes observar-se-ha o processo ordinario ou correccional segundo a natureza do crime, e com as seguintes especialidades.

Art. 303.º Decorrido o praso fixado no artigo 301.º, o magistrado do ministerio publico e os parentes do réu, a que se refere o artigo 306.º, poderão promover que se juntem ao processo mandados de prisão, com certidão exarada pelos officiaes do juizo e agentes da administração ou de policia, que attestem impossibilidade de se effectuar a prisão do réu, com declaração dos motivos justificados d'essa impossibilidade de se effectuar a prisão do réu, com declaração dos motivos justificados d'essa impossibilidade, juntando-se igualmente um auto de busca no caso previsto no artigo 156.º

Art. 304.º Em seguida se procederá á justificação por testemunhas de que o réu está ausente, em logar incerto, ou onde não póde ser preso, podendo tambem offerecer os documentos que tiver, e sendo julgada procedente, promoverá que o réu seja citado por editos para comparecer em juizo, a fim de ser julgado.

§ unico. Os editos deverão declarar:
1.º O nome, appellidos, alcunhas e indicações que possam identificar o réu;
2.º A natureza do crime por que é accusado;
3.º Que não comparecendo dentro do praso fixado nos editos, se procederá á revelia em todos os actos e termos do processo, sem nenhuma outra citação. Este praso será de trinta a sessenta dias;
4.º Que, findo o mesmo praso, deverá ser preso por qualquer empregado de justiça, agente de administração ou de policia, podendo sel-o por qualquer individuo.

Art. 305.º Os editos serão affixados por um official de diligencias na porta do edificio do tribunal da comarca em que pender o processo, e no ultimo domicilio do réu, e serão publicados gratuitamente na folha official do governo, se o processo correr na comarca de Lisboa, e em qualquer outro periodico, se correr em outra comarca onde o houver, certificando o escrivão a effectiva publicação, com declaração do numero do periodico em que foi feita independentemente da funcção d'este.

§ unico. Findo o praso marcado nos editos será a citação accusada na primeira audiencia seguinte, desde a qual se contará o praso fixado nos artigos 201.º e 208.º para o offerecimento do libello accusatorio ou deducção da accusação.

Art. 306.º Deverá ser citado pessoalmente algum dos descendentes do réu ausente, preferindo o mais velho, se estiver presente, e o conjuge se for casado e não tiver havido separação judicial; na falta d'elles, algum dos ascendentes indicados pelo juiz, e na falta d'estes algum transversal até ao 4.º grau por direito civil, para poderem allegar a favor do ausente a defeza que tiverem.

§ 1.º As pessoas a que se refere este artigo poderão usar dos meios de defeza e dos recursos que competiriam ao réu se estivesse em juizo.

§ 2.º Se alguma das pessoas mencionadas n'este artigo allegar e provar que o réu ausente, por motivo de força maior, não póde comparecer em juizo dentro do praso indicado nos editos, o juiz prorogará o praso da citação edital, por igual espaço de tempo, findo o qual, não comparecendo o réu, se proseguirá nos termos do julgamento.

Art. 307.º Se as pessoas mencionadas no artigo antecedente não constituirem advogado ou defensor do réu ausente, o juiz de direito lhe nomeará um, nos termos do artigo 214.º

Art. 308.º Havendo no mesmo processo differentes réus, alguns dos quaes estejam julgados como ausentes e outros que ainda possam ser capturados, extrahir-se-ha um traslado, no qual correrá o processo de accusação e julgamento do ausente.

Art. 309.º Das citações e intimações que deveriam ser feitas ao réu ausente, será affixada uma copia nos lugares indicados no artigo 305.º, e publicada nos termos n'elle prescriptos.

§ unico. Esta sentença não passa em julgado, emquanto não for intimada ao réu, o qual, quando apparecer em juizo, poderá interpor os recursos competentes.

Art. 310.º Se o réu ausente for capturado, ou se se apresentar voluntariamente antes do julgamento, suspender-se-ha este e observar-se-hão os termos ordinarios prescriptos n'este codigo.

CAPITULO IV
Do julgamento dos crimes commettidos durante a audiencia geral

Art. 311.º Se durante a audiencia geral, e depois de constituido o jury, o réu commetter algum crime ou delicto a que corresponda pena mais grave do que a que compete n'aquelle de que é accusado, verificar-se-ha immediatamente a sua existencia pelos meios legaes e se discutirá conjuntamente com o outro crime.

§ 1.º Se a pena correspondente for menos grave do que a correspondente ao crime de que é accusado, será proposto ao jury um quesito correspondente como circumstancia aggravante.

§ 2.º Havendo co-réus implicados n'estes crimes serão processados segundo as regras geraes.

Art. 312.º Se durante a audiencia geral se descobrir algum, outro crime imputado ao réu e ainda não prescripto, e pelo qual se não tenha instaurado processo preparatorio, o ministerio publico promoverá que se reduzam a auto os depoimentos das testemunhas que fizerem culpa ao réu ou quaesquer outros co-réus e se extráhiam copias dos documentos comprovativos d'esta para que possa instaurar-se o processo no juizo competente, ficando o réu detido na cadeia, se o crime não admittir caução.

§ unico. Constando porém em juizo que se acha instaurado processo preparatorio pelo crime a que se refere este artigo, e, não tendo ainda sido inquiridas as testemunhas da accusação, e da defeza a respeito do crime, de que o réu é accusado, sobreestar-se-ha na discussão e julgamento para os effeitos dos artigos 205.º e 208.º § unico.

Art. 313.º Se alguma testemunha commetter em audiencia geral o crime de falso juramento, o juiz de direito, officiosamente ou a requerimento do magistrado do ministerio publico ou do advogado da parte accusadora ou do réu e finda a discussão da causa, proporá ao jury o quesito seguinte: «Está ou não provado que N. . . affirmando ou negando. . . *(Devem resumir-se as palavras da testemunha)* testemunhou falso a favor *(ou contra, conforme for o depoimento)* do réu N. . . ?»

§ 1.º Sendo affirmativa a decisão do jury, o juiz mandará formar um auto, que deverá conter:

1.º O dia, mez e anno em que é feito;
2.º A causa que se discutia;
3.º As palavras de que a testemunha usou e todas as circumstancias que occorrerem;
4.º As instancias que lhe foram feitas e as acareações a que se haja procedido;
5.º Os nomes, moradas e misteres de tres espectadores que assistissem á discussão, os quaes assignarão o auto com o juiz e jurados.

§ 2.º Este acto equivale á pronuncia, devendo logo formar-se o processo accusatorio para ser julgada a testemunha na audiencia geral do mesmo semestre, comtanto que medeie, pelo menos, o espaço de trinta dias.

§ 3.º Não sendo possivel verificar-se o julgamento dentro do praso fixado no § 2.º, deverá effectuar-se no semestre seguinte.

CAPITULO V
Do julgamento em policia correccional

Art. 314.º São julgados em policia correccional os crimes ou delictos, a que corresponder, separada ou cumulativamente, algumas das penas seguintes:
1.º Prisão correccional até seis mezes;
2.º Desterro até seis mezes;
3.º Suspensão de direitos politicos até dois annos;
4.º Multa até dois annos, ou até 50$000 réis, quando a lei fixar a quantia;
5.º A reprehensão;
6.º Suspensão do exercicio do emprego até seis meses.

§ unico. São igualmente julgadas no juizo de policia correccional as contravenções das leis administrativas, fiscaes ou de policia, que por lei especial forem mandadas julgar no mesmo juizo.

Art. 315.º O julgamento dos réus accusados em policia correccional terá logar por tribunal collectivo em que intervirão o respectivo juiz de direito, como presidente, e dois juizes adjuntos na conformidade da lei.

Art. 316.º Concluido o processo preparatorio o magistrado do ministerio publico deverá, e a parte offendida poderá, deduzir dentro do praso de quarenta e oito horas a sua queixa, que deverá conter as indicações declaradas no artigo 120.º, e devendo ambas formar um só processo.

Art. 317.º Sendo offerecidas testemunhas para prova da accusação o numero d'ellas não poderá exceder a oito, a fóra as referidas, e se juntarão os documentos que se apresentarem.

Art. 318.º Achando-se preso o delinquente a quem foi imputado o crime, ou contravenção, que deve ser julgado no juizo de policia correccional, será immediatamente posto em liberdade sem prestar fiança.

§ 1.º Se, porém, a sua identidade não for conhecida do juiz, de qualquer dos escrivães ou dos officiaes de justiça, deverá ser provada por duas testemunhas, lavrando-se termo, que deverá ser feito logo que o delinquente seja entregue ao respectivo juiz, com preferencia a qualquer outro serviço, e n'elle deverá declarar-se a residencia do réu e que este se obriga a comparecer em juizo e a participar qualquer mudança da mesma.

§ 2.º Se o delinquente for residente fóra da comarca em que tem de correr o processo, deverá apresentar em juizo um individuo que, residindo dentro da mesma comarca, se obrigue por termo a receber as citações e intimações necessarias ao andamento regular do processo, e em que se declare que o mesmo delinquente fica obrigado a comparecer em juizo, a fim de dar parte de qualquer mudança ou residencia d'este.

§ 3.º O juiz verificará se a pessoa apresentada satisfaz ás condições que lhe são exigidas, e, no caso affirmativo, mandará em seguida tomar o respectivo termo.

Art. 319.º Se o individuo, a que se refere o § 2.º do artigo antecedente, fallecer, mudar de residencia para fóra da comarca respectiva, ou, por qualquer motivo, se tornar incapaz de receber as citações e intimações, o réu deverá immediatamente substituil-o por outro, em quem estas possam validamente effectuar-se.

§ 1.º Não comparecendo o réu em juizo aos actos mencionados no artigo 171.º, e não justificando a falta por algum dos motivos previstos nos differentes numeros do artigo 83.º, será preso e só poderá livrar-se solto, prestando fiança nos termos do artigo 168.º e seguintes, e o individuo a que se refere o § 2.º incorrerá na multa de 10$000 a 50$000 réis se não apresentar o réu dentro do praso do oito dias.

§ 2.º Qualquer requerimento para a execução d'este artigo e seus paragraphos poderá ser feito verbalmente em audiencia, ou por escripto.

Art. 320.º Findo o praso estabelecido no artigo 120.º, o escrivão cobrará o processo, e o fará concluso ao juiz, que mandará citar o réu, para dentro do praso de oito dias, contados da citação, offerecer a sua defeza escripta, podendo comtudo apresental-a verbal na audiencia, nos termos do artigo 247.º

Art. 321.º Em seguida, ou logo que tenha voltado cumprida alguma deprecada dirigida a outro juizo, o juiz designará dia para julgamento, e comparecendo o magistrado do ministerio publico, a parte accusadora, que poderá ser representada por si ou pelo seu advogado, o réu assistido do seu advogado, ou defensor, tendo sido intimado, o juiz presidente fará o relatorio do estado da questão e mandará proceder á leitura das peças do processo, que reputar convenientes, ou lhe for requerida.

Art. 322.º Os depoimentos das testemunhas serão tomados oralmente na audiencia de julgamento, excepto quando alguma das partes requerer que sejam escriptos.

Art. 323.º Terminada a inquirição das testemunhas seguir-se-hão os interrogatorios do réu e os debates nos termos dos artigos 184.º e seguintes, e 259.º e seguintes, e o tribunal proferirá a sentença em conformidade com o disposto nos artigos 424.º e seguintes.

Art. 324.º Na imposição da pena de prisão correccional o juiz levará sempre em conta na sentença ao réu o tempo da prisão preventiva que houver soffrido.

Art. 325.º N'este processo são admittidas todas as excepções estabelecidas no processo ordinario de querella.

CAPITULO VI
Do julgamento das causas de coimas

Art. 326.º As coimas e transgressões de posturas e regulamentos municipaes serão accusadas pelos zeladores municipaes, guardas campestres, ou pela pessoa que requerer a imposição da multa, ou por quem a represente.

Art. 327.º Serão julgadas no mesmo processo as transgressões, que tiverem logar na mesma occasião, embora fossem praticadas por differentes pessoas.

Art. 328.º O que pretender accusar uma coima ou transgressão de postura municipal fará um requerimento ao respectivo juiz, em que exporá resumidamente o facto da transgressão, e citará o regulamento ou postura applicavel, concluindo por pedir que seja citado para ser julgado.

§ 1.º É applicavel á prova das coimas, ou transgressões de posturas, o disposto no artigo 321.º e seguintes, com as alterações seguintes:

§ 2.º O numero das testemunhas não poderá exceder a tres, salvo se a accusação comprehender mais de um facto, porque n'este caso serão admittidas para prova de cada um aquelle numero.

§ 3.º Se tiverem de ser addicionadas ou substituidas algumas testemunhas, serão os seus nomes, occupações e moradas, intimados ao transgressor quarenta e oito horas antes do julgamento.

Art. 329.º Distribuido o requerimento o transgressor será citado, com antecedencia de cinco dias, pelo menos, para comparecer em audiencia de julgamento.

§ 1.º No acto da citação, ou no cartorio, poderá o citado indicar os nomes, occupações e moradas das testemunhas que quizer produzir em sua defeza, as quaes serão logo citadas se residirem no julgado, não podendo porém exceder o numero fixado no § 2.º do artigo 328.º Se as não indicar poderá apresental-as no dia do julgamento; e se forem de fóra do julgado, e se não comprometter a apresental-as pedirá deprecada.

§ 2.º O transgressor poderá offerecer defeza por escripto, á qual serão applicaveis as disposições do artigo 321.º

§ 3.º O escrivão, ou official de diligencias, ou o transgressor, entregará ás pessoas indicadas no artigo 326.º uma copia do rol das testemunhas da defeza, quarenta e oito horas antes do julgamento.

Art. 330.º O julgamento deverá verificar-se em audiencia publica, salvo quando o juiz ordenar que seja secreta nos casos previstos no artigo 50.º § 2.º

§ 1.º Se o transgressor não podér comparecer no acto do julgamento, por alguma das causas prescritas no artigo 83.º, será este adiado pelo tempo indispensavel para que possa verificar-se.

§ 2.º Não allegando ou não provando o transgressor nenhuma das causas, a que se refere este artigo, ou não comparecendo no dia novamente designado para o julgamento, deverá este effectuar-se á revelia se não constituir advogado ou solicitador que o represente e defenda.

Art. 331.º O julgamento começará pela leitura do requerimento da parte que accusar a coima ou transgressão de postura, e respectiva contestação, lendo as peças do processo, que as partes requererem, e procedendo em seguida o juiz ao interrogatorio do transgressor, nos termos dos artigos 184.º a 198.º

Art. 332.º Se o accusado confessar a transgressão declarar-se-ha na acta a sua confissão e especificar-se-ha o artigo do respectivo regulamento ou postura municipal applicavel, sem que tenha logar a sentença.

§ 1.º Se a pena applicavel for a de prisão, o transgressor poderá remil-a na rasão de 1$000 réis por dia, contamdo que pague logo a importancia d'ella ou dê caução idonea.

§ 2.º Sendo applicavel a pena de multa de valor indeterminado satisfará a quantia media pela differença entre o maximo e o minimo.

Art. 333.º Se no acto da transgressão o arguido se promptificar ao pagamento da multa respectiva, ser-lhe-ha recebida, por quem for competente mediante recibo, sem mais forma de processo.

Art. 334.º Negando o agressor o facto ou commissão accusada, proceder-se-ha á inquirição das testemunhas, nos termos do artigo 324.º

Art. 335.º Finda a inquirição das testemunhas e falando em seguida uma só vez o advogado ou defensor das partes que o tiverem constituido, o juiz proferirá a sentença na mesma audiencia, e será logo intimada ao transgressor ou a quem o defender.

Art. 336.º N'este processo são admittidas todas as excepções estabelecidas no processo ordinario de accusação.

§ unico. Nas causas da competencia dos juizes de paz não se escreverão em caso algum os depoimentos das testemunhas inquiridas na audiencia de julgamento. Mas a parte, que quizer recorrer, póde fazer reproduzir oralmente esses depoimentos perante o juiz municipal, ou de direito do respectivo julgado, ou da comarca.

TITULO III
Do processo crime no fôro especial

CAPITULO I
Do processo contra a familia real, ministros da corôa, conselheiros d'estado, pares e deputados

Art. 337.º As disposições d'este codigo são applicaveis aos crimes ou delictos commettidos pelos membros da familia real, ministros d'estado, conselheiros d'estado, dignos pares do reino e deputados eleitos durante o periodo da legislatura, posto que não tenham ainda tomado assento, com as alterações seguintes:

Art. 338.º Se algum par ou deputado for pronunciado, ou accusado, o juiz de direito, depois de encerrado o processo preparatorio, o enviará, ou o respectivo traslado se houver outros co-réus que devam ser julgados por outro juiz ou tribunal, ao presidente da respectiva comarca, devendo sobreestar-se no procedimento ulterior até á decisão d'esta.

Art. 339.º O processo será apresentado na primeira sessão á respectiva commissão de legislação, a qual dará, dentro do praso de quinze dias, o seu parecer fundamental sobre se o processo deve continuar no intervallo das sessões ou depois de findas as funcções do indiciado ou accusado.

Art. 340.º Decidindo a camara que o processo deve desde logo continuar, o digno par ou deputado ficará suspenso do exercicio das funcções legislativas, e, se não tiver sido preso em flagrante delicto, auctorisará a captura d'elle, se não prestar caução nos casos em que o crime ou delicto a admittir, devendo o presidente enviar copia da decisão ao magistrado do ministerio publico junto do juizo em que se instaurou o processo preparatorio.

§ unico. A discussão do parecer da commissão de legislação será em sessão secreta e a votação por escrutinio secreto.

Art. 341.º Serão applicaveis á accusação, e julgamento dos delinquentes mencionados no artigo 336.º, as disposições dos artigos 202.º a 314.º á excepção das relativas á constituição do jury, devendo comtudo observar-se as dos artigos 243.º e 244.º, verificadas as incompatibalidades n'elles previstas.

Art. 342.º A camara dos dignos pares do reino é competente para conhecer da accusação e julgar em primeira e ultima instancia, como tribunal de justiça criminal os crimes ou delictos commettidos pelos delinquentes mencionados no artigo 336.º, á excepção dos deputados.

Art. 343.º A camara dos dignos pares do reino póde constituir-se em tribunal de justiça criminal, não só durante as sessões da camara dos senhores deputados, mas tambem depois de encerradas as côrtes geraes, e ainda mesmo no caso de ter sido dissolvida esta ultima camara.

§ 1.º A reunião da camara dos dignos pares, nos dois ultimos casos previstos n'este artigo, não poderá verificar-se sem preceder decreto do poder executivo, ouvido o conselho d'estado, devendo o decreto designar o objecto que tem de ser submettido á decisão da camara.

§ 2.º O presidente da camara dos dignos pares expedirá carta convocatoria a todos os dignos pares que residem no continente do reino, convidando-os a comparecerem na sessão que lhes designar para se constituirem em tribunal de justiça criminal.

Art. 344.º Para que a camara dos dignos pares possa constituir-se em tribunal de justiça criminal e devidamente funccionar, é necessario que estejam presentes pelo menos dezesete pares que não estejam inhibidos por alguma das causas declaradas no artigo 243.º de ser juizes no processo que tiver de ser julgado.

§ unico. Não serão admittidos a tomar parte nas decisões da camara constituida em tribunal de justiça criminal senão os pares que comparecerem na primeira sessão.

Art. 345.º Ao presidente da camara dos dignos pares compete presidir ao tribunal de justiça criminal e exercer as mesmas attribuições criminaes que competem ao presidente do supremo tribunal de justiça.

Art. 346.º O director geral da secretaria da camara dos dignos pares, ou o empregado que o substituir, exercerá as funcções de escrivão nos processos que ella julgar, servindo de officiaes de diligencias os contínuos da secretaria.

Art. 347.º A accusação será sustentada pelo procurador geral da corôa, ou por um dos seus ajudantes, podendo a camara dos senhores deputados fazer-se representar por uma commissão de tres membros, eleita por escrutinio secreto, se o delinquente for algum ministro d'estado, ou conselheiro d'estado, cuja accusação tenha sido por ella decretada nos termos do artigo 37.º da carta constitucional,

Art. 348.º Constituida a camara dos pares em tribunal de justiça criminal, procederá á eleição por escrutinio secreto de um dos seus membros para juiz relator, ao qual competem as mesmas attribuições criminaes, que pertencem aos juizes relatores dos processos julgados pelo supremo tribunal de justiça.

Art. 349.º Terminado o relatorio, o digno par juiz relator proporá ao tribunal criminal os quesitos, nos termos dos artigos 263.º e seguintes.

Art. 350.º Escriptos os quesitos, o escrivão, observando o disposto no artigo 54.º, entregará o processo ao digno par presidente do tribunal criminal, passando em seguida este a votar os quesitos propostos, nos termos dos artigos 275.º e seguintes, com a declaração de que o resultado da votação será verificado pelo presidente e escripto pelo digno par juiz relator em seguida ao respectivo quesito.

Art. 351.º Julgando-se procedente a accusação, proceder-se-ha á votação sobre a applicação da pena, bastando a maioria absoluta para haver vencimento.

Art. 352.º Concorrendo na pessoa do condemnado circumstancias relevantes que o tornem recommendavel ao poder moderador, em rasão de serviços valiosos prestados á nação ou de suas qualidades distinctas, o tribunal criminal poderá na mema sessão, ou em qualquer outra, dirigir ao chefe do estado uma mensagem, pedindo o perdão ou commutação da pena imposta.

CAPITULO II

Do processo criminal contra os membros do corpo diplomatico e bispos das dioceses do ultramar

Art. 353.º O supremo tribunal de justiça é competente para julgar em primeira e ultima instancia os crimes commettidos pelos embaixadores, ministros plenipotenciarios, ministros e outros agentes diplomaticos das nações estrangeiras e bispos das dioceses do ultramar, devendo observar-se no julgamento o disposto n'este codigo com as modificações seguintes:

Art. 354.º Salvo o caso previsto no artigo 24.º § unico, o supremo tribunal de justiça é competente para proceder a todos os actos e termos do processo preparatorios nos crimes a que se refere o artigo antecedente.

Art. 355.º No processo accusatorio se observarão as disposições geraes d'este artigo, exercendo o juiz relator as attribuições dos juizes de direito de primeira instancia.

§ 1.º Quando o processo estiver nos termos de ser julgado, o juiz relator prevenirá o presidente do supremo tribunal para assignar o dia do julgamento, o qual nunca poderá ter logar sem que medeie, pelo menos, o espaço de vinte dias contados desde a contestação escripta.

§ 2.º O julgamento deverá verificar-se em sessão plena do respectivo tribunal, vencendo-se a decisão por maioria.

LIVRO III

Da execução de sentença

TITULO I

Disposições geraes

Art. 356.º A execução de sentença deverá effectuar-se logo que esta passe em julgado e deve corresponder á sua determinação.

Art. 357.º A lei que alterar o modo da execução segundo a condemnação, é applicavel ás sentenças passadas em julgado se for mais favoravel ao condemnado:

Art. 358.º Incumbe ao magistrado do ministerio publico promover o que for conforme á lei e aos regulamentos.

1.º Para que a sentença, quer condemnatoria quer absolutoria seja prompta e integralmente executada;

2.º Para que a condemnação se julgue extincta quando os documentos competentes assim o comprovem.

Art. 359.º Se o réu estiver condemnado por sentença passada em julgado e commetter ou se lhe descobrir outro crime ainda não prescripto, a que corresponda pena menos grave do que a que lhe foi imposta, a sentença será logo executada, salvo o disposto no § unico do artigo 118.º

Art. 360.º Se na execução da sentença se suscitar algum incidente contencioso, será decidido pelo respectivo juiz ou tribunal de que manou a condemnação, ouvido o ministerio publico e os advogados das partes.

Art. 361.º A pena de prisão cellular será cumprida nas cadeias geraes penitenciarias, e a pena de prisão correccional nas cadeias districtaes ou comarcãs, nos termos da lei da reforma penal e de prisões de 1 de julho de 1867 e dos regulamentos respectivos.

§ unico. A remoção de presos em cumprimento de pena de uma para outra cadeia por falta de segurança, por causa de epidemia, ou por outro motivo igualmente attendivel, será concedida pelo governo, precedendo informação do ministerio publico, nos termos dos regulamentos.

Art. 362.º Se a sentença condemnar em pena de degredo, os réus não serão transportados ao logar d'elle sem que previamente sejam inspeccionados por tres peritos facultativos, que os declarem aptos para o cumprimento d'esta pena.

§ unico. D'esta decisão ha recurso para novo exame, em que intervenham cinco peritos.

Art. 363.º Os procuradores regios são competentes para mandar intimar os peritos facultativos para assistirem a estas inspecções, incorrendo os que se recusarem a prestar esse serviço na pena correspondente ao crime de desobediencia.

§ unico. As intimações de que trata este artigo serão feitas pelos continuos das secretarias das procuradorias regias, os quaes terão a mesma fé que têem os officiaes de diligencias das relações.

Art. 364.º Sendo algum réu portuguez condemnado em pena de expulsão do reino, o magistrado do ministerio publico, de accordo com a auctoridade administrativa, adoptará as providencias convenientes para que a expulsão se torne effectiva; e se for estrangeiro, promoverá que esta se verifique de accordo com o respectivo representante diplomatico, e, na falta d'este, com o consul da nação a que pertencer o condemnado.

§ unico. Em qualquer dos casos previstos n'este artigo juntar-se-ha ao respectivo processo, certidão ou qualquer outro documento escripto comprovativo da execução da sentença.

Art. 365.º Se a sentença condemnar em pena de perda ou suspensão temporaria de direitos politicos, ou se esta pena resultar accessoriamente da imposição de outra pena, o escrivão do processo entregará ao magistrado do ministerio publico, logo que ella passe em julgado, uma certidão narrativa, com declaração do nome do condemnado, crime ou delicto, pena e data da sentença, a fim de ser por elle enviada á auctoridade administrativa do concelho, que for séde da comarca, pondo-se a respectiva verba no processo.

Art. 366.º Observar-se-ha o disposto no artigo antecedente, quando a condemnação importar a incapacidade, para tornar a servir qualquer emprego, devendo n'este caso a certidão narrativa ser enviada ao ministerio da justiça e outra identica ao governador civil do respectivo districto.

Art. 367.º Quando a pena imposta for de suspensão do exercicio do emprego, a certidão narrativa da sentença será enviada pelo escrivão ao chefe da repartição em que se processar a folha do vencimento do empregado suspenso.

Art. 368.º Logo que a sentença condemnatoria haja transitado em julgado, se a pena imposta for a degredo, o escrivão do respectivo juizo ou tribunal passará certidão do teor d'ella, que entregará ao magistrado do ministerio publico, bem como uma guia para cada réu, a qual deverá conter:

1.º O nome, appellido, alcunhas, idade, filiação, estado, profissão, occupação, ou officio, naturalidade, ultima residencia e signaes physicos do réu;
2.º A natureza do crime ou delicto;
3.º A natureza e duração da pena;
4.º A data da sentença, e o juizo ou tribunal em que for proferida, com declaração de que transitou em julgado.

Art. 367.º Se a pena imposta for perdoada ou commutada pelo poder moderador, o magistrado do ministerio publico promoverá e o réu poderá requerer, que se julgue por conforme á culpa do réu o respectivo decreto de amnistia, de que juntará documento na parte respectiva, a fim de que a pena seja executada conforme o julgamento de conformidade da graça com a culpa.

TITULO II

Das causas suspensivas da execução da sentença

CAPITULO I
Disposições geraes

Art. 368.º A execução da sentença condemnatoria fica suspensa:
1.º Quando se interpozer recurso de appellação ou de revista;
2.º Quando differentes co-réus tiverem sido condemnados como auctores ou cumplices do mesmo crime, por sentenças diversas, as quaes, longe de poderem conciliar-se, constituam a prova da inocencia de algum dos condemnados;
3.º Quando o réu condemnado tiver requerido procedimento criminal pelos crimes de corrupção ou peita contra algum jurado que interviesse no seu julgamento ou pelo crime de falso juramento contra alguma testemunha que jurasse contra elle na discussão e julgamento, havendo pronuncia obrigatoria;
4.º Quando sobrevier ao condemnado alienação mental, emquanto ella durar, posto que haja intervallos lucidos;
5.º Quando for contestada ou duvidosa a identidade do réu que se evadir da cadeia, ou do logar do degredo e durar o respectivo processo;
6.º Quando se verificar que existe a pessoa que do processo consta ter fallecido em virtude do crime de que resultar a morte supposta;
7.º No caso de revisão da sentença condemnatoria.
§ unico. A sentença condemnatoria será logo executada:
1.º No caso previsto no n.º 3.º d'este artigo, se os jurados ou as testemunhas forem absolvidas dos crimes a que o mesmo numero se refere, ou se as testemunhas fallecerem antes de passar em julgado a sentença condemnatoria contra ellas proferida pelos mesmos crimes;
2.º No caso do n.º 4.º se a pena imposta for a de multa.

Art. 369.º A suspensão da execução da pena póde ser requerida pelo ministerio publico ou pelo réu, juntando os documentos comprovativos do facto, que é fundamento legal da referida suspensão.

§ 1.º No caso previsto no n.º 4.º se deve proceder a exame por peritos, conforme o artigo 360.º e paragrapho.

§ 2.º No caso previsto no n.º 6.º a suspensão será deduzida por meio de embargos, que seguirão os seus termos regulares.

CAPITULO II
Do reconhecimento da identidade do réu

Art. 370.º Sendo na execução da sentença contestada a identidade de qualquer réu condemnado que se evadir da cadeia ou do logar do degredo, e for novamente preso, proceder-se-ha ao reconhecimento d'ella no juizo de direito de primeira instancia em que o réu for julgado por intervenção de jurados, no processo original, ou no traslado, se aquelle não existir no juizo respectivo.

§ unico. Seguir-se-hão depois os mais termos do processo preparatorio.

Art. 371.º O processo começa pelo requerimento do magistrado do ministerio publico, deduzindo por artigos a identidade do réu, juntando-lhe quaesquer documentos e rol de testemunhas, com que pretender proval-os, observando-se os prasos e termos prescriptos nos artigos 206.º e seguintes.

§ unico. Havendo parte accusadora, poderá tambem formar artigos de identidade, observando-se o disposto no artigo 209.º

Art. 372.º O réu poderá apresentar a sua contestação, por escripto, dentro do praso de oito dias, contados da entrega da copia dos artigos de identidade, juntando-lhe quaesquer documentos ou rol de testemunhas que pretender produzir, devendo observar-se o que se acha disposto no artigo 217.º

Art. 373.º Assignado o dia do julgamento da identidade, será entregue ao réu a copia da pauta dos jurados, nos termos do artigo 215.º e feitas as intimações de que trata o artigo 226.º, deverá a do réu verificar-se, pelo menos, tres dias antes, observando-se na audiencia, constituição do jury, discussão da causa e debates, as disposições dos artigos 227.º e seguintes.

Art. 374.º O juiz proporá, ao jury o quesito sobre a identidade, pela fórma seguinte: «Está ou não provado que N... que está presente é o mesmo réu que foi accusado n'este processo pelo crime... *(Deve declarar-se a natureza do crime ou se é auctor, cumplice ou encobridor)* e condemnado na pena de... *(Deve declarar-se qual a pena)* por sentença de... *(Data da sentença)?»*

Art. 375.º A resposta do jury será dada pela fórma seguinte: «Está provado *(ou não está provado, segundo se vencer)* por... *(maioria ou unanimidade)* que N... que está presente é o mesmo réu *(ou não é o mesmo réu, segundo se vencer)* accusado n'este processo pelo crime de....

Art. 376.º Seguir-se-hão os mais termos como no processo ordinario.

Art. 377.º Se, passados dez dias depois de proferida a sentença que julgar provada a identidade do réu, não se interpozer recurso, será a mesma sentença logo executada.

CAPITULO III
Da revisão da sentença

Art. 378.º É permittido ao réu condemnado por sentença passada em julgado requerer a revisão do processo e da sentença, se podér provar a improcedencia da accusação.

§ unico. O condemnado que estiver na situação do artigo antecedente deverá requerer ao juiz de direito da comarca em que foi condemnado, que o admitta a instaurar o processo da revisão do processo e da sentença, devendo instruir o seu requerimento com uma justificação de testemunhas, julgada, provada e procedente pelo mesmo juiz, com citação e audiencia do magistrado do ministerio publico, convencendo de falsas as provas sobre que basear a primeira, accusação, juntando-lhe quaesquer documentos comprovativos da improcedencia da accusação.

Art. 379.º O juiz mandará continuar com visto o requerimento ao magistrado do ministerio publico, o qual o enviará directamente ao procurador geral da corôa e fazenda, que o fará apresentar na primeira sessão do supremo tribunal de justiça, a fim de decidir, em secções reunidas, se deve ou não instaurar-se o processo da revisão da sentença.

Art. 380.º Sendo concedida a revisão da sentença, o processo será remettido ao juiz de direito da comarca, em que o réu foi condemnado, a fim de ser novamente julgado com intervenção do jury especial, nos termos dos artigos 411.º e seguintes.

Art. 381.º Se em virtude da decisão negativa do jury, o juiz julgar improcedente a accusação, deverá na sentença declarar rehabilitado o réu para com a sociedade.

Art. 382.º O réu rehabilitado por sentença passada em julgado, poderá intentar acção de perdas e damnos contra a parte accusadora, se a tiver havido, e contra seus herdeiros, ou contra o citado, se a accusação foi sómente promovida pelo magistrado do ministerio publico.

Art. 383.º Concedida a revisão da sentença, e tendo sido o réu condemnado, em resultado da nova accusação, não poderá requerer outra revisão sem terem decorrido cinco annos depois de ter transitado em julgado a ultima sentença.

Art. 384.º O réu que for condemnado no processo de revisão da sentença não o poderá ser em pena superior á que lhe tiver sido imposta na sentença anterior.

Art. 385.º Se for negada a revisão da sentença, o réu que a tiver requerido, só poderá pedil-a novamente passados cinco annos, a contar da publicação do respectivo accordão.

LIVRO IV
Dos recursos

TITULO I
Disposições geraes

Art. 386.º No processo criminal ordinario não ha alçada para a interposição dos recursos de qualquer natureza até ao supremo tribunal de justiça.

§ unico. N'este processo são admittidos os recursos seguintes:
1.º Aggravo de petição;
2.º Carta testemunhavel;
3.º Appellação;
4.º Revista;
5.º Embargos;
6.º Recurso das decisões do jury.

Art. 387.º Nos processos em policia correccional, ou por transgressão de regulamentos ou posturas municipaes, são admittidos os mesmos recursos, mas unicamente com relação ás questões que poderem apreciar-se independentemente do depoimento das testemunhas inquiridas oralmente na audiencia do julgamento.

§ unico. Cessa esta restricção quando alguma das partes requerer que se escrevam os depoimentos, e quando têem de reproduzir-se conforme o artigo 335.º, § unico.

Art 388.º Os magistrados do ministerio publico devem recorrer quando entenderem que a decisão carece de fundamento legal e poderão desistir do recurso quando mais tarde se convencerem que ella carece do fundamento legal.

§ unico. Os magistrados do ministerio publico deverão interpor sempre o recurso de appellação das sentenças proferidas pelos juizes de direito que condemnarem em qualquer pena maior temporaria excedente a cinco annos.

Art. 389.º Todo o recurso póde ser interposto em audiencia no protocollo do escrivão ou no cartorio d'este por termo no processo, assignado pelo recorrente ou seu procurador, por duas testemunhas e pelo mesmo escrivão.

Art. 390.º Nenhum juiz ou tribunal poderá, sob qualquer pretexto, impedir directa ou indirectamente que se escrevam os recursos competentes, ou que depois de interpostos, sigam os termos ulteriores sob pena de 10$000 réis a 100$000 réis de multa.

Art. 391.º O escrivão que se recusar a lavrar no processo o termo de qualquer recurso que lhe for solicitado no seu cartorio pelo recorrente, no praso legal, ou se o lavrar fóra do mesmo praso, incorre em metade da multa estabelecida no artigo antecedente.

Art. 392.º Os recursos poderão ser minutados e contraminutados no juizo ou tribunal em que são interpostos, ou no que tem de conhecer d'elles.

§ 1.º A parte que tiver offerecido a minuta em juizo ou tribunal não poderá minutar no outro, salvo o caso previsto no artigo 439.º

§ 2.º Se, porém, o recorrente for o magistrado do ministerio publico, deverá sempre minutar o recurso no juizo ou tribunal em que for interposto e contraminutal-o, se for recorrido, e a outra parte o tiver minutado.

§ 3.º Se esta o não tiver feito, deverá aquelle magistrado enviar ao seu superior uma exposição em fórma de contraminuta.

§ 4.º As minutas e contraminutas serão sempre dirigi-das ao tribunal para que se recorre, e assignadas por advogado com o nome por inteiro

Art. 392.º O recurso de qualquer natureza é sempre suspensivo do andamento do processo, salvo o caso previsto no § unico do artigo 19.º

§ unico. O recurso subirá sempre ao tribunal superior nos proprios autos, excepto no caso do § 2.º do artigo 410.º, devendo ficar traslado na instancia inferior.

Art. 393.º O recurso interposto pelo magistrado do ministerio publico aproveita sempre ao réu, posto que não tenha recorrido.

Art. 394.º Nenhum recurso poderá ter seguimento nem ser expedido sem que tenha sido feito o preparo das peças do traslado do processo e do porte da estação postal, salvo se o recorrente for o magistrado do ministerio publico, ou algum réu devidamente classificado como pobre por attestados do respectivo administrador do concelho, ou parocho da freguezia nos termos do artigo 100.º, § 2.º

Art. 395.º O praso para a extracção do traslado será de dez até trinta dias, podendo ser prorogado por vinte dias, se o escrivão allegar motivo plausivel para a prorogação.

Art. 396.º O praso para a apresentação do recurso no tribunal superior não excederá a quarenta e oito horas, se o recurso tiver sido interposto de alguma comarca em que estiver a séde da relação; a dez dias, se o for de outra comarca do continente do reino ou das ilhas adjacentes, que não esteja separada por mar da séde da respectiva relação; a quarenta dias, se tiver de subir de comarca separada por mar da séde do mesmo tribunal, e a um anno, se provier de alguma comarca do ultramar.

§ unico. Este praso começa a contar-se: nos dois primeiros casos previstos n'este artigo, depois de findo o praso marcado ao escrivão para extrahir o traslado, e, nos dois ultimos desde o dia da saída da segunda embarcação procedente do porto a que pertencer á comarca de onde subir o recurso com destino ao da cidade em que estiver a séde da relação e tambem depois de extrahido o traslado.

Art. 397.º Nas comarcas que forem sédes do supremo tribunal de justiça, ou dos tribunaes das relações, o escrivão deverá apresentar o processo ao secretario ou guarda-mór no praso designado no artigo antecedente, sob pena de 5$000 réis de multa, cobrando o competente recibo da entrega.

§ unico. A expedição dos recursos nas outras comarcas será feita pelos respectivos escrivães, por via da estação postal, devendo ser remettidos devidamente fechados e lacrados com direcção externa ao guarda-mór da respectiva relação ou secretario do supremo tribunal de justiça, conter no involucro a declaração *de Serviço publico* ou *Interesse particular* e archivar-se o documento da entrega, que será averbado no registo.

Art. 398.º O recurso será julgado deserto:

1.º No juizo de direito de primeira instancia, se o recorrente que não for isento de preparo do traslado o não fizer bem como a importancia do porte da estação postal, dentro do praso de dez dias contados da sua interposição;

2.º No tribunal da relação ou no supremo tribunal de justiça, por tres votos em conferencia, se não fizer o mesmo preparo dentro de dobrado praso, contado da distribuição.

Art. 399.º O recurso da sentença a accordão condemnatorio não poderá ser julgado deserto sem que previamente seja intimado para fazer o preparo o procurador do recorrente, se o tiver constituido. Não tendo juntado procuração, será intimado pessoalmente, expedindo-se para este fim carta de ordem, se estiver no juizo de primeira instancia, salvo se for classificado pobre, nos termos d'este codigo (artigo 100.º, § 2.º, e 394.º).

Art. 400.º Findos os prasos declarados nos artigos 396.º e 397.º sem ter sido feito o preparo pelo recorrente, será o recurso julgado deserto a requerimento do magistrado do ministerio publico ou do recorrido, quando aquelle não intervier no processo preparado para esse fim, e o recurso baixará logo ao respectivo juizo ou tribunal, pagas as custas feitas.

Art. 401.º Havendo differentes co-réus pronunciados no mesmo processo com fiança ou sem ella, se algum d'elles estiver preso e prescindir do recurso, poderá desde logo requerer o seu julgamento, o qual correrá no traslado do processo, que será pago á custa do recorrente, se não estiver classificado como pobre, nos termos dos artigos 100.º, § 2.º, e 394.º

TITULO II
Disposições especiaes

CAPITULO I
Dos aggravos e cartas testemunhaveis

Art. 402.º O aggravo de petição interpõe-se para a relação do districto do despacho do juiz de direito da comarca, na qual alguma lei for offendida e de que se não póde appellar e especialmente:

1.º Do que conceder ou denegar fiança;
2.º Do que julgar improcedente as excepções de prescripção ou caso julgado;
3.º Do que julgar procedentes ou improcedentes as excepções de suspeição e de incompetencia;
4.º Do que julgar deserto o recurso;
5.º Do que condemnar em custas o juiz de direito municipal ou de paz, ou qualquer empregado de justiça.

CAPITULO II
Da appellação

Art. 403.º Publicada a sentença condemnatoria, poderão as partes, dentro do praso de quarenta e oito horas, requerer que se declare alguma obscuridade ou ambiguidade que porventura contenha.

§ unico. Sendo este requerimento apresentado em tempo, será resolvido dentro de cinco dias, e n'esse caso o praso para a interposição do recurso de appellação corre desde o dia em que aquelle despacho for intimado.

Art. 404.º O recurso de appellação para a relação do districto, compete:

1.º Do despacho de pronuncia, ou não pronuncia;

2.º Da sentença condemnatoria ou absolutoria, proferida no juizo de policia correccional, conforme o artigo 323.º;

3.º Do despacho que mandar intimar o réu para julgamento em policia correccional;

4.º Do que não receber a queixa de que tratam os artigos 106.º e seguintes;

5.º Do que julgar procedente as excepções de prescripção ou caso julgado;

6.º E em geral, de qualquer despacho ou sentença, que annullar, ou pozer termo ao processo, de modo que não possa proferir-se despacho ou sentença definitiva.

§ unico. Este recurso devolve ao tribunal superior o conhecimento de todo o processo e de quaesquer nullidades, posto que não sejam allegadas.

Art. 405.º Tomando o termo de appellação, o escrivão fará logo o processo concluso ao juiz, o qual designará as peças que deverá conter o traslado, marcará o praso para a extracção d'este e para a apresentação do processo original no tribunal da relação.

§ 1.º O traslado conterá sómente:

1.º O rosto dos autos;

2.º Requerimento de queixa;

3.º Os depoimentos das testemunhas inquiridas no processo preparatorio, que forem indicadas pelo juiz;

4.º O despacho de pronuncia;

5.º A accusação e a contestação escripta;

6.º Os quesitos e respostas do jury.

§ 2.º Havendo differentes co-réus no processo e tendo-se extrahido traslado relativo a algum d'elles, deverão sómente ser copiadas as peças ainda não transcriptas que disserem respeito ao co-réu de que se trata.

Art. 406.º Cabe o recurso de appellação para os juizes de direito das decisões proferidas pelos juizes de paz nas causas crimes da sua competencia.

§ 1.º Sobem sempre n'este caso os proprio autos, sem que fique traslado.

§ 2.º Podem repetir-se perante o juiz de direito os depoimentos oraes das testemunhas, se algumas das partes o requerer.

CAPITULO III
Da revista

Art. 407.º O recurso de revista para o supremo tribunal de justiça compete:

1.º De todos os accordãos proferidos pelos tribunaes das relações havendo nullidade do processo ou nullidade de sentença;

2.º Das sentenças absolutorias proferidas pelos juizes de direito nos processos julgados com intervenção de jurados, tendo-se protestado por certa e determinada nullidade occorrida na audiencia geral antes da decisão do jury, não se podendo conhecer do recurso se a nullidade não for especificada;

3.º Dos accordãos de qualquer natureza proferidos pelos tribunaes de segunda instancia nos processos julgados no juizo de policia correccional.

§ 1.º O recurso de revista interposto no caso previsto no n.º 2.º d'este artigo não suspende a soltura do réu, o qual será immediatamente posto em liberdade se prestar caução, posto que o crime a não admitta.

§ 2.º Este recurso devolve ao supremo tribunal de justiça o conhecimento de quaesquer nullidades, posto que não sejam allegadas.

Art. 408.º Dos acordãos proferidos pelos tribunaes das relações, em conformidade com a decisão do supremo tribunal de justiça, não compete outro recurso de revista.

§ unico. Dos accordãos, porém, que não se conformarem com a opinião do supremo tribunal de justiça, compete novo recurso de revista para este, quaesquer que sejam os seus fundamentos.

Art. 409.º São applicaveis á interposição, seguimento e apresentação do recurso de revista as disposições dos artigos 405.º e seguintes com as alterações seguintes:

Art. 410.º O traslado do processo deverá sómente conter:

1.º As peças declaradas no § 1.º do artigo 405.º, se o recurso for interposto de accordão proferido pela relação com aggravo de petição, ou de sentença absolutoria do juiz de direito em processo julgado com intervenção de jurados;

2.º As peças que forem apontadas pelo recorrente, quando este for algum juiz ou empregado judicial condemnado em custas ou multa.

§ 1.º No caso previsto no numero antecedente, subirá ao supremo tribunal de justiça o traslado do processo, salvo se alguma das partes tiver interposto recurso de revista.

§ 2.º Havendo differentes co-réus e interpondo-se simultaneamente o recurso de revista e o de appellação nos processos julgados com intervenção do jury, subirá o processo original ao supremo tribunal de justiça e o traslado ao tribunal da relação.

CAPITULO IV
Do recurso das decisões do jury

Art. 411.º Da primeira decisão do jury, ou seja condemnatoria ou absolutoria, cabe o recurso para segundo jury, formado dos jurados mais qualificados da comarca em que tiver sido proferida a primeira decisão e das duas comarcas, cujas sédes forem mais vizinhas da séde d'aquella.

§ unico. Este recurso só póde interpôr-se antes que tenha sido publicada a sentença do juiz de direito e nos crimes, a que, conforme a pronuncia couber alguma das penas maiores.

Art. 412.º O segundo julgamento será presidido por um juiz de segunda instancia do respectivo districto da relação designada pelo presidente d'ella, tendo por adjuntos o juiz de direito da respectiva comarca e o seu primeiro substituto.

§ unico. O ministerio publico será representado pelo ajudante do procurador regio, com assistencia do respectivo delegado na mesma comarca.

Art. 413.º Perante o segundo jury se repetirão os termos do primeiro julgamento, na fórma estabelecida n'este codigo, e da sua decisão na ha recurso.

LIVRO V
Do julgamento dos recursos nas relações e supremo tribunal de justiça

TITULO I
Do processo e julgamento nas relações

CAPITULO I
Disposições geraes

Art. 414.º Na ordem do serviço e distribuição dos processos que subirem aos tribunaes das relações se observarão as seguintes especialidades:

Art. 415.º As disposições dos artigos 198.º a 201.º são applicaveis ás excepções peremptorias, e de incompetencia perante os tribunaes das relações.

Art. 416.º Todo o recurso que não subir minutado e contraminutado, logo que tenha sido examinado pelo revedor e pelo escrivão e feito o preparo, quando devido, será continuado com vista pelo mesmo escrivão, independentemente de despacho, ao magistrado do ministerio publico e aos advogados das partes, tendo primeiro vista o recorrente.

Art. 417.º Se o réu, tendo sido condemnado, não tiver constituido advogado, será encarregado da sua defeza aquelle a quem pertencer por escala, devendo o escrivão cumprir o disposto no § 2.º do artigo 212.º

§ unico. Haverá para este fim nas secretarias das presidencias das relações uma tabella organisada pelo respectivo guarda-mór, segundo a prioridade da inscripção dos advogados.

Art. 418.º O praso da vista é de oito dias, tanto para o magistrado do ministerio publico, como para o advogado da parte queixosa e dos réus, devendo o escrivão cobrar o processo, findo este praso.

§ unico. Se houver mais de um recorrente ou recorrido, e tiverem sido constituidos ou nomeados differentes advogados, cada um d'elles terá vista pelo praso de oito dias.

Art. 419.º Todo o recurso, antes de ser julgado, deverá ser visto por sete juizes, incluindo o relator, não podendo ter logar o julgamento sem que estejam presentes cinco.

Art. 420.º Os recursos relativos a réus, que estejam presos, serão julgados com preferencia a quaesquer outros.

Art. 421.º Os réus presos nunca serão compellidos a acompanhar o processo á segunda instancia, salvo se o requererem, sujeitando-se a ser removido com a necessaria segurança, e a satisfazer á sua custa as despezas da remoção.

Art. 422.º Logo que o recurso tenha sido visto pelos juizes e pelas partes, o escrivão dará ao guarda-mór uma nota de que está prompto para julgamento, devendo ser lançada em um livro para este fim destinado, e fará logo o processo concluso ao juiz relator.

§ 1.º Por esta nota e pelas informações que o presidente obtiver dos juizes relatores, se formará uma tabella dos recursos que têem de ser julgados, com declaração do dia da sessão em que o deverem ser, devendo um exemplar d'ella ser affixado na porta da sala do tribunal e distribuindo-se a cada um dos juizes da respectiva secção outro exemplar, que poderá ser impresso.

§ 2.º O escrivão enviará logo a cada um dos juizes relatores o respectivo processo concluso para julgamento e fará os competentes avisos ao ministerio publico e aos advogados das partes.

Art. 423.º Posto qualquer recurso em tabella, se o juiz relator estiver impedido de comparecer na sessão, enviará o processo ao tribunal com a devida antecipação e prevenirá o presidente por escripto do impedimento superveniente, a fim de se verificar o julgamento no dia marcado, servindo de relator o juiz immediato.

§ unico. Se estiverem presentes só um ou dois dos juizes que tenham visto o processo, ficará a decisão adiada para a sessão seguinte, devendo n'este intervallo ser visto o processo por outros dois juizes.

Art. 424.º Os juizes discutirão em conferencia a materia dos recursos, fallando em primeiro logar o juiz relator, seguindo-se os juizes adjuntos, pela ordem em que tiverem visto o feito e depois votarão n'essa mesma ordem até fazer vencimento.

§ unico. Nenhum juiz poderá ser interrompido nem fallar mais de duas vezes, para modificar ou revogar a opinião que tiver expendido.

Art. 425.º O presidente verificará o vencimento, do qual tomará nota o juiz relator, devendo n'aquelle acto communical-a aos mesmos juizes para se poderem fazer as alterações ou modificações que forem necessarias, lavrando-se depois o respectivo accordão, ou até á sessão seguinte.

Art. 426.º Se o presidente faltar á sessão o vice-presidente, ou o juiz que o substituir, votará no recurso que haja de ser julgado n'essa sessão, se for necessario para haver julgamento, e tiver visto o recurso; e, n'aquelles em que forem relatores, passará a presidencia, durante o julgamento para o juiz immediato.

§ unico. Se houver empate no feito, em que tiver voto o vice-presidente ou o juiz que presidir, nos termos d'este artigo, terá voto de desempate o juiz presente mais antigo que estiver desimpedido.

Art. 427.º Os tribunaes superiores levarão sempre em conta aos réus como circumstancia attenuante para o effeito da reducção da pena a prisão que tenham soffrido anterior ou posteriormente á sentença condemnatoria.

Art. 428.º Todo o accordão que conhecer ou negar provimento no recurso deverá conter:
1.º Um resumido relatorio do objecto do recurso;
2.º Os fundamentos da decisão;
3.º A data e assignatura dos juizes.

Art. 429.º O accordão será lavrado pelo juiz relator, salvo se ficar vencido, devendo n'este caso sel-o pelo juiz que for escolhido entre os que fizeram vencimento.

§ 1.º Os juizes vencidos deverão fazer, em seguida á sua assignatura, a declaração de vencidos, podendo expor concisamente os fundamentos do seu voto.

§ 2.º A falta de assignatura de qualquer juiz ou da declaração do seu voto não é nullidade, estando o accordão lavrado conforme o vencido.

§ 3.º O accordão será publicado pelo juiz que o tiver lavrado, na mesma sessão em que for decidido, ou na immediata, e será registado no praso de dez dias no livro de que trata o artigo.

§ 4.º Se não estiverem presentes na sessão seguinte algum ou alguns dos juizes que votaram, assignarão os presentes, e o relator, no final do accordão, fará a declaração seguinte: «Tem voto do juiz N...»

§ 5.º O escrivão redigirá em cada processo, que se julgar, uma acta de sessão, na qual referirá as circumstancias que houverem occorrido até á publicação do accordão.

Art. 430.º O accordão do tribunal superior, que conceder provimento no recurso, será cumprido pelo juiz de direito de primeira instancia, logo que se lhe apresente certidão d'elle, na qual se declare que passou em julgado.

Art. 431.º Os accordãos das relações serão intimados aos réus pelo escrivão do processo. Se, porém, estes não estiverem na séde da relação, deverá expedir-se carta de ordem, em que será transcripto o accordão, declarando-se n'ella que o escrivão do juizo de primeira instancia, que fizer a instrucção, lavrará o termo de recurso que for solicitado pelo réu, independentemente de despacho do juiz relator.

Art. 432.º Compete aos presidentes dos tribunaes da relações:
1.º Mandar formar a tabella dos recursos que hão de ser julgados em cada sessão;
2.º Dirigir os trabalhos das sessões;
3.º Manter a ordem e decencia nas discussões;
4.º Apurar a final o vencimento;
5.º Decidir com o seu voto no caso de empate;
6.º Manter a policia do tribunal, competindo-lhe as attribuições estabelecidas no artigo.

Art. 433.º Um dos magistrados do ministerio publico, que funccionar junto dos tribunaes das relações, assistirá sempre ás sessões para fiscalisar e promover a exacta observancia da lei.

§ unico. Incumbe aos magistrados do ministerio publico promover a execução dos accordãos por elles proferidos, em conformidade com o disposto nos artigos 326.º e seguintes.

CAPITULO II

Disposições especiaes

SECÇÃO I

Dos aggravos e cartas testemunhaveis

Art. 434.º Os aggravos de petição e as cartas testemunhaveis serão julgados em conferencia por tres votos conformes.

§ unico. Distribuido algum d'estes recursos, o escrivão, depois de cumprir o disposto no artigo 416.º, quando haja logar, o fará concluso ao juiz relator dentro do praso de vinte e quatro horas, depois da distribuição, ou depois de feito o preparo, quando for devido.

Art. 435.º O juiz a quem for distribuido algum aggravo ou carta testemunhavel deverá, dentro do praso de quarenta e oito horas, examinal-o e pôr-lhe o visto, datado e assignando.

§ unico. Findo este praso o escrivão cobrará o processo e o fará concluso successivamente pelo mesmo praso a cada um dos quatro juizes seguintes, que lhe porão o visto datado e assignado.

Art. 436.º Se, antes dos vistos, alguma das partes juntar algum documento no tribunal da relação, o escrivão continuará o processo com vista por quarenta e oito horas ao ministerio publico, advogado da parte contraria, se o tiver constituido, e tendo sido constituidos differentes advogados, cada um d'elles terá visto pelo mesmo praso.

§ unico. Se o documento for offerecido depois de ter sido visto o aggravo pelos juizes, o juiz relator, precedendo requerimento da parte, o apresentará na conferencia do julgamento para ser apreciado como for de justiça.

Art. 437.º Se o aggravo versar sobre algum conflicto de jurisdicção de competencia, e o tribunal da relação se julgar devidamente informado para decidir, poderá expedir carta de ordem aos juizes de direito em conflicto, marcando-lhes um praso rasoavel para responderem.

§ 1.º Findo este praso, o respectivo magistrado do ministerio publico junto dos juizes de direito em conflicto devolverá ao magistrado junto do tribunal da relação a carta de ordem, com a resposta dos juizes e quaesquer certidões do processo que estes juntarem, ou certidão da falta d'ella.

§ 2.º O magistrado do ministerio publico que não tiver levantado o conflicto remetterá, juntamente com a carta de ordem, o seu parecer fundamentado sobre o objecto do conflicto.

Art. 438.º O escrivão apresentará o processo na primeira sessão depois de ter findado o praso dos vistos, e o aggravo, depois de mettido em tabella, será julgado em conferencia por tres votos conformes dos juizes presentes.

§ unico. Cada um dos juizes apresentará o seu voto escripto com declaração dos seus fundamentos e se juntarão ao processo.

SECÇÃO II

Das appellações

Art. 439.º Ainda que o recurso de appellação tenha sido minutado no juizo de primeira instancia, poderão o appellante e appellado, se o requererem, ter vista do processo, nos termos do artigo 416.º deduzir por escripto nullidades e fazer as declarações que se lhes offerecerem sobre a natureza e duração da pena.

§ unico. Se preferirem fazer allegação oral perante o tribunal, escreverão sómente o *visto* no processo, com a declaração de que serão presentes na sessão do julgamento.

Art. 440.º Se alguma das partes juntar documento no tribunal da relação, observar-se-ha o disposto no artigo.

Art. 441.º Findo o praso a que se refere o artigo antecedente, o escrivão cobrará o processo e o fará concluso ao juiz relator, o qual examinará o recurso, dentro do praso de oito dias, e lhe porá o visto datado e assignado.

Art. 442.º Se as partes deduzirem, ou o juiz relactor notar alguma nullidade, levará o processo á primeira sessão do tribunal para em conferencia se formar, por accordão, decisão áquelle respeito.

§ 1.º Se as nullidades forem julgadas suppriveis, o tribunal mandará proceder aos actos e diligencias necessarias para o decobrimento da verdade, antes de visto o processo pelos juizes.

§ 2.º Sendo as nullidades julgadas insuppriveis, o processo será julgado nullo, total ou parcialmente, salvos os documentos, e a causa será de novo instaurada ou continuada no mesmo processo, segundo se vencer.

§ 3.º Decidindo o tribunal que não procedem as nullidades deduzidas pelas partes ou notadas pelos juizes, lavrar-se-ha o respectivo accordão.

Art. 443.º Não tendo sido deduzidas, ou notadas nullidades, ou sendo desattendidas as que tiverem sido indicadas, o escrivão cobrará o processo e o fará concluso por oito dias successivamente a cada um dos dois juizes seguintes, que lhe porão tambem o *visto* datado e

Art. 460.º Se o supremo tribunal de justiça, em novo recurso de revista, annullar o accordão da relação por ser proferido contra direito, mandará remetter o processo á mesma relação, a qual julgará em harmonia com a decisão de direito, proferida por aquelle tribunal.

§ único. O novo recurso sómente poderá ser decidido em sessão plena do supremo tribunal de justiça por maioria absoluta dos votos, precedendo os vistos de todos os juizes conselheiros.

Art. 461.º O supremo tribunal de justiça condemnará em custas a parte vencida que não for isenta de as pagar.

1.º Quando negar provimento no recurso ou annullar o processo;
2.º Quando julgar a deserção ou desistencia do recurso;
3.º Nas causas de que lhe competir conhecer em primeira e ultima instancia.

CAPITULO II
Do julgamento de revista nos casos de sentenças contradictorias, corrupção ou peita de jurados, ou por existir a supposta victima do crime

Art. 462.º Tendo algum magistrado do ministerio publico, junto do supremo tribunal de justiça, conhecimento de que dois ou mais co-réus foram condemnados como auctores ou cúmplices do mesmo crime, por differentes sentenças, as quaes, longe de poderem conciliar-se, constituam a prova da innocencia de algum dos condemnados, promoverá que se suspenda a execução d'ellas, ainda que em todas se tenha negado a revista, e que se observe o que se acha determinado no artigo 368.º e seus paragraphos.

Art. 463.º Se depois da sentença condemnatoria, o réu accusar por crime de falso testemunho alguma testemunha, que depozesse no processo de julgamento, e houver pronuncia obrigatoria, passada em julgado, o supremo tribunal de justiça mandará suspender a execução da sentença, sobre promoção do respectivo magistrado do ministerio publico, junto d'elle, ou a requerimento d'elle.

§ 1.º Sendo as testemunhas condemnadas por sentença passada em julgado, o mesmo magistrado do ministerio publico promoverá que sejam remettidos ao supremo tribunal de justiça o processo em que o réu foi condemnado e aquelle em que o foram as testemunhas.

§ 2.º Verificando o supremo tribunal de justiça, em sessão publica, que a testemunha foi condemnada por crime de falso testemunho prestado contra o réu em audiencia de julgamento, annullará a sentença condemnatoria contra elle proferida, e remetterá o processo a um juiz de direito de primeira instancia, diverso d'aquelle em que os réus e testemunha tiverem sido condemnados, a fim de se proceder a nova accusação e julgamento.

§ 3.º Na discussão da causa não poderá ser inquirida a testemunha condemnada pelo crime de falso testemunho, sob pena de nulidade.

Art. 464.º Proceder-se-ha pela fórma determinada no artigo antecedente quando o réu requerer procedimento criminal pelos crimes de corrupção ou peita contra algum dos jurados que interviesse no seu julgamento.

Art. 465.º Se se verificar pelos depoimentos de tres ou mais testemunhas, com assistencia do magistrado do ministerio publico, que existe a pessoa que consta do processo ter fallecido, em virtude do crime ou delicto, de que resultou a morte supposta, proceder-se-ha pela fórma decretada no artigo 378.º, com declaração de que o réu será julgado na mesma comarca.

CAPITULO III
Dos embargos

Art. 466.º Os accordãos do supremo tribunal do justiça não admittem outro recurso senão o de embargos.

LIVRO VI
Da jurisdicção disciplinar

Art. 467.º A jurisdicção disciplinar tem por fim advertir e corrigir, por meio de penas disciplinares, as faltas e omissões, a que por este codigo não corresponder expressamente pena especial, commettidas nos processos de qualquer natureza pelos juizes de direito e municipaes, ou de paz, secretarios, escrivães, revedores, contadores, distribuidores, officiaes de diligencias e advogados.

§ 1.º As penas disciplinares contra os juizes e empregados judiciaes são:

1.º A advertencia;

2.º A censura simples ou severa;

3.º A multa, que nunca será inferior a 5$000 réis, nem superior a 50$000 réis, e a condemnação nas custas.

4.º A suspensão, que nunca será imposta por espaço inferior, nem superior a seis mezes.

§ 2.º Sendo applicada a censura severa, será publicado na folha official do governo do accordão ou sentença em que for imposta.

§ 3.º As penas disciplinares contra os advogados são:

1.º A multa, que nunca será inferior a 5$000 réis, nem superior a 50$000 réis;

2.º A suspensão do exercicio da advocacia, que nunca será imposta por espaço inferior a oito dias, nem superior a seis mezes;

3.º A eliminação das expressões difamatorias ou injuriosas, que os juizes e tribunaes mandarem riscar dos escriptos forenses.

Art. 468.º A gravidade das penas disciplinares considera-se segundo a ordem de precedencia em que se acham enumeradas no artigo antecente.

§ unico. Na applicação d'estas penas deverão os juizes e tribunaes criminaes attender á gravidade da falta ou omissão commettida, á possibilidade ou impossibilidade de repetir-se o acto ou termo do processo, que deixou de praticar-se, e ao merito ou demerito do juiz, empregado ou advogado omisso.

Art. 469.º O juiz de direito, juiz municipal ou de paz, e empregados judiciaes, que, sem legitimo impedimento, devidamente provado, deixar de praticar, dentro do praso legal, algum acto ou termo do processo e da sua competencia, será condemnado disciplinarmente na pena de advertencia ou censura, nos termos do § 1.º do artigo 467.º, sem prejuizo da acção civil por perdas e damnos.

§ unico. O acto ou termo do processo, que deixar de effectuar-se dentro do praso marcado na lei, não é nullo, salva a disposição da lei em contrario.

Art. 470.º O escrivão será condemnado disciplinarmente nos termos do artigo 467.º:

1.º Se deixar de cumprir o disposto no n.º 2.º do artigo 49.º, dentro do praso que lhe for marcado pelo juiz;

2.º Se deixar de cumprir o disposto no artigo 62.º

Art. 471.º O advogado ou defensor que commetter quaesquer outras faltas, que não sejam especialmente punidas por este codigo, incorre nas penas disciplinares, correspondentes á falta ou omissão commettida, nos termos do artigo 467.º

Art. 472.º Nenhuma das penas disciplinares especificadas nos paragraphos e numeros do artigo 467.º poderá ser imposta aos juizes, empregados judiciaes e advogados, pelas faltas commettidas nos processos, sem que previamente sejam ouvidos, devendo os tribunaes superiores, por accordão em conferencia, e os juizes por despacho, ordenar que, dentro do praso de quarenta e oito horas, respondam por escripto o que se lhes offerecer, expedindo-se carta de ordem, se não residirem na comarca que for séde do tribunal.

§ 1.º Se a falta ou omissão que motivar o exercicio da jurisdicção disciplinar for commettida por advogado, os tribunaes e juizes mandarão extrahir copias das peças que lhes parecerem necessarias e autual-as em separado.

§ 2.º Logo que finde o praso marcado no artigo antecedente ou tenha voltado cumprida a carta de ordem, o respectivo juiz ou tribunal, em presença da resposta do arguido, ou sem ella, proferirá a sua decisão em conferencia por maioria.

Art. 473.º O disposto no artigo antecedente não prejudica a imposição das penas estabelecidas no artigo 53.º, nem a correição a que os juizes de direito criminaes das comarcas de Lisboa e Porto, os das varas civeis d'estas cidades e os das demais comarcas deverão proceder em seguida ás audiencias geraes do segundo semestre de cada anno, para conhecerem e reprimirem as faltas commettidas pelos empregados judiciaes mencionadas no § 2.º do artigo 467.º, e pelos tabeliães e escrivães dos juizes de paz.

§ 1.º O magistrado do ministerio publico poderá assistir á correição, que será annunciada por editaes affixados nos logares mais publicos da cada freguezia da comarca, convidando todos os cidadãos a participarem as faltas a que se refere este artigo.

§ 2.º Applicar-se-ha, porém, sempre a disposição do artigo 472.º

§ 3.º Para este effeito, o juiz fará consignar em auto as faltas que encontrar, e mandará dar d'elle vista ao interessado para responder em cinco dias.

Art. 474.º O referido magistrado é competente para promover a applicação das penas disciplinares estabelecidas nas leis ou regulamentos contra os escrivães e secretarios que deixarem de cumprir as suas respectivas obrigações dentro dos prasos legaes e de satisfazer ao disposto no n.º 2.º do artigo 472.º, podendo comtudo os juizes ou tribunaes applical-as, independentemente de promoção.

Art. 475.º Haverá no supremo tribunal de justiça e nos tribunaes de segunda instancia tres livros, em cada um dos quaes serão lançadas por extracto as penas disciplinares impostas aos juizes, aos empregados mencionados no § 2.º do artigo 467.º, e aos advogados.

Art. 476.º A importancia das multas impostas entrará em um cofre especial a cargo do secretariado no supremo tribunal de justiça, do guarda mór na respectiva relação e do contador nos juizos de direito de primeira instancia e será applicada para as despezas da administração da justiça, sendo a applicação d'ellas fiscalisada pelo magistrado do ministerio publico.

Art. 477.º Sempre que os magistrados do ministerio publico ou os juizes de primeira e segunda instancia forem transferidos ou promovidos, se annunciará no *Diario do governo*, pela presidencia do supremo tribunal de justiça, a abertura e praso para a syndicancia do seu procedimento. Se apparecer alguma queixa assignada será chamado o queixoso para a ratificar, e, se o fizer subirá informação ao governo, que mandará um empregado do ministerio publico investigar com audiencia do arguido.

Anadia, 5 de novembro de 1886. = *Alexandre de Seabra.*

ÍNDICE

Relatorio	607
Projecto de Lei (Aprovação do Projecto do código do processo criminal)	611
Projecto de Lei (Creação de tribunaes collectivos criminaes)	612

LIVRO PRIMEIRO
Do processo em geral

TITULO I	*Das acções provenientes da infracção da lei penal*	613
TITULO II	*Das causas suspensivas e extinctivas das acções provenientes da infracção da lei penal*	614
CAPITULO I	*Da suspensão da acção criminal*	614
CAPITULO II	*Da extincção da acção criminal*	615
TITULO III	*Da competencia*	616
CAPITULO I	*Disposições geraes*...	616
CAPITULO II	*Dos juizes e tribunaes criminaes*...	618
CAPITULO III	*Dos magistrados do ministerio publico*	620
CAPITULO IV	*Dos escrivães e secretarios*	621
TITULO IV	*Dos actos e termos do processo criminal*	621
TITULO VI	*Das provas*...	623
CAPITULO I	*Dos exames e vistorias*	623
CAPITULO II	*Das testemunhas*..	626
CAPITULO III	*Do reconhecimento da identidade*	628
TITULO VI	*Das nullidades do processo*	629
TITULO VII	*Das custas*...	630

LIVRO II
Do processo em especial

TITULO I	*Do processo preparatorio*	630
CAPITULO I	*Da queixa e investigação*	630
CAPITULO II	*Da pronuncia*	633
CAPITULO III	*Da prisão*	634
CAPITULO IV	*Da busca*	637
CAPITULO V	*Da caução*	640
CAPITULO VI	*Dos interrogatorios*	642
CAPITULO VII	*Da fórma das excepções deduzidas no processo preparatorio*	644
TITULO II	*Do processo de accusação, defeza e julgamento*	645
CAPITULO I	*Da accusação e defeza no processo ordinario*	645
CAPITULO II	*Do julgamento*..	647

SECÇÃO I	*Disposições geraes*..	647
SECÇÃO II	*Da audiencia geral*	648
SECÇÃO III	*Da constituição do jury*	650
SECÇÃO IV	*Da producção das provas*...	652
SECÇÃO V	*Dos debates e proposição dos quesitos ao jury*	653
SECÇÃO VI	*Da decisão do jury e sentença*	655
CAPITULO III	*Do julgamento dos réus ausentes*	658
CAPITULO IV	*Do julgamento dos crimes commettidos durante a audiencia geral*	660
CAPITULO V	*Do julgamento em policia correccional*...........................	661
CAPITULO VI	*Do julgamento das causas de coimas*	662
TITULO III	*Do processo crime no fôro especial*.................................	664
CAPITULO I	*Do processo contra a familia real, ministros da corôa, conselheiros d'estado, pares e deputados*	664
CAPITULO II	*Do processo criminal contra os membros do corpo diplomatico e bispos das dioceses do ultramar*	666

LIVRO III
Da execução de sentença

TITULO I	*Disposições geraes*..	666
TITULO II	*Das causas suspensivas da execução da sentença*	668
CAPITULO I	*Disposições geraes*..	668
CAPITULO II	*Do reconhecimento da identidade do réu*........................	669
CAPITULO III	*Da revisão da sentença*...	670

LIVRO IV
Dos recursos

TITULO I	*Disposições geraes*..	671
TITULO II	*Disposições especiaes*	673
CAPITULO I	*Dos aggravos e cartas testemunhaveis*.............................	673
CAPITULO II	*Da appellação*	673
CAPITULO III	*Da revista*	674
CAPITULO IV	*Do recurso das decisões do jury*	675

LIVRO V
Do julgamento dos recursos nas relações e supremo tribunal de justiça

TITULO I	*Do processo e julgamento nas relações*	676
CAPITULO I	*Disposições geraes*..	676
CAPITULO II	*Disposições especiaes*	678

SECÇÃO I	*Dos aggravos e cartas testemunhaveis*	678
SECÇÃO II	*Das appellações*	679
SECÇAO III	*Das appellações nos casos em que se trata de sentenças contra-dictorias*	680
TITULO II	*Do processo e julgamento no supremo tribunal de justiça*	681
CAPITULO I	*Disposições geraes*	681
CAPITULO II	*Do julgamento de revista nos casos de sentenças contradictorias, corrupção ou peita de jurados, ou por existir a supposta victima do crime*	682
CAPITULO III	*Dos embargos*	683

LIVRO VI
Da jurisdicção disciplinar
.... 683

X - Projecto José de Alpoim

PROPOSTA

DE

CODIGO DO PROCESSO PENAL

DE

JOSÉ DE ALPOIM

PROPOSTA
DE
CODIGO DO PROCESSO PENAL

Senhores. – Com rasão se disse no discurso da corôa, com que foi inaugurada a presente sessão legislativa, que o codigo do processo penal era urgentemente solicitado pelas mais graves necessidades do fôro. E effectivamente, se tivermos em vista, por um lado, a ordem verdadeiramente capital de interesses sociaes que uma providencia de tal natureza tende a garantir; e, por outro, a legislação que em Portugal, n'esta hora tão adiantada da sciencia do direito, regula essa ordem de interesses, não será, senhores, sem um quasi sentimento de pejo que veremos tão atrazadas, n'esse capitulo, as instituições judiciarias do paiz, – como não será sem uma quasi vertigem, que sondaremos a confusão verdadeiramente pavorosa, dia a dia crescente, e hora a hora, que reina, ha já tantos annos, nos dominios do processo penal!

Claro está, senhores, que de similhante confusão se resgata, pelas intenções que a animaram sempre, a boa, a prestantissima dedicação dos nossos legisladores e estadistas, – secundada pelo exemplar bom senso, e pelo espirito independente e recto, das nossas magistraturas: judicial e do ministerio publico. Legisladores, estadistas, magistrados, acudiram sempre com remedio, não ha duvida, onde o remedio era preciso; mas exactamente porque a doença não era local mas geral, e d'ella enfermava não um ou outro capitulo, não um ou outro membro do organismo judiciario, mas o organismo judiciario inteiro, e até ao mais intimo dos seus recessos, – acontecia que o remedio, por não ser radical, isto é, reformador de todo o organismo, do primeiro ao ultimo capitulo, – se não peorava os serviços, não os melhorava. D'este modo, a instituição, cheia de rebocos á superficie, era nos alicerces, e na sua trama geral e intima, (mas organica a despeito de tudo) completamente caduca e insustentavel, – e dia a dia cada vez mais!

Perdera o proprio caracter; porque perdera essa unidade de doutrina, que era, perante o direito penal do livro 5.º das ordenações, a novissima reforma judiciaria, no processo dos feitos crimes. Mas se já a promulgação do codigo penal de 1852 exigia, sensatamente e logicamente, a reformação parallela, concomitante, das disposições de processo penal constantes da novissima reforma judiciaria; conservar ainda em vigor essas disposições após a promulgação da nova reforma penal de 1884 e do código penal de 1886, de mais a mais desde que já em 1876 o codigo do processo civil viera substituir toda a parte da novissima reforma judiciaria respeitante ao processo civil; digo, quando o direito penal substantivo era já tão outro do consignado nas ordenações, que a pena de morte desapparecera, e tinham desapparecido depois as proprias penas perpetuas, e o processo civil, por sua banda, soffrera, parallelamente, a transformação radical por que passou em 1876, consequencia da promulgação, oito annos antes, do codigo civil; n'uma palavra, reformar completamente o direito penal e, bem assim, o direito civil substantivo e adjectivo, e deixar de pé, atravez de tudo e a despeito de tudo, o direito penal adjectivo consignado na novissima reforma judiciaria, de que aliás era subsidiario, e tinha ainda de continuar a sel-o em boa parte, o direito civil adjectivo da mesma reforma: – fazer isto, perpetuar e immobilisar uma peça de machina, quando tinham sido, successivamente, substituidas por peças novas todas as outras, resultando, no fim de contas, uma nova machina, era uma verdadeira, uma quasi inconcebivel temeridade, um absurdo levado ao cumulo!

D'ahi, senhores, o caminho aberto para essa região pavorosa de confusões em que ao presente nos encontrâmos e... nos não entendemos, – região onde esse maravilhoso codigo, que era a reforma, lembra, cercado de tantas leis avulsas que lhe têem querido valer, um grande e classico e venerando monumento rodeado de escoras, mas cuja physionomia resistente, admiravelmente traçada e profundamente caracteristica, é refractaria a outros estylos. Por isso ella é, essa grande reforma, padrão que no seu valor relativo desafia o tempo, – e só hybridas ao lado d'ella, (que nem é sequer um anachronismo porque fez a sua epocha, e é hoje, para gloria nossa, um monumento historico das nossas leis), só hybridas ao lado d'ella, digo, essas leis que por serem avulsas, bem merecem, comparadas com a reforma, que se chamem tambem, no segundo sentido d'esta palavra e a despeito do seu valor relativo, – extravagantes.

*
* *

Quer isto dizer, senhores, que urgia reformar desde os alicerces, e levantal-o até á cupula, o edificio d'esta instituição. Tinhamos de fazer tábua-raza sobre tudo quanto existia escripto e em vigor em materia de processo penal; – e encarando o problema sob o aspecto essencialmente pratico, regular a sua solução, e resolvei-o, em harmonia ao mesmo tempo com o direito penal substantivo, e com o espirito e com os preceitos da constituição.

D'ahi, senhores, a proposta do codigo do processo penal, que tenho a honra de vos apresentar, – mas na qual, devo dizel-o desde já, se não innovou sensivelmente, antes se recolheu e methodisou, condensando-a n'um corpo de doutrina harmonico, facilmente accessivel ao estudo, e facilmente praticavel, a substancia – sómente a substancia – das disposições avulsas que regulam entre nós, ao presente, o processo penal

No seu espirito, a proposta inspira-se, pois, directamente, assim na tradição oriunda da novissima reforma judiciaria, como nos multiplos diplomas avulsos que, sobre direito penal adjectivo, vem pejando, ha largos annos, a legislação do nosso paiz. Mas de tudo isso, repito, ella não recolheu, essencialmente, senão a substancia; e ao mesmo tempo que relegou do fôro remettendo-as de vez para a paz dos archivos, dezenas e dezenas de leis, recebeu-lhes o seu espirito, concretisou este em novas formulas, deu ás formulas disposição methodica, – e cortando numerosas excrescencias e supprindo numerosissimas lacunas, substituiu a duvida pela certeza, a confusão pela clareza, a complicação pela simplicidade, erigindo, emfim, ao lado do direito penal substantivo, constante de um codigo, o direito penal adjectivo, constante de outro.

*
* *

Por não ter *inventado,* (o que não impede que na sua coordenação a proposta seja um trabalho novissimo e, perfeitamente original), ella não deixa de ser o que devia ser, e o que são, em geral, os codigos modernos: a expressão de uma ordem de factos e de relações, resolvendo, sensatamente, em harmonia com as condições e tendencias sociaes, uma ordem de interesses e de necessidades.

Não curou ella, entretanto, de copiar. Tornava absolutamente impossivel um simples trabalho de compilação, embora mais ou menos methodisado, já a multiplicidade das disposições attinentes, na reforma e fóra d'ella, ao processo penal, já a heterogeneidade que a despeito de tudo existia entre ellas, proveninete, é claro, das diversissímas epochas em que tinham apparecido. Compilar, seria, quando muito, juntar; mas não só essa compilação daria um total de disposições enorme, senão que ficaria tudo, no fundo, como estava, e seria mais flagrante, n'essa conjuncção de disposições de tão vario caracter, a sua falta de unidade, e, mais do que isso, a verdadeira antinomia de umas com outras. Seria um trabalho inglorio, de onde resultariam, conjunctos, uma monstruosidade e um absurdo!

A proposta inspirou-se, pois, exclusivamente, na lição da pratica, tendo por base a legislação existente, mais no seu espirito do que na sua letra. D'ahi o estar condensado dentro d'ella, em formulas que ao mesmo tempo que são novas, são homogeneas todas no seu caracter, e constituem, no seu conjuncto, um systema perfeito, (isto é, quanto possivel completo e equilibrado) o caracter do que existia, – resultando, em summula, um verdadeiro codigo, ou seja um corpo *uno* de disposições, attinentes a regular o processo penal.

O rigoroso, escrupulosissimo criterio com que a proposta foi elaborada, e a que serviu de luz, sempre viva, a jurisprudencia dos nossos tribunaes e a lição dos mestres do direito, permitte-me pensar, senhores, que ella é, no seu espirito, a expressão exacta, o reflexo fidelissimo das tendencias e condições actuaes da nossa sociedade; – e se isto, que é consolador e que só por si premeia o trabalho que a proposta custou, nos deixa prever que ella é perfeitamente adaptavel ao meio em que tem de viver, porque é absolutamente despida de opiniões pessoaes, e tem só, deixem-me dizer assim, a *opinião collectiva,* outra convicção nos dá tambem, não menos consoladora: e é que se no seu relativo valor ella não fica abaixo dos codigos congeneres da Europa, ella os iguala, perfeitamente, na doutrina scientifica de que é a expressão, – e os excede, a muitos d'elles, n'esse espirito de liberdade que estando em todas as nossas leis, inclusive no codigo penal, mais vivo, substantivamente, do que nos codigos de outras nações, tinha, na sua revelação em formulas de processo, de viver tambem, e de affirmar-se – mais vivo do que em outros codigos.

Confesso que sendo a vida actual mais intensa e complexa do que ao tempo em que appareceu a reforma, conviria, talvez, apressar mais o andamento dos processo crimes, o que só poderia fazer-se, no codigo, restringindo os casos de recurso, e simplificando os tramites d'estes.

Entretanto não só a proposta não tomou por esse caminho, que sria restrictivo, a final das liberdades e prerogativas da defeza, senão que dentro de certos limites sensatos, e já tradicionaes, entre nós, nas leis de processo penal, deu aos recursos toda a latitude. Isso podeia fazer, de resto, desde que estabelecesse parallelamente, como fez, disposições compensadoras, entre as quaes avulta a de reduzir ao typo dos aggravos de petição em materia civil a forma de processar todos os recursos crimes como já estava nas nossas leis, – simplificando, todavia, ainda ahi, em certos pontos, a fórma do processo.

Pelo que toca, pois, á materia de recursos, tão essencial aos interesses da defeza, a proposta consignou o que existe, e foi mais longe, – não contando, é claro, o que as suas disposições têm de opportuno para acabar com as innumeraveis duvidas e difficuldades que enredavam, mais do que outro qualquer, esse capitulo do processo penal.

De resto, – e isto desejo frisar, senhores, da maneira mais expressa e terminante! – a proposta não aggrava na mais insignificante cousa, na mais leve cousa, a situação em que o réu se encontra na legislação actual, – antes respirando a defeza, dentro da proposta, uma atmosphera mais desopprimida e mais vasta, cada uma das disposições ahi consignadas inspira-se, no que respeita ao réu, em mais alguma cousa do que em assegurar-lhe os interesses da sua defeza: inspira-se em verdadeiros sentimentos de piedade, inseparaveis, hoje por uma rasão de caracter scientifico, do estudo do delinquente.

Isto pretende frisar, repito, muito expressamente e muito terminantemente; – e ainda bem, senhores, que n'esse campo são tantas e tão importante, as innovações da proposta, que qualquer d'ellas bastaria a affirmar as idéas e os sentimentos que venho de expor.

Por feliz me dou, senhores, podendo annunciar-vos, por exemplo, que, sem quebra do sigillo do corpo de delicto, que é de direito constitucional, o réu póde, segundo a proposta, ser ouvido n'essa phase do processo, e até produzir testemunhas, ou outro meio de prova. O corpo de delicto perde assim, em relação ao réu, esse quasi caracter de devassa, que o assignalava; e um vez que elle tem por fim a verificação do facto punivel e a descoberta do seu agente, melhor conseguirá o seu desiderato, quando, pela audiencia do accusado, podér ver, por todas as faces, o problema que tem de resolver, e não, como hoje acontece, atravez do prisma estreito de uma presumpção sempre desfavoravel ao réu, e mediante, exclusivamente, elementos fornecidos pela accusação.

Não ignoro, senhores, quanto esta providencia, com ser sensata e generosa, podia ser arriscada. Mas não só ella não é imperativa, visto que a audiencia do réu fica antes uma faculdade da justiça, do que uma obrigação a cumprir em todos os processo, senão que nos proprios casos em que se applicar, as consequencias d'essa audiencia serão só as que á justiça aprouver dar-lhe – na prudente medida dos seus interesses. D'este modo, a audiencia do réu não é mais do que um elemento para esclarecer a verdade; e o tornal-a possivel em todos os casos quando isso convenha á justiça, não passa, no fim de contas, de um consectario logico do principio que já hoje admitte as declarações do réu no corpo de delicto, quando preso em flagrante.

Entretanto, a principal rasão que influiu no espirito da proposta para consignar essa innovação, foi a de habilitar a justiça a orientar-se com mais segurança na verificação do facto punivel e na descoberta do seu agente. E se até aqui, por não ter logar essa audiencia em muito casos em que ella seria convenientissima, o criterio da justiça pendia, naturalmente e logicamente, em sentido adverso ao réu que só em recurso de despacho que designasse dia para julgamento, ou do que o pronunciasse, podia dizer da sua justiça, dando isso em resultado, frequentes vezes, a revogação d'aquelles despachos, – é licito suppôr que de ora ávante esse inconveniente deixará de dar-se; e d'essa maneira, não só o réu será poupado ao vexame de uma accusação insufficientemente fundamentada, e lucrará o que iria despender em recursos, – senão que o proprio prestigio da justiça lucrará tambem, uma vez que terá de ser muito menor, em taes circumstancias, o numero das revogações.

Na sua importancia capital em relação á defeza dos réus, esta providencia é de molde a dispensar a enumeração de outras. Por esse motivo omittirei aquellas que, sem importarem uma innovação, foram, porém, aperfeiçoadas pela proposta em sentido favoravel aos accusados; – e referindo-me só ás que constituem innovações, especificarei entre ellas: – a que permitte recorrer do despacho que designa dia para julgamento com o fundamento, novo, da errada classificação do facto, e não apenas, de não ser criminoso; a que torna extensivo esse recurso ás proprias contravenções; a que leva todos os recursos, independentemente de alçadas, atravez de todos os tribunaes superiores, e em todos os casos; a que admitte que o fiador possa ser de fóra da comarca; a que exclue rigorosamente, e em termos claros, toda a idéa de caução para os réus conhecidos em juizo que não forem accusados de facto a que se veja pela participação que não cabe pena de prisão superior a seis mezes; a que dispense o comparecimento pessoal do réu ao julgamento quando só lhe for applicavel pena de multa, ou admitte, n'esse caso, a sua representação, por procurador; a que estabelece em beneficio do accusado absolvido a indemnisação por perdas e damnos, decretada immediatamente na sentença; a que regula o pagamento das custas em caso de recurso, e facilita, em todos os casos, a prova da pobreza para o effeito da isenção de custas; a que, estabelece o perdão das custas quando a accusação tenha cessado por qualquer motivo (pelo casamento do réu com a mulher estuprada, por exemplo); a que estabelece, a exemplo do que succede no fôro civil, a multa contra o que accusar de má fé; a que regula, em termos precisos, o desconto da prisão soffrida; a que admitte a suspensão do julgamento para o effeito de ser chamada a depôr alguma pessoa que saiba do facto, ou para se proceder a quaesquer exames ou diligencias; a que facilita, regulando-as em termos simples, a prestação de caução por hypotheca ou deposito; a que regula, restringindo-a ao maximo de 50$000 réis, a fiança nos casos de policia; a que estabelece o julgamento secreto dos menores de quatorze annos; a que isenta o réu condemnado do pagamento das custas a que tiver dado causa, sem motivo justificado, a parte offendida; a que isenta da remissão em prisão correspondente á importancia das custas e multa o réu pobre condemnado em pena maior de prisão ou degredo; a que impõe ao participante ou denunciante calumnioso a obrigação de pagar as custas do processo a que deu causa contra alguem; a que acaba com a caução em todos os casos em que não for applicavel ao réu pena corporal; a que dispõe que a pronuncia passada em julgado sómente inhabilita do exercicio de funcções os réus que exercerem auctoridade publica; – etc., etc., etc.

E para que se não supponha, nem sequer por um momento, que em tantas e tão assignaladas attenções com os direitos e interesses da defeza foram esquecidos os interesses e os direitos de accusação particular, uma só innovação da proposta consignarei: e vem a ser que qualquer pessoa injuriada ou diffamada é competente para só por si, independentemente de advogado ou procurador, accusar até final; e, bem assim, que ao offendido que pedir perdas e damnos lhe serão logo arbitrados na sentença, mesmo que não seja parte, e a execução correrá (só ou com a das custas) promovida pelo ministerio publico.

*
* *

Do esboço que acabo de fazer de algumas das principaes innovações da proposta, póde já avaliar-se o que esta será em relação ás disposições hoje em vigor, no tocante, simplesmente, á sua distribuição regular por capitulos e á sua condensação, dentro de cada capitulo, em fórma de artigos.

Podem contar-se por milhares – sem exagero se podem contar por milhares! – as disposições que hoje regulam entre nós o processo penal, – e mesmo assim, senhores, quantas e quantas lacunas, ainda nos assumptos mais triviaes! Para me não alongar na enumeração, bastará citar, entre as lacunas preenchidas, estas que são capitaes: a regulamentação do processo a seguir nos casos em que é admissivel a prova da diffamação; a regulamentação singular de cada uma das especies de caução; a do processo quando o agente do facto punivel é menor de dez annos; etc., etc.

Pois a despeito d'isto, a despeito de se contarem por milhares as disposições hoje em vigor sobre processo penal na reforma e fóra d'ella; e a despeito, senhores, de terem sido suppridas na proposta todas as lacunas, muitissimas e gravissimas, da velha legislação, – a proposta, intensamente synthetica sem o minimo prejuizo da clareza, conta, senhores, 331 artigos, comquanto se eleve a 214 o numero dos seus paragraphos.

D'ahi, d'esse numero, de resto só apparentemente restricto de disposições, uma vantagem immediata capitalissima: o ser facilmente e promptamente accessivel o seu estudo; e desde que a proposta invocou como subsidiario o direito civil adjectivo, est'outra vantagem importantissima: o unificar quanto possivel nos dominios diversos em que tem de exercer se, a pratica do processo forense, concorrendo, d'este modo, para a melhor fixação da doutrina, que é, em muitos pontos, uma e a mesma.

*
* *

Senhores, mereceu á proposta particular consideração, como não podia deixar de ser, a circumstancia da menoridade do delinquente. E assim é, que não só estabeleceu que fosse sempre secreto o julgamento de menores de quatorze annos, por uma rasão de piedade e de bom criterio que seria offensa desenvolver-vos, senão que só para os menores de dezoito annos a proposta consignou e admittiu a liberdade condicional.

Senhores, ao mesmo passo que a applicação d'esta providencia, exclusivamente aos réus menores, tem uma rasão philosophica a legitimal-a, e que a afóra, simultaneamente, de justa e de convenientissima, uma vantagem indirecta, mas importantissima, d'ella advem tambem: – acaba-se, senhores, com o que tem sido para muitos uma rasão de desconfiança na sinceridade e justiça da applicação de tal beneficio, que por isso, note-se, ficou antipathico ao espirito geral, como tambem o da suspensão da pena.

De resto, a applicação restricta aos réus menores da providencia a que me refiro, tem já precedente na legislação do nosso paiz: é a lei de 15 de julho de 1871, que admittia, como premio, concessão da liberdade provisoria aos menores de dezoito annos reclusos na casa de correcção, depois de cumpridos dois terços da pena.

*
* *

Senhores, chamo muito particularmente a vossa esclarecida attenção para o seguinte. Pelo codigo penal em vigor, aos delictos mais triviaes, isto é, mais vulgares na pratica, a pena applicavel não excede a de prisão até quatro mezes. N'estas condições, uma cousa occorria logo: applicar a todos esses o simples processo de policia; – e aos que na escala penal fossem castigados com pena de prisão correccional excedente a quatro mezes, applicar-lhes o processo correccional.

Isso teria feito a proposta sem duvida ou hesitação alguma, se não fosse, porém, um inconveniente, – o qual vem a ser, que ao delicto vulgarissimo de offensas corporaes, previsto no artigo 360.° n.° 1.° do codigo penal, corresponde prisão até seis mezes.

Em taes condições, se o processo de policia fosse determinado, segundo a escala penal, pelo estalão de quatro mezes, ás offensas corporaes que produzissem doença ou impossibilidade de trabalhar até dez dias, corresponderia o processo correccional, e os réus, portanto, haveriam de ser pronunciados, o que era já grave em relação á legislação actual; e os processos seriam mais demorados, o que seria tambem, em tão vulgar especie, um inconveniente.

Por este motivo, e só por este motivo, a proposta condescendeu com o existente n'esta materia; mas valeria talvez a pena, senhores, e vós o pesareis na vossa soberania e sabedoria, baixar a quatro mezes, em lei especial, a pena do artigo 360.° n.° 1.° do codigo penal, e fazer parar n'essa altura a competencia do processo de policia. Não só isso não influiria sensivelmente na pena a applicar; visto que os tribunaes, em geral, não applicam, n'esses casos, mais de quatro mezes, e a applicação da pena em caso de reincidencia está regulada em lei especial, – mas evitaria anomalias quasi repugnantes, como a de se applicar o processo de policia ao crime previsto no artigo 169.°, offensas ao chefe do estado, e applicar-se o correccional ás offensas a qualquer das auctoridades referidas no artigo 181.° do mesmo codigo.

Eu bem sei, senhores, que isso seria sómente acabar com metade da anomalia, – visto que a pena, no primeiro delicto, não excede seis mezes, e póde, no segundo, chegar a um anno, – podendo acontecer, note se, que um réu preso em flagrante delicto de offensa ao chefe do estado, teria, se fosse conhecido em juizo, de ser logo solto, independentemente de qualquer formalidade ou caução; – ao passo que precisaria sempre de caução aquelle que offendesse algum dos funccionarios enumerados no artigo 181.° do codigo penal!

Mas isto, senhores, esta anomalia, que indico apenas a titulo de amostra, o que quer dizer é que o codigo penal precisa revisto, – de mais a mais desde que pelo decreto n.° 2 de 29 de março de 1890 a competencia do juiz de direito se alargou por toda a escala correccional, e n'esse mesmo decreto se fixou o processo chamado vulgarmente de queixa para todos os crimes a que houvesse de applicar-se pena de prisão excedente a seis mezes.

Promulgada a lei a que me referi, e feita n'esta proposta, simultaneamente, a facilima alteração a que me referi tambem (e que mais a approximaria n'essa parte, note-se, dos codigos congeneres de outras nações, que em geral só applicam o processo mais elementar aos factos a que corresponde prisão até tres mezes) – ao menos desappareceria desde já metade de similhante anomalia: a que importa o ser julgado em processo mais graduado o réu de offensas a qualquer funccionario, e julgado em simples policia o de offensas ao rei ou rainha reinantes.

O resto, o equilibrio das penas entre si, como consequencia da maior ou menor gravidade relativa aos delictos, isso viria depois, n'uma revisão cuidada do codigo penal; – e o do processo, ficando desde já apto, á custa da simples alteração que indiquei, para reflectir essa alteração na lei penal substantiva, ficaria, depois de revisto o codigo penal, homogeneo com este perfeitamente.

É indispensavel, repito, essa revisão, – como indispensavel é, á guisa de complemento logico d'esta proposta, uma lei de reorganisação judiciaria, que nem por ser difficilima de fazer, e é-o no mais alto grau, deve deixar de emprehender-se.

*
* *

Senhores, a condensação, que por vezes chega a synthetisar n'um artigo da proposta, e até n'uma simples phrase de artigo, n'uma simples palavra, e quantas vezes no proprio systema da pontuação, verdadeiros capitulos de doutrina, torna impossivel um relatorio perfeito d'esta proposta, relatorio que só um commentario minuciosissimo poderia valer. Não me alongarei mais por isso: em que me pese (com inteira sinceridade o declaro) não ter dado da proposta, mercê da sua complexidade, nem sequer, talvez, uma idéa summaria.

Seguindo quanto possivel o plano do codigo do processo civil, visto que com elle tem de jogar, eis aqui, finalmente, senhores, o esboço d'esta proposta.

A materia, fraccionada em artigos, numeros e paragraphos, é dividida na proposta em livros, os livros titulos, estes em capitulos, os capitulos em secções e estas em sub-secções.

Abrange a proposta dois livros, assim compostos:

Livro I: Do processo em geral, dividido em sete capitulos: capitulo I, disposições geraes; capitulo II, dos actos e termos judiciaes; capitulo III, das nullidades; capitulo IV, das custas: capitulo V, da competencia, repartido em tres secções: secção I, da competencia em geral; secção II, da competencia dos diferentes juizos e tribunaes; secção III, dos conflictos; capitulo VI, das provas, repartido em sete secções; secção I, disposições geraes; secção II, das declarações dos participantes e offendidos; secção III, da confissão dos culpados; secção IV, dos exames; secção V, das testemunhas; secção VI, dos documentos; secção VII, das presumpções; capitulo VII, da prisão.

Livro II: Do processo em especial, dividido em tres titulos: titulo I, disposições communs, repartido em dez capitulos: capitulo I, da participação; capitulo II, da distribuição; capitulo III, das perguntas; capitulo IV, do corpo de delicto; capitulo V, da accusação; capitulo VI, dos incidentes, repartido em seis secções: secção I, disposição commum; secção II, dos impedimentos e suspeições; secção III, das cauções; secção IV, do reconhecimento da identidade; secção V, da falsidade; secção VI, das excepções, sub-dividida esta secção em cinco sub-secções: sub-secção I, disposições geraes; sub-seccção II, da incompetencia; sub-seccção III, do caso julgado; sub-secção IV, da litispendencia; sub-secção V, da prescripção; capitulo VII, do julgamento; capitulo VIII, dos recursos; capítulo IX, da execução das sentenças; capitulo X, da revisão das sentenças; titulo II, dos processos ordinarios, dividido em tres capitulos: capitulo I, do processo de policia, abrangendo duas secções: secção I, da accusação; secção II, do julgamento; capitulo II, do processo correccional, abrangendo duas secções: secção I, da accusação; secção II, do julgamento; capítulo, do processo de querela, abrangendo duas secções: secção I, da accusação, secção II, do julgamento; titulo III, dos processos especiaes, repartido em cinco capitulos: capitulo I, dos factos puniveis commettidos pelos juizes municipaes e de direito e delegados do procurador regio; capitulo II, dos factos puniveis commettidos pelos juizes do supremo tribunal de justiça e das relações, magistrados superiores do ministerio publico ou por outros de categoria igual, empregados do corpo diplomatico e bispos das dioceses do ultramar; capitulo III, do processo no caso de ser admissivel a prova da diffamação; capitulo IV, dos factos puniveis commettidos por menores de dez annos; capitulo V, do julgamento do réu ausente, emfim, disposições transitorias.

Senhores, se a proposta que tenho a honra e o inexcedivel prazer de vos apresentar, importa para as instituições judiciarias do nosso paiz não pequeno progresso, – deixae-me dizer, senhores, que ella não importa menor proveito, nem honra menor, para os brios da legislação patria no seu confronto com a das outras nações. E se é claro, senhores, que em tão grave e delicado assumpto todos os concursos são mais do que de agradecer, porque são tambem de solicitar, – não fazendo, como não faço, questão politica da proposta, eu presto, simultaneamente, homenagem á sabedoria de toda a camara e aos interesses de ordem social, verdadeiramente momentosos, que a proposta tende a assegurar.

Possa ella não desmerecer da vossa estima, certissimo como estou, senhores, de que nem desmerecerá da vossa attenção, nem tão pouco da vossa benevolencia.

Secretaria d'estado dos negocios ecclesiasticos e de justiça, em 6 de março de 1899. = *José Maria de Alpoim de Cerqueira Borges Cabral.*

PROPOSTA DE LEI

Artigo 1.º É approvado o codigo de processo penal que faz parte da presente lei.

Art. 2.º As disposições do dito codigo começarão a ter vigor, em todo o continente do reino e nas ilhas adjacentes, noventa dias depois de ultimada a sua publicação no *Diario do governo*.

Art. 3.º Desde que principiar a ter vigor o codigo ficará revogada toda a legislação anterior sobre processo penal por crimes communs e contravenções, quer essa legislação seja geral, quer seja especial.

§ unico. Da disposição d'este artigo ficam exceptuadas sómente as leis de 13 de fevereiro de 1896, 7 de julho de 1898, as que estabelecerem fórma de processo especial em harmonia com tratados ou convenções com potencias estrangeiras, e as que regulam o processo nos casos de descaminhos de direitos, contrabando e quebras.

Art. 4.º Fica revogada a legislação em contrario. = *José Maria de Alpoim de Cerqueira Borges Cabral.*

PROPOSTA
DE
CODIGO DO PROCESSO PENAL

LIVRO I
Do processo em geral

CAPITULO I
Disposições geraes

Artigo 1.º O processo penal será regulado pelo presente codigo, e subsidiariamente pelo codigo do processo civil.

Art. 2.º As acções que têem por fim a applicação das penas por crimes ou contravenções, só podem ser intentadas nos juizos competentes, e nos termos d'este codigo.

§ unico. Com a acção penal póde cumular-se o pedido de restituição da cousa subtrahida ou usurpada, e da indemnisação devida.

Art. 3.º O processo penal é ordinario ou especial.

§ 1.º O processo ordinario é de querela, correcional e de policia.

2.º O processo especial tem logar nos casos em que este codigo o admitte, e pela fórma que n'elle vae declarada.

Art. 4.º O processo de querela é o competente para imposição das penas de prisão maior cellular e, em alternativa, de prisão maior temporaria ou degredo.

Art. 5.º O processo correccional é o competente para imposição das penas de expulsão do reino, suspensão de direitos politicos, prisão correccional excedente a seis mezes, e especiaes para os empregados publicos.

Art. 6.º O processo de policia é o competente para imposição das penas de prisão correccional até seis mezes, multa, desterro e reprehensão.

Art. 7.º A fórma do processo é determinada pela pena mais grave, quer sejam impostas cumulativamente ao mesmo crime algumas das mencionadas penas, quer haja accumulação de crimes.

Art. 8.º Os agentes do mesmo facto punivel, seja qual for a penalidade em que se achem incursos, serão todos processados e julgados pela fórma do processo determinado pela pena mais grave.

Art. 9.º O processo penal comprehende:

1.º O corpo de delicto;
2.º A accusação;
3.º O julgamento.

§ 1.º O corpo de delicto tem por fim verificar a existencia do facto punivel e descobrir o seu agente.

§ 2.º A accusação comprehende todos os actos e formalidades do processo posteriores ao corpo de delicto e anteriores ao julgamento.

§ 3.º O julgamento comprehende todos os actos e formalidades posteriores á accusação, necessarios para a imposição da pena.

Art. 10.º A jurisdicção penal compete:

1.º Aos juizes de direito das comarcas, e, em Lisboa e Porto, aos dos respectivos districtos criminaes;

2.º Aos juizes municipaes;

3.º Ás relações e ao supremo tribunal de justiça nos casos especiaes regulados n'este codigo;

4.º Aos magistrados a quem for atribuida por leis especiaes, e nos termos das mesmas leis.

§ 1.º Aos juizes de direito pertence conhecer dos processos de querela, correccionaes e de policia; mas nas comarcas onde houver juizes municipaes, a estes competem os processos de policia por factos occorridos na respectiva area.

§ 2.º Nos processos de querela o juiz criminal conhece do direito e applica as penas, e o jury conhece do facto. Ficam salvos os casos previstos n'este codigo, em que não tem logar a intervenção do jury e o juiz criminal conhece do facto e do direito.

§ 3.º Nos processos correccionaes e de policia conhecem do facto e do direito os competentes juizes.

Art. 11.º Ao ministerio publico compete intentar todas as acções penaes, excepto as que pelo codigo penal dependem de accusação do offendido; mas n'estas, salvo sendo por crime de injuria ou diffamação, o ministerio publico intervirá sempre, e poderá accusar tambem conjunctamente com o offendido.

§ unico. Nos casos em que o codigo penal exige a previa participação, denuncia ou queixa do offendido, o ministerio publico só depois d'esta poderá proceder.

Art. 12.º Quando os offendidos, ou seus representantes no caso de incapacidade, pretenderem accusar tambem, a sua acção será conjuncta com a do ministerio publico, e poderão usar d'aquelle direito em qualquer estado da causa, proseguindo-se, sem alteração alguma do processado, nos termos posteriores do feito.

§ 1.º A renuncia do direito facultado n'este artigo não exime, porém, os individuos n'elle mencionados, da obrigação de auxiliar a justiça em tudo quanto possa convir á verificação do facto punivel e á descoberta dos seus agentes.

§ 2.º Nos crimes de morte, podem accusar, mesmo simultaneamente, o conjuge sobrevivo, ascendentes, descendentes, irmãos e affins no mesmo grau, do morto.

Art. 13.º A acção penal cessa:

1.º Pela morte do accusado;

2.º Quando se provar que o accusado praticou o facto no estado de loucura:

3.º Pela prescripção;

4.º Pela amnistia ou perdão regio;

5.º Pela desistencia ou perdão do offendido, ou seu representante sendo incapaz, quando só elle for competente para accusar;

6.º Quando o auctor do crime do attentado ao pudor, estupro, violação e rapto, casar com a mulher offendida;

7.º Pela absolvição legitimamente pronunciada;
8.º Pela morte do accusador ou do offendido nos crimes previstos nos artigos 254.º § unico, 266.º § unico, 430.º e 431.º § 2.º, do codigo penal; nos de injuria ou diffamação quando o offendido for um particular ou empregado publico individualmente injuriado ou diffamado, salvo o disposto no artigo seguinte; no crime de damno, previsto no artigo 481.º, § unico do mesmo codigo, e no de adulterio.

§ unico. Quando o offendido for menor ou interdicto, poderá, depois de attingir a maioridade, de legalmente emancipado, ou de lhe ser levantada a interdicção, accusar o seu offensor, se o crime por este committido não estiver prescripto, embora tenha havido, por parte do representante do incapaz, perdão ou desistencia.

Art. 14.º Nos casos em que a accusação não cessa, por virtude do fallecimento do offendido, e no do artigo 417.º do codigo penal, podem usar do direito concedido no artigo 12.º, e sem necessidade de habilitação, o conjuge sobrevivo, os ascendentes, descendentes, irmãos e affins no mesmo grau, e herdeiro, do mesmo offendido.

Art. 15.º A acção penal suspende-se emquanto durar a loucura do accusado, sem prejuizo, todavia, da verificação dos vestigios do facto punivel, se os houver; e bem assim se suspende, depois do corpo de delicto, nos casos previstos em leis especiaes, em que a accusação não póde ter logar sem licença do governo.

CAPITULO II
Dos actos e termos judiciaes

Art. 16.º São secretos no processo penal todos os actos e termos que constituem o corpo de delicto, e, bem assim, os subsequentes até á pronuncia inclusive, nos casos em que ha logar a esta.

§ 1.º Se o crime for de natureza que a discussão possa offender a decencia e a moral publica, o juiz ordenará que a sessão seja secreta, e os espectadores se retirarão. Será novamente admittido o auditorio para a leitura da sentença, e tambem da declaração do jury nos casos em que este intervem.

§ 2.º O disposto no paragrapho anterior é igualmente applicavel quando se tratar do julgamento de menores de quatorze annos.

Art. 17.º Os actos e termos do corpo delicto, e bem assim os da accusação até á pronuncia inclusive, poderão praticar-se a qualquer hora do dia ou da noite, salva a inviolabilidade da casa do cidadão, nos termos das leis.

§ unico. Considera-se dia, o espaço de tempo que vae desde o nascer até ao occaso do sol.

Art. 18.º Os actos de accusação posteriores á pronuncia; os do julgamento; e, bem assim, os de expediente ordinario, podem praticar-se todos os dias, depois das dez horas da manhã, excepto nos santificados e feriados; e para elles não ha ferias.

§ unico. A sessão de julgamento póde continuar de noite e até em dias santificados e feriados.

Art. 19.º Só ás partes ou seus representantes o escrivão é obrigado a facultar no cartorio o exame dos respectivos processos, salvo o disposto no artigo 16.º

Art. 20.º Aos juizes e presidentes dos tribunaes incumbe regular os trabalhos e manter a ordem em todos os actos a que presidirem, advertindo os perturbadores e tomando as providencias que parecerem necessarias para o restabelecimento da ordem.

§ 1.º Se os factos praticados constituirem crime, o juiz ou presidente mandará prender o perturbador, levantando logo auto da occorrencia, a fim de contra o mesmo se proceder nos termos legaes.

§ 2.º Na disposição do paragrapho anterior são comprehendidos os advogados e procuradores que, depois de lhes ser retirada a palavra, nos termos do codigo do processo civil, continuarem a faltar ao respeito devido ás leis e ao tribunal, sem prejuizo, em todo o caso, do disposto no codigo penal.

§ 3.º Se o perturbador da ordem for o réu, e se reincidir depois de admoestado, o juiz o poderá mandar recolher á cadeia até á publicação da sentença, seguindo a discussão e o julgamento só com o defensor.

Art. 21.º A intervenção de advogados ou procuradores não póde ter logar senão depois de findo o corpo de delicto nos processos de policia, ou de lançada a pronuncia nos processos correccionaes e nos de querella.

Art. 22.º O chamamento a juizo só por meio de intimação póde ter logar, salvo os casos em que por lei ou regulamento se exija requisição official.

§ unico. A intimação póde ter logar nos termos do artigo 189.º do codigo do processo civil.

Art. 23.º As pessoas devidamente intimadas, e cujo comparecimento pessoal for obrigatorio, só poderão justificar a sua falta, quando por doença, com attestado jurado de facultativo, ou do regedor ou do parocho da freguezia da residencia.

Art. 24.º Nos autos e termos não haverá entrelinhas, rasuras ou emendas. Depois de lidos, e antes de assignados, se fará mensão de todas as alterações que forem necessarias.

Art. 25.º Os actos a que assistir o juiz, e bem assim os termos assignados pelas partes que n'elles intervem ou seus representantes, valerão sem assistencia de testemunhas.

Art. 26.º Sempre que nos termos do codigo do processo civil algum praso houver de contar-se por audiencias, será elle marcado pelo juiz, nos casos não previstos no presente codigo.

CAPITULO III
Das nullidades

Art. 27.º No processo penal são sómente nullidades:

1.º A falta de exame nos vestigios do facto punivel, quando esse exame for directo e immediatamente necessario para a verificação do mesmo facto; salvo se a verdade constar de modo irrecusavel e o exame já não podér praticar-se ou esclarecer o facto; ou se o jury, nos casos em que intervem, tiver dado este como provado;

2.º O emprego de processo differente do marcado para o caso por este codigo;

3.º A falta de nomeação de defensor ao réu, quando este ou o seu representante o não tiver nomeado;

4.º A falta de entrega ao réu da copia da accusação e respectivo rol de testemunhas, nos processos correccionaes e de querela em que não tiver havido contestação, se o réu reclamar contra a falta antes da audiencia, e aquella não houver sido supprida;

5.º A falta de entrega de copia da contestação e respectivo rol de testemunhas ao queixoso accusador nos processos correccionaes e de querela, se contra essa falta elle houver reclamado antes da audiencia e a mesma não tiver sido supprida;

6.º A falta de nomeação de interpetre ao réu que não fallar portuguez;

7.º A falta de quesitos sobre todos os elementos essencialmente constitutivos do facto punivel e sobre cada uma das circumstancias aggravantes ou attenuantes, que houverem de ser propostos nos termos da lei;

8.º Manifesta contradicção de algum ou alguns dos quesitos com o que comprehender os elementos essencialmente constitutivos do facto punivel, quando d'ella resulte não poder conhecer-se a intenção do jury sobre a existencia ou não existencia do mesmo facto, e não tiver sido desfeita a mesma contradicção;

9.º A redacção inintelligivel ou obscura das respostas do jury, quando não tiver sido aclarada;

10.º As rasuras ou emendas que não tiverem sido resalvadas pelo jury antes de assignar, ou em seguida ao despacho que mandar proceder á sua resalva.

§ unico. As nullidades a que se refere este artigo só podem ser decretadas por voto unanime dos juizes que intervierem no recurso, e d'ellas conhecerão os tribunaes independentemente de protesto ou reclamação das partes.

CAPITULO IV
Das custas

Art. 28.º Os agentes dos factos puniveis, condemnados por sentença passada em julgado, são obrigados solidariamente:

1.º Ao pagamento das custas do processo e das despezas extra-judiciaes absolutamente indispensaveis para a sua instrucção, salvo aquellas a que a parte offendida tiver dado causa sem motivo justificado;

2.º A restituir ao offendido as cousas de que pelo crime o tiverem privado, ou a pagar--lhe o seu valor legalmente verificado, se a restituição não for possivel;

3.º A indemnisar o offendido do damno ou prejuizo causado.

§ 1.º Nas custas do processo comprehendem se sempre os respectivos sellos.

§ 2.º As despezas a que se refere o n.º 1.º d'este artigo serão comprovadas por documentos juntos aos autos, e acrescerão ás custas.

Art. 29.º O culpado accusado de mais de um facto punivel, que não for condemnado por todos, sómente pagará as custas relativas aos factos por que for condemnado.

Art. 30.º O réu, mesmo absolvido, será condemnado nas custas a que por sua culpa, e sem motivo justificado, tiver dado causa.

Art. 31.º Nos processos que não dependem de accusação do ministerio publico, o accusador será condemnado nas custas quando desistir da accusação, ou quando o réu for absolvido, salvo, n'este caso, o disposto no artigo anterior.

§ unico. Havendo mais de um accusador, serão todos solidariamente responsaveis pelas custas.

Art. 32.º As custas resultantes do adiamento de qualquer acto que deixar de verificar-se por falta de pessoa que devia comparecer, serão pagas por ella, salvo provando legitimo impedimento.

§ unico. Sendo a falta commettida por mais de uma pessoa serão todas solidariamente condemnados nas custas.

Art. 33.º Nos casos cm que houver solidariedade no pagamento de custas, aquelle que as pagar fica com direito de exigir dos outros a quota correspondente.

Art. 34.º Havendo co-réus, aquelles que forem condemnados pagarão as custas todas do processo, alem das privativas dos traslados em que responderem e das que provirem dos actos necessarios para o seu julgamento; mas se não responderem conjunctameute, os que primeiro forem condemnados terão direito a haver dos segundos, que tambem o forem, a parte correspondente, e estes pagarão tambem as custas dos respectivos traslados, havendo-os, e as que acrescerem para seu julgamento.

Art. 35.º São isentos do pagamento de custas e indemnisação os réus pobres.

§ 1.º A prova da pobreza será feita por attestado jurado do parocho ou do regedor da freguezia onde o réu residir.

§ 2.º O attestado a que se refere o anterior paragrapho será apresentado no acto do julgamento, ou dentro de dez dias depois de passar em julgado a sentença ou o despacho que condemnar nas custas.

Art. 36.º As custas da caução e dos recursos, e as despezas de expiação, serão pagas individualmente por aquelle que der causa a ellas.

Art. 37.º É dispensado do deposito das custas do processo sómente o recorrente que até á expedição do recurso e pela fórma indicada no § 1.º do artigo 35.º provar a sua pobreza.

Art. 38.º O pagamento a que o réu ficar obrigado nos termos do artigo 28.º poderá, se assim se requerer, ser feito em tres prestações fixadas pelos juizes, prestando fiança idonea por termo nos autos, que será gratuito e sem sêllo.

Art. 39.º Quando aos réus não forem encontrados bens, soffrerá cada um dos que não tiverem provado a sua pobreza prisão correccional correspondente á importancia das custas, a rasão de 500 réis diarios.

1.º Esta disposição não é applicavel ao pagamento das custas de parte.

§ 2.º A prisão a que se refere este artigo acrescerá á que o réu haja de soffrer em substituição da pena de multa e em cumprimento da pena corporal que lhe tiver sido imposta.

§ 3.º Se os bens encontrados não forem sufficientes para pagamento integral das custas e multas a que este artigo se refere, a remissão em prisão terá ainda logar pelo resto em divida.

Art. 40.º A remissão em prisão para pagamento de custas e multa, na hypothese do artigo anterior, não terá logar quando o réu for condemnado em pena maior de prisão ou degredo.

Art. 41.º Ao pagamento de todas as quantias em que os réus forem condemnados são unicamente obrigados os seus proprios.

Art. 42.º Se os bens encontrados aos réus não forem sufficientes para solver integralmente todas as responsabilidades pecuniarias a que se referem os artigos anteriores, serão estas satisfeitas pela ordem seguinte:

1.º As custas e despezas extra-judiciaes devidas ao estado;
2.º As custas em divida ao juizo;
3.º O que for devido ao offendido;
4.º A multa.

§ unico. Quando por lei tiver applicação determinada, em beneficio de algum funccionario ou agente, uma parte da multa imposta, o pagamento d'essa parte preferirá a todos os outros a que o réu for obrigado; mas se a dita parte couber a algum particular, o seu pagamento não preferirá senão ao da quota que na mesma multa pertencer ao estado.

Art. 43.º Não poderão ser executados os bens que nos termos da lei a sentença julgar perdidos a favor do estado ou de alguem.

Art. 44.º A execução pelas responsabilidades pecuniarias do condemnado terá sempre logar a requerimento do ministerio publico.

Art. 45.º Os creditos provenientes de sentença condemnatoria passada em julgado terão privilegio mobiliario em todas as classes, e preferencia a todos os outros creditos, salvos os da fazenda nacional por impostos e os que tiverem privilegio ou hypotheca anterior á data da prisão do culpado, ou á da sentença condemnatoria quando não tenha havido prisão.

Art. 46.º O pagamento das custas dos tribunaes superiores, feito no decendio, não isenta o executado das custas da execução, incluindo, em todos os casos, os emolumentos do ministerio publico.

Art. 47.º Dando-se qualquer facto que por disposição da lei faça cessar todo o procedimento ou toda a pena, não poderão ser exigidas as custas em divida, mas não se restituirão as já satisfeitas.

Art. 48.º O réu que for condemnado por participação ou denunciação calumniosa feita directamente á auctoridade publica, nos termos do artigo 245.º do codigo penal, pagará, alem das custas do processo, as d'aquelle a que deu causa.

CAPITULO V
Da competencia

SECÇÃO I
Da competencia em geral

Art. 49.º Os tribunaes criminaes têm competencia:
1.º Para conhecer de todos os factos puniveis a que se refere o artigo 53.º do codigo penal;
2.º Para decidir todas as questões de direito que estiverem tão intimamente ligadas ao facto punivel, que seja racionalmente impossivel separal as d'este, salvo o disposto no artigo 230.º;
3.º Para applicar a lei penal aos agentes do facto punivel, em harmonia com as prescripções d'este codigo;
4.º Para fixar a indemnisação devida á parte offendida, quando esta a reclamar; e impor multa, em caso de má fé, ao accusador particular.

§ unico. Nas questões de direito a que se refere o n.º 2.º d'este artigo, e quando haja contestação, os tribunaes criminaes se conformarão com as disposições especiaes que as regularem.

Art. 50.º A instauração e proseguimento até final dos processos por crimes contra a religião do reino e por abuso de funcções religiosas, não dependem da previa decisão no juizo ecclesiastico senão nos casos em que a lei expressamente o declarar.

Art. 51.º Quando o pedido de indemnisação se cumular com a acção penal, e esta terminar por qualquer motivo antes da sentença de 1.ª instancia, o offendido ou quem o representar só poderá exigil-a no juizo civil, por meio da acção competente.

§ 1.º Na hypothese prevista n'este artigo, e tendo a acção terminado antes do constituido o corpo de delicto, a verificação da existencia do facto correrá no juizo civil pela fórma estabelecida no codigo do processo civil.

§ 2.º Á indemnisação a fixar a final no juizo civil, acrescerá a importancia das custas que a parte houver satisfeito no processo penal e seus incidentes, salvo aquellas em que tiver sido condemnada.

Art. 52.º Quando na acção penal se não tiver pedido indemnisação, esta só poderá ser pedida no fôro civil depois de verificado o facto no corpo de delicto.

§ unico. Se a acção penal terminar por qualquer motivo antes de verificado o facto no corpo de delicto, a verificação d'aquelle correrá no juizo cível pela fórma estabelecida no codigo do processo civil.

Art. 53.º Sendo o réu absolvido por se não ter provado o facto, os objectos ou valores que estiverem em juizo em virtude do processo serão entregues á pessoa em poder de quem estavam quando vieram para juizo, excepto os que por outro motivo legal deverem ser apprehendidos.

Art. 54.º Sendo o réu condemnado, os objectos ou valores a que se refere o artigo anterior, serão entregues a quem de direito pertencerem, salvo o disposto na ultima parte do mesmo artigo.

§ unico. Da mesma fórma se procederá em qualquer estado do processo quando não exista duvida sobre quem seja o verdadeiro dono dos objectos ou valores, e este exija a entrega; mas em tal caso, o dono ficará obrigado a apresental-os em juizo sempre que lhe forem exigidos, até decisão final do feito. A entrega, quando tiver logar, será feita por termo nos autos, que será gratuito e sem sêllo.

SECÇÃO II

Da competencia dos differentes juizes e tribunaes

Art. 55.º O juizo ou tribunal competente para a causa é o do logar onde o facto punivel se consummou.

§ unico. Para os processos por factos puniveis committidos por juizes de paz e sub--delegados do procurador regio é competente o juiz de direito da comarca, sem intervenção de jury em caso algum.

Art. 56.º Sendo desconhecido o logar onde o facto punivel se consummou, ou não podendo, por qualquer motivo, determinar-se a competencia, será competente para a causa o juizo ou tribunal que primeiro tomar conhecimento do facto.

Art. 57.º Os juizes municipaes são competentes para todos os corpos de delicto sobre factos occorridos na area dos respectivos julgados; e os juizes de paz nos seus districtos só para os actos de que forem incumbidos por delegação o juiz de direito ou municipal.

§ unico. Quando pelo corpo de delicto se verificar que ao facto não corresponde processo de policia, o juiz municipal remetterá logo o feito ao da comarca, e este, officiosamente ou a requerimento do ministerio publico ou da parte offendida, poderá proceder a novas diligencias, ou d'ellas incumbir o juiz municipal ou de paz.

Art. 58.º Quando para constituir o corpo de delicto for necessario proceder a alguma diligencia fóra da area da jurisdicção do respectivo juiz ou tribunal, poderá a mesma ser requisitada, por officio ou telegramma, ao juiz ou a outra auctoridade competente.

Art. 59.º Quando o réu for implicado em outros crimes, o juiz ou tribunal competente para o julgamento será o do crime a que corresponder pena mais grave; e se a gravidade da pena for a mesma, será competente o juizo ou tribunal onde pender qualquer dos processos e o réu for achado.

Art. 60.º Accumulando-se com algum crime, cujo conhecimento seja da competencia do jury, outros da competencia do juiz, ao jury compete sómente o conhecimento d'aquelle, e o juiz conhecerá exclusivamente dos segundos embora entre estes haja algum para que elle, nos termos de qualquer lei, não seja competente singularmente.

Art. 6l.º Qualquer juiz ou tribunal, logo que tenha noticia de algum facto punivel cujo conhecimento não dependa de participação ou queixa da offendido, procederá a todas as diligencias necessarias para constituir o corpo de delicto, seguindo-se depois os termos competentes.

§ unico. O juiz ou tribunal, embora se considere incompetente para a acção, procederá sempre ás diligencias urgentes e necessarias para que não desappareçam os vestigios do facto punivel, se existirem dentro da area da sua jurisdicção; e em seguida, ou não existindo taes vestigios, remetterá os autos ao juizo ou tribunal que considerar competente.

Art. 62.º E competente para conhecer dos factos puniveis previstos no n.º 2.º do artigo 53.º do codigo penal, o juizo da comarca a que pertencer o porto portuguez para onde o agente se dirigir; e não se dirigindo para porto algum portuguez, ou fazendo parte da tripulação, o da comarca a que pertencer o primeiro porto portuguez onde o navio entrar depois do facto.

Art. 63.º O juizo competente para conhecer dos factos puniveis previstos nos n.ºs 3.º e 4.º do artigo 53.º do codigo penal, é o do primeiro districto criminal de Lisboa.

Art. 64.º O juizo onde o agente for encontrado é o competente para conhecer dos factos puniveis a que se refere o n.º 5.º do artigo 53.º do codigo penal.

Art. 65:º Pela falta de respeito á lei ou ao tribunal, e pelo crime de injuria ou de diffamação, commettidos por advogado ou procurador em petição ou allegação dirigida aos tribunaes superiores, só poderá haver procedimento no juizo onde o escripto foi produzido, depois de decisão do tribunal superior que assim o ordene, ou de ter sido o recurso julgado deserto.

SECÇÃO III
Dos conflictos

Art. 66.º Quando dois ou mais juizos ou tribunaes, se considerarem competentes para a acção penal pelo mesmo facto punivel, o ministerio publico só poderá levantar o conflicto depois de terminado o corpo de delicto se o agente do facto punivel estiver já preso, ou da prisão em consequencia da pronuncia nos casos em que esta tem logar.

Art. 67.º Se dois ou mais juizos ou tribunaes se considerarem incompetentes para a acção penal, levantará o conflicto o representante do ministerio publico ante o juizo ou tribunal que por ultimo se considerou incompetente, salvo, em todos os casos, o disposto no paragrapho unico do artigo 61.º

CAPITULO VI
Das provas

SECÇÃO I
Disposições geraes

Art. 68.º Os meios de prova admittidos por este codigo são
1.º As declarações dos participantes e offendidos;
2.º A confissão dos culpados;
3.º Os exames;
4.º Os depoimentos de testemunhas;
5.º Os documentos;
6.º As presumpções.

Art. 69.º Ao prudente arbitrio do julgador fica avaliar a prova que póde resultar do complexo dos meios produzidos e a que se refere o artigo anterior, salvo os casos especiaes em que por este codigo é exigido um meio de prova certo e determinado.

Art. 70.º Se o facto punivel for de natureza que verosimilmente pareça que a prova d'elle se poderá obter por papeis ou outros objectos existentes em casa do presumido delinquente ou de outra pessoa, o juiz, a requerimento do ministerio publico ou das partes, e ainda officiosamente, mandará formar um auto especial com a declaração de todos os motivos e rasões de suspeita que constarem em juizo, e procederá á busca.

§ 1.º O juiz não poderá proceder á busca antes do nascer nem depois do pôr do sol, mas tomará n'este caso as cautelas necessarias pela parte exterior do edificio, para d'elle não sair nenhuma pessoa nem objecto até se realisar a entrada. A busca poderá, porém, continuar de noite.

§ 2.º Á busca assistirá, querendo, o ministerio publico, e o réu sempre que ao juiz parecer conveniente.

§ 3.º Far-se-ha um auto de busca no qual se mencionará o numero e qualidade dos papeis ou outros objectos apprehendidos, a fim de n'elles se proceder a exame ou a qualquer outra diligencia que seja necessaria.

§ 4.º Não sendo possivel mencionar o numero e qualidade dos papeis ou objectos apprehendidos, tudo será devidamente acondicionado, fechado ou lacrado, para os fins que no paragrapho anterior vão designados.

§ 5.º A restricção constante do § 1.º d'este artigo não terá logar se á busca houver de proceder-se em casa sujeita á vigilancia da policia, ou de pessoa sujeita á mesma vigilancia.

Art. 71.º Nas apprehensões a effectuar em repartições ou estabelecimentos publicos de qualquer natureza, guardar-se-ha sem prejuizo do disposto n'este codigo, a fórma que estiver estabelecida nas respectivas leis ou em regulamentos.

SECÇÃO II
Das declarações dos participantes e offendidos

Art. 72.º Logo que tenha conhecimento de algum facto punivel, o juiz tomará declarações aos participantes e offendidos ácerca do mesmo facto, seus agentes e circumstancias. Na mesma occasião, ou logo que lhes seja possivel, os mesmos designarão quaesquer pessoas que verosimilmente pareça que podem dar alguma noticia, e indicarão, bem assim, qualquer outro meio de prova.

§ 1.º O offendido poderá logo declarar se quer ser parte, e reclamar indemnisação nos casos em que ella tem logar.

§ 2.º No acto das declarações a que se refere este artigo, ou depois, mas durante o corpo de delicto, o offendido dirá sob juramento o valor dos objectos subtrahidos, ou do prejuizo real ou possivel resultante do facto punivel.

§ 3.º No decurso do processo, e para esclarecimento da verdade, o juiz sempre que o julgar conveniente, poderá tomar novas declarações aos participantes e offendidos.

SECÇÃO III
Da confissão dos culpados

Art. 73.º A confissão do réu não dispensa a verificação da existencia do facto punivel por outro qualquer meio reconhecido por este codigo.

Art. 74.º A confissão do réu não é indivisivel.

Art. 75.º Havendo contradicção entre as declarações do réu e as dos participantes, offendidos ou testemunhas, o juiz procederá, ás necessaria acareações.

SECÇÃO IV
Dos exames

Art. 76.º Serão verificados por meio de exame os vestigios que o facto punivel tiver deixado: e pela mesma fórma será verificado tambem o estado do logar em que o facto se commetteu.

§ unico. As armas e instrumentos que serviram ao crime ou estavam destinados para elle, e bem assim todos os objectos que foram deixados pelos delinquentes no logar do delicto, ou quaesquer outros que possam servir para o descobrimento da verdade, serão examinados quando tenham sido apprehendidos.

Art. 77.° Os peritos descreverão sempre minuciosamente o estado do que examinarem, formulando em seguida as suas conclusões, e tendo sempre em attenção os quesitos que lhes forem propostos.

Art. 78.° Poderão assistir aos exames: o ministerio publico quando o entender conveniente; a parte quando o requerer; e o culpado quando for necessario.

Art. 79.° Se o exame se não podér fazer por qualquer motivo, a sua falta será supprida por algum dos outros meios de prova reconhecidos por este codigo.

Art. 80.° No corpo de delicto os peritos são nomeados pelo juiz, e não poderão ser mais de dois.

§ unico. Em caso de empate o juiz nomeará os peritos que forem necessarios até haver dois votos conformes.

Art. 81.° No corpo de delicto, o ministerio publico póde requerer segundo exame sobre o mesmo objecto.

Art. 82.° Depois do corpo de delicto, as partes podem requerer exames para verificação de qualquer facto que não tenha sido verificado; mas n'este caso, tanto a nomeação como o numero de peritos serão regulados pelo codigo do processo civil.

Art. 83.° Feito o exame, se, os peritos declararem que não podem dar logo as respostas aos quesitos que lhes forem propostos, o juiz poderá conceder-lhes um praso para esse fim, e as respostas, assignadas e rubricadas por todos os peritos, serão encorporadas nos autos.

Art. 84.° Quando o exame for da natureza dos que não podem fazer-se senão em estabelecimentos ou logares apropriados, ou em condições que tornem desnecessaria a assistencia do juiz, poderá o mesmo exame ser feito sem a presença d'aquelle magistrado, depois de devidamente ajuramentados os peritos e de lhes serem entregues os quesitos a que têem de responder.

Art. 85.° Se o exame tiver de recaír sobre o individuo suspeito de loucura, e os peritos forem de opinião que só em estabelecimento de alienados, ou em outro apropriado, o exame póde praticar-se, ahi se procederá a elle.

Art. 86.° Os peritos serão sempre ouvidos na audiencia de julgamento, quando qualquer das partes o requerer, ou o juiz o ordenar officiosamente.

Art. 87.° Nos crimes de offensas corporaes de que resultarem vestigios deverá proceder-se a exame de sanidade na pessoa do offendido, sendo possivel, antes de ser o réu sentenciado a final.

Art. 88.° Nos exames a que haja de proceder-se em quaesquer repartições ou estabelecimentos publicos, ou em papeis ou objectos ahi existentes, guardar-se-ha, sem prejuizo do disposto n'este codigo, a fórma que estiver estabelecida nas respectivas leis ou em regulamentos.

Art. 89.° A autopsia será sempre precedida do reconhecimento do cadaver; e se este não for logo reconhecido, não se procederá ao exame senão passadas vinte e quatro horas, durante as quaes, sendo possivel, o cadaver estará exposto em logar publico, a fim de ser reconhecido.

§ unico. Se o cadaver não for reconhecido, no auto, se descreverão minuciosamente todas as particularidades que o possam individualisar, e só depois se procederá á autopsia.

SECÇÃO V
Das testemunhas

Art. 90.º São inhabeis para ser testemunhas:

1.º Os desassisados;

2.º Os cegos e os surdos nas causas cujo conhecimento depender do sentido da vista e do ouvido;

3.º Os menores de sete annos, salvo se mostrarem sufficiente discernimento;

4.º Os ascendentes, descendentes, irmãos, affins nos mesmos graus, marido ou mulher, dos culpados ou dos offendidos;

5.º Os que participaram o facto á auctoridade publica;

6.º Os que tiverem interesse directo na causa;

7.º Os jurados da pauta em vigor ao tempo em que tiver logar o julgamento, salvo se houverem sido dados como testemunhas antes de organisada a respectiva pauta.

Art. 91.º Não são obrigados a depôr:

1.º O advogado ou procurador, sobre os factos que o réu lhe tiver confiado na qualidade de seu constituinte, e que forem relativos á causa;

2.º Os ecclesiasticos, sobre os factos que lhe tiverem sido confiados no exercicio do seu ministerio;

3.º Os funccionarios publicos, sobre os factos que nos termos dos respectivos regulamentos não poderem revelar sem auctorisação superior.

§ unico. A testemunha não será obrigada a depôr quando as suas respostas possam directamente envolver a confissão de algum facto punivel por ella committido, ou por seus ascendentes, descendentes, irmãos, affins nos mesmos graus, marido ou mulher.

Art. 92.º Os depoimentos das testemunhas serão tomados separadamente, e em assentada quando escriptos.

Art. 93.º As testemunhas maiores de quatorze annos prestarão juramento segundo o rito da sua religião; e as que se recusarem a prestal-o com o fundamento de não professarem religião alguma, deporão sem elle, mas se testemunharem falso incorrerão nas penas do artigo 238.º do codigo penal.

Art. 94.º Se alguma testemunha for achada em perjurio, ficará detida se não prestar caução, e contra ella se procederá em todos os casos pela fórma seguinte:

§ 1.º Se o perjurio teve logar em depoimento escripto, será extrahida certidão d'esse depoimento, e do mais que for necessario para mostrar o perjurio.

§ 2.º Sendo o perjurio em depoimento oral, o juiz mandará reduzir a auto este depoimento e o de quaesquer testemunhas da causa, que servirem para mostrar o perjurio, com indicação de duas pessoas, pelo menos, a tudo presentes. A este auto se juntará certidão do mais que for necessario.

§ 3.º Com os autos e certidões a que se referem os anteriores paragraphos, o ministerio publico instaurará o competente processo.

Art. 95.º Havendo contradicção entre depoimentos da mesma testemunha, o juiz, fazendo reduzir a auto o que for oral, e extrahir certidão dos que forem escriptos, e mandando, bem assim, juntar certidão do mais que for necessario e indicar duas testemunhas, pelo menos, que possam depôr sobre o facto, de tudo mandará dar vista ao ministerio publico.

§ unico. Na hypothese d'este artigo, a testemunha não será detida no acto:

Art. 96.º Quando o testemunho falso tiver logar sobre circumstancias não essenciaes do facto, incorrerá a testemunha na pena do artigo 242.º do codigo penal.

Art. 97.º A testemunha que se recusar a depôr ficará detida se não prestar caução, e será autoada como desobediente.

Art. 98.º Nunca se passarão cartas precatorias ou rogatorias para inquirição de testemunhas que já tenham depoimento escripto nos autos.

§ 1.º Finda a dilação, ou expirado o praso da prorogação que tiver sido concedida nos precisos termos do codigo do processo civil, a causa seguirá até final como se a carta não tivesse sido passada.

§ 2.º O praso da dilação não poderá ser prorogado mais de uma vez.

Art. 99.º As testemunhas que residirem fóra da jurisdicção do juiz da causa, ou da comarca séde do tribunal, serão obrigadas a comparecer pessoalmente se o juiz, ou o tribunal, em despacho ou accordão fundamentado, ou o jury quando intervem, decidir, terminada a discussão, que é absolutamente indispensavel ouvir o seu depoimento oral.

§ 1.º No caso previsto n'este artigo, a audiencia será adiada, procedendo-se logo á expedição da carta para intimação da testemunha.

§ 2.º As despezas com o comparecimento pessoal das testemunhas a que se refere o paragrapho anterior correrão por conta do ministerio da justiça. O juiz deprecado arbitrará segundo as circumstancias a quantia que for necessaria, a qual será levantada, por mandado, do competente e respectivo cofre do estado.

§ 3.º Se a testemunha residir em paiz estrangeiro, o ministerio publico providenciará para que o seu comparecimento pessoal seja requisitado pelas vias diplomaticas.

§ 4.º Se alguma das testemunhas a que se refere este artigo for membro da família real, conselheiro de estado, ministro de estado em effectivo serviço, arcebispo ou bispo, o seu comparecimento não terá logar sem precedencia de decreto que o auctorise, o qual regulará tambem, quando a testemunha for membro da familia real, o cerimonial que no acto ha de observar-se.

Art. 100.º Quando as pessoas a que se refere o paragrapho 4.º do artigo anterior residirem na area da jurisdicção do juiz da causa ou na comarca séde do tribunal, o seu comparecimento pessoal na audiencia de julgamento só terá logar se o juiz ou o tribunal, em despacho ou accordão fundamentado, ou o jury quando intervem, decidir, terminada a discussão, que é absolutamente indispensavel ouvir o seu depoimento oral.

§ unico. O comparecimento dos membros da familia real não terá logar sem precedencia de decreto que o auctorise e regule o cerimonial que no acto d'elle ha de observar-se.

Art. 101.º Nas hypotheses dos artigos 99.º e 100.º quando as testemunhas forem embaixadores, enviados, encarregados de negocios e quaesquer representantes de potencias estrangeiras, observar-se-ha o que estiver estipulado nos tratados e convenções, e na sua falta o principio da reciprocidade.

Art. 102.º Havendo contradicção entre os depoimentos das testemunhas e as declarações dos réus, dos offendidos ou de outras quaesquer pessoas, serão todos acareados.

Art. 103.º No corpo de delicto, o numero de testemunhas é illimitado; e ainda que o facto esteja verificado, e descoberto o seu agente, não poderão inquirir-se menos de duas nos processos de policia, de cinco nos correccionaes, e de oito nos de querela.

Art. 104.º Na audiencia de julgamento não poderão ser inquiridas a cada facto ou circumstancia: mais de tres testemunhas nos processos de policia; de cinco nos correccionaes; e de oito nos de querela.

§ 1.º O disposto n'este artigo terá logar ainda que haja mais de um réu ou de um accusador; mas entre o rol de testemunhas offerecido pelo ministerio publico e o offerecido pela parte, prevalecerá o do ministerio publico, salvo qualquer accordo.

§ 2.º Se para prova do mesmo facto ou circumstancia, differentes réus derem numero de testemunhas excedente ao marcado n'este artigo, a sorte decidirá, se não se accordarem, quaes as que têem de ser inquiridas até se perfazer o numero legal.

Art. 105.º O ministerio publico e a parte accusadora offerecerão as suas testemunhas quando formularem a accusação; e o réu indicará as suas: nos casos de policia, no acto de ser intimado para julgamento; e nos correccionaes e de querela, na contestação ou dentro do praso para contestar.

§ 1.º O rol de testemunhas póde ser alterado por cada parte, comtanto que a alteração possa ser intimada a parte contraria antes do julgamento: com a antecedencia de vinte e quatro horas nos casos de policia e correccionaes, e de tres dias nos de querela.

§ 2.º Nos casos de policia, o réu poderá apresentar no acto do julgamento as suas testemunhas ou substituir as já offerecidas, se o ministerio publico ou a parte accusadora se não oppozer.

Art. 106.º Se faltar alguma testemunha, e a parte que a offereceu não prescindir d'ella, o juiz adiará a discussão da causa; e se no dia novamente designado a mesma testemunha tornar a faltar, ou faltar outra, só haverá segundo adiamento se a parte contraria concordar; e não tornará a haver novo adiamento ainda que haja accordo das partes.

§ unico. Não havendo adiamento, se as testemunhas que faltarem tiverem depoimento escripto nos autos, será este lido.

Art. 107.º Faltando alguma testemunha que tiver sido devidamente intimada e não justificar a sua falta, se a parte prescindir d'ella, será autoada e punida como desobediente; e se não prescindir, contra ella se passarão mandados de prisão, e só será solta depois de depôr.

Art. 108.º As testemunhas no corpo de delicto serão inquiridas pelo juiz, e á inquirição só poderá assistir o ministerio publico.

Art. 109.º Se a testemunha for surda, mas souber ler, as perguntas lhe serão feitas por escripto e responderá de viva voz; se, porém, for surda e muda e souber ler e escrever, as perguntas e respostas serão feitas por escripto; mas se não souber ler nem escrever, o juiz nomeará por interprete a pessoa que mais habilmente se entenda com ella, a qual deferirá juramento.

Art. 110.º Não serão admittidas testemunhas que venham a juizo voluntariamente sem precedencia de intimação judicial, salvo o disposto no § 2.º do artigo 105.º

Art. 111.º Ás testemunhas será perguntado o modo por que souberam o que depõem: se disserem que o sabem de vista, serão perguntadas em que tempo e logar o viram, se estavam ahi outras pessoas que tambem o vissem e quaes eram; se disserem que o sabem de ouvido, serão perguntadas a quem o ouviram, em que tempo e logar, e se estavam ahi outras pessoas que o ouvissem e quaes sejam.

Art. 112.º Se a testemunha na occasião do depoimento apresentar alguns objecto que possa servir para fazer culpa ao réu ou para bem da sua defeza, no depoimento se fará menção da apresentação e se juntará ao processo, sendo possivel, ou se guardará no cartorio do escrivão. Se o objecto apresentado for algum escripto, será rubricado pelo juiz e pela testemunha que o offerecer, ou, não sabendo esta escrever, pelo escrivão.

Art. 113.º As testemunhas terão a faculdade de dictar os depoimentos, que serão escriptos pelo escrivão; se, porém, não usarem d'esta faculdade, os depoimentos serão dictados pelo juiz, conservando, quanto possivel for, as proprias expressões da testemunha, e de maneira que cada palavra possa ser bem comprehendida por ella.

Art. 114.º A testemunha que já tiver sido inquirida no corpo de delicto, poderá ahi ser reinquerida se a parte que a produziu assim o requerer, ou o juiz o ordenar officiosamente.

Art. 115.º As folhas que contiverem os depoimentos das testemunhas serão rubricadas pelo juiz, pelo escrivão e pela testemunha se souber e podér escrever.

Art. 116.º Serão mostradas ás testemunhas, quando parecer conveniente, quaesquer escripturas ou documentos produzidos a favor ou contra o réu, e bem assim todos os instrumentos do crime, e quaesquer outros objectos apprehendidos, que serão presentes na audiencia.

Art. 117.º Não se darão cartas de inquirição para paizes estrangeiros, nem para as provincias ultramarinas ou ilhas adjacentes, salvo quando os crimes accusados ahi tiverem sido commettidos, ou quando ao juiz parecer necessario para prova de algum artigo essencial da accusação ou defeza.

SECÇÃO VI

Dos documentos

Art. 118.º Não poderão juntar-se documentos: nos processos de policia, nos correccionaes, e nos de querela em que não intervem o jury, depois de começar o inquerito das testemunhas em audiencia; nos de querela em que intervem o jury, depois de constituido este.

§ unico. As partes ou seus representantes não poderão ler documento algum que não tenha sido apresentado em conformidade com o disposto n'este artigo.

SECÇÃO VII

Das presumpções

Art. 119.º A força probatoria das presumpções será avaliada segundo o prudente arbitrio do julgador.

CAPITULO VII

Da prisão

Art. 120.º Em flagrante delicto, todo o official de justiça e toda a auctoridade publica ou seus agentes, devem e qualquer outra pessoa póde, prender os delinquentes, conduzindo-os immediatamente á presença da competente auctoridade judicial, administrativa ou policial.

§ unico. Flagrante delicto é o facto punivel que se está commettendo ou se acabou de commetter sem intervalo algum. Reputa-se tambem flagrante delicto o caso em que o delinquente, acabando de perpetrar o facto punivel, foge do logar d'elle e é logo continua e successivamente perseguido; ou em que se estão dando factos ou circumstancias de tal ordem, que nenhuma duvida rasoavel póde restar sobre a existencia do facto punivel.

Art. 121.° Fóra do flagrante delicto ninguem poderá ser preso sem culpa formada, excepto:

1.° Pelos crimes previstos no artigo 130.°, n.ᵒˢ 1.°, 2.°, 3.° e 4.° do codigo penal;
2.° Pelos crimes contra a segurança do estado;
3.° Pelos crimes de furto previstos nos artigos 425.° a 428.° do codigo penal; roubo, burla e abuso de confiança;
4.° Pelos crimes de morte, voluntarios ou involuntarios, consummados, tentados ou frustrados, e pelos de aborto;
5.° Os que fugirem da cadeia ou do logar do degredo;
6.° Nos casos previstos em leis especiaes;
7.° Nos casos que não são puramente criminaes e em que a lei determina, todavia, a prisão de alguma pessoa por desobedecer aos mandados da justiça ou não cumprir alguma obrigação dentro de determinado praso.

Art. 122.° Para a prisão dos réus em flagrante delicto é permittida a entrada desde o nascer até ao occaso do sol, tanto na casa onde o facto se está commettendo, como n'aquella em que o réu se acolheu, independente de requisito ou solemnidade alguma. De noite, só terá logar a entrada havendo reclamação de dentro ou consentimento do morador.

§ unico. O disposto na ultima parte d'este artigo não terá logar, se a prisão tiver de effectuar-se em casa sujeita á vigilancia da policia, ou de pessoa sujeita á mesma vigilancia.

Art. 123.° A prisão do réu fóra do flagrante delicto não poderá ter logar senão em virtude de mandado da auctoridade competente; e o encarregado de a fazer não entrará na casa do delinquente nem das pessoas em que se presumir que ella possa estar depois do pôr nem antes do nascer do sol, mas tomar-se-hão as cautelas necessarias pela parte exterior da casa para que se não possa evadir.

Art. 124.° Os mandados de prisão serão sempre passados em duplicado, datados e assignados pelo juiz; e conterão sómente a designação do facto punivel por que são passados e a do delinquente pelo seu nome, sobrenome, appellido, alcunha e maior numero de circumstancias que for possivel. Nos mandados se declarará se a prisão póde ou não ser substituida por caução, e em caso affirmativo o valor d'esta, que deverá sempre ser arbitrado no despacho que os mandar passar, se antes d'isso o não tiver sido.

§ unico. No acto da prisão será sempre entregue ao preso um dos mandados.

Art. 125.° Os mandados de prisão são exequiveis em todas as partes do reino; se, porém, o delinquente for achado fóra da area da jurisdicção do juiz que passou o mandado, não será este executado sem o – cumpra-se – do juiz de direito do logar em que a prisão ha de effectuar-se.

Art. 126.° É prohibido a todo o agente da auctoridade encarregado de effectuar alguma prisão maltratar e fazer algum insulto ou violencia aos presos; e só no caso de resistencia lhe será licito usar da força necessaria para repellir a aggressão e effectuar a diligencia.

§ unico. O agente a que se refere este artigo far-se-ha acompanhar, sendo necessario, da força publica sufficiente para que o delinquente se não possa evadir.

Art. 127.° Effectuada a prisão, será o delinquente levado logo á cadeia se o crime não admittir caução; e o respectivo mandado, com a certidão da diligencia e o recibo do carcereiro, que serão passados no verso, se juntarão aos autos.

§ unico. Se o facto punivel, admittir caução e o preso se offerecer logo a prestal-a, não será conduzido á cadeia, mas levado directamente á presença do juiz, onde será logo posto em liberdade, prestada que seja a caução. N'esta diligencia se procederá continua e successivamente, salvos os intervallos necessarios para satisfazer as necessidades de comida e repouso.

Art. 128.º Nenhum culpado póde estar preso mais de oito dias, contados da sua apresentação em juízo, sem ser julgado ou pronunciado; mas poderá ser novamente preso, se pela continuação do processo o houver de ser nos termos d'este codigo.

§ unico. O praso estabelecido n'este, artigo poderá, porém, prolongar-se por mais oito dias quando constar do processo a absoluta impossibilidade de se concluir d'entro d'elle o corpo de delicto.

Art. 129.º Havendo recurso, os réus presos nunca serão compelidos a acompanhar o processo á instancia superior.

Art. 130.º Quando a prisão não tiver logar em virtude de mandado do juiz, este, por uma nota por elle assignada, fará constar ao réu o motivo da prisão, os nomes dos accusadores e os das testemunhas, havendo-as.

§ unico. A entrega da nota será feita pelo escrivão dentro de vinte e quatro horas contadas desde a entrada na cadeia. Da entrega se passará certidão nos autos.

LIVRO II

Do processo em especial

TITULO I

Disposições communs

CAPITULO I

Da participação

Art. 131.º Os queixosos e toda a pessoa que presencear algum facto punivel, ou d'elle tiver noticia, poderão participal-o ao ministerio publico ou ao juiz, indicando todas as circumstancias do mesmo facto, e os nomes, moradas e misteres das testemunhas.

§ 1.º A participação póde ser verbal ou escripta. Sendo verbal, será logo reduzida a auto.

§ 2.º Nos casos em que o ministerio publico não póde proceder sem prévia participação do offendido, esta, se não for oral, será escripta e assignada pelo participante, e a assignatura deste reconhecida; e não sabendo escrever, será a participação assignada a rogo na presença de duas testemunhas, sendo feito o reconhecimento, n'este caso, nos termos do § unico do artigo 2:436.º do codigo civil.

Art. 132.º Qualquer auctoridade ou seus agentes que no exercicio das respectivas funcções, ou fóra d'elle, descobrir algum facto punivel, dará logo parte ao ministerio publico competente.

Art. 133.º Se o supremo tribunal de justiça, alguma das relações, ou algum juiz, descobrir em algum feito qualquer facto punivel, levantará o competente auto, que mandará remetter ao ministerio publico junto d'elle. O auto será acompanhado de quaesquer documentos ou certidões que pareçam necessarios.

§ unico. O supremo tribunal de justiça e as relações, logo que lhes conste por qualquer outra fórma, a existencia de algum facto punivel cujo conhecimento seja da sua competencia em primeira ou unica instancia, mandarão levantar o competente auto e remettel o ao ministerio publico junto d'elles. A mesma obrigação incumbe aos juizes de direito e municipaes, em relação aos factos occorridos na area da sua jurisdicção, ainda que o conhecimento d'estes seja da competencia de outro juizo.

Art. 134.º O magistrado do ministerio publico junto de qualquer juizo ou tribunal, logo que por alguma fórma tenha conhecimento da existencia de algum facto punivel occorrido na area da sua jurisdicção, e cuja accusação seja da competencia do ministerio publico, o participará ao respectivo juiz ou tribunal se este for o competente, ou ao magistrado do ministerio publico junto do tribunal que o for.

§ unico. A disposição d'este artigo não terá logar quando a acção penal respectiva depender de previa participação do offendido ou da accusação d'este.

Art. 135.º Todos os juizes e tribunaes e todos os magistrados do ministerio publico poderão requisitar directamente de quaesquer secretarias, repartições, funccionarios, e auctoridades e seus agentes, sejam de que categoria for, quaesquer esclarecimentos, documentos ou diligencias indispensaveis para instrucção de algum processo.

Art. 136.º Não sendo conhecidas em juizo as pessoas que nos termos d'este codigo podem intentar acção penal, só por meio de procurador podem requerer os respectivos termos.

CAPITULO II
Da distribuição

Art. 137.º Os corpos de delicto serão averbados pelo juiz, em livro especial, ao escrivão de semana.

Art. 138.º Findo o corpo do delicto, e produzida a accusação, o juiz distribuirá o processo. Para a distribuição, que será feita com igualdade por ordem numérica dos officios, haverá as seguintes classes

1.ª Processos de policia;
2.ª Processos correccionaes;
3.ª Processos de querela.

§ 1.º Haverá no juizo um livro para cada classe.

§ 2.º Será dada baixa na distribuição, se o processo findar por qualquer motivo antes da audiencia de julgamento, compensando-se logo o respectivo escrivão na distribuição que houver de fazer-se na mesma classe.

Art. 139.º Nos juizos municipaes, haverá sómente um livro para averbar os corpos de delicto, e d'elle constará o destino que tiver o feito.

CAPITULO III
Das perguntas

Art. 140.º Os culpados no acto da apresentação em juizo, ou presos em virtude de mandado, serão logo interrogados pelo juiz; e as perguntas lhes serão repetidas todas as vezes que forem requeridas pelas partes ou ao juiz parecerem necessarias para a melhor indagação da verdade.

Art. 141.º As perguntas e as respostas serão sempre reduzidas a auto; e a ellas só poderão assistir as partes que as houverem requerido, se não forem feitas no corpo de delicto; porque se o forem, pessoa alguma assistirá.

§ unico. O auto a que se refere este artigo será sempre assignado e rubricado pelo juiz, e pelo culpado e pessoas presentes, sabendo escrever.

Art. 142.º Os culpados apresentados em juizo, ou presos em virtude de mandado, não communicarão com pessoa alguma enquanto não forem interrogados, salvo com seus paes, filhos, mulher ou marido, e irmãos, precedendo licença do juiz, e na presença de um official do juizo.

Art. 143.º Se houver co-réus no facto punivel, a cada um d'elles se farão separadamente os interrogatorios.

Art. 144.º Os réus serão perguntados pelos seus nomes, sobrenomes, appellidos, idade, naturalidade, filiação, estado, profissão, e se já estiveram alguma outra vez presos ou foram condemnados, por que facto e em que pena.

Art. 145.º O réu nunca será, obrigado a responder precipitadamente; as perguntas lhe serão repetidas sempre que pareça que não as comprehendeu; esta repetição terá principalmente logar quando a resposta não concordar com a pergunta, e n'este caso não se escreverá senão a resposta dada á pergunta repetida. Nas perguntas feitas sobre circumstancias mais particulares ou sobre tempos mais remotos, dar-se-ha ao réu o tempo conveniente para se recordar dos factos com exactidão.

Art. 146.º As perguntas não serão suggestivas nem cavillosas, nem acompanhadas de dolosas persuasões, falsas promessas ou ameaças.

§ unico. O juiz que violar este, artigo incorrerá nas penas, do artigo 299.º do codigo penal.

Art. 147.º Se o réu confessar o facto será especialmente perguntado pelo motivo d'elle, tempo, logar, modo, e meios empregados para o seu committimento, se é reincidencia, e se tem cumplices ou encobridores quando a natureza do facto os admitta.

Art. 148.º Se o réu negar, allegando algum facto que exclua a culpabilidade, offerecendo-se logo a proval-o por documento, o juiz os receberá e mandará juntar ao processo.

Art. 149.º Se o réu não souber a lingua portugueza, proceder se-ha, nos termos preceituados no codigo do processo civil em relação ás testemunhas; e se for surdo e mudo observar-se-ha o disposto no artigo 109.º

Art. 150.º O réu dictará ao escrivão as suas, respostas, e, não o fazendo, serão dictadas pelo juiz, conservando quanto possivel for as proprias expressões do réu, de maneira que cada palavra possa ser bem comprehendida por elle.

Art. 151.º As respostas serão lidas ao réu antes de serem por elle assignadas, e da leitura se fará expressa menção no auto. Se o réu não ratificar as respostas mas as alterar, aumentar ou diminuir, serão acrescentadas todas as alterações que lhes forem feitas.

Art. 152.º O réu que se recusar a responder será havido como confesso.

Art. 153.º No acto das perguntas se observará o disposto no artigo 116.º

Art. 154.º O juiz poderá, officiosamente ou a requerimento das partes, acarear os réus uns com os outros, com as testemunhas, com os participantes ou com os offendidos, sempre que for necessario para a melhor indagação da verdade.

CAPITULO IV
Do corpo de delicto

Art. 155.º O corpo de delicto póde fazer-se ou por inspecção ocular ou por testemunhas; a primeira fórma, quando seja possivel, terá logar sempre nos crimes que deixarem vestigios permanentes.

Art. 156.º Têem força de corpo de delicto, e fé em juizo sem se admittir prova em contrario, os autos emanados do poder judicial por falta de cumprimento dos seus mandados.

§ unico. Têem tambem força de corpo de delicto todos os mais autos a que por lei, decreto, qualquer regulamento ou postura for dada aquella força; mas se o acto punivel a que os mesmos autos se referirem deixar vestigios, estes serão sempre verificados por meio de exame. O ministerio publico poderá, porém, haja ou não vestigios, requerer que se inquiram testemunhas, quer para a verificação do facto punivel, quer para a descoberta dos seus agentes; e apurando-se por esta fórma o contrario do que constar do auto, ficará este de nenhum effeito.

Art. 157.º Ás diligencias necessarias para constituir o corpo de delicto pelos meios de prova que nos termos d'este codigo são admittidos e forem competentes, o juiz procederá officiosamente ou a requerimento das partes, logo que tenha recebido as competentes participações, ou existam os autos que nos termos legaes as substituem.

Art. 158.º O juiz ou o tribunal, officiosamente ou a requerimento de qualquer das partes, poderá ouvir o réu no corpo de delicto, se assim o entender necessario para esclarecer a verdade.

§ 1.º As declarações a que se refere este artigo serão reduzidas a auto e prestadas pessoalmente pelo réu, sem assistência das partes ou de outra qualquer pessoa.

§ 2.º Se o réu apresentar documentos, serão juntos aos autos; e se indicar testemunhas, serão ou não inquiridas, todas ou algumas, como parecer conveniente.

§ 3.º Se o réu devidamente intimado não comparecer, virá prestar declarações debaixo de prisão.

Art. 159.º De todos os corpos de delicto o juiz mandará dar vista ao ministerio publico, para, se for competente, promover os termos ulteriores.

Art. 160.º O juiz, para mais exacta comprehensão dos depoimentos das testemunhas ou das declarações dos offendidos ou dos culpados, poderá ouvil-os nos lugares a que se referirem.

Art. 161.º Ainda que do corpo de delicto constem diversos factos puniveis attribuidos aos mesmos agentes, contra todos e por todos esses factos seguirá o mesmo processo, observando-se em todo o caso o disposto nos artigos 7.º e 8.º e salvo o disposto no artigo 59.º

§ unico. Constando do corpo de delicto outros factos attribuidos a outras pessoas, ou sendo desconhecidos os seus agentes, o processo correrá em separado, extrahin-do-se para esse effeito as necessarias certidões.

Art. 162.º Se depois de feito o corpo de delicto, o ministerio publico, nos processos que nos termos d'este codigo não podem seguir sem a sua accusação, promover com qualquer fundamento que os autos se archivem, o juiz, não se conformando, e ainda que a parte requeira os termos ulteriores, limitar-se-ha a mandar os autos novamente ao ministerio publico com despacho fundamentado. O ministerio publico promoverá os termos conforme o despacho, se d'este não recorrer.

§ unico. Se o ministerio publico recorrer, terá o recurso effeito suspensivo.

Art. 163.º Emquanto se não ultimar o exame no corpo de delicto, os juizes evitarão que se alterem os vestigios do facto punivel ou se afastem do logar d'elle as pessoas que possam dar informação.

Art. 164.º Quando os corpos de delicto forem archivados por falta de prova, poderão prosseguir logo que para isso sobrevier motivo, inquirindo-se novas testemunhas e praticando-se os demais actos que para verificação do facto e descoberta do agente fossem necessarios.

Art. 165.º O corpo de delicto por facto a que corresponda processo de policia contra algum membro da familia real, conselheiro de estado, ministro em effectivo serviço, arcebispo, bispo ou par do reino, será remettido, logo que esteja findo, á presidencia da camara dos pares; e sendo contra algum deputado, á presidencia da camara dos deputados.

CAPITULO V
Da accusação

Art. 166.º O despacho de pronuncia será lançado contra todas as pessoas que no corpo de delicto appareçam sufficientemente indiciadas.

§ 1.º O despacho de pronuncia especificará o facto punivel com todas as circumstancias, tanto aggravantes como attenuantes, que constarem dos autos; citará a disposição legal que o pune, e arbitrará o valor da caução, se não estiver ainda arbitrado.

§ 2.º Quando o juiz entender que não ha lugar a pronuncia, assim o declarará, especificando, n'este caso, os fundamentos.

Art. 167.º Havendo pronuncia, o escrivão passará tantos mandados de prisão quantos lhe forem ordenados pelo juiz e pelo ministerio publico ou exigidos pela parte.

Art. 168.º A pronuncia passada em julgado torna o réu que exercer auctoridade publica inhabil para continuar nas suas funcções, até final decisão da causa.

Art. 169.º O despacho de pronuncia passado em julgado classifica definitivamente o facto punivel.

Art. 170.º Nos processos de policia a classificação será a que lhe der o ministerio publico ou a parte quando este não intervem, se o juiz, no despacho em que designar dia para julgamento, lhe não der outra classificação.

Art. 171.º Podem ser pronunciadas nos processos da competencia do ministerio publico, não só as pessoas certas contra quem elle deduziu accusação ou deu querela, mas tambem as outras que pelo corpo de delicto se mostrarem culpadas.

Art. 172.º Nos processos da competencia do ministerio publico, se este deixar de recorrer do despacho que não designou dia para julgamento ou do que não pronunciou os culpados, mas d'elle tiver recorrido a parte e obtiver provimento, a accusação ficará igualmente competindo assim á parte offendida como ao ministerio publico. O mesmo se observará quando for recorrente o ministerio publico e não a parte offendida.

Art. 173.° Quando o mesmo réu for implicado em outros crimes, os processos se appensarão ao feito pela ordem da sua gravidade e poderão ser requeridos por deprecadas se estiverem em outros juizos.

§ unico. Se nos processos deprecados houver co-réus que não devam responder no juizo deprecante, será remettida por traslado a culpa do réu a que respeitar a carta precatoria.

Art. 174.° Se a parte offendida não for moradora na comarca, deverá escolher domicilio dentro d'ella, e n'este lhe serão feitas todas as intimações necessarias para o andamento do processo.

§ unico. Se o processo correr perante o supremo tribunal de justiça ou algumas das relações, o domicilio será escolhido dentro da séde do respectivo tribunal.

Art. 175.° A separação do processo póde ser requerida logo que finde o corpo de delicto ou depois da pronuncia nos casos em que tem logar.

Art. 176.° Lançada a pronuncia contra algum membro da familia real, conselheiro d'estado, ministro em effectivo serviço, arcebispo, bispo, ou par do reino, os autos serão logo remettidos á presidencia da camara dos pares; e se for deputado o pronunciado, á presidencia da camara dos deputados.

§ unico. Dos autos serão extrahidas, culpas tocantes para se lhes dar o destino indicado no artigo, se com as pessoas ahi designadas houver co-réus que devam responder em juizo diverso.

Art. 177.° Contra as pessoas designadas no artigo anterior, o juiz não poderá passar mandado de prisão.

CAPITULO VI

Dos incidentes

SECÇÃO I

Disposição commum

Art. 178.° Todos os incidentes serão processados por appenso aos respectivos autos.

SECÇÃO II

Dos impedimentos e suspeições

Art. 179.° Os juizes e agentes do ministerio publico não podem declarar-se impedidos, nem como tal ser recusados, nos processos por offensas a elles dirigidas na presença e no exercicio das suas funcções, ou fóra das mesmas funcções, mas par causa d'ellas.

Art. 180.° Os culpados não poderão requerer que o juiz se declare impedido, nem recusal-o como suspeito, senão quando estiverem em juizo depois de findo o corpo de delicto e até á constituição do jury nos processos em que intervem, ou até começar a inquirição das testemunhas no julgamento dos outros processos.

Art. 181.º Nenhum advogado ou procurador poderá exercer as suas funcções em causa em que intervier como juiz algum seu ascendente, descendente, transversal até ao quarto grau, ou afim nos mesmos graus.

§ unico. Se, contra o disposto n'este artigo, o juiz consentir que exerça perante elle as suas funcções algum advogado ou procurador nas condições ahi mencionadas, deverá sempre o ministerio publico, e a parte poderá, recusal-o como suspeito com este fundamento.

Art. 182.º A suspeição será deduzida em requerimento, ao qual o juiz, se não confessar, responderá dentro de vinte e quatro horas.

§ 1.º Quando seja necessario recorrer a arbitros, estes serão os tres primeiros substitutos do juiz recusado incluindo o que tiver de funccionar no processo, e a sua decisão será proferida dentro de tres dias depois da resposta do juiz.

§ 2.º Da decisão dos arbitros só o juiz poderá recorrer.

Art. 183.º Não podem ser jurados:

1.º Os ascendentes, descendentes, transversaes até ao quarto grau, ou affins nos mesmos graus dos réus ou do offendido;

2.º O marido, quando for ré ou offendida sua mulher;

3.º A pessoa individualmente offendida;

4.º Os que participaram o crime;

5.º Os advogados que tenham ou hajam tido procuração nos autos;

6.º Os que testemunharam, salvo se nada depozeram;

7.º Os que serviram de peritos;

8.º Os que por sentença passada em julgado estiverem privados de exercer funcções publicas;

9.º Os estrangeiros não naturalisados, salvo o estipulado em quaesquer tratados.

§ 1.º A prova d'estes fundamentos será produzida pela parte que os allegar, logo que o jurado seja sorteado; e provado o impedimento, o juiz substituirá o jurado, e da mesma fórma e na mesma occasião procederá, embora nenhuma das partes o reclame, se dos autos constar algum d'aquelles fundamentos.

§ 2.º O jurado, logo que seja sorteado, póde allegar o seu impedimento, provando qualquer dos fundamentos mencionados n'este artigo; e havido o impedimento por provado, será substituido.

Art. 184.º Sem causa justificada, só podem ser recusados tres jurados pela accusação e tres pela defeza.

§ unico. Não concordando nas recusações os representantes da acusação, ficará sempre salvo ao ministerio publico o numero de recusações estabelecido n'este artigo; e se a falta de concordancia se der entre os representantes da defeza, a sorte decidirá a ordem por que cada um d'elles ha de recusar, e n'este caso cada um poderá successivamente recusar um jurado até se completar o numero total das recusações. Completo este, não poderão ellas continuar ainda que algum dos representantes dos réus não chegue a exercer o direito de recusação.

Art. 185.º O parentesco dos jurados uns com os outros, seja de que natureza for, não os inhibe de tomar parte no mesmo jury.

Art. 186.º Assim o ministerio publico como as partes poderão recusar o interprete pelos mesmos fundamentos de recusação dos jurados, provando logo qualquer fundamento. O juiz decidirá no mesmo acto.

SECÇÃO III

Das cauções

Art. 187.° Não admittem caução os crimes a que corresponder alguma das penas maiores fixas de prisão ou degredo mencionadas no codigo penal.

Art. 188.° Todos os factos puniveis não previstos no artigo anterior admittem caução que poderá ser prestada por meio de deposito, hypotheca ou fiança, sem prejuizo, todavia do que na lei se achar estabelecido relativamente aos casos a que se refere o n.° 7.° do artigo 121.°

§ 1.° Não será tambem exigida caução no caso previsto no artigo 201.°, e bem assim em todos aquelles em que não for applicavel pena corporal.

§ 2.° O valor da caução será arbitrado pelo juiz, tendo em attenção a gravidade do facto, pena, damno e qualidade do accusado.

§ 3.° Nos factos, a que nos termos d'este codigo corresponder o processo correccional, e bem assim, n'aquelles a que, correspondendo o processo de querela, a caução for admissivel, o valor d'esta nunca será inferior a 50$000 réis.

§ 4.° Nos factos de que resulte ou possa resultar prejuizo ou damno, a caução nunca será arbitrada em quantia inferior ao valor d'aquelle, real ou presumido.

Art. 189.° Requerida a caução, o juiz, depois de ouvido o ministerio publico, arbitrará o seu valor, se for caso d'ella e esse valor não tiver ainda sido arbitrado.

§ 1.° Se a caução offerecida for fiança, o fiador será abonado por duas testemunhas, e tanto aquelle como estas serão pessoas idoneas, residentes ou não na comarca onde a fiança é requerida. Inquiridas as testemunhas, o juiz proferirá sentença sobre a idoneidade da fiança.

§ 2.° Se a caução offerecida for hypotheca, o accusado juntará certidão da matriz de onde conste o valor do predio, e bem assim certidão comprovativa de estar o predio livre de encargos, ou do valor d'este se estiver onerado. Se o valor do predio, não obstante quaesquer encargos que o onerem, for ainda sufficiente para cobrir a caução, o juiz admittirá esta, e junta a certidão do registo da hypotheca, ou a da apresentação no diario, julgará prestada a caução.

§ 3.° Se a caução offerecida for deposito, o juiz nomeará um perito para avaliação dos objectos, salvo sendo papeis de credito, porque o valor d'estes será determinado pela ultima cotação official. Determinado o valor, que deverá ser sufficiente para cobrir a caução, ou sendo esta em dinheiro, o juiz mandará fazer o deposito, na caixa geral ou suas delegações, se os objectos forem dos que ahi podem ser arrecadados, ou em poder de pessoa idonea se o não forem, e n'este caso por termo nos autos. Feito o deposito, o juiz julgará prestada a caução.

§ 4.° O réu, fiador e depositario declararão sempre o seu domicilio; e sendo residentes fóra da comarca, escolherão, na séde d'esta, domicilio especial para lhes serem feitas as intimações.

Art. 190.° Sempre que os réus comparecerem ou forem apresentados em juizo antes de constituido o corpo de delicto, a natureza do crime será determinada, para os effeitos da prestação de caução, unicamente pela participação e por outros quaesquer elementos que porventura constem dos autos.

§ unico. O disposto n'este artigo não impede que na pronuncia se mande reforçar a caução consoante as circumstancias, ou se haja a mesma por quebrada se ao facto não couber caução. O reforço da caução será gratuito, sem prejuizo, porém, dos respectivos sellos.

Art. 191.º Quando o réu caucionado não for encontrado ou deixar de comparecer sem motivo justificado a qualquer acto do processo, para que tiver sido devidamente intimado, será o fiador ou depositario intimado para o apresentar no praso de tres dias, findos os quaes, não o apresentando, será a caução julgada quebrada.

§ 1.º Quando a caução houver sido prestada por meio de hypotheca, ou de deposito na caixa geral ou suas delegações, será julgada quebrada a caução logo que o caucionado deixe de comparecer quando intimado, ou, não tendo sido encontrado, quando a diligencia, repetida com intervallo de três dias, não der resultado.

§ 2.º Na sentença que julgar quebrada a caução será a importancia d'esta applicada para a fazenda nacional. O réu será preso e não lhe será admittida nova caução.

Art. 192.º Quebrada a caução, proceder-se-ha pela fórma seguinte:

§ 1.º Se a caução consistir em fiança, será intimado o fiador para em cinco dias apresentar em juizo a quantia da fiança; findo este praso, não se realisando a entrega, será preso o fiador até effectivo pagamento ou até se completarem os dias de prisão correspondentes à quantia da fiança, a rasão de 500 réis por dia; mas não poderá, por esta causa, estar preso mais e um anno.

§ 2.º Se a caução consistir em hypotheca ou deposito, proceder-se-ha á venda dos bens nos termos da lei; e se o depositario for particular, e intimado os não apresentar, será preso pelo tempo correspondente ao valor do deposito, calculado a 500 réis por dia, mas não poderá por esta causa estar preso mais de um anno, salvo o procedimento criminal a que houver logar.

Art. 193.º Havendo absolvição passada em julgado, o juiz, por despacho nos autos d'este incidente, mandará immediatamente entregar os bens ou valores depositados a quem pertencerem, não podendo ser demorados por qualquer motivo; e bem assim mandará, por sentença, cancellar o registo da hypotheca.

Art. 194.º Se o fiador tiver justo receio de que o affiançado procure evadir-se, poderá requerer a detenção d'elle ao juiz competente; e se, depois de detido, o fiador pretender exonerar-se da fiança, assim o declarará, e o afiançado recolherá á cadeia, se não prestar nova caução.

§ unico. A detenção a que se refere este artigo não produzirá senão o effeito da apresentação do afiançado em juizo.

Art. 195.º Logo que conste em juizo o fallecimento de algum fiador, o juiz ordenará a detenção do afiançado, o qual recolherá á cadeia se não prestar nova caução.

§ unico. No caso previsto n'este artigo é applicavel o disposto no § unico do artigo anterior.

Art. 196.º Em processos de policia ou correccionaes, a condemnação, havendo recurso da sentença, obriga o réu que quizer livrar-se solto a prestar caução, se a não tiver ainda prestado.

Art. 197.º Nos processos de querela por crimes a que nos termos da pronuncia corresponder alguma das penas maiores temporarias, o réu condemnado recolherá á cadeia, em caso de recurso, ainda que tenha prestado caução; e se a sentença for absolutaria e o réu não estiver caucionado, só poderá livrar-se solto mediante caução.

Art. 198.º Nos processos de querela por crimes a que nos termos da a pronuncia corresponder pena maior fixa de prisão ou degredo, o réu não poderá livrar-se solto sob caução, havendo recurso, ainda que a sentença seja absolutoria.

Art. 199.° A caução tem por fim sómente assegurar o comparecimento do réu a todos os termos do processo; e subsistirá emquanto não passar em julgado a sentença absolutoria ou o despacho que mande archivar o processo, ou emquanto não começar a executar-se a sentença condemnatoria.

Art. 200.° A caução só poderá ser requerida pelo réu que estiver pessoalmente em iuizo.

§ 1.° A caução póde ser requerida no juizo onde pender a causa, ou no da comarca onde o réu for preso.

§ 2.° Sendo requerida na relação ou no supremo tribunal de justiça, será juiz do incidente o relator.

§ 3.° Quando a caução for prestada no juizo da comarca onde tiver logar a prisão do réu, serão remettidos os respectivos autos ao juizo da culpa, juntamente com a certidão da intimação, que será feita ao caucionado, para que dentro de um preso assignado, a rasão de 20 kilometros por dia, compareça no juizo da culpa. Se o caucionado não comparecer, ser-lhe-ha quebrada a caução e não lhe será mais admittida outra.

Art. 201.° Os réus de factos puniveis a que nos termos da participação que os acompanhar, ou do auto que a substitua, corresponder prisão correccional até seis mezes, ou pena de desterro, podem livrar-se soltos, salvo não sendo conhecidos em juizo ou não tendo domicilio certo; porque em qualquer d'estes casos, terão de provar previamente a sua identidade, e assignar termo em que declarem ou escolham domicilio dentro da comarca, e se obriguem a comparecer em juizo e a participar qualquer mudança.

§ 1.° A prova da identidade será sómente feita por abonação de individuo conhecido em juizo, o qual assignará tambem o respectivo termo.

§ 2.° Não sendo encontrado na residencia ou no domicilio escolhido, e faltando aos termos do processo, o accusado será preso e só se livrará solto prestando caução.

Art. 202.° A caução em processo de policia nunca será arbitrada em quantia superior a 50$000 réis, e só poderá ser prestada por meio de fiança.

SECÇÃO IV

Do reconhecimento de identidade

Art. 203.° Se antes do julgamento definitivo houver duvida sobre a pessoa do culpado, de maneira que seja necessario proceder ao reconhecimento d'elle, será feito esse reconhecimento, apresentando o culpado a cada uma das testemunhas e dos offendidos, conjunctamente com outros individuos, entre os quaes cada testemunha ou offendido o reconhecerá.

§ 1.° Sendo necessario fazer-se o reconhecimento por mais de uma testemunha ou de um offendido, cada um d'elles se fará separadamente.

§ 2.° Se as testemunhas e os offendidos affirmarem todos que o individuo em juizo não é o proprio culpado, o juiz, por despacho, o mandará em paz.

§ 3.° Sendo reconhecido o culpado, os respectivos autos de reconhecimento serão encorporados no processo.

Art. 204.° Se a necessidade do reconhecimento do culpado tiver logar depois de definitivamente condemnado, proceder-se-ha nos termos do artigo anterior e seus §§ 1.° e 2.°

§ 1.° Não se dando a hypothese do § 2.° do artigo anterior, o juiz mandará dar vista do processo ao ministerio publico, para em cinco dias allegar o que entender, podendo offerecer qualquer meio de prova. Em seguida o juiz mandará intimar, para o mesmo fim, o presumido culpado, assignando-lhe, para responder, um praso não superior a dez dias; e o escrivão lhe entregará copia do allegado pelo ministerio publico e do rol de testemunhas por este offerecido.

§ 2.º Satisfeito o disposto no paragrapho anterior, o juiz designará dia para julgamento do incidente, sem intervenção do jury em caso algum.

§ 3.º No julgamento serão lidos quaesquer documentos, inquiridas as testemunhas, cujos depoimentos se escreverão, e, em seguida ás allegações das partes, o juiz proferirá sentença.

§ 4.º Se a identidade do culpado for reconhecida, o juiz, na mesma sentença, impor-lhe-ha a pena do artigo 196.º do codigo penal, se a essa imposição houver logar.

§ 5.º Este incidente correrá no juizo da condemnação; e, quando não exista n'este o respectivo processo, será para elle remettido, para tal effeito, a requisição do ministerio publico.

SECÇÃO V
Da falsidade

Art. 205.º O incidente de falsidade não poderá ser levantado senão contra documentos que directamente, possam, influir na decisão da causa. No caso contrario, o juiz não o admittirá.

Art. 206.º A acção criminal por falsidade dos escriptos não depende de previa decisão do tribunal civil, proferida quer em incidente, quer em acção para esse fim intentada, salvo o disposto no artigo 230.º

Art. 207.º O incidente de falsidade, quando se referir a documentos existentes nos autos, poderá ser levantado pelo réu, nos processos em que ha contestação, quando apresentar esta, ou dentro do praso para ella marcado.

§ 1.º Nos processos, a que se refere este artigo, o ministerio publico e a parte offendida poderão arguir de falsos os documentos juntos pelo réu com a contestação ou no praso d'esta, sómente dentro de quarenta e oito horas depois de lhe ter sido entregue o duplicado e a indicação dos documentos.

§ 2.º Nos casos de policia, o réu poderá arguir de falsos os documentos existentes nos autos até começar a inquirição das testemunhas na audiencia de julgamento.

Art. 208.º Sendo offerecidos os documentos na audiencia de julgamento, a parte contraria os examinará no acto; e se pretender arguil-os de falsos, só poderá fazel-o antes de começar a discussão da causa, ou antes de constituido o jury nos casos em que este intervem.

Art. 209.º O incidente de falsidade, quando, levantado antes da audiencia de julgamento, e o juiz o admittir suspende o andamento do processo sómente pelo tempo absolutamente indispensavel para se proceder aos exames requeridos; e as inquirições e depoimentos, a que se não tiver procedido por meio de cartas, terão logar sómente na audiencia, depois de inquiridas as testemunhas da causa.

Art. 210.º Se o incidente de falsidade for levantado na audiencia de julgamento, e o juiz o admittir, será adiada a sessão se a prova não podér ser produzida na mesma audiencia. N'este caso, a parte será intimada no acto para no praso de tres dias a offerecer, tendo-se depois em vista o disposto no artigo anterior.

Art. 211.º Na sentença final da causa o juiz decidirá o incidente, e se pela prova d'este se convencer que elle teve unicamente em vista demorar o processo, imporá a quem o tiver levantado, excepto se for o ministerio publico, a pena de multa até 50$000 réis nos casos de policia, e d'ahi para cima até 500$000 réis nos demais casos, seja qual for a decisão da causa.

§ unico. O disposto n'este artigo será applicado ainda no caso do ter havido desistencia do incidente, salvo se não chegou o sustar-se com este o andamento da causa.

SECÇÃO VI

Das excepções

SUB-SECÇÃO I

Disposições geraes

Art. 212.º São excepções:
1.º A incompetencia do juiz;
2.º O caso julgado;
3.º A litispendencia;
4.º A prescripção.

§ 1.º Havendo fundamento para alguma d'estas excepções, o ministerio publico deverá sempre deduzil-a, seja qual for o estado da causa.

§ 2.º A todo o tempo os tribunaes conhecerão officiosamente do fundamento de qualquer excepção, embora esta não seja deduzida.

Art. 213.º Os réus só poderão deduzir a excepção depois do corpo de delicto, ou da pronuncia nos casos em que esta tem logar, e o farão por meio de simples requerimento, ou com a contestação, offerecendo logo, em qualquer dos casos, a respectiva prova.

§ unico. Se a prova offerecida for sufficiente para convencer da procedencia da excepção, o juiz a julgará logo procedente; no caso contrario, e quando a prova for testemunhal, as testemunhas serão inquiridas em audiencia depois de o serem as da causa, e o juiz propondo ao jury quando este intervier as questões de facto sobre que versar aquella prova, decidirá na sentença final.

SUB-SECÇÃO II

Da incompetencia

Art. 214.º São fundamentos da excepção de incompetencia:
1.º Pertencer o conhecimento do facto punivel a tribunaes especiaes;
2.º Pertencer o conhecimento do facto punivel a tribunal de outra circumscripção;
3.º Pertencer o conhecimento do facto punivel ao jury;
4.º Pertencer o conhecimento do facto punivel exclusivamente ao juiz.

SUB-SECÇÃO III

Do caso julgado

Art. 215.º O caso julgado absolutorio aproveita ao que tendo sido difinitivamente absolvido como auctor, cumplice ou encobridor de certo facto punivel, de novo for accusado pelo mesmo facto e na qualidade por que já respondêra, ainda que sejam outros os accusadores.

§ unico. Entender-se-ha que o facto é o mesmo, quando os seus elementos essencialmente constitutivos declarados expressamente no codigo penal forem os mesmos.

Art. 216.° O disposto no anterior artigo e seu paragrapho é applicavel ao caso julgado condemnatorio sómente quando em virtude da qualidade attribuida ao accusado a responsabilidade d'este for igual á anterior ou menor.

§ unico. Para os effeitos d'este artigo, considera-se um só o facto punivel continuo ou o que consiste na pratica de varios actos.

Art. 217.° A decisão definitiva ácerca do facto aproveita a todos os accusados.

Art. 218.° O caso julgado em materia penal constitue presumpção legal nos outros juizos.

Art. 219.° A sentença que fixar a indemnisação devida ao offendido terá força executoria no juizo criminal como se tivesse sido proferida no fôro civil.

Art. 220.° A sentença obsolutoria proferida no juizo criminal não prejudica a acção civil por perdas e damnos, salvo se o juizo criminal tiver dado o facto como não provado.

Art. 221.° O caso julgado sobre facto previsto em differentes disposições penaes aproveita ao réu que tiver sido definitivamente condemnado.

Art. 222.° Se durante a discussão da causa o réu se mostrar culpado de outro diverso crime ainda não prescripto, o ministerio publico protestará para conhecimento d'elle, e sendo o réu absolvido lhe será instaurado novo processo, prestando caução se for caso d'isso.

§ unico. Se o réu for condemnado, o juiz ordenará que se tome conhecimento do crime novamente descoberto instaurando-se o respectivo processo, e n'este caso a sentença do primeiro não se executará emquanto o réu não for julgado pelo segundo, a fim de n'este lhe ser imposta, se for tambem condemnado, a pena legal correspondente á accumulação.

Art. 223.° Se durante a audiencia de julgamento o réu commetter algum crime, será logo levantado auto para base do competente processo. Sendo o réu absolvido, não será solto sem prestar caução, se for caso d'isso; e sendo condemnado, se procederá nos termos do § unico do artigo anterior.

Art. 224.° Se antes da audiencia do julgamento o réu se mostrar culpado de outro diverso crime ainda não prescripto, o ministerio publico requererá que se suste no andamento do processo até que no relativo ao segundo crime esteja concluido o corpo do delicto ou lançada a pronuncia quando a esta haja logar. N'este caso, os processos se appensarão, seguindo se o julgamento.

Art. 225.° Se depois da audiencia de julgamento em que o réu tiver sido condemnado se descobrirem novos crimes anteriores á condemnação, observar-se-hão os termos indicados no § unico do artigo 222.° se a sentença não tiver começado ainda a executar-se; e se a sentença estiver já em execução, ou se o réu tiver já cumprido a pena, novo processo será tambem instaurado em qualquer dos casos, e na sentença que for proferida se aggravará a pena mais grave, devendo o juiz ter em attenção a pena que o réu houver já soffrido.

Art. 226.° Ao réu que depois da condemnação commetter novo crime, será applicada a pena correspondente a este se o comprimento de ambas as penas for compativel, simultanea ou successivamente; e no caso contrario, será aggravada na segunda sentença a pena mais grave.

Art. 227.° Se durante o processo e depois de classificado o facto, se descobrirem novos elementos que façam variar a classificação e importem para o réu maior responsabilidade, sustar-se-hão os termos emquanto esses elementos não forem verificados, se carecerem de o ser, seguindo-se depois os do processo que for competente.

§ unico. Se os elementos a que se refere este artigo forem descobertos depois da condemnação, proceder-se-ha á verificação dos mesmos, seguindo-se os termos do processo que for competente, e na sentença condemnatoria, se tiver logar, o juiz levará sempre em conta a pena que o réu tiver já soffrido.

Art. 228.° Quando algum dos elementos constitutivos do facto punivel for, por sua natureza, d'aquelles para cujo conhecimento são tambem competentes os tribunaes civis, o caso julgado civil póde ser invocado como prova da excepção, mas sómente quanto ao facto.

SUB-SECÇÃO IV
Da litispendencia

Art. 229.° Mostrando-se que em outro juizo corre contra o mesmo réu processo pelo mesmo facto punivel, sustar-se-hão os termos posteriores ao corpo de delicto ou á prisão, como consequencia da pronuncia quando esta tiver logar, até que o conflicto de jurisdicção seja decidido.

Art. 230.° Quando o réu, nos termos do artigo 213.°, provar em excepção a litispendencia civil ou commercial, relativamente a qualquer acto que constitua algum dos elementos do facto punivel, sobrestar-se-ha nos termos ulteriores emquanto a acção civil ou commercial não terminar por julgamento definitivo, ou por outro qualquer modo.

Art. 231.° Se o réu, por si ou seu representante, deixar de promover regularmente, nos casos do artigo anterior, os termos da acção civil ou commercial, seus incidentes ou recursos, ou exceder os prasos legaes ou os marcados pelo juiz, seguir-se-hão os termos da acção penal, como se não tivesse sido deduzida a excepção.

SUB-SECÇÃO V
Da prescripção

Art. 232.° A prescripção não corre emquanto estiver pendente a acção civil ou commercial a que se refere o artigo 230.°

CAPITULO VII
Do julgamento

Art. 233.° O offendido, ainda quando seja parte, não será obrigado a comparecer pessoalmente na audiencia de julgamento, salvo se assim for requerido pelo ministerio publico, ou o juiz o ordenar officiosamente.

Art. 234.° O réu que devidamente intimado para a audiencia não comparecer, e não justificar a sua falta, será preso e conservado em custodia até ao julgamento.

§ unico. Este procedimento não terá logar se ao réu não for applicavel pena corporal ou de reprehensão. Não sendo applicavel alguma d'estas penas, o réu será julgado á revelia, podendo fazer-se representar por procurador.

Art. 235.º Sobre todos os requerimentos produzidos em audiencia por alguma das partes, o juiz, antes de decidir, ouvirá a parte contraria.

Art. 236.º Se durante a discussão da causa sobrevier a qualquer das partes conhecimento de alguma nova testemunha que lhe convenha produzir, assim o proporá verbalmente na audiencia ao juiz, expondo a rasão do tardio conhecimento da testemunha e o facto sobre que ha de depor; e o juiz, se a testemunha não podér logo comparecer, poderá conceder o espaço que entender necessario para se effectuar a intimação, suspendendo por igual tempo a audiência.

§ unico. Da mesma fórma se procederá se sobrevier a necessidade de algum exame ou outra diligencia, mas n'este caso ficará a audiencia suspensa pelo tempo que for absolutamente indispensavel.

Art. 237.º Faltando na audiencia o defensor nomeado ou o constituido pelo réu, o juiz lhe nomeará outro officiosameute entre os advogados presentes; na falta de advogados, e estando presentes procuradores, um d'estes será encarregado da defeza, e se tambem não estiver presente procurador algum, o juiz encarregará da defeza quem lhe parecer e a podér logo assumir.

§ 1.º O defensor nomeado poderá, no acto, conferenciar com o réu em logar reservado e examinar o feito, sem todavia se suspender a audiencia.

§ 2.º O defensor nomeado allegando justificada causa, será dispensado do patrocinio officioso, e ainda sem ella poderá, com licença do juiz, ser substituido por outro da sua propria escolha. Porém, se deixar de comparecer sem legitimo impedimento e sem licença para a substituição, será autoado como desobediente.

Art. 238.º Na acta da audiencia se mencionarão todas as solemnidades prescriptas na lei que forem observadas, e serão lançados n'ella todos os requerimentos verbaes com as respostas das partes e respectivos despachos.

§ unico. Reputam-se como omittidas todas as solemnidades não expressas na acta, e nem se admitte prova em contrario.

Art. 239.º Nas causas em que intervem o jury, os depoimentos das testemunhas, as declarações dos offendidos e as respostas dos réus são oraes, salvo o disposto no § 4.º do artigo 307.º Serão, porém, escriptos em todas as causas em que o juiz julga de facto e de direito, salvo nos processos de policia e correccionaes, quando as partes tiverem prescindido de recurso.

Art. 240.º A inquirição das testemunhas será feita pelo representante da parte que as produzir. O representante da parte contraria, cada um dos jurados e o juiz poderão fazer ás testemunhas as perguntas que julgarem necessarias para o descobrimento da verdade.

Art. 241.º A accusação particular, ainda quando feita por mais de uma pessoa, terá só um representante, e assim tambem a defeza, salvo havendo mais de um réu cujas defezas sejam incompativeis.

Art. 242.º A prisão preventiva será sempre considerada como circumstancia attenuante para o effeito de imposição de pena maior, e levada em conta na imposição da pena de prisão correccional.

Art. 243.º Nos processos em que não intervem o jury, havendo má fé por parte do accusador particular, e, bem assim, quando houver pedido de indemnisação, se procederá como n'aquelles em que o jury intervem, competindo ao juiz, na sentença, decidir de facto e de direito.

Art. 244.º A parte contra quem for produzida alguma testemunha só póde allegar em contradita qualquer das circumstancias mencionadas no artigo 2:514.º do codigo civil.

Art. 245.º Não serão lidos ás testemunhas os seus depoimentos escriptos no corpo de delicto, salvo depois d'ellas haverem deposto, para se lhes notarem as contradicções em que caíram ou as alterações essenciaes que fizeram.

Art. 246.º Se as testemunhas que depozerem no corpo de delicto tiverem morrido ou estiverem em logares onde não possam ser notificadas ou d'ellas se não souber noticia, e bem assim quando se tenha prescindido do seu comparecimento pessoal, serão lidos em voz alta e os seus depoimentos escriptos.

Art. 247.º Se houver co-réus, as perguntas a estes podem ser feitas, ou na presença dos outros ou separadamente, segundo ao juiz parecer mais util para conhecimento da verdade.

Art. 248.º Na occasião dos interrogatorios serão mostrados aos réus todos os documentos juntos ao processo, todos os papeis, instrumentos, ou outros quaesquer objectos apprehendidos, para elles os reconhecerem, negarem ou interpretarem, e d'esta exhibição se fará menção na acta da audiencia.

Art. 249.º A parte particular poderá ser assistida do advogado no julgamento; mas se o não for, prestará sómente as declarações que lhe forem exigidas.

Art. 250.º Cada uma das testemunhas, depois de depôr, permanecerá na sala da audiencia até ao momento de se retirarem os jurados para darem a sua declaração nas causas em que intervem, ou até terminarem os debates nos outros casos.

Art. 251.º A audiencia será continua; o juiz sómente a poderá interromper pelo tempo necessario para satisfazer as necessidades indispensaveis, salvo os casos expressamente previstos n'este codigo.

§ 1.º Quando a audiencia se interromper, o juiz annunciará em voz alta a hora do mesmo dia ou de qualquer outro em que ella ha de continuar.

§ 2.º O jury sorteado é o competente para a decisão, embora, ao tempo a que esta for proferida, vigore já outra pauta.

Art. 252.º Na audiencia é permittido a qualquer pessoa tomar apontamentos do que n'ella se passar, e serão admittidos tachygraphos ou jornalistas, aos quaes o juiz destinará logar de onde possam ouvir bem.

Art. 253.º Os co-réus accusados do mesmo crime ao mesmo tempo serão julgados conjunctamente e com intervenção do mesmo jury quando a esta haja logar, ainda que se livrem em processos separados; mas n'este caso a sentença do juiz será proferida, e os quesitos serão propostos, em cada processo separadamente.

Art. 254.º Na sentença condemnatoria o juiz citará sempre a disposição legal que pune o facto, applicará a lei penal conforme os elementos que houverem sido provados, e terá sempre em attenção as circumstancias aggravantes e attenuantes.

§ unico. A condemnação nunca importará pena mais grave do que a applicavel ao facto segundo a classificação que lhe houver dado o despacho de pronuncia nos processos correccionaes e de querela, ou a que resultar do despacho do juiz designado dia para julgamento nos processos de policia.

Art. 255.º A importancia da indemnisação será arbitrada segundo o que constar do processo, ou conforme, tambem, os elementos de prova adduzidos no julgamento, tendose em attenção, em ambos os casos, as circumstancias das pessoas.

Art. 256.° A sentença só condemnará na indemnisação do damno ou prejuizo causado quando o offendido declarar não prescindir d'ella, e será arbitrada pelo juiz, ou pelo jury nos casos em que intervem.

CAPITULO VIII
Dos recursos

Art. 257.° Em 1.ª instancia ha sómente os seguintes recursos:
1.° De appellação, da sentença final absolutoria ou condemnatoria;
2.° De aggravo, de todas as outras sentenças, e dos despachos.

§ 1.° Se a sentença final contiver partes distinctas e o recurso não comprehender a parte que julga procedente ou improcedente a accusação, será de aggravo o recurso a interpôr.

§ 2.° Nos processos de policia e nos correccionaes não ha recurso algum da sentença final, quando ambas as partes, antes de começar a inquirição das testemunhas, declararem prescindir de recurso.

§ 3.° A parte que tiver declarado que prescinde de recurso não poderá recorrer da decisão.

Art. 258.° Dos accordãos da relação, nas causas de que conhece em segunda instancia, competem os seguintes recursos:
1.° De revista, dos accordãos que decidirem as appellações;
2.° De aggravo, de todos os outros accordãos.

Art. 259.° Os tribunaes superiores não tomarão conhecimento dos recursos incompetentemente interpostos.

Art. 260.° Dos accordãos da relação, nas causas de que esta conhece em 1.ª instancia, compete:
1.° Recurso de appellação, dos accordãos absolutorios ou condemnatorios;
2.° Recurso de aggravo, de todos os outros accordãos.

Art. 261.° No supremo tribunal de justiça só haverá o recurso de embargos dos accordãos condemnatorios ou absolutorios por elle proferidos em unica instancia.

Art. 262.° Podem recorrer os culpados, os offendidos ou seus representantes quando accusam, e sempre o ministerio publico quando intervem, embora não seja parte principal.

§ unico. O ministerio publico é competente para recorrer como fiscal da lei de todos os despachos ou sentenças, seja qual for a sua natureza.

Art. 263.° Se o juiz ou o tribunal obstar a que se tome termo de qualquer recurso, a parte poderá requerer ao presidente do tribunal por onde pretendia recorrer, no praso de dez dias a contar da opposição, ou do despacho que negar o recurso, que lhe mande tomar o competente termo; e não poderá, para tal effeito, valer-se de outro qualquer meio ou recurso.

§ 1.° No caso previsto n'este artigo, o presidente poderá, se assim o entender conveniente, ouvir o juiz ou o tribunal.

§ 2.° Se o presidente mandar tomar o termo, remetterá officialmnente ao juiz ou tribunal o requerimento com o competente despacho; e o juiz ou tribunal mandará, logo que o receber, intimar a parte para em cinco dias improrogaveis assignar o termo.

Art. 264.° Os recursos de appellação, de revista, e o de embargos serão interpostos no praso de dez dias nos processos de querela; de tres dias, nos correccionaes, e de vinte e quatro horas, nos de policia. O praso para os aggravos é de cinco dias.

§ unico. Para suspender a soltura dos accusados, o recurso de todas as sentenças absolutorias terá de ser interposto immediatamente á publicação das mesmas sentenças.

Art. 265.° Todos os recursos admittidos n'este codigo serão processados e julgados como os aggravos de petição em materia civel; mas só no recurso de aggravo se citará a lei offendida e os autos irão conclusos para o juiz reparar aquelle ou sustentar o despacho.

Art. 266.° A appellação, o recurso de revista e o de embargos terão sempre effeito suspensivo, salvo o disposto nos artigos 196.°, 197.° e 198.°

§ 1.° N'estes recursos, tanto as relações como o supremo tribunal de justiça conhecerão do direito, e, bem assim, do facto quando sobre este se não tenha pronunciado o jury, salvo o disposto no § 4.° do artigo 307.°

§ 2.° A appellação da sentença absolutoria proferida sobre decisão do jury sómente devolve aos tribunaes superiores o conhecimento das nullidades do processo, salvo o disposto no § 4.° do artigo 307.°

Art. 267.° Os aggravos nunca terão effeito suspensivo, excepto:

1.° O aggravo do despacho de pronuncia proferido em processo de querela;

2.° O aggravo do despacho que designa dia para julgamento em processo de policia, e o interposto do despacho de pronuncia nos processos correccionaes, quando o juiz entender que não têm por fim retardar o andamento da causa.

Art. 268.° O aggravo do despacho que designa dia para julgamento em processo de policia, e o interposto do despacho de pronuncia nos processos correccionaes, só podem ter como fundamento o não ser criminoso o facto, ou a errada classificação d'este.

Art. 269.° No aggravo interposto do despacho de pronuncia em processo de querela, as relações e o supremo tribunal de justiça conhecerão do facto e do direito; e do interposto, quer do despacho que designa dia para julgamento nos processos de policia, quer do de pronuncia nos processos correccionaes, os mesmos tribunaes, sem entrarem na apreciação das provas sobre a existencia ou não existencia do facto, decidirão exclusivamente se o facto attribuido ao recorrente é ou não criminoso, e se foi ou não errada a sua classificação. Decidindo que foi errada a classificação, dirão sempre qual seja a legal.

Art. 270.° A sentença passada em julgado subsiste qualquer que seja a decisão proferida em recurso interposto anteriormente á sua data; e depois da sentença, recurso algum poderá interpor-se de despacho antes d'ella proferida.

Art. 271.° As appellações e os recursos de revista subirão sempre nos autos em que houver sido proferida a decisão recorrida.

Art. 272.° Havendo só um réu, os recursos por elle interpostos, que tiverem effeito suspensivo, subirão nos autos sem ficar traslado.

Art. 273.° Todos os aggravos que não tiverem effeito suspensivo subirão em separado, exceptos os interpostos de despachos proferidos em audiencia de julgamento, porque d'estes sómente se tomará conhecimento em recurso da decisão final, sendo interposto pelo aggravante.

Art. 274.° Havendo mais culpados alem do recorrente, subirá em traslado o aggravo do despacho de pronuncia, bem como o do despacho que designa dia para julgamento nos processos de policia, quando um e outro tiver effeito suspensivo.

Art. 275.º Os tribunaes superiores deverão conhecer de todos os recursos ainda que não vão acompanhados de petição.

Art. 276.º O ministerio publico recorrerá sempre da sentença ou accordão que condemnar em pena excedente a quatro annos de prisão maior cellular.

Art. 277.º No processo penal e seus incidentes não ha alçada.

CAPITULO IX
Da execução da sentença

Art. 278.º As penas não começarão a correr senão depois de passar em julgado a sentença condemnatoria, salvo se a pena applicavel for a de prisão correccional, porque n'este caso será sempre levada em conta a prisão soffrida emquanto não passou em julgado a sentença condemnatoria.

§ unico. A suspensão da pena não terá logar senão nos casos expressamente declarados n'este codigo e no penal.

Art. 279.º As execuções por multas, custas e indemnisação correrão sempre no juizo da causa, bem como todos os seus incidentes.

Art. 280.º As execuções por custas devidas aos tribunaes superiores em virtude de recursos correrão sempre no juizo de 1.ª instancia onde os mesmos recursos foram interpostos.

Art. 281.º Se na execução de qualquer pena se suscitar algum incidente contencioso, será este resolvido pelo juizo de onde emanou a condemnação.

Art. 282.º A execução da pena corporal será suspensa se o réu der manifestações de loucura; e a suspensão durará até que recupere as suas faculdades intellectuaes.

Art. 283.º Na sentença que condemnar em pena de desterro para logar certo e determinado, o juiz marcará ao réu um praso rasoavel para comparecer solto perante a auctoridade judicial da comarca para onde for desterrado; e se não comparecer no praso marcado, será preso onde se encontrar, e compellido a esse comparecimento.

Art. 284.º Só aos menores de dezoito annos, seja qual for a pena applicada, poderá ser concedida liberdade provisoria, depois de terem cumprido dois terços da respectiva pena, quando se mostre que estão emendados e corrigidos.

§ 1.º Se o condemnado a quem tiver sido concedida a liberdade provisoria abusar d'ella, será preso novamente, e não lhe será levado em conta no cumprimento da pena o tempo que da liberdade provisoria tiver gosado.

§ 2.º A concessão e a revogação de liberdade provisoria são attribuições do juiz da causa. O ministerio publico promoverá uma ou outra, sempre que por inforrnações officiaes dos directores das cadeias ou outros estabelecimentos penaes, ou da auctoridade administrativa ou policial, isso parecer justo.

CAPITULO X
Da revisão das sentenças

Art. 285.° As sentenças passadas em julgado só podem ser annulladas:

1.° Se dois ou mais réus forem condemnados por sentenças diversas como agentes do mesmo facto punivel e as sentenças longe de se poderem conciliar constituirem a prova da innocencia de um dos condemnados;

2.° Se se provar em processo competente, e por sentença passada em julgado, a falsidade de depoimentos ou de documentos que tenham determinado, só por si, a decisão, não se tendo discutido essa materia no processo em que foi proferida a mesma decisão;

3.° Se se apresentar documento novo que a parte não podesse ter ao tempo em que se proferiu a sentença e que por si só seja sufficiente para mostrar o erro da mesma sentença;

4.° Se se mostrar por sentença condemnatoria passada em julgado que a decisão foi proferida por peita, suborno, corrupção ou prevaricação dos juizes ou dos jurados;

5.° Se apparecer testemunha cuja existencia fosse ignorada ao tempo da decisão, ou mostrando-se a impossibilidade de ter comparecido até áquelle tempo, e cujo depoimento prove por fórma irrecusavel o erro da decisão;

6.° Apparecendo a pessoa que se suppunha morta em consequencia do crime.

§ 1.° Logo que conste o apparecimento da testemunha a que se refere o n.° 5.° d'este artigo, será ella inquirida no juizo da causa, justificando-se previamente e por qualquer meio de prova, no mesmo juizo, que a sua existencia era ignorada ou que o seu comparecimento fôra impossivel.

§ 2.° Será provado no juizo da causa, e por qualquer meio, o apparecimento da pessoa a que se refere o n.° 6.°

Art. 286.° A revisão da sentença, quer absolutoria, quer condemnatoria, será sempre requerida pelo ministerio publico quando para isso houver fundamento; e tambem o poderá ser pela parte accusadora ou pelo condemnado, e ainda pelos representantes d'estes se for fallecido.

Art. 287.° Juntos os documentos e feitas as inquirições quando a estas houver logar, o juiz ou tribunal, officiosamente ou a requerimento da parte, remetterá tudo, acompanhado de outros quaesquer elementos e da petição para revisão, ao presidente do supremo tribunal de justiça.

§ 1.° O supremo tribunal de justiça, em secções reunidas e ouvido o ministerio publico, decidirá se ha fundamento para a revisão.

§ 2.° Procedendo o pedido, o supremo tribunal de justiça mandará baixar os autos ao juizo ou tribunal da causa, ou designará juizo ou tribunal diverso se o fundamento do pedido tiver sido algum dos mencionados em os n.ᵒˢ 1.° e 4.° do artigo 285.°, sem que seja, todavia, suspensa a execução da sentença condemnatoria.

§ 3.° No juizo ou tribunal que for competente nos termos do paragrapho anterior, se procederá a nova discussão e julgamento da causa, seguindo-se em tudo os termos do respectivo processo.

§ 4.° No caso do n.° 1.° do artigo 285.°, os processos se appensarão e os réus serão todos julgados conjunctamente.

TITULO II
Dos processos ordinarios

CAPITULO I
Do processo de policia

SECÇÃO I
Da accusação

Art. 288.° Em vista dos autos de corpo de delicto, ou dos que tiverem igual força, o ministerio publico promoverá que se designe dia para julgamento, especificando a disposição legal que pune o facto e indicando testemunhas. Havendo parte accusadora, alem do ministerio publico, ou nos casos em que este não intervem, será intimada a parte para em vinte e quatro horas apresentar no cartorio a sua petição, que satisfará aos requisitos acima indicados.

Art. 289.° Satisfeito o disposto no artigo anterior, os autos serão logo conclusos ao juiz para designar dia para julgamento.

§ 1.° No acto da intimação será entregue ao réu copia do requerimento da accusação com indicação das testemunhas offerecidas; e no mesmo acto poderá o réu indicar testemunhas.

§ 2.° Entre a intimação dos réus e o dia designado para o julgamento mediará pelo menos o intervallo de quarenta e oito horas.

SECÇÃO II
Do julgamento

Art. 290.° Aberta a audiencia, proceder-se-ha á chamada das partes e das testemunhas, será lido o requerimento da accusação, e o réu será interrogado. Em seguida será deduzida pelo defensor a defeza verbal, e recolhidas as testemunhas, se procederá á sua inquirição separadamente, começando pelas da accusação. Inquiridas as testemunhas, será dada a palavra ao ministerio publico e depois á accusação particular, havendo-a, ou a esta não intervindo o ministerio publico, para sustentar, querendo, a accusação; e em seguida, e para o fim de sustentar a defeza, será dada a palavra ao defensor do réu. Encerrados os debates em que os representantes da accusação e os da defeza não poderão fallar mais de uma vez, o juiz proferirá sentença, que será logo publicada.

§ unico. Se algumas das partes não prescindir de recurso, serão escriptos os depoimentos das testemunhas, excepto se já estiverem nos autos, porque n'este caso só se escreverá o que constituir alteração ou additamento.

CAPITULO II
Do processo correccional

SECÇÃO I
Da accusação

Art. 291.º Em vista dos autos do corpo de delicto, ou dos que tiverem igual força, o ministerio publico produzirá a accusação, especificando o facto punivel com todas as circumstancias que o revestirem, citando a disposição legal que o pune, e indicando testemunhas. Havendo parte accusadora alem do ministerio publico, ou nos casos em que este não intervier, será intimada a parte para em quarenta e oito horas apresentar no cartorio a sua petição, que satisfará aos requisitos acima indicados.

Art. 292.º Produzida a accusação, os autos serão logo conclusos ao juiz para lançar o despacho de pronuncia e ordenar a prisão dos criminosos, quando esta deva ter logar.

Art. 293.º Logo que passe em julgado o despacho de pronuncia, o juiz mandará juntar aos autos certificado de registo criminal e entregar ao réu, dentro de tres dias, copia d'aquelle despacho, e do rol de testemunhas offerecidas pela accusação, com indicação dos documentos produzidos por esta. Na mesma occasião o juiz nomeará defensor ao réu, se este o não tiver ainda noneado.

Art. 294.º Dentro de cinco dias a contar da data da entrega a que se refere o artigo anterior, o réu poderá apresentar no cartorio a sua contestação acompanhada do respectivo rol de testemunhas e dos duplicados que forem necessarios, ou só o rol se preferir deduzir a defeza verbal na audiencia de julgamento. Os duplicados serão logo entregues pelo escrivão ao ministerio publico e á parte offendida, se a houver.

Art. 295.º Satisfeitas as diligencias prescriptas nos artigos anteriores, os autos irão conclusos ao juiz para designar dia para julgamento.

§ unico. Entre a intimação dos réus e o dia designado para o julgamento mediará pelo menos o intervallo de tres dias.

SECÇÃO II
Do julgamento

Art. 296.º Ao julgamento dos processos correccionaes é applicavel o disposto no artigo 290.º e seu § unico; mas alem do requerimento da accusação, será lido tambem o despacho de pronuncia.

CAPITULO III
Do processo de querela

SECÇÃO I
Da accusação

Art. 297.º Feito o corpo de delicto, os autos serão continuados com vista ao ministerio publico para dar a sua querela, especificando o facto punivel com todas as circumstancias que constarem dos autos, citando a disposição legal que o pune, e indicando testemunhas. Havendo parte accusadora alem do ministerio publico, será esta intimada para em cinco dias dar a sua querela, que satisfará aos requisitos acima indicados.

Art. 298.º Dada a querela, os autos irão logo conclusos ao juiz para os effeitos do artigo 292.º e seu paragrapho unico.

Art. 299.º Logo que passe em julgado o despacho de pronuncia seguir-se-hão os termos prescriptos no artigo 293.º

Art. 300.º Dentro de dez dias a contar da entrega da copia do despacho de pronuncia e do mais a que se refere o artigo 293.º, o réu poderá apresentar no cartorio a sua contestação com o rol de testemunhas, e com os duplicados que forem necessarios. Estes serão logo entregues pelo escrivão ao ministerio publico e á parte offendida, se a houver, com o rol das testemunhas e a indicação dos documentos que forem produzidos.

§ unico. Não contestando no praso designado n'este artigo, o réu só poderá juntar documentos, e bem assim indicar testemunhas unicamente para prova do seu bom comportamento ou para contradictar as da accusação.

Art. 301.º Feitas as diligencias prescriptas nos artigos anteriores, os autos irão com vista por quarenta e oito horas ao ministerio publico para examinar o processo e promover o que lhe parecer conveniente; e em seguida o juiz, depois de satisfeito, se houver de o ser, o requerido pelo ministerio publico, designará dia para julgamento.

§ unico. Entre a intimação do réu e o dia do julgamento mediará pelo menos e intervallo de cinco dias; e no acto da intimação será entregue ao réu copia da pauta dos jurados.

SECÇÃO II
Do julgamento

Art. 302.º Aberta a audiencia, proceder-se-ha á chamada das partes, das testemunhas e dos jurados, e em seguida será sorteado o jury; e depois de deferido o juramento a cada um dos jurados sorteados, o juiz mandará proceder á leitura do processo. Finda a leitura serão recolhidas as testemunhas; e depois de inquiridas separadamente, começando pelas da accusação, será o réu interrogado. O juiz dará depois a palavra ao ministerio publico, em seguida ao representante da accusação, havendo-o, e por ultimo ao advogado, podendo cada um replicar uma só vez; e findas as allegações, o juiz resumirá o facto, fazendo d'elle e de todas as suas circumstancias um relatorio simples e claro; apontará aos jurados, com rigorosa imparcialidade, as principaes provas assim a favor como contra o réu, e propondo-lhes os quesitos, que serão por elle dictados em voz alta, escriptos pelo escrivão e lidos publicamente pelo juiz, serão os mesmos entregues com o processo ao presidente do jury, e todos os jurados se recolherão para deliberar. Regressando o jury á sala da audiencia, o presidente, na presença de todos, lerá em voz alta os quesitos e respectivas respostas. Se o jury responder que o crime não está provado, o juiz proferirá logo sentença absolvendo o réu; mas se responder que o crime está provado, o juiz dará a palavra á accusação e em seguida á defeza, sobre a applicação da pena, e depois escreverá a sentença, que será logo publicada.

§ 1.° O nome de cada jurado da respectiva pauta constará de um bilhete; e todos os bilhetes, depois de publicamente contados, serão lançados em uma urna, e d'ella o juiz os fará extrahir por um menor de dez annos, até serem apurados dez jurados.

§ 2.° Faltando algum jurado ao chamamento na audiencia sem motivo justificado, o juiz mandará levantar auto da falta e entregal-o ao ministerio publico, salvo se o jurado estiver já presente no acto de ser sorteado.

3.° Se não se podér perfazer o jury por falta de jurados, a audiencia não terá lugar, e o juiz officiará ao presidente da commissão de recenseamento dos jurados para que lhe forneça os que forem precisos, os quaes mandará intimar immediatamente, declarando-lhes o dia e hora em que devem comparecer.

§ 4.° Constituido definitivamente o jury, e postas em pé todas as pessoas presentes, o juiz deferirá juramento aos jurados pela formula seguinte: – «VÓS JURAES NA PRESENÇA DE DEUS TODO PODEROSO E DOS HOMENS DE EXAMINARDES COM A MAIS ESCRUPULOSA ATTENÇÃO A ACCUSAÇÃO QUE SE VOS APRESENTA, DE NÃO TRAHIRDES NEM OS INTERESSES DA SOCIEDADE, NEM OS DIREITOS DA INNOCENCIA E DA HUMANIDADE, DE NÃO COMMUNICARDES SEM RIGOROSA NECESSIDADE COM PESSOA ALGUMA, ATÉ PREFERIRDES A VOSSA DECISÃO, NA QUAL VOS NÃO DEIXAREIS MOVER PELO ODIO OU AFFEIÇÃO, ANTES NÃO ESCUTAREIS SENÃO OS DICTAMES DA VOSSA CONSCIENCIA E INTIMA CONVICÇÃO, COM AQUELLA IMPARCIALIDADE E FIRMEZA DE CARACTER QUE É PROPRIA DO HOMEM LIVRE E HONRADO?». *Cada um dos jurados, pondo a mão nos Santos Evangelhos e beijando-os dirá:* – «ASSIM O JURO».

§ 5.° Os jurados que não professarem a religião catholica jurarão segundo o rito da sua religião; e os que não professarem religião alguma prometterão sob a sua honra.

§ 6.° Do processo será lido pelo escrivão o seguinte: o corpo de delicto; a querela; o despacho de pronuncia; e a contestação, havendo-a. Existindo processos appensos, observar-se-ha na leitura d'elles o disposto n'este paragrapho e nos artigos 290.° e 296.°, segundo a natureza de cada processo.

§ 7.° Serão tomadas as cautelas possiveis para que as testemunhas, emquanto recolhidas, não conversem umas com as outras sobre o objecto da causa, e as que o fizerem serão punidas como desobedientes.

§ 8.° Os jurados poderão dirigir ás testemunhas e ao offendido as perguntas que julgarem necessarias para o descobrimento da verdade.

§ 9.° O primeiro jurado sorteado será o presidente do jury, mas os jurados poderão escolher outro depois de recolhidos para deliberar, e se o escolherem será esse o presidente.

§ 10.° A decisão dos jurados, a favor ou contra o réu, vence se pela maioria absoluta, e a sua declaração será escripta pelo presidente em seguida a cada quesito, mas não mencionará em caso algum se houve unanimidade ou maioria.

§ 11.° Serão tomadas as precisas cautelas para nenhum dos jurados communicar com pessoa alguma depois de recolhido o jury, salvo o disposto no paragrapho seguinte, nem lhes será fornecido alimento emquanto durar a deliberação.

§ 12.º Depois de recolhido o jury, o presidente ou qualquer jurado poderá voltar á audiencia se carecer de algum esclarecimento, para o haver do juiz.

Art. 303.º O jury será sempre composto de jurados da respectiva comarca, e constituido pelos dez primeiros sorteados no julgamento; mas o decimo só intervirá se algum dos outros se impedir. O jury terá lugar dentro da teia, em lugar separado das partes e das testemunhas.

§ unico. O disposto n'este artigo não terá, porém, lugar, se os réus forem estrangeiros e outra cousa estiver estipulada nos respectivos tratados.

Art. 304.º O juiz proporá aos jurados quesito sobre o facto da accusação, cujo conhecimento for da competencia do jury, qualquer que seja a qualidade em que, o réu figure como agente e quer se trate de facto consummado, quer de tentativa ou delicto frustrado; e bem assim lh'o proporá sobre cada uma das circumstancias aggravantes, attenuantes e dirimentes relativas áquelle facto e que constarem da pronuncia e da contestação, ou tiverem nascido da discussão da causa.

§ 1.º No quesito designar-se-ha o facto punivel pelos elementos que essencialmente o constituem expressamente declarados na lei penal, e perguntar-se-ha ao jury: se esses elementos existiram todos, ou só alguns, e quaes, se foram só alguns; se o agente de todos, ou dos que o jury der como provados, foi o réu; e em ambos os casos, se procedeu voluntariamente e com intenção de commetter o crime de que é accusado.

§ 2.º Se para maior clareza dos quesitos e facilidade das respostas do jury, ao juiz parecer conveniente especificar em quesitos differentes cada um dos elementos e perguntas constantes do paragrapho anterior, assim o fará.

§ 3.º Se o jury não der como provado nenhum dos elementos que essencialmente constituem o facto punivel expressamente declarados na lei penal, não responderá sobre os elementos relativos ao agente; e da mesma fórma procederá, n'este caso, em relação aos restantes quesitos.

§ 4.º Se o réu for maior de dez e menor de quatorze annos, será sempre proposto ao jury quesito sobre se procedeu ou não com discernimento.

§ 5.º Se o réu allegar circumstancias dirimentes da sua responsabilidade, ou estas resultarem da discussão da causa, sobre ellas deliberará o jury antes de conhecer das aggravantes e attenuantes, e d'estas só conhecerá se não der aquellas como provadas.

§ 6.º Nos quesitos sobre circumstancias dirimentes, aggravantes ou attenuantes, serão especificados todos os requisitos que lhes são respectivamente marcados no codigo penal.

Art. 305.º Depois de lidos os quesitos em voz alta pelo juiz, e antes de entregues aos jurados, o ministerio publico e as partes poderão então requerer que se proponham mais quesitos ou arguir os propostos de não estarem conformes ao estado da questão. Se o juiz lhes não deferir, d'isso se fará menção na acta, juntando-se o quesito escripto, e assignado por quem o requereu, ou a arguição, que se tiver feito, em seguimento á mesma acta.

Art. 306.º Se as respostas do jury aos quesitos não forem regulares e completas, o juiz ordenará por despacho immediato ás assignaturas dos jurados que elles as dêem devidamente e de novo assignem.

§ unico. No despacho o juiz indicará precisamente em que consiste a irregularidade ou a lacuna.

Art. 307.º Se as respostas do jury forem regulares e completas, porém, evidentemente iniquas e injustas, o juiz annullará as declarações do jury, ordenando nova discussão da causa perante outro jury, em que não entrará, nenhum dos primeiros jurados. Ante o novo jury se repetirá a inquirição das testemunhas, e de todos os mais actos da discussão.

§ 1.º Nem o ministerio publico nem alguma das partes poderá requerer este procedimento, o qual tão sómente será ordenado ex-officio pelo juiz, e do respectivo despacho não haverá recurso.

§ 2.º Afóra o caso mencionado n'este artigo, a decisão legal do jury é irrevogavel e não admitte recurso algum.

§ 3.º Se um réu for accusado de differentes crimes, o juiz poderá annullar por iniquas e injustas as declarações do jury relativas a algum d'elles. Se a declaração não annullada for absolutoria, o juiz proferirá sentença absolvendo o réu do crime a que respeitar a deliberação; e se for condemnatoria o juiz só proferirá sentença depois de repetida a discussão do crime por que o réu tiver de ser novamente julgado.

§ 4.º No segundo julgamento serão inscriptos os depoimentos das testemunhas nos termos do § unico do artigo 290.º, e se a nova declaração do jury for conforme com a primeira, o juiz proferirá sentença em harmonia com ella, mas as partes poderão appellar e os tribunaes superiores conhecerão do facto.

Art. 308.º Havendo parte accusadora, se o jury declarar não provado o crime, o juiz lhe proporá quesito perguntando se a parte accusou de má fé; e se o réu tiver pedido indemnização, no mesmo quesito lhe perguntará se ha logar a esta.

§ 1.º Se o jury responder que houve má fé, fixará logo a importancia da indemnização devida ao accusado; e o juiz, na sentença, condemnará a parte na multa de réis 100$000 até 1:000$000 réis para a fazenda publica o na indemnização fixada pelo jury.

§ 2.º Se o jury responder que não houve má fé, e todavia entender que ha logar a indemnização, assim o declarará, fixando logo o valor d'esta.

Art. 309.º Sempre que o jury der como provados todos ou alguns elementos do facto punivel, e d'elles for agente o réu, o juiz, se o offendido houver pedido indemnização, proporá quesito ao jury, perguntando-lhe se ha logar a ella; e isto se fará, mesmo quando não haja responsabilidade criminal do réu. Se o jury responder affirmativamente, fixará a indemnização, e o juiz, na sentença, condemnará o réu no valor d'esta.

Art. 310.º Se alem da responsabilidade criminal do réu, houver terceiros com responsabilidade meramente civil pelo facto punivel, o offendido, quando o réu se mostrar insolvente na execução movida no juizo criminal, poderá no juizo civil competente exigir o valor fixado da indemnização, e o réu que pagar terá n'esse mesmo juizo regresso contra os restantes.

Art. 311.º Ainda quando o jury declarar provado o crime, se o facto não for prohibido por lei, o juiz pronunciará por sentença a absolvição do réu. A absolvição por esta causa não terá logar quando por accordão da relação, proferido em recurso, o facto houver sido julgado criminoso.

TITULO III
Dos processos especiaes

CAPITULO I
Dos factos puniveis commettidos pelos juizes municipaes e de direito e delegados do procurador regio

Art. 312.º O conhecimento dos factos puniveis commettidos pelos juizes municipaes e de direito e pelos delegados do procurador regio compete ás respectivas relações.

Art. 313.º Será competente para o corpo de delicto ao qual se procederá nos termos geraes, o juiz de direito da comarca onde o facto for commettido; salvo se o facto punivel for commettido pelo juiz ou delegado, dentro da respectiva area de jurisdicção, porque n'este caso será competente, nas comarcas de Lisboa e Porto, o juiz de outro districto criminal, e nas outras, o juiz de direito da comarca cuja séde for mais proxima do logar onde foi commettido o facto punivel.

§ unico. Em Lisboa e Porto o juiz competente é o do districto criminal que se seguir em numeração, entenden-do-se que se segue ao ultimo o primeiro.

Art. 314.º Feito o corpo de delicto, será o processo remettido á relação competente, e ahi se observará o seguinte:

§ 1.º Distribuido o corpo de delicto, o juiz relator o mandará logo com vista por cinco dias improrogaveis ao ministerio publico para o examinar e requerer a observancia de alguma solemnidade que n'elle falte.

§ 2.º O juiz relator proporá ao tribunal os requerimentos do ministerio publico, e sendo deferidos se mandarão fazer as diligencias por elle requeridas, marcando-se um praso á auctoridade inferior para satisfazer o que lhe for ordenado. Este praso nunca poderá exceder a quinze dias peremptorios.

§ 3.º Satisfeitos os requerimentos a que se refere o paragrapho anterior, os autos voltarão com vista ao ministerio publico, se for competente para produzir no praso de oito dias a sua accusação se houver logar a ella; e o juiz relator mandará intimar a parte, se a houver, para no mesmo praso produzir tambem, querendo, a accusação.

Art. 315.º Produzida a accusação, o tribunal em sessão particular, reunidas as secções de que se compozer, mandará ler as peças que se julgarem necessarias e depoimentos das testemunhas, e pronunciará depois sobre a procedencia ou improcedencia da accusação, seja qual for a natureza do facto punivel.

§ 1.º Se o tribunal se pronunciar pela procedencia da accusação, o juiz ou o delegado ficará logo suspenso do exercicio das suas funcções, mas não do vencimento, e contra elle se passará ordem de prisão se o crime for da natureza d'aquelles que não admittem caução.

§ 2.º O tribunal poderá encarregar a intimação de suspensão e a prisão do accusado a qualquer juiz de direito que lhe for subordinado.

Art. 316.º Preso ou apresentado o accusado, o juiz relator lhe fará perguntas e lhe entregará copia da accusação com o rol das testemunhas e indicação dos documentos.

§ unico. Dentro do praso de vinte dias a contar da entrega a que se refere o paragrapho anterior, o accusado poderá apresentar no cartorio a sua contestação.

Art. 317.° Se o facto admittir caução, o tribunal mandará responder o accusado dentro do praso que lhe designar, enviando-lhe copia da accusação. O respondente poderá logo juntar documentos e rol de testemunhas.

Art. 318.° Da resposta ou da contestação do accusado e bem assim do rol de testemunhas, o escrivão entregará copia á parte contraria dentro de oito dias a contar da apresentação.

Art. 319.° Satisfeitas as diligencias prescriptas nos artigos anteriores, o relator levará o processo ao tribunal a fim de assignar dia para a sua decisão, a qual nunca poderá ter logar sem o intervallo, pelo menos, de vinte dias.

Art. 320.° O julgamento terá logar pela fórma determinada no artigo 302.° com a unica excepção de ser proferida a sentença pelo tribunal inteiro sem intervenção de jurados.

§ 1.° As testemunhas que residirem fóra da comarca séde da relação, serão perguntadas por carta de inquirição no juizo de direito da sua comarca, salvo quando o ministerio publico ou alguma das partes expressamente requerer que compareçam para depor perante o tribunal, e n'este caso serão indemnisadas pela fórma indicada no § 2.° do artigo 99.°

§ 2.° Estes processos serão julgados com preferencia a todos os outros.

Art. 321.° O accusado devidamente intimado que faltar ao julgamento sem justificado motivo, irá responder debaixo de prisão.

Art. 322.° Se o accusado for absolvido, e o tribunal se convencer de que a parte accusadora procedeu de má fé, deverá o tribunal condemnal-a logo em uma multa de 500$000 réis a 2:000$000 réis segundo o grau do dolo e qualidade da injuria.

§ 1.° Se a parte condemnada não tiver com que pagar, será presa por tantos dias, quantos forem necessarios para satisfazer a multa á rasão de 500 réis por dia.

§ 2.° O tribunal poderá tambem condemnar a parte, ainda que não haja má fé, na indemnisação que entender devida ao accusado, ainda que este a não tenha pedido.

Art. 323.° Se o accusado for condemnado e a parte houver pedido indemnisação, esta lhe será arbitrada na sentença.

Art. 324.° Se o juiz accusado houver sido suspenso pelo governo na fórma das leis, logo que ao tribunal chegarem os papeis respectivos o presidente os mandará distribuir.

§ 1.° O juiz relator, tanto, que lhe forem conclusos os papeis, os levará ao tribunal, o qual, reunidas as secções de que se compozer em sessão particular, sendo primeiramente ouvido o ministerio publico, dicidirá se na suspensão do juiz se guardou a fórma estabelecida na lei.

§ 2.° Se o tribunal julgar que não se guardou na suspensão a fórma estabelecida na lei, declarará sem effeito a suspensão, mandará que o juiz entre no exercicio das suas funcções, e não progredirá mais n'aquelle processo.

§ 3.° Se, porém, o tribunal entender que se guardou a fórma estabelecida na lei, ractificará a suspensão e mandará que o processo seja instaurado nos termos dos artigos anteriores.

CAPITULO II

Dos factos puniveis commettidos pelos juizes do supremo tribunal de justiça e das relações, magistrados superiores do ministerio publico, ou por outros de categoria igual, empregados do corpo diplomatico e bispos das dioceses do ultramar.

Art. 325.° O conhecimento dos factos puniveis commettidos pelos juizes do supremo tribunal de justiça e das relações, pelo procurador geral da corôa e fazenda e seus ajudantes, pelos procuradores regios e seus ajudantes, e por magistrados de categoria igual, empregados do corpo diplomatico e bispos das dioceses do ultramar, compete ao supremo tribunal de justiça.

§ unico. Nos processos contra os magistrados e mais funccionarios a que se refere este artigo, se observará tudo o que fica determinado no capitulo anterior, e se o accusado for o procurador geral da corôa e fazenda, exercerá as funcções do ministerio publico um dos seus ajudantes.

CAPITULO III

Do processo no caso de ser admissivel a prova da diffamação

Art. 326.° Se o réu, accusado de diffamação, pretender provar os factos a que ella se refere nos termos do artigo 408.° do codigo penal, articulal-os-ha quando deduzir a defeza verbal na audiencia de julgamento, juntando documentos e rol de testemunhas, as quaes poderão ser cinco para cada facto.

§ 1.° No caso do n.° 2.° do artigo 408.° do codigo penal, só será admissivel a prova resultante de sentença condemnatoria passada em julgado ao tempo da diffamação.

§ 2.° Se a prova for admissivel, e não se dando a hypothese do paragrapho anterior, sustar-se-ha o julgamento, e o offendido, contra quem a prova for produzida, poderá articular no praso de cinco dias, juntando documentos e rol de testemunhas, as quaes tambem poderão ser cinco para cada facto, seguindo-se depois o julgamento.

§ 3.° O recurso de appellação será interposto dentro de vinte e quatro horas se a decisão for absolutoria, e dentro de tres dias se for condemnatoria.

CAPITULO IV

Dos factos puniveis commettidos por menores de dez annos

Art. 327.° Averiguando-se pelo corpo de delicto que o agente do facto punivel era menor de dez annos á data em que commetteu o facto, o juiz, ouvindo o ministerio publico, dará ao menor, sem mais fórma de processo ou de juizo, o destino marcado no artigo 48.° do codigo penal.

CAPITULO V
Do julgamento do réu ausente

Art. 328.° Se durante dez annos a contar da data da pronuncia, não for possivel prender algum réu accusado por crime, a que corresponda pena maior fixa de prisão ou degredo, proceder-se-ha pela fórma seguinte:

§ 1.° O juiz mandará intimar o réu, por meio de editos, para que compareça pessoalmente em juizo no praso de seis mezes.

§ 2.° Um edital será affixado na porta da igreja da freguezia onde o crime tiver sido commettido, e outro na da igreja da freguezia da naturalidade do réu, se a naturalidade for conhecida. Em seguida será annunciada a intimação em dois numeros consecutivos da folha official e em outros dois de algum periodico, havendo-o, de cada uma das localidades onde se affixarem editaes.

§ 3.° O praso de seis mezes, a que se refere o § 1.°, começará a correr no dia em que se publicar o ultimo annuncio na folha official.

Art. 329.° Durante o praso dos editos poderá qualquer ascendente, descendente, irmão, affim nos mesmos graus, ou o conjuge do ausente, constituir nos autos defensor a este.

Art. 330.° Decorrido o praso dos editos o juiz nomeará defensor ao réu que não tiver comparecido, se alguma das pessoas a que se refere o artigo anterior o não tiver nomeado. Ao defensor se entregará copia da pronuncia, seguindo-se os mais termos do processo, com exclusão do jury.

Art. 331.° O ministerio publico recorrerá sempre da sentença que julgar algum réu ausente quer seja absolutoria, quer condemnatoria; e passada em julgado a sentença condemnatoria, será logo dada á execução.

Disposições transitorias

Artigo 1.° As disposições d'este codigo são applicaveis a todos os processos que se instaurarem depois da promulgação d'elle, ainda que o facto punivel tenha sido commettido em data anterior.

Art. 2.° Os processos pendentes ao tempo da publicação d'este codigo continuarão a ser processados nos termos da legislação anterior, se á data em que começar a vigorar já estiver findo o corpo de delicto.

Art. 3.° Depois de estar em vigor este codigo não se permittirão outros recursos senão os que elle admitte.

§ unico. Os prasos para interposição ou expedição dos recursos, tendo começado a correr antes de estar em vigor o codigo, completar-se-hão nos termos da lei anterior, se esta admittir praso maior do que o designado no codigo.

Art. 4.° Nos processos pendentes em recurso, os tribunaes não decretarão nullidade alguma insanavel que não seja das expressamente fixadas n'este codigo.

Art. 5.° Os recursos pendentes nas relações ou no supremo tribunal de justiça serão julgados nos termos d'este codigo.

Art. 6.º O ministerio publico deverá recorrer no praso de dez dias dos despachos e sentenças que não tenham passado em julgado, nos casos em que por este codigo o recurso é obrigatorio.

Art. 7.º No praso de trinta dias, a contar da data em que este codigo entrar em vigor, os juizes de paz deverão remetter ao respectivo juiz de direito ou municipal todos os processos findos e pendentes por contravenções e transgressões de posturas municipaes. = *José Maria de Alpoim de Cerqueira Borges Cabral.*

ÍNDICE

Proposta de Código do Processo Penal 695

LIVRO I
DO PROCESSO EM GERAL

CAPITULO I	*Disposições geraes*	706
CAPITULO II	*Dos actos e termos judiciaes*	707
CAPITULO III	*Das nullidades*	708
CAPITULO IV	*Das custas*	709
CAPITULO V	*Da competencia*	711
SECÇÃO I	*Da competencia em geral*	711
SECÇÃO II	*Da competencia dos differentes juizes e tribunaes*	712
SECÇÃO III	*Dos conflictos*	714
CAPITULO VI	*Das provas*	714
SECÇÃO I	*Disposições geraes*	714
SECÇÃO II	*Das declarações dos participantes e offendidos*	715
SECÇÃO III	*Da confissão dos culpados*	715
SECÇÃO IV	*Dos exames*	715
SECÇÃO V	*Das testemunhas*	717
SECÇÃO VI	*Dos documentos*	720
SECÇÃO VII	*Das presumpções*	720
CAPITULO VII	*Da prisão*	720

LIVRO II
DO PROCESSO EM ESPECIAL

TITULO I	*Disposições communs*	722
CAPITULO I	*Da participação*	722
CAPITULO II	*Da distribuição*	723
CAPITULO III	*Das perguntas*	724
CAPITULO IV	*Do corpo de delicto*	725
CAPITULO V	*Da accusação*	726
CAPITULO VI	*Dos incidentes*	727
SECÇÃO I	*Disposição commum*	727
SECÇÃO II	*Dos impedimentos e suspeições*	727
SECÇÃO III	*Das cauções*	729
SECÇÃO IV	*Do reconhecimento de identidade*	731

SECÇÃO V	*Da falsidade*	732
SECÇÃO VI	*Das excepções*	733
SUB-SECÇÃO I	*Disposições geraes*	733
SUB-SECÇÃO II	*Da incompetencia*	733
SUB-SECÇÃO III	*Do caso julgado*	733
SUB-SECÇÃO IV	*Da litispendencia*	735
SUB-SECÇÃO V	*Da prescripção*	735
CAPITULO VII	*Do julgamento*	735
CAPITULO VIII	*Dos recursos*	738
CAPITULO IX	*Da execução da sentença*	740
CAPITULO X	*Da revisão das sentenças*	741
TITULO II	*Dos processos ordinarios*	742
CAPITULO I	*Do processo de policia*	742
SECÇÃO I	*Da accusação*	742
SECÇÃO II	*Do julgamento*	742
CAPITULO II	*Do processo correccional*	743
SECÇÃO I	*Da accusação*	743
SECÇÃO II	*Do julgamento*	743
CAPITULO III	*Do processo de querela*	744
SECÇÃO I	*Da accusação*	744
SECÇÃO II	*Do julgamento*	744
TITULO III	*Dos processos especiaes*	748
CAPITULO I	*Dos factos puniveis commettidos pelos juizes municipaes e de direito e delegados do procurador regio*	748
CAPITULO II	*Dos factos puniveis commettidos pelos juizes do supremo tribunal de justiça e das relações, magistrados superiores do ministerio publico, ou por outros de categoria igual, empregados do corpo diplomatico e bispos das dioceses do ultramar*	750
CAPITULO III	*Do processo no caso de ser admissivel a prova da diffamação*	750
CAPITULO IV	*Dos factos puniveis commettidos por menores de dez annos*	750
CAPITULO V	*Do julgamento do réu ausente*	751

Disposições transitórias 751

Índice

Introdução 7

VI – Primeiro Projecto Navarro de Paiva 9

VII – Segundo Projecto Navarro de Paiva 237

VIII – Terceiro Projecto Navarro de Paiva 449

IX – Projecto Alexandre de Seabra 603

X – Projecto José de Alpoim 691